中国社会科学院2000年度重大A类科研课题暨2001年度国家社科基金项目，得到中国社会科学院文库出版资助。

中国社会科学院文库
历史考古研究系列
The Selected Works of CASS
History and Archaeology

彩图1　商王卜问每旬活动的祸忧

彩图2　甲骨文记王大令
　　　　众人协田

彩图 3　龟腹甲卜辞记祭祀先妣

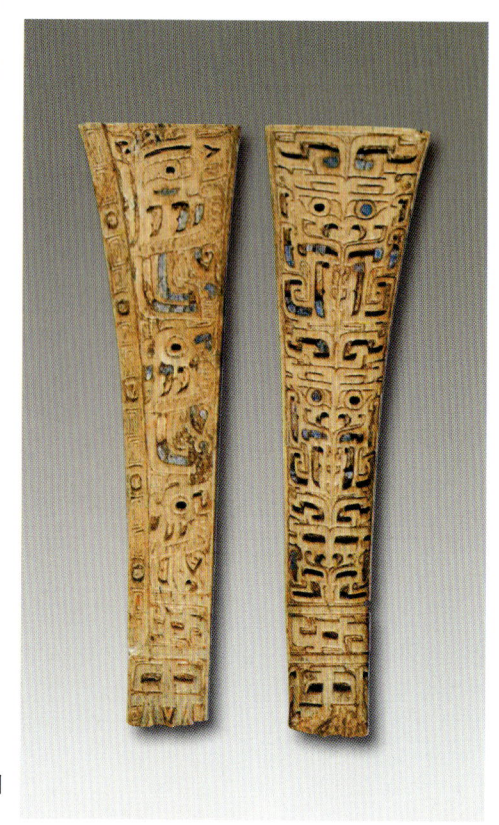

彩图 4　河南安阳殷墟出土绿松石镶嵌雕花骨柶

彩图 5　河南郑州商城
　　　　出土青铜方鼎

彩图 6　河南安阳殷墟
　　　　妇好墓出土后
　　　　母辛方鼎

彩图 7　山西垣曲商城出土铜鼎

彩图 8　山西灵石旌介商墓出土青铜觚

彩图 9　北京平谷刘家河商墓出土鸟柱鱼纹铜盘

彩图 10　湖北黄陂盘龙城遗址
　　　　出土商代提梁卣

彩图 11　江西清江吴城遗址
　　　　出土商代青铜斝

彩图 12　河南安阳殷墟妇好墓
　　　　　出土鸮尊

彩图 13　河南安阳西北冈 1005 号大墓出土铜铲

彩图 14　河南安阳殷墟妇好墓出土玉凤

彩图 15　河南安阳殷墟妇好墓出土玉刀

彩图 16　河南安阳小屯 333 号墓出土白陶埙

中国社会科学院创新工程学术出版资助项目

中国社会科学院文库·历史考古研究系列
The Selected Works of CASS · History and Archaeology

商代史·卷四

商代国家与社会

COUNTRIES AND SOCIETY IN SHANG DYNASTY

宋镇豪 主编　王宇信 徐义华 著

中国社会科学出版社

图书在版编目（CIP）数据

商代国家与社会 / 王宇信、徐义华著 . —北京：中国社会科学出版社，2011.7（2016.6 重印）

（商代史·卷四）

ISBN 978-7-5004-8923-8

Ⅰ.①商⋯　Ⅱ.①王⋯②徐⋯　Ⅲ.①社会制度—研究—中国—商代　Ⅳ.①D691

中国版本图书馆 CIP 数据核字（2010）第 137332 号

出 版 人	赵剑英
选题策划	黄燕生
责任编辑	郭　鹏
责任校对	王兰馨
责任印制	戴　宽

出　　版	中国社会科学出版社
社　　址	北京鼓楼西大街甲 158 号
邮　　编	100720
网　　址	http://www.csspw.cn
发 行 部	010-84083685
门 市 部	010-84029450
经　　销	新华书店及其他书店
印　　刷	北京君升印刷有限公司
装　　订	廊坊市广阳区广增装订厂
版　　次	2011 年 7 月第 1 版
印　　次	2016 年 6 月第 2 次印刷
开　　本	710×1000　1/16
印　　张	40
字　　数	720 千字
定　　价	99.00 元

凡购买中国社会科学出版社图书，如有质量问题请与本社营销中心联系调换
电话：010-84083683
版权所有　侵权必究

《中国社会科学院文库》出版说明

《中国社会科学院文库》（全称为《中国社会科学院重点研究课题成果文库》）是中国社会科学院组织出版的系列学术丛书。组织出版《中国社会科学院文库》，是我院进一步加强课题成果管理和学术成果出版的规范化、制度化建设的重要举措。

建院以来，我院广大科研人员坚持以马克思主义为指导，在中国特色社会主义理论和实践的双重探索中做出了重要贡献，在推进马克思主义理论创新、为建设中国特色社会主义提供智力支持和各学科基础建设方面，推出了大量的研究成果，其中每年完成的专著类成果就有三四百种之多。从现在起，我们经过一定的鉴定、结项、评审程序，逐年从中选出一批通过各类别课题研究工作而完成的具有较高学术水平和一定代表性的著作，编入《中国社会科学院文库》集中出版。我们希望这能够从一个侧面展示我院整体科研状况和学术成就，同时为优秀学术成果的面世创造更好的条件。

《中国社会科学院文库》分设马克思主义研究、文学语言研究、历史考古研究、哲学宗教研究、经济研究、法学社会学研究、国际问题研究七个系列，选收范围包括专著、研究报告集、学术资料、古籍整理、译著、工具书等。

中国社会科学院科研局
2006 年 11 月

目　录

第一章　商代国家与社会在中国古代史上的地位 ………………（1）
  第一节　传统伪古史体系被推翻和新史学开篇的商王朝 ………（1）
    一　"东周以上无史"的通史著作 ………………………………（3）
    二　以商朝作为中国历史开篇的通史著作 ……………………（6）
    三　唯物史观指导下撰著的通史著作 …………………………（10）
  第二节　商族社会的演进与上甲时商部族奴隶制方国的形成 ………（21）
    一　殷先公先王名号的变化与商族社会的演进 ………………（22）
    二　灭夏前的商部族奴隶制方国的国家机器 …………………（30）
      （一）公共权力的设立——商部族奴隶制方国设置了
            官吏 …………………………………………………（30）
      （二）贡职——捐税的征收 ………………………………（33）
      （三）强制性暴力——刑罚的制定 ………………………（34）
      （四）商部族奴隶制方国的暴力支柱——军队的建立 ……（35）
  第三节　"殷革夏命"——商朝的建立与夏朝的灭亡 ………………（46）
  第四节　商朝国家机构的完善与发展 ………………………………（50）

第二章　商王是贵族统治阶级的最高首领 ………………………（55）
  第一节　商王是商朝奴隶主阶级武装力量的最高统帅 ……………（57）
    一　商朝是在对外的不断战争中建立和巩固的 ………………（59）
    二　商王是武装力量的最高统帅 ………………………………（62）
      （一）王自征 …………………………………………………（62）
      （二）率将出征 ………………………………………………（65）
      （三）命将出征 ………………………………………………（66）
  第二节　商王是商朝神权政治的体现者 ……………………………（69）

一　商王的"三通"——把持祭祀权的传统 ………………………（69）
　　二　甲骨文所见商王的"三通" ……………………………………（72）
　　　（一）商王把持着对天神、地祇的祭祀权 ……………………（72）
　　　（二）商王对先公先王祭祀权的垄断 …………………………（81）
第三节　商王是全国土地的最高所有者 ……………………………（108）
　　一　商王可去全国各地圈占土地 ………………………………（108）
　　二　商王有权处置贵族占有的土地 ……………………………（111）
　　三　商朝贵族使用的土地是商王封赐 …………………………（113）

第三章　商朝的贵族统治阶级 …………………………………（118）
第一节　《史记·殷本纪》所载商朝贵族统治阶级 …………………（118）
　　一　王廷贵族 ……………………………………………………（118）
　　二　方伯、诸侯 …………………………………………………（124）
　　　（一）一些方伯、诸侯受晋爵 …………………………………（124）
　　　（二）对方伯、诸侯首领贵族施罚 ……………………………（124）
　　　（三）军事征伐 …………………………………………………（125）
　　　（四）方伯、诸侯对王朝承担义务 ……………………………（125）
第二节　甲骨文所见商朝贵族统治阶级 ……………………………（127）
　　一　王朝诸妇 ……………………………………………………（128）
　　　（一）甲骨文"妇"由家庭称谓"王妃"到社会身份的标志
　　　　　　"称号"的认定 …………………………………………（128）
　　　（二）诸妇参与"国之大事" …………………………………（130）
　　　（三）诸妇之封 …………………………………………………（143）
　　二　甲骨文所见王朝诸子 ………………………………………（149）
　　　（一）甲骨文"子"名人数的增多与对"子"认识的深化 ………（150）
　　　（二）王朝诸子与商王朝的政治 ………………………………（153）
　　三　王朝贵族 ……………………………………………………（166）
　　　（一）王朝贵族与商王的祭祀活动 ……………………………（166）
　　　（二）王朝贵族与商王朝的对外战争 …………………………（171）
　　　（三）王朝贵族参与商王朝的管理 ……………………………（177）
　　　（四）王朝贵族被封在外地 …………………………………（183）
　　四　贞人集团 ……………………………………………………（196）

第四章　商王朝的被统治阶级——甲骨文中的"人" (211)

第一节　商朝贵族统治阶级不是甲骨文的"人" (211)
第二节　不以单位词计的群体人全为自由人 (213)
　　一　某地人 (214)
　　二　集体人 (216)
　　三　邑人 (217)
第三节　从甲骨文"单位词+人"看被统治阶级个人的"人身自由"和"非人身自由"身份 (218)
　　一　有"人身自由"的人 (219)
　　二　非自由人的数字人 (220)
第四节　以单位词计的有不同名目的非自由人 (221)
　　一　羌 (221)
　　二　伐 (225)
　　三　奚 (229)
　　四　馘 (230)
　　五　屯 (230)
　　六　仆 (232)
　　七　小臣 (234)
　　八　妾 (235)
　　九　郼 (235)
　　十　㚔 (236)
　　十一　垂 (238)
　　十二　姬 (239)
　　十三　婢 (240)
　　十四　夷 (240)
　　十五　刍 (241)
　　十六　而 (244)
第五节　投入社会生产和生活领域的非自由人——奴隶 (246)
　　一　羌 (246)
　　　（一）羌被投用于战争 (249)
　　　（二）羌被投入农业领域 (250)

                (三)羌被投入田猎活动……………………………………(250)
        二 仆……………………………………………………………(251)
                (一)仆被用于对外战争………………………………(252)
                (二)仆参加农业劳动…………………………………(253)
        三 奚……………………………………………………………(254)
                (一)奚参加商王朝的对外战争………………………(254)
                (二)奚参加田猎活动…………………………………(254)
        四 㚔……………………………………………………………(255)

第五章 商代社会的众和众人……………………………………(258)
  第一节 众不是完全意义的自由人——从以单位词计说起………(259)
        一 关于甲骨文中众与兹米……………………………………(260)
        二 关于㞢(又)众………………………………………………(262)
        三 关于䭫众……………………………………………………(266)
                (一)关于䭫与众人和其他品物连言的再认识………(266)
                (二)䭫字与方国连言亦为屠戮………………………(267)
                (三)䭫与战争动词伐…………………………………(267)
        四 关于雋众……………………………………………………(268)
        五 众不是完全失去生命保障的非自由人……………………(272)
  第二节 不以单位词计的众和众人有一定的人身自由……………(273)
                (一)商王有众…………………………………………(274)
                (二)王朝官吏和贵族也统领众………………………(276)
                (三)商王是众和众人的实际支配者…………………(278)
  第三节 众和众人"御事"商王………………………………………(280)
        一 众与商王朝的军事行动……………………………………(281)
                (一)众和众人参加了商王朝征伐方国的战争………(281)
                (二)众人与商王朝正规军协同作战…………………(283)
                (三)众人戍守地方……………………………………(285)
        二 众人与商王朝的农业生产…………………………………(286)
                (一)众人是翻耕土地的劳动者………………………(286)
                (二)众人参加农作物的播种…………………………(288)
                (三)众人省廩…………………………………………(288)

三　众人参加商王的田猎活动 …………………………………(289)
　第四节　众和众人与商贵族奴隶主的关系 ……………………………(290)
　　　一　王对众和众人的关心 …………………………………………(291)
　　　二　众和众人为"被排斥在宗族组织之外的商族平民"…………(293)

第六章　商王朝的国家体制 ………………………………………………(296)
　第一节　商王朝的国家结构形式 ………………………………………(296)
　　　一　商代的王畿 ……………………………………………………(296)
　　　　（一）理论上的商代王畿 …………………………………………(298)
　　　　（二）商代的王畿 …………………………………………………(305)
　　　二　商代的政治地理架构 …………………………………………(308)
　第二节　商王朝的国家管理形式 ………………………………………(311)
　　　一　分封制与内外服制的建立 ……………………………………(311)
　　　　（一）内外服制的建立 ……………………………………………(311)
　　　　（二）分封制的建立 ………………………………………………(314)
　　　　（三）内外服的不同 ………………………………………………(321)
　　　二　商代对内服的管理 ……………………………………………(322)
　　　三　商代的外服管理 ………………………………………………(333)
　　　　（一）商王朝建立的诸侯 …………………………………………(333)
　　　　（二）归服方国形成的外服诸侯 …………………………………(340)
　　　　（三）商代对外服控制策略 ………………………………………(346)
　　　四　邑与族 …………………………………………………………(363)
　　　　（一）以地区划分居民制度的建立 ………………………………(363)
　　　　（二）族组织是商人施政的基本单位 ……………………………(368)
　　　五　商王朝统治格局的建立 ………………………………………(384)
　　　　（一）商王朝的经济网络体系 ……………………………………(386)
　　　　（二）商代的路政系统 ……………………………………………(401)
　　　　（三）驿传体系 ……………………………………………………(404)
　　　　（四）军事情报网络 ………………………………………………(405)
　　　六　商王对人力物力的控制 ………………………………………(409)
　　　七　商王朝的公共事务管理 ………………………………………(418)
　　　　（一）城邑管理 ……………………………………………………(418)

（二）水利的建设 …………………………………………（428）
　　（三）治安问题 ……………………………………………（431）
　　（四）人口统计 ……………………………………………（432）
　　（五）抚恤与赈济 …………………………………………（434）

第七章　商王朝的职官制度 …………………………………（436）
第一节　商王朝的内服官制度 ………………………………（439）
　一　外廷官 …………………………………………………（441）
　　（一）政务官 ………………………………………………（441）
　　（二）事务性职官 …………………………………………（458）
　　（三）武官 …………………………………………………（469）
　　（四）宗教文化职官 ………………………………………（474）
　二　内廷官 …………………………………………………（486）
第二节　商代的用人制度 ……………………………………（491）
　商王朝的用人原则 …………………………………………（491）
　　（一）任用外族官长 ………………………………………（491）
　　（二）任人唯旧 ……………………………………………（497）
　　（三）任人唯亲 ……………………………………………（501）
　　（四）临事任官 ……………………………………………（507）
第三节　商王朝的外服职官制度 ……………………………（515）
　一　外服官称谓系统 ………………………………………（515）
　二　外服职官的设置与发展 ………………………………（526）
　三　外服职官 ………………………………………………（530）
第四节　外服官与中央王朝的联络与义务 …………………（541）
　一　商王与诸侯的联络 ……………………………………（541）
　二　诸侯对王朝的义务 ……………………………………（543）
　　（一）为王朝服役 …………………………………………（543）
　　（二）向王朝朝贡 …………………………………………（545）
　　（三）为王朝戍边 …………………………………………（546）
　　（四）随商王进行军事征伐 ………………………………（547）
第五节　"方国联盟说"质疑 …………………………………（549）
　一　联盟说论据的再考订 …………………………………（550）

　　　　（一）卜辞中的"比" …………………………………………………（550）
　　　　（二）卜辞中的"多王" ………………………………………………（552）
　　二　商王与诸侯的关系 …………………………………………………（556）
　　　　（一）商王对诸侯的权力 ……………………………………………（557）
　　　　（二）诸侯对商王的义务 ……………………………………………（561）
　　　　（三）文化影响与商王朝的实力 ……………………………………（562）
　　　　（四）从商周交替中的共主现象说起 ………………………………（565）

第八章　商王朝的法律制度 …………………………………………………（570）
第一节　"汤刑"与"汤法" ………………………………………………（570）
　　一　商代法律沿革 ………………………………………………………（570）
　　二　商代法律的神权依据与施行 ………………………………………（571）
　　　　（一）法律的神权来源 ………………………………………………（571）
　　　　（二）法律的施行 ……………………………………………………（572）
　　三　商代法律的律条 ……………………………………………………（579）
　　　　（一）官刑 ……………………………………………………………（579）
　　　　（二）军事法 …………………………………………………………（582）
　　　　（三）其他律条 ………………………………………………………（582）

第二节　商代的刑罚 …………………………………………………………（584）
　　一　肉刑——商代的五刑 ………………………………………………（584）
　　　　（一）墨刑 ……………………………………………………………（585）
　　　　（二）劓刑 ……………………………………………………………（586）
　　　　（三）剕刑 ……………………………………………………………（588）
　　　　（四）宫刑 ……………………………………………………………（592）
　　　　（五）死刑 ……………………………………………………………（592）
　　二　徒刑 …………………………………………………………………（598）
　　　　（一）徒役 ……………………………………………………………（598）
　　　　（二）囚禁 ……………………………………………………………（599）
　　　　（三）流放 ……………………………………………………………（600）

第三节　商代法律的特点 ……………………………………………………（600）

结语 ………………………………………………………………………………（608）
后记 ………………………………………………………………………………（613）

彩图目录

彩图1　商王卜问每旬活动的祸忧（采自《中国国家博物馆馆藏文物研究丛书·甲骨卷》056正）

彩图2　甲骨文记"王大令众人协田"（采自《中国国家博物馆馆藏文物研究丛书·甲骨卷》046正）

彩图3　龟腹甲卜辞记祭祀先妣（《殷墟花园庄东地甲骨》53）

彩图4　河南安阳殷墟出土绿松石镶嵌雕花骨柶（采自《来自碧落与黄泉》）

彩图5　河南郑州商城出土青铜方鼎（采自《中国青铜器全集·夏商1》）

彩图6　河南安阳殷墟妇好墓出土后母辛方鼎（采自《中国美术全集·青铜器》上）

彩图7　山西垣曲商城出土铜鼎（采自《垣曲商城：1985—1986年度勘察报告》）

彩图8　山西灵石旌介商墓出土青铜觚（采自《灵石旌介商墓》）

彩图9　北京平谷刘家河商墓出土鸟柱鱼纹铜盘（采自《平谷文物志》）

彩图10　湖北黄陂盘龙城遗址出土商代提梁卣（采自《盘龙城——1963—1994年考古发掘报告》）

彩图11　江西清江吴城遗址出土商代青铜斝（采自《吴城·1973—2002年考古发掘报告》）

彩图12　河南安阳殷墟妇好墓出土鸮尊（采自《殷虚妇好墓》）

彩图13　河南安阳西北冈1005号大墓出土铜铲（采自《殷墟出土器物选粹》）

彩图14　河南安阳殷墟妇好墓出土玉凤（采自《殷墟玉器》）

彩图15　河南安阳殷墟妇好墓出土玉刀（采自《殷虚妇好墓》）

彩图16　河南安阳小屯333号墓出土白陶埙（采自《殷墟出土器物选粹》）

插图目录

图1—1　《国史大纲》书影 …………………………………………（7）

图1—2　《中国古代社会研究》书影 ………………………………（11）

图1—3　《中国通史简编》书影 ……………………………………（17）

图1—4　《殷虚卜辞综述》书影 ……………………………………（23）

图1—5　《合集》34225 ……………………………………………（27）

图1—6　大禹像（山东嘉祥汉武梁祠画像石） ……………………（34）

图1—7　《合集》32099 ……………………………………………（40）

图1—8　《合集》34294 ……………………………………………（42）

图1—9　夏桀像（山东嘉祥汉武梁祠画像石） ……………………（48）

图1—10　伊尹像（清人绘） ………………………………………（51）

图1—11　傅说（商朝后期）（清人绘） ……………………………（53）

图2—1　《合集》36181 ……………………………………………（57）

图2—2　《合集》6402 ………………………………………………（63）

图2—3　《合集》6160 ………………………………………………（66）

图2—4　桑林祷雨（采自《帝鉴图说》） ……………………………（70）

图2—5　《合集》32028 ……………………………………………（76）

图2—6　《合集》30399 ……………………………………………（82）

图2—7　《合集》22911 ……………………………………………（89）

图2—8　德灭祥桑（采自《帝鉴图说》） ……………………………（97）

图2—9　《合集》37838 ……………………………………………（103）

图2—10　《四祀邲其卣》铭文 ……………………………………（106）

图2—11　《合集》9638 ……………………………………………（110）

图2—12　《合集》32811 ……………………………………………（115）

图3—1　妲己害政（采自《帝鉴图说》） ……………………………（121）

图 3—2　《合集》13925 正 …………………………………………（129）

图 3—3　《合集》14125 …………………………………………（132）

图 3—4　《合集》17508 臼 ………………………………………（136）

图 3—5　《合集》6057 反 …………………………………………（140）

图 3—6　《合集》7287 正 …………………………………………（145）

图 3—7　妇好三联甗铭文 …………………………………………（148）

图 3—8　《合集》2972 ……………………………………………（151）

图 3—9　《合集》3077 ……………………………………………（155）

图 3—10　《合集》6053 …………………………………………（161）

图 3—11　《合集》10948 正 ……………………………………（165）

图 3—12　《合集》7084 …………………………………………（168）

图 3—13　《合集》6593 …………………………………………（172）

图 3—14　《合集》5458 …………………………………………（177）

图 3—15　《合集》9638 …………………………………………（179）

图 3—16　《合集》7854 正 ………………………………………（186）

图 3—17　《合集》5761 …………………………………………（190）

图 3—18　《合集》11546（大龟四版之一）……………………（197）

图 3—19　《合集》6834 正 ………………………………………（202）

图 3—20　《合集》7149 正 ………………………………………（207）

图 4—1　《合集》1 …………………………………………………（213）

图 4—2　《合集》13720 …………………………………………（217）

图 4—3　《合集》26908 …………………………………………（224）

图 4—4　《合集》300 ……………………………………………（225）

图 4—5　《合集》21538 乙 ………………………………………（230）

图 4—6　《合集》547 ……………………………………………（232）

图 4—7　《合集》724 ……………………………………………（236）

图 4—8　《合集》108 ……………………………………………（242）

图 4—9　《合集》36481 反 ………………………………………（245）

图 4—10　《合集》165 ……………………………………………（247）

图 4—11　《合集》548 ……………………………………………（252）

图 5—1　《合集》16 ………………………………………………（258）

图 5—2　《合集》13307 …………………………………………（261）

图5—3	《合集》26899	(263)
图5—4	《合集》6667	(267)
图5—5	《合集》31995	(272)
图5—6	《合集》26879	(275)
图5—7	《合集》5603	(280)
图5—8	《屯南》4489	(284)
图5—9	《合集》31983	(292)
图6—1	晚商文化分布示意图	
	（采自《中国考古学·夏商卷》）	(301)
图6—2	商文化分布区与商文化影响区示意图	
	（采自《殷商区域文化研究》）	(310)
图6—3	《作册令彝》铭文（《殷周金文集成》9901）	(313)
图6—4	商代铜钺	(316)
图6—5	《合集》6640	(320)
图6—6	《小臣舌方鼎》铭文（《殷周金文集成》2653）	(325)
图6—7	《大簋》簋盖铭文（《殷周金文集成》4299）	(327)
图6—8	《合集》6409	(331)
图6—9	《合集》32010	(334)
图6—10	山东济南大辛庄甲骨	(337)
图6—11	《孤竹父丁罍》铭文（《殷周金文集成》9810）	(338)
图6—12	《合集》20088	(344)
图6—13	《戍甬鼎》铭文（《殷周金文集成》2694）	(348)
图6—14	《合集》34682	(351)
图6—15	《合集》4156	(354)
图6—16	湖南宁乡青铜四羊方尊	(360)
图6—17	江西新干大洋洲青铜鼎	(361)
图6—18	《合集》13496	(364)
图6—19	《屯南》2179	(367)
图6—20	《合集》787	(370)
图6—21	《合集》3255	(372)
图6—22	《合集》5622	(376)
图6—23	《合集》32980	(378)

图 6—24　武官村大墓全景(采自《殷墟的发现与研究》)……………(382)
图 6—25　《合集》36530 ……………………………………………(385)
图 6—26　《屯南》4049 ……………………………………………(390)
图 6—27　《合集》32982 ……………………………………………(394)
图 6—28　《合集》28054 ……………………………………………(397)
图 6—29　《合集》27796 ……………………………………………(400)
图 6—30　《合集》28152 ……………………………………………(404)
图 6—31　《合集》36518 ……………………………………………(406)
图 6—32　《合集》6567 ……………………………………………(410)
图 6—33　《合集》108 ………………………………………………(416)
图 6—34　偃师商城平面图(采自《中国考古学·夏商卷》)…………(419)
图 6—35　《屯南》2525 ……………………………………………(424)
图 6—36　《合集》32115 ……………………………………………(427)
图 6—37　《合集》30391 ……………………………………………(435)
图 7—1　商代玉璋(采自《中国考古学·夏商卷》)…………………(437)
图 7—2　《合集》5468 正 …………………………………………(443)
图 7—3　《宰甫卣》铭文(采自《殷周金文集成》5395)………………(445)
图 7—4　《合集》23683 ……………………………………………(449)
图 7—5　《小子𠂤簋》铭文(《集成》3904) …………………………(450)
图 7—6　《合集》5521 ………………………………………………(456)
图 7—7　《牧正尊》铭文(《集成》5575) ……………………………(462)
图 7—8　《合集》5623 ………………………………………………(464)
图 7—9　《合集》5708 正 …………………………………………(470)
图 7—10　《合集》27882 ……………………………………………(472)
图 7—11　《屯南》930 ………………………………………………(475)
图 7—12　《合集》34138 ……………………………………………(479)
图 7—13　《作册般鼎》铭文(采自《殷周金文集成》2711)……………(481)
图 7—14　《屯南》2260 ……………………………………………(483)
图 7—15　《者婞方尊》铭文(采自《殷周金文集成》5935)……………(487)
图 7—16　《寝农鼎》之铭文(采自《殷周金文集成》2710)……………(490)
图 7—17　《合集》6417 正 …………………………………………(494)
图 7—18　《合集》166 ………………………………………………(498)

图7—19	《合集》9968	(502)
图7—20	《小子省卣》铭文（采自《殷周金文集成》5394）	(505)
图7—21	《合集》7345	(508)
图7—22	《小臣儿卣》铭文（采自《殷周金文集成》5351）	(513)
图7—23	《合集》3286	(517)
图7—24	《合集》32992 反	(521)
图7—25	《合集》36416	(527)
图7—26	《合集》13890	(531)
图7—27	《合集》2651	(535)
图7—28	《合集》32287	(538)
图7—29	《合集》5505	(542)
图7—30	《合集》1027	(547)
图7—31	《合集》6812	(551)
图7—32	《合集》40532	(553)
图7—33	《合集》21546	(554)
图7—34	《合集》36975	(557)
图7—35	《合集》33071	(559)
图7—36	《合集》3324	(563)
图7—37	《何尊》铭文（采自《殷周金文集成》6014）	(566)
图8—1	商代带梏陶俑（采自《中国古代史参考图录》）	(573)
图8—2	《合集》576	(574)
图8—3	《合集》855	(576)
图8—4	《执尊》铭文（采自《殷周金文集成》5971）	(578)
图8—5	商代铜钺	(582)
图8—6	《合集》20236	(585)
图8—7	《合集》6226	(587)
图8—8	《合集》6002	(589)
图8—9	《合集》525	(592)
图8—10	《合集》6011	(593)
图8—11	《䍙爵》铭文（采自《殷周金文集成》7392）	(594)
图8—12	《伐鼎》铭文（采自《殷周金文集成》1011）	(594)

图8—13 《合集》1133 …………………………………………… (596)

图8—14 《合集》5976 …………………………………………… (599)

图结—1 郑州出土的窖藏青铜器(采自《郑州铜器窖藏》) …………… (611)

第一章

商代国家与社会在中国古代史上的地位

第一节 传统伪古史体系被推翻和新史学开篇的商王朝

中国传统的古史体系,是由儒家精心构筑的我国上古经"三皇"、"五帝"、"大同"世界的发展,进入了"大道既隐"的"三代"王朝(夏、商、周)的古史体系。由于这一体系有"经典"可据,因而在儒家学说占统治地位的封建社会里,一直被我国广大读书人深信不疑,并尊崇为"信史"。这一古史体系使人们相信:中国早期社会,自"尝无君矣"的"太古之时"①以后,就是"三皇"的陆续"王天下"②。再次经过"尚矣"③的"五帝"依次被"立"为天子并称"帝"进行统治,就进入了"天下为家"④的"三王",或称之为"三代"——夏朝、商朝、周朝——时期。

但是,20世纪二三十年代,随着"五四"运动的兴起,作为反帝反封建的新文化运动有机组成部分的"疑古学派",打倒了束缚人们思想二千年之久的儒家"大经大法",推翻了儒家所精心编造的"三皇"、"五帝"的传统古史体系,并把疑锋直指"三代"王朝。作为信史的古史体系一下子成为伪古史,这就使莘莘大观的中国上古史出现了一片空白,"他们扫除了建立

---

① 《吕氏春秋·慎君览》。
② 《易·系辞》。
③ 《史记·五帝本纪》。
④ 《礼记·礼运》。

'科学的中国上古史'道路上的一切障碍物，同时使人痛感到中国古史上科学的考古资料的极端贫乏"①。时代向学术界提出了认真进行新史料的搜集和中国上古史的重建工作。

随着西方先进社会思想和社会学说的传入，特别是唯物史观在中国学术界的传播，为中国学者认识古代世界提供了新方法和新思路。而自20世纪20年代开始的我国近代田野考古工作，为煌煌的儒家经典被打倒以后的古史研究提供了第一手真实而全新的资料。学者们冷静地对"疑古学派"的"疑古过头"进行了再检讨，开始对被彻底否定的"伪书"进行了由"经典"作为"史料"的再认识，进而对被推翻的传统古史体系结合考古材料进行了再考察，终于发现伪古史体系"三皇"、"五帝"的圣道王功"偶像"背后所透露的真实的原始社会史影。而一度被"疑古学派"进一步移师横扫，发生动摇的夏、商、周"三代"王朝，由于"二重证据"的相互发明与验证，最终确立了在中国历史上不可动摇的地位。

20世纪初"疑古学派"辨古书疑伪史的锋芒所向，使儒家经典被剥去了"大经大法"的神秘外衣，还原成只不过是向历代儒生授业、解惑的教科书而已。而以儒家经典为安身立命的"三皇五帝"，也被人们从尊崇了上千年之久的圣道王功的宝座上推了下来。儒家所伪造的古史体系被彻底否定以后，进而使其后的因"皆出自五帝"②的夏商周"三代"，自然也免不了受到株连。"疑古学派"兴之所至，继续推倒下去，"照我们现在的观察，东周以上只好说无史"③。这一振聋发聩的论断，给国内外学术界造成了很大的影响。就是这样，中国号称悠久的历史出现了一大段空白。因此，时代必然要向学术界提出进行新史料的搜集和上古史重建的任务。这是因为：

　　当信任何一国之国民，尤其是自称知识在水平线以上之国民，对其本国已往历史，应该略有所知。

　　所谓对其本国已往历史略有所知者，尤必附随一种对其本国已往历史之温情与敬意。

---

① 夏鼐：《五四运动和中国近代考古学的兴起》，《考古》1979年第3期。

② 《史记·三代世表》索引。

③ 《古史辨》第1册上编，第35页。

所谓对其本国已往历史有一种温情与敬意者，至少不会对其本国已往历史抱一种偏激的虚无主义，亦至少不会感到现在我们是站在已往历史最高之顶点，而将我们当身种种罪恶与弱点，一切诿卸于古人……①

顾颉刚是这样评价1947年以前学者们撰著的一批新的中国通史著作的：

中国通史的写作，到今日为止，出版的书虽已不少，但很少能够达到理想的地步。本来以一个人的力量来写通史，是最困难的事业，而中国史上须待考证的地方又太多，故所有的通史，多属千篇一律，彼此抄袭。

但"其中较近理想的"②，也有几部受到顾氏的肯定，但稀如凤毛麟角。我们不妨举出几部在当时有较大影响的中国史学著作，就可以看出学者们在如何重新构筑新的古史体系，以及商王朝在新的古史体系中的地位了。

一　"东周以上无史"的通史著作

首先，就是完全接受"疑古学派"主张的"东周以上只好说无史"观点的学者所构筑的中国古史体系的著作。这类著作，有1933年出版的邓之诚《中华二千年史》，"此书原名《中国通史讲义》，期于纠集史料，稍具系统而已"。作者当年曾"先后在北京各大学讲授通史，即以供诸生参考，后由商务印书馆印行，为更名《中华二千年史》"，并于1954年由中华书局再版，至1956年重印了三次。此书是受到史学大师顾颉刚肯定的为数不多的几部通史著作之一，可见其重要。《中华二千年史》全书卷一，是从"秦汉三国"开始撰述的，全书开篇，即从秦世系论起，"自始皇称帝（西历纪元前221年），至于子婴降汉（西历纪元前207年），凡三传，共十五年……"③云云。本书"其所以造端于秦者，以秦以前六经即史，至说经偏于考据，聚讼纷纭，莫衷一是。若论远古，则杨朱所谓三皇之事，若存若亡，五帝之事，若明若暗，经传所传，宋人

---

① 钱穆：《凡读本书请先具下列诸信念》，《国史大纲》，商务印书馆2002年版。
② 顾颉刚：《当代中国史学》，胜利出版公司1947年版，第81页。
③ 邓之诚：《中华二千年史》，中华书局1956年版，第1页。

尚有故意翻案者。求证于金石甲骨，所得既渺，毋宁付之阙如"①。

因此秦以前中国神话传说时代和三代王朝，就被视为"乖异传疑者不录，故遂决然不作"了。作者对在学术界有较大影响的王国维治史的"二重证据法"不以为然，认为"今人治史，多重金石，金石足贵，此亦诚然，特其足贵者……或足以被证史阙而已。""故金石为旁证可也。闰位代嫡，谓金石以外无史，窃以为稍过矣，故斯编所取金石文字甚少。"所谓"金石文字"，即指1899年殷墟甲骨文出土以后，罗振玉、王国维、郭沫若、董作宾等学者研究所取得的研究成果。而自1928年开始的殷墟考古工作，为古史研究所提供的大批新资料，邓之诚亦不以为然。"实物较金石，种类尤多。且关于制作，其足以发千古之阙，正未有艾。特凡此种种，不过证史而已。"特别强调"史若可废，考证奚施，且实物发现，较之史书所记，固已多少不侔矣"。邓之诚《中华二千年史》主张从史书到史书的研究，特别强调"特易见之书，若正史之类，果能不畏烦难而细读之，亦未始非求新之一助"，即从被人们所熟悉的"二十四史"著作中，进行再发掘，把"不为人所重也久矣"的"废铜"，"若能冶铸之用，未始不与采山之铜等"②。因此，邓之诚无视考古学发现的大批新史料及研究成果，专靠发掘所谓"正史"以"求新"，因而所撰《中华二千年史》认为秦以上无史，就不是偶然的了。

另一部通史性著作就是夏曾佑的《中国古代史》。此书1935年即已印三版，1955年2月由生活·读书·新知三联书店重新出版，当年7月又第二次印行，可见此书在读者中有一定影响。此书"第一编凡例"中说，"讲堂演述，中学较西学为难，西学有涂辙，中学无涂辙也"，是说讲外国历史，有西方现成的著作或译本可据，而中国古史，由于传统的古史体系被推翻，要全新构筑新的古史体系存有较大难度，这就是夏曾佑在《中国古代史》的"叙"中所说的："有难言者，神洲建国既古，往事较繁。自秦以前，其纪载也多歧，自秦以后，其纪载也多仍。歧者无以折衷，仍者不可择别，况史本王官，载笔所及，例止王事，而街谈巷语之所造，属之稗官，正史缺焉。治史之难，于此见矣。"因此夏曾佑的《中国古代史》第一篇为"上古史"，而此篇的第一章为"传疑时代（太古三代）"，第二章为"化成时代（春秋战国）"，而我国历史上的"三代"王朝——夏、商、西周，是作为"并无信

---

① 邓之诚：《中华二千年史》叙录，中华书局1956年版，第4页。

② 同上书，第4—6页。

史"的"传疑时代",与"太古"作为同一阶段叙述的。《中国古代史》在第一章"传疑时代(太古三代)"的第四章"古今世界之大变"中说:

> 中国之史,可分为三大期。自草昧以至周末,为上古之世。自秦至唐,为中古之世。自宋至今,为近古之世。
>
> 则上古之世,可分为二期。由开辟至周初,为传疑之期。因此期之事,并无信史,均从群经与诸子中见之。往往寓言实事,两不可分,读者各信其所习惯而已,故谓之传疑期……
>
> 由周中叶至战国为化成之期,因中国之文化,在此期造成……

在此书第一章"传疑时代(太古三代)"第六节"上古神话"、第七节"庖牺氏"、第八节"女娲氏"、第九节"神农氏"之后,在第十节分析"神话之原因"时说,古人造文字,"必在生事略备之后,其初族之古事,但凭口舌之传,其后绘以为画,画后则画变为字"。"故一群之中,即有文字,其第一种书,必为记载其族之古事……往往年代杳邈,神人杂糅,不可以理求也。然既为其族至古之书……常为其俗所尊信。"而第二十二节"夏传疑之事"列举"一为益与启之事,一为羿浞之事"。益、启之事说法不一,"一以为天命归启,不归益(《孟子》),一以为益为启所杀(《逸周书》)",二者"则以其间必有一事矣。今既不得明证,存疑可也"。而羿浞之事,"《楚辞》、《左传》言之极详,似为古人之大事,然《尚书》无之,孔子又不答南宫适之问,《史记·夏本纪》亦削去其事"。"古人著书,其去取之际,必非偶然,恐别有大义,然不可知矣。"

在第一章第二十五节"桀纣之恶"中说,"今案各书中,所引桀纣之事多同,可知其间必多附会"。从各书中归结桀纣的六大罪恶:一为内宠,二为沈缅,三为土木,四为拒谏,五为贿赂,六为信命等。指出"桀纣之任命若此,夫天下有为善而相师者矣,未有为恶而相师者。故知必有附会也"。很显然,夏曾佑《中国古代史》接受了顾颉刚《纣恶七十事的发生次序》的影响。

而夏曾佑《中国古代史》的第二章"化成时代"(春秋战国)的第一节"东周之列王",开宗明义就说,"传疑时代之事已终,今当述化成时代矣"。所谓"化成时代",即"周自平王东迁,王室遂微,迄于亡,不复振……"由此,中国历史从此才进入了有史时期。

因此,夏曾佑《中国古代史》,也是赞成"东周以上无古史"的,因而把历史上的"三代"王朝夏、商、西周作为"传疑时期"处理的。

二 以商朝作为中国历史开篇的通史著作

这些著作，充分吸收了20世纪二十年代以来考古发掘所取得的新成果，诸如以河南渑池仰韶村的发现为代表的仰韶文化（当时称之为"红陶文化"）和山东历城城子崖龙山镇的发现为代表的龙山文化（当时称之为"黑陶文化"）的考古学成果。而1928年河南安阳殷墟科学考古的大规模展开和甲骨学研究的深入，使商代成为无可置疑的"有文字可考"的历史时代。特别是1931年安阳殷墟后岗"三层文化"的发现，即上层为白陶文化（即小屯文化）遗物，中层为黑陶文化（即龙山文化）遗物，下层为彩陶文化（即仰韶文化）遗物[1]，这就以地层学的证据，确立了仰韶文化、龙山文化、殷墟文化的年代发展序列，从而为历史学家从已知的商代历史，上溯史前的神话传说时代的探索提供了实物可据的新场景。

钱穆的《国史大纲》，就是以商王朝为中国历史开篇的著作，此书1940年由商务印书馆初版，1974年由我国台湾商务印书馆增订再版。此再版本一再重印，至1992年已印行十八版，1994年台湾又出版了第二次修订本，2002年商务印书馆又于北京出版此书修订本。60多年来，此书几经修订重印，其在中国史学界的影响可知。因此，顾颉刚在1947年出版的《当代中国史学》一书中，列举当时出版的"较近理想的"七部通史著作中，就有钱穆的《国史大纲》，并高度评价"钱先生的书最后出而创见最多"[2]。（图1—1）

钱穆《国史大纲》的第一编是"上古三代之部"。他在本编第一章"中原华夏文化之发祥"中认为，"上古史为全部历史之起点，应须求一明瞭之知解，然人类历史总可推溯到无人可说之一境，则上古史之探索，终不免于只成为一种比较近理之测想"[3]。《国史大纲》对上古史的探索，开始注意到"一、史前遗物之发掘"，即旧石器时代遗址的发现和新石器时代遗址的发现，并强调这些考古遗址的意义在于"由于此等发现，遂使国人古史观念，渐渐脱离了三皇五帝之旧传说，转移到有物可稽之新研寻，此不可不谓是近

---

[1] 梁思永：《后冈发掘小记》，《安阳发掘报告》第4期。
[2] 顾颉刚：《当代中国史学》，胜利出版公司1947年版，第85页。
[3] 钱穆：《国史大纲》，商务印书馆2002年版，第1页。

图 1—1 《国史大纲》书影

六十年吾国人古史知识上一大进步"[1]。与此同时，该书还注意到"二、传说神话之审订"。钱穆指出："今求创建新的古史观，则对近人极端之怀疑论，亦应稍加修正"，他对顾颉刚风靡一时的"层累地造成的古史观"发表了中肯的意见："从一方面看，古史若经后人层累地造成；惟据另一方面看，则古史实经后人层累地遗失而淘汰。层累造成之伪古史固应破坏，层累遗失的真古史，尤待探索。""各民族最先历史无不从追记而来，故其中断难脱离'传说'与带有'神话'之部分，若严格排斥传说，则古史即无从说起"，并要具体分析，"且神话有起于传说之后者，不能因神话而抹煞传说"。但"假造亦与传说不同，如后起史书整段的记载与描写，或可出于假造（以可成于一手也，如《尚书》之《尧典》、《禹贡》等），其散见各书之零文短语，则多系往古传说，非出后世一人或一派所伪造"。特别值得注意的是，"欲排斥

---

[1] 钱穆：《国史大纲》，商务印书馆 2002 年版，第 4 页。

某项传说，应提出与此传说相反之确据，否则此传说即不能断其必伪或必无有。亦有骤视若两传说确切相反，不能并立，而经一番新的编排与新的解释，而得其新鲜意义与地位者"。因此，中国古史的神话传说，诸如代表巢居时期的有巢氏、熟食时期的燧人氏、畜牧时期的庖牺氏、耕稼时期的神农氏等名号，"本非古所本有，乃属后人想像称述，乃与人类历史文化演进阶程，先后符合"①。

虽然《国史大纲》谓"现在讲比较可信的古史，姑从虞、夏起"，并加附论"《尚书》始于尧、舜，《论语》道古亦仅及尧、舜，《史记》乃上溯黄帝，此从孔子与六经，实不失为严谨之态度"，但该书又明确指出了"唐、虞时代的情形，决不能如《尚书》、《尧典》所记之美感"②。对于"大体夏代年历在四百、五百年之间"，附论进一步阐述说："《史记·殷本纪》所载商代帝王已有殷墟所得甲文为证，知其不虚。《殷本纪》诸帝王可信，《夏本纪》诸帝王即不必不可信。"③尽管如此，在章节安排上，虞夏还是与神话传说时期一起，作为"中国上古史之第一期"处理，而"殷商可谓中国上古史之第二期"，之所以如此区分，是因为"以其在近代已有直接史料发见，较虞、夏之纯为传说追记者更进一层"④了。因而从这个意义上说，钱穆《国史大纲》中国历史的开篇应是"第二章、黄河下游之新王朝——殷商时代"。

《国史大纲》说，"商王朝继夏王朝而起，最近有关该时代直接史料之发现，对于中国古代史之可信价值，有甚大之贡献"，并附论说，"关于殷商一代新发现的直接史实，其主要者为殷墟甲骨文字"，其出土地河南安阳小屯村，"地在洹水南，洹水三面环之，正合《史记·项羽本纪》所谓'洹水南殷墟上'也"⑤。

《国史大纲》第二章之"一、殷代帝系及年历"说："《史记》载殷帝王有名字世次，无年数，略如夏代。""最要者，《史记》所载，乃为最近新发现之殷墟甲骨文字所证实。"王国维《观堂集林》卷九所收《殷卜辞中所见

---

① 钱穆：《国史大纲》，商务印书馆2002年版，第8—9页。
② 同上书，第11页。
③ 同上书，第14页。
④ 同上书，第20页。
⑤ 同上书，第21页。

先公先王考》及《续考》两文为此作出了重大的贡献。不仅如此，夏"桀与汤同时，则禹与契亦略同时，《史记》所载殷代汤以前事，既有甲骨文为之证明，则《史记》载夏代桀以前事，虽此时尚无同样直接之史料为之作证，而《史记》之非向壁虚造，则可不证自明矣"。所以，关于虞、夏的种种传说自有来历，"与凭空假造不同也"①。因此，本书"一、殷代帝系及年历"、"二、殷人居地之推测"、"三、殷人文化之推测"、"四、殷周关系"等，要比论"中国史之开始虞夏时代"的第一章详备多了。从这个意义上说，钱穆的《国史大纲》这部史学名著，是以商朝为中国历史开篇的。

另一部名著是张荫麟的《中国史纲》。此书初版于1941年，由浙江大学史地教育研究室石印五百册出版，后又于1942年加以校订增加第九至第十一章再版。顾颉刚在《当代中国史学》中，对《中国史纲》一书倍加推崇，认为此书在当时大量涌现的通史著作中，是"较近理想"的一部。其评价《中国史纲》说："张荫麟先生亦以极简洁的笔调，集合数人的力量，写一通俗的通史，不加脚注，不引原文，使有井水处，人人皆于史事。汉以前由张氏自撰"，即此书虽名《中国史纲》，但至"东汉的建立及其开国规模"戛然而断。之所以如此，是因为"张氏英年早逝"，因此顾颉刚等学者无比惋惜并"甚盼"其他先生能本其书体例，完成其志愿。

张荫麟《中国史纲》之所以受到学术界推崇，是因其撰著者深厚的功力。张荫麟的中国通史研究工作，"及为史，虽皆旧闻，独运以深湛之思，清新之笔，不以例证厕之，其体号严洁"。因此，《中国史纲》备受时人推崇，谓"自任公（著者按：即梁启超）没，二十年来，无此作也"②。

正是《中国史纲》在20世纪40年代中国史学发展史上占有重要地位，所以上海古籍出版社于1999年12月重印出版，2001年又第二次印刷。虽然这位三四十年代被誉为学界"奇才"，并颇负盛名的史学家"张荫麟的名字，对今日大多数学人恐怕都感到陌生"③了，但其"久违了"的《中国史纲》竟在三年内二次印刷了11100册，就说明此书直到今天，仍具有重大学术价值和拥有广大的读者群。

《中国史纲》的第一章以"中国史黎明期的大势"为题，开篇就是从商

---

① 钱穆：《国史大纲》，商务印书馆2002年版，第21页。
② 王焕镳：《张君荫麟传》，《中国史纲》附录，上海古籍出版社2002年版，第227—229页。
③ 王家苑：《中国史纲》导读，上海古籍出版社2002年版，第3页。

朝开始的，第一章的第一节就论及"商代文化"。应该说，其内容"就中国史学的发展上看，过去的十年来可算是一新纪元中的一小段落；在这十年间，严格的考证的崇尚，科学的发掘的开始，湮没的旧文献的新发现，就研究范围的垦辟，比较材料的增加，和种种输入的史观的流播，使得司马迁和司马光的时代顿成过去，同时史界的新风气地结成了不少新的，虽然有一部分还是未成熟的成果"①的具体反映。

《中国史纲》在以"商代文化"为全书的开篇以后，便在第二节述及"夏商大事及以前之传说"了，这是因为"严格的说，照现在所知，我国最初有文字记录的时代是商朝，略当于公元前十八世纪中叶至十二世纪中叶。本书即以商为出发点，然后回顾其前有传说可稽的四五百年，即以所知商朝的实况为鉴别这些传说的标准"②。

《中国史纲》认为，商朝以前的历史，"关于夏朝，我们所知，远更模糊，例如夏朝已有没有文字？有没有铜器？其农业发展到什么程度？其政治组织与商的异同如何？这些问题都无法回答。在后人关于夏朝的一切传说和追记中，我们所能抽出比较可信的事实，大要如下……"③

而"我们若从夏朝再往上溯，则见历史的线索迷失于离奇的神话和理想化的传说中不可析辨了"④，"但其中有一部分和后来历史的外表，颇有关系"，诸如尧舜"禅让"的故事以及启践帝位（一说益和启争位，为启所杀）等。而"一位值得提到的传说中重要人物"——黄帝，"他所占故事中的时代虽在尧舜之先，他的仁德却似在尧舜之后，照传说的一种系谱（《史记·五帝本纪》），他是尧的高祖，舜的八世祖，禹的高祖（舜反比禹低三辈，这很奇怪）"⑤，如此等等。商朝以前，是"层累地造成的古史"的神话传说时代，与"我国最初有文字记录的时代是商朝"的实际情况是不同的。

三　唯物史观指导下撰著的通史著作

新史学家们以商代历史为开篇，重新构筑中国古史体系，并取得一批重

---

① 张荫麟：《中国史纲》自序，上海古籍出版社 2002 年版，第 1—2 页。

② 同上。

③ 同上。

④ 同上书，第 11 页。

⑤ 同上书，第 12 页。

要成果。与此同时，以郭沫若为代表的马克思主义史学家异军突起。他们用历史唯物主义为指导，重新解释被"疑古学派"彻底否定了的古代文献材料，并充分吸收了考古学成果和民族学资料，写出了一批有影响的著作。郭沫若于1930年出版的《中国古代社会研究》①，就是我国的马克思主义历史科学的奠基之作。《中国古代社会研究》在导论"中国社会之历史的发展阶段"中，就专论"殷代——中国历史之开幕时期"。（图1—2）

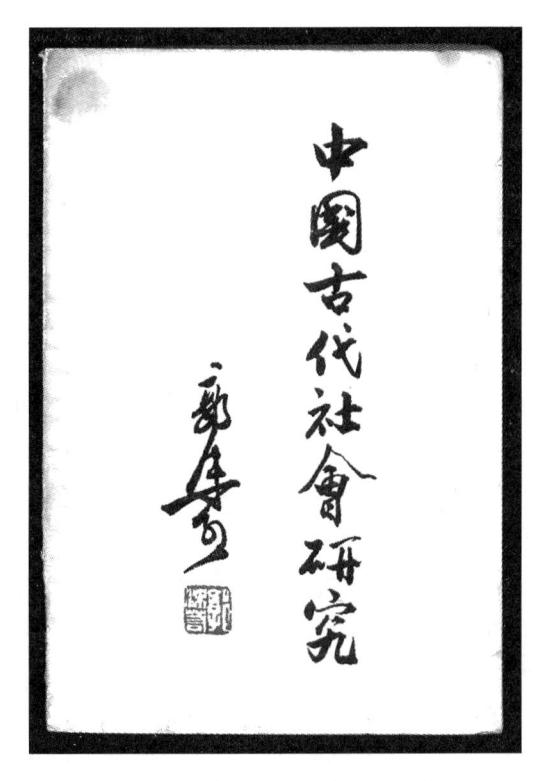

图1—2 《中国古代社会研究》书影

郭沫若在导论中论断说："《尚书》是开始于唐虞，《史记》是开始于黄帝，但这些都是靠不住的，我们根据最近考古学的知识所得的结果是：

（一）中国的古物属于有史时期的只出到商代，是石器、骨器、铜器、青铜器，在商代的末年可以说是金石并用的时期。

---

① 《中国古代社会研究》，1930年3月由上海联合书店出版第一版，后又增补再版。

（二）商代已有文字（三十年前①在河南安阳县有龟甲骨板锲刻着的贞卜文字出现），但那文字百分之八十以上是象形图画，而且写法不一定……可以知道那时的文字还在形成的途中。

（三）商代的末年还是牧畜为主要的生产时期，卜辞用牲之数每每多至三百四百以上，即其证据……

我们就根据着这三结论，可以断言的是：商代才是中国历史的真正起头！"

不仅如此，郭沫若还进一步指出："在商代都还只是在文字构造的途中，那么唐虞时代绝对做不出《帝典》、《皋陶谟》、《禹贡》，在黄帝时代更绝对做不出《内经》、《素问》以及已经消灭的一切道书，更在以前的什么《三坟》、《五典》、《八索》、《九丘》，更不用说了。"②同时，郭沫若在"殷代——中国历史之开幕时期"之前，还用人类社会历史经过的共同规律，即"把社会发展的阶段一般，简略地叙述了出来"，并指出："不过中国的古人只知道有那种生活的现象而没有人详细地去研究过那种原始社会的各种结构，在这儿我们仍然不能不多谢近代的学者，特别是美国的摩尔根与德国的恩格斯了。"③郭沫若极力推崇摩尔根的《古代社会》和恩格斯的《家庭、私有制和国家的起源》二书"是把古代社会的秘密——特别是由氏族社会转移到国家组织的变迁，已经剔发了出来。这两部书不久的将来一定有介绍到中国来的时候"④，而且身体力行，结合中国古史的实际，论述了商代以前"黄帝以来的五帝和三王的祖先的诞生传说都是'感天而生，知有母而不知有父'，那正表明是一个野合的杂交时代或者血族群婚的母系社会"。而古史所谓"禅让"，"那不是一各姓的酋长军长在开氏族评议会，在推选新的酋长或军长吗？"所谓尧舜禹的传说，"都是二头政长，在尧未退位以前是尧舜二头，在尧退位以后是舜禹二头，尧时又有帝挚为对，均与西印度人之二头盟主相合"，如此等等，"这些正是古代传说中所保存着一些氏族社会的影子"⑤。这不仅比当时的一些通史著作，或自秦代开篇，而略去商朝和西周以

---

① 作者按：即1930年之前的30年——1899年。
② 郭沫若：《中国古代社会研究》，人民出版社1954年版，第8—9页。
③ 同上书，第3—4页。
④ 同上书，第3页。
⑤ 同上书，第10页。

上的历史，或称之为"传疑时代"要大大前进一步。就是与以商代为开篇的通史著作相比较而言，他们一般把其前称为神话传说时期也大大前进了一步。即郭沫若把神话传说所反映的史影，纳入人类社会发展普遍经历过的原始社会发展的历史阶段之上。

郭沫若还敏锐地发现了"由氏族社会转移到奴隶制国家的这个关键，古人也是注意到了的"，即"用古代的话说来便是'由帝而王'，古时的人以为尧舜传贤而夏禹传子，是家天下的开始，贬称帝号为王，所以在夏禹以前都是帝，在夏禹以后便成了三王"[①]。

郭沫若于1931年又出版了《甲骨文字研究》，此书堪称《中国古代社会研究》的续篇，在书中《释籍》、《释勿勿》、《释朋》等篇继续对商代社会经济基础进行了探索。而《释臣宰》等论述了商代"臣民均古之奴隶，宰亦犹臣"。但"臣宰视民为贵"，"民"是被征服民族中的较为强悍者，而"臣"、"宰"是较为顺从并帮助征服者统治本民族的人……总之，郭沫若《中国古代社会研究》和《甲骨文字研究》二书"辅车唇齿"，是他早年用唯物史观研究甲骨文中所反映的商代社会从经济基础到上层建筑，以及意识形态等历史实际的代表作，是中国马克思主义历史研究的奠基石。

随着郭沫若对历史唯物主义理解的更为全面和深入，以及他对文献材料、青铜器铭文的整理和研究又有了全新的进展——特别是随着甲骨文发现、公布材料的增多和研究有了新的突破——从而使"以前不认识的事物后来认识了，以前认错了的后来改正了。我们要根据它作为社会史料，就应该采取'迎头赶上'的办法，把它最前进的一线作为基点而出发"[②]。因此，郭沫若在1945年出版的《十批判书》的《古代研究的自我批判》中，又全面论证了"中国历史之开幕"时期的殷代奴隶社会"确已使用大规模的奴隶耕种，是毫无问题的"。因而要对自己"十几年前认为殷代是原始公社制末期的那种看法，当然要修正才行"[③]。"靠着殷墟的发现，我们得到一大批研究殷代的第一手资料，是我们现代考古者的最幸福的一件事，就靠着这一发现，中国古代的真面目勉强半表露了出来，以前由后世史家所累积构成的三皇五帝的古史系统已被证明全属子虚，即是夏代的有无，在卜辞中也还没有

---

① 郭沫若：《中国古代社会研究》，人民出版社1954年版，第11页。

② 郭沫若：《古代研究的自我批判》，《十批判书》，科学出版社1960年版，第5页。

③ 同上书，第17页。

找到直接的证据,但至少殷代的存在是确实被保证着了。"①

此后,愈来愈多的考古材料为郭沫若"殷代是奴隶社会"的论断提供了新证据。与此同时,不少唯物主义史学家的通史著作,也普遍接受了郭沫若的一系列观点。因此他在 1950 年《十批判书》的"改版书后"更相信自己看法的正确。他说:"在今天看来,殷周是奴隶社会的说法,就我所已接触过的资料看来,的确是铁案难移。"

郭沫若的唯物主义中国古代社会研究,不仅为马克思主义历史科学在中国的建立奠定了基础,而且也引起新史学开路者顾颉刚的高度重视。他在 1947 年出版的总结性著作《当代中国史学》中,极力推崇郭沫若为研究"最有成绩"的"大师"之一。"郭先生应用马克思、莫尔甘等学说,考索中国社会的真实情状,成《中国古代社会研究》一书,这是一部极有价值的伟著,书中虽不免些宣传的意味,但富有精深独到的见解,中国古代社会的真相,自有此书后,我们才摸着一些边际。这部书的影响极大"②。

周谷城的《中国通史》,也是在唯物史观指导下写出的一部通史著作。此书自 1939 年出版以后,至 1957 年共印行了 16 次。1957 年经第一次修订,上海人民出版社印行 2 次。1981 年上海人民出版社又经第二次修订重版。从《中国通史》问世 40 多年来,几经修订重印,就可以看出此书在中国史学界的影响。本书第一篇古代史的第一章为原始社会史及古代史的大势。其中第一节为"原始社会史",第二节为"新石器时代晚期人民的生活",而"新石器时代晚期,即前属所述的仰韶期或彩陶期,也即是公元前 2200 年到公元前 1700 年间的这一时代,在中国史上有其重要性,如历史时期的商代或小屯期,虽不是直接继续仰韶期的,然它的文化却与仰韶期有渊源关系"③。在"第三节中国古代史的大势"中说,"单就朝代言,中国古代史,至少可以包括夏、商、周、秦、汉这些朝代"。《中国通史》认为,"传说的夏代约在公元前二十一世纪到公元前十六世纪,当时的情形如何,现在虽无确证,但商代的文化已经很高,断不是出自突然……我们推测直接着商以前的夏代必有相当高的文化",商代是尚"无确证"的夏代的继续。

而"商代直接着夏,约在公元前十六世纪到公元前十一世纪。这时已有

---

① 郭沫若:《古代研究的自我批判》,《十批判书》,科学出版社 1960 年版,第 4 页。
② 顾颉刚:《当代中国史学》,胜利出版公司 1947 年版,第 100 页。
③ 周谷城:《中国通史》,上海人民出版社 1981 年版,第 25 页。

金属器物，已有农耕畜牧及手工业与商业等的分工，已有阶级对立，已有政治组织，已有文字历法及其他高级文化的创造，已进入奴隶制社会阶段"[1]。虽然《中国通史》第二章把"古人对自然的斗争"，概括为"一、与水的斗争；二、历法的发明；三、工具的演进；四、生活的改善；五、阶级的对立"等五项，这里的所谓"古人"，主要指"自殷以前不久，经过殷代，到殷以后不久"这段时间。但"殷以前不久"这段时间的古人"与水的斗争"、"历法的发明"、"商代以前的生活"等方面的论述多为神话传说，只有"经过殷代"的"商代的历法"、"商的畜牧业与农业"、"奴隶主与奴隶的对立"等有甲骨文材料为据，而"商的铜器"、"商代及其前后的城市工商"有考古发掘为证，才堪称信史。因此我们可以看出，周谷城《中国通史》也是以"有文字记载的历史时代，自殷代开始"[2] 的。

吕振羽的《简明中国通史》，也是一部以唯物史观为指导撰著的通史著作。此书1941年出版，1948年增订出版，1954年又修订再版，是一部在中国史学界有广泛影响的历史著作。吕振羽撰著的这部《简明中国通史》的"基本精神，在把人民历史的面貌复现出来"[3]，因此，在第一章绪论之后，就把古史神话传说的"燧人氏"、"伏牺氏"和图腾崇拜等作为第二章"原始公社制前期"叙述，而把"神农制耒耜"、"尧舜传贤"、"夏禹传子"、"水患及部落战争"放在第三章"原始公社制后期"论述。作者指出，"到传说的'夏桀'时期，氏族制已到末日"。"这种过渡形态的政治权力和婚姻制度，随同父家长的奴隶制向生产奴隶制转化的完成，也完成了其转化了。从而原始公社制社会，便为'文明'的'政治社会'所代替，而首先走完这种过程的是商族。"[4] 这实际上是明确提出把商朝作为中国历史的"开幕"，比郭沫若《中国古代社会研究》主张的"殷代——中国历史之开幕时期"尚为"原始公社制末期"更前进了一步，并特别指出了商以前有关原始公社制"这一传说时代的人物名，多系氏族或部落名称，这些人物及与这些人物结合的历史事象，每表现着错乱混淆"。之所以如此，"正是传说的本色，由于后人根据远古的传说，一一拿去和一个

---

[1]　周谷城：《中国通史》，上海人民出版社1981年版，第28—29页。

[2]　同上书，第31页。

[3]　吕振羽：《简明中国通史》完稿序（1948年），人民出版社1955年版。

[4]　吕振羽：《简明中国通史》，人民出版社1955年版，第42页。

传说的人物相结合而发生的结果"。并特别强调"我们所注重者,则在那些传说能说明一个历史时代的轮廓"①。

《简明中国通史》第四章"殷朝的奴隶所有者国家",便是取代原始氏族公社制社会的"文明"的"政治社会",特别是发现的商朝甲骨文表明,当时"应用的单字已考知者为一千到一千五百字左右,其中象形字亦已不少,这与拉丁系的声音字母的文字发展阶段相当"。此外,"《商书·盘庚》上、中、下三篇及《微子》篇,是殷奴隶所有者的长篇记录和文告;甲骨文片中,又有一片天干地支再配合所成之一甲子周转的历书,其他长至五六十字的占卜记事的作品亦所多见",因而说明了"殷人对于国家文献,并曾系统编纂作为档案而保存"②。古文献和甲骨文记载表明,"自公元前一千四百年代盘庚迁都殷后,到公元前一千二百年代的二百余年间,是殷朝奴隶制所有者国家经济、政治、文化的全盛时期"。"但到了公元前一千二百年代的武乙时,殷朝奴隶所有者国家便开始衰落了。首先表现为奴隶劳动力的缺乏(《殷虚书契前编》6·19·2'佳我奚不足')与生产衰落,同时自由民阶级的腐化,普遍沉溺奢侈、纵酒、游畋、安逸的生活,连公务和兵役等,也尽量靠使用奴隶去充当。从而政治日趋腐败,兵力日益衰退,渐丧失其编制属领与远征的力量"③,已是奴隶社会的末期了。

因而《简明中国通史》在"殷纣亡国"以后,就进入了第五章"西周(公元前1122—前770年)初期封建制度的成立"。而上述种种就是我国历史上,首先进入"文明"的"政治社会"商朝的历程。

范文澜的《中国通史简编》,也是一部有较大影响的史学名著。此书于1941年在延安出版,并在各大根据地流行。第一编于1949年9月人民出版社重新出版,1955年印行修订本第3版。《中国通史简编》修订本第一编主要叙述了我国原始公社到中央集权的封建国家的统一——远古至秦统一这段时期的历史。本编"企图用历史唯物主义的观点和方法给中国古代史画出一个基本的轮廓来"④。(图1—3)

---

① 吕振羽:《简明中国通史》,人民出版社1955年版,第47页。
② 同上书,第67页。
③ 同上书,第60页。
④ 范文澜:《中国通史简编》(修订本)第一编,人民出版社1955年版,第1页。

图1—3　《中国通史简编》书影

　　《中国通史简编》修订本第一编的"第一章、原始人与原始公社时代"，主要叙述了"原始公社遗迹"、"传说中的中国远古居民"、"关于尧、舜、禹的传说"、"原始公社制度"等内容。范文澜指出，"从黄帝到禹的社会制度，是原始公社制度。当然，这并不是说，黄帝以前没有原始公社的存在"①；而本书的"第二章、原始公社逐渐解体到奴隶制时代——夏商（殷）"的第一节是"夏朝的传说"，就是"从启至桀十六帝，十三代"的历年也所记不一，"据《竹书纪年》说，从禹到桀四百七十二年，《三统历》说四百三十二年"，但"《史记·殷本纪》所记殷王世系，经卜辞证明是正确的"。因此，"《夏本纪》所记夏帝世系，可信也有所本"②。既然夏朝的史实多属传说，因而"夏朝文化遗址，迄今还没有得到确实的证明。但龙山文化层在仰韶之上，殷商之下，却是确然无疑的事实"③。因此，第二节即为"假设的夏朝遗迹"，认为"仰韶、龙山、小屯可以说是一脉相传的华夏文化"④。

　　虽然《中国通史简编》修订本第一编是把夏商一起作为"原始公社的解体到奴隶制时代"的转化时期处理，但所谓"夏朝"，充其量是"传说"，连

---

① 范文澜：《中国通史简编》（修订本）第一编，人民出版社1955年版，第99页。
② 同上书，第103页。
③ 同上书，第104页。
④ 同上书，第106页。

"遗迹"也尚处在"假设"之中。因此,《中国通史简编》修订本第一编也是把商朝作为有文字记载历史的开始的,"照现有《尚书》中的商书和地下史料说来,商是中国用文字传下来的历史底开始"①。本书在"夏朝的传说"以后,就是第三节"商朝事迹"了。"自契至汤凡十四代","祖先有功德的才用报祭,上甲微到报丁四代都用报祭,想见这四代建立商的强大基础"②,即甲骨文证明了的上甲、报乙、报丙、报丁四王。而在第四节谈"商朝的生产方式"时,《中国通史简编》赞成王国维《殷周制度论》之"商周间大变革……是旧制度废而新制度兴,旧文化废而新文化兴"的意见,认为"在中国,正是奴隶制度占主要地位的时代"③。"商社会由百姓(包括贵族与自由民)与民(包括宰与各类奴隶)两大阶级构成,可以确定为奴隶制度的社会。"④ 但在商朝,已经"出现助法,封建制度事实上已经形成了,不过比起奴隶制度来,它只是处于次要地位"⑤。商朝社会内部生产关系的发展和阶级矛盾的加深,使商朝后期处在奴隶制度临近崩溃,而封建制度逐渐形成了。

　　翦伯赞的《中国史纲》第一卷(先秦史·殷周史),是把历史上的夏代作为氏族社会的没落和向阶级社会转化时期处理的。而商朝,由于殷墟甲骨文和考古新成果提供了大批"新的真实资料",从而使"中国的古史,始得上溯于殷商时代"。此书完稿于1941年"皖南事件"之后,于1944年由重庆五十年代出版社出版,也是一部在唯物史观指导下撰著的有较大影响的通史名著。1946年上海书店又以"新中国大学丛书"之一种出版,1947年又再版。新中国成立以后,三联书店又在1950年再版。此书虽名为《中国史纲》,但其涉及的内容"上起开天辟地,下迄殷周之世。其所论述的范围,是秦以前的中国古史"。因此,1998年北京大学出版社出版定本改题为《先秦史》(以下文中均从新题),并于1999年印行第二版。

　　翦伯赞的《先秦史》之所以受到史学界的重视并几经重印,是因为此书充分反映了当时中国史学研究的水平,并以唯物史观为指导,对一些重大历史问题阐述了自己的看法。翦伯赞在1943年的《中国史纲》"序"中指出:"几千

---

① 范文澜:《中国通史简编》(修订本)第一编,人民出版社1955年版,第122页。
② 同上书,第107页。
③ 同上书,第110页。
④ 同上书,第114页。
⑤ 同上书,第115页。

年来，秦以前的古史，只不过是飘浮于神话与传说中之一些扑朔迷离的阴影而已。历代学者，对于一些古史的论著，也只是传神传怪，捕风捉影，因误正误，以讹传讹，浸至荒诞不经，极奇离诡谲之大观"，大有重建新史学体系之必要。但是，"秦以前的古史走向科学的阶段，不过最近二十年左右之事。其所以能致此者，一方面，固然是新的科学，如地质学、古生物学、人类学、考古学、民俗学等的发现；另一方面，又是中国史学自身发展之必然的归结。所谓中国史学自身的发展，即由盲目的信古而进到疑古，更由消极的疑古，而进到积极的考古。前者就是所谓辨伪学而后者便是所谓金石学、考古学"。翦伯赞特别强调考古学对新史学建设的作用："中国古史之能更进一步的发展，乃是由于近年以来考古学之不断发现。"远古遗物的不断出土，"提供了中国古史研究以新而又新、真而又真的资料。这些新的真实资料，不但可以考验文献上史料之真伪，而且还可以补充文献上的史料之缺失"。正是由于殷墟大批甲骨文和商代遗物的出土和研究的深入，"于是中国的古史，始得上溯于殷商时代"。而由于甘肃、河南等地新石器时代文化的发现，"于是中国的古史始得上溯于传说中之'夏代'乃至'尧、舜、禹'及'神农、黄帝'之世"。

《先秦史》充分反映了自20世纪20年代以来，"疑古学派"辨伪书、疑古史和新兴的考古学所取得的成果，并用唯物主义社会发展史观研究中国史。在书中"一、前氏族社会（原始群）"，论述了"早期旧石器文化与原始采集经济——有巢氏时代"、"中期旧石器文化与采集狩猎经济——燧人氏时代"、"晚期旧石器文化与采集、狩猎经济之发展——伏牺氏时代"。在该书"二、氏族社会"中，论述了"早期新石器文化与畜牧、种植的发明——神农、黄帝时代"，"中期新石器文化与畜牧、种植经济的发展——尧、舜、禹时代"，"晚期新石器文化与田野农业之出现——夏代"。在当时，《先秦史》是"把夏代看作是'氏族社会'的没落和向阶级社会转化的时期"处理的。之"所以这样，和文献不足征，考古资料少有关系。在当时史学界中，不少人对'夏代'是否存在，持怀疑态度"[①] 的。翦伯赞《先秦史》对商代以前如此处理，是难能可贵的。而该书"三、奴隶社会"的"第九章、商族的起源与古代国家的建立"，在"第一节、古代的世界与古代的中国"中，论述了中国自商代"走进古代社会的时代，在世界另一角落，也有些人类，他们的文化也达到了与中国同样的历史阶段。尼罗河岸的塔影，底格里斯河岸的

---

① 张传玺：《翦伯赞〈先秦史〉校订本序》，《先秦史》，北京大学出版社1999年版。

古碑，和黄河中游的兽骨龟甲文字，正是这一时代三大文化据点之特征"①。在这里，不仅商朝是中国有文字可考历史的源头，而且甲骨文与早期文明世界同时的古埃及金字塔、亚述帝国的汉谟拉比法典古碑铭交相辉映。

在"商族的大征服与夏族的大移动"过程中，许多氏族成为商代国家之隶属，他们也就成为商代奴隶社会经济的一部分。而商代奴隶制经济的进一步发展，又促进了许多被征服氏族向奴隶制经济转化的过程。"这样交互的历史作用，遂完成了商代种族国家，便达到了完全的成熟时期"②。到了商朝后期，"为了开辟新的市场和掠夺更广大的世界，于是更大规模的战争便不断展开了"。其后果是使"商代奴隶大众和零落的自由民之革命情绪的高涨；另一方面，是被征服的异族之蜂起叛变，尤其是西北诸属领以周族为领导，不久便形成了一个反抗商代奴隶国家统治的武装集团"。因商朝的奴隶大部分来自西北诸属领，这些属领叛乱以后，"商人便失掉了一个获得奴隶的主要来源，因而各种生产部门，都感到劳动力的缺乏。这样，商的奴隶制经济，便开始了崩溃的过程"③。与此同时，商朝后期"庄园制度"即井田制度的发展，由于奴隶不足，"土地贵族，不能不把大块的土地划分为许多较小的区域"。这就"在客观上，奴隶却因此而得到部分之解放，而出现为后来农奴的前辈"。由于自由民的破产和商中央政权的衰落，"这些土地贵族，便渐渐保持其相对独立的性质，俨然有些后来封建诸侯的神气。这样看来，商末的经济，已经自发地开始了它的变革过程了"④。因而随着公元前1122年周武王伐纣和"前徒倒戈"，西周王朝建立并"能在奴隶所有者国家的废墟上，建立起初期封建制国家"。此后，就是翦伯赞《先秦史》"四、初期封建社会"——西周王朝的社会和经济构造的历史内容了。

"自从郭沫若的《中国古代社会研究》问世以后，中国的古史才第一次用科学的方法由秦汉上溯于殷周之世。"以郭沫若为代表的一批马克思主义历史学家，为构建新史学，撰著了一批有影响的史学成果。周谷城、吕振羽、范文澜和翦伯赞等学者，充分吸收20世纪20年代以来学者疑古辨伪所取得的成就和考古学所取得的新史料，不仅以殷代为中国历史开篇，而且进一步研究"殷

---

① 翦伯赞：《先秦史》，北京大学出版社1999年版，第125页。
② 同上书，第137页。
③ 同上书，第178—179页。
④ 同上书，第180—181页。

以前的古史，虽属于极遥远之太古时代；但是总是中国史上的一个历史时代，而且这一时代的历史，还是后来的中国历史发展之最原始的基础"。也就是说，"把殷周及其以前的古史，从神话的霉锈中洗刷出来"，"至少它已使这一段古史，显出了它本来的面目。一言以蔽之，从神的历史还原为人的历史"，马克思主义史学家与时俱进，把新史学的重建大大向前推进了一步。

尽管唯物史观在我国史学界显示出了极大的生命力和被愈来愈多的人所首肯，但并不是为所有的人所接受，因为他们的古史研究成果自然显露不足和局限。诚如翦伯赞所指出的："然而时至今日，中国还有不少的历史家，对于近千年来固有文化的成果并不接受，对于科学的发现，亦视若无睹，而仍然昏迷于神话与传说之中；以至近来许多历史的巨著，不是把史前的社会避而不论，便仍然以神话的汇编当作真实的古史"，并尖锐地指出："若把神话人物当作一个古帝先王看，则无异是白昼见鬼"[1] 了！

第二节　商族社会的演进与上甲时商部族奴隶制方国的形成

崛起于夏朝东方的商人，以"七十里为政于天下者，汤是也"（《孟子·公孙丑上》）。在公元前21世纪，"殷革夏命"（《尚书·多士》），建立了我国历史上第二个奴隶制王朝——商朝。

在商汤灭夏前夕，曾"为夏方伯，得专征伐"[2] 的商人部族，究竟处于何种社会发展阶段，学者间的看法是很不相同的。由郭沫若主编的《中国史稿》认为，"商的'王族'是贵族中最显赫的，世代袭取了部落最高首领职位，并把部落组织逐步转变为阶级压迫的机构，发展为奴隶制的国家。从上甲微到汤的七代中，逐渐具有了国王的权力"[3]；由白寿彝主编，于1998年出版的《中国通史》第三卷则认为上甲微战胜有易，是商族"生产已有剩余可供交换，出现了掠夺财富的战争，私有财产可能已产生"[4] 的反映，此时

---

[1]　翦伯赞：《中国史纲·序》，《先秦史》，北京大学出版社1999年版。
[2]　《史记·殷本纪》集解引孔安国说。
[3]　郭沫若主编：《中国史稿》第1册，人民出版社1976年版，第158页。
[4]　白寿彝主编：《中国通史》第3卷，《上古时代》（上册），上海人民出版社1998年版，第229页。

尚处父系氏族社会；"而灭夏后的商族，在不能把夏族部落成员吸收到自己氏族团体里来，又不能通过氏族团体去统治他们的情况下"，"军事首长的权力变为王权的时机便来到了"，因而"成汤可能就是这样逐渐变成商王朝的第一个统治者的"。王玉哲于 2000 年出版的《中华远古史》则认为，"商族在建立王朝以前，是一个迁徙频繁的氏族或部落"[1]，直到"盘庚迁殷前后，国家的两个特征已经具备"，因此，"商代到这个时期，国家才正式出现"[2]。

上述几部有影响的历史著作，不仅对商汤灭夏前所处文明发展阶段认识不同，而且对这一时期文明进程的具体论述也语焉不详。因此，我们在这里拟就殷先公先王自上甲以后发生了深刻的社会变化，并在商汤灭夏前已初步形成了商部族奴隶制方国等问题谈一些粗浅的看法。

一　殷先公先王名号的变化与商族社会的演进

《史记·殷本纪》所列商族，是自"兴于唐、虞、大禹之际"的始祖契起，至"自燔于火而死"的商朝末王帝纣的世系，即学者所称的殷先公先王。王国维最早对殷先公先王进行了界定，他于 1917 年发表的《殷卜辞中所见先公先王考》及《续考》两篇名文，把商族灭夏以后的"汤至于帝辛二十九帝"列入了"商先王世数"，称之为"先王"。对自契以降至先王大乙汤以前的商人诸先世，特别强调"先公当自上甲始"，而"上甲以后诸先公之次当为报乙、报丙、报丁、主壬、主癸"[3]。王国维关于殷先公先王的界定，很快就为学界所接受并有着广泛的影响。

但是，随着甲骨文出土的增多和甲骨学研究的深入，王国维关于殷人先世上甲为"先公"始就受到了挑战。郭沫若 1933 年在《卜辞通纂》第 362 片考释中指出："殷之先世，大抵自上甲以下入于有史时代，自上甲以上则为神话传说时代。此在殷时已然，观其祀典之有差异，即可判知。"陈梦家 1956 年在《殷虚卜辞综述》中也明确指出："由于系统祭祀（周祭）的发现，王国维以上甲至示癸六世为先公的说法，已不能成立。上甲以前，属于神话传说时代，也可以得到证明。"而以上甲为界，把殷世系分为"上甲以前的

---

[1]　王玉哲：《中华远古史》，上海人民出版社 2000 年版，第 195 页。
[2]　同上书，第 249 页。
[3]　王国维：《殷卜辞中所见先公先王考》，《观堂集林》第 2 册，中华书局 1959 年版。

先公部分"和"上甲以后先王先妣"① 进行研究。(图 1—4)

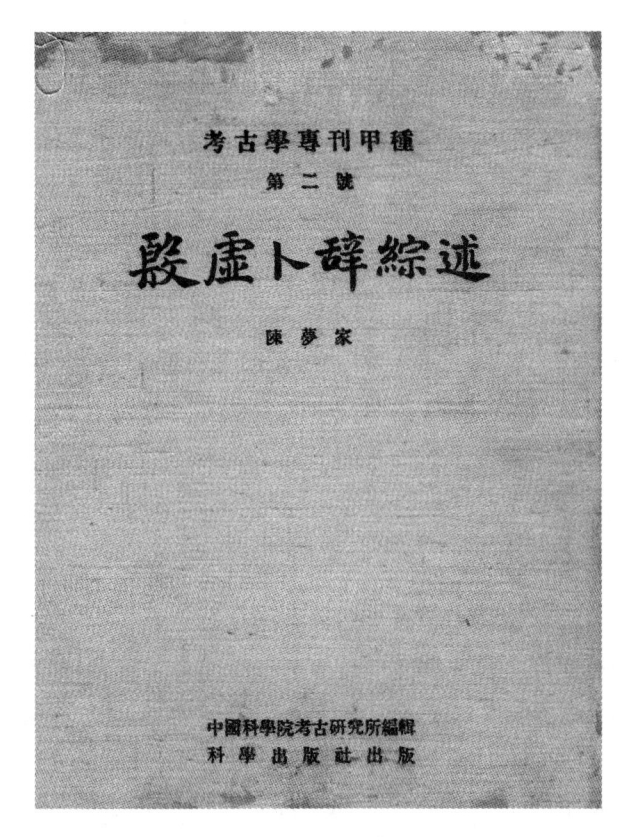

图 1—4 《殷虚卜辞综述》书影

殷人先世何者为"先公",何者为"先王",对我们深入研究商族社会形态的演进很有意义。陈梦家等学者不囿于旧说,提出殷先王自上甲起,并"分《殷本纪》世系为三系"②,对比了殷人先世名号在上甲以前及其后发生的重大变化,为我们探索发生这一变化的深层社会原因提供了启示。

《殷虚卜辞综述》所分"第一系共八世父子相传,其次序是帝喾—契—昭明—相土—昌若—曹圉—冥—振"。并指出:"最后一世'振'应据《世本》作核,相当于卜辞的王亥。除此以外,皆不见卜辞。学者间尝试用卜辞

---

① 陈梦家:《殷虚卜辞综述》,科学出版社 1956 年版,第 335 页。

② 同上书,第 378 页。

人名勉强比附，而实在无一是处。""此系人名，与第二、三系显然不同者，是皆不以天干为名。"

《综述》所分"第二系共六世父子相传，其次序是微—报丁—报乙—报丙—主壬—主癸"。此六世"相当于卜辞自上甲（微）至示癸六世。据卜辞报丁应在报丙之后，今本《殷本纪》因经后世传抄故误植于前"。

《综述》所分"第三系共十七世与第二系合并"，即将上甲至示癸六世与大乙至帝辛十七世合并，列为表一、《殷本纪》世系表。并指出："《殷本纪》所记第三系，与卜辞除有小异外，大部分是相合的。"

《史记·殷本纪》"振卒，子微立"。索隐说："皇甫谧云：'微字上甲，其母以甲日生故也。'商家生子，以日为名，盖自微始。"我们可以看到，在《综述》第368页所列第三系"《殷本纪》世系表"中，自微（上甲）以下至帝辛共二十三世而已。而《综述》第379页所列之"卜辞世系表"，大部分也与《殷本纪》相合，其修正《殷本纪》者有二处，即"（1）外丙在大甲之后，（2）雍己在小甲、大戊之后，中丁之前"。表中的世系，就为上甲—报乙—报丙—报丁—示壬—示癸……因此，我们从《综述》所列诸表，就可以看出商族自上甲微开始，先王命名制度发生了重大变化。上甲称微，反映了他与世系中所列诸先世传统名号的习俗仍有一定的关系，即"《殷本纪》上甲前七世可分为三种：（1）契、冥、振（亥）都是单名，见于较早之书；《左传》四叔也是单名；（2）昭明、昌若、曹圉都是复名，见于较晚之书；（3）相土见于较早之书而复名"[①]。很显然，上甲称作"微"，是保持了较早之书反映的殷人先公远祖单名的传统，见表1—1。

我们再看学者据卜辞整理的世系表。董作宾排有"殷代先公先王世系表"[②]，殷先公先王世次如表1—2所示。

《综述》指出："商代上甲以前的先公，文字记载流传极少，又因为高祖往往和神祇并立，所以分辨甚难。学者之间用对音的方法比附，总嫌勉强。"并认为将甲骨文上甲以前先公"与《世本》、《殷本纪》所说上甲以前先公相对，则除了王亥以外，没有最切合的对照。尤其是复名之昭明、相土、昌若、曹圉四名，在卜辞中是毫无踪迹的"，因而"得认为他们是后出的"[③]。

---

① 陈梦家：《殷虚卜辞综述》，科学出版社1956年版，第336—337页。
② 《中国现代学术经典·董作宾卷》，河北教育出版社1996年版，第15页。
③ 陈梦家：《殷虚卜辞综述》，科学出版社1956年版，第345页。

因此，陈梦家《综述》所列的"卜辞世系表"，舍弃了董作宾之表所列的上甲以前诸先公名，迳从上甲开始。但无论从《综述》所列"第三系共十世与第二系合并为表"、"《殷本纪》世系表"、"卜辞世系表"等，还是董作宾《断代研究例》所列甲骨文中所见"殷代先公先王世系表"，我们都可以发现，商人先公先王名号自上甲微发生了明显的变化。即上甲以后，殷人先王都以天干为名，而微（上甲）以前诸先公，无一例是以天干为名者。因此可以说，先王上甲开启了殷王"以日为名"的先河。

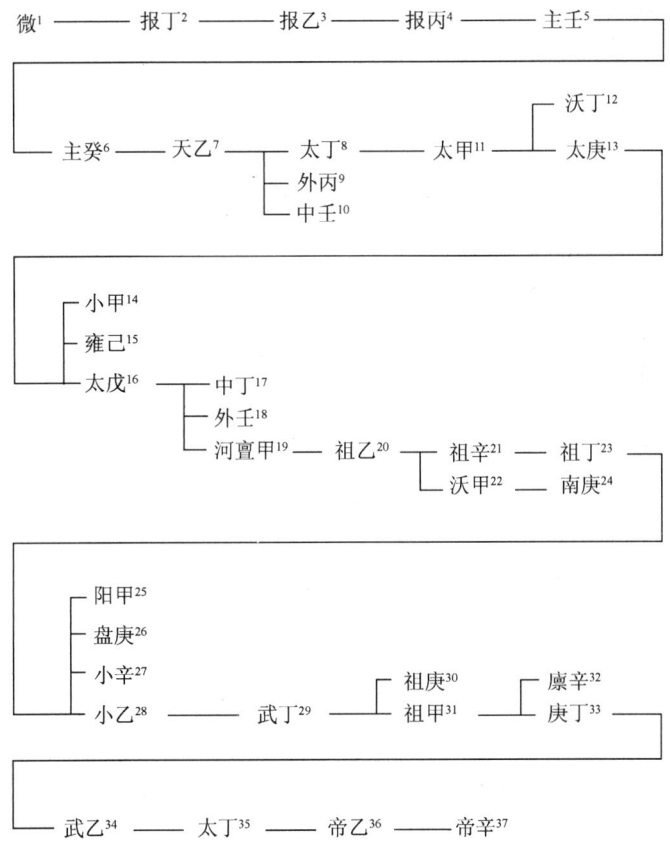

```
微¹ ── 报丁² ── 报乙³ ── 报丙⁴ ── 主壬⁵
                                       ┌ 沃丁¹²
  └ 主癸⁶ ── 天乙⁷ ┬ 太丁⁸ ── 太甲¹¹ ── 太庚¹³
                  ├ 外丙⁹
                  └ 中壬¹⁰

  ┌ 小甲¹⁴
  ├ 雍己¹⁵
  └ 太戊¹⁶ ┬ 中丁¹⁷
           ├ 外壬¹⁸
           └ 河亶甲¹⁹ ── 祖乙²⁰ ┬ 祖辛²¹ ── 祖丁²³
                                └ 沃甲²² ── 南庚²⁴

  ┌ 阳甲²⁵
  ├ 盘庚²⁶
  ├ 小辛²⁷                    ┌ 祖庚³⁰  ┌ 廪辛³²
  └ 小乙²⁸ ── 武丁²⁹          └ 祖甲³¹ ── 庚丁³³

  └ 武乙³⁴ ── 太丁³⁵ ── 帝乙³⁶ ── 帝辛³⁷
```

表 1—1　《史记·殷本纪》载商王世系表
注：表中先王名右上角的数字表示他们的世次。

上甲微承上启下，商族先公先王名号发生了变化，应是商族社会发生了重大变革的反映。已如前述，郭沫若较早地注意到这一变化在社会史方面的意义，即前引《卜辞通纂》第362片考释中深刻论断的"殷之先世，大抵自上甲以下入于有史时代，自上甲以上则为神话传说时代"。这就是说，"商代上甲以前的先公，文字记载流传极少，又因高祖往往和神祇并立，所以分辨极难"。神话传说正是史前社会的朦胧史影。

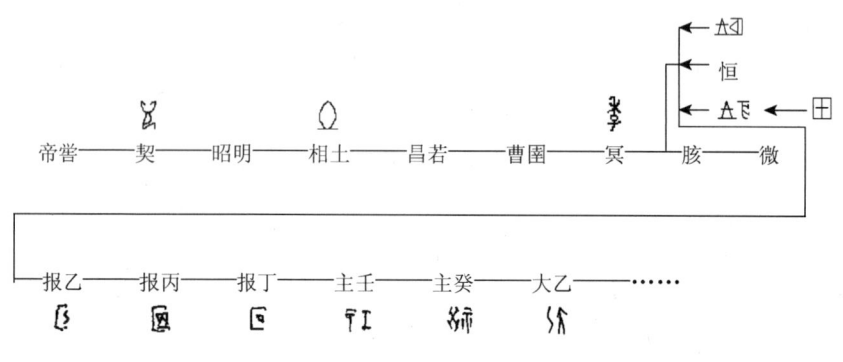

表1—2　董作宾所排殷代先公先王世系表（大乙后略）

日本学者对上甲以前诸先公的研究，为郭沫若论定殷族上甲以前"为神话传说时代"提供了有力的证据。伊藤道治在《中国古代王朝的形成》（创文社，1995年）一书的第一章"祖灵观念的变迁"中，论述了上甲以前的诸先公本是各地的地方神，像"河"、"岳"、"土"、"兕"等，也就是当地的族神。甲骨文中对上述神灵的祭祀，使用的方法主要是"燎"、"沉"、"埋"，即祭祀以后，把所献祭品烧化，或沉入水中，或埋入地下。伊藤道治认为，上述祭法与传统的祭祀祖先以后把祭品分给参加祭祖的同族人吃掉不同，这说明所祭对象对参加祭祀者并没有血缘关系。在他全面整理卜辞的基础上，发现了这些"先公"由"地方神"逐渐演化为殷人"先祖神"的轨迹。他以为商人把一些地方的族神纳入自己先祖神的这一历史现象，根本的原因就在于商人已占领了这些地方，为便于对所占领之地进行统治的需要[①]。（图1—5）

《诗经·商颂·玄鸟》云："天命玄鸟，降而生商"。《史记·殷本纪》云："殷契，母曰简狄"。"见玄鸟堕其卵，简狄取吞之，因孕生契。"契无父而生，说明其前尚处母系氏族社会。自契以后，传承代系井然，说明在商族

[①] 参见王宇信、杨升南主编《甲骨学一百年》，社会科学文献出版社1999年版，第437页。

的始祖契时，实现了母系氏族社会向父系氏族社会的转变。《史记·五帝本纪》说，契等人"自尧时皆举用，未有分职"。由于契管理商族父系氏族部落的民事表现出管理才能，又被华夏部落联盟的酋领舜看中，提拔到联盟议事会"居官相事"。由于私有财富的增加，"对财富的贪欲把氏族成员分为富人和穷人"，从而使"同一氏族内部的财产差别把利益的一致变为氏族成员之间的对抗"①。《史记·五帝本纪》载，舜在"百姓不亲，五品不驯"的社会对抗中，任命商部族酋长契"为司徒，而敬敷五教，在宽"。所谓"五品"，集解引"郑玄曰：'五品，父、母、兄、弟、子也'。王肃曰：'五品，五常也'"。"五品不驯"，就是部落内部各家族及其成员间产生利害的矛盾冲突。而作为主管民事之官的契，要认真而小心地去处理部落联盟内各部落与部落、各部落内家族与家族之间的关系。《国语·鲁语上》说"契为司徒而民辑"，为政大有成效。

图1—5　《合集》34225

契以后，商部族经过昭明，到了相土时，已是夏朝帝相时期了。《诗经·商颂·长发》"相土烈烈，海外有截"。郑笺说："相土，契孙也。烈烈，盛也。笺云：截，整齐也。相土居夏后之世，承契之业，入为王官之伯，出掌诸侯，其威武之盛烈烈然。四海之外率服，截尔整齐。"《世本·作篇》"相土作乘马"，据今本《竹书纪年》，此为夏朝帝相十五年之事。"乘马"既可解释为驾车之马，又可解释为骑乘之马。但无论"乘"还是"驾"，皆可在军事行动中派上大用场。相土能使"四海之外率服，截尔整齐"，与商族拥有一支强大的武装力量是分不开的。这表明商族在相土时期，社会已进入部落联盟组织的最高阶段——军事民主制时期。"其所以称为军事民主制，

---

① 恩格斯：《家庭、私有制和国家的起源》，《马克思恩格斯选集》第4卷，人民出版社1972年版，第161页。

是因为战争以及进行战争的组织现已成为民族生活的正常职能"[1]了。《诗经·商颂·长发》疏谓"相土在夏为司马之职，掌征伐也"。虽然司马之职乃为后起，但《长发》中的相土，已俨然一副军事统帅的形象。

相土以后，商族经过昌若、曹圉二代的发展，就到第六世冥了。冥是水利专家，曾为夏朝水官，即《国语·鲁语上》"冥勤其官而水死"。据今本《竹书纪年》在夏少康十一年"使商侯冥治河"。在夏帝杼十三年，"商侯冥死于河"。冥作为夏朝水官，前后历二十三年之久。水利是农业的命脉，商族的农业在这一时期应有了较大发展。冥以后，即为其子王亥、王恒时期。《楚辞·天问》有"该秉季德，厥父是臧"，又有"恒秉季德"。王国维有考证，说："季亦殷之先公，即冥是也。"[2]王亥、王恒兄弟二人"秉季德"，继承了其父发展农业的传统。与此同时，王亥又"作服牛"[3]，使相土时期"作乘马"而发达起来的畜牧业又有了进一步的繁荣。"农业是整个古代世界的决定性生产部门"[4]，商族农业和畜牧业的发展，使部族首领的财富大为增加，而且也使与邻近方国部落的交换行为也有了可能。古本《竹书纪年》载："王亥讬于有易，河伯仆牛。"据今本《竹书纪年》记"殷侯子亥宾于有易，有易杀而放之"，是发生在夏帝泄十二年之事。王亥被有易部落杀死，并夺走牛羊，还见于《楚辞·天问》"该（即王亥）秉季德，厥父是臧，故终弊于有扈，牧夫牛羊"。此外还有，《易·大壮》"丧羊于易"、《易·旅上》"鸟焚其巢，旅人先笑后号咷，丧牛于易"等，据顾颉刚《周易卦爻辞中的故事》考证，与上述王亥被杀当为一事。

王亥被有易之君杀死以后，其子微即位。上甲微为报父仇，"假师于河伯而以伐有易，灭之，遂杀其君绵臣也"[5]。据今本《竹书纪年》，这是发生在夏后帝泄十六年之事，距王亥被杀已经五年了。此事反映了商族势力在上

---

[1] 恩格斯：《家庭、私有制和国家的起源》，《马克思恩格斯选集》第4卷，人民出版社1972年版，第160页。

[2] 王国维：《殷卜辞中所见先公先王考》，《观堂集林》第2册，中华书局1959年版，第414页。

[3] 《世本·作篇》。

[4] 恩格斯：《家庭、私有制和国家的起源》，《马克思恩格斯选集》第4卷，人民出版社1972年版，第141页。

[5] 《山海经·大荒东经》注引《竹书纪年》。

甲时有了较大的发展，已达到今河北的易县南部一带了。

商族王亥被有易之君杀死并掠走了牛羊，正是夏王朝时期一些后进的方国部族处在"最卑下的利益——庸俗的贪欲、粗暴的情欲，卑下的物欲，对公共财产的自私自利的掠夺——揭开了新的、文明的阶段社会"① 到来的前夜。而商族的上甲微与河伯部族结成军事联盟伐灭有易，与其说是为其父复仇，还不如说是上甲时的商部族由于农业、畜牧业的发展，"吸收新的劳动力成为人们的向往的事情了"。而"战争提供了新劳动力，俘虏变成了奴隶"②。《逸周书·史记解》"皮氏以亡"。据《竹书纪年》，"殷灭皮氏"发生在夏朝帝不降三十五年。此时距上甲灭有易已四十五年之久，此殷王是上甲抑或其后何人已不可得知。皮氏之地据集注引潘振云："县属河东郡，郡为今山西平阳府"③，上甲以后的诸王，其势力已达现山西临汾市一带。

"掠夺战争加强了最高军事首长以及下级军事首长的权力，习惯地由同一家庭选出他们后继者的办法特别是从父权制确立以来，就逐渐转变为世袭制"④ 了。由于殷侯上甲功业卓著，所以在商族历史上占有重要位置。《国语·鲁语上》"上甲微能帅契者也，商人报焉"。《史记·殷本纪》上甲"微卒，子报丁立。报丁卒，子报乙立。报乙卒，子报丙立。报丙卒，子主壬立。主壬卒，子主癸立。主癸卒，子天乙立，是为成汤"（王国维《殷卜辞中所见先公先王续考》据《后上》8·14与《戬》1·10缀合，甲骨上所列先公之次为报乙、报丙、报丁，指出"《史记》以报丁、报乙、报丙为次，乃违事实"）。商人"大示自上甲"的日干排名法与上甲以前先公判然有别，是商部族完成了由部族军事首长制向部族奴隶制方国君主世袭制转变的深刻反映。

商族自上甲伐有易起，到大乙汤灭夏建立商王朝以前，据今本《竹书纪年》，历时约144年左右。在此期间，上甲"灭"有易和殷"灭"皮氏，与军事民主制时期相土靠武力使"四海之外"、"率服"的部落联盟管理方式不

---

① 恩格斯：《家庭、私有制和国家的起源》，《马克思恩格斯选集》第4卷，人民出版社1972年版，第94页。

② 同上书，第157页。

③ 黄怀信等：《逸周书汇校集注》（下），上海古籍出版社1995年版，第1010页。

④ 恩格斯：《家庭、私有制和国家的起源》，《马克思恩格斯选集》第4卷，人民出版社1972年版。

同，而是"灭"掉后直接把诸方国部落民众置于强制性暴力——初期奴隶制国家机器的奴役之下了。上甲以后，商部族奴隶制国家又经过报乙、报丙、报丁、示壬、示癸五王的守成，在大乙汤继位到灭夏前的十八年期间，对外扩张和征伐仍然不断。《逸周书·史记解》有商汤伐"有洛氏"的记载，今本《竹书纪年》"商师征有洛，克之"，发生在夏桀二十一年（即商汤继位第七年）。同年"遂征荆，荆降"，《越绝书》卷三也记有此役。商方国势力的发展，引起中央王朝夏桀的疑惧，借故"召汤而囚之夏台"①。一年以后，即今本《竹书纪年》夏桀"二十三年，释商侯履（即汤）"，汤被放回。商汤被释以后，更加紧了对一些夏朝附属方国部落的军事行动。三年以后，即夏桀二十六年，"商灭温"。其后，汤又进行了一系列的军事行动。《孟子·滕文公下》说，"汤始征，自葛载，十一征而无敌于天下"。赵氏注说："一说言当作再字。再十一征，而言汤再征十一国。再十一，凡征二十二国也。"《帝王世纪》说："诸侯有不义者，汤从而征之"，"凡二十七征，而德施于诸侯。"②

商汤灭夏前的频繁军事行动，不仅使商族首领获得大批财富和俘虏奴隶，而且使商族早期奴隶制方国的国家机器得到了发展和完善，从而为商汤灭夏以后，得以顺利实现"为夏方伯"的地方强制性暴力机构，向号令全国的商王朝的庞大国家机器的顺利转变。

二　灭夏前的商部族奴隶制方国的国家机器

商族自上甲时期进入早期部族奴隶制方国，直到成汤大乙伐灭夏王朝以前，已实现由原来的军事民主制的管理机关向国家的转变，"从一个自由处理自己事务的部落组织转变为掠夺和压迫邻人的组织，而它的各机关也相应地从人民的意志的工具转变为反对自己人民的一个独立的政治和压迫机关了"③。因此，大乙汤伐夏以前，商部族奴隶制方国的国家机构已初具规模，成为雄踞东方的夏王朝辖下的地方侯伯了。这是因为：

（一）公共权力的设立——商部族奴隶制方国设置了官吏

商部族奴隶制方国，自上甲时在征战中形成以后，历报乙、报丙、报

---

① 《史记·夏本纪》。据今本《竹书纪年》此事发生在夏桀二十二年。

② 《太平御览》卷八十三引。

③ 恩格斯：《家庭、私有制和国家的起源》，《马克思恩格斯选集》第4卷，第161页。

丁、主壬、主癸五王，直到灭夏前的商汤大乙时，史书中虽不见有关统治机构设置的具体记载，但商部族早在先公契时就曾为舜廷"司徒"，有精于料理民众"五常"之事的传统。入夏以后，先公相土已"入为五官之伯"，当为专掌征伐的"司马"之官而娴于武事。先公冥又为夏朝"水官"，对水利颇为精通。虽然商族社会的发展较中央王朝夏朝社会的发展稍有迟滞，但自上甲时期进入文明时代以后，社会发展基本与夏王朝同步了。夏中央王朝已设有外廷政务官、宗教官和内廷事务官等职官[①]。作为地方政权的一些已进入部族奴隶制方国的诸侯，当也有一套和夏朝相近的政权机构。上甲以后的商部族奴隶制方国，也应该有管理政治、工事、军事和民生方面的官吏，这是社会发展的需要和植根于民众之中的"公共权力"，蜕化为凌驾民众之上的"强制性"权力的必然结果，为灭夏前大乙汤的较为完备的官僚机构的形成打下了基础。

相传汤是用"伊尹为丞相，仲虺为左相"[②]的。既然仲虺为左相，自当有右相。《孟子·尽心下》赵注说："《春秋传》曰：'仲虺居薛，为汤左相'，则伊尹为右相，故二人等德也"。关于汤相伊尹，《史记·殷本纪》说"阿衡欲奸汤无由，乃为有莘氏媵臣，负鼎俎，以滋味说汤，至于王道"。"或曰：伊尹处士，汤使人迎之，五反然后肯从汤，言素王及九主之事。汤举任以国政"。

而左相仲虺，《左传》定公四年说："薛之皇祖奚仲居薛以为夏车正。奚仲迁于邳，仲虺居薛以为汤左相"。有关仲虺其事，书缺有间，只《史记·殷本纪》"汤归至于泰卷陶，中䥶作诰"。集解引孔安国说泰卷陶为"地名，汤自三㚇而还"。今存世之《仲虺之诰》为晚出之伪作，原《仲虺之诰》在东汉已失传。但今天所见之伪古文《仲虺之诰》亦可在一定程度上反映仲虺的政治思想。这是因为经后人整理而成的伪古文《尚书》中的《仲虺之诰》，当有一定的素材为依据，并非完全是空穴来风。春秋时人见过《仲虺之诰》，诸如《墨子》、《左传》等书就有所引用。《墨子·非命上》说："《仲虺之诰》曰：我闻于夏，人矫天命，布命于下，帝伐其恶，龚丧厥师。"这是说夏桀打着上天的旗号，胡作非为，因而引起上天的憎恶，使他失去了民众。《左传》宣公十二年"仲虺有言曰：取乱侮亡"，即攻取呈现乱政之国，侮慢显

[①] 参阅白钢主编《中国政治制度通史》（先秦卷），人民出版社1996年版，第132—136页。

[②] 《书钞》卷五十引《帝王世纪》。

露灭势之邦。基本与此相近的话，还见于《左传》襄公十四年和三十年被春秋时人所称引。因此，《仲虺之诰》的主要内容，诸如总结夏王朝灭亡的原因和赞颂商汤伐夏"取乱侮亡"是"钦崇天道"的正义之举，等等，应是可信的。

从以上有关伊尹和仲虺的言行来看，汤右相伊尹应主要负责军事。他投奔商汤以后，被派往夏中央王朝为官，《国语·晋语》"末喜与伊尹比而亡夏"，古本《竹书纪年》说，"末喜氏以与伊尹交，遂以间夏"①，为商汤探听到不少夏朝治乱的消息。向汤建议"请阻乏贡职，以观其动"②，即以夏属国"九夷之师"能"起"否，以判断伐夏决战时机的就是伊尹。一旦灭夏军事行动展开，《史记·殷本纪》载，"汤乃兴师率诸侯，伊尹从汤"，可见伊尹在汤伐夏前选择战机和在灭夏决战中的重要地位。因此，伊尹为汤"右相"，当主要负责军事战略的咨询和军事行动方面的事宜；而仲虺"左相"，从《仲虺之诰》保存的内容看，当主要负责处理商人部族奴隶制方国的政务和动员民众等事务。

还有其他人等，早已在灭夏前的商汤王廷任职了，诸如女鸠、女房等。《史记·殷本纪》载，伊尹"既丑有夏，复归于亳，入自北门，遇女鸠、女房，作《女鸠》、《女房》"。集解引孔安国说："鸠、房二人，汤之贤臣也"；还有名臣义伯、仲伯、咎单等，也早在灭夏前就追随商汤了。《殷本纪》"汤遂伐三㚇，俘厥宝玉。义伯、仲伯作《典宝》。"集解引孔安国说："二臣作《宝典》一篇，言国之常宝也。"伐三㚇的军事行动，在"汤乃践天子位"之前，即此二臣应早已服事商汤了。而仲虺，已如前述。咎单作《明居》事，虽在灭夏以后，但集解引马融说，"咎单，汤司空也。"咎单在商廷为官，也当早在灭夏之前就开始了。

商汤奴隶制方国的政权机构，可谓人才济济，但商汤并不满足于此。《帝王世纪》载，汤还要把更多的"元士"，即那些"知义而不失期，事功而不独专，中正强谏而不奸诈，在私立功，而可立法度"的人选出来。"如是者，举以为元士"，充实到商部族奴隶制方国的政权机构中去。为了使商方国的国家机构更加完善，成汤曾向伊尹咨询过"古者立三公九卿大夫元士者

---

① 《说苑·权谋》。

② 同上。

何"①的道理。古代的士,主要是指出兵打仗的武士,士也是各级官吏的后备军。"汤令未命之为士者,车不得朱轩,及有飞轸。不得乘饰车骈马,衣文绣。命然后得以顺有德"②。连统治阶级中的最低级的"士"都有如此特权,可以想象,商方国国家机构中自元士以上的各级官吏,当有更大的特权了。他们已成为"不再同自己组织为武装力量的居民直接符合"③的凌驾于民众之上的"公共权力"了。

(二)贡职——捐税的征收

"为了维持这种公共权力,就需要公民缴纳费用——捐税。捐税是以前的氏族社会完全没有的"④。商部族奴隶制方国,在灭夏以前,虽然汤"为夏方伯,得专征伐"(《殷本纪》集解引孔安国)。但地方侯伯有义务向中央王朝定期缴纳"贡职"这一种经常性的负担。否则,就会受到中央王朝的征讨。《说苑·权谋》所记夏桀对汤的"起九夷之师以伐之",就是因为商汤在伊尹的建议下,"阻乏贡职"。在九夷之师的强大压力下,汤只得"谢罪请服,复入贡职"。

当时,诸侯"贡职"的品物不一。有贵金属铜,如《左传》宣公三年说,"昔夏之方有德也,远方图物,贡金九牧",即各方国诸侯要向中央王朝贡纳铜;也有各种地方特产,《尚书大传·大禹贡》说,"禹成五服,齿革羽毛器备"。不仅夏朝所控制的广大"五服"地区,即甸服、绥服、侯服、要服、荒服地区要缴纳贡职,以供中央王朝的需要;而且"外薄四海",即《史记·夏本纪》集解所解释的"《尔雅》云:'九夷、八狄、七戎、六蛮谓之四海'。《释名》云:'海,晦也。'按:蛮夷晦昧顽敌,故云四海也"。这些僻远的"欲与声教则治之,不欲与者强治"⑤的"化外"方国部落,也需贡入自己的特产,诸如"东海鱼须、鱼目;南海鱼革、珠玑、大贝;西海鱼骨、鱼干、鱼胁;北海鱼剑、鱼石、出瑱、击闾、河鲵、江鲜、大龟"等等

---

① 《书钞》卷五三引《帝王世纪》。

② 《玉海》卷六五引《帝王纪》。

③ 恩格斯:《家庭、私有制和国家的起源》,《马克思恩格斯选集》第4卷,人民出版社1972年版,第167页。

④ 同上。

⑤ 《汉书·严朱吾丘主父徐严终王贾传》"贾捐之"。

地方特产，"咸会于中国"。① 不仅如此，就连作为夏方伯的商汤，也要收取其他部族方国的贡职。商汤因"夏桀无道"，"使人哭之"，被"桀囚汤于夏台"。他被释以后颇受各方国部族的敬重，"咸叛桀附汤"。但这也是有条件的，"同日贡职者五百国"，即要向商部族奴隶制方国缴纳"贡职"②。如此等等。这些向中央王朝进献的贡纳品（包括向商部族奴隶制方国），自然是各地方侯伯从其统治下的民众身上聚敛而来。（图1—6）

图1—6 大禹像
（山东嘉祥汉武梁祠画像石）

《淮南子·修务训》说，"汤夙兴夜寐，以致聪明。轻赋薄敛，以宽民氓。布德施惠，以报困穷"。虽然是在歌颂汤行"仁政"，但也反映了汤以前的商部族奴隶制方国的下层民众——民氓，已因赋敛过重而"困穷"了。因此汤只得"布德施惠"，反其先王（即"上甲六示"中某些王）之道而行之，因而受到民众的拥戴。这些向民氓征收的"敛"和"赋"，除了用于定期向中央王朝缴纳的"贡职"外，大部分用于养活商部族奴隶制方国的一大批官吏。"官吏既然掌握着公共权力和征税权，他们就作为社会机关而凌驾于社会之上"③ 了。

（三）强制性暴力——刑罚的制定

为了镇压奴隶和平民的反抗，商部族奴隶制方国有了刑罚。《左传》昭公六年记，"商有乱政，而作《汤刑》"。疏引正义说，"夏商之有乱政，在位多非贤哲。察狱或失其实，断罪不得其中，至有以私乱公，以货枉法，其事不可复治。乃远取创业圣王当时所断之狱，因其故事制为定法"。灭夏后，商王朝所制定之《汤刑》，当是参照"远"世诸创业圣王，诸如商汤等施刑的案例而作。而汤在示癸死后，"即位十七年而践天子位，为

---

① 《尚书大传·虞夏传·禹贡》。
② 《太平御览》卷八三引《帝王世纪》。
③ 恩格斯：《家庭、私有制和国家的起源》，《马克思恩格斯选集》第4卷，人民出版社1972年版，第167—168页。

天子十三年"。① 因而汤在灭夏建立商朝之前的十七年，当为其创业阶段。灭夏之前的十七年和灭夏后的十三年期间所处理的狱讼、刑罚之案例，成为商朝制定《汤刑》的依据；此外，在灭夏以前，商部族奴隶制方国为了保护贵族奴隶主阶级的利益和特权，还产生了"汤法"。"由于这种法律，他们就享有特殊神圣和不可侵犯的地位了"②。《史记·殷本纪》载，汤孙"帝太甲既立三年，不明，暴虐，不遵汤法，乱德，于是伊尹放之于桐宫"。这个"汤法"，当即商汤死后七年（太甲元年）伊尹所作《徂后》的内容。集解引郑玄说，"《徂后》者，言汤之法度也"。伊尹所整理的"汤之法度"，当亦是他在辅佐商汤多年的过程中，耳濡目染汤在创业阶段和成功时期的为政牧民准则加以规范和阐释而成。法律是强制性暴力，连已即位为帝的"嫡长孙"太甲都因"不遵汤法"而获如此下场，又遑论一般贵族以及社会下层平民和广大奴隶了！

（四）商部族奴隶制方国的暴力支柱——军队的建立

自上甲起至汤灭夏前的商部族奴隶制方国，已有了较为强大的军队。军队是维护国家机器的暴力工具，商族早自先公相土时期起，就实现了向"军事民主制"阶段的转变。"作乘马"的相土，成为商部族"相土烈烈，海外有截"传说中的"英雄"统帅，因而商族军事力量强大是颇有传统的。上甲以商部族军事首领的身份，并统领河伯部族方国的军队，一举打败了有易氏部族方国。不止如此，商部族奴隶制方国的军队还能越国以鄙远，远离自己的根据地，靠武力长途奔袭皮氏方国。在不断对外的征战中，实现了商部落向商部族奴隶制方国的转变。又经过几代人的经营，大乙商汤在伐桀前，已是拥有一支相当强大的军队了。《诗经·商颂·长发》歌颂商汤道：

武王载旆，有虔秉钺。如火烈烈，则莫我敢曷。
苞有三蘖，莫遂莫达。九有有截，韦顾既伐，昆吾夏桀。

疏谓："此述为勇之事。有有武功，有王德之成汤，载其旌旗，以出征伐。又能固执其钺，志在诛杀有罪。其威势严猛，如火之炎炽烈烈，然曾无

---

① 《史记·殷本纪》集解引皇甫谧。
② 恩格斯：《家庭、私有制和国家的起源》，《马克思恩格斯选集》第4卷，人民出版社1972年版，第163页。

于我成汤敢害之者。又述成汤得众之由，克伐既灭，封其支子为王者之后，犹树木既斩，其根本更有蘖生之条。言夏桀与二王之后，根本之上有三种蘖余，承籍虽重，必无德行，莫有能以行申遂天意者，莫能以德自达于天者。天下诸国无所归依，故九州诸侯截然齐整，一而归汤也。九州诸国既尽归汤，唯有韦、顾、昆吾党桀为恶，成汤于是恭行天罚"。

在商伐桀前，已是"九州诸侯截然齐整，一而归汤"的形势了。因此，作为夏朝地方诸侯之"伯"的商部族方国，当已拥有一支强大的军队了。《吕氏春秋·简选》说商汤起兵时，就有"殷汤良车七十乘，必死六千人"的基干队伍。在灭夏的战斗进程中，又不断壮大和发展了武装力量。《淮南子·本经训》所说的"汤乃以革车三百乘，伐桀于南巢"，即在追击夏桀的过程中，又使车兵有所扩充。因此，灭夏前商部族方国已拥有的灭夏武装基干力量，再加上"尽归汤"的"九州诸侯"军事力量的协助，使得商汤灭夏的军事行动能势如破竹，所向披靡。

商人自上甲至汤灭夏前，已初步形成了部族奴隶制方国，并建立了国家机器。任何事物总是由较为简单向较为复杂，从不甚完善向日益完善发展的，作为"夏伯"的商部族方国国家的形成，当非一日之功，而是自上甲实现了从父权军事民主制向初期奴隶制国家形态的转变，并经报乙、报丙、报丁、主壬、主癸五世的发展和大乙汤即位以后，又经过十七年间的经营才形成的结果。

甲骨文的研究成果，也为我们所坚持的商族自上甲起进入部族奴隶制方国的观点提供了佐证。这是因为：

其一，我们从前列《史记·殷本纪》和甲骨文所排定的商代世系表可以看出，上甲微为商先公、先王名号的分水岭。无论《殷本纪》还是甲骨文，上甲微以前的先祖名号不是按天干排列，并有以地支为名者，例如王亥。但自上甲微起，直到帝乙、帝辛各先王都是以日为名的。商王名号在前期后期的不同，一定有其深层的社会原因，那当是上甲微前后商族社会曾发生了巨大变化的反映。

其二，在甲骨文祭祀中有一种特殊的祀典——周祭。所谓周祭就是"先王妣依其一定的资格入于祀谱，按照其世次、长幼、及位和死亡的顺序，依其所名之日在日、旬、祀季中轮番致祭。在周祭中，三种主要祭法构成一祀。三种主要祭法'彡'、'羽'、是分别举行的，'叀'是由'祭'、'壹'、'叀'三种联合举行的。因为乙、辛刻辞为'彡'、'羽'、'叀'三个祀季，所以我们不称为五种而称为三种"①，学者并把每旬之祭，称为"小祀周"。"凡用'羽日'、'彡日'、'叠日'三种祭法遍祀其先王与其法定配偶一周而毕，即称为'一祀'，我们称之为'大祀周'"②。"乙辛时代一个完整周祀共需三十七旬：彡、羽各十一旬，叠十二旬，加三个工册共占三旬"③，即遍祭直系、旁系先王约需一年左右。陈梦家指出："各祀季开始于甲日祭上甲"④。尽管董作宾、陈梦家、岛邦男、许进雄、常玉芝等研究周祭的专家对五种祀典的祀首和周祭祭祀的周期、所祭先王的看法不尽相同⑤，但各家所排定周祭的"小祀周"第一旬祭上甲、报乙、报丙、报丁、示壬、示癸六王都是相同的⑥。这表明，商王在周祭时，此"六示"先王以前的先公高祖是不被承认为"先王"而入祀的。

其三，既然上甲以下直到示癸等六示与商朝"乃践天子位"（《史记·殷本纪》）的商汤大乙诸直系和旁系的先王同在"周祭"中依次受祭，说明商人把他们与大乙以下诸王是同样看待的。而上甲以上诸祖先，诸如契、昭明、相土、昌若、曹圉、冥、振（王亥）等，虽然其中一些人地位很是重要——如《国语·鲁语上》所说的"商人禘舜而祖契，郊冥而宗汤"，"上甲微能帅契者也，商人报焉"，即契、冥、上甲和汤一样受到殷人尊崇，享受祖、郊、报、宗隆重祭祀——但只是上甲微和商朝的开国之君大乙汤列入周祭中，与汤以下各王依次受祭。而契、冥和昭明、相土、昌若、曹圉、王亥一样，却没有资格进入周祭祀谱，说明商人是没有把他们作为先王看待的。

其四，上甲微在文献记载中，既受到隆重的"报祭"，又在甲骨文中被列入周祭祀谱中受祭。不仅如此，"卜辞大宗自上甲"⑦，就和《国语·鲁语上》之"殷人……宗汤"，以汤为宗之祖和《左传》文公二年"宋祖帝乙"，春秋时宋国人以帝乙为宗祖一样。上甲在甲骨文中又称"元示"：

---

① 陈梦家：《殷虚卜辞综述》，科学出版社1956年版，第386页。

② 同上书，第385页。

③ 同上书，第395页。

④ 同上书，第388页。

⑤ 王宇信、杨升南主编：《甲骨学一百年》，社会科学文献出版社1999年版，第614—625页。

⑥ 同上书，第608—609页。

⑦ 陈梦家：《殷虚卜辞综述》，科学出版社1956年版，第351页。

> 辛巳卜，大，贞侑自上甲元示三牛，二示二［牛］。十三月。(《前》3·22·6)

"元"者首也，即商代先王宗庙庙主世次自上甲开始。或上甲又称"一宗"：

> 弜一宗上甲至二……（《甲编》521）

上甲常与多位商王合祭，并自上甲始：

> 庚辰卜，酒自上甲一牛，至示癸一牛，自大乙九示一牢，杞示一牛。(《合集》22159)
> □未卜，求自上甲、大乙、大丁、大甲、大庚、大戊、中丁、祖乙、祖辛、祖丁十示率牡。(《佚》986＋《甲》2282)

"十示是元示加九示，中间不计三报二示"[①]。

> 甲申卜，贞酒求自上甲十示又二牛。小示汎羊。(《合集》34115)
> 乙未，贞其自上甲十示又三牛，小示羊。(《后上》28·8)

"十示又二有两类：(1) 自上甲十示又二（或三）是'自上甲六示'与（自大乙）'六示'的相加，即上甲至中丁十二示直系。自上甲十示又二（或三）与小示相对，故自上甲十示又二是大示，即我们所称的直系"[②]。

> 癸卯卜，贞乙巳酒求自上甲廿示一牛，下示羊，土燎牢、四戈彘、四巫豕。(《续》1·2·4)

此条为第四期武乙、文丁时卜辞。"自上甲廿示指上甲至武乙廿世的直系"[③]。

[①] 陈梦家：《殷虚卜辞综述》，科学出版社1956年版，第465页。
[②] 同上书，第461页。
[③] 同上书，第465页。

此外，学者还指出了"卜辞习见'自上甲至多后'是指上甲以后的直系旁系"① 诸王的大合祭"衣"祀。有关辞例，我们就不再一一列举了。

因此，作为殷先王中的"元示"、"一示"的上甲，为合祭直系、旁系先王的大合祭的初祖，在殷王先王祀统中占有重要地位。之所以如此，是因为上甲被称为"大示"。

　　御王自上甲䅽大示。十二月。（《前》3·22·4）
　　□午卜，贞登自上甲大示䅽隹牛，小示宙（羊）。（《前》5·2·4）

学者指出，殷人祭祀先王，"大示和小示有显然的分别：（1）大示自上甲起，终于父王，与直系同。（2）大示与小示并卜于一辞，大示常用牛牲，小示常用羊牲。直系的元示、二示、自上甲六示，（自大乙）六示、九示、十示、自上甲十示又二（三）、自上甲廿示常用牛牲，与大示一致"②。因此，上甲被殷后世子孙公认为殷代直系和旁系先王共同的祖先。

以上事实也说明，上甲是商代先公先王的分水岭。上甲以后诸先王，被殷王朝直系和旁系先王公认为共同的"祖宗"之首。因此，我们说商族自上甲以后进入了部族奴隶制方国时期，应是有根据的。

其五，作为殷直系先王的上甲、报乙、报丙、报丁、示壬、示癸等六王，在甲骨文中又与其他诸直系先王有别。主要区别在于此六王或自成一组进行合祭，有时是六王中之二合祭：

　　贞示［壬］、［示癸］二示。（《后上》28·7）

或二示为害于王：

　　癸巳卜，贞二示祟王。（《库》1542）

或六王中之三合祭：

---

① 陈梦家：《殷虚卜辞综述》，科学出版社1956年版，第465页。
② 同上书，第466—467页。

辛巳卜，卜，大，贞侑自上甲元示三牛、二示二牛。十三月。(《合集》25025)

贞元示五牛，二示三牛。(《哲庵》85)

"二示叙在元示与三匚之后，则是示壬与示癸无疑"[1]（例证见后，此略）。这是上甲、示壬、示癸合祭。六王之中之三的报乙、报丙、报丁或称之为"三报"，一起举行祭祀：

其弗宾三报日，其𠂤□。(《邺初》40·11)

兄三报，佳羊。(《粹》118)

贞其侑三报母豕……牢。(《合集》32393)

或六王中之四合祭：

贞勿侑自上甲三报。(《拾》1·6)

或六王中之五合祭：

丙申卜，侑三报二示。(《珠》628)

三报二示卯，王敉于之若，又正。(《粹》542)

此三报二示即报乙、报丙、报丁、示壬、示癸。有时是此六王合祭：

庚寅，贞酒升伐自上甲六示三羌三牛，六示二羌二牛，小示一羌一牛。(《合集》32099)（图1—7）

丁未，贞求禾自上甲六示牛，小示𠂤羊。(《明续》457）

图1—7 《合集》32099

---

[1] 陈梦家：《殷虚卜辞综述》，科学出版社1956年版，第461页。

  乙卯卜，贞求禾自上甲六示牛，小示汎羊。（《甲》712）

"自上甲六示"即为上甲至示癸六世直系。"六示"应指"自大乙至中丁六世直系"[①]。上甲六示、六示与小示相对，应是殷人直系祖先与旁系先王之别。在直系先王上甲六世中，不仅上甲为直系和旁系先王之祖，而且也见以三报为殷王之祖的：

  自三报至父乙□。（《粹》119）

此为第四期武乙、文丁时期卜辞，是殷王文丁以报乙、报丙、报丁为直系之祖。或以三报为旁系之宗的：

  己卯卜，畐三报至扭甲十示……（《写本》195）

  其六，元示上甲和三报二示，即"自上甲六示"。虽作为直系先王与其他各世殷王一起受到祭祀，但是，此六王应为一组。"庚寅，贞酒升伐自上甲六示三羌三牛，六示二羌二牛，小示一羌一牛"（《续存》上1786），"上甲六示"与"大乙六示"都是与"小示"旁系相区别的直系大示。大示有时从大乙开始：

  九示自大乙至丁祖。（《粹》149）

大乙至祖丁"九示"，是指大乙至祖丁九世直系。直系先王可分自上甲至示癸为一组，而自大乙以下诸先王为一组。我们可以发现，"大乙以后，相邻次的先王其天干很少是顺着十干紧相联结的，中间有了许多空缺"。而大乙以前的直系先王上甲至示癸，其中虽然少了戊、己、庚、辛四名，"但还完整的保持十天干首尾"，较大乙以后的先王十干名要完整并规整得多。之所以与其后判然有别，学者认为"可能是成汤所追名的"[②]。

  《史记·殷本纪》成汤大乙灭夏以后，马上施行"改正朔，易服色，上白，

[①] 陈梦家：《殷虚卜辞综述》，科学出版社1956年版，第463页。

[②] 同上书，第404页。

朝会以昼"等措施。自然也要追祀先王。商人先王大示自上甲起，说明商汤承认他所建立的商朝是自上甲起，历五代先王经营的商部族奴隶制方国的继续。"邦畿千里"的商朝，是在"方七十里"的方国基础上的扩大和延续。

其七，值得我们注意的是王国维最早发现的殷人先公王亥。王国维在名著《殷卜辞中所见先公先王考》中指出："余读《山海经》（《大荒东经》）、《竹书纪年》乃知（卜辞中之）王亥为殷之先公，并与《世本·作篇》之胲，《帝系篇》之核，《楚辞·天问》之该，《吕氏春秋》（《勿躬》）之王冰，《史记·殷本纪》及《三代世表》之振，《汉书·古今人表》之垓，实系一人。"陈梦家特别强调王国维的"这个发现是极重要的。后出的卜辞有'高祖亥'、'高祖王亥'之称，则王亥为商先公之说，乃成定论。"①

据学者统计，"卜辞关于王亥和王恒的记录都有，尤以王亥的特多。据不完全统计，大约上百条"②。我们仅从中择其重要者，就可以看出先公王亥在商族历史上的重要地位。

首先，在商人先王上甲以前的先公高祖中，称"王"者自王亥起。卜辞中有：

甲申卜，宾，贞翌辛卯燎于王夒三牛。（《铁零》18）

辛巳卜，贞王夒，上甲即于河。（《合集》34294）（图1—8）

甲辰卜，觳，贞来辛亥燎于王亥卅牛。二月。（《后上》23·16）

贞燎于王亥九牛。（《续存》上218）

此外，还有王亥之弟王恒亦可称王：

贞侑于王恒。（《后上》9·10）
贞于王恒侑。（《粹》78）

图1—8 《合集》34294

---

① 陈梦家：《殷虚卜辞综述》，科学出版社1956年版，第338页。
② 胡庆钧主编：《早期奴隶制社会比较研究》，中国社会科学出版社1996年版，第79—80页。

但王恒已不是始作俑者了。另还有名王夭者：

> 侑王夭伐三卯（宰）（《乙》5317）

陈梦家的《殷虚卜辞综述》列王夭为商代上甲以前的十名先公之九。"此人称王，与该、恒同，但他的祀典远不如王亥的。"[①] 虽此三位先公皆可称王，但在三人中王亥是唯一可称高祖者：

> 癸卯，贞弜以高祖王亥尹，重［燎］。（《后上》21·13）

或称高祖亥：

> ……酒高祖亥报……（《南明》476）
> ……乙告高祖亥燎……（《邺三》37·2）

这就表明，尊先公王亥为高祖，其地位当与王恒、王夭只有"王"名号却从不称高祖有所不同。但殷先公中有高祖身份的却不止王亥一名，还有高祖夒：

> 重高祖夒祝用，王受又。（《粹》1）

高祖河：

> 辛未，贞求禾高祖河，于辛巳酒燎。（《撫续》2）

但以上诸高祖中，只有王亥一名可称王，且可与上甲以下先王合祭：

> 甲午，贞乙未酒高祖亥……大乙羌五牛三，祖乙羌……牛……小乙羌三牛二，父丁羌五牛三。无壱，兹［用］（《南明》477）
> 癸巳，贞于乙未酒高祖亥报卯于［上甲］……（《南明》478）

[①] 陈梦家：《殷虚卜辞综述》，科学出版社1956年版，第345页。

有学者指出："卜辞的先公中，王亥的祭祀是隆重的，他既称高祖又称为王，较之河、夒之但称高祖与恒、夭之但称王者，自有不同。他与上甲、大乙等先王并列于一辞之中，不同于其它的先公"①。这说明，高祖王亥在商人的心目中，是商族由传说时期进入有史时期即文明时代的确切先祖。之所以如此，是自先王上甲以后，商族进入了部族奴隶制方国时期；经过自上甲六示的发展，在大乙汤时灭掉了夏朝；"古帝命武汤，正域彼四方，方命厥后，奄有九有"②，商朝成为我国历史上第二个奴隶制王朝。商人祭祀祖先有时从高祖王亥祭起，表明商人承认其为他们现实生活中的高祖，而不仅仅是神话传说中的祖先。

王亥在高祖中之所以受到商人特殊尊崇，究其因，是因为他是商人直系和旁系先王共同承认的始祖上甲的父亲。卜辞有明确的记载：

　　　　□□卜，王，□其燎□上甲父（王）夒。（《虚》738）

也正因为如此，商人把鸟图腾加在这位确实的"高祖"头上。甲骨文中有：

　　　　其告于高祖王夒三牛。（《京》3926）

此为第三期廪辛时所卜。夒字从隹从亥，隹即鸟，学者认为，把隹字加在高祖王亥头上，是商人崇拜鸟图腾的证据③。之所以如此，是因为商人在原始社会时期，曾认为玄鸟是氏族的共同祖先和保护神——图腾。《诗经·商颂·玄鸟》："天命玄鸟，降而生商，宅殷土茫茫"，"这里所说的'玄鸟生商'，虽然透露出远古商族以鸟为图腾的传说痕迹，但却强加了一个统治者——上帝在主宰一切，安排一切"的阶级社会的内容。表明"商族的鸟图腾已经被改换了面目而为统治阶级所利用，是十分明显的"④。

不仅如此，前面所列"上甲父（王）夒"（《虚》738），即特别标明王亥

---

① 陈梦家：《殷虚卜辞综述》，科学出版社1956年版，第339页。
② 《诗经·商颂·列祖》。
③ 胡厚宣：《甲骨文商族鸟图腾的遗迹》，《历史论丛》第1辑，1964年。
④ 胡厚宣：《甲骨文所见商族鸟图腾的新证据》，《文物》1977年第2期。

身份——上甲之父的卜辞，亥字也特意写成"🐦"，即把鸟图腾加在上甲的父亲王亥的头上。而与王亥同时的其他上甲的父辈，作为王亥之弟同样尊以王称的"王恒"，却没有得到如此的殊荣。

正因为王亥是商先王上甲之父，所以被尊追为"王"，也正因为将其头上再加商族鸟图腾，才显示出与王恒、王夨同样被尊为"王"的祖先的不同的特殊地位；与此同时，因为王亥是"上甲父"，所以在商人尊崇的先公高祖中，把鸟图腾的遗迹加在"高祖王🐦"（《京》3926）头上，表明此高祖与彼高祖（诸如夒、河）等的不同和地位的至尊。

此外，殷人平时还迳把鸟图腾加在王亥的头上。

康丁卜辞有：

> 四羊四豕五羌□□🐦。（《库》1064）
> □□□，贞□□羌□□🐦。（《粹》51）
> 又伐五羌□王🐦。（《京人》3047）

武乙时卜辞有：

> 辛巳卜，贞王🐦、上甲即于河。（《佚》888）
> 辛巳卜，贞来……王🐦燎十……［上甲］燎十……（《安明》2309）
> 辛巳卜，贞来辛卯酒河十牛，卯十牢，王🐦燎十牛，卯十牢，上甲燎十牛，卯十牢。
> 辛巳卜，贞王🐦、上甲即宗于河。（《屯南》1116）

尽管不以上甲父和高祖相称，但亥字头上加鸟图腾，更表明了他的重要地位在先王中受到了普遍的认同和尊崇。

如此等等，学者统计王亥加鸟图腾的甲骨文，"总计前后著录的甲骨八片，卜辞十条"[①]，殷人先公高祖王亥以"王"称和商族鸟图腾崇拜加在他的头上，并尊之为"高祖"，等等，也向我们透露了殷人先公先王应以上甲为界，即上甲以前的先公高祖时期和上甲以后的先王时期社会发生重大变化的

---

① 胡厚宣：《甲骨文所见商族鸟图腾的新证据》，《文物》1977 年第 2 期；《甲骨文商族鸟图腾的遗迹》，《历史论丛》第 1 辑，1964 年。

信息。即自先王上甲以后，殷人进入了阶级社会，建立了商部族奴隶制方国。而自大乙汤灭夏"践天子位"，建立了我国历史上第二个奴隶制王朝——商朝，是商部族奴隶制方国的继承和发展。因此，自大乙开始的历代商先王，都追尊商部族奴隶制方国时期的六示——上甲、报乙、报丙、报丁、示壬、示癸为自己的祖先，可以说是"殷人王瑞自上甲始"。也正因为上甲被殷人公认为直系先王和旁系先王的共同始祖，因而他的父亲王亥，更被殷先王追尊为高祖和王，并把商族的鸟图腾加在他的头上，以表示王亥与其他先公高祖的不同和在商朝历史上的特殊地位。

综上所述，在灭夏前的商族，自上甲以后形成了部族奴隶制方国，又经过商汤十七年的经营，即《史记·夏本纪》所云："汤修德，诸侯皆归汤。"当商早期奴隶制方国羽翼丰满以后，"汤遂率兵以伐夏桀"，"殷革夏命"，"汤乃践天子位，代夏朝天下"，奴隶制的商王朝建立了。

第三节 "殷革夏命"——商朝的建立与夏朝的灭亡

夏朝作为我国历史上第一个奴隶制王朝，自禹传位于启建立以后，共经历了十七王的经营和发展，至桀时被商族首领汤所灭亡。

关于夏朝存世的年代，古籍记载不一。有"用岁四百七十年"[1] 之说，也有"继世十七王，四百三十二岁"[2] 的记载，还有"夏代凡四百八十有三岁"[3] 的意见。"夏商周断代工程"集多学科学者的智慧，采用自然科学与社会科学联合攻关和多学科交叉研究，在《夏商周断代工程1996—2000年阶段成果报告》（简本）中提出了夏代的"基本的年代框架"，即历史上夏朝存世的年代，自禹至桀，应自公元前2070年至公元前1600年这段时间[4]。

在历史上存在了四百七十多年的第一个奴隶制夏王朝被商朝所取代，在我国古史上引起很大震动并留给后世深刻的印记，史称"殷革夏命"。《尚书·多士》记西周王朝初期周公在告诫被迁于"新邑洛"的"殷遗多士"时

---

[1] 《太平御览》卷八二皇王部引《竹书纪年》。
[2] 《汉书·律历志》（下）。
[3] 《路史·后记》。
[4] 《夏商周断代工程1996—2000年阶段成果报告》，世界图书出版公司2000年版，第86页。

还说："惟尔知惟殷先人有册有典，殷革夏命"，疏谓："言惟汝知殷先人有典册记识革夏命之事"[①]。周公以发生在六百多年前殷人的祖先取代夏王朝建立商朝的历史，即"殷革夏命"之事，劝诫那些有"亡国之痛"的"殷遗"们接受西周王朝取代殷王朝的现实。这说明，周公称引的"殷革夏命"之事，应是见诸殷人的典册之中的。但遗憾的是，由于年代久远和世事沧桑，有关夏、商、周三代当时的文献保存下来的较少，除了《尚书》中保存下来的几篇较早的文献以外，较为详细的只是司马迁《史记》的《夏本纪》和《殷本纪》了。但司马迁为汉代人，毕竟去古已远，所以人们对他所记的夏、殷之事的可信性曾大加怀疑。19世纪末出土的商代第一手文献甲骨文，虽然没有一点关于"殷革夏命"的蛛丝马迹，但国学大师王国维于1917年通过对甲骨文的研究，在《殷卜辞中所见先公先王考》和《殷卜辞中所见先公先王续考》中明确指出："有商一代先公先王之名，不见于卜辞者殆鲜。"他还根据《后上》8·14与《戬》1·10的缀合，发现了甲骨文所记报乙、报丙、报丁的世次与《史记·殷本纪》及《三代世表》不同，认为殷人"上甲以后诸先公之次，当为报乙、报丙、报丁、主壬、主癸"，深刻指出了"《史记》以报丁、报乙、报丙为次，乃违事实"，从而纠正了《史记·殷本纪》个别世次之误。王国维通过对地下出土的商代第一手资料的研究，得出了"《世本》、《史记》之为实录，且得于今日证之"。既然《史记·殷本纪》所记可信，那么司马迁的《夏本纪》亦非空穴来风，也应成为我们研究夏商历史的重要依据。

"殷革夏命"的重大历史事件，《史记·夏本纪》记载较为详细：

  帝桀之时，自孔甲以来而诸侯多畔夏，桀不务德而武伤百姓，百姓弗堪。乃召汤而囚之夏台，已而释之。汤修德，诸侯皆归汤。汤遂率兵以伐夏桀，桀走鸣条，遂放而死……汤乃践天子位，代夏朝天下。

《殷本纪》记载说：

  当是时，夏桀为虐政淫荒，而诸侯昆吾氏为乱。汤乃兴师率诸侯，伊尹从汤，汤自把钺以伐昆吾，遂伐桀……以告令师，作《汤誓》……桀

[①] 孙星衍：《尚书今古文注疏》，中华书局1986年版，第429页。

败于有娀之虚,桀奔于鸣条,夏师败绩……于是诸侯毕服,汤乃践天子位,平定海内。

从上引《夏本纪》和《殷本纪》所述史实,我们可以看到,夏朝的末年,由于夏王桀的倒行逆施,各与国诸侯离畔,国内阶级矛盾尖锐,国家处于内外交困,风雨飘摇之中。(图1—9)

夏朝末期,"夏后氏德衰,诸侯叛之"(《史记·夏本纪》),从而大大削弱了中央王朝的实力。为了加强中央王朝的控制力,即"诸侯所由用命","夏桀为仍之会,有缗叛之"(《左传》昭公四年)。有缗氏叛离而去。再如商部族,其祖先契曾佐禹治水有功,被帝舜"封于商,赐姓子氏。契兴于唐、虞、大禹之际"[①]。夏朝建立以后,子姓的商人成为夏朝的诸侯,并保持着良好关系。今本《竹书纪年》帝相十五年记"商侯相土作乘马"[②]。少康中兴以后,今本《竹书纪年》记"十一年,使商侯冥治河"。商侯冥曾为夏朝的水官,《国语·周语上》:"冥,契后世孙,根圉之子也,为夏水官,勤于其职而死于水也。"就是这样一个与夏中央王朝有着世代友好关系的商族"诸侯",在夏桀时也被无辜监禁。《史记·殷本纪》载"乃召汤而囚之夏台,已而释之"。此后,夏朝与商方国诸侯交恶,商开始做灭夏的准备,这就是《夏本纪》所记"汤修德,诸侯皆归汤,汤遂率兵以伐夏桀";不仅如此,夏桀对在"有仍之会"上不服从号令的有缗氏怀恨在心,《左传》昭公十一年记"桀克有缗,以丧其国"。此外,《国语·晋语一》载"昔夏桀伐有施,有施人以妹喜女焉。妹喜有宠,于是乎与伊尹比而亡夏",自此埋下了夏朝灭亡的祸根。古本《竹书纪年》说:"后桀伐岷山,进女于桀二人,曰琬,曰琰……而弃其元妃于洛,曰末喜氏。末喜氏与伊尹交,遂以间夏。"据学者

图1—9 夏桀像
(山东嘉祥汉武梁祠画像石)

---

① 《史记·殷本纪》。
② 李民等:《古本竹书纪年译注》,中州古籍出版社1990年版,第234页。

考证，"岷山，即岷山或蒙山，亦即有缗氏，居今山东金乡县北"[①]，《韩非子·说难》云："是以桀索缗山之女……而天下离。"虽然"桀为暴虐，诸侯内侵"（《后汉书·东夷传》），夏朝受到地方诸侯的威胁，但夏朝与东方的侯伯"九夷"却是例外，九夷与中央王朝一直到夏末还保持着良好的关系。古本《竹书纪年》载："后发即位，元年，诸夷宾于王门，再保墉会于上池，诸夷入舞。"九夷在夏桀末年雄踞东方，成为迟滞商侯汤大乙起兵灭桀的重要力量。商汤被释以后，伐夏之心已定，《说苑·权谋》说："汤欲伐桀，伊尹曰：'请阻乏贡职，以观其动'"，汤的谋臣伊尹建议汤用"阻乏贡职"的办法激怒夏桀，以观察他是否还有能力动员地方诸侯出兵勤王。"桀怒，起九夷之兵以伐之"，夏桀这时仍能动员"九夷之师"去讨伐汤。商汤看到伐夏的时机尚未成熟，因而"谢罪请服，复入贡职"。直到第二年"九夷之师不起"（《说苑·君道》），夏朝失去了九夷的支持，因而"汤乃兴师"。没有了东方夷人在背后的威胁，汤直捣夏朝的都城斟寻。

伊尹在辅佐汤灭夏前，据《吕氏春秋·慎大》载，汤"忧天下之不宁，欲令伊尹往视旷夏。恐其不信，汤由亲自射伊尹，伊尹奔夏三年"。夏桀的骄奢淫逸和倒行逆施，连负有"间夏"使命的伊尹都看不下去了，"伊尹举觞造桀，谏曰：'君王不听群臣之言，亡无日矣。'桀闻析然哑然叹曰：'子又妖言矣。天之有日，由吾之有民，日亡吾乃亡也'"[②]。夏桀"系汤夏台，杀关龙逢"，造成了夏朝忠贞大臣"左右恐死"的恶果。但桀却重用谄谀之臣和勇力之士，《史记·龟策列传》（褚少孙补）说："桀有谀臣，名曰赵梁，教为无道，劝以贪狠"，谀臣们的奉承和颠倒黑白，在夏"国危于累卵，皆曰无伤，称乐万岁，或曰未央。蔽其耳目，与之作狂"。夏桀以为有勇力之士就可保住政权，《晏子春秋·内篇谏上第一》说："昔夏之衰也，有推侈、大戏……足走千里，手裂兕虎，任之以力，凌轹天下，威戮无罪，崇尚勇力，不顾义理，是以桀纣以灭，殷夏以衰。"

但身为夏朝太史令的终古和一些"守法之臣"，清醒地看到夏末的危急形势，力图用先王的遗训——"图法"来劝诫夏桀。"出其图法，执而泣之。夏桀迷惑，暴乱愈甚"。夏桀对祖宗的"成法"不屑一顾，结果是"太史令

---

① 李民等：《古本竹书纪年译注》，中州古籍出版社1990年版，第30页。
② 《太平御览》卷八二引《帝王世纪》。

终古乃出奔如商"①。夏朝统治阶级内部矛盾重重，再也不能用原来的"轨度"统治下去了。

《墨子·非攻下》说："至乎夏王桀，天有酷命，日月不时，寒暑杂至，五谷焦死"，"灾度丛生"，天灾地变也加速了处于内外交困中的夏朝灭亡。首先，夏朝的王畿地区遇到了大旱，《国语·周语上》说："伊洛竭而夏亡"，都城斟寻畔的伊水、洛水都干涸了。而且夏朝都城江山社稷的象征物——社坛也发生了变故，"夏桀末年，社坼裂，其年为商所放"。其次，在其他地区也频频出现了怪异的现象，"（夏桀时）雀山之地，一夕为大泽，而深九尺"②。此外，"桀时，泰山山走石泣。先儒说，桀之将亡，泰山三日泣。"夏朝末年，"桀淫乱，灾异并见。雨日斗射，摄提移处，五星错行"③。

就在夏王朝末年人祸并臻，"国危于累卵"的形势下，崛起于东方的商族在汤的率领下，受到了天下诸侯的拥护，"汤一征，自葛始"（《孟子·梁惠王下》）。"《书》曰：'葛伯仇饷'，此之谓也。为其杀是童子而征之，四海之内皆曰：'非富天下，为匹夫匹妇复仇也……'"④。然后汤挥师直指夏桀的党羽，"韦、顾既伐，昆吾夏桀"⑤。《史记·殷本纪》记载说："汤乃兴师率诸侯，伊尹从汤，汤自把钺以伐昆吾，遂伐桀"。"桀败于有娀之虚，桀奔于鸣条，夏师败绩。汤遂伐三䆫，俘厥宝玉……"，"于是诸侯毕服，汤乃践天子位"。自此，"鼎迁于商"。公元前2070年"禹传子"建立的姒姓王朝，在夏后氏家族内传承了十七代后，被商朝灭亡，史称"殷革夏命"。这是发生在公元前16世纪的事情。

第四节 商朝国家机构的完善与发展

商汤灭夏以后，商部族奴隶制方国由一个"方七十里"的夏朝地方"侯伯"，骤然间"奄有九有"（《诗经·商颂·烈祖》），成为统治全国的中央王朝，从而取得全国统治权。商朝的子姓王族，和夏朝奴隶主统治阶级的阶级

---

① 《吕氏春秋·先识览》。
② 《太平御览》卷七二引《帝王世纪》。
③ 《述异记》（上）。
④ 《路史·后记》一三下注引。
⑤ 《诗经·商颂·长发》。

本质是一样的。这不是一个阶级推翻另一个阶级统治的暴烈行动，不可能打碎夏朝的国家机器，只能是加以继承和不断发展、完善，以适应新王朝统治全国的需要。商王朝不仅全盘继承和发展了夏朝奴隶主阶级加强王权的"天"和"天命"观，而且为了实行对民众的有效统治，吸取了夏朝"桀有昏德"的教训。与此同时，在夏朝国家机器的基础上，开创了"辅相"制度，从而使商朝的国家机器运作得更为顺畅。

《礼记·明堂位》说："有虞氏官五十，夏后氏官百"与"殷二百"，虽然这里举大略小，只是个成数而已，但也反映了商灭夏以后，国家政权机构急剧扩大和更加完善。夏朝国家机构的设置，是在原华夏部落联盟"九官十二牧"的基础上建立的"公共权力"，由同姓和异姓贵族充任中央和地方的各级官吏。"夏朝中央朝廷官吏又有外廷和内廷之分。外廷官吏主要负责王朝日常事务，而内廷官吏主要负责有关夏王个人日常生活各种事务"，外廷官吏又可细分为"外廷政务官"和"宗教官"。[①] 商汤灭夏以后，商朝不仅全部继承了夏朝国家机构的设置，而且还在此基础之上设立了辅相制度，这就比夏朝完全靠国王一己之力，运作全部国家机器要大大前进了一步。

《尚书·汤誓》："伊尹相汤伐桀，升自陑，遂与桀战于鸣条之野"。正义曰："伊尹以夏政丑恶，志而归汤。辅相成汤，与之伐桀"，就是指伊尹为汤辅"相"。而《仲虺之诰》说："汤归自夏，至于大坰，仲虺作诰。"传说："为汤左相，奚仲之后"。"仲虺臣名，以诸侯相天子"。《孟子·尽心下》赵岐注说："《春秋传》曰：'仲虺居薛，为汤左相'，是进伊尹为右相，故二人等德也。"因而可知，在商汤灭夏以后，就有了左相、右相的设置，这是夏朝官僚机构所没有的。（图1—10）

右相伊尹，不仅在商汤尚为夏朝方

图1—10 伊尹像
（清人绘）

---

① 白钢主编《中国政治制度通史》（先秦卷），人民出版社1996年版，第140页。

伯之时，就为他"言素王及九主之事"，提供历史上名王布政的经验，而且在商汤灭夏的过程中，不离商汤左右。《史记·殷本纪》载，"汤乃兴师率诸侯，伊尹从汤，汤自把钺以伐昆吾，遂伐桀"。在商汤伐桀的过程中，伊尹不离左右，可见其在灭夏过程中所起的重要作用。而"汤既胜夏，欲迁其社，不可，作《夏社》。伊尹报，于是诸侯毕服"。集解引徐广说："伊尹报政"，伊尹当是"汤乃践天子位"的主持者。其在商朝建立过程中，能主持"报政"的地位，是其他诸臣所不能与之相比的。"汤崩"以后，"太子太丁未立而卒"，立太丁弟外丙。"帝外丙即位三年，崩"，又立外丙之弟中壬。"帝中壬即位四年，崩"，"伊尹乃立太丁之子太甲"。作为商朝的老臣，伊尹有决定立君之权。与此同时，"伊尹作《伊训》、作《肆命》、作《徂后》"，集解引郑玄说："《肆命》者，陈政教所当为也；《徂后》者，言汤之法度也"，《肆命》是伊尹多年"从汤"为政所积累的经验教训，就和当年为汤"言素王及九主之事"一样，其是教诫太甲所"当为"之政教。而《徂后》即汤所垂范后世所应遵循的"法度"。伊尹又有训诫新君之责，在太甲"不明，暴虐，不遵汤法，乱德"之时，"于是伊尹放之于桐宫"。伊尹的权力之大，居然可以"三年，伊尹摄行政当国，以朝诸侯"，俨然一国之君。当"帝太甲居桐宫三年"改过以后，"于是伊尹乃迎帝太甲而授之政"，并"作《太甲训》三篇"——即在伊尹将告归之际，还唯恐太甲及后王"乱德"，再作"《太甲训》三篇"以申诫之。至于左相仲虺，虽然有关事迹所见不多，《殷本纪》只有汤伐桀后，"归至于泰卷陶，仲虺作诰"数语。此外就是《十三经注疏》中所收伪古文《仲虺之诰》了，但《诰》中之"惟王不迩声色，不殖货利。德懋懋官，功懋懋赏，用人惟己"的思想，与商汤针对"桀有昏德"而提倡的"修德"思想基本是一致的，"左相"仲虺当也有对时王规谏咨政之责。从商朝右相伊尹的作为来看，"相"当有很大权力。商朝的"相"不仅帮助商王处理军政要务，而且还对商王的权力和行为有规劝和制衡之责，甚至可对商王采取"放"或"迎"的极端措施，从而保证了商朝国家机器的正常运作。因此，商朝在夏朝国家机构基础上新增设的辅相制度，对商朝国家政权的巩固和加强是很有意义的，这就是《尚书·周书·君奭》所说的"天惟纯佑命，则商实百姓"。孔传谓"惟天大佑助其王命，使商家百姓丰实，皆知礼节"，使商朝"享国久长，多历年所"。而国家机器的正常运作，辅相也起了很大作用。"王人罔不秉德，明恤小臣，屏侯甸"，疏引正义说："王人谓与人为王，言此上所说成汤、太甲、太戊、祖乙、武丁皆王人也，无不持德立业，明忧小臣。虽则小臣，亦忧，使得其贤人，以藩屏侯甸之服。王恐臣之不贤，尚以为忧，况在臣下，得不皆勤劳奔走，惟忧王，此求贤之事。"王与臣下同心选拔"贤才"，以充实官僚机构，这就达到了"矧咸奔走，惟兹惟德称，用乂厥辟"的目的。疏谓："惟求有德者举之，用治其君之事乎？君臣共求有德，所在职事皆治"，从而保证了国家机器的正常运行。

商朝辅相设置的成功，备受后人的肯定。《尚书·周书·君奭》历数商朝的名王与贤辅："昔成汤既受命，时则有若伊尹，格于皇天"，传谓："尹挚佐汤，功至大夫，谓致太平"；"在太甲，时则有若保衡"，传谓："太甲继汤时则有如此，伊尹为保衡，言天下所取，安所取乎"；"在太戊，时则有若伊陟、臣扈，格于上帝，巫咸乂王家"，传谓："伊挚、臣扈率伊尹之职，使其君不陨祖业，故至天亡功不陨。巫咸治王家，言不及二臣"；"在祖乙，时则有若巫贤"，传谓："祖乙，殷家亦祖其功，贤臣有如此，巫贤，贤，咸子巫氏"。"在武丁，有若甘盘"，传谓："高宗即位，甘盘佐之，后有傅说"，疏引正义说："《说命篇》高宗云：'台小子旧学于甘盘，既乃遯于荒野。'高宗未立之前已有甘盘，亮阴不言，乃求傅说，明其即位之初，有甘盘佐之。甘盘卒后，有傅说计，傅说当有大功。"

武丁的贤辅傅说，据《史记·殷本纪》载，是武丁"乃使百工营求之野，得说于傅险中。是时说为胥靡，筑于傅险"。之所以如此，是因为"帝武丁即位，思殷复兴，而未得其佐"。当得到傅说以后，武丁"与之语，果圣人，举以为相，殷国大治"，集解引孔安国说："傅氏之岩在虞、虢之界，通道所经，有涧水坏道，常使胥靡刑人筑护此道。说贤而隐，代胥靡筑之，以供食也"，傅说当为隐迹于刑徒工匠奴隶中的虞、芮方国贵族，被武丁"举以为相"后，使得"殷国大治"。（图1—11）

图1—11 傅说（商朝后期）
（清人绘）

我们可以看到，举凡商朝有名臣为辅相的国王，都取得了很大的政绩，而受后人的称颂。对于商汤与伊尹，《诗经·商颂·长发》云："昔在中叶，有震且业。允也天子，降予卿士"，郑笺说："相土始有征伐之威，以为子孙讨恶之业，汤遵之而兴之，信也。夏命而子之，下予之卿士，谓生贤佐也。"

其"贤佐",就是"实维阿衡,实左右商王";而帝太甲在伊尹辅佐下,"悔过自责,反善",在居桐三年后"授之政。帝太甲修德,诸侯咸归殷,百姓以宁",被称为"太宗"。帝太戊,有"伊陟为相",在他的辅佐下,"巫咸治王家有成",从而"殷复兴,诸侯归之",被称为"中宗"。"帝祖乙立,殷复兴,巫贤任职",接着就是前面所述的"高宗"武丁了。

上举有名相辅佐的诸商王,诸如汤、太甲、祖乙、武丁等,均成为商朝的"盛王",《晏子春秋·内篇·谏上》说:"汤、太甲、武丁、祖乙,天下之盛王也"。《孔丛子·论书篇》说:"汤及太甲、祖乙、武丁,天下之大君。""大君"们为商朝历史的发展作出了贡献,因此受到后世子孙隆重的祭祀,特别是"商王朝在与强敌发生战争时,都要对他们举行祭告之典,以期得到他们对自己的护佑,并对敌方作崇致祸和从心理予以镇慑"①,以"表明自己所进行的战争是秉承先王的意志,'受命于祖'","因此要对自己历史上著名的先王进行祭祀,这和后世祭祀战神蚩尤的性质是一样的"②。而"大君"们成就的取得,是由于得有贤辅的结果。

在国家机构中,设置辅相的同时,商朝全面承袭了夏朝的国家机器。《尚书·多士》载,商亡后,周公对那些被迁往成周的殷顽民,特别是那些心存疑虑的贵族——"多士"举出"殷革夏命"后商王朝对于夏朝旧官处置成功的例子时说,"夏迪简在王庭,有服在百僚",传谓:"夏之众士蹈道者,大在殷王庭。有服,职在百官,言见任用。"孔疏谓:"夏亡诸臣蹈道者,大在殷王之庭,有服,行取事在于百官。言其见任用"。就是说,商朝建立以后,全部继承了夏朝的国家机器,连在旧政权机构的"众士",只要"蹈道",仍然可在商朝的国家机关中"有服"供职,并继续作"行职事"的"百官"。由此可见,商朝全面继承了夏朝的国家机器,对争取夏朝旧贵族的支持和保证社会的稳定是很有意义的。

随着商朝社会经济的发展和商朝社会的贵族与平民、奴隶主与广大奴隶矛盾逐步尖锐和阶级斗争的发展,商朝的国家机构在"夏后氏官百"的基础上,逐渐完善并大大膨胀起来。虽然存世文献材料不多,但甲骨文中为我们保存了不少有关商代国家机构设置的材料,对此,我们将在后面加以叙述。

---

① 王宇信、杨升南主编:《甲骨学一百年》,社会科学文献出版社1999年版,第319页。
② 王宇信:《周原出土庙祭甲骨商王考》,《考古与文物》1988年第2期。

第二章

商王是贵族统治阶级的最高首领

"社会分裂为剥削阶级和被剥削阶级、统治阶级和被压迫阶级。是以前生产不大发展的必然结果。当社会总劳动所提供的产品除了满足社会全体成员最起码的生活需要以外只有少量剩余，因而劳动还占去社会大多数成员的全部或几乎全部时间的时候，这个社会就必然划分为阶级。在这个完全委身于劳动的大多数人之旁，形成了一个脱离直接生产劳动的阶级，它从事于社会的共同事务：劳动管理、政务、司法、科学、艺术等等。因此，分工的规律就是阶级划分的基础。但是这并不妨碍阶级的这种划分曾经通过暴力和掠夺、狡诈和欺骗来实现，这也不妨碍统治阶级一旦掌握政权就牺牲劳动阶级来巩固自己的统治，并把对社会的领导变成对群众的剥削。"①

作为继夏朝而起的我国第二个奴隶制王朝——商朝，社会早已分裂为贵族奴隶主阶级和广大受剥削、压榨的被统治阶级——下层自由平民和奴隶两大互相对立又相互依存的阶级。虽然有关文献较少，但商代后期的大量甲骨文资料和考古出土新材料却为我们恢复商代的社会结构提供了可能。

商朝的"王"是最高统治者。商族自上甲以后进入部族奴隶制方国以后，经报乙、报丙、报丁和示壬、示癸的发展，直到公元前2070年商汤灭夏，商部族奴隶制方国发展为"尽有夏商之民，尽有夏商之地，尽有夏商之财"②的我国历史上第二个统一的奴隶制商王朝。商人子姓家族成为商王朝统治阶级的核心，控制着从中央到地方的一切权力，这就是《史记·殷本

---

① 恩格斯：《反杜林论》，《马克思恩格斯选集》第3卷，人民出版社1972年版，第321页。
② 《吕氏春秋·分职篇》。

纪》所说的:"契为子姓,其后分封,以国为姓,有殷氏、来氏、宋氏、空桐氏、稚氏、北殷氏、目夷氏"等。而子姓贵族家族北殷氏"索隐"说:"《系本》作'髦氏',又有时氏、萧氏、黎氏。然北殷氏盖秦宁公所伐亳王,汤之后也。"此外,还见诸殷灭亡以后,被封给鲁公的"殷民六族:条氏、徐氏、萧氏、索氏、长勺氏、尾勺氏"等和封给卫康叔的"殷民七族,陶氏、施氏、繁氏、锜氏、樊氏、饥氏、终葵氏"① 等。这些族在殷亡以后,沦为任人宰割的"遗民"。但当年作为商王朝的雄族,应也曾有过与子姓商族一起统治商王朝的辉煌。惜文献阙如,我们很难据上述见诸文献记载的二十多族,详知他们如何对商王朝进行控制了。我们只能据商朝后期王室占卜记事文字所反映的商王活动及与商王有关的贵族人物的记载,对商王朝的统治构成及其活动进行分析。

商王是商朝的最高统治者,是贵族奴隶主阶级的总代表。甲骨文中商王自称"余一人"或"一人",见于第一期至第五期卜辞。

第一期如:

贞其于一人囚。(《合集》557)
乙亥卜,争,贞王束有祟,不于[一]人囚。(《合集》4978)

第二期如:

癸丑卜,王曰贞翌甲寅气酒肜自上甲衣至于毓,余一人无囚。兹一品祀,在九月遘示癸飙龛。(《英藏》1923)

这是贞卜合祭自上甲以下诸先王,以乞求"余一人"即商王无祸害。或称"一人"。

第四期如:

壬寅,贞夕有戠,王不于一人囚。(《屯南》726)

这是贞问晚上发生了天变,不会给"一人",即商王带来灾祸否。

---

① 《左传》定公四年。

第五期如：

甲戌王卜，贞［令］黿屯
盂方，西戍酋西田，□人妥。
余一人从多田甾正，又自上下
于若。（《合集》36181）（图
2—1）

图 2—1　《合集》36181

此辞是卜问商王命令贵族名黿者攻打盂方，商王——余一人率领多田（甸）等武官出征，会受到上、下祖先神的保佑。根据甲骨文"求其上自祖乙"（《合集》32616）、"求其下自小乙"（《合集》32616）判断，所谓"上、下于若"就是商王帝乙、帝辛先祖乙、小乙会若顺保佑他。

以上诸辞中的"余一人"、"一人"，都是商王自称。"由甲骨卜辞看来，自武丁以迄帝辛，'余一人'与'一人'者，已为国王一人所专用的称号，而在我国传世文献中，有关记载表明商汤、盘庚、武丁以迄周之列王，只有天子才可以称'余一人'。金文《盂鼎》、《皇盨》、《毛公鼎》等，也印证了周王自称'余一人'或'我一人'者。以天下之大，四海之内惟天子一人为至高无上，惟我独尊。这便充分代表了这种暴君的独裁口吻。"[①]

商王之所以至高无上并唯我独尊，是因为他手中垄断着商王朝的军权和祭祀权等一切大权。商王通过手中掌握的强大武装力量，对内镇压奴隶和平民的反抗，对外实行领土扩张，获得新的土地和奴隶。而商王通过垄断着祭祀大权并举行经常的祭祀活动，不仅加强和神化了王权，还使商王朝子姓贵族的团结和联系得到了强化。因此，商王不仅是商王朝的最高神职人员，而且还是子姓家族的宗族长。集军权、神权和族权于一身的商王，成为奴隶主贵族阶级的总代表。

第一节　商王是商朝奴隶主阶级武装力量的最高统帅

王字甲骨文写作󱁸、󱁹、󱁺诸形。学者指出："王者之本义，斧也"，甲骨

[①]　胡厚宣：《释"余一人"》，《历史研究》1957年第1期。

文早期"王"字写法也与金文中之"纯粹为戚之类之绘形"的"王"字写法相合，因而论断说："盖古之王者皆以威力征服天下，遂骄然自大，以为在诸侯之上而称王。以王之本义为斧，故斧，武器，用以征服天下，故引申之，凡征服天下者称王，斧形即王字，故绘斧于衣，不啻王字于扆，以表示此为王者。及至后世，虽王者已不尽恃武力，而祖先历世祖传之遗制，终不敢忘。故于朝天下，观诸侯、封藩服、会御事之时，所设绘斧之扆以纪念。既以示王者威德，且告人以此为王者。惟王者可设斧扆，则王字之本义为斧益彰明矣。"① 有学者还进一步阐述了"王字又为什么象斧钺之形"，说"斧钺这种东西，在古代本是一种兵器，也是用于'大辟之刑'的一种主要刑具。不过在特殊意义上来说，它又曾长期作为军事统率权的象征物"。"从以斧钺作为王权象征物这一现象中，又可以为我国王权的发生发展史找到一点线索。我们有理由推测，在斧钺作为王权的象征物之前，它本是军事民主制时期军事酋长的权杖。"② 夏朝末年，作为部族奴隶制方国首领的汤，在"夏桀为虐政淫乱，而诸侯昆吾氏为乱"之时，"汤乃兴师率诸侯，伊尹从汤，汤自把钺以伐昆吾，遂伐桀"，就是以"钺"为统率诸侯的权力象征物并号令诸侯，"以告令师，作《汤誓》"的。由于商汤以伐夏之武功开国，所以他自己也颇知控制有强大军事实力的好处，说"吾甚武"，并被后人尊称为"武王"。《史记·殷本纪》集解说："《诗》云：'武王载斾，有虔秉钺'，《毛传》曰：'武王，汤也'"。此外，商朝末期纣王因周姬昌"献洛西之地，以请除炮格之刑。纣乃许之，赐弓矢斧钺，使得征伐，为西伯"，周姬昌得到商纣王特赐的象征得专征伐特权的"弓矢斧钺"，成为西方的霸主而日益坐大；不仅如此，就是商朝末年周武王伐纣时，钺也是周武王拥有军权的象征物并用以号令三军。《史记·周本纪》："二月甲子昧爽，武王朝至于商郊牧野，乃誓。武王左杖黄钺，右秉白旄以麾。"集解引孔安国说："钺，以黄金饰斧，左手杖钺，示无事于诛；右手把旄，示有事于教令"。牧野决战取得胜利以后，"周武王至商国"，受到"商人皆再拜稽首"的欢迎。武王"至纣死所"，"以黄钺斩纣头，县大白之旗"。并又到"纣之嬖妾二女，二女皆经自杀"之外，"斩以玄钺，县其头小白之旗"，即象征对纣和嬖妾二女施以斧钺之大刑。在周武王举行"受天明命"大典之时，"及期，百夫荷罕旗以先

---

① 吴其昌：《金文名象疏证·兵器篇》，《国立武汉大学文哲季刊》第 5 卷第 3 期，1936 年。
② 林沄：《说王》，《考古》1965 年第 6 期。

驱。武王弟叔振铎奉陈常车，周公把大钺，毕公把小钺，以夹武王。散宜生、太颠、闳夭皆执剑以卫武王"，也是持钺相辅，不离武王左右。无独有偶，不仅商朝开国之君商汤"号曰武王"，就是西周王朝的建立者姬发，在"西伯崩，太子发立，是为武王"，也以"武"字名王的。《史记·周本纪》正义说："《谥法》：'克定祸乱曰武'"，因此，王字的本义从原始社会末期军事首领的象征物斧钺，演变为阶级社会的统治阶级握有最高军事统率权的"王"的尊称，其根本原因就是"吾甚武"，从而取得了"克定祸乱"的成功，即通过对异族的征服取得了天下，并通过对敢于叛乱的方国或异族的不断用兵巩固其对国家的控制。

一　商朝是在对外的不断战争中建立和巩固的

商朝是在对外的不断战争中建立和巩固的，因而历代商王深知掌握兵权的重要性。

大乙时"汤征诸侯，葛伯不祀，汤始伐之"。此后，就是"汤乃兴师率诸侯，以伐昆吾，遂伐桀"，取得了"汤既胜夏"的胜利。"于是诸侯毕服，汤乃践天子位。"① 汤是在对外的不断征服中，建立了商王朝对"海内"的统治的。据《孟子·滕文公下》说："汤始征，自葛载，十一征而无敌于天下"，或有说"汤凡二十七征，而德施于诸侯"②。其后，所见各代商王对诸方国用兵材料不多。汤孙太甲时虽无对外征讨，但因"悔过自责"，"帝太甲修德，诸侯咸归殷"。而太甲以后沃丁、太庚、小甲，直至雍己，（《史记·殷本纪》），说："殷道衰，诸侯或不至。"而在此期间，文献中不见有关对外军事行动的记载。到了太戊时，今本《竹书纪年》有"二十六年，西戎来宾，王使王孟聘西戎"和"三十一年，命费侯中衍为车正"，以及"五十八年，城蒲姑"。"六十一年，东九夷来宾"等记载。《史记·殷本纪》说大戊时"殷复兴，诸侯归之"，"城蒲姑"和"九夷来宾"应是在商王朝强大军事力量震慑下实现的。直到中丁时，古本《竹书纪年》记，"仲丁即位，征于兰夷。"③

---

①　《史记·殷本纪》。

②　《艺文类聚》卷一二引《帝王世纪》（徐宗元：《帝王世纪辑存》，中华书局1964年版，第63页）。

③　李民等：《古本竹书纪年译注》，中州古籍出版社1990年版，第41页。

据今本《竹书纪年》，此事发生在仲丁六年①。商王外壬时，曾发生"邳人、侁人叛"之事（见于今本《竹书纪年》），但发生战事与否不得而知。商王河亶甲时，虽然《史记·殷本纪》有"殷复衰"的记载，但古本《竹书纪年》记："征蓝夷，再征班方"，今本《竹书纪年》有"三年，彭伯克邳"，并记河亶甲四年"征蓝夷"之事。此外，今本《竹书纪年》记"五年，侁人入于班方。彭伯、韦伯伐班方，侁人来宾"。班方，其地学者考证在"今山东沂南附近"②。商王祖乙时，不见对外战争的记载，但今本《竹书纪年》有"十五年，命邠侯高圉"之事，据《史记·周本纪》，高圉乃周族著名的古公亶父之高祖，集解引宋衷说："高圉能率稷者也，周人报之。"当是周族首领高圉接受了商王朝祖乙之"命"，表示服从商朝的统治为侯。此外，还曾在"三年，命卿士巫贤"，《史记·殷本纪》所说："帝祖乙立，殷复兴"或指上述事。祖乙以后，历商王祖辛、沃甲、祖丁、南庚等王，不见对外战事记载。虽然《史记·殷本纪》记"帝南庚崩，立帝祖丁之子阳甲"，而"帝阳甲之时，殷衰"。但《竹书纪年》有阳甲"三年，西征丹山戎"之事。其弟盘庚继位为王以后，所发生的大事就是"自奄迁于北蒙，曰殷"。而对外关系就是古本《竹书纪年》所记"殷时已有应国"，《竹书纪年》更具体为盘庚"七年，应侯来朝"，并有"十九年，命邠侯亚圉"之事，这就为《史记·殷本纪》所讲之"殷道复兴，诸侯来朝，以其遵成汤之德也"做了注脚。商王盘庚死后，其弟小辛立为王，"帝小辛立，殷复衰"。后其"弟小乙立，是为帝小乙"，直到其子武丁立，商王朝国力也未恢复，在"帝武丁即位"之初，还在"思复兴殷"，因此小辛、小乙诸王直到武丁初年应对外无战事。而经过武丁"修政行德，天下咸欢，殷道复兴"。虽然《史记·殷本纪》不见武丁向外扩张的记录，但《易·既济》："高宗伐鬼方，三年克之"，今本《竹书纪年》也记载了此事，说武丁"三十二年，伐鬼方"，在武丁"三十四年，王师克鬼方"，战争结束。此外，还有武丁"四十三年，王师灭大彭"。"五十年，征豕韦，克之"，把《国语·郑语》所载的"彭姓，彭祖、豕韦、诸稽，则商灭之矣"的年代具体化。武丁时，还对南方荆楚用兵，并取得了很大的胜利。《诗经·商颂·殷武》说："挞彼殷武，奋伐荆楚，冞入其阻，裒荆之旅，有截其所"，笺谓："殷道衰而楚人叛，高宗挞然奋扬威武，出兵伐

---

① 李民等：《古本竹书纪年译注》，中州古籍出版社1990年版，第252页。
② 同上书，第42页。

之，冒入其险阻，谓方城之隘，克其军，率而俘虏其士众。"武丁以后的诸商王，诸如祖庚、祖甲、廪辛、康丁、武乙、文丁、帝乙、帝辛等商王对外战争情况，《史记·殷本纪》失载，今本《竹书纪年》有祖甲"十二年，征西戎"，"十三年，西戎来宾"和"命邠侯组绀"之事，邠侯组绀，乃古公亶父之父，即《史记·周本纪》索隐引皇甫谧所说"公祖一名组绀诸盩，字叔类，号曰太公"者。虽然如此，但《史记·殷本纪》说："祖甲淫乱，殷复衰"，今本《竹书纪年》中武乙"三年，命周公亶父，赐以岐邑"，进一步加强与周方国的联系，为古本《竹书纪年》所无。此外，古本《竹书纪年》记的武乙"三十四年，周王季历来朝，武乙赐地三十里，玉十珏，马八匹"，而今本《竹书纪年》作："周公季历来朝，王赐地三十里，玉十珏，马十匹。"在商王文丁时，"四年"才把"周王季命为殷牧师"，但在文丁十一年就"文丁杀季历"了。关于此事，今本《竹书纪年》与古本《竹书纪年》一致；商王帝乙即位以后，古本《竹书纪年》有"二年，周人伐商"，当是周姬昌为报商人杀父之仇挑起战端。今本《竹书纪年》中无此事，但有"三年，王命南仲西拒昆夷，城朔方"之事。《史记·殷本纪》记："帝乙立，殷益衰"；商朝最后一王帝辛时，一改以前诸王对外无所作为的状态，对东方的夷人发动了长期的战争。《左传》昭公四年："商纣为黎之蒐，东夷叛之"。杜注："黎，东夷国名"。商纣王为显示武力，引得东夷族叛乱，并从此进行了多次战争。《左传》宣公十二年"纣之百克，而卒无后"，《左传》昭公十一年"纣克东夷，而陨其身"和《左传》昭公二十四年"纣有亿兆夷人，亦有离德"等，就是关于商末帝辛时与东夷人的长期战争的史迹。此外，《国语·晋语》还记有"殷辛伐有苏，有苏氏以妲己女焉"。这次战争，今本《竹书纪年》记为帝辛九年之事。

虽然"书阙有间"，文献中所保留的有商一朝各王的对外战争语焉不详，但有关商后期以武丁和帝辛时对外战争为最多，却得到了殷墟甲骨文的证明。据学者统计，盘庚迁殷以后，晚商时代各王世征伐的对象，"在第一期武丁时有81个"，"第二期（祖庚、祖甲）时征伐对象有2个"，"第三期（廪辛、康丁）征伐的对象有17个"，"第四期（武乙、文丁）征伐的对象有28个"，"第五期（帝乙、帝辛）征伐的对象有8个"。以上从商王武丁以讫帝辛，甲骨文中所反映被商朝征伐的对象，有136个方国贵族之多。其中以第一期武丁时征伐方国最多，而第一期征伐的主要方国为舌方、土方、羌方、基方、下危、井方和𦎧方等。"据学者考证，舌方、土方、羌方、基方在殷的西方、北方，下危在殷东南，茕方则在南土。"而甲骨文第二、三期，即祖庚、祖甲、廪辛、康丁时，"无大战役"，而第四期武乙、文丁时，"主要劲敌是召方和刀方"。至第五期帝乙、帝辛时，"主要敌国是盂方和人方，征伐此两方国的战事占卜，大量见于卜辞，是商恶战"①。商王武丁时期，"殷人之敌在西北，东南无劲敌"②。在商末帝乙、帝辛时，用兵重点指向东南，即与人方和盂方发生的长期战争，甲骨文中的有关记载较多，其中著名帝乙、帝辛十祀征人方，"自十祀九月甲午至次年五月癸丑共26旬，在每一处地方都有或长或短的逗留，实际用于步行的日子短于26旬"。其中"征人方的去程约106日，来征人方的回程约99日，这是来回所需最大的日子，实际行程所需日数应该少于此。由此可知来回的总日数各在100日上下"③，可见战争进行规模之大和时间之长。商朝虽然"纣克东夷"，最终取得了胜利，但长期激烈的战争消耗了商朝的国力，从而使周人乘虚而入，牧野之战使商纣大败"而陨其身"，导致商朝的最终灭亡。

二 商王是武装力量的最高统帅

作为商王朝武装力量的最高统帅，商王对军权的控制，在甲骨文中得到了全面反映。这就是：

（一）王自征

晚商的对外战争，多是由商王亲自率领军队出征的，以免将在外君命有所不受，军权旁落。如第一期武丁时期征伐的舌方：

贞勿隹王征舌方，下上弗若，不我其受佑。（《合集》6314）

土方：

乙卯卜，囗，贞沚馘再册，王比伐土方。受有佑。（《合集》6402）
（图2—2）

---

① 参阅王宇信、杨升南主编《甲骨学一百年》，社会科学文献出版社1999年版，第498—500页。
② 郭沫若：《卜辞通纂考释》，科学出版社1983年版，第162页。
③ 陈梦家：《殷虚卜辞综述》，科学出版社1956年版，第309页。

莞方：

己丑卜，殻，贞今𢀛王伐莞方，受有佑。十月。(《合集》6467)

巴方：

贞我共人伐巴方。(《合集》6467)

图2—2 《合集》6402

龙方：

贞王宙龙方伐。(《合集》6476)

马方：

甲辰卜，争，贞我伐马方，帝授我佑。一月。(《合集》6664正)

周方：

丙辰卜，宾，贞王宙周方征。(《合集》6657正)

㠱方：

壬寅卜，争，贞今𢀛王伐㠱方，受有佑。十三月。(《合集》6543)

尸方：

庚寅卜，宾，贞今𢀛王其步伐尸。(《合集》6461正)

基方：

丙戌卜，㱿，贞我……基方……弗……戋。(《合集》6576)

𢀛方：

己卯卜，王，于来屯伐𢀛。(《合集》6559)

䖕方：

己未卜，㱿，贞王登三千人呼伐䖕方，戋。(《合集》6639)

以上可见，甲骨文第一期时期武丁时的征伐舌方、土方、莞方、巴方、龙方、周方、㐚方、基方、𢀛方、䖕方等重要战争，都是在商王武丁的统率下进行的。

甲骨文第二、三期祖庚、祖甲、廪辛、康丁时期无大战事，因此罕见商王亲自带兵出征的卜辞。虽然《合集》23959 有"癸未卜，旅. 贞亘征不若获"之卜，虽所征之方国不详，但也是在商王的率领之下。

甲骨文第四期武乙、文丁时，商王亲自率兵征伐的方国有：
召方：

丁未，贞王征召方，在戔卜。九月。(《合集》33025 反)

此外，还见于《合集》33022。

刀方：

丙午，贞叀王征刀方。(《合集》33034)

这是甲骨文第四期武乙、文丁亲自统兵征伐召方、刀方。

到了商末，甲骨文第五期帝乙、帝辛时，主要征伐方国为盂方和人方，而且有关征伐卜辞较多，不仅战争进行的时间较长，而且所经过的地点也较多。商王前往出兵征伐，作"征某方"，而回程时之卜作"来征某方"。

盂方：

……在……旬亡𡆥……引吉。在三月甲申祭小甲……隹王来征盂方伯炎……（《合集》36509）

人方：

癸丑卜，贞旬无𡆥，王来征人方。（《合集》36499）
癸亥王卜，贞〔旬无𡆥〕，在九月王征人方。在雇。（《合集》36485）

我们发现，甲骨文各期商王朝所进行的较为重大的对外战争行动，都是商王直接率兵出征，表明商王牢牢地掌握着对外征伐大权。

（二）率将出征

不少重要将领，亦在商王的统率指挥之下，这体现了商王作为军事统帅的绝对权威。商王率领的重要将领有：

沚𢦔。《合集》6416 "丁酉卜，㱿，贞王叀沚𢦔从伐土方"，这是讲商王武丁征伐土方，率领名将沚𢦔同往征土方。商王武丁出征土方率沚𢦔前往的卜辞，还见于《合集》6078 正、6402 正、6403、6404、6406、6417 正等片；沚𢦔还在商王率领之下，参加了征伐巴方之役，如《合集》93 反 "贞王从沚𢦔伐巴方"即是。此外，沚𢦔"从王伐巴方"的记载还见于《合集》6473 正等。武丁时与舌方的战争，堪称激烈、长久，直至第二期祖庚时才被平定。沚𢦔也在商王率领下，参加了对舌方的残酷战争，见《合集》6163 正："……（沚）舌称册，王比伐舌（方）……"此外，还见于《合集》6164 等片。第四期武乙、文丁时商朝的重要战争伐召方，沚或也在商王的率领之下出征，《合集》33058："癸酉，贞众比沚或伐召方受佑，在大乙宗……"即是。此外，有关沚或被商王率领出征之卜，还见于《合集》33020、《屯南》81 等。如按李学勤等学者"历组卜辞"应前提至武丁至祖庚时的观点，此沚或与沚𢦔为同一人。但我们仍采取传统说法，即"历组卜辞"为第四期物，认为此沚或为第一期的沚𢦔的后人。

侯告。商王武丁伐夷方，曾率侯告出征，《合集》6460 正："贞王叀侯告从征夷。六月。"

𢀛侯虎。《合集》6554："贞今〔䛨〕从𢀛侯虎伐𦫫方，受有佑"，这是卜问商王武丁率领𢀛侯虎征伐𦫫方，受到保佑否？有关率领𢀛侯虎伐𦫫方卜辞，还见于《合集》6552、5553 等。

侯喜。第四期武乙、文丁时所伐方国不多，商王率将出征者，只见上列之沚或；而第五期商王帝乙、帝辛征伐盂方和人方的大量卜辞，所见列名的将领有名侯喜者，见《合集》36482："甲午王卜，贞作余障朕禾障，余步比侯喜征人方，上下敤示受有佑，不雹戈囚，告于大邑商……在欨。王占曰：吉。在九月遘上甲毃。隹十祀"，即是讲帝乙、帝辛十祀征人方时，商王曾率侯喜出征。侯喜即为攸侯喜，见五期卜辞"癸卯卜，黄，贞王旬无祸。在正月王来征人方，在攸侯喜鄙永"（《合集》36484）。商王帝乙、帝辛征伐盂方时，不见率领将名，只知商王曾率领地方军队出征，《合集》36511："丁卯，王卜，贞禽巫九禽，余其比多田于多伯征盂方伯炎。叀衣翌日步……左自上下于敤示，余受有佑，不雹戈……于兹大邑商，亡尤在欨。引吉。在十月遘大丁翌。"这是商王征伐盂方伯炎时，率地方多甸与多伯的军队前往。盂方被商王打败后，被迫率军从王去征伐人方。

（三）命将出征

商王在对外征伐方国时，除了亲自出征或率名将与地方伯、甸前往外，有时也命将出征。特别是第一期武丁时，受到征伐的方国达 81 个之多，但商王亲自率兵征讨者毕竟只占其中的少数，应是除重大的战争行动需商王亲自参加并指挥外，一般规模较小的战争或曾受商王重创者，则不需商王亲自出征，而是命将率兵前往即可。将领受命征伐方国有：

舌方：除商王率领大将沚或出征外（《合集》6164），受商王命令，单独带兵对其征讨的将领有臬（《合集》28）、弓（《合集》6211）、自般（《合集》6272）、戉（《合集》6379正、6380）、羽（《合集》564）、沚或（《合集》6160）等。（图 2—3）

土方：除商王率领沚或出征外，武丁之妻妇好亦曾受王命单独对其征讨，《合集》6412"……呼妇好伐土方……"即是。

巴方：除商王武丁本人带兵征伐或商王率大将沚或出征巴方（《合集》93）外，商王武丁还命令妇好率名

图 2—3 《合集》6160

将沚馘从征，《合集》6479 正"壬申卜，争，贞令妇好比沚馘伐巴方受有佑"即是。此外，妇好不仅领兵出征，独当一面，还能与商王武丁的战略战术有效配合。《合集》6480："辛未卜，争，贞妇好其比沚馘伐巴方，王自东罙伐戎，陷于妇好位。"这是说商王攻击戎地之敌，使其遭受伏击于妇好埋伏之地。

龙方：伐龙方之战，除商王亲自率军前往外，有时还命将率军出征。率军代王出征龙方的将领有商王武丁之妻妇妌（《合集》6584、6585 正）、师般（《合集》6587、6590）、吴（《合集》6630 正、6631）等。此外，还有甶（《合集》6593、6594）等。

周：受王令伐周者有𢀛（《合集》6814），另有可率领𢀛侯出征的𢀛（《合集》6816）。此外，还有可率领犬侯的多子族（《合集》6812 正），从《合集》6814"癸未卜，争，贞令𢀛以多子族寇周，叶王事"看，𢀛当是多子族的军事首领。被率领的将领还有𢀛，《合集》6822"贞隹𢀛令从寇周"，唯被何人率领不得而知。

夷方：受王命单独率兵出征夷方者有妇好，《合集》6459："甲午卜，宾，贞王宙妇好令征夷。"有时王令妇好率大将侯告从征，《合集》6480："贞王令妇好从侯告伐夷……"

㠱方：㠱方经过商王的亲自率兵征伐后，可能受到重创，再发生叛乱，商王派贵族豪前往攻打即可，《合集》6564 云："癸未……令豪伐㠱人，无不若，允戋"，即令豪率兵前往征讨㠱，即可顺利地取得胜利。

基方：基方不仅受商王武丁率兵征讨，还受过子商与雀的联合攻击，《合集》6573"甲辰卜，㱿，贞雀眔子商征基方，克"，说明一度被克服。子商还曾多次带兵征讨过基方，《合集》6570"乙酉卜，内，贞子商戋基方。三月"，为三月事。而《合集》6571 正"辛丑卜，㱿，贞今日子商其毕基方缶，戋。五月"，为五月事。此外，子商伐基方还见于《合集》6571、6572 等。

而较为弱小的方国或战争规模不大，直接派贵族征讨即可，诸如征伐俯方之战出征者有贵族戌，见《合集》6566 正"壬辰卜，㱿，贞戌戋俯方"，又见《合集》6567、6568 等。祭方受到雀的讨伐，见《合集》6964"贞雀戋祭方"。此外，还见于《合集》6965、1051 正等。亘方也曾受到雀的讨伐，见《合集》6958"……令雀敦亘"及《合集》6948 正"勿呼雀卫伐亘，弗其戋。十二月"。虎方曾受到望乘和舆的联合攻讨，见《合集》6667"……贞令望乘罙舆其途虎方。十一月"。或舆单独对虎方采取行动，见《合集》6667"……舆其途虎方，告于大甲。十一月"。这些不劳商王武丁亲自率军出征的方国，当属商朝地方与地方之间的局部冲突，因而规模也会不大，派贵族前往征讨即可。

商王命将出征，不仅是对其独当一面的信任，也是商王牢牢地控制着军权的反映。

我们可以看到，商武丁时期对一些重要方国的征伐，都是商王御驾亲往，或商王率重要将领前往。至于经商王朝屡次打击而实力大减的方国或实力较弱的方国的局部冲突，便无须商王亲自挂帅，只需派有关贵族前往征讨即可了。虽然如此，商王也要为之卜问，表明对外军事行动的指挥权仍牢牢控制在商王手中。由于经过商王武丁时期不断的对外征讨，一些商朝强敌，已被征服，因此，改变了殷王小乙以来"殷复衰"的局面，出现了"天下咸欢，殷道复兴"①的大好形势。

武丁以后，祖庚、祖甲、廪辛、康丁时期，商朝对外战事骤减，且规模不大。这一方面是由于武丁在位五十九年的不断对外用兵，使不少敢于反叛的方国受到了重创，从而奠定了商王朝的规模；另一方面，武丁以后的诸王，虽然祖甲曾"旧为小人，作其即位，爰知小人之依，能保惠于庶民，不敢侮鳏寡"，一度能勉守其成。今本《竹书纪年》记祖甲在位三十三年，但其晚年，由于"二十四年，重作《汤刑》"，引起了混乱。"繁刑以携远，殷道后衰"，这就是《史记·殷本纪》所说："帝甲淫乱，殷复衰"，"自时厥后立王，生则逸。生则逸，不知稼穑之艰难，不闻小人之劳，惟耽乐是从。自时厥后，亦罔或克寿，或十年，或七、八年，或五、六年，或四、三年"②。祖甲以后诸王，由于"惟耽乐之从"，只知骄奢淫逸，因此一个个成了短命鬼。据今本《竹书纪年》，廪辛在位四年，康丁在位八年，因此，"殷盛"和"殷衰"，即"诸侯来朝"或"诸侯或不至"，与商朝的军事实力有着直接关系。《晏子·内谏》："夫汤，太甲、武丁、祖乙、天下之盛君也。"《孔丛子·论书篇》："汤及太甲、祖乙、武丁、天下之大君"。这些商朝历史上的名王，均战功赫赫。其中汤"十一征而无敌于天下"③，以武力建立了子姓商

---

① 《史记·殷本纪》。

② 《尚书·无逸》。

③ 《孟子·滕文公下》。

朝对天下的统治，"自彼氐羌，莫敢不来享，莫敢不来王，曰商是常"①；而商代晚期的武丁时期，北克鬼方，南伐荆楚，通过对八十多个方国的征伐活动，奠定了晚商对全国统治的格局，并为商末期帝乙、帝辛对东南夷方的长期战争打下了基础。因此，商王之所以成为奴隶主统治阶级的最高首领，首先就是因为他手中牢牢地握有军权，并有其威严的象征物——王（大钺）。商王在不断的对外战争中开疆拓土，掠夺了大量的财富和俘虏，这就为将其不断地分封给同姓和异姓贵族提供了可能。

第二节 商王是商朝神权政治的体现者

一 商王的"三通"——把持祭祀权的传统

《左传》成公十三年："国之大事，在祀与戎"，商奴隶主统治的最高首领商王，不仅是全国军队的最高统帅，决定着对周围方国的一切军事行动，而且是沟通人间世界和天上的上帝、鬼神的中介。《说文》云："王，天下所归往也。董仲舒曰：'古之造文者，三画而连其中，谓之王。三者，天地人也。而三通之者，王也。'"奴隶主统治阶级的意志和天神、地祇的沟通是需要通过商王手中把持的祭祀权实现"三通"的。

商朝的建立者商汤，"吾甚武，号曰武王"②，不仅以武力"正域彼四方"③，使灭夏后的商朝得到了进一步的巩固与发展；而且商汤还把对上帝、鬼神的祭祀权牢牢控制在自己手里，成为上帝、鬼神意志的体现者和与人间沟通的代表。商汤灭夏，就是打着"上帝"的旗号，"夏氏多罪，予畏上帝，不敢不正"的。而商汤成了对夏朝"天命殛之"的体现者，"予一人致天之罚"④。因此，致祭"上帝"，自然也由"余一人"进行，《吕氏春秋·季秋记·顺民篇》说：

> 昔者，汤克夏而正天下，天大旱，五年不收。汤乃以身祷于桑林曰：余一人有罪，无及万夫。万夫有罪，在余一人。无以一人之不敏，

---

① 《诗经·商颂·殷武》。
② 《史记·殷本纪》。
③ 《诗经·商颂·玄鸟》。
④ 《史记·殷本纪》。

使上帝鬼神伤民之命。于是乃翦其发，磨其手，以身为牺牲，用祈福于上帝。民乃甚悦，雨乃大至。（图2—4）

图2—4 桑林祷雨

（采自《帝鉴图说》）

此外，有关汤"以身为牺牲，用祈福于上帝"之事，在《墨子·兼爱下》、《国语·鲁语上》、《荀子·大略篇》和《说苑·君道篇》等古籍中也有记载。

《礼记·表记》："殷人尊神，率民以事神，先鬼而后礼"。由于当时生产力水平低下，人们不能掌握自己的命运，相信在现实世界之外，还有一种超自然的神秘力量能左右人们的社会生活和自然界的一切现象，这就是殷人的天神崇拜。

与此同时，殷人相信"天命玄鸟，降而生商"，自己的始祖契是"天命"所生，并世代相传，天命不绝。"商之先后，受命不殆，在武丁孙子"①，笺云："后，君也。商之先君受天命而行之不懈殆者，在高宗之孙子，言高宗兴汤之功，法度明也。"因此，商王为了表明自己统治的合法性和神秘性，十分重视对历代先王的祭祀活动，《尚书·高宗肜日》，即武丁祭成汤时，有飞雉登鼎耳而鸣叫，呈武丁"耳不聪"之兆象，为此大臣祖己所作劝诫武丁之辞。祖己要他"典祀无丰于昵"，疏谓："王肃云高宗事于祢，故有雊雉升远祖成汤庙鼎之异"。"祭祀有常，谓牺牲粢盛尊彝俎豆之数，礼有常法，不当特事于近庙，谓牺牲礼物多也。祖己知高宗丰于近庙，欲王因此雊雉之异，服罪改修以从礼耳。"《史记·殷本纪》也记武丁祭成汤时出现之雊雉异象，为此大臣祖己劝谏："常祀毋礼于弃道。"集解引孔安国说："祭祀有常，不当特事于近也。"索隐也说："祭祀有常，无为丰杀之礼于是以弃常道"，就是说，祭祀祖先时，牺牲俎豆尊彝等祭品"礼有常法"，"不当特丰于近庙"，厚近祖薄远祖违背了殷人祭祀祖先的"礼"制。因此，商王"武丁修政行德，天下咸欢"②。这就是《尚书·商宗肜日》疏所说的祭祀先王时"祭祀有常"，即有制度，商王武丁厚今薄古违反了"常"制，因此"服罪改修以从礼耳"。这说明历代商王把持着对天神和祖先的祭祀，是商王朝的"国之大事"。此外，我们从商末武王伐纣时，周武王历数商纣王的重要罪状之一，就是放弃了对天神和祖先的祭祀活动，也反证商朝奴隶主阶级最高统治者垄断着祭祀天神和人鬼的权力。

《史记·殷本纪》记周武王"十一年十二月戊午，师毕渡孟津"，"武王乃作《太誓》，告于众庶"。《太誓上》为"春，大会于孟津"时所作。周武王声讨商"弗事上帝神祇，遗厥先宗庙弗祀"。而其后，在"时厥明，王乃大巡六师，明誓众士"之时所作的《泰誓下》里，又对纣"郊社不修，宗庙不享"再加指责。虽古文《泰誓》久已亡佚，但上引今存世之伪古文《泰誓》仍可供我们与今文《牧誓》周武王声讨纣王的罪状相参照。在周武"王朝至于商郊牧野，乃誓"，即存世的今文《尚书·牧誓》中，历数纣王的罪状也有"昏弃厥肆祀弗答"的内容。疏谓："纣身昏乱，弃其所宜陈设，祭祀不复当享鬼神，与上'郊社不修，宗庙不享'亦一也。

---

① 《诗经·商颂·玄鸟》。

② 《史记·殷本纪》。

不事神祇，恶之大者，故《泰誓》及此三言之。"《史记·周本纪》据《牧誓》文意，写为："自弃其先肆不答"。集解引郑玄说："肆，祭名，答，问也"，即纣对其祖先的祭祀不闻不问。就是在周人取得牧野之战的大胜之后，举行祭社大典之时，尹佚读筮书祝文祭社时，还再一次声讨"殷之末孙季纣"的大罪有"侮蔑神祇不祀"云云。虽然文献中有关历代商王祭祀天神和人王的具体记载所见不多，但商朝末代君主纣王"自弃其先祖肆不答"，就成了周武王一再声讨的重罪和伐商的口实，反证了商朝诸王保持着祭祀天神和先祖的传统。

二　甲骨文所见商王的"三通"

尽管文献所见商王垄断对天神地祇和人鬼的祭祀语焉不详，但甲骨文为我们提供了大量有关商王祭祀的材料，从而使我们深入认识商王把持对天神、地祇和祖先祭祀权有了可能。

（一）商王把持着对天神、地祇的祭祀权

殷人对自然界的各种现象，诸如风、云、雨、雪、日出、日入等变化，感到神秘莫测，并在自然界的山川河岳面前，感到自己十分渺小。而自然界给人造成的种种灾难，是人力所不能控制和抗拒的，因而相信有着一种超自然的力量和神明统治着世界，不得不通过各种祭祀乞求天神、地祇对自己的保佑，殷王就是这种种祭祀的主持者。

甲骨文中殷王所祭祀的各种神灵，有学者分为天神"上帝；日、东母、西母、云、风、雨、雪"等；地祇"社；四方、四戈、四巫、山川"等。也有学者将其进一步明确分为商王对至上神上帝和自然神的崇拜与祭祀。

殷王对自然神的祭祀对象，学者整理有如下各神：

1. 对自然神的祭祀

（1）日神

殷代祭日神之仪，多由商王主持：

　　癸未，贞甲申酒出入日，岁三牛。兹用。
　　癸未，贞其卯出入日，岁三牛。兹用。（《屯南》890）

有学者指出，"甲骨文中'出日'、'入日'的祭祀礼是殷代的太阳祭礼"，反映了殷人的日神崇拜。殷人日神所用的各种祭仪，如戠、用、又、

裸、岁、酒、卯等，"这些祭仪常见于殷代，也用祭祖神或自然神等其他场合，可知殷代的日神信仰，是多神信仰之一"①。

（2）东母、西母

殷人有对东母、西母的崇拜与祭祀。为此，商王专门进行卜问：

己酉卜，㱿，贞燎于东母九牛。（《合集》14337）
壬申卜，贞侑于东母、西母若。（《合集》14335）

有学者认为："东母、西母大约指日月之神。《祭义》'祭日于东，祭月于西'。《封禅书》汉舒宽议曰：'祭日以牛，祭月以羊彘特'。卜辞祭东母，多用牛牲"。由文献中有关天帝日月的神话传说材料，"可推想殷人的帝或上帝或指昊天，东母、西母可能是日月之神而天帝的配偶"②。有学者不赞成此说，指出："甲骨文反映的日神神性，人化成分很难看到，说东母、西母为日月之神，未必可以成立。"而"甲骨文有'共生于东'（《京人》3155）、'隹西隹妣，隹北隹妣'（《合集》32096），不如视东母、西母为商人以上司生命之神，殆由先妣衍出，分主四方"，而"燎祭东母、西母，大概是求其保佑商族子孙的繁衍"③。

（3）云

商人有对云神的崇拜和信仰，商王并为此进行祭祀活动。

己丑卜，争，贞亦呼雀燎于云，犬。
贞勿呼雀燎于云。（《合集》1051正）

云的色彩发生变幻，也要专门祭之：

己亥卜，永，贞翌庚子酒……王占曰：兹隹庚雨，卜之[夕]雨。庚子酒三鼜云㱿。其既燎，启。（《合集》13399正）

---

① 宋镇豪：《甲骨文"出日"、"入日"考》，《出土文献研究》，文物出版社1985年版。
② 陈梦家：《殷虚卜辞综述》，科学出版社1956年版，第574页。
③ 宋镇豪：《夏商社会生活史》，中国社会科学出版社1994年版，第476页。

于省吾释"蠚"为"色",考订"三蠚云"为"三色云"①。而陈梦家说:"我们则读蠚为墙,假为祥,即祥云。"② 甲骨文中还有祭多种色彩的云象之祭:

  贞燎于四云。(《合集》13401)
  隹岳先酒,乃酒五云,有雨。大吉。(《屯南》651)
  癸酉卜,侑燎于六云,六豕,卯羊六。(《合集》33273)

有学者认为,"一云至六云,似反映了商人的望云,其所观云的色彩或形态变幻,或有特定的灵性征兆。祭仪主要用烟火升腾的燎祭,兼用酒祭。用牲有犬、豕、羊,凡云数多者,用牲数一般也相应增多。"③

(4) 四方神与四方风的祭祀

  辛亥卜,内,贞帝于北方曰[夗],(风)曰伇,求[年]。
  辛亥卜,内,贞帝于南方曰𬱖,风因,求年。一月。
  贞帝于东方曰析,风曰劦,求年。
  贞帝于西方曰彝,风曰夷,求年。(《合集》14295)

帝即禘为祭名,即行禘祭之礼于四方和四方风。学者考证说,这是因为"所谓四方和四方风名者,在殷人心目中,都是一种神灵"。"殷人求年祈雨,生产大事,都要祷告四方和四方风,是殷人除了天神上帝日月星辰之外,也还有隆重的关于四方和四方神的崇拜。"④

(5) 岳、山的崇拜与祭祀

殷人还有对山岳的崇拜,而对岳山之神的祭祀也由商王主持与安排:

  丁亥卜,宾,贞燎于岳。(《合集》1824 正)
  戊午卜,宾,贞酒求年于岳、河、夔。(《合集》10076)

---

① 于省吾:《释云》,《甲骨文字释林》,中华书局1979年版。
② 陈梦家:《殷虚卜辞综述》,科学出版社1956年版,第575页。
③ 宋镇豪:《夏商社会生活史》,中国社会科学出版社1994年版,第481页。
④ 胡厚宣:《释殷代求年于四方和四方风的祭祀》,《复旦学报》1956年第1期。

有时或命贵族前往代祭：

> 辛未卜，宾，贞翌癸酉呼雀燎于岳。（《合集》4112）

虽然岳与河、夒被学者视为"先公高祖"类人物，但如陈梦家指出，在所谓"先公高祖中，也有少数性质不明的人物，而尤为重要的是其中有山川之神祇"①，如《合集》6064 反：

> ……戋……入于岳……告……唐……

"入于岳"即往于山岳，而《合集》5519 说：

> 贞使人于岳。

即是商王派人往于山岳处。在这里，岳既是山名，又应为地名，当非"先公高祖"人物名之义非常明确。而《合集》390 曰：

> 戊戌，妇喜示一屯。岳。

这里的岳为人名，为在整治好的牛胛骨骨臼处签名的史官。古时人地同名，可知岳的得名，当源于岳地或岳山。因此，商王祭岳，既可理解为祭先公高祖岳，但又不尽然，其中当有祭岳山类自然神者。《诗经·大雅·崧高》："崧高维嶽，骏极于天，维嶽降神。"郑笺："山大而高曰崧。嶽，曰四嶽也。东嶽岱，南嶽衡，西嶽华，北嶽恒。尧之时姜氏为四伯，掌四嶽之祀，述诸侯之职。"疏谓："兴言有崧然而高者，维是四嶽之山。其山高大，上至于天。维此至天之大嶽，降其神灵和气。""嶽"与"岳"通，甲骨文中的岳，当为商王朝境内高耸云天之神山，因此商王不时祭之。即使是一般的山，商人也认为有灵性，商王亦主其祭祀。

---

① 陈梦家：《殷虚卜辞综述》，科学出版社1956年版，第351页。

丁丑卜，侑于五山，在……隹。二月卜。(《合集》34168 正)

勿于九山燎。(《合集》96)

癸巳，贞其燎十山，雨。(《合集》33233 正)

这是商王祭五山、九山、十山等山之神祇，惟其山名不能确指。

(6) 商王主持河、川之神的祭祀

辛未，贞求禾高祖河于辛巳酒燎。(《合集》32028)(图 2—5)

河被殷人迳称"高祖"而祭之。此外，前举《合集》10076 河常与岳、夒一道被商王祭祀，因而学者将"河"与岳、夒一道列入被视为"先公高祖"类人物。但是，不少刻辞表明，"似乎卜辞之河为大河之河"①，这是因为：

癸巳卜，㱿，贞令师般涉河于河东。(《合集》5566)

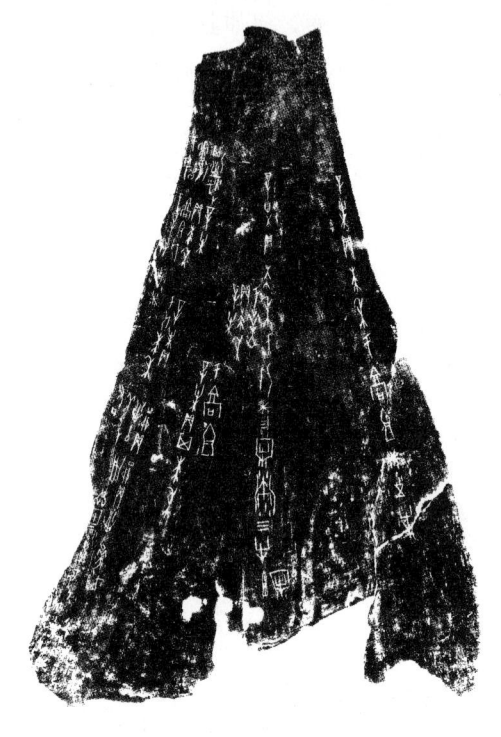

图 2—5　《合集》32028

贵族师般所涉之河，当非殷人高祖甚明。此外：

王占曰：有祟。八日庚戌有各云自东䦌母，昃亦有出虹自北饮于河。(《合集》10405 反)

蜺虹可饮之"河"，亦可表明此河绝非殷人高祖。因此可知，可涉、可饮之河，当为商王朝境内之黄河。黄河变幻无常，既可滋润大地，养育万物，又

---

① 陈梦家：《殷虚卜辞综述》，科学出版社1956年版，第344页。

可吞没村庄，为虐生灵。殷人相信黄河有神性，黄河之神能为祟于商王：

> 壬寅卜，殻，贞河壱王。(《合集》776)
> 壬午卜，宾，贞河祟。(《合集》2328)

因此，商王崇拜能为祟作壱的河神，相信对其祭祀能求得保佑。有时是商王本人主持对河行祭：

> 癸卯卜，殻，燎河一牛，侑三羌，卯三牛。(《合集》1027正)

有时商王还命贵族代其行祭：

> 乙酉卜，宾，贞使人于河，沉三羊，䁃三牛。三月。(《合集》5522正)

"使人于河"，即商王派贵族前往祭祀，所派使的人有王朝贵族名㠱者：

> 甲午卜，殻，贞呼㠱先御燎于河。(《合集》4055正)

有王朝贵族名雀者：

> 丁丑卜，争，贞呼雀祀于河。(《合集》14551)

不仅黄河有河神，就是境内其他河流，也有河神，商王亦主持对其祭祀。如祭洹水的河神：

> □□卜，出，贞侑于洹九犬九豕。(《合集》24413)
> 戊子，贞其燎于洹泉三宰宜宰。(《合集》34165)

这是因为流经商朝都城的洹水能使殷都致祸：

> □□卜，殻，贞洹其作兹邑囚。(《合集》7854)

2. 殷人对上帝的崇拜和先王宾帝

原始社会的多神崇拜，进入阶级社会以后，就发生了变化。随着主宰人间一切权力的奴隶主阶级专制君王的出现，在天上也逐渐形成了一个主宰天神和地祇的至上神——上帝。可以说，天上的上帝是人间帝王虚幻的反映，因此殷人在崇拜天神地祇的同时，还崇拜一个主管天上和人间一切事务的至上神上帝。殷人相信这位上帝，在天上有使、臣供其役使。

（1）帝使与帝臣

甲骨文中有帝使：

　　乙巳卜，贞王宾帝史，无尤。（《合集》35931）
　　燎帝史风一牛。（《合集》14226）

帝有臣供其令、使：

　　隹帝臣令。（《合集》217）

帝臣有五名：

　　王侑岁于帝五臣，正，隹无雨。
　　……求侑于帝五臣，有大雨。（《合集》30391）

或为帝五工臣：

　　癸酉，贞帝五工臣其三［小宰］。（《合集》34149）
　　贞其宁秋于帝五工臣，于日告。（《屯南》930）

有学者认为，"卜辞中所谓帝五臣或帝五工臣，也许即是指这五方之神而言。殷人称地有五方，以为五方各有神明，都是帝的臣使，掌握着人事的命运。"也可以认为是"殷人既以日月星辰风云雪雨，都是一种神灵，在帝左右受其驱使，因而也就把其所从来的五方，认为也都有一种神灵而加以崇拜。日月星辰风云雷雨等叫帝使，其所从来的五方神便叫帝五臣和帝五工臣"①。

(2) 殷王崇拜上帝

上帝不仅主管天上的神灵，而且福佑地下人王的一切活动。"殷人认为帝在天上，主宰着大自然的风云雪雨，气象变化"。诸如"帝令风"、"帝令云"、"帝令雷"、"帝令雨"等，"殷人以为风云雷雨，举凡大自然的一切气象变化，都是帝令所为"，因此之故，殷人认为关乎农业收成丰歉的雨水充足与否，也是上帝决定的。上帝能令雨水给年成造成损失或丰收：

　　帝令雨足年。
　　贞帝令雨弗其足年。(《合集》10139)

上帝能降暵（旱）给农业造成损失：

　　庚戌卜，贞帝降堇（旱）。(《合集》10168)
　　辛卯卜，㱿，贞帝其堇（旱）我。(《合集》10172)

上帝不仅在天上，还能降落人间"入邑"：

　　贞帝……入邑……(《合集》14170)

帝能致邑以灾害……祡：

　　戊戌卜，争，贞帝祡兹邑。(《合集》14211正)
　　贞帝祡唐邑。(《合集》14208正)

"唐邑"即唐地之邑。而甲骨文中"凡是只称'兹邑'而没有举出地名的，疑皆指殷的首都即商邑而言"。

　　丙辰卜，㱿，贞帝佳其终兹邑。(《合集》14210正)

---

① 胡厚宣：《殷卜辞中的上帝和王帝》(上)，《历史研究》1959年第2期。

终，即穷，"帝终兹邑"，"意思是说帝使兹邑商困穷"①。因此，商王建造邑聚，首先要求得上帝的允诺、顺若：

> 庚午卜，内，贞王乍邑，帝若。八月。(《合集》14201)
> 壬子卜，争，贞我㑅邑，帝弗左，若。三月。(《合集》14206 正)

不仅如此，上帝还直接作咎害或保福佑于商王本人：

> 贞不隹帝冬王。(《合集》902 反)
> 帝弗㕷于王。(《合集》14188)

此外，商王认为，上帝能命令给他致祸：

> 贞不隹帝令作我囚。(《合集》6746)

商朝最大的祸乱当是与外方交绥，商王希冀在战争中上帝能授与他保佑：

> 贞勿伐舌，帝不我其授佑。(《合集》6272)

战争的胜利，就是得到了上帝的保佑。因"是殷人以为举凡征伐军事的成败，都是帝作主宰"②。

(3) 先王宾帝

"殷人认为上帝至上，有着无限尊严。他虽然掌握着人间的雨水和丰收，以及方国的侵犯和征伐"等，但学者全面整理卜辞后发现，殷王"如有所祷告，即只有向先祖为之，要先祖在帝左右转请上帝，而不能直接对上帝有所祈求"③。虽然表面看来，殷王不能直接祭祀上帝并有所祷告，在地上的人王与上天的天神之间拉开了距离，中间隔着一条殷人先祖的鸿沟，但实际上殷人先祖神与上帝沟通的垄断，不仅使殷人对先王的祭祀活动得到了神化，而

---

① 胡厚宣：《殷卜辞中的上帝和王帝》(上)，《历史研究》1959 年第 2 期。
② 同上。
③ 同上。

且也使主持对先祖祭祀活动的殷王，成为殷人祖先和上帝神之间的沟通者和神权的唯一体现者，从而使商王的王权更具有神秘的色彩，这实际上进一步加强了商王的权力。

（二）商王对先公先王祭祀权的垄断

《国语·鲁语上》："夫圣王之制祀也，法施于民则祀之，以劳定国则祀之，能御大灾则祀之，能扞大患则祀之。非是族也，不在祀典。"商人著名的祖先，"契为司徒而民辑"，韦注："契，殷之祖，为尧司徒，能敬敷五教。辑，和也。""冥勤其官而水死"，韦注："冥，契后六世孙，根圉之子也。为夏水官，勤于其职而死于水。""汤以宽治民而除邪"，韦注："汤，冥后九世，主癸之子，为夏诸侯，以宽得民除其邪，谓放桀扞大患也。"殷人对历史上作出贡献的名王，都要举行隆重的祭祀。"商人禘舜（韦注：舜当为誉字之误也）而祖契，郊冥而宗汤。"而"上甲微，能帅契者也，商人报焉"。《礼记·祭法》也说："殷人禘誉而郊冥，祖契而宗汤。"

不仅如此，商王为了突出子姓宗族长的地位和团结子姓奴隶主宗族，对历代先王也要进行祭祀。《国语·鲁语上》说："夫祀，昭孝也。各致齐敬于其皇祖，昭孝之至也。"韦注："昭，明也。明孝道也"。

1. 商王主祭先公

1917年王国维在《殷卜辞中所见先公先王考》及《续考》中，把商代自商汤灭夏以后诸王称为"先王"，而商汤灭夏以前商族首领称为"先公"。1933年，郭沫若在《卜辞通纂》第362片甲骨考证中不同意王国维关于殷先公、先王的界说，指出："殷之先世大抵自上甲以下入于有史时代，此在殷时已然。观其祀典之有差异，即可判知"。陈梦家于1956年出版的《殷虚卜辞综述》（第336页）也赞成郭沫若的意见，指出："由于系统祭祀（周祭）的发现，王国维以为上甲至示癸六示为先公的说法，已不能成立，上甲以前，属于神话传说的时代，也可以得到证明。"我们在第一章中，已在此基础上进一步论证了殷人自上甲以后进入了部族奴隶制方国时期，而自商汤灭夏以后，商人进入了统一的奴隶制王朝时期。商朝的先王，应自被追尊的上甲计起。

《史记·殷本纪》列商先王上甲以前的"先公"应为："契卒，子昭明立。昭明卒，子相土立。相土卒，子昌若立。昌若卒，子曹圉立。曹圉卒，子冥立。冥卒，子振立。"这些文献中所记上甲以前的先公，不少学者将之与甲骨文中殷所祭上甲以前先公相比照，但因"商代上甲以前的先公，文字记载流传极少，又因为高祖往往和神祇并立，所以分辨甚难。学者之间用对音的方法比附，总嫌其勉强"①。诸如有的先公称为高祖，有夒：

于夒高祖求。（《合集》30399）（图2—6）

甲骨文中的夒被称为"高祖"，王国维考订其"必为殷先祖之最显赫者，以声类求之，盖即帝喾也"，"喾为契父，为商人所自出之帝，故商人禘之。"②但不少学者"都不相信"此说③。又有称高祖者河：

辛未，贞求禾高祖河于辛巳酒燎。（《合集》32028）

图2—6 《合集》30399

郭沫若据《卜辞通纂》259说，"此言求年于河与求年于夒对贞，知河必殷之先世，无可考"，也有学者认为应是《国语·鲁语上》："冥勤其官而水死"之殷人先公冥④。也有人认为，"河与岳均为自然神，或以为殷之先公者，非也"⑤。但学者据"'河'在卜辞中与'高祖夒'、'高祖亥'经常同时致祭，而且尚有'河其即宗'（《甲》717）以及'上甲即宗于河'（《屯南》2272）的记载"等，"均可以证明'河'已由自然神转化为人格神，在殷人心目中，'河'已成为先祖，与自然界的山川风雨诸神，在卜辞中是有着明显区分的"⑥。又有称高祖王亥者：

---

① 陈梦家：《殷虚卜辞综述》，科学出版社1956年版，第345页。
② 王国维：《观堂集林》，中华书局1959年版，第412—413页。
③ 陈梦家：《殷虚卜辞综述》，科学出版社1956年版，第338页。
④ 杨升南：《殷墟甲骨文中的"河"》，《殷墟博物苑苑刊》，中国社会科学出版社1989年版。
⑤ 李学勤：《评陈梦家〈殷虚卜辞综述〉》，《考古学报》1957年第3期。
⑥ 姚孝遂、肖丁：《小屯南地甲考释》，中华书局1985年版，第16页。

癸卯，贞弜以高祖王亥尸蚩燎。(《合集》32083)

王国维谓"卜辞多记祭王亥事"，"观其祭日用辛亥，其牲用五牛三十牛四十牛乃至三百牛，乃祭礼之最隆者，必为商之先王先公无疑"，并考证《史记·殷本纪》："冥卒，子振立"之振，即为王亥。"余读《山海经》、《竹书纪年》，乃知王亥为殷之先公，并与《世本·作篇》之胲、《帝系篇》之核、《楚辞·天问》之该、《吕氏春秋》之王冰、《史记·殷本纪》之振、《汉书·古今人表》之垓，实系一人"[①]。不仅如此，商人还把鸟图腾的崇拜加在王亥的头上：

其告于高祖王夒三牛。(《合集》30447)

"夒"字从隹、从亥，胡厚宣认为，这表明"商族的鸟图腾已经被改换了面目而为统治阶级所利用，是十分明显的"[②]。之所以如此，是因为他在商族由军事民主制时期到部族奴隶制方国时期的过渡作出了重大贡献。关于此，我们在第一章第一节中已做过论述。殷人祭先王自上甲起，有时在祭上甲等先王将王亥与他们一并合祭：

……高祖亥，卯于上甲羌……祖乙羌五……牛，无壱。(《屯南》665)

甲午，贞乙未酒高祖亥……大乙羌五牛三，祖乙羌……小乙羌三牛二，父丁羌五牛三，无壱。兹用。(《合集》32087)

这是因为王亥是殷人先祖"大示"上甲的父亲：

……王……其燎……上甲父（王）夒。(《合集》24975)

因此，殷人先祖亥（胲、核、该、振、垓、王冰）既称高祖，又称王，而且

[①] 王国维：《殷卜辞中所见先公先王考》，《观堂集林》，中华书局1959年版，第416页。
[②] 胡厚宣：《甲骨文所见商族鸟图腾的新证据》，《文物》1977年第2期。

商人还把鸟图腾的崇拜加在他的头上,可见其地位的至尊。

此外,还有的先公不称"高祖",经王国维在《殷卜辞中所见商先公先王考》中考证的先公还有"相土":

癸未卜,贞燎于土,求于岳。(《合集》14399 正)

王国维认为"曩以卜辞有齿土(《前编》卷四第 17 页),字即邦社,假土为社,疑诸土字皆社之假借字",在《殷卜辞中所见先公先王续考》又论定"此土亦当为相土,而非社矣",但并未得到多数学者的承认。郭沫若据《殷契粹编》第 20 片之"亳土"指出,"凡卜辞所祀之土,王国维均说为相土,以此例之,殊未见其然"。另有名"季"者:

贞侑犬于季。(《合集》14716)

壬申卜,旅,贞其侑于季宙羊。(《合集》24969)

王国维谓:"卜辞之季,亦当是王亥之父冥也。"[①] 还有名"王恒"者:

贞侑于王恒。(《合集》14764)

王氏谓殷人先公"恒之一人,并为诸书所示载"。"卜辞之王恒与王亥,同以王称,其时代自当相接。而《天问》之该与恒,适与之相当。"因此,王恒的发现,"以《世本》、《史记》所未载,《山经》、《竹书》所不详,而今于卜辞得之,《天问》之辞,千古不能通其说者,而今由卜辞通之"。虽然此发现使"治史学者与文学者所当同声称快",但陈梦家等学者仍犹豫,谓"关于该、恒的兄弟关系,《天问》并未交代明白"[②]。

此外,殷人所祭先公还有"岳":

戊午卜,宾,贞酒求年于岳、河、夒。(《合集》10076)

---

① 王国维:《殷卜辞中所见先公先王考》,《观堂集林》,中华书局 1959 年版,第 415 页。
② 陈梦家:《殷虚卜辞综述》,科学出版社 1956 年版,第 241 页。

学者有信从罗振玉"从羊从火，殆即羔字"说者，"更有许多的发挥"，"同释为羔字，而于解释为岳、誉、昌若、昭明等不同的结果，正表示对音法的不足信靠"①。虽然如此，此岳与殷王称之为高祖的河（《合集》32028）、高祖夒（《合集》30399）共祭，可见其身份亦当为殷人高祖先公。

另外还有兕：

己亥卜，田率，燎土豕，兕豕、河豕、岳豕。（《合集》34185）

此处受祭之兕，"由于唐兰找到真正作为动物名词的兕字（《史学年报》Ⅳ：119—124），则此人名的兕，决不是兕。我们今暂定为兕，亦即夔。""兕可以是少皞氏四叔之重，可以是《楚语下》'乃命南正重司天以属神'之重，也可以是《左传》昭廿九年畜龙的董父。"尽管兕具体为何许人殊难确指，但此条兕与殷先公相土、岳同祭，且"河"被殷人视为"高祖"，而且所用祭牲相同，当亦为殷人的先公。还有夭：

丙燎岳、夭、山……（《合集》21110）

殷王会祭时夭与先公、岳等同祭，亦应被殷人视为先公。此外，殷人还称之为"王"：

侑王夭伐五卯宰。（《合集》1051 正）

虽然此先公不能确指，但"此人称王，与该、恒同"，尽管"他的祀典是远不如王亥的"②。还有戠：

壬辰卜，其求年于戠燎侑羌。兹用。（《合集》32117）

"戠"字郭沫若谓"象人倒执斧钺之形，旧释伐不确；此盖人名，乃殷之先

---

① 陈梦家：《殷虚卜辞综述》，科学出版社1956年版，第342页。引文中之"于"即于省吾。
② 同上书，第345页。

公"①。但有学者具体指认其为契、夒、卨等，存有不同意见，表明"凡此诸说，皆不甚坚固"②。尽管如此，甲骨文有：

贞呼刚光、河、戠。（《宁》3·40）

此辞表明，戠与先公高祖河同祭，其神性为殷人先公当确无疑。不仅如此，此辞中与河、戠共祭的光，也应是殷人的先公、先祖神。

陈梦家的《殷虚卜辞综述》列殷人上甲以前先公高祖神有夒、王亥、土、季、岳、河、兕、王夨、戠等共十名，并指出："这十名与《世本》、《殷本纪》所记上甲以前先公相对，则除了王亥外，没有最切合的对照。尤其是复名之昭明、相土、昌若、曹圉四名，在卜辞中是毫无踪迹的，得认为他们是后出的。"

尽管如此，这只不过"是卜辞中所常见而重要的，其他还有不少"③。在此基础上，有学者又依据"在同一条卜辞中"或"同一版并卜的卜辞中"，出现的与已知先公高祖神祇"共卜"或"并列"的神祇，也应为先公高祖神祇的原则，进一步补充了♡（《合集》14733）、罙（《合集》22419）、企（《合集》24960）、昌（《合集》14749）等。诚如齐文心所说的："他们当中虽然大部分没有'高祖'称号，但从卜辞可以表明，他们在殷人的心目中与附有'高祖'称谓的夒、王亥、河处于大致相同的地位"④。

殷人所祭上甲以前的先公高祖神，与上甲以后的先王判然有别，这就是殷人先王、先妣、父、兄等"都以日为名，但高祖神各有自己的特别名号，无一以日为名者"。此外，这些先公高祖神，"无固定的组合所以不可能用'几示'表示一组相对固定的组合称谓"，而且也"无固定的先后排列次序"。这表明，殷人这些先公高祖神，"处于遥远的传说时代，在殷人心目中对他们的认识模糊不清，不仅不知道他们的忌日，甚至无从得知其时代先后"⑤ 了。

---

① 郭沫若：《殷契粹编》，第14片考释，科学出版社1982年版。
② 陈梦家：《殷虚卜辞综述》，科学出版社1956年版，第345页。
③ 同上。
④ 齐文心、王贵民：《商周文化志》，上海人民出版社1998年版，第105页。
⑤ 同上书，第106页。

应该承认，殷人所祭的这些传说中的先公高祖神，"有的是与殷人有血缘关系的远祖，有的可能是属于一个部落联盟，但不一定是有血缘关系的部落首领，由于他们的功绩卓著，逐渐形成共同崇拜的保护神，又成为象征性的祖先神"。此外，"其中还可能混淆着自然神，象河、岳等"[①]；也有的学者认为上甲以前的先公高祖不是殷人的先祖，他们本是各地族神，主要用燎祭、沉祭、埋祭等祭仪，是祭祀后将祭品烧化、沉水、瘗埋，而不是传统的待祭毕把祭品分给同族人吃掉，这表明所祭祀的对象与施祭者没有血缘关系。此外，甲骨文先公高祖的神性在不同时期是有所变化和发展的。即在第一期，先公高祖与先王的神性有着明显的区别，而第二期就与殷人的先祖神相混，到了第三、四期时，就被完全纳入了殷人的先祖神系列了。之所以如此，是因为商人已经占领了这些地方，为便于对所占地方进行统治的政治需要[②]。

2. 商王对先王的祭祀

历代商王，都把对已故先王的祭祀权牢牢地控制在自己的手里。甲骨文材料表明，盘庚迁殷以后的历代商王，不仅把持着对殷人先公高祖的祭祀权，而且对历代商先王的祭祀，也为各代商王所垄断，成为他们的"国之大事"。

盘庚迁殷以后，商王对先王的祭祀有种种祭仪，所用的祭品也名目不一，但根据被祭主体先王的多少及目的的不同，基本可分为"单祭、合祭、特祭、周祭四种祭祀形式"。[③]

（1）商王主持单祭

单祭即时王对某一位先王进行单独的祭祀。诸如单祭大乙：

庚午卜，侑奚大乙卅。（《合集》19773）

大乙又称为"成"：

庚子卜，贞侑于成。七月。（《合集》1243）

---

① 齐文心、王贵民：《商周文化志》，上海人民出版社1998年版，第107页。
② 伊藤道治：《中国古代王朝的形成》，第1部第1章"祖灵观念的变迁"，创文社1975年版。
③ 参见王宇信、杨升南主编《甲骨学一百年》，社会科学文献出版社1999年版，第601页。

成即成汤，又称为"唐"：

> 己巳卜，㱿，贞侑于唐。(《合集》1275)

虽然以上各辞简约，没有说明单祭先王是为了某种政治需要举行的。诸如祭先王大乙是为了祈求时王的"亡祸"(《合集》22630等)、"亡尤"(《合集》22723等)、"亡"(《合集》32428等)，或时王的"受有佑"(《合集》26991)、"受佑"(《合集》27091等)、"有正"(《合集》27106等)等；或是为近臣御除灾殃(《合集》4326)等。此外，发生方国入侵或伐方的战事时，时王要主祭先王祈求得到护佑。而《史记·殷本纪》自诩"吾甚武"的商朝开国之君大乙唐，作为殷人心目中的"战神"之一，每有重大战事，要由时王举行隆重的祭祀，诸如：

> 求方于大乙。(《合集》1264)
> 叀商方步，立于大乙，戋羌方。(《合集》27982)
> 壬申卜，彀，贞于唐告舌方。(《合集》6301)
> 贞告土方于唐。(《合集》6387)

甲骨文的整理表明，作为商朝"国之大事"的对外战争，"并不是所有的战争都要祭告先王的，只是众多方国中为患最烈者"，诸如上举方方、舌方、土方等。而在发生对外战争时，时王所祭的先王，"在全部商先王中所占比例也很小。这些被祭先王所涉及的方国也有多寡的不同。其中以大乙（唐）和大甲为最多"。这是因为大乙是开国之君，大甲是"成汤的嫡长孙"，因而地位最为显赫（参见表2—1）。之所以如此，是因为商朝统治者——王"为了表明自己所进行的战争是秉承先王的意志，'受命于祖'；并希望先王在战争中护佑自己和激励士气，因此，要对自己历史上著名的先王进行祭祀，这和后世祭祀战神蚩尤的性质是一样的"[①]。

---

① 王宇信：《周原出土庙祭甲骨商王考》，《考古与文物》1988年第2期。

表 2—1　　　　　　　　商时王征伐方国所祭先王表

先王 \ 方名	舌方	土方	方方	⌒方	🈁方	虎方	召方
大乙唐	√	√	√				
大丁	√				√		
大甲	√			√	√	√	
祖乙	√					√	
康丁							√

（2）商王主持的合祭

首先，我们要谈商王是怎样主持合祭的。合祭即时王集合多位先王的庙主进行祭祀。一般说来，时王合祭先王是按即位的先后（即世次）由远及近的顺序进行：

　　　□未卜，求自上甲、大乙、大丁、大甲、大庚、大戊、中丁、祖辛、祖丁十示率牡。（《合集》32385）

"示"即神主。这是商王合祭自上甲以下的十位直系先王，并以公羊为祭牲。

　　　甲戌翌上甲，乙亥翌报乙，丙子翌报丙，[丁丑]翌报丁，壬午翌示壬，癸未翌示癸，[乙酉翌大乙]，[丁亥]翌大丁，甲午翌[大甲]，[丙申翌外丙]，[庚子]翌大庚……（《合集》35406）

这是合祭自上甲以下的直系和旁系先王。此外，商王合祭先王，有时还由近及远逆推，学者称之为"逆祀"：

　　　己丑卜，大，贞于五示告，丁、祖乙、祖丁、羌甲、祖辛。（《合集》22911）（图 2—7）

图 2—7　《合集》22911

这是甲骨文第二期"逆祀"武丁、小乙、祖丁、羌甲、祖辛诸先王，即由近世逆推至远世。

商王在合祭诸先王时，有时专门祭"直系"先王，或有时"直系"先王与"旁系"先王混祭。学者这里所说的所谓商代"直系"、"旁系"先王，指的是在第五期周祭祀谱所排定的诸受祀先王，"即有妣名者为王统之直系，其属于旁系者则无之"。①据甲骨文周祭祀谱所排出的商王"世系表"可以发现，殷先王"自示壬以下，凡是所自出之妣，其妣必见于祀典，非所自出之祖，其妣则不见"②。

商王之所以把持合祭直系和旁系先王的权力，一方面，是为了加强商王族的团结，把直系先王和旁系先王的后嗣都团结在以时王为首的直系王族周围，以加强对商王朝的统治；另一方面，这也就进一步显示了时王对子姓其他旁系亲族而言，处于大宗的宗主地位，因而责无旁贷地把持着祭祀权。

其次，我们再探索说武丁祭成汤与商王主持合祭的社会意义。

我们注意到，《史记·殷本纪》所列大乙以后历代商王，唯有"帝武丁祭成汤"。之所以如此，正是商王武丁通过自己垄断的祭祀权主祭成汤，以加强自己子姓各宗族族长的地位的需要。武丁虽然号称"汤孙之绪"③，但实际与大乙汤的血缘关系已相去远。我们不妨追溯一下商王武丁与大乙汤的血缘联系，基本可以分为以下几个层次。

第一层次。武丁上一代为第十代，本代阳甲、盘庚、小辛、小乙"兄弟相及"，兄阳甲承第九代父祖丁位，末弟小乙传代，武丁承父小乙位。武丁对其父小乙来说，是直系。而对第十代阳甲来说，则是旁系庶出。

第二层次。武丁的父辈阳甲，是第十代兄弟中兄继父第九代祖丁位者，当是河亶甲、祖乙、祖辛、祖丁等六至九代的直系传人。虽然其间第八代有祖辛弟沃甲（羌甲），及沃甲传代于兄祖辛子祖丁，及第九代祖丁堂弟南庚及位的变故，但南庚并没有"末弟传代"，而是南庚又立第十代祖丁子阳甲。因而可视为河亶甲后直系相传直至阳甲。但河亶甲为第六代中丁庶弟，因而

---

① 郭沫若：《卜辞通纂》序，科学出版社1982年版，第10页。
② 郭沫若：《卜辞通纂》，科学出版社1982年版，第362页。
③ 《诗经·商颂·殷武》。

河亶甲系对兄中丁而言，为中丁庶弟，是为旁系。

第三层次。中丁为第六代外壬、河亶甲之兄，是第五代末弟大戊的直传，因而中丁是大戊直系。但大戊为第五代兄小甲之弟，是为庶出，因而大戊、中丁对兄小甲系而言，其当传为旁系。

第四层次。第五代小甲为兄，是第四代末弟大庚传子。因而小甲应为大庚直系。但大庚对第四代兄沃丁来说，是庶出弟传子，应为旁系。

第五层次。第四代沃丁为大庚之兄，沃丁继位于成汤之"适长孙"大甲，是为大甲直系。而大甲继成汤子大丁之位，因而大乙、大丁、大甲、沃丁是为直系。但大乙直系至第四代沃丁不传，被沃丁庶弟大庚传小甲旁系所取代。为了较为明确地展示商王武丁与大乙汤血缘的远近，我们不妨列表于下页（表2—2）。

因此我们可以发现，自商朝晚期盘庚迁殷以后，在安阳殷都大有作为的商朝一代名王武丁，与开国之君商汤大乙的血缘关系已经相当疏远了。

《礼记·祭法》："殷人禘喾而郊冥，祖契而宗汤"，武丁为了取得商人子姓王族各代直系和旁系子孙的宗主地位，就不得不以"汤孙之绪"的身份，慎终追远，借手中控制的祭祀大权，主祭成汤。不仅如此，武丁还为殷人尊崇的先王上甲立庙。关于上甲在商族历史上的贡献及地位，我们在第一章第一节"商族社会的演进与上甲时商部族奴隶制方国的形成"中已经谈及，此不赘述。总之，"上甲微能帅契者也，殷人报焉"。[1] 在殷人心目中有着重大的影响。而殷王武丁在殷代诸王中，也是首祭上甲的。《孔丛子·论书》引《书》曰："惟高宗报上甲微。"上甲、报乙、报丙、报丁、示壬、示癸直系承传，大乙直承示癸，因而先王大乙又是上甲的直系传人，武丁通过报祭上甲，以进一步加强自己"汤孙之绪"的合法家族长地位。

（3）特祭

首先，我们要指出：商末特祭与传统的特祭概念完全不同。商朝末期自康丁起，立子立嫡之制逐步确立为制度，这在甲骨文的"特祭"卜辞中得到了充分的反映。所谓"特祭"，郭沫若在《卜辞中的古代社会》承王国维《殷礼征文》发现的商代"妣有专祭与礼家所说周制大异"，"商则诸妣无不特祭，与先公先王同"云云，提出"殷之先妣皆特祭"[2]，并在《卜辞通纂考

---

[1] 《国语·鲁语上》。

[2] 郭沫若：《卜辞中的古代社会》，《中国古代社会研究》，人民出版社1954年版，第254页。

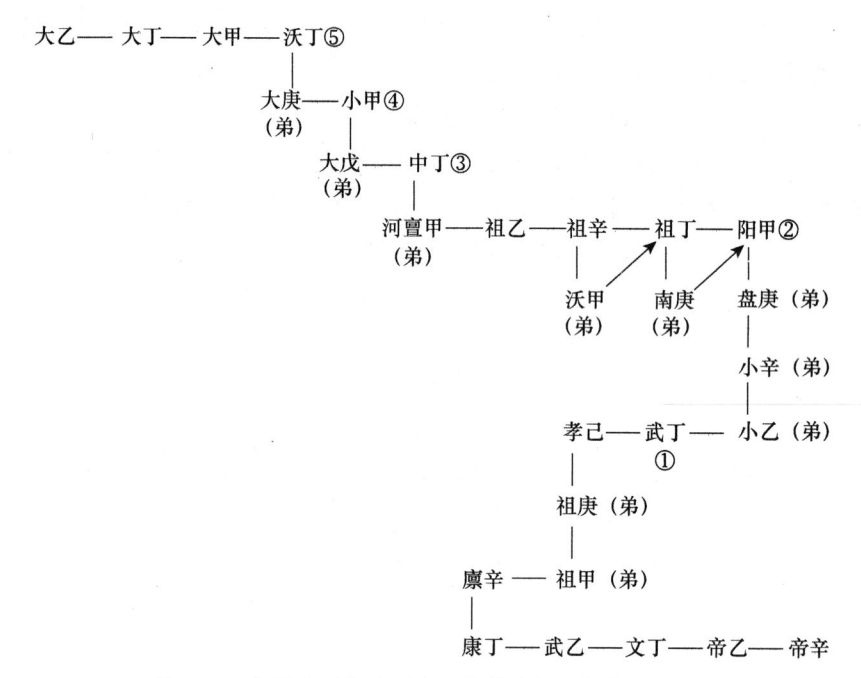

```
大乙──大丁──大甲──沃丁⑤
                │
                大庚──小甲④
                (弟)  │
                      大戊──中丁③
                      (弟)  │
                            河亶甲──祖乙──祖辛──→祖丁──→阳甲②
                            (弟)          │      │      │
                                          沃甲   南庚   盘庚(弟)
                                          (弟)   (弟)    │
                                                        小辛(弟)
                                                         │
                                          孝己──武丁──小乙(弟)
                                                │①
                                                祖庚(弟)
                                                │
                                          廪辛──祖甲(弟)
                                                │
                                          康丁──武乙──文丁──帝乙──帝辛
```

表 2—2　商代武丁与先王大乙嫡传诸王血缘亲疏示意表

说明：1. 表中横线示父子相传，为直系嫡传者。

2. 表中竖线示兄终弟及，为其父辈庶系旁出者。

3. 表中①、②……示一系先王父子相传，至该王失传者。

4. 自武丁①上溯血系传承关系，至大乙系⑤，已距离相当疏远矣。

辞世系》部分加以发挥说："殷世于先妣特祭……每有专祭其所出之祖若妣，而不及旁系者，即其证。"① 郭沫若的论断，曾一度为学术界所深信不疑。随着学者对商代祭祀研究的深入，"今已证明祭祀先妣并不是特祭"，而真正意义的特祭应是商人对近世直系祖先举行多种特殊祭祀②，即帝乙、帝辛卜辞中的"祊祭"卜辞。学者在全面整理"祊祭"卜辞的基础上将其分为四种类型③，即：

---

① 郭沫若：《卜辞通纂考释》，科学出版社 1982 年版，第 360 页。

② 王宇信、杨升南主编：《甲骨学一百年》，社会科学文献出版社 1999 年版，第 602 页。

③ 常玉芝：《说文武帝——兼略述商末祭祀制度的变化》，《古文字研究》第 4 辑，中华书局 1980 年版。

①干支卜贞祖先名祊其牢。
②干支卜贞祖先名灵其牢。
③干支卜贞祖先名宗祊其牢。
④干支卜贞翌日干支王其以于祖先名灵正受又又。

其次，特祭是商代祭祀制度变化的反映。以上帝乙、帝辛时"祊祭"，即特祭卜辞的几种类型，深刻地反映了商末祭祀制度的变化，并为《史记·殷本纪》所透露的商朝末年已确立王位嫡子继承制提供了有力的证据。即：

第一种类型"祊其牢"卜辞，"只选祭世系较近的武丁、祖甲、康丁、武乙、文丁和文丁之配、帝乙之母——母癸，而对旁系如祖甲之兄祖己、祖庚、康丁之兄廪辛则不祭祀来看，这是一种对近世直系祖先的特祭卜辞"。

不仅如此，还有"对世系更近（前一世、二世、三世）的直系祖先的特祭卜辞"，这就是第二种类型"灵祊其牢"、第三种类型"宗祊其牢"卜辞只祭武乙、文丁二王。而第四种类型"干支卜贞翌日干支王其以于祖先名灵正受又又"，"除祭武乙、文丁二王外，只多祭一文丁之配'妣癸'（帝辛时称）"。因此，武乙、文丁二王，不仅可以享受第一种类型"祊其牢"的特祭，而且还可享受第二种类型"灵祊其牢"、第三种类型"宗祊其牢"、第四种类型"干支卜贞翌日干支王其以于祖先名灵正王受又又"的"特祭"卜辞的尊荣。学者从有关"祊祭"卜辞的分析，发现了"帝乙、帝辛对自己的祖先不是一视同仁的，是有着亲疏之别的"，"从特祭只适用于近世直系祖先，而且是世系越近特祭也越多，就说明了这个时期是重近世而轻远世，亲直系而疏旁系。"① 如此等等，特祭卜辞祭祀对象的变化，应有其深层社会的原因的。

应该注意的是特祭卜辞只选祭世系较近的祖先，而最早的从武丁开始，是有其深层原因的。首先，从表2—4可知商朝自迁都安阳殷都后，武丁虽然号称"汤孙之绪"，但已离大乙汤的"大宗"，以及大戊的"中宗"子孙血缘关系相去甚远。武丁以后在殷都先后为王的七世十王，即祖庚、祖甲、廪辛、康丁、武乙、文丁、帝乙、帝辛等，与武丁血缘关系最近。因此，武丁

---

① 常玉芝：《说文武帝——兼略述商末祭祀制度的变化》，《古文字研究》第4辑，中华书局1980年版。

是殷都诸王与其前大宗、中宗诸王的血缘关系远近的分水岭，因而被"立其庙为高宗"[①]。商末诸王通过"特祭"武丁，就是为了加强自己宗族长的地位，从而团结商族同姓子孙。

再次，商王武丁是商代王位继承制改革的奠基者，在商代"特祭"诸先王中，武丁占有着特殊的地位。之所以如此，是因为高宗武丁鉴于自中丁以来，"比九世乱"，即在王位继承上的混乱和骨肉间引起的矛盾和争夺，造成了"诸侯莫朝"，"殷衰"的局面，因而武丁锐意改革王位继承制度，他采取预立太子的措施，立其子祖甲的"立王"，即在弟子系内嫡长子相传，为嫡传制的逐步确立奠定了基础。因此商代末期诸王，对武丁为其理顺王位继承制度所作的贡献特别尊崇，把他做为"特祭"先王之首。

商汤大乙灭夏，建立了商王朝。商王朝王位继承，实行的是父子相传制度，即每一代新王，都是前一代"崩王"之子。《史记·殷本纪》集解引谯周曰："殷凡三十一世。《汲冢纪年》曰：'汤灭夏以至于受二十九王。'"谯周所说的三十一世，其中计入未及位的大丁。而《纪年》说汤灭夏至商纣历二十九王，可能仅计至文丁（即文王受命之年）而没计入帝乙、帝辛。[②]谯周所说的"世"，就是《纪年》的"王"，但一世不仅一王，即有的"世"兄弟相及，因此我们认为"代"更为确切。殷人王位继承，父死子继，这一点是从没有人否认过的。

但是殷人的王位继承，是与父子相传代相辅相成的，还有一代中"兄弟相及"或曰"兄终弟及"的制度，诸如第二代太乙拟传"太子太丁"，因"未立而卒"，"乃立太丁之弟外丙"、"外丙之弟中壬"，兄弟相及，这是开国之君成汤所创"代内"又有"兄弟相及"之制，因而后世诸代子孙多有遵循。诸如还有其后的第四代之沃丁、大庚，第五代之小甲、雍己，第六代之中丁、外壬、河亶甲，第八代之祖辛、沃甲（即甲骨文之羌甲），第九代之祖丁、南庚（为同辈堂兄弟），第十代之阳甲、盘庚、小辛、小乙；第十一代武丁以后，仍有第十二代祖庚、祖甲，第十三代廪辛、康丁等"兄弟相

---

① 《史记·殷本纪》。
② 《夏商周断代工程 1996—2000 年阶段成果报告》（简本），世界图书出版公司 2000 年版，第 73 页。

及"。① 武丁以前共十代，其中有七代内实行此"兄弟相及"制。第十一代武丁以后共七代，其中仅二代内实行此制。也有时一代一王者，诸如第一代大乙，第三代大甲，第七代祖乙，而自第十一代武丁以后（含武丁本人），第十四代武乙，第十五代文丁，第十六代帝乙，第十七代帝辛等。在武丁前的十代中，有三代为每代一王，而武丁以后七代中有五代，每代一王。其每代一王继位并传代者，集兄、弟于一身，是当然的传代者，故可视为太子、长兄。凡此种种，自大乙以下先后继位为王的三十一位子孙，每代人数不等，共传十七代，至帝辛灭国止。

诚如著名学者王国维深刻论断的："有传子之法，而嫡庶之法，亦与之继生。""兄弟之亲，本不如父子。而兄之尊又不如父，故兄弟间常不免有争位之事"② 发生。在同代"兄弟相及"的诸王中，各自为自己私利和自己子孙的承统，即"兄传代"，还是"末弟传代"的王位传承权的争夺，其利害关系必然撕破同父兄弟间的亲情。因此，商朝嫡传制的最后确立，是三十一王在十七代传承过程中，兄弟间容忍、不断争夺和斗争的结果。而第十一代商王武丁，是为王位嫡兄直系传承制最终确立作出贡献的关键人物。

第一代商王大乙汤创立了代与代"父子相承"，每代内"兄终弟及"的王位继承制度。大乙为避免同代兄弟间传及王位时发生争夺，因而立"太子"，并立太丁之子太甲，即成汤之"适长孙"继太丁位。大乙、太丁、大甲、沃丁为直系相传。

但是，商汤大乙的"适长孙"太甲之子沃丁继位而未能传其子，被兄弟太庚夺走传代权，并传给第五代其长子小甲，因而对沃丁之庶弟大庚系来说，大甲是为"大宗"，而太（大）庚、小甲为庶出旁系，此后大乙嫡传绝续。

第四代沃丁的庶弟大庚争得传代权后，传给第五代其长子小甲。小甲之弟雍己、大戊仍按大乙时的旧制"兄终弟及"，先后及得王位。但在传代时，兄弟间面临的是按大乙汤开创的"兄传代"，还是其父大庚抢得的"末弟传代"的选择。如果说，此前第四代大庚夺得王位继承权，是大乙直系子孙继代的失统的话，那自此以后，又在大乙的庶系子孙系统内，展开了兄弟间争

---

① 本书所排各王代序，请参看第5页表1—1"《史记·殷本纪》载商王世系表"。
② 王国维：《殷周制度论》，《观堂集林》，中华书局1959年版，第464—465页。

夺王位继承权不断的斗争。

《史记·殷本纪》向我们透露了商汤庶系子孙间争夺王位继承权的史影。本来，第三代太甲以"适长孙"继位，顺理成章，并没引起第二代父辈外丙、中壬与他在继位与传代问题上发生矛盾，因而第三代太甲时"诸侯咸归殷，天下以宁"。但第四代末弟大庚传代于其子第五代小甲、雍己后，就"殷道衰，诸侯咸不至"了。之所以如此，当是由于沃丁直系与太庚庶系为传代经过一番较量与斗争，削弱了商王朝统治阶级实力的结果。但斗争并未结束，第五代末弟太戊即位后，出现了"亳有祥桑穀共生于朝，一暮大拱"的怪异。据说"太戊惧，问伊陟"。伊陟借此题发挥出实情，说明"帝之政其有阙与？帝其修德"。

太戊之政"有阙"，据《尚书·咸有一德》孔传谓："祥，妖怪。二木合生，七日大拱，不恭之罚。"疏谓："《五行传》曰，貌之不恭，是谓不肃，时则有青眚之祥。《汉书·五行志》夏侯始昌。刘向笺说云，肃，敬也。内曰恭，外曰敬。人君行己体貌不恭，怠慢骄骞，则不能敬。木色青，故有青眚之祥。是言木之变怪，是貌不恭之罚。人君不恭，天将罚之，木怪见其徵也。皇甫谧云：大戊问伊陟。伊陟曰：臣闻妖不胜德，帝之政事有阙，曰帝修德。"因此，大戊"退而占之"，得到了"桑穀野木，而不合生于朝。意者朝亡乎"卦象的警示。"大戊惧，修先王之政，明养老之礼。"由上疏可知，大戊"帝之政有阙"，当是大戊对朝廷曾为王的前代外丙、中壬及直系沃甲的子孙遗老，以及同代小甲、雍己兄系及重臣"体貌不恭"，不尽"养老之礼"，因而发生了激烈的利害冲突与矛盾。"意者朝亡乎"，几乎危及了商王大戊的统治。因此，"亳有祥桑穀共生于朝"的怪象，实是隐喻沃丁、小甲、雍己诸王的势力不甘退出历史舞台，兆象"桑穀野木，而不合生于朝"，就是最好的注脚。而祥桑穀"一暮大拱"，透露了旧势力还非常强大。依其父例第四代沃丁、大庚"兄弟相及"，末弟大庚夺得传代权，第五代大戊继其兄小甲、雍己及得王位。为了维护自己王权的权威和垄断，大戊在名臣伊陟的谋划和襄助之下，使"祥桑枯死而去"。就是说小甲、雍己等兄系势力对其弟大戊王权的挑战遭到了彻底失败。既然大戊父大庚第四代"末弟传代"，使王位由太甲太宗沃丁系转入第五代，即小甲、雍己、大戊等大庚诸子之手，因而当末弟大戊地位得到巩固和加强以后，出于维护自己子孙的长远利益的私心，自然会一仍其父大戊"末弟传代"的成法，使王位保留在大戊自己亲子们的手中，即大戊传位于第六代中丁、外壬、河亶甲等自己亲子的手中。因此，从第四代大庚实行"末弟传代"，使成汤创立的"兄传代"，即太宗直系被取代了，并被第五代末弟大戊加以继承和巩固，因而大戊被称为"中宗"。（图 2—8）

图 2—8　德灭祥桑

（采自《帝鉴图说》）

古者中、仲二字可相通，中宗者，仲宗也。对太宗（即大宗）而言，仲宗是旁系之宗，是为旁系小宗。虽然第四代、第五代"末弟传代"的"中宗"旁系取代了大乙长子、嫡长孙相继的"大宗"兄传代的直系，但在仲宗旁系子孙血系内，每代继承王位的兄弟间，为自己子孙的利益与特权，即"兄传代"，还是"末弟传代"的矛盾，还是在继续进行着激烈的争夺。

第六代由"中宗"大戊子中丁继位，其弟外壬、河亶甲等"兄终弟及"为王。河亶甲一如其父大戊第五代确立的"末弟传代"制，传其子第七代祖乙，祖乙传第八代自己的长子祖辛，其弟沃甲"兄弟相及"为王。但按"中宗"系惯例拥有"末弟传代"权的沃甲，所传第九代不是传的自己的亲子南庚，而是"沃甲兄祖辛之子祖丁"。因而沃甲虽有"末弟传代"之名，但实为祖辛"兄传代"。这当是第八代内"兄传代"与"末弟传代"进行过一番激烈争夺，而"末弟传代"受挫的反映。虽然如此，第九代祖丁又"立弟沃甲之子南庚"继位，虽"兄弟相及"，但祖丁与南庚为堂兄弟，当是第八代末弟系沃甲（羌甲）斗争的结果，也反映了商汤以来的每代同父兄弟间的"兄弟相及"制出现了一定的混乱。但是，第九代祖丁毕竟是第八代祖辛的直传，此时的南庚已因祖丁的继位，其父沃甲的"末子传代"权已被剥夺，而南庚又是有名无实的"末弟"，因此第十代的继承权，只得由祖丁传位于自己的诸子，兄阳甲虽是当然的祖丁传人，当也免不了在与南庚子弟的争夺与较量后，才首继其父祖丁之位为王，其后由弟盘庚继兄为王，再其后由弟小辛、小乙"兄弟相及"王位。

《史记·殷本纪》说，商代王位的传承，"自中丁以来"，比九世乱。所谓"九世"，就是指第六代中丁、外壬、河亶甲，第七代祖乙，第八代祖辛、沃甲（羌甲），第九代祖丁、南庚，第十代阳甲等共历五代，先后九王继位。在这一期间，王位继承制度由于"废适而更立诸弟子"，即中丁本为第五代中宗大戊的嫡长子，由于"末弟传代"，不能一如"大宗"那样"兄传代"，被剥夺了传子权，而由他的"诸弟"，即末弟河亶甲传代，因而第六代有兄资格的中丁与诸弟间必然为王位的传代权产生尖锐的矛盾与斗争。

河亶甲"末弟传代"以后，从第七代起，王位就在自己一系的子孙中传承了。但做为中丁"诸弟"河亶甲一系的子孙，又为王位的继承，"弟子或争相代立"，这就是上面所谈的第八代祖辛、沃甲（羌甲）兄弟间，以及第九代祖丁和南庚堂兄弟间，以及第十代阳甲与南庚的子弟间对王位继承权的争夺和较量。

在"诸弟"间，即河亶甲的子孙间为争夺王位传代权和继承权，"废适而更立诸弟子，弟子或争相代立，比九世乱"的情节，就足以概括这一时期为争夺王位，造成的兄弟间骨肉相残，刀光剑影和烛影斧声。此外，在此期间，也是商代历史上迁都最频繁的时期，诸如中丁迁于嚻、河亶甲迁于相、祖乙居于邢、南庚迁于奄，盘庚迁于殷。各代殷王如此频繁迁都，其重要的原因之一，也当是统治阶级内部矛盾所造成的。统治阶级的内乱，使商王朝国力大大削弱，出现了"诸侯莫朝"的局面。

盘庚十四年迁殷，远离了祖丁与南庚堂兄弟之间，以及祖丁大子阳甲与南庚子之间，争夺王位继承权的是非之地和各系势力盘根错节的奄都①。盘庚迁殷时，一再强调先祖成汤所立的"法则可修"，并且他果真践言"行汤之政"，"遵成汤之德"是很有意义的。因为自第三代太甲时，曾一度因"不遵汤法，乱德"，而被"伊尹放之于桐宫"。在他"悔过自责，反善"，即遵"汤法"以后，才被伊尹"迎太甲而授之政"复位。但自此以后，在《史记·殷本纪》所列商代诸王们热衷的只是"太宗"的"兄传代"和"中宗"的"末弟传代"的王位继承制，再也无一人提起"汤法"和"行汤之政"。盘庚以弟及兄阳甲，通过迁都削弱了以嫡兄继父的阳甲系实力。为了进一步加强和巩固自己的王位继承合法性，因而迁都时再一次强调被诸王早已忘却的"汤法"，就是为了证明自己与阳甲"兄终弟及"取得王位，是符合成汤所定的"兄终弟及"的祖制，因而其前祖辈第八代祖辛、沃甲，其父辈第九代祖丁、南庚，和其兄第十代阳甲取得王位的"争相代立"不同。盘庚通过重申"汤法"，也为兄阳甲"兄传代"设置了障碍，使其子不能继父位，而使自己和同代"兄终弟及"成为可能。不仅如此，也使第十代兄弟间阳甲、盘庚、小辛、小乙"兄弟相及"得以顺利继承。在王位传承相对平静的情况下，小乙得以据中宗的旧制"末弟传代"，其继位者即是其子第十代殷王武丁。

武丁继位以后，首先面对的就是从祖辈第六代中丁以后，直至父辈第十代阳甲，为争夺王位传代权，造成的中丁、外壬、河亶甲、祖乙、祖辛、沃甲（即羌甲）、祖丁、南庚、阳甲诸王的"比九世乱"和统治阶级

---

① 今本《竹书纪年》。

的长期内耗所导致的"诸侯莫朝"、"殷衰"的局面。为了改变这种状况，他"三年不言"，集中精力"思殷复兴"的治国方略。其"祭成汤"的重要举措，就是为了"殷复兴"，即首先要加强王族成汤后嗣子孙的团结。与此同时，武丁"开先祖之府，取其明法，以为君道上下之节。"[①] "明法"，即先祖行之有效的法典。武丁想以先祖的"成法"，节制统治阶级内部的矛盾，维护统治阶级的内部稳定。而种种统治阶级内部矛盾和不稳，都是由王位继承的争夺产生。与此同时，武丁鉴于成汤传代时预立太子太丁和适长孙太甲，虽外丙、中壬与太丁"兄弟相及"，但没有造成兄弟传代时的纷争，因此欲依成汤旧制，有意识地立太子，以保障自己后世子孙传代的稳定。《荀子·大略》"虞舜孝己，孝而亲不爱"，杨倞注说："孝己，殷高宗之太子"，《庄子·外物》："人亲莫不欲其子之孝，而孝未必爱，故孝己忧而曾参悲"，《释文》引李云："孝己，殷高宗之太子。"甲骨文中武丁时第一期有"小王"，见于《合集》5029、5030、5031、5032、5033等片。第三期廪辛、康丁时或称之为"小王父己"，见《合集》28228片等。于省吾考证甲骨文中"其称小王父己即孝己"[②]。虽然孝己被武丁预立为太子，但因"其母早死，高宗惑后妻之言，放之而死，天下哀之"[③]。孝己因早死而未能即位，故不见《史记·殷本纪》的记载，但在帝乙、帝辛时入周祭祀谱称"祖己"，见《前》1·19·1及1·23·3等版。武丁虽立孝己为太子，欲使其承位传代，但因早死，只得使其弟祖庚承位。武丁鉴于其祖辈先王虽不少代内为"兄弟相及"者，但在继承权问题上，"兄传代"和"末弟传代"一直存在着激烈的抢争。因此武丁欲恢复先祖大乙旧制，即以解决同代内兄弟间为抢夺传代权引发的矛盾，但因孝己早死，武丁的这一措施没有实现。面对可及孝己兄位的二子祖庚、祖甲，武丁为维护王位继承权的稳定即提出第二套方案，即废除一代内"兄弟相及"，而直接立末子祖甲为太子传代。但遭到末子祖甲"不义惟王"的消极抵制而又未能实现。只得在第十二代内的惯例"兄弟相及"，祖庚、祖甲先后为王。所谓"不义惟王"，见《尚书·无逸》："其在祖甲，不义惟王，旧为小人"。疏引郑玄云："祖甲，武丁子帝甲也，有兄祖庚。武丁

[①] 《大戴礼记·少间》。

[②] 于省吾：《释小王》，《甲骨文字释林》，中华书局1979年版，第44页。

[③] 《太平御览》八三引《帝王世纪》。

欲废兄之弟，祖甲以此为不义，逃于人间，故云久为小人。"武丁想废去兄祖庚而立弟祖甲为太子，就是想废除大乙以来的，商王一代内的数子"兄终弟及"，各子均有权及位的旧制，而使末弟祖甲能独享王位传代权。但祖甲"不义惟王"，即以"废兄立弟"为不合成汤"兄终弟及"的遗制为藉口，"逃于人间"，"久为小人"，从而使兄祖庚继承了王位。祖庚死后，祖甲依"兄终弟及"的旧制，及其兄位，与祖庚一道，同列第十二代商王。武丁虽欲立子辈中的末弟而废除传统的"兄终弟及"制，但由于祖甲的"不义惟王"的抵制而没能成功。尽管如此，第十一代商王武丁抓住了造成统治阶级内部矛盾的核心，即传代问题必须预立太子，才能避免同代兄弟间的矛盾和纷争。

武丁着手对商代王位继承制度的改革，是有计划有目的行动。首先，是自第一代先王大乙立太子，立适长孙后，再也没有任何其后一位商王把它作为王位继承制度，而加以继承。只有武丁再一次恢复预立太子制，表明武丁的王位继承制改革，是有意识的行动。不仅如此，武丁第一次预立孝己为太子未能成功，又再次在祖庚、祖甲兄弟中"欲废兄立弟"指定祖甲为太子，表明他改革王位继承制度的决心也是十分坚定的。

武丁锐意改革王位继承制度，为其后的祖甲"立王"奠定了基础。《尚书·无逸》又说："肆祖甲之享国三十有三年。自时厥时，立王，生则逸，生则逸不知稼穑之艰难，不闻小人之劳，惟耽乐之从。"祖甲的"立王"，反映了"祖甲以后，殷代的继承制度曾有重大的改革"，即商代王位继承在"祖甲以后就有了立王制度"。史学前辈徐中舒深刻地阐述说："怎么叫'立王'呢？《诗·大雅·桑柔》有'灭我立王'的话，周之王以嫡长继承，于前王在位时，就立为继位的王了（即太子）。从这里我们也可猜度到殷代祖甲以后的王位继承，是采取了立太子的方式了。"[①]

虽然我们没有看到祖甲在其子第十代廪辛、康丁兄弟间何许人被预立为太子的资料，但康丁兄廪辛即位仅四年就一命呜呼，而其弟康丁却在位经营八年之久，[②] 并按"末弟传代"的传统使其子武乙继位。因此，康丁虽无太子之名，却有太子传位之实。而这一代虽一仍其父祖甲"兄终弟及"旧制，

---

① 徐中舒：《论殷代社会的氏族组织》，《徐中舒历史论文选辑》（下），中华书局1998年版，第805页。

② 据古本《竹书纪年》。

但廪辛短命却使这一旧制名存实亡。因此，祖甲的"立王"，应是其父武丁立太子传位的继承和发展，即集被预立的"太子"和当然的"末弟传代"资格于一身的祖甲，经过在第十三代把立太子独传与末弟传代相结合，从而经康丁的过渡，实现了其孙辈第十四代康丁的太子独传，一直延续至第十五代文丁，第十六代帝乙、第十七代帝辛的长嫡子继承制，终于确立。①

虽然如此，在王位继承上的嫡庶之争仍未停止。《吕氏春秋·当务》记纣之同兄弟三人，"纣母生微子启与中衍也，尚为妾，已而为妻生纣。纣之父，纣之母，欲置微子启以为太子。太史据法而争之曰：'有妻之子，而不可置妾之子。'纣故为后"。太史所据之"法"，当为商汤所创立的王位继承立太子、适长孙，并为武丁再次倡导，终至祖甲"立王"得以贯彻的立子、立嫡之制。纣之父母与太史关于立太子的争论，反映了直至商末帝辛时，殷人王位的嫡子继承仍未完全巩固。因此，学者在《说文武帝——兼略述商末祭祀制度的变化》中，通过对有关"祊祭"卜辞的分析，所发现的帝乙、帝辛时的"特祭"，"只适用于近世直系祖先，而且是世系越近特祭也越多，就说明了这个时期是重近世而轻远世、亲直系而疏旁系"。之所以如此，第一种类型"祖先名祊其牢"，通过只选祭武丁、祖甲、康丁、武乙、文丁五世，不仅突出帝乙、帝辛是王位嫡传继承人的合法身份，而且祭及五世祖"高宗"武丁，从血缘宗法关系方面，进一步加强了帝乙、帝辛作为宗族长而垄断着祭祀权的无可争议地位。

此外，特祭的第二种类型"灵祊其牢"、第三种类型"宗祊其牢"卜辞，只祭武乙、文丁二王，则进一步加强了帝乙、帝辛是他们嫡传的无可争议性。而特祭的第四种类型"以于祖先灵正"除祭武乙、文丁二王外，"只多祭一文丁之配'妣癸'（帝辛时称）"。② 妣癸是商王文丁的法定配偶，帝乙之母，帝辛当称之为妣。商王帝辛祭妣癸，可能和前述帝辛预立太子时，其母为正妃起到决定性作用的事情一样，或妣癸在文丁预立太子时，为帝乙继位为王起过重要作用。因此第四种类型卜辞"特祭"妣癸，不仅是商末帝乙、帝辛时王位长嫡子继承制已经确立的标志，也是王位继承仍时受嫡庶之争不

---

① 我们说"长嫡子"，因长子可能为嫡子，但嫡子并不一定全为长子，如微子启为长子，纣为弟，但封为嫡子。故我们这里统言之为"长嫡子"。

② 常玉芝：《说文武帝——兼略述商末祭祀制度的变化》，《古文字研究》第四辑，中华书局1980年版。

同程度干扰的反映。

我们上面所作关于《史记·殷本纪》所反映的自商代晚期武丁以后，商王的王位继承制度发生了重大变化，直至商代末年帝乙、帝辛时长嫡子继承制终于确立的分析，与甲骨文"特祭"卜辞所反映的商末祭祀制度发生的深刻变化是一致的。

(4) 商王主持周祭

商末帝乙、帝辛二王所牢牢把持的对商先王自上甲开始的直系和旁系先王、先妣所行的周祭，是合祭制度的发展和严密化，因而既是商王宗主身份无可争议性的体现，也是团结商历代直系、旁系诸王后嗣子孙，保持统治阶级内部稳定、和谐，以加强对被压迫阶级统治的政治需要。

首先，我们要谈一下学者们关于商末周祭制度的重构与研究。

所谓"周祭"，"是商王及王室贵族用'翌'、'祭'、'壹'、'叠'、'彡'五种祀典对其祖先轮番和周而复始地进行的祭祀。这种祭祀是一个王世接着一个王世，连绵不断地举行下去的，因此它是商王朝一种非常重要的祭祀制度。"① (图2—9)

经过几代学者的创造性探索和深入研究，商代"周祭"这一重要礼制的复原取得了很大进展。商代"周祭"制度的研究，应首推董作宾1945年《殷历谱》的开创性工作。他发现在甲骨文第五期以"彡"、"翌"、"祭"、"壹"、"叠"等五种祀典祭祀先王先妣的卜辞中，诸先王先妣都是"依其世次日干，排入'祀典'，一一致祭"的，并据此梳理出五祀中先王先妣的祭祀次序。②《殷历谱》依据对卜骨和卜甲上附记甲名先王五种祀典的卜旬卜辞的系统整理，得出了每种祀典依次祭祀先王先妣一个周期所需的时间，即五种祀典以"彡祀"为祀首，五种祀典以彡—翌—祭—壹—叠—彡的顺序，依次周而复始地进行，通常五祀的一个周期为三十六旬。不仅如此，《殷历谱》还

图2—9 《合集》37838

---

① 王宇信、杨升南主编：《甲骨学一百年》，社会科学文献出版社1999年版，第603页。
② 董作宾：《殷历谱》上编卷1，中研院历史语言研究所专刊1945年版，第3页。

根据卜辞和铜器铭文拟定了帝乙三十五年，帝辛五十二年的祀谱。此外，《殷历谱》在对帝乙、帝辛时期的五种周祭卜辞研究的基础上，还对甲骨文第二期祖甲时代的五祀祀谱进行了初步的探索和复原工作。

随着甲骨文材料的不断公布和研究的深入，学者们对董作宾《殷历谱》所创构的甲骨文五种祭祀，即周祭制度的研究愈益深入并更加严密。陈梦家于1956年由科学出版社出版的《殷虚卜辞综述》第十一章、岛邦男于1958年由日本弘前大学出版的《殷虚卜辞研究》第一章、许进雄于1968年由台湾大学出版的《殷卜辞中五种祭祀的研究》、常玉芝于1987年由中国社会科学出版社出版的《商代周祭制度》等一批专著和论文，对商末周祭的核心问题——"一是周祭卜辞的类型和特征，以此弄清周祭的卜问次序和祭祀的程序；二是先王先妣的祭祀次序和受祭数目；三是周祭的祭祀周期与五种祀典的祀序；四是'惟王几祀'之'祀'的意义及周祭祀谱的复原"[1] 等——进行了深入的探讨和争论。不仅各家所排定的周祭中先王先妣的祭祀次序和受祭数目不尽相同，而且关于周祭的祭祀周期和五种祀典的祀首也持不同的意见。董作宾"以彡祀为五种祀典的祀首，认为五种祀典是以彡—翌—祭—壹—劦—彡的顺序周而复始地举行的。"陈梦家的《殷虚卜辞综述》第392页认为："周祭的三种主要祭祀是依'彡—羽—劦—彡'的次序周而复始的轮番举行的"，基本与董作宾的周祭顺序一致。虽然如此，他在同书第397页说："我们至今不知周祭从哪里开始，因为它是周而复始的。"岛邦男不赞成董作宾"彡"为五祀祀首，"提出'祭'为五种祀典的祀首，认为五种祀典是以祭壹劦—彡—翌的顺序周而复始地举行的。"许进雄既不赞成董作宾以"彡"为祀首，也不赞成岛邦男以"祭"为祀首，根据自己的研究，"主张翌祀是五种祀典的祀首，认为五种祀典是以翌—祭—彡的顺序周而复始地举行的。"常玉芝《商代周祭制度》的五祀祀首与许进雄主张的"翌祀"是五祀祀首的看法基本一致，并说："许进雄关于五祀之祀首和祀次的主张是正确的。因为五种祀典在实际举行的过程中，只有翌祀的工典祭与前一祀典彡祀的终止的相隔一旬而截然分离，所以翌祀应为五祀之首，整个祭祀是以翌—祭壹劦—彡的顺序周而复始的举行的。目前对这种看法还未见到有人提出异议，看来这个问题是基本解决了。"[2]

---

[1] 王宇信、杨升南主编：《甲骨学一百年》，社会科学文献出版社1999年版，第604页。

[2] 同上书，第619页。

虽然如此，各家关于五种祀典的祭祀周期所需的旬数，却是意见不尽相同的。董作宾论定五种祀典的一个周期三十六旬和三十七旬为常例，另有三十五旬和三十八旬的变例；陈梦家认为"乙辛时代一个完整周祀共需三十七旬"，其说见《殷虚卜辞综述》第 395 页；岛邦男、许进雄、常玉芝等学者虽对一周期内祭祀次序的安排不完全一致，但也都认为有三十六旬和三十七旬两种周期。

各家所排定的祭祀周期之所以不同，"除了前面所说的五祀祀首和三个祀组的次序不尽相同"，以及"各个祀组的接续关系和部分先妣祭祀的安排不尽相同外"，更重要的原因"就是武乙、文丁、帝乙以及武乙之配妣戊和所谓文丁之配妣癸有无受祭不尽相同。"① 常玉芝《商代周祭制度》第 201—203 页列有《各家祭祀周期比较表》可参看。

常玉芝的《商代周祭制度》对周祭卜辞进行了全面整理和进一步分析研究后指出："董作宾、陈梦家、岛邦男为将武乙、文丁、帝乙（陈梦家主张）、武乙之配妣戊和所谓文丁之配妣癸排入周祭系统而不顾卜辞记录，各自设想的一些办法"，诸如"或取消某些工典祭，或增设定旬，或让不同祀组首尾交叠举行"等，"都是不能成立的"。之所以如此，是"因为这些办法违反了工典祭的举行原则；违反了各祀组接续关系的原则；违反了先王先妣祀序排列的原则，即都不能合理地解决武乙、文丁等的受祭问题，都违反周祭的诸多原则"。因此，常玉芝不囿于旧说，通过自己创造性的研究，把周祭制度的研究推向了前进。"从周祭的祭祀周期上看，武乙、文丁、帝乙、武乙之配妣戊和所谓文丁之配妣癸也是不属于周祭系统的。"② 论断殊途同归，"许进雄已基本上同意常玉芝的武乙、文丁等不属于周祭系统的意见。"③ 其说见《第五期五种祭祀祀谱的复原——兼谈晚商的历法》（载《大陆杂志》，第 73 卷第 3 期）及《读〈商代周祭制度〉，谈例外旬》（载《金祥恒教授逝世周年纪念论文集》，1990 年）等著作中。

其次，我们要谈的是，商末周祭祀谱的排定，是嫡子继承制的确定和商

---

① 参见王宇信、杨升南主编《甲骨学一百年》，社会科学文献出版社 1999 年版，第 623 页。

② 王宇信、杨升南主编：《甲骨学一百年》，社会科学文献出版社 1999 年版，第 625 页。又同书第 612—614 页，常玉芝教授在"关于武乙、文丁、帝乙等是否属于周祭系统"一文中，有集中论述。

③ 王宇信、杨升南主编：《甲骨学一百年》，社会科学文献出版社 1999 年版，第 625 页。

王宗主地位得到确认的反映。

常玉芝、许进雄等学者关于武乙、文丁、帝乙诸王不属于商末周祭系统的论定，不仅使自1945年以来，董作宾等学者所排定的周祭祀谱更加严密而科学，而且为商代祭祀制度的发展和关于商末王位嫡子继承制确立的研究提供了依据。

依据之一，殷末帝乙、帝辛时举行周祭，标志着商王对祭祀祖先权力的垄断有了进一步的加强。《史记·周本纪》说，在牧野大战前夕，周武王声讨商纣王大罪之一就是"自弃其先祖肆祀不答"，集解引郑玄："肆，祭名。答，问也。"即商纣王废弃了对祖先的祭祀活动。但甲骨文中商末帝乙、帝辛时持续不断举行的对先王严密的周祭，说明历史事实并非如此。帝乙、帝辛时，对上甲至康丁的诸代先王、先妣依次举行的"周祭"——五种祀典是帝乙、帝辛二王以前，诸如武丁、祖庚、廪辛、康丁、武乙、文丁等诸王所没有的。（图2—10）

图2—10 《四祀邲其卣》铭文

虽然在祖甲时的"出组卜辞"有"刻有翌、祭、壹、𢍰、彡五种祀典祭祀先王先妣卜辞的甲骨"，但"比黄组要少的多，大约有140版左右"。① 尽管从出组周祭卜辞的类型和卜问次序来看，"其祭祀程序与黄组大致相同"，但要显得比黄组还要复杂些，这表明"出组的周祭制度尚处在形成、完善的过程中。"② 而商末帝乙、帝辛时周祭祀谱的严密排定，是商朝末年王位长嫡子继承制已经确立和商王宗族长地位得到进一步加强的反映。

依据之二，就是前面我们已经谈到的商末乙、辛时的"周祭"，实为晚商前期"合祭"直系、旁系先王的继承与发展。《史记·殷本纪》记武丁祭成汤时，出现了"有飞雉登鼎耳而呴"的怪象。为此大臣祖己劝谏武丁说："常祀毋礼于弃道"，集解引孔安国说："祭祀有常，不当特丰于近也。"索隐说："祭祀有常，无为丰杀之礼于是以弃常道。"所谓"不当特丰于近"，即

---

① 王宇信、杨升南主编：《甲骨学一百年》，社会科学文献出版社1999年版，第606页。

② 同上书，第608页。

《尚书·高宗肜日》所云的"典祀无丰于昵"。疏引正义说："祭祀有常，谓牺牲粢盛尊彝俎豆之数，礼有当法，不当特丰于近庙，谓牺牲礼物多也。祖己知高宗丰于近庙，欲王因此雊雉之异，服罪改修以从礼耳，其异不必由丰近而致之也。王肃亦云：高宗丰于祢，故有雊雉升远祖成汤庙鼎之异。"对祖己的劝谏武丁欣然接受，这就是《史记·殷本纪》所说的"武丁修政行德"，不只偏爱近祖，"典祀无丰于昵"，对远世祖先也要一视同仁。因此，自武丁起，甲骨文中各代时王举行的单祭不仅祭其父辈，还直至先王先公。[①]此外，还"合祭"上甲以下的各代直系先王，或"合祭"上甲以下的，包括直系和旁系各代先王。[②] 虽然商朝各代时王也时祭先王，但所祭先王不如其后的"周祭"那样周全，而所祭时间也带有随意性而不定期，不同于"周祭"那样时间漫长却日期固定。此外，合祭除了依先王及位先后顺祀或"逆祀"外，所用祭仪与"周祭"不同，无严整的规律可循。祖甲时期，虽也有在合祭的基础上力图加以规律化（即制度化）尝试，即在出组卜辞中出现"刻有翌、祭、壹、劦、彡五种祀典祭祀先王先妣卜辞的甲骨"，但数量较少，很难据此理出完整的周祭条贯，因此"出组的周祭制度尚处在形成、完善的过程中"[③] 的初级阶段。此时祖甲"立王"正在进行，对商王继承制度的改革还没有完成，长嫡制尚未最终确立，因而不能也无权对先王系属进行全面而彻底的整理和排定。因此，祖甲时周祭制度不完善，是长嫡继承制还没最终确立使然。

随着商末帝乙、帝辛时王位继承的长嫡制已经确定，作为王系当然的宗族长的商王帝乙、帝辛，有资格也有权力对他以前的先王进行全面整理并排定直系、旁系的谱系，也只有帝乙、帝辛有资格，也有权力以宗族长的身份，在一个大祀周内，用相当一年的时间，甲日祭甲名先王，乙日祭乙名先王，用"翌"、"祭"、"壹"、"劦"、"彡"的五种祀典，把商全部直系先王、旁系先王及先妣，一一依世次祭祀一遍。因此，商末帝乙、帝辛时期周祭制度的最终形成，是武丁以后"典祀无丰于昵"的合祭先王的发展与制度化，

---

① 参阅陈梦家《殷虚卜辞综述》"先公的祭祀与并列关系"及第373页"直系先王及顺序"、第374页"旁系先王及顺序"，科学出版社1956年版。

② 参阅王宇信、杨升南主编《甲骨学一百年》，社会科学文献出版社1999年版，第601—602页。

③ 王宇信、杨升南主编：《甲骨学一百年》，社会科学文献出版社1999年版，第603页。

也是商代王位继承长嫡制确立的法典。因而对有资格举行周祭的商王帝乙、帝辛来说，也是他们对商王直系、旁系的历代子孙，行使宗族长权力的标志与象征。

第三节　商王是全国土地的最高所有者

《左传》成公十三年"国之大事，在祀与戎"，是说在中国"三代"王朝——夏、商、周奴隶社会里，祭祀和战争是奴隶主统治阶级的头等大事。已如上述，商王通过对天神地祇和祖先祭祀权的垄断，神化了王权，并加强了奴隶主统治集团的团结，从而使时王及其后世子孙的最高统治地位更为牢固。而历代商王通过不断的对外战争和军事征服，使商族由氏族军事民主制的部落联盟，发展成夏王朝统治下的"方伯"——早期部族奴隶制方国。"殷革夏命"（《尚书·多士》），商族"以七十里为政于天下"（《孟子·梁惠王下》），建立了中国历史上第二个奴隶制王朝——商朝。被后世称道为"武王"的商汤，就是以"吾甚武"（《史记·殷本纪》）的军事行动，"尽有夏商之地，尽有夏商之民，尽有夏商之财"（《吕氏春秋·分职篇》）的。商朝建立以后，又经过一系列对周围方国部族的用兵，商王武丁时已是"挞彼殷武，奋伐荆楚。罙入其阻，裒荆之旅"，把成汤时"自彼氐羌，莫敢不来享，莫敢不来王，曰商是常"（《诗经·商颂·殷武》）的商王国版图，从北方、西方一直扩大到南方的江汉流域。

而作为商朝奴隶主阶级总代表的商王，也是全国土地的最高所有者。

一　商王可去全国各地圈占土地

"商王可以到全国各地圈占土地，建立田庄，经营农业"。[①] 学者据甲骨卜辞分析，商王可以直接参与或向贵族、官吏发布命令，要他们到某些地点去"裒田"垦荒，或去种植农作物。其垦荒所造新田之地，既有"在王室直接治理的王畿内之地"，也有商王"派人到诸侯、方国领地去占地耕作"的。如"先侯"（《全集》9468）、羊方（《合集》33212）、绋方（《合集》6）等商代诸侯、方国，即为商王裒田之地。无论商王在畿内所造新地，还是商王

---

① 杨升南：《商代经济史》，贵州人民出版社1992年版，第58页。

在诸侯、方国所垦辟成的农田，都成为商王直接所有的"王室田庄"。① 而王室田庄上把收获物存放在"廪"中贮存。甲骨文中有"南廪"，（《合集》9636）、夷廪（《合集》5708正）等。"廪"当设在与藉田耕作处较近之处。

  呼藉于廪北沘不……（《合集》9509）

"藉"即翻土，"沘"为水名。即是说，商王命令藉田翻地于廪北之沘水畔。从此辞廪北为藉田耕作之区看，仓廪应设在耕作土地南部。而且由于面积广大，收获的各类谷物较多，仓廪设置当不只一个，其最大数字为"廪三"（《合集》583及《合集》584甲反）。由于"仆"奴的暴动，设置在藉田之处的仓廪有被焚毁者：

  王占曰：有祟，叙、光其有来艰。迄至六日戊午，允有［来艰］，有仆在受，宰在……薅，亦（夜）焚廪三。十一月。（《合集》583反）
  ……亦（夜）焚廪三。（《合集》584甲反）

"叙、光"为人名。"仆"即仆奴。"薅"即以蚌镰薅除田间杂草。"亦"字假为夜。"受"为地名。此辞是说，商王看了卜兆，判断说：将要发生祟祸，贵族叙、光将有艰灾。过了六日到戊戌这一天，果然艰灾之事发生了。有仆奴在受地，宰人在……薅草劳作，当夜焚烧了三个仓廪。这是某年十一月之事。为了保障仓库的安全或防止存储于仓廪中的大量谷物发生霉烂变质，因此商王时而派贵族去设廪处检查巡视——省廪。

  己亥卜，贞令多马亚◻遘祱省陕廪，至于仓侯。比川、比垂侯。（《合集》5708正）

"遘"即会合。这是乙亥日卜问：商王命令武官多马亚名◻者会合贵族名祱者去巡视检查陕地之仓廪的安全情况么？商王对南廪的情况特别关心：

  贞勿省在南廪。（《合集》5708正）

---

① 王贵民：《就甲骨文所见试说商代的王室田庄》，《中国史研究》1980年第3期。

这是贞问不去省视巡查南廪么？此为反问，应还有正问：去省视巡查南廪么？被商王派去的贵族有名吴者：

乙酉卜，贞令吴省在南廪。十月。（《合集》9638）（图 2—11）

有名竝者：

己亥卜，贞叀并省在南廪。（《合集》9639）

图 2—11　《合集》9638

有名先者：

贞先省在南廪。□月。（《合集》9641）

此外，还派㞢人：

庚寅卜，贞叀束人令省在南廪。十二月。（《合集》9636）

与此辞内容基本相同，但略有残缺者还有《合集》9637。

不仅王畿地区所辟农田上的收获，均归国王所有；就是商王在方国、诸侯领地上所开垦农田上的收获物，亦由商王自己支配，因而他对年成的好坏非常关心：

癸卯卜，㱿，贞王于黍侯受黍年。十三月。（《合集》9934 正）

这是说，商王在黍侯领地所辟的王室田庄"受黍年"，即所种之黍会获得好收成么？

学者根据卜辞所反映的"商王可到他所能控制的领土范围内的任何地方垦土造田，建立王室田庄"的分析，得出结论："这种情况，只有土地为王有或国有制的情况下，才有可能"① 发生。

二 商王有权处置贵族占有的土地

商王作为全国土地的最高所有者，还表现在"对诸侯、方国和贵族所占有的土地拥有支配权"。② 甲骨文中有商王强取诸侯方国邑田之事：

贞呼从奠（郑）取㶢夒鄙三邑。（《合集》7074）
贞□取三十邑□彭龙。（《合集》7073）

第一辞是说，"商王从郑侯国内取走三个邑，实指三个邑所领有的土地。这三个邑所领有的土地原来是郑侯的，商王则派人将其取走，以归王室"，③ 而第二辞的彭为地名，当与龙邻近。"龙"为方名，甲骨文中有"龙方"曾与商朝发生战争的记载，见《合集》6474、6076等。武丁时期伐龙方的将领有妇妌（《合集》6484、6585正等），䚄（《合集》6593、6594）、吴（《合集》6633、6634）等。后龙方臣服，商王为其"贞龙亡囮"（《合集》6644）否，并关心其地的降雨情况："乙未卜，龙亡其雨"（《合集》13002）。

龙方臣服后，其首领曾参与商王的田猎活动于宫地：

□□［卜］，㱿，贞呼龙田于……（《合集》10558）
……龙田于宫。（《合集》10985）

龙方时而对商王进致品物：

贞龙来以。（《合集》9076）

商王还强制征取：

贞勿令师般取……于彭龙。（《合集》8283）

---

① 杨升南：《商代经济史》，贵州人民出版社1992年版，第59页。
② 同上书，第60页。
③ 同上。

就是龙方的土地，也在商王强制剥夺之列：

    贞□取三十邑□彭龙。（《合集》7073）

此辞"是占卜商王下令从彭和龙两地取回三十个邑所领有的土地"。而"从龙地取来的土地，由王室直接经营"。[①] 如：

    乙未卜，贞黍在龙囿眘受有年。二月（《合集》9552）

  这是商王乙未日占卜，问他在龙方的囿眘之地，所种之黍，会有好年成丰收么？

  商王不仅可以随时强制征取诸侯、方国所垦成的邑田，而且对臣下贵族的田邑，更是随心所欲地剥夺其使用权，将其收归自己直接掌握，有时命贵族向他致送田邑：

    乙卯卜，宾，贞曰：以乃邑。（《合集》8986 反）

"'乃邑'即你的邑，即贵族的田邑"。命令其贵族把田邑致送给商王。

    贞行以屮𠂤㸚屮邑。（《合集》8987）
    癸巳卜，韦，贞行以屮㸚屮邑。（《合集》8985 正）

"屮"字地名。"𠂤"字《说文》云"小阜也"，即堆字，为不高之丘陵地。这是贞问说，贵族名行者将屮地之丘陵和屮地之邑田致进商王么？

  "或贵族、诸侯所占有的田邑，商王还直接命其'归'于王"。[②] 其例即为：

    贞呼䧹归田。（《合集》9504 正）

[①] 杨升南：《商代经济史》，贵州人民出版社1992年版，第61页。

[②] 同上书，第63页。

令望乘先归田。(《合集》39963)

并用强制手段进行剥夺征取：

［贞］勿呼取㞢邑。(《合集》7072)

由以上可知，商王可以任意在畿内贵族和方国诸侯的土地上垦荒造田以营造王室田庄，并可随时把贵族和方国诸侯耕种的田邑收回，即通过强制征"取"或令其"氏田"、"归田"等手段剥夺他们的土地使用权，等等，充分反映了商王是全国土地的最高所有者。

三 商朝贵族使用的土地是商王封赐

商朝的贵族和方国、诸侯首领对土地的使用权，是商王通过"分封"赐与他们的。胡厚宣在《殷代封建制度考》[①]中指出："由卜辞观之，至少在殷高宗武丁之世，已有封国之事实"。受商王封赐土地的贵族有"诸妇之封"。有的"妇"为商王武丁的妃嫔，"以宠与不宠，或不全在宫中。其不获宠者，则封之一地，或命之祭祀，或命之征战，往来出入于朝野之间，以供王之驱使，无异亲信之使臣"；[②]受封的贵族还有"诸子之封"，即"武丁时亦有分封诸子之事"。诸如子画，"盖先以其地为子画之所封，后遂以画名其地矣"。[③]武丁卜辞有子宋和宋地，"则宋者亦必为子宋之所封地"。宋地与夫地不远，帝乙、帝辛时夫常与盂、盟、䙴等东方田猎区地名同出，则宋之地域，"盖与今河南商邱县微子所封之宋相合，是宋国之封，决不始于周公之于微子启，自殷武丁时，即已封宋为宋伯矣"。[④] 此外，还有子奠和奠地。奠即郑，其地在殷王朝之西方。"其地与周宣王封弟桓公友于今陕西华县境之郑地域正合。是郑之地名，亦不始于周，自武丁以来旧矣"。[⑤] 此外，还有子㭦、子渔等。商王不仅把土地封赐给自己的妇、子等亲信贵族，还有"功臣

---

① 胡厚宣：《甲骨学商史论丛初集》(上)，河北教育出版社2002年版。
② 同上书，第24页。
③ 同上书，第27页。
④ 同上书，第29页。
⑤ 同上书，第30页。

之封",即把土地分封给臣下沚馘、雀、亘、旨等。直到帝乙、帝辛时,"为防范夷方,则封喜于攸而称侯"。① 不仅如此,商王对一些方国用兵,待其臣服以后,遂加以分封,即承认其对原占有土地使用权的"方国之封"。甲骨文中武丁时分封的方国有井方、虎方、鬼方、犬方、周方等,而帝乙、帝辛时常被商王朝征战的孟方伯、夷方伯等,他们在商末"虽已叛殷,然类其前,则确服于殷,而受殷之封建,故仍沿方白之名也"。② 以上,仅是接受商王分封的比较有影响的方国,而自武丁起直至商末帝乙、帝辛时,各王世还屡有"其他之侯伯"的分封。

商朝贵族或方国诸侯,受到商王的分封,既表示其对商中央王权的臣服,也表示其原领有土地的所有权已属于商王,商王可以随时收回,只不过是对其使用权的正式承认而已。文献中有商朝分封诸侯的记载。商灭夏以后,《史记·夏本纪》说:"代夏朝天下。汤封夏之后"。《史记·陈杞世家》也说:"夏后禹之后,殷时或封或绝。"此外,一些著名的"先圣王"之后,诸如"滕、薛、骓、夏,殷周之间封也"。而"四岳"之后的姜姓子孙,《史记·齐太公世家》说"夏、商之时,申吕或封枝庶",如此等等。

文献中关于商朝分封诸侯,因书阙有间,或语焉不详,现已难于详考,但甲骨文为我们保留了有关商代分封贵族和诸侯方国的有关材料,学者们据此恢复了商朝分封的具体步骤。首先,即"商王以册封的形式,将土地授予各级贵族"。③ 其次,通过"奠置"的办法,"将受册命的诸侯和方国进行分封以后,还要为其"作邑",并设有"封人"以管理其周围的封疆。④

所谓"册封",即商王把土地册封给臣下或方国诸侯。

> 呼比臣沚有册三十邑。
> ……臣沚□册□□邑。(《合集》707 正)

学者谓"此辞中的'册'是个动词,有'册封'之意。辞的大意是商王让沚

---

① 胡厚宣:《甲骨学商史论丛初集》(上),河北教育出版社 2002 年版,第 49 页。
② 同上书,第 60 页。
③ 杨升南:《商代经济史》,贵州人民出版社 1992 年版,第 63 页。
④ 李雪山:《商朝分封制度研究》,中国社会科学出版社 2004 年版,第 36 页。

将三十邑书之于典册，以封赏给某个贵族。册上登录有土地邑名（甚至可能有四至的范围）。以此册授予被封者，被封者则以此为凭信，拥有册上所登录的土地"。①

而商王"置奠"，有时还把被分封者奠置于原来的区域内：如㠱侯。

  癸亥，贞王其奠㠱。（《屯南》862）

其被奠置于㠱地者称为㠱侯：

  丙寅，贞王其奠㠱侯告祖乙。（《合集》32811）（图2—12）

这是甲骨文第四期武乙、文丁时，商王要奠置㠱侯于㠱地。㠱地在甲骨文第一期武丁时已见：

  勿令田于㠱。（《合集》9911）

商王武丁曾田猎于此地。

  勿令周往于㠱。（《合集》4883）

周人既然能往于此，其地当在商朝西方与周方邻近。在甲骨文第二期祖庚、祖甲时，曾卜问在此地奠置分封否：

图2—12 《合集》32811

---

① 杨升南：《商代经济史》，贵州人民出版社1992年版，第63页。

庚午卜，行，贞王宾夕祼亡祸，在🉁卜。
贞亡尤，在🉁卜。（《合集》24362）

因此，商王武乙、文丁时奠置于🉁地🉁侯，应就是祖庚、祖甲时在🉁地占卜置奠分封的某贵族。而在武乙、文丁时，又为其加官晋爵，🉁地之首领成为🉁地之侯。

丙寅，贞王其奠🉁侯告祖乙。（《合集》32811）

商王再封🉁侯时，告祭先王祖乙，可见仪式之隆重。

商王"置奠"，因某种原因，会把被封者迁往他处，如微伯即是。微方国曾与商朝为敌并遭征伐：

贞雀弗其隻征微。（《合集》6986）

微方臣服后，其首领被封为"伯"：

贞呼取微伯。（《合集》6987 正）

其后被从其原住微地迁出，又置奠于涧地：

告舌方于示壬。
呼师般取。
贞微人于涧奠。
勿于涧奠。
于涧。
勿于涧。（《英藏》547 正）

"这条卜辞大意是微族受到舌方的侵扰，在宗庙中向祖先祈祷后，占卜是否命令自般把微人重新奠置于涧地"。[1]

---

[1] 李雪山：《商代分封制度研究》，中国社会科学出版社 2004 年版，第 31 页。

商王对贵族和方国、诸侯的分封，不仅是他为全国土地最高所有者的体现，而且也是商王进一步加强与各地奴隶主统治阶级政治和经济联系的重要手段。受到商王分封土地的贵族和方国诸侯，虽然在军事和经济方面也有一定相对独立性，但首先要承担对"共主"商王的种种义务。诸如"防边、征伐、进贡、纳税、服役"等政治、军事、经济和祭祀方面的沉重负担，[①] 使其处在商中央王朝的绝对控制之下。

---

　　① 参阅胡厚宣《殷代封建制度考》（载《甲骨学商史论丛初集》，河北教育出版社2002年版）及李雪山《商代分封制度研究》第三章第三节"一、商代封国与商王朝的关系"，中国社会科学出版社2004年版。

第三章

商朝的贵族统治阶级

第一节 《史记·殷本纪》所载商朝贵族统治阶级

《史记·殷本纪》追述了商族始祖契诞生后,"契长而佐禹治水有功",被帝舜"封于商,赐姓子氏",直至商朝末年,"周武王于是遂率诸侯伐纣","甲子日,纣兵败。纣走入,登鹿台,衣其宝玉衣,赴火而死","于是周武王为天子"为止的"殷凡三十一世"[①]这段兴衰史。

在《史记·殷本纪》中,商朝的亡国之君纣登上王位,是"帝乙崩,子辛立,是为帝辛,天下谓之纣"的。因此,在司马迁笔下,被周武王所伐之帝辛是活着的人王,即甲骨学界所谓的"时王"。而其父王帝乙已死去,即为"先王"了。可以说,商人自契以下的远祖和上甲以下的各世祖先,对帝辛而言,即为其先公先王。《殷本纪》所述帝辛一朝史事颇详,为我们提供了商朝末年以纣王为中心的统治阶级构成情况。商朝的贵族统治阶级,有在中央王朝的王廷贵族和控制地方的方伯、诸侯。

一 王廷贵族

王廷贵族指在中央王朝服事商纣王的贵族阶级,据《殷本纪》所载,主要有:

王子

王子可以继承王位,《史记·殷本纪》载帝辛之父"帝乙长子曰微子启,

[①] 《史记·殷本纪》集解引谯周说。

启母贱，不得嗣。少子辛，辛母正后，辛为嗣"。集解谓："此以启与纣异母，而郑玄称为同母，依《吕氏春秋》，言母当生启时犹未正立，及生纣时始正为妃，故启大而庶，纣小而嫡"。

王子可以参政。没继王位的王子，可与时王共同治理国家。这些王子既有前王之子，也有时王之子。《孟子·公孙丑上》："纣之去武丁，未久也。其故家遗俗，流风善政，犹有存者。又有微子、微仲、王子比干、箕子、胶鬲，皆贤人也，相与辅相之，故久而后失之也。尺地莫非其有也，一民莫非其臣也"。"王子比干"，《史记·殷本纪》记一度遭纣王囚于羑里的周姬昌被释放以后，"诸侯多叛纣而德归西伯，西伯滋大"，面对"纣由是稍失权重"的严峻形势，"王子比干谏，弗听"。"王子比干"之称又见于《周本纪》，"居二年，闻纣昏乱暴虐滋甚，杀王子比干"。据《吕氏春秋·当务》："纣之同母三人，其长曰微子启，其次曰中衍，其次曰受德"，《帝王世纪》："帝乙有二妃，正妃生三子，长曰微子启，中曰微仲衍，小曰受。庶妃生箕子，年次启，皆贤"[①]。帝乙之子应为微子、仲衍、受（纣）及箕子，而王子比干不在其列，应不与受（纣）为兄弟行，当为其祖辈先王之子，或与其父帝乙为堂兄弟行。《尚书·微子》"父师少师"，孔传谓："少师孤卿比干"，孔颖达疏谓："比干不言封爵，或本无爵，或有而不言也。《家语》云：'比干是纣之亲则诸父'，知比干是纣之诸父"。

未继王位的先王之子，也可以称"王子"，《尚书·微子》："父师若曰：王子"，孔传："微子，帝乙元子，故曰王子"。帝辛的诸庶兄王子比干以"为人臣者，不得不以死争"的必死决心，"乃强谏纣"，结果被纣王杀死，"剖比干，观其心"。诸如上引《吕氏春秋·当务》、《帝王世纪》所列微子、微仲（或称微仲衍）、箕子等，都是商王帝乙之王子，他们对继位的嫡弟纣，"相与辅相之"，也可以参政。《殷本纪》说："帝乙长子曰微子启"。索隐说："微，国号，爵为子。启，名也"，是微子启以帝乙之子的身份，被封于微地，并爵级为子。在"周武王之东伐，至盟津，诸侯叛殷会周者八百"，因灭商时机尚未成熟。周武王观兵孟津"乃复归"以后，"纣愈淫乱不止，微子数谏不听"，只得逃离出走；而纣庶兄箕子，尽心竭力辅佐纣王，因"纣作象箸"，感叹说："象箸不施于土簋，不盛于菽藿，必须犀玉之杯，食熊蹯

[①] 《太平御览》卷八十三引。

豹胎",① 这是殷纣王骄奢淫逸的开始。此后,殷纣王愈演愈烈,直至"为长夜之饮,七日七夜,失忘历数,不知甲乙,问于左右莫知。使问箕子,谓其私人曰:'为天下主,而一国皆失日,天下危矣'。亦乱以醉"②,只得消极抵制。王子比干因强谏被杀,"箕子惧,乃详狂为奴,纣又囚之"。

如此等等。我们可以看到,商纣王时期,虽然诸多的王子参与了王朝政事并全力维护商王朝的统治,但都没有落得个好下场。《尚书·牧誓》周武王声讨商纣重罪之一,就是"昏弃厥遗王父母弟,不迪"。孔传:"王父祖之昆弟,母弟,同母弟,言弃其骨肉,不接之以道"。

《史记·殷本纪》:"契为子姓,其后分封,以国为姓,有殷氏、来氏、宋氏、空桐氏、稚氏、北殷氏"。这些子姓各氏家族和历代商王之后,借助手中掌握的国家暴力和族权、神权,拥有大量土地、财富和奴隶,成为统治全国的最大的奴隶主贵族集团。

王妇

《尚书·牧誓》声讨商纣王时,有一项重罪是"惟妇言是用"。孔颖达疏谓:"《正义》曰:《晋语》云,殷辛氏伐有苏氏,苏氏以妲己女焉",妲己即为纣王之妇。《史记·殷本纪》说纣王"爱妲己,妲己之言是从"。作为商纣王之妻的妲己,参与了不少政事活动,并为商纣王所遵从。《尚书·牧誓》孔疏谓:"《列女传》云,纣好酒淫乐,不离妲己。妲己所与言者,贵之。妲己所憎者,诛之。为长夜饮,妲己好之。百姓怨望而诸侯有叛者,妲己曰:'罚轻诛薄,威不立耳。'纣乃重刑辟,为炮烙之法,妲己乃笑"。《尚书·牧誓》并引古训曰:"牝鸡之晨,惟家之索",比喻商朝女性参政。传谓:"妇夺夫政则国亡",疏谓:"专用其言,赏罚由妇,即是夺其政矣。妇人不当知政,是罚外内之分",是指商朝有的后妃参政。《史记·殷本纪》说商纣王"好酒淫乐,嬖于妇人",其后宫之妇当不止妲己一人,有的只是商纣王淫乐和生育的工具,见于记载的有"九侯女"。"九侯有好女,入之纣。九侯女不喜淫,纣怒,杀之";有莘氏女,《周本纪》记周姬昌被纣囚于羑里时,其臣下"闳夭之徒患之,乃求有莘氏美女"等献给纣王,"纣大悦,曰:'此一物足释西伯,况其多乎。'用赦西伯";此外,帝辛时还有嬖妾二女:《周本纪》记殷纣王牧野兵败,"自燔于火而死"以后,周"武王至商国",在"以黄钺

---

① 《后汉书·西羌传》注引《帝王世纪》。
② 《太平御览》卷八十三引《帝王世纪》。

斩纣头，县大白之旗"以后，又"至纣嬖妾二女，二女皆经自杀"，武王"斩以玄钺，县其头小白之旗"。此"纣之嬖妾二女"，据《殷本纪》："周武王遂斩纣头，县之（大）白旗，杀妲己"，其一当为助纣为虐的妲己，另一女其名不详。但从周武王对她的处置与妲己同等可以得知，此女当和妲己一样，参与了商纣朝廷的不少政事，因而周武王对她也深恶痛绝。（图3—1）

图 3—1　妲己害政

（采自《帝鉴图说》）

王朝贵族

商纣王为了推行和贯彻自己的意志，还重用一批贵族在朝廷为官。《史记·殷本纪》列商纣时王廷贵族有费仲，"用费仲为政，费仲善谀，好利"，正义说："费，姓，仲，名也"。周人为讨得商纣王欢心，以早日释放周姬昌，献上美女、名马等及"他奇怪物"，就是"因殷嬖臣费仲而献之纣"[①]的；《殷本纪》所见王朝贵族还有恶来，"纣又用恶来，恶来善毁谗"，索隐说他是"秦之祖蜚廉之子"；有祖伊，在"西伯伐饥国，灭之"以后，"纣之臣祖伊闻之而咎周，恐"，把严峻的形势报告纣王，但纣王不以为然。"祖伊反，曰：'纣不可谏矣。'"集解引孔安国说祖伊乃"祖己后，贤臣也"，其先即为武丁朝因"有飞雉登鼎耳而呴"，劝谏武丁"先修德政事。祖己乃训王"的祖己，集解引孔安国说武丁朝祖己为"贤臣也"；有师涓，殷纣王为满足自己骄奢淫逸的生活，"于是使师涓作新淫声，北里之舞，靡靡之乐"；有太师、少师，他们见纣王剖比干，囚箕子，认为商朝大势已去，"殷之大师、少师乃持其祭乐器奔周"。虽《殷本纪》不录其名，但太师名疵，少师名缰，见于《周本纪》；另有商容，"商容贤者，百姓爱之，纣废之"。周武王在"斩纣头"、"杀妲己"，重惩元恶次凶之后，接着就采取争取商朝遗民，从而使"殷民大说"的种种措施，其中一项就是"释箕子之囚，封比干之墓，表商容之闾"。索隐引"皇甫谧云：'商容与殷人观周军之入'，则以为人名。郑玄云：'商家典乐之官，知乐容，所以礼署称容台'"。商容与箕子、比干等人名并列，当不是"礼署"容台类建筑，而亦应是人名。《尚书·武成》"式商容闾"，唐人孔颖达疏说："武王过其闾而式之，言此内有贤人，式之礼贤也"。关于商容其人，孔疏引《帝王世纪》说："商容及殷民观周军之入"商都时，因殷民众从未见过武王，所以把依次入城的毕公、太公、周公等人先后错当"是吾新君也"——即周武王。但商容根据他对这几个人外貌和气质的观察，一一指出其"非也"。周武王是在上述几个人之后，最后一个出场的。"见武王至，民曰：'是吾新君也。'容曰：'然。圣人为海内讨恶，见恶不怒，见善不喜。颜色相副，是以知之。'"此外，还有胶鬲，《尚书·武成》正义引《帝王世纪》说，武王在"以东伐纣"的行军途中，"王军至鲔水，纣使胶鬲候周师。见王问曰：'西伯将焉之？'王曰：'将攻薛也。'胶鬲曰：'然，愿西伯无我欺。'王曰：'不子欺也，将之殷。'胶鬲曰：'何日至？'王曰：'以甲子日，以是报矣！'胶鬲去而报命于纣"。虽然因为天下大雨，道路难行，将士们都劝谏武王暂停行军，但周武王说："吾以令胶鬲以甲子报其主矣，吾雨而行，所以救胶鬲之死也。"因而周人伐殷大军

---

① 《史记·周本纪》。

"遂行，甲子至于商郊"。周武王为表示对"贤仁"殷遗臣的尊重，把"微子、胶鬲皆委为臣"①，使其继续为新建立的西周王朝服务。

此外，还有辛甲。辛甲为纣朝大夫，在西伯昌时即已投奔周人。《周本纪》说："闻西伯善养老，盍往归之。太颠、闳夭、散宜生、鬻子、辛甲大夫之徒皆往归之"。集解谓《别录》曰："辛甲，故殷之臣，事纣。盖七十五谏而不听，去至周，召公与语，贤之，告文王，文王亲自迎之，以为公卿，封长子。长子，今上党所治县是也。"

这些服事于商纣王一朝的"贤臣"（包括善谀、善毁谗者），当是商朝贵族中的佼佼者。商族在商王朝建立之前，就"汤思贤"②，把有才能的人物网罗入统治阶级之中。"伊尹居莘野，汤闻其贤，聘以为相"③。商朝的发展和巩固，也是子姓王族和异姓贵族密切配合的结果。"率惟兹有陈，保乂有殷。故殷礼陟配天，多历年所"。不少著名的贵族服事历代商王，为商王朝的发展作出了贡献。《尚书·君奭》："昔成汤既受命，时则有伊尹，格于皇天。在太甲，时则有若保衡。在太戊，时则有若伊陟臣扈，格于上帝，巫咸乂王家。在祖乙，时则有若巫贤。在武丁，时则有若甘盘"等等。孔传说："言伊尹至甘盘六臣佐其君，循惟此道，有陈列之功，以安佑有殷。故殷礼能升配天，享国久长，多历年所"，正义说："率，训循。说贤臣佐君，云循惟此道，当谓循此为臣之道，尽忠竭力，以辅其君，故有陈烈于世，以安治有殷，使殷王得安治民。故殷得此安上治之礼，能升配上天。天在人上，故谓之升为天之子是配也，享国久长，多历年所"。

历代贵族的后世子孙，与商王族历代子孙一起，构成了商王朝统治阶级的主体。《尚书·盘庚上》说："古我先王，暨乃祖乃父，胥及逸勤"，"世选尔劳，予不掩尔善"。孔传："言古之君臣相与同劳逸，子孙所宜法之"。《尚书·盘庚中》说："古我先后，既劳乃祖乃父，汝其作我畜民"。正义谓："又责群臣，古我先君成汤，既爱劳汝祖汝父，与之共治民矣。汝今共为我养民之官，是我于汝与先君同也"。《殷本纪》："帝太戊立伊陟为相"，集解引孔安国说，"伊陟，伊尹之子"，商汤开国重臣伊尹历外丙、仲壬、太甲诸王，至商王沃丁时伊尹死去，其子伊陟经太庚、小甲、雍己三王后，至太戊

---

① 《艺文类聚》卷十二引《帝王世纪》。
② 《太平御览》卷三百九十七引《帝王世纪》。
③ 《寰宇记》卷十三引《帝王世纪》。

时又得立为相。商王祖乙时"巫贤任职",正义:"按:巫贤及子贤家皆在苏州常熟县西海虞山上,盖二子本吴人也"。此巫贤之父,即与伊陟同侍商王太戊的"巫咸治王家有成,作《咸艾》"的巫咸。

此外,构成商朝贵族统治阶级的还有因地位改变,由社会下层上升为新贵者,诸如《殷本纪》所列傅说者流,商王武丁"得说于傅险中,是时说为胥靡,筑于傅险"。集解引孔安国说:"通道所经,有涧水坏道,常使胥靡刑人筑护此道。说贤而隐,代胥靡筑之,以供食也",这是这个身为"胥靡"的傅说,被武丁看中,"举以为相,殷国大治。"

二 方伯、诸侯

方伯诸侯

方国首领和地方诸侯贵族独霸一方,是商朝王畿地区以外的地方统治者。当商王朝强大时,"诸侯毕服"、"诸侯来朝"。而商王朝国力衰弱时,则"诸侯咸不至"。特别是商朝自中丁以后,统治阶级内部陷入了长期矛盾和纷争的"比九世乱"时期,使国力大受削弱,造成了"于是诸侯莫朝"的局面。商纣王时期,商中央王朝对地方方伯、诸侯的控制有所加强,这表现在:

(一) 一些方伯、诸侯受晋爵

封"三公":《史记·殷本纪》殷纣王"以西伯昌、九侯、鄂侯为三公"。

封伯:被囚于羑里的姬昌,"出而献洛西之地,以请除炮格之刑,纣乃许之"。不仅如此,还"赐弓矢斧钺,使得征伐,为西伯"。"伯"即长,纣王封姬昌为西方诸侯之长,并赏赐他"弓矢斧钺"等信物,从而西伯昌取得代表殷王征伐西方诸侯的特权。

(二) 对方伯、诸侯首领贵族施罚

《史记·殷本纪》说,商朝末年,因"百姓怨望而诸侯有畔者,于是纣乃重刑辟,有炮格之法"等残酷刑罚,以对付敢于不服从纣王旨意的方伯、诸侯。殷纣王杀掉"不喜淫"的九侯之女以后,还迁怒于其父,"而醢九侯",即把九侯尸体剁成肉酱。而对纣王此举不满的鄂侯,因与纣王"争之彊,辨之疾",商纣王"并脯鄂侯",把鄂侯做成了肉干。与九侯、鄂侯同为纣三公的西伯昌,目睹纣王的残暴,只得"窃叹",但被纣王知道以后,"纣囚西伯羑里"。

(三) 军事征伐

对承认并服从商王权统治的方伯、诸侯，商纣王或提升晋爵，或稍不如意，就对其施刑惩处。而对那些敢于不服从商纣王统治的方国，则以武力进行征伐。

《史记·殷本纪》虽没有殷纣王征伐方国的记述，但连年征伐犬戎、密须、耆国、邗、崇侯虎等方国的西伯昌，都受到商纣王"囚"禁的惩处，后又接受商纣王的册封为"西伯"，可见商纣王具有更为强大的兵力，才能迫使西伯就范。直到商朝灭亡前夕，《周本纪》载："帝纣闻武王来，亦发兵七十万人距武王"，还能作困兽犹斗。因此，商纣王对不服从号令的方伯、诸侯，必然是以武力相加的。《左传》宣公十二年："纣之百克，而卒无后"，殷纣王一朝的对外战争应是十分频繁的。虽然《殷本纪》(包括《周本纪》)有关商纣王一朝的对外征伐失载，但其他先秦古籍为我们保留了这方面的材料。《国语·晋语》："殷辛伐有苏"。据今本《竹书纪年》，此事发生在帝辛九年。此外，商朝末年，帝辛时对东南方夷人的战争，也多见于先秦时人的称引。《左传》昭公四年"商纣为黎之蒐，东夷叛之"，商纣王对胆敢叛乱的东夷进行了军事征伐。《左传》昭公十一年说："纣克东夷而陨其身"。经过对东夷的长期战争，终于使东夷族臣服，这就是《左传》昭公二十四年所说的"纣有亿兆夷人"。

商纣一朝所见方伯诸侯，《史记·殷本纪》记有西伯昌、九侯、鄂侯等。九侯，集解引徐广曰："一作'鬼侯'，邺县有九侯城"。正义引《括地志》云："相州滏阳县西南五十里有九侯城，亦名鬼侯城，盖殷时九侯城也"。鄂侯，集解引徐广说："一作'邗'，音于。野王县有邗城"；另有崇侯虎，"纣囚西伯羑里"，就是因为西伯昌对九侯、鄂侯的惨死十分同情而无可奈何，只得"窃叹，崇侯虎知之，以告纣"而引起的。《周本纪》说是"崇侯虎谮西伯于帝，帝纣乃囚西伯于羑里"。

(四) 方伯、诸侯对王朝承担义务

这些受商王封号的方伯、诸侯，都对商王朝承担一定的义务，以示对共主商纣王的服从，并加强与中央王朝的联系。

方伯诸侯对中央王朝承担义务。《史记》等文献反映，方伯、诸侯对中央王朝所尽的义务有：

1. 贡纳：周姬昌被囚于羑里时，姬昌的臣下为取悦殷纣王，以争取姬昌早日获释，广为搜求珍物、美女、名马等，以向商纣贡献。有美女："乃求有莘氏美女"，正义引《世本》云："莘国，姒姓，夏禹之后，即散

宜生等求有莘美女献纣者"。有名马："骊戎之文马，有熊九驷"，正义说："骏马赤鬣缟身，目如黄金，文王以献纣也"。而"九驷"乃轩辕故里所产，正义说："《括地志》云：'郑州新郑县，本有熊氏之墟也'，按：九驷，三十六匹马也"；有"他奇怪物"①，即各种稀世珍宝。"因纣嬖臣费仲而献之纣"，纣王大喜，说"此一物足以释西伯"，即所献美女就可以使文王减罪，并贪婪地说："况其多乎"，充分暴露了商中央王朝对地方方伯、诸侯的诛求无厌。

这是方伯、诸侯在不正常情况下，被迫向中央王朝缴纳的贡献，而在正常情况下，所须向中央王朝缴纳各种贡物，其中就有土地。周姬昌被释而获得自由后，"乃献洛西之地"。

2. 征取：商纣王不仅接受方伯、诸侯的贡献，还利用自己天下共主的地位，时而向方伯诸侯强力征取。《韩非子·喻老》说："周有玉版，纣令胶鬲索之。"

3. 服王事：方伯、诸侯要为中央王朝的各种王事活动尽义务。《左传》襄公四年："文王帅殷之叛国以事纣"，注谓："《逸周书·程典篇》云：'文王合六州之侯，奉勤于商'，相传当时天下分为九州，文王得其六州，是三分有其二"②。所谓"奉勤于商"，即方伯、诸侯要在军事、田猎、工事等方面为商王朝服务。商纣王赐西伯"弓矢斧钺，使得征伐"，就是使周姬昌代行商王征伐方国的权力。因此，周姬昌挟天子以令诸侯，加紧对邻近方国进行了一系列军事行动。虽然商朝大臣祖伊担心周姬昌借机壮大自己的实力，向纣王报告，但纣王不以为然。《周本纪》："纣曰：不有天命乎？是何能为"。"使西伯得征伐"方国，乃是商纣王授权的；商纣王举行的田猎、蒐狩活动，也是方伯、诸侯的沉重负担。《殷本纪》有商纣王曾祖父"武乙狩于河渭之间，暴雷，武乙震死"的记载。商王的田猎、蒐狩活动，虽然是为了获得猎物，以满足自己享乐和敬献宗庙之需，但更重要的还在于军事、政治意义，即蒐狩活动是大规模的军事演习和借机向方伯、诸侯展示武力，以达到"诸侯所由用命"的目的。《左传》昭公四年："商纣为黎之蒐，东夷叛之"，就是因为商纣王"示诸侯以汰也，诸侯所由弃命"。

《吕氏春秋·用民》："当禹之时，天下万国，至于汤而三千余国"。虽然

---

① 《史记·周本纪》。

② 杨伯峻：《春秋左传注》，中华书局1995年版，第932页。

《殷本纪》所见方伯、诸侯名不多,但商末会同周武王"东伐"殷纣王,"至盟津,诸侯叛殷会周者八百"。《周本纪》也说:"是时,诸侯不期而会盟津者八百诸侯",其中较著名的诸侯有"庸、蜀、羌、髳、微、卢、彭、濮"等。因此,商末纣王时期,"叛殷"的方国诸侯就有八百之多,再加上未叛殷的方国诸侯,就要更多了。他们及其家族构成了商王畿地区以外,即王朝"外服"的贵族统治阶级。

如此等等。《史记·殷本纪》所载殷末"时王"帝辛一朝的贵族统治阶级,由商王的王子、王妇、王廷贵族和方伯、诸侯等组成。应该说,《史记·殷本纪》较其前古籍有关商代历史记述的只言片语,应是叙述最为系统和完备者。但据此研究商朝的阶级构成和有关制度,还是远远不够的。虽然《殷本纪》是自成汤以来,采于《书》、《诗》等先秦文献整理而成,但商代史料存世较少,因而除商王的世系较为明晰外,不少先王活动失载,或语焉不详。早在春秋末年,孔子就深感"殷礼吾能言之,宋不足征也,文献不足故也"[①]。因此,司马迁的商代历史研究,自然也会受到"文献不足"的局限。

1899年安阳殷墟甲骨文的发现,为我们提供了研究商代历史的第一手文字资料。甲骨文是自盘庚迁殷至商纣亡国273年的商朝晚期遗物,随着甲骨学研究的深入,学者们已能将十万片甲骨分在居于殷墟的商朝晚期诸王——即盘庚、小辛、小乙,特别是武丁、祖庚、祖甲、廪辛、康丁、武乙、文丁、帝乙、帝辛诸"时王"名下,这不仅使《殷本纪》所述"时王"帝辛史事得到了极大丰富和补充,而且还为自盘庚以下诸"先王"的活动,提供了大量他们在位时鲜活的占卜记事文字资料。因此,如此之多商代甲骨文的面世,使我们深入研究商代(主要是晚商)社会结构有了可能。

第二节 甲骨文所见商朝贵族统治阶级

1899年,大量出土的殷墟甲骨文,使《史记·殷本纪》所列各代商王的史迹得到了证明和补充。不仅如此,甲骨文是盘庚迁殷至帝辛灭国八世十二王之物,是盘庚以后,特别是武丁以后商后期各代时王占卜的记录。大量的甲骨文材料表明各代商王对全国的控制,是通过一大批王朝贵妇、王廷诸

[①] 《论语·八佾》。

子、王廷贵族和地方诸侯、方伯实现的。虽然这些人名《史记·殷本纪》失载，但作为商朝的统治阶级，其身份和地位，与《史记·殷本纪》所述是基本相合的。

一　王朝诸妇

甲骨文常见有关"妇某"的占卜。据学者统计，在《甲骨文合集》、《小屯南地甲骨》、《英国所藏甲骨集》、《怀特氏等收藏甲骨》、《东京大学东洋文化研究所藏甲骨文字》等著录中，"除去重片，有妇卜辞930余版。妇刻辞的内容十分广泛，涉及政治、经济、军事、宗教各个方面，许多刻辞的内容也十分重要"[1]。如此之多的有关"妇某"活动的占卜表明，妇某应是晚商政治舞台上较为活跃的力量。

（一）甲骨文"妇"由家庭称谓"王妃"到社会身份的标志"称号"的认定

"妇某"之"妇"为郭沫若1933年释定，并为学界所承认，郭沫若指出，此前，"罗振玉一律释为'归'，察其下大抵有从女之字，实当读为妇，'妇某'乃人名也"[2]，后又在《骨臼刻辞之一考察》中进一步加以申论："妇某必系女字矣，女字之上冠以帚，则帚乃妇之省文矣"，"帚下一字是女字，妇某乃是殷王的妃嫔"[3]。郭沫若关于妇字的正确考证，推动了学者关于甲骨文诸妇的研究，胡厚宣《殷代婚姻家族宗族宗法生育制度考》全面整理了甲骨文中有关"妇"的卜辞，谓"妇某"为商王"生妇之名"。据统计，商王"高宗武丁为中兴英主，其妻配六十有四"[4]人之多，妇为商王家庭称谓。陈梦家虽然赞同"妇下一字是名不是姓"，但认为"妇"字"似系一种妇女的身份"[5]，惜语焉不详。张政烺则进一步指出"妇某"之"妇"应为"世妇"，"世妇之义与世臣相同，当是累世常有之妇"，当以为"世妇是女官，住在宫中，管祭祀、宾客及丧礼等"，则妇是一种社会身份。1978年，《甲骨文合

---

[1] 徐义华：《甲骨刻辞诸妇考》，《殷商文明暨纪念三星堆遗址发现七十周年国际学术研讨会论文集》，社会科学文献出版社2003年版。

[2] 郭沫若：《卜辞通纂》，第307片考释，科学出版社1983年版，第341页。

[3] 郭沫若：《古代铭刻汇考续编》，日本文求堂1934年版。

[4] 胡厚宣：《甲骨学商史论丛初集》（上），河北教育出版社2002年版，第101页。

[5] 陈梦家：《殷虚卜辞综述》，科学出版社1956年版，第493页。

集》的陆续出版和材料的增多，学者关于商代诸妇的研究也更加深入和细化。钟柏生指出："郭氏言'妇某乃是殷王的妃嫔'，以此说来解释大部分诸妇卜辞，大体言之是可以成立的。但并非所有卜辞的妇都作如此的解释"，并深入分析说："卜辞诸妇所指均为女性，它还代表一种身份，说明她们是已婚，均是殷王妃嫔（妻室）或是诸侯妇人，也就是周代天子诸侯宫中妇官的前身"[①]。

宋镇豪在全面整理甲骨和金文中有关商代诸妇 155 名的基础上，对商代诸妇的认识更加明确，他认为，甲骨文中诸妇"有的是王妃，有的是时王兄弟辈即'多父'之妻，有的为各宗族大小宗子即'多子'之妻。至于明言'亚侯妇'、'自殷妇'、'望乘妇'、'妇亚弜'、'妇沚戈'、'妇屮伯'、'蚁妻妠'（《合集》6057）、'妇白纾'、'亚束午妇'、'冀妇'者，大抵是臣正、诸侯或方伯之贵妇"[②]。（图 3—2）

图 3—2　《合集》13925 正

随着对商代诸妇身份地位认识愈益明确和甲骨及金文材料的不断公布，学者们所认识的商代诸妇也日益增多。胡厚宣 1944 年《殷代婚姻家族宗法制度生育制度考》中，统计武丁诸妇共 64 名。岛邦男 1975 年《殷虚卜辞研究》中，统计商代诸妇 67 名。钟柏生又对岛邦男统计商代诸妇加以增补，在 1985 年的《妇井及其相关问题的探讨》中共得 68 名。丁骕 1969 年在《诸妇名》（《中国文字》第 34 号）中统计，甲骨文中诸妇共 80 名。而孟世凯 1987 年《甲骨文小辞典》统计，商代诸妇为 67 名。杨升南在 1999 年《甲骨学一百年》中统计，商代诸妇为 108 名。徐义华在前人研究的基础上，对商代甲骨和金文中所见的商代诸妇，加以系统整理，2003 年他在《甲骨刻辞诸妇考》共得"甲骨刻辞中计有妇 157 位"。此

[①]　钟柏生：《帚井卜辞及其相关问题》，《中央研究院历史语言研究所集刊》第 56 本第 1 分，1985 年版。
[②]　宋镇豪：《夏商社会生活史》，中国社会科学出版社 1994 年版，第 148—151 页。又，2004 年增订本订补甲骨文金文中妇名为 164 位（上册第 226—228 页）。

外,"商代金文中妇总计有 55 位,其中妇好、妇商、妇娫、妇羊、妇未、妇㚔、白妇、杞妇等 8 位也见于甲骨刻辞,那么单见于金文的妇有 47 位,再加上甲骨刻辞出现的 157 位,商代诸妇总数达到的 204 位"。如此之多的商代贵妇,有时不加私名,泛称"妇"(《合集》9274)或"多妇"(《合集》22258),这表明商代存有一个贵妇群体。因此,"妇并非专指商王的配偶。如果将诸妇看作一个团体,那么这个团体的构成是复杂的,他们有王的配偶,如妇好、妇井等;有诸侯大臣的配偶,如望乘妇、亚侯妇、师般妇等;也有诸子的配偶,如子宾妇。也就是说王、诸侯大臣、诸子的配偶都可以冠以妇称。那么妇这一称号,应当是对拥有较高社会地位的女子的一种称呼"。

商代诸妇,以武丁时期所见为最多。甲骨文中有关诸妇活动的记载,表明她们是活跃在商王武丁时的一支重要政治力量,其中与商王关系最密切并深得武丁宠信者,在诸妇中的地位为最高。她们能参与商王朝的祭祀典礼,并能统军出征,有的还接受商王封赏领地并向商王贡纳。之所以如此,是因为她们为商王繁衍的子息,在武丁殁后能继承王位。而在商末帝乙、帝辛的"周祭"祀谱中有她们的祀位,即为商王的"法定"配偶,也证明了她们生时的辉煌。

(二)诸妇参与"国之大事"

《左传》成公十三年云:"国之大事,在祀与戎"。在商周奴隶社会里,祭祀活动和对外的征伐是国家政治生活的头等大事。商王垄断着对天神、地祇和人鬼的祭祀权,不仅使王权神化,加强了对奴隶制国家的控制,而且通过对商族祖先的祭祀,突出了商王在同姓宗族中的"大宗"地位,从而加强了商朝同姓贵族的团结;商王不断举行的对外战争,扩大了商王朝的疆域并获取了大量的奴隶和财富,是商朝奴隶制国家发展的需要。

1. 诸妇与商王朝的祭祀和占卜活动

商朝诸妇,不少人可以代商王主持祭祀活动,诸妇主持的祭祀活动有侑祭:

> 贞妇好侑。(《合集》2608 正)
> 贞呼妇好侑。(《合集》2606 正)
> 呼妇妌侑父……(《合集》2742 反)
> 翌乙酉……□妇媚侑。(《合集》2809)
> □丑卜,妇嬺不侑。(《合集》2815)

"侑"字祭名,即侑求之祭。这是妇好、妇井、妇嫀、妇媚等贵妇主持侑祭,唯所祭对象不详。妇主持燎祭:

> 妇好燎一牛。(《合集》2640)
> 贞勿呼妇好往燎。(《合集》2641)
> 妇周侑燎……(《合集》2816)

"燎"字祭名,即烧燎之祭。这是妇好、妇周等人主持燎祭。妇还主持御祭:

> 贞宙妇好呼御伐。(《合集》2631 正)

"御"字祭名,即御除灾殃之祭。伐即伐杀牺牲。这是妇好主持御除灾殃之祭并伐杀牺牲以献。

商代诸妇主持祭祀的对象有先王南庚:

> 己丑卜,妇石燎爵于南庚。(《屯南》2118)

南庚继沃甲(羌甲)之位为王,但南庚死后,其王位由其堂兄之子阳甲继承,为商王朝旁系先王。这是妇石行燎祭于旁系先王南庚。另有商王的父辈:

> 呼妇好侑升于父□。(《合集》2609)

"升"字祭名,这是商王命令妇好主持对父某举行侑升之祭,商王武丁父辈有阳甲、盘庚、小辛、小乙等"四父"。此残辞,所祭父名不详。妇有祭父乙者:

> 贞呼妇盟于父乙宰,晢三宰侑乎。(《合集》924 正)

"盟"字于省吾释,此处"应读为'斳'"[①],即为砍意。而"晢"字,"于祭

---

① 于省吾:《释盟》,《双剑誃殷契骈枝续编》,石印本 1941 年版。

祀用人牲和物特征"言之，"应读为删通作刊，俗作砍"①。斲、曹均为用牲之法，"孚"为俘虏。此辞是说，商王武丁命令某妇行砍杀牛牢并侑祭以俘奴为献，以祭先王父乙（即武丁嫡父小乙）。此外，还有名丁的先王：

贞中妇尊餗，其用于丁……（《合集》14125）（图3—3）

"尊"字祭名，字作双手奉尊以献祭。"餗"字王国维释，谓为鼎实。姚孝遂谓"餗假为菽"，即《尔雅·释器》："菜谓之菽"，"卜辞祭名、祭牲、用牲之法均同字"，所以"菜谓之菽，以菜实之祭亦谓之餗"②。而丁名祖先，武丁前有报丁、大丁、沃丁、中丁、祖丁等，此丁不能确指。此辞是中妇主持尊餗之祭于名丁的先王。诸妇不仅可主祭殷王男性祖先，还主祭先妣和母辈女性先人：

图3—3　《合集》14125

贞妇好侑曹于多妣酒。（《合集》2607）

"酒"即酒祭。此辞是妇好行侑求之祭告于多位先妣，并以酒为献。此辞当是合祭多位女性祖先。有时专祭某妣，如妣癸者：

壬辰卜，贞妇好不往于妣庚。（《合集》2643）

武丁前先王之法定配偶名妣庚者有示壬、祖乙、祖丁等。此辞是妇好往祭于妣庚，唯具体为哪位祖先之配不详。诸妇还祭及母辈：

贞呼妇好祼母□御……（《合集》2650）

---

① 于省吾：《释册》，《甲骨文字释林》，中华书局1979年版，第173页。
② 于省吾主编：《甲骨文字诂林》，中华书局1996年版，第3229页。

"祝"字祭名，像人跪于示主前祝祷之形。母之后字虽残，但商王武丁之父小乙的法定配偶为妣庚，武丁称母者当是此人，所残之字当为"庚"。这是妇好向其母（庚）行祝祷御除灾殃之祭。行祭母辈先人的妇还有妇井：

　　翌庚子妇井侑母庚。（《合集》39665）

此母庚亦为商王武丁之父小乙之配。祭母庚者还有妇鼠：

　　癸未卜，妇鼠侑母庚。青。（《合集》40853）

"青"字，郭沫若读为豰。《说文》云："小豚也，从豕殻"，"各卜辞既每以为牲而与羊犬为列，自当是小豚"[1]。这是妇鼠行侑祭于母庚，并以小豚为牺牲。以上妇好、妇井、妇鼠等均受商王武丁之命行祭母庚，她们当不仅主持内祭，有时还去外地主祭：

　　贞翌辛亥呼妇妌宜于磬京。（《合集》8035）

"宜"字祭名，字作陈牲肉于俎上以为祭，即后世祭社之宜祭[2]。"磬京"为地名，甲骨文常见的宜于庚宗、义京等地"都在商都不远处，则宜于磬京，亦当如此求之"[3]。并祭及神泉：

　　妇好不佳侑泉。（《合集》2611）

这里妇好行侑祭于神泉。

　　如此等等。我们可以看到，诸妇受商王之命，主持侑祭、燎祭、御祭、伐祭、升祭、祝祭、宜祭、斯祭、册祭等。行祭的对象有殷人男性祖先南庚、父乙、丁等，女性祖先有多妣、妣癸、妣庚、母庚等及自然神祇泉等。虽然王朝诸妇有百名以上，但能参与主祭活动的主要有妇好、妇嫡、妇嫀、

---

[1] 郭沫若：《殷契粹编》，科学出版社1965年版，第165页。
[2] 陈梦家：《殷虚卜辞综述》，科学出版社1956年版，第267页。
[3] 同上书，第266页。

妇周、妇石、中妇等人，这表明上列诸妇地位的重要。而这些有资格主祭的诸妇中，又以妇好、妇井参与祭事为最多，说明她们的地位又较其他有资格主祭的诸妇的地位更为重要。

《礼记·表记》："殷人尊神，率民以事神，先鬼而后礼"，殷王非常迷信，凡事必卜，以求得上帝和鬼神的保佑。大量出土的甲骨文，就是商王垄断占卜权，借以欺骗和麻醉广大被统治和奴役的商代民众的记录。因此，商王的占卜活动和商王的祭祀活动一样，成为商王朝政治活动的重要组成部分和"国之大事"。在商王朝的占卜机构中，王朝诸妇也担当着重要的角色。

有的贵妇参加了甲骨的采集工作：

庚戌，乞自妇井三……（《合集》9394 反）
……自妇井……（《合集》9393）
妇井乞自……（《合集》9391）
妇井乞自……（《合集》9390）
□戌，妇井乞□骨又三十。（《合集》9389）
妇井乞黾自□七⑦十五。（《合集》9395）

"乞"字于省吾释，谓有一意应为"乞求"①。胡厚宣亦谓记事刻辞中此字应释"气"，"读为取"，"取气义亦通"，并据《周礼·春官·龟人》"凡取龟用秋时"说："气龟即取龟之义，犹言采龟也"②。以上各辞，记贵妇到外地采集甲骨，以备占卜之用。在商代诸妇中，唯见妇井从事此事较多，而其他诸贵妇多参与甲骨整治工作，即"示"。所见"示"甲骨的贵妇有妇井：

妇井示百。㱿。（《合集》2530 反）

胡厚宣谓："'某示若干'一类之刻辞者，乃祭祀龟骨之记载，大约殷人既

---

① 于省吾：《甲骨文字释林》，中华书局 1979 年版，第 81 页。
② 胡厚宣：《武丁时五种记事刻辞考》，《甲骨学商史论丛初集》（上），河北教育出版社 2002 年版，第 438 页。

得龟甲牛骨之后，在卜用之时，须先经过一种祭典"①。陈梦家谓："《乙》3330 和 5281 是一对背甲，同有'㩒入七，妇井示，韦'的卜事刻辞。此两甲仅有钻凿而无灼兆，是未曾用的卜甲，故知'某示'在灼钻之前，入龟之后。示或指钻凿之事"②。严一萍并进一步加以论证说："《周礼·春官·宗伯》太卜：'眂高作龟'，郑注：'视高，以龟骨高者可灼处，示宗伯也'，又曰：'作龟，谓凿龟令可菣也'。郑氏以'眂高作龟'分作两事解，衡以殷商甲骨之钻凿多寡不一，分布各别，恐亦未必。我意当作一句解，即'眂高'以后继之'作龟'，即凿龟。'眂高'等于排龟之何处可以钻凿。眂，古文视，视即示字，古字通用"。"示字在甲桥刻辞、背甲刻辞和骨臼刻辞都曾出现，最足以证明'示'为'眂高'者，莫过于三种刻辞既'入'、'乞'、'来'多少以后，更写上'某示'多少"，并列举《乙》2684："我氏千。妇㪔示一百。㲋"、《乙》3432："我致千。妇井示四十"、《乙》6686"我氏千。妇井示一百。㲋"、《乙》6967"我氏千，妇井示四十。宾"、《丙》268"我氏千。妇井示一百。㲋"等版为证说："记载我一次贡龟一千，而分作几次由妇㪔、妇井'示'之。就在所见的六次计四百一十版"。"因为要'作龟'，所以'示'下有数字"。因而，"祇有解释作'眂高作龟'的'示'，才算合理"③。《合集》2530 反"妇井示百。㲋"为一龟甲之反面，是记载妇井整治、加工了一百个龟甲以备占卜之用。参加"示"即整治甲骨的贵妇还有：

妇利：妇利示十屯。争。（《合集》1853 白）

妇㪔：妇㪔示示十。㲋。（《合集》9971 反）

妇今：辛未，妇女旁示三屯。㪔。（《合集》17523 白）

妇汝：辛未，妇汝示……小㪔。（《合集》5551 白）

妇楅：甲辰，妇楅示二屯。岳。（《合集》5545 白）

妇妯：戊寅，妇妯示二屯。（《合集》13935 反）

妇巳：妇巳示十。争。（《合集》13338 反）

---

① 胡厚宣：《武丁时五种记事刻辞考》，《甲骨学商史论丛初集》（上），河北教育出版社 2002 年版，第 442 页。

② 陈梦家：《殷虚卜辞综述》，科学出版社 1956 年版，第 18 页。

③ 严一萍：《甲骨学》，艺文出版社 1978 年版，第 693—696 页。

妇女：戊寅，妇女示……（《合集》15562 臼）

妇妹：乙未妇妹示屯。争。（《合集》6552 臼）

妇㚸：丁卯，妇㚸示一屯。永。（《合集》6855 臼）

妇杏：妇杏示七屯。宾。（《合集》8995 臼）

妇芮：妇芮示百。殷。（《合集》9013 反）

妇姘：自寅，己未，妇姘示一屯。㪍。（《合集》17514 臼）

妇喜：辛丑，妇喜示四屯。（《合集》17517 臼）

妇良：妇良示十屯。（《合集》17528 臼）

妇妸：戊戌，妇妸示二屯。韦。（《合集》17532 臼）

妇笶：乙丑，妇笶示一屯。小寝。中。（《合集》17508 臼）（图 3—4）

妇宝：壬寅，妇宝示三屯。岳。（《合集》17511 臼）

妇息：戊申，妇息示二屯。永。（《合集》2354 臼）

图 3—4 《合集》17508 臼

妇宠：己亥，妇宠示二屯。宾。（《合集》17393 臼）

妇安：妇安示三屯。争。（《英藏》211 臼）

"屯"字于省吾释[①]，但并未深究其义。胡厚宣虽释为匹，但解其义甚明，谓："记事刻辞若干屯，即若干对之义"，"是牛胛骨有左右二骨，龟背甲必中划为二而后用之，皆两骨为一对。故刻辞之中，惟牛骨刻辞及背甲刻辞独以匹也"[②]。以上诸贵妇"示屯"，就是进行甲骨的整治工作，以备占卜之用。

据学者统计，殷墟甲骨关于"'某示'刻辞大约210余版，其中'妇示'的就达130多版。在剩余的70余版中，还有部分是井、好、妟、姐等可能是

---

① 于省吾：《释屯、䒑》，《甲骨文字释林》，中华书局1979年版，第1页。

② 胡厚宣：《武丁时五种记事刻辞》，《甲骨学商史论丛初集》（上），河北教育出版社2002年版，第447页。

妇的人所'示',只有极少量的是由邑、古等人所'示'"。因而除极个别贵族外,商代"甲骨的整治工作主要是由妇来完成",正因为"诸妇在王室担当的日常职务,当即是整治甲骨,为占卜做准备工作",因而甲骨文中有时不称"妇某"之名,而径称"妇示":

豕入三,妇示十。㱿。(《合集》9274 反)
庚申,妇示八十屯。㞢。(《合集》9544 白)

在甲骨文中,很少单独出现作为身份的妇字,而记事刻辞中这些既不是承前省略,也不能确指的妇字,"应是诸妇的群称。因为诸妇日常工作就是整治甲骨,她们是整治甲骨两个群组中的一个,而且是整治甲骨的主要工作者,所以有时可以妇群组直接记为'妇示若干'"①。

2. 诸妇参与商王朝的对外战争

商代诸贵妇不仅参与了商王朝的祭祀活动,并负责占卜用的龟甲、兽骨等卜材的整治工作,有的贵妇还参与了商王朝的对外军事征伐活动。在战前,有的贵妇参加了征集兵员的备战活动:

甲申卜,㱿,贞呼妇好先共人于庞。(《合集》7283)

"庞"为妇好所封之地名,学者据其"与'敦'、'沚'等地不远,皆在今河南省焦作市与山西省之间",推测应在"商王畿的西南部"②。这是妇好于其封地聚集兵员。有时征集近一万三千之众:

辛巳卜,□,贞登妇好三千,登旅万,呼伐……(《合集》39902)

这是商王为征伐方国,于战前从妇好领地动员了一万三千兵员。贵妇不仅为商王提供兵员,积极备战,而在与外方交战时,贵妇还受商王之命,领军出征方国。贵妇率军征伐的方国有土方,土方的"活动范围应在今河北省北

---

① 徐义华:《甲骨刻辞诸妇考》,《殷商文明暨纪念三星堆遗址发现七十周年国际学术研讨会论文集》,社会科学文献出版社 2003 年版,第 307—308 页。

② 李雪山:《商代分封制度研究》,中国社会科学出版社 2004 年版,第 180 页。

部，是商本土北方的一个强劲方国"①。

> 辛巳卜，争，贞今甾王登人，乎妇好伐土方，受有佑。五月。(《合集》6412)

有巴方：

> 壬申卜，争，贞令妇好比沚𢦔伐巴方，受有佑。(《合集》6479 正)

巴方其地望"在山西省北部，是商本土西北方向的国家"②。"从"为"率领"③之意。沚𢦔为武丁时著名将领。这是商王令妇好率领大将沚𢦔征伐巴方。

有龙方：

> 贞勿呼妇妌伐龙方。(《合集》6585 正)

龙方地望"应在靠近山西境内陕西省的中部偏北"，是"位于商王畿部的方国"④。

有夷方：

> 甲午卜，宾，贞王叀妇好令征夷。(《合集》6459)
> 贞王令妇好比侯告伐夷。(《合集》6480)

夷方，有学者释为人方、尸方，从甲骨文第一期时至第五期帝乙、帝辛时一直与商王朝为敌。学者据"伐人方路途经过的大邑商、商、亳、淮、攸、杞的地望看，人方是淮河流域的方国，其中心区域在今江苏省的淮阴淮安"⑤。

---

① 李雪山：《商代分封制度研究》，中国社会科学出版社 2004 年版，第 191 页。
② 同上书，第 233 页。
③ 杨树达：《释从犬》，《积微居甲文说》，中国科学院 1954 年印刷。
④ 李雪山：《商代分封制度研究》，中国社会科学出版社 2004 年版，第 227 页。
⑤ 同上书，第 213 页。

贵妇在商王的命令下，主持了征伐土方、巴方、龙方、夷方的战争，而且武丁时的重要将领沚㪥、侯告等皆在其麾下，可见其地位的重要。贵妇不仅可独自统军出征，有时还与商王配合作战：

    辛未卜，争，贞妇好其比沚㪥伐巴方，王自东[]伐戎，陷于妇好位。（《合集》6480）

"东[]"、"戎"均地名，"陷"即埋伏歼敌。本辞是商王命令妇好率大将沚㪥主攻巴方，而商王武丁率人马从东[]之地出发去攻打在戎地的巴方驻军，驱敌至妇好埋伏处加以歼灭。虽然诸妇没有担任伐羌方的主帅，但有抓、执羌人俘虏的记载：

    贞戈获羌。
    不其获羌。
    贞戈不其获羌。
    贞戈不其获羌。
    勿乎执。
    乎执。
    乎执。
    贞乎妇执。
    贞乎妇好执。
    □妇执。（《合集》176）

关于羌方，"从参与征伐的雀、甫、戈、畓等诸侯国的地望看，多在商王畿的西部，分布于今山西的中南部。故我们推测羌人的主要活动区域应在靠近山西省中南部的陕西境内"[①]。此辞表明，妇好也和武丁时伐羌的将领戈等人参加了抓执羌人俘虏的活动。因此，在商王朝与羌方的战争中，虽然妇好没担任主帅统军，但也承担了战后打扫战场的任务。此外，有的贵妇受商王之命举行军事训练性的田猎活动：

[①] 李雪山：《商代分封制度研究》，中国社会科学出版社2004年版，第223页。

贞乎妇井田于㕣。(《合集》10968)

"田"即田猎，田猎时驰车纵马，戈举镞飞，既猎获了野兽，也使参加者的军事技能得到了提高和训练。《周礼·春官·大宗伯》所说："大田之礼，简众也"，郑玄注："古者因田习兵，阅其车徒之数"。因此，古代的田猎活动就带有军事演习的性质。"㕣"为地名。本辞是说，商王命令妇井田猎于㕣地，既猎获野兽，又训练了军队。不仅仅是王朝诸妇，有的商王朝地方侯伯之妻室，也参与了商王朝的军事行动：

王占曰：有祟，其有来艰，气至九日辛卯，允有来艰自北，蚁妻妐告曰：土方侵我田十人……(《合集》6057反)(图3—5)

图3—5 《合集》6057反

"蚁"为地名。学者考证，商"王在敦，以蚁为北"，其地当"在沁阳之北，土方在沚之东，当在蚁之西"①。蚁妻妐为驻在妐地的女将，虽未见参与商王的征伐，但负有向商王报告敌情之责。

虽然有的贵妇参与了商王朝的军事活动，而且可统率著名将领，但在甲骨文中所见的上百名贵妇中，"只有妇好和妇井参加了战争，妇好见于20余版战争卜辞，妇井仅两见，且是对龙方之战的一事两卜"。因此学者指出："在实际上参与拥有军事权力待遇的取得，可能与该妇的地位有关，也就是说诸妇之间存在着等级的差异"②。

3. 诸妇与商王朝的其他"王事"

商代的贵妇，不仅可以参与商王朝的祭祀和军事行动，有的还参与商王朝的其他"王事"，即政务活动：

---

① 陈梦家：《殷虚卜辞综述》，科学出版社1956年版，第272页。
② 徐义华：《甲骨刻辞诸妇考》，《殷商文明暨纪念三星堆遗址发现七十周年国际学术研讨会论文集》，社会科学文献出版社2003年版，第318页。

> 甲戌卜，王，余令角妇叶朕事。（《合集》5495）
> 妇井叶［朕事］……（《合集》2772）

"叶朕事"与卜辞中"叶王事"、"叶我事"意同，即在商王命令下勤劳王事。这表明，"妇"并不仅是家庭意义的"称谓"，而且是一定社会身份的标志。

> 丙午，贞多妇无疾。
> 丙午，贞多臣无疾。（《合集》22258）

此版"多妇"与"多臣"并卜，表明诸妇与商王朝的臣下之地位基本相同，也可参与商王朝的政务活动。诸妇经常被商王呼、令：

> 贞呼妇。（《合集》2647）

"呼"即商王对臣下发布指令，这是泛指商王呼令贵妇们去做某项事情。或直接对其发布指"令"：

> 甲申卜，争，贞勿乎妇好□。（《合集》2649）
> 丙寅卜，宾，贞隹妇妌乎。（《合集》2730）
> 乎妇好令……（《合集》5532反）
> 癸亥卜，品，贞勿令妇井。（《合集》2760）

"令"即商王发布命令。这是妇好、妇井受到商王的呼、令。商王或呼、令贵妇代王去外地执行某种使命：

> 呼妇妌出。（《合集》2728）
> 贞勿呼妇妌往于……（《合集》39656）
> 贞翌丁巳乎妇好往于……（《合集》2642）

诸妇受商王指令所去的地点有杲京和萧地：

□申，勿呼妇好往于簪。（《英藏》153 正）
贞呼妇好往果京。（《合集》8044）

"果京"地名，是商王的行祭之地。

庚辰卜，亘，贞戬□牛于果京。（《合集》8041）

戬牛，唐兰谓："正当读为割牛"①。商王行割牛之祭于果京，派妇好往此，或与准备祭事有关。有时贵妇还接受命令代王接见贵族：

□午卜，贞[妇]好允见屮老。（《合集》2656）

"屮"字地名。《礼记·王制》"殷人养国老于右学"，"屮老"即屮地有威望的老贵族。这是妇好代商王接见屮老，以示商王对他们的慰勉。有时诸妇还要参加王朝工程的落成典礼：

丁卯卜，作个于兆。
勿作个于兆。四月。
呼妇奏于兆宅。
勿呼妇奏于兆宅。（《合集》13517）

"个"字，于省吾谓："即宅的初文"，"均指住宅为言，系名词"。但此处宅字"均作动词用，训为居住之居"②。"兆"为地名。"奏"字郭沫若释③，屈万里谓："卜辞奏字，多用为乐舞之意"④。本版是丁卯日占卜建造住宅于兆地是否可行，而住宅建好后，在入住仪式上是否命令诸妇司理乐舞之事。诸妇如得到赏识，还可受到商王的奖励：

---

① 唐兰：《天壤阁甲骨文存考释》，北京辅仁大学 1939 年版，第 52 页。
② 于省吾：《甲骨文字释林》，中华书局 1979 年版，第 174 页。
③ 郭沫若：《殷契粹编》，第 744 片考释，日本东京文求堂书店 1937 年版。
④ 屈万里：《殷虚文字甲编考释》，"中央研究院历史语言研究所"影印本 1961 年版，第 36 页。

贞畀妇井启。(《合集》2766)
由 畀中妇。(《合集》15928)
畀妇……(《合集》3896)

"畀"字裘锡圭释,有付与之意①。以上各辞表明,贵妇中的妇井、中妇等曾受到商王的赏赐。

(三) 诸妇之封

诸妇不仅由于"叶朕事"而得商王赏赐,而且有的还被赐予土地。胡厚宣谓:"盖武丁之妃,据余所考,至少有六十四人之多。以宠与不宠,或不全在宫中,其不获宠者,则封之一地"②,这就是"诸妇之封":

丁巳卜,宾,贞妇妌受[黍]年。(《合集》9966)
甲寅卜,由,贞妇妌受黍年。(《合集》9968正)

"年"即谷物丰稔,"受年"即取得好年成,"受黍年"即所种植的黍类获得丰收。"夫以妇井为武丁之妃,而卜辞屡贞其田禾之是否茂盛,及其是否有年收之丰盛,则其必有封地食邑可知也"③。

……妇好……受年。(《合集》9848)

此辞贞问妇好获得好年成否,是知妇好也有封地。商代虽有"诸妇之封",但学者指出:"从卜辞得知,领有封地者,只有妇好、妇井两人"④,由此可知,受封的诸妇人数并不很多。卜辞表明,受有封地者并不是"其不获宠者",而是在诸妇中地位最高并"最获宠"者。这些被封的贵妇,虽然有自己相对独立的地方经济,但她们对商王朝承担着繁重的义务。

---

① 裘锡圭:《畀字补释》,《语言论丛》第6辑,1984年版。
② 胡厚宣:《殷代封建制度考》,《甲骨学商史论丛初集》(上),河北教育出版社2002年版,第24页。
③ 同上书,第23页。
④ 钟柏生:《帚井卜辞及其相关问题的探讨》,《中央研究院历史语言研究所集刊》第56本第1分。

1. 管理封地上的农业

被商王封赐土地的诸妇，管理自己封地上的农业生产，诸如播种：

> 贞妇妌呼黍于丘商，受［年］。（《合集》9529）

这是妇井命令族众种黍于丘商之地。但妇的农业生产，有时是在商王的干预下进行的：

> 勿令妇妌黍……其……（《合集》9532）

此辞是妇井受商王指令去管理封地上所种之黍。作物成熟时，领有封地的贵妇负责其收获：

> 妇井黍不其萑。（《合集》9599）

"萑"字陈梦家谓即《说文》之获字初文，其意"是刈谷"[1]。本辞是说，妇井封地上的黍已成熟，是否要连茎秆一起割回。或是商王横加干涉，命令她专取其穗：

> 贞勿呼妇妌往采黍。（《合集》40078）

"采"字陈梦家释，谓："《说文》曰：'采，禾成秀也，人所以收，从爪禾'，或体作穗。卜辞则从爫从又（《京津》1509），象手采穗之形"[2]。本辞是令妇井去专采黍穗而留下禾秆。

2. 领有封地的贵妇对商王朝承担义务

领有封地的贵妇，由于远离王都，因而在自己的封地上享有一定的独立性。

> □□［卜］，㱿，贞妇好使人于眉。（《合集》6568 正）

---

[1] 陈梦家：《殷虚卜辞综述》，科学出版社 1956 年版，第 535 页。

[2] 同上书，第 536 页。

这是妇好有权派手下去眉地联络。但是，这种独立性是相对的。商王为体现他对受封诸妇的控制，不仅对其农业生产加以干预，而且还要诸妇承担各种义务：

（1）在战时，领有封地的贵妇要为商王朝提供兵员：

> 丙寅卜，㱿，贞勿呼妇好先共人于庞。（《合集》7287 正）（图3—6）

图 3—6　《合集》7287 正

已如前述，诸妇不仅受商王指令，领兵参加征伐方国，而且本辞还说明，受封贵妇在战前还要从自己的封地上征集兵员，以供商王驱使。

（2）在平时，贵妇还要从自己的封地上向商王进致贡品，以示对中央王朝的服从：

> 妇弗其以。（《合集》39676）

"氏"即致送、进致，这是贵妇向商王进致品物。贵妇所贡入的各种品物中有女奴等：

> 妇井来女。（《合集》667 反）

"来"即贡来，"来女"即贡来女奴。此辞是妇井贡来女奴，以供商王役使。

（3）贵妇要定期回商都觐见商王：

> 妇好其来。（《合集》2654）
> 癸酉卜，亘，贞生十三月妇好来。
> 贞生十三月妇好不其来。（《合集》2653）

卜辞"生月与兹月相对而生月在兹月之后",即指下一月①。而"生十三月",即指占卜月后的未来的十三月。这是商王武丁贞问妇好在未来的十三月是否从封地回都城。妇好从封地回都城以后,就要觐见商王:

□戌卜,争,[贞]妇好见。(《合集》2657 正)

"见"在此有觐意。《说文解字》:"觐,诸侯秋朝曰'觐劳王事'"。本辞是妇好从封地上回都城觐见商王,表明妇好与商王关系密切并地位重要。正因为如此,妇好有资格会见"多妇":

贞呼妇好见多妇于𧖟。(《合集》2658)

"𧖟"为地名,"多妇"即商王朝诸贵妇。本辞是说商王武丁命令妇好会见诸妇于𧖟地,可见妇好地位较其他贵妇为高。

(4) 商代诸妇的等级差别

商代的诸妇,据甲骨文和金文统计,已逾 200 多名。尽管"妇"作为一个群体和称号,"是对拥有较高社会地位的女子的一种称呼"②,但在商王朝的国家社会生活中,其所处地位和发挥的作用是大不相同的。之所以如此,是由诸妇与商王关系的亲疏不同所决定的。

甲骨文和金文中虽然也有"诸侯大臣的配偶"和"诸子的配偶",但她们的名字在甲骨文中所见不多,而且有关活动也语焉不详。这表明,她们在商王朝的国家社会生活中,发挥的作用是十分有限的。这首先是由于她们不是"商王的配偶",因而与商王关系较为疏远的缘故。此外,甲骨文主要是商王室卜辞,在商王的有关占卜中,自然也很少涉及她们的活动。

佢主要的还是"商王的配偶"。由于她们与商王有着婚姻关系,商王自然对她们十分关心,因而甲骨文中大量出现商王生妇的名字就不是偶然的了。而商王对妇表现的关心,首先是因为她们与商王有着婚姻关系,作为商王的家庭成员,其主要任务是为王生育孩子,即生育奴隶主贵族的接班人。

---

① 陈梦家:《殷虚卜辞综述》,科学出版社 1956 年版,第 118 页。
② 徐义华:《甲骨刻辞诸妇考》,《殷商文明暨三星堆遗址发现七十周年国际学术研讨会论文集》,社会科学文献出版社 2003 年版。

甲骨文中有大量的"贞娩"卜辞，娩字郭沫若释①。唐兰谓："卜辞🀆字当释娠、冥或娩之用为动词者，并假为娩，'生子免身也'"②。甲骨文中关于妇的贞娩卜辞有 70 余版，所涉及的对象有妇好、妇井、妇婐、妇鼠、妇姑、妇㜅、妇妌、妇共、妇妹、妇妓、妇執、妇㽪、妇🀆、妇㛰等，反映了商王对其诸妻分娩的关切，并问其"㚳"否。郭沫若谓："㚳乃嫛省，读为嘉"③。殷人以生男为嘉，以生女为不嘉：

甲申卜，𣪘，贞妇好娩，嘉。王占曰：其惟丁娩，㚳。其佳庚娩，弘吉。三旬又一日甲寅娩。不㚳，佳女。（《合集》14002）

这是贞人𣪘为商王卜问妇好要生孩子，可能不吉嘉。商王也判断说过了三十一天后的甲寅日分娩，也不太吉嘉。结果应验了，生育果然不吉嘉，因为没有生男孩，而是一个女孩。以生女为不嘉，充分反映了商王朝的重男轻女观念。此外，有时商王对诸妇的生育过程即"娩"并不关心，而专问诸妇的生育结果"嘉"否，专问"嘉"否的王妇有妇禾（《合集》40889）、妇今（《合集》717 正）、妇多（《合集》22246）、妇寑（《怀特》1262）等，就是商王最关心生育男性继承人的反映。

大量贞娩卜辞的存在，说明妇作为商王的家庭成员，主要任务是为商王繁育后代，成为"生育机器"，而商王最关心的是诸妇生育㚳否，即为其生育男性继承人。虽然商王多妇，但不少妇除了作为"生育机器"受到商王关心以外，很少能参与王朝的政治活动。即使那些有资格参加商王朝国家社会活动的诸妇，也多是在宫廷的占卜机构充当卜官，进行甲骨的整治工作。而能参与祭祀或率兵出征或领有封地的贵妇稀如凤毛麟角，只有妇好、妇井等极个别的人。这说明，商代诸妇的地位实不相同。之所以如此，当是她们与商王的婚姻关系有正、庶的不同。

商代诸妇中地位最为重要的是妇好，据考证当为武丁之后，其后世商王

---

① 郭沫若：《骨臼刻辞之一考察》，《郭沫若全集·考古编》第 1 卷，科学出版社 1982 年版，第 422 页。
② 唐兰：《天壤阁甲骨文存考释》，北京辅仁大学 1939 年版，第 60 页。
③ 郭沫若：《殷契粹编》，科学出版社 1965 年版，第 160 页。

称之为母辛、妣辛者①。而其次是妇井，学者认为即为武丁以后的商王称之为母戊、妣戊者②。在商朝末期帝乙、帝辛时代，对先王先妣的祭祀已经形成严密的周祭制度，这"是一种有定则的轮番祭祀，先王先妣的祭序是有一定的，因此不可能容纳所有的先妣。在先妣之中，只有直系的先妣可以入祀"，被学者称为"法定配偶"③。在周祭祀谱中，作为武丁的"法定配偶"，只有妣辛、妣戊和妣癸一起入祀。这说明，武丁诸妇中，只有妣辛（即妇好）、妇戊（即妇井）和妣癸等受到商人后世子孙的特别尊崇。（图3—7）

图3—7 妇好三联甗铭文

郭沫若在1933年全面整理商王世系并排列世系表时，"不期而又获得一重要史实：即有妣名者为王统之直系，其属于旁系者则无之"。殷王"仅祭其所自出之妣，于非所自出之妣则不及"④。陈梦家则进一步指出：商王的"世次是父子的关系，可以从称谓上区别，但及位诸王的世次可由周祭中的法定配偶来决定，即一世只有一个直系先王，只有直系先王的法定配偶加入周祭"⑤。在商王朝周祭诸先王时，虽然无论直系与旁系皆可入祀，但父死子继者，皆有法定配偶入祀，是为直系先王。而兄终弟及者，皆无法定配偶入祀，是为旁系先王。因此，能享受后世子孙列入周祭祀谱殊荣的先妣，是因为"母以子贵"，其亲子继承了王位的结果。

商王武丁死后，其子祖庚、祖甲继承了王位。但武丁还有一子孝己。"战国以来典籍，如《战国策·秦策》、《燕策》、《荀子·性恶》、《大略》、《庄子·外物》、《吕氏春秋·必己》和《尸子》都述及孝己的孝行"⑥，武丁曾预立其为太子。《荀子·性恶》杨倞注谓："孝己，殷高宗之太子"，但孝

---

① 王宇信：《试论殷墟五号墓的年代》，《郑州大学学报》1979年第2期。
② 钟柏生：《妇井卜辞及其相关问题的探讨》，《中央研究院历史语言研究所集刊》第56本第1分。
③ 陈梦家：《殷虚卜辞综述》，科学出版社1956年版，第380页。
④ 郭沫若：《卜辞通纂·序》，科学出版社1983年版，第2页。
⑤ 陈梦家：《殷虚卜辞综述》，科学出版社1956年版，第604页。
⑥ 同上书，第430页。

己早死,《太平御览》八十三引《帝王世纪》说,"殷商宗有贤子孝己,其母早死,高宗感后妻之言,放之而死,天下哀之"。学者论定甲骨文武丁时期的"小王"、祖庚祖甲卜辞的"兄己"、廪辛康丁卜辞的"父己"、"小王父己"和帝乙、帝辛周祭卜辞的"祖己"即是孝己[①]。因此孝己虽然没有继承王位,但在帝乙、帝辛周祭先王时和祖庚、祖甲一起列入祀谱。

正因为在帝乙、帝辛周祭祀谱中,商王武丁有三子被列入祀谱,所以武丁有三个法定配偶,即妣辛、妣癸、妣戊就不是偶然的了。这是因为妇好(即妣辛)、妇井的生子成为武丁的王位继承人之故。

在武丁诸妇中,只有妇好、妇井等死被后世子孙称为妣辛、妣戊列入周祭祀谱而被尊崇,说明她们地位远较其他诸妇为重要。而妇好、妇井在生时,也深得商王武丁的宠爱与信任,除了与其他诸妇在家庭中充当商王的"生育机器"外,还能参与祭祀、征伐等国家管理大事,并被授与封地等特权,其地位远在武丁其他诸妇之上。这表明,武丁诸妇生时就已有地位的不同。《史记·殷本纪》说:

> 帝乙长子曰微子启,启母贱,不得嗣。少子辛,辛母正后,辛为嗣。帝乙崩,子辛立,是为帝辛,天下谓之纣。

这是说微子启和商纣为同父异母兄弟,虽然微子启为帝乙长子,但因其"母贱",没有被立为嗣君的资格。而辛虽为少子,但因其"母正后",所以有资格被预立为嗣君。在帝乙死后,自然少子辛得继其位,"是为帝辛"。也有说启和商纣为同母兄弟者,索隐说:"郑玄称为同母,依《吕氏春秋》言母当生启时犹未正立,及生纣时始正为妃,故启大而庶,纣小而嫡"。但无论启与纣为异母兄弟还是同母兄弟,都不可能否认商王之妃已有正、庶的地位之不同。妇好、妇井生时在商王朝的地位远较武丁其他诸妇地位为高,当是她们先后被商王武丁立为正妃之故。

二 甲骨文所见王朝诸子

商朝晚期的甲骨文,尤其是武丁时期的甲骨文,记载了一批王廷诸子在国家政治生活中的活动。毋庸讳言,《史记·殷本纪》较多反映的是商朝末

---

① 陈梦家:《殷虚卜辞综述》,科学出版社 1956 年版,第 430 页。

年帝辛朝王子参政的事实，而帝辛以前诸王朝则语焉不详。而大量武丁时期甲骨文有关商王诸子活动的记载，则补充了《史记·殷本纪》的不足，并为我们较全面认识商朝诸子在商王朝，特别是武丁一朝的重要地位提供了可能。

（一）甲骨文"子"名人数的增多与对"子"认识的深化

甲骨文中常见子的记载，学者们早就留意于此，并不断加以统计和进行深入研究。随着甲骨文陆续出土和公布材料的增多，学者们所统计的"子"的人数也不断增多。

1933年，董作宾在《甲骨文断代研究例》中统计，武丁之世有20人"均称子某"，并指出："卜辞中除了现在未发现者外，当有不能确定时期的2人"，共列"子某"22人。

十年以后的1943年，胡厚宣在《殷代婚姻家族宗法生育制度考》（载《甲骨学商史论丛初集》）中关于子名的统计已较董作宾大为增多，"见于卜辞者"，有53人之多。

1958年，日本岛邦男在《殷虚卜辞研究》中统计，甲骨文子名第一期83名，第二期10名，第三期4名，第四期43名，以上共计140名[①]。

1987年，孟世凯《甲骨学小辞典》附录五"殷墟甲骨文中所见诸子表"，共列商代子名75位。

1988年，张秉权在《甲骨文与甲骨学》一书指出，岛邦男所统计的140位子名中，"其中有十二位，先后重出。又有一条卜辞中的'羊子伐'，他析而为'羊子'、'子伐'二人，另外，在他的表中，第三期总数虽有四位，列名的只有二位，所以他所举出的实数只得一百二十五位"。张氏并将他自己所认定的一百二十名（其中有八位先后重见）在该书第429—430页分期列出。他检出的子名第一期武丁时代81名，第二期祖庚祖甲时代11名，第三期廪辛康丁时代1名，第四期武乙文丁时代29名（有8名见于第一期），实112名。

饶宗颐主编的《甲骨文通检》于1995年出版。在该书第四册"职官人物"中，又对商周甲骨文中的子名进行了再统计，共得138名。除去其中周原甲骨的3个子名，以及误读或重出者3名外，实为132名。

学者们为了全面认识商代的子名，不仅对殷墟甲骨的子名进行了再统

[①] 岛邦男：《殷虚卜辞研究》，（中国台湾）鼎文书局1958年版，第439—440页。

计，而且还注意对商代铜器所出现的子名加以整理。宋镇豪于 1994 年出版的《夏商社会生活史》统计，"甲骨金文中称'子某'者有 156 名，称'某子'者有 29 名"，共 185 名。此外，还在该书第 185—186 页将甲骨文中子名与地名同名者共 90 例列出。

1999 年，杨升南在《甲骨学一百年》中统计，"甲骨文中有称'子某'者 124 位，称'某子'者 31 位，称'某子某'者 5 位"，共 160 名，并在该书第 452—453 页列表明之。

由于所见甲骨文子名的不断增多，学者们对子的认识也不断深化。

1933 年，董作宾在《甲骨文断代研究例》中指出，甲骨文"子作𢀉，即辰巳之巳，在殷代亦确为子孙之子。如毓字所从之𢀉为倒子形，即是一例。子为儿子，则称子某者，对国君言，当然就是他的儿子了"。他所列的 20 多名子某，都在武丁之世，因此"推知他们都是武丁的儿子"。

胡厚宣在《殷代婚姻家族宗法生育制度考》中则进一步申述所列 53 位子名皆商王武丁之子，谓"且武丁以多妻多故，则生子亦不能少，其见于卜辞者"，有所列 53 人之多。其中有被封在外地者，即"诸子之封"。"故殷之封建，倘以爵名视之，则殷之封爵之，曰妇子侯伯男田"[①]，是"子"又为爵称。

岛邦男则将董作宾、胡厚宣及自己所检出的子某、某子加以对比列表，并举出其有关辞例，在进一步加以考核的基础上指出：胡厚宣"所举的五十三人中也包含了第一期以外之'子'，这些实不尽是武丁的王子。因为同一'子某'的称谓有被用于两期以上的例子，可见将之全数视作武丁之子实在不妥"。而这些"子某""都是受封于四方的殷之同族，而为后世子爵的滥觞"[②]。岛邦男关于甲骨文中子并非全是"王子"的论断，把甲骨文诸子研究推向了深入。（图 3—8）

图 3—8　《合集》2972

[①] 胡厚宣：《殷代封建制度考》，《甲骨学商史论丛初集》，河北教育出版社 2003 年版，第 438 页。

[②] 岛邦男：《殷虚卜辞研究》，（中国台湾）鼎文书局 1958 年版，第 438 页。

其后，张秉权又把甲骨文中"子"研究进一步细化，在认定甲骨文中不同期别的 120 位子某后，指出："甲骨文中的'子'某，数目甚多，他们虽则并非完全都某一时王之子，但是，他们参与祭祀，远较其他人物为多。而时王对他们的关注眷顾，特别殷勤。所以，他们即使不是时王之子，也应属于与王室有密切关系的近亲"。并进一步指出："那些'子'在甲骨文中，不仅表示一种亲属身份，也是一种爵位的名称，而且也不仅限于男性"[1]。

由于自 20 世纪 90 年代以后，学者对商代子名的统计已由殷墟甲骨扩展到商代铜器，因而有学者指出："在商晚期青铜器铭文中多见'子'这一称谓，内容是记'子'赏赐其家族'小子'等。从这种铭文末尾所署作器者的族氏名号看，不限于一个家族，而且不限于子姓商族"[2]。这些"子"，应是该家族之族长，而"小子"，当是该家族分族之小宗之长。甲骨文中的子名，据《商周家庭形态研究》统计，"主要存在于武丁时期的𠂤、宾组卜辞中出现的'子某'，即将近一百一十名，其中较习见者约三十余名"[3]。但"王卜辞中的'子某'不是对所有同姓贵族的称谓，而只是限于一部分与王有密切关系的贵族。他们既然是王之同姓近亲，而'子'又既然本原为亲称，所以，最合理的解释应是：他们均是商王之子，亦即诸王子"。"王卜辞的'子某'有一些可能是前一代（或前二、三代）先王之子"，"这些'子某'或以时王为父或与时王同父，或以时王之祖为父，或以其曾祖为父，有相同的父系祖先"[4]。

宋镇豪《夏商社会生活史》则把甲骨金文中 185 名称"子某"者，进一步将其中人地同名的 90 例列出并加以考察，指出："如此大量的子名与地名相应，则决不会是偶然相合"。这些地名，"大致分布于王畿区内外周围一带，属于商王朝政区结构中基层地区性单位"，"就是说，子名与地名的同一，有其内在的自然属性和社会属性，而后者是人地同名的本质所在。换言之，这批子已成家立业，以其受封的各自土田相命名，由此构成分宗立族的家族标志"[5]。

杨升南在《甲骨学一百年》中，则把甲骨文中为数众多，"作为重要的社会群体"的"子"，再进一步加以区分。指出："子之称有已故与在世之

---

[1] 张秉权：《甲骨文与甲骨学》，国立编译馆 1988 年版，第 429 页。

[2] 朱凤瀚：《商周家族形态研究》，天津古籍出版社 1990 年版，第 49 页。

[3] 同上书，第 51 页。

[4] 同上书，第 59 页。

[5] 宋镇豪：《夏商社会生活史》，中国社会科学出版社 1994 年版，第 187 页。

别，以十干为名的'子'，为已故者，他们是以受祭的神而出现于卜辞的"，诸如子丁、子庚、子癸等，而那些"以'子某'或'某子'为名的'子'，皆多是活动于所见卜辞的时代，为当时统治阶层中重要一员"。就是这些"子"的情况也相当复杂，即"卜辞中的'子'大致应包含以下四个意思：①王之子；②大臣、诸侯等贵族之子；③商同姓的子姓；④爵称的子爵。前三项不易区分，至于第④义项，可以从同一人既称'子某'又称'某子'的称谓结构的变化上，得到部分印证"[①]。

甲骨文中的子名虽然很多，但不少子名或偶然出现，或一些子的有关活动记载较少而语焉不详，因而对这些子的有关活动进行全面认识很困难。但也有不少的子名出现频率较高，或参与商王朝的祭祀，或参与商王朝的战争，或经常完成各种王事活动，并承担向商王贡纳，受到商王的关切，等等，这就为我们研究商代子的活动提供了可能。虽然甲骨文一期、二期、三期、四期都有子名，但以一期出现子名为最多，而有关子某活动的记载也最为丰富。因此，我们下面所要谈的商朝诸子在国家统治机构中的作用，主要是甲骨文第一期武丁时期诸子在王朝政治生活中的活动。而其后各期诸子的活动，不会超出武丁时所涉及的范围。

（二）王朝诸子与商王朝的政治

商朝主要统治者——商王，经常对诸子发号施令：

宙子效令西。
宙子商令。（《合集》6928正）
宙子商呼。
丙寅卜，出，贞惟吕令取㐭宁。三月。（《合集》3099）
贞令画，若。（《合集》3049）

令、呼都是上对下之语。这是商王对子效、子商、子吕等下达指令。有的子被封在外地，商王时而令他们回归殷都：

癸巳卜，贞令橐、卓、子吕归。六月。（《合集》3076）
子汰其隹甲戌来。（《合集》3061正）

[①] 王宇信、杨升南主编：《甲骨学一百年》，社会科学文献出版社1999年版，第451页。

贞今十三月画呼来。(《合集》11000)

这是子吕、子汰、子画等在商王命令下回归商都，以参与商王朝的政事活动。

壬寅卜，争，贞吕叶王事。(《合集》667 正)

"叶王事"，即完成商王交办的国事，参加商王朝的政务活动。诸子参加的王事活动主要有：

1. 王廷诸子与商王朝的祭祀与占卜

王廷诸子在商王的命令下主持各种祭祀活动：

戊申卜，品，贞呼子央侑于妣己小宰。(《合集》13726)
翌乙卯子汰酒。(《合集》672 正)
贞呼子桑……升于……(《合集》3118)
……子㚔㝢牡三牛……(《合集》3139)
(子) 宛㝢牡……(《怀特》989)

这是子央、子汰、子桑、子㚔、子宛在商王的呼令之下主持祭祀活动。王廷诸子所祭的对象有男性祖先，其祖辈先王有祖乙：

贞呼子渔侑于祖乙。(《合集》2972)

有祖丁：

□寅卜，王，汰升□祖丁。(《合集》19866)
……汰玉于祖丁父乙。(《合集》3068)

这是子汰、子渔等人参与了祭祀祖丁的活动。另有㞢祖：

呼子渔侑于㞢祖。(《合集》2973)

㞢字常作地名用，甲骨文中有"㞢𠂤"(《合集》17171 等)。此"㞢祖"所指不详，有学者谓："𡉘祖，从祖丁又称'𡉘祖丁'看，可能即祖丁"①。诸子代商王武丁行祭，可上及其四世先王祖先。诸子所祭武丁父辈先王有父甲：

贞呼子汏祝一牛左父甲。(《合集》672 正)

《史记·殷本纪》："帝南庚崩，立帝祖丁之子阳甲，是为帝阳甲"，阳甲即武丁称之为父甲者，此辞是子汏祭武丁之诸父阳甲，以一牛为献。"帝阳甲崩，弟盘庚立，是为帝盘庚"。"帝盘庚崩，弟小辛立，是为帝小辛"。"帝小辛崩，弟小乙立，是为帝小乙"。"帝小乙崩，子帝武丁立"。王廷诸子代为时王武丁祭其父小乙：

……子汏玉于祖丁父乙。(《合集》3068)
贞来乙丑勿呼子桑侑于父乙。(《合集》3111)
翌乙酉呼子商酒伐于父乙。(《合集》969)
贞子商侑𠭯于父乙呼酒。(《合集》2944)
贞勿呼子帚卯父乙。(《合集》709 正)
贞翌乙未呼子渔侑于父乙宰。(《合集》130 正)

侑、酒、册、伐、卯均为祭名，是子汏、子桑、子商、子帚、子渔等代为商王武丁主持祭祀其嫡父小乙之典礼。此外，还代为商王武丁祭祀名为丁的先王：

丙申卜，贞翌丁酉用子央岁于丁。(《合集》3018)
……子羡见以岁于丁。(《合集》3100)
贞翌丁未子𠱸其侑于丁三羌……宰……(《合集》381)
乙亥卜，宾，贞翌丁丑𠱸其侑于丁。(《合集》3077) (图 3—9)

图 3—9 《合集》3077

---

① 朱凤瀚：《商周家族形态研究》，天津古籍出版社 1990 年版，第 56 页。

此丁"为先公之生名"①。武丁以前名丁的先王有报丁、大丁、沃丁、中丁、祖丁等，此丁名不能确指为何王。有学者谓："丁，在宾组早期卜辞（即典型宾组卜辞）中，应是指祖丁，在宾组晚期卜辞（已进入祖庚时代）中可能指武丁"②。以上各辞，是王廷诸子，诸如子央、子美、子㞢等代商王武丁祭祀名丁的先王。王廷诸子还祭及商王武丁的兄辈：

（子）渔侑升于兄……（《合集》2981）

商王武丁之兄有名甲、名丁、名戊、名己、名庚者。子渔为商王所祭之兄，因辞残，不能确知为何人。王廷诸子还受商王武丁之命，主持对女性祖先的祭祀。有妣辈：

贞来辛亥子㞢其以羌㚔岁祼……于妣……（《合集》269）
丁丑卜，宾，贞子雍其御王于丁妻二妣己，㞢羊三……羌十……（《合集》331）

名丁先王的法定配偶称妣己者，有中丁和祖丁二人，此"丁妻二妣己"，或指中丁之法定配偶妣己及祖丁法定配偶妣己等二人。但从中丁之妻妣己在先，祖丁之妻妣己在后的先后顺序看，虽然中丁、祖丁统称为丁无别，但以先后顺序别之，一、二有顺序先后之别，称祖丁之妻为二妣己的可能性更大。此外，诸子所祭祖先，基本为祖乙以后之四世直系先王，因而祖丁之法定配偶二妣己，因祖丁与武丁关系较近，受武丁祭祀也是合理的。不仅如此，也可反证武丁诸子所祭之先祖名丁者，当为与武丁血缘关系较近的祖丁而非中丁。王廷诸子还祭及商王武丁的母辈：

□□卜，争，[贞□]子狄于母㞢尧、㬎小宰，侑乎女一。（《合集》728）

武丁诸母辈有名甲、名丙、名丁、名戊、名己、名庚、名辛、名壬、名癸

---

① 陈梦家：《殷虚卜辞综述》，科学出版社1956年版，第437页。
② 朱凤瀚：《商周家族形态研究》，天津古籍出版社1990年版，第56页。

者，此不知其名，当为泛指。有知其名为母庚者：

丙寅卜，贞……丁亥子美……见以岁于……示于丁于母庚于父□。（《合集》3101）

"于"即与，为连词。母庚是小乙的法定配偶，武丁称之为母庚，后世商王称之为"小乙奭妣庚"（《萃》292）。而其他诸母辈，"有的可能为小乙的非法定配偶，有的可能为小乙辈阳甲、盘庚、小辛的配偶"[①]。妇，当是商武丁死去之妃。这是子美在祭先王丁及其父乙（小乙）之法定配偶母庚和武丁之妇。

此外，还祭及娥：

□酉［卜］，□，贞子渔侑酚于娥酒。（《合集》14780）

"娥"，《殷虚卜辞综述》第350—351页将其列入"占大多数""关乎为祟（祟）于王或我的"先王先妣和旧臣以外，"占较少数"、"属于先公高祖"诸如河、岳、王亥、蚰、季之列。而近人据自组卜辞《合集》21060"丁酉卜，王，后娥娩，允其于壬。十一月"及《合集》21067"乙丑卜，王贞后娥子余子"，认为后娥之"后"应指王妃。因而认为子渔所祭之娥，"既能享受王室祭祀，地位尊贵，应即是后娥"。而"自组卜辞中生存的后娥，可能在武丁生时即已先卒，故宾组卜辞中又卜祭祀她"。并进一步推断"后娥又是武丁之配"[②]，即子渔的母辈。

在王廷诸子中，有的子地位很重要，可为商王主祭大示：

贞宙子渔登于大示。（《合集》14831）

"登"字祭名。有学者论定大示"自上甲起，终于父王，与直系同"[③]，也有学者否定大示为直系先王说，认为大示仅指先王上甲及大乙、大丁、大甲、

[①] 陈梦家：《殷虚卜辞综述》，天津古籍出版社1990年版，第449页。
[②] 朱凤瀚：《商周家族形态研究》，天津古籍出版社1990年版，第77页。
[③] 陈梦家：《殷虚卜辞综述》，科学出版社1956年版，第466页。

大庚、大戊等五位日名前加区别字"大"的五位先王①。但无论"大示"先王是否包括上甲，其都在商朝历史上占有重要地位，子渔能主祭大示，说明其身份较其他诸子更为特殊。

诸子不仅为商王主持祭祀活动，有的子还和诸妇一样，充任卜官"示"者，负责占卜所需甲骨的整治工作：

> 壬戌子央示二屯。岳。（《合集》11171 白）
> ……央示……（《合集》17593 反）
> ……雍示……（《合集》17588 反）
> ……子商二屯……（《合集》819）
> 画示四屯。殻。（《合集》17584 白）
> ……渔示五……（《合集》17594）
> 奠示十屯。（《合集》18654）

"央"即子央，"雍"即子雍，"画"即子画，"渔"即子渔，"奠"即子奠（《合集》3195）。以上诸辞表明，不少的子还担当卜官，负责整治龟甲和兽骨，以供商王占卜之用。

2. 王朝诸子与商王朝的对外战争

商王朝为了扩张领土，并掠夺财富和奴隶，经常对周围方国部族发动战争。王朝诸子在商王的呼令之下，也时而参与征伐方国的战事。

有子彔：

> 贞勿呼彔望舌方。（《合集》6192）

"彔"即卜辞中称"子彔"（《合集》269）者。"望"即观察、瞭望。舌方其地望"在今陕西山西交界处石楼至绥德一带"②。这是商王武丁在与舌方开战前令其观察敌情。

> 贞叀彔呼伐舌。（《合集》6209）

---

① 朱凤瀚：《论殷墟卜辞中的"大示"及其相关问题》，《古文字研究》第 16 辑。
② 李雪山：《商代分封制度研究》，中国社会科学出版社 2004 年版，第 218 页。

这是命令子弓与舌方开战。子商也受命伐方国：

> 乙酉卜，内，贞子商戋基方。三月。（《合集》6570）

"'基方'的中心区域在今山西省太谷县一带，与缶所处永济县不远，总方位处于商本土的西北方向"①。戋即攻伐。这是子商单独率兵攻伐基方。子商还与武丁朝重要人物雀互相配合，取得了戋伐基方军事行动的胜利：

> 甲戌卜，㱿，贞雀及子商征基方，克。（《合集》6573）

"及"即达到，"克"即取得胜利。这是贵族雀率军众到达子商军队征伐基方处会合增援，从而取得了战争的胜利。子商在征伐基方过程中，还曾征伐过缶：

> 辛丑卜，㱿，贞今日子商其毕基方、缶，戋。五月。（《合集》6571）

"缶"地应距基方不远，故子商能在伐基方过程中移师伐之，其地望应在今"山西省运城市境内"②。基方和缶曾作郭城，以抵御商王国子商所率军众的攻击：

> 辛卯卜，贞勿鼄基方、缶作郭，子商戋。四月。（《合集》13514）

"郭"即城，这是说基方和缶作城郭以抗御商王朝，但子商还是使他们受到了重创。其他的王廷诸子也有人参加了商朝的军事行动。有子画：

> 贞叀子画呼伐。（《合集》6209）

---

① 李雪山：《商代分封制度研究》，中国社会科学出版社2004年版，第229页。
② 同上书，第246页。

子画领有封地，其地在今"山东临淄西北"①。这是命令子画出兵征伐。子画所封之画地曾受外方侵扰：

> 庚寅卜，争，贞旨征画。（《合集》6828 正）

"旨"，"在古夏墟一带"，"为商王国西土的王国"②。子画有向商王朝报告敌情之责：

> 三日丙申，允有来艰自东。画告曰：儿［伯］……（《合集》1075 正）
>
> ……东，画告曰：儿伯……（《合集》3397）

画即子画，"有来艰自东"，儿伯地望当在商王畿东部，"可能系兰夷的一支"，"儿伯的城邑或即昌虑县（今山东滕县）的儿城，滕县正在商本土的东南方向"③：

> 三日乙酉，有来艰自东，画呼捍告旁戎。（《合集》6665 正）

"捍"为人名，当是子画所呼令者，戎为军事行动，"旁"为方名，"位于殷都的东方，与子画领地（今山东临淄）邻近"④。正因为如此，子画才能命令贵族捍向商王报告旁方犯边之事。向商王报告边警者，并不止子画，还有子㵼：

> ……四日庚申亦有来艰自北，子㵼告曰：昔甲辰方征于蚁，俘人十又五人，五日戊申，方亦征，俘人十又六人。六月在敦。（《合集》137 反）

---

① 李雪山：《商代分封制度研究》，中国社会科学出版社 2004 年版，第 184 页。
② 陈梦家：《殷虚卜辞综述》，科学出版社 1956 年版，第 184 页。
③ 李雪山：《商代分封制度研究》，中国社会科学出版社 2004 年版，第 137 页。
④ 同上书，第 205 页。

"蚁"为地名，据《合集》6057 辞反辞曰："王占曰：有祟，其有来嬉，迄至九日辛卯，允有来自北，蚁妻妓告曰：土方侵我田，十人……"判断，蚁在商王畿之北，且与土方临近。子㱿向商王报告方方两次侵扰蚁地之事，其驻地当离此处不远。由于诸子与商王武丁的利害冲突或彼此间矛盾尖锐化，也时见诸子受到商王武丁呼令王廷贵族征讨之事，如子央被屠：

乙未卜，宾，贞令永㚔子央于南。（《合集》6051）

"㚔"即屠戮，"永"为武丁朝著名贵族。这里是商王武丁命令贵族永屠惩子央。又如子画被㚔：

贞宙吴令㚔子画。（《合集》6053）（图 3—10）

这是商王命令贵族名吴者屠惩子画。再如子目被征伐：

贞呼雀征目。（《合集》6946 正）

图 3—10　《合集》6053

"目"为王廷诸子之名，当为子目者（《合集》3201）。甲骨文往往人地同名，目或为子目的封地。这是子目或其封地曾受到贵族雀的征讨：

癸丑卜，令雀匕目。（《合集》20173）

"从"即率领，这是子目曾在贵族雀的率领指挥之下，目地当离雀不远，因某种原因，商王武丁决定对其惩处，因而命令雀对目征讨是自然的。子桑也曾被征伐：

辛巳卜，殷，贞呼雀敦桑。（《合集》6959）

"敦"即征伐。"桑"字地名，当与子桑（《合集》5111）的封地有关。这是贵族雀受商王武丁之命，曾对子桑的封地进行过征伐。

如此等等。王廷诸子不仅参与了商王武丁征伐方国的战争，有的还在其封地驻守,并有随时向商王报告敌情之责。虽然诸子为商王朝疆土的扩大和巩固立下了许多功劳,但如与商王发生某种利害冲突,就会受到商王派王朝贵族的军事惩戒。

3. 诸子领有封地

胡厚宣在《殷代封建制度考》中指出,商代有"诸子之封"。宋镇豪进一步统计,"甲骨金文中称'子某'者有156名,称'某子'者有29名,其中人地同名者有90例,约占总数185名的49%",他并将甲骨文子名与地名同名的例子一一列出发现,这些地名"大致分布于王畿内外周围一带,属于商王朝政区结构中基层地区性单位"。他认为"这些子某或某子,作为商代社会生活组成的一方,已相继在特定的社会条件和社会经济关系中,与一定的地域相结合,受有一块土地为其生存之本",因而"这些受有土田的子名,性质接近后世文献说的'命姓受氏,而附之以令名'"①。领有封地的诸子,有自己相对独立的经济,不仅在政治方面要随时服从商王的呼、令,参与国家的管理和运作,而且在经济方面,也对商王朝承担着各种义务。

诸子在封地上,有自己的农业生产:

戊午卜,耑,贞画受年。(《合集》9811正)

"画"为子画(《合集》3040)的封地,这是商王关心子画封地上的年成。

求年于昌。(《合集》10100)

"昌"为子昌(《合集》3199)的封地,这是商王于子昌的封地为其祈求好年成。

戊午卜,雍受年。(《合集》9798)
辛酉卜,雍受(年)。(《合集》9799)

"雍"即子雍(《合集》3124)的封地,这是商王关心子雍的封地上的年成丰稔。

---

① 宋镇豪:《夏商社会生活史》,中国社会科学出版社1994年版,第185—189页。

癸卯卜，争，贞今岁商受年。(《合集》9661)

"商"为子商（《合集》779）的封地，这是卜问子商的领地今年会获好年成否。

己丑卜，宾，贞今䏿商秫。(《合集》9560)

裘锡圭谓秫字，"可以看作'刈'的异体"，其"本义当是刈禾"。"䏿是表示时间的一个词，于省吾先生读为'秋'。上引卜辞大概是卜问商地在今䏿是否有刈获"①。这是商王关心子商封地收获之事。

如此等等。诸子不仅在其封地经营农业生产，而且还有自己的畜牧经济：

壬辰卜，贞商牧。
贞勿商牧。六月。(《合集》5597)

"牧"即放牧，这是商王关心子商封地放牧牲畜之事。

贞雍刍于秋。
雍刍于苋。(《合集》150 正)

"刍"即刍牧，秋、苋均为地名。这是商王关切子雍在秋地和苋地豢养牲畜的情况。

4. 受封诸子对商王朝承担的义务

虽然诸子在封地上有自己相对独立的农业和畜牧经济，但在经济方面要承担向商王贡纳和在军事方面承担师、田等义务。

(1) 诸子向商王贡纳

在经济方面，领有封地的诸子向商王的贡纳品，有射兵、臣奴、牲畜和卜材等。

---

① 裘锡圭：《甲骨文字考释》，《古文字研究》第 4 辑，中华书局 1980 年版。

贞呼子画以🦴𣂤射。(《合集》5785)

"致"即致进,"𣂤"为地名,"射"即射兵。这是商王命令子画进致射兵。射兵为商王朝武装部队的特种兵,具有较强的战斗力。

丙申卜,争,贞令出以商臣于盖。(《合集》636)
……以子商臣于盖。(《合集》638)

"商臣"即"子商臣",乃子商的臣奴。"盖"在此处为地名。这是从盖地向商王进致子商的臣奴,以供商王役使。还有时向商王贡入牛只和野牛:

贞画来牛。
贞画弗其来牛。
贞画来牛。(《合集》9525)

"来"即贡来,这是卜问子画是否向商王贡来牛只。

癸未卜,亘,贞画来兕。(《合集》9172正)

"兕"即野牛,这是卜问画是否把猎获的野牛进贡给商王。不仅如此,商王占卜用的大量卜材,不少也是诸子贡入或贡来的:

子商入十……(《合集》9217反)
……子商入四十。(《合集》9216反)
画入二。在高。(《合集》376)
画来十三。在敦。(《合集》9194反)
画来二十。(《合集》6648反)
画入百。(《合集》9227反)
画入二百五十。(《合集》952反)

"高"、"敦"皆为地名。这是子商、子画等人向商王朝进贡龟甲的记事刻辞,每次贡入卜龟的数量多少不等。子商所贡最少者为一龟(《合集》9218),最多者为四十龟，而子画所贡入、贡来最少者为二龟，最多者一次为二百五十龟。

（2）诸子参与商王的田猎活动

在军事方面，领有封地的诸子不仅有随王出征、驻守边境并及时报警等沉重的兵役负担，还要在商王的呼令之下，参与商王的田猎活动。诸如子效：

丙寅卜，子效臣田获羌。（《合集》195 乙）

"田"即田猎，这是子效的臣奴在田猎过程中，抓获了羌人俘虏。又如子汰：

呼子汰逐鹿，获。（《合集》10314）

这是商王命令子汰追逐鹿类，并将其抓获。

己卯卜，□，贞令……汰陷。（《合集》10660）

"陷"即用设陷阱的方法，使兽坠入其中。这是商王命令子汰以陷阱猎兽。子商在田猎时，也曾使用此法：

□□卜，㱿，贞……
子商陷。（《合集》10670）

子商在商王命令下，曾到达鹿类活动之处：

呼子商比㵲有鹿。（《合集》10948 正）（图 3—11）

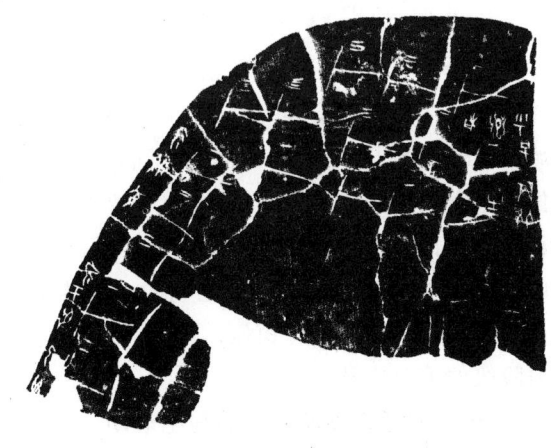

图 3—11　《合集》10948 正

"㵲"为水名，"从"字屈万里《殷虚文字甲编考释》第 204 页在考证《甲编》1511 片"从㘰，无灾"时，据《广雅·释诂》："从，就也"。此辞谓为"卜问就㘰地田猎，有无灾殃也"，因而"从"有前往和抵达之意。这是子商到达㵲水处发现鹿的活动踪迹，因而子商就有可能猎得鹿类：

贞子商获鹿。(《合集》10315 正)

子画也参与了商王的田猎活动：

贞子画弗其获兕。(《合集》10426 正)
……令画执兕，若。(《合集》10436)

"若"即顺若，子画在商王命令下抓到了野牛，十分顺若。此外，子㚸也参加了商王的田猎活动：

贞子㚸不其获。(《合集》3159)

如此等等。诸子在参与田猎活动时，不仅有所猎获，也使他们及其族众在田猎中得到了军事训练，提高了战斗能力。

三 王朝贵族

在甲骨文中，除了大量有关商王诸妇、王廷诸子的占卜以外，还有不少不称"子某"的奴隶主贵族活动的占卜。这批"不称'子某'的商王同姓贵族活跃于当时的社会生活中"，地位也非常重要，我们不妨称之为"王朝贵族"。虽然他们也有地位高低的不同，关于各王朝贵族活动的记载有多有少，但通过对"资料较齐备，亦比较重要"的贵族，诸如臬、竝、弜、吴、叟、雀、豆、雈、戉等人的活动的考察，可以使我们认识到，商朝后期王朝贵族[①]参与"国之大事"，即商王朝的祀戎等事和各项政务活动，实现了对广大自由民和奴隶的统治与镇压。因此，他们也和诸妇、诸子一样，是商王朝统治阶级的重要成员。

（一）王朝贵族与商王的祭祀活动

商王对神明和祖先的祭祀，是商王朝国家政治生活中的大事。商王为了神化自己和团结商族同姓贵族，牢牢地把持着对天神地祇和先公先王的祭祀权，从而加强了王权和使自己的统治更加巩固。但是，不少王朝贵族，也参

[①] 朱凤瀚：《商周家族形态研究》，天津古籍出版社 1990 年版，第 68 页。

与了对商人祖先的祭祀活动。上甲以前的先公远祖有夔：

> 丙戌卜，争，贞叟不乍夔，叶王事。二月。（《合集》5476）
> 丙辰卜，宾，贞由阜令燎于夔。（《合集》14370 丁）

"叟"、"阜"皆为王朝贵族名，"夔"为殷人高祖，又称作"高祖夔"（《合集》30398）。"燎"为祭名，即烧燎之祭。以上二辞，是王朝贵族叟、阜等参与了祭祀殷人高祖夔之事。有河：

> □□［卜］，争，贞呼阜燎于河。（《合集》14574）
> 庚申卜，出，贞令邑、并酒河。（《合集》23675）

"邑"、"并"为王朝贵族名，"河"为殷人高祖，称为"高祖河"（《合集》32028）。"酒"为祭名，即以酒为祭。这是王朝贵族阜、邑、并等参与了祭祀高祖河之事。还有岳：

> 贞呼阜酒岳。（《合集》14469 反）

"岳"亦是殷人的先祖神，高祖神夔每与岳共祭（《屯南》622），高祖神河也与岳共祭（《合集》34234），或高祖神夔、河每与岳共祭（《合集》10076）。岳虽然没有"高祖"的称号，但在殷人心目中亦视岳有高祖神的神格[①]。这是王朝贵族阜可祭殷人高祖神岳。

王朝贵族也祭上甲以后的诸先王。被祭及的先王有上甲：

> 贞由阜呼侑上甲。（《合集》4047 反）
> 贞告戍于上甲、成。（《英藏》594 正）

"戍"为王朝贵族名，"上甲"为殷人历史上的重要先王，"殷之先世大抵自上甲以下入于有史时代，自上甲以上则为神话传说时代"[②]，学者谓："卜辞

[①] 齐文心、王贵民：《商周文化志》，上海人民出版社1998年版，第105页。
[②] 郭沫若：《卜辞通纂》，科学出版社1983年版，第362页。

以上甲以前为高祖，以上甲为宗之始"，是殷人先公远祖与殷人先王的分水岭。阜、戌等王朝贵族祭及上甲，并祭上甲以后先王，有唐（大乙）：

癸丑卜，史，贞陴亘告于唐牜。（《合集》1291）
……叀兹三牧……于唐。（《合集》1309）
贞告戌于上甲、成。（《英藏》594 正）

甲骨文中"大乙、成、唐并是一人，即汤。大乙是庙号而唐是私名，成即可能是生称的美名，成唐犹云武汤"①。"牜"《甲骨文编》第 613 页谓："此一牛合文"。有学者谓为一岁之牛，《甲骨文字诂林》第 1535 页"按语"赞同为"一牛"合文之说，认为"其余诸说皆非是"。"陴"、"告"、"兹"皆为祭名。以上诸辞是王朝贵族亘、叀、戌等人祭祀先王大乙，即开国之君商汤。汤以后的先王，有祖乙：

庚寅［卜］，宾，贞……用阜……牛……祖乙。（《合集》4063）
贞令阜伐东土，告于祖乙于丁。八月。（《合集》7084）（图 3—12）
贞侑于祖乙告戌。
贞求戌于祖乙。（《英藏》594）

图 3—12 《合集》7084

王朝贵族阜、戌等人祭及先王祖乙。如所周知，唐（大乙）、祖乙等是直系先王。此外，还有的王朝贵族祭及旁系先王南庚：

己丑卜，王，宙羊侑豕南庚。十二月。（《合集》1999）

《史记·殷本纪》："帝沃甲崩，立沃甲兄祖辛之子祖丁"。"帝祖丁崩，立弟沃甲（即甲骨文之羌甲）之子南庚"。但"帝南庚崩，立帝祖丁之子阳甲，

---

① 陈梦家：《殷虚卜辞综述》，科学出版社 1956 年版，第 351 页。

是为帝阳甲",是南庚无子继承王位,却由其堂兄祖丁之子阳甲即位。此外,"在帝乙、帝辛的周祭卜辞中,凡直系的配偶皆入祀典,旁系则否"①。南庚在周祭祀谱中无法定配偶入祀,因此南庚是为旁系先王。此辞是王朝贵族弜祭祀旁系先王南庚,弜或为旁系先王南庚之后。王朝贵族还经常祭祀名"丁"的先王:

乙巳卜,宾,贞翌丁未酒𥃷岁于丁,尊侑玉。(《合集》4059 正)
贞令𦎫伐东土,告于祖乙于丁。八月。(《合集》7084)
丙寅,贞翌丁卯邑、并其侑于丁宰又一牛。五月。(《合集》14157)
乙巳……翌丙……并侑……丁。(《合集》4391)
丙辰卜,贞祼告吴疾于丁……(《合集》13740)
壬子卜,贞吴以羌𠦪于丁,用。六月。(《合集》264 正)

商王武丁前先王名丁者有报丁、大丁、沃丁、中丁、祖丁等,王朝贵族所祭之名丁先王因无区别字而不能确指。但从《合集》7084"贞令𦎫伐东土,告于祖乙于丁。八月"看,此丁名先王当在祖乙之后,即为祖丁的可能性更大些。以上各辞,是记𦎫、邑、并、吴等王朝贵族祭先王祖丁之事。

王朝贵族𤔲、𦎫、邑、并、壴、戉、吴等人,可祭商族的高祖夒、河、岳等,祭商朝的先王大乙、祖乙、祖丁等,说明他们和商王有着共同的祖先,因而有着或远或近的血缘联系。但应该注意的是,"他们多数不祭祀时王之近亲先人(如上一代先王)",因而与王廷诸子可祭及武丁父辈诸如阳甲、小乙不同,"这种现象是由于他们与时王的血亲关系疏于'子某'而造成的"②。虽然王朝贵族不祭时王的父辈,但可祭时王逝去的母辈:

……夕勿酒……母庚,雀嬴。(《合集》4118)

武丁之父小乙的法定配偶为妣庚,武丁称之为母庚。曹锦炎等谓"嬴"字"旧释为龙,读为庞,殊误","卜辞或用为方国名称,疑即嬴姓国族生息繁衍之地;用于卜疾之辞,应读为嬴,意指疾情加重"。姚孝遂谓"释'嬴'

---

① 陈梦家:《殷虚卜辞综述》,科学出版社1956年版,第351页。
② 朱凤瀚:《商周家族形态研究》,天津古籍出版社1996年版,第73页。

是正确的，字与'龙'有别，不得混同"，但"'疾羸'似非病情加重，而应是病情好转"①，姚说可从。此辞是说，不酒祭母庚，贵族雀的身体也无何大疾。

王朝贵族不仅可祭商王的祖先神，而且还祭自然神。有的王朝贵族，受商王指令，对"风雨诸神，进行祭祀"。祭祀四方神：

□□卜，争，贞翌辛巳呼㫃酒燎于方……（《合集》4058）
勿呼雀帝于西。（《合集》10976 正）

"帝"字为祭名，"方、土、四方和河、岳是宁风时求告的对象"。"殷人见风雨有时自四方而来，以为四方者必亦有神主之"②。以上二辞是王朝权贵㫃和雀在祭祀四方之神。祭日、月：

戊戌卜，内，呼雀戠于出日于入日宰。（《合集》6572）

"戠"字祭名，学者谓："殷人有祭日之礼，且于日之出入朝夕祭之"③。这是商王命令王朝贵族雀戠祭日神，并用一对羊为祭牲。还祭云：

贞勿呼雀燎于云犬。（《合集》1051 正）

"燎"字祭名，即烧燎之祭。学者谓："殷已知降雨者乃云"，"因殷人常求年祈雨故亦祭云"④。此外，还祭神石：

丙申卜，争，贞戊侑石一橐，其戈。（《合集》7694）
……戊侑石一橐，弗其……（《合集》7698）

---

① 于省吾主编：《甲骨文字诂林》，中华书局 1996 年版，第 1774 页。
② 胡厚宣：《殷代之天神崇拜》，《甲骨学商史论丛初集》（上），河北教育出版社 2002 年版，第 236 页。
③ 同上书，第 223 页。
④ 同上书，第 231 页。

"橐"字姚孝遂隶定,谓"《说文》'橐'与'囊'互训,古实为一字"。"姑据玄应《一切经音义》引《苍颉篇》以橐为囊之无底者,隶作橐"①。本辞是戍侑祭神石,以一橐为献。戍祭神石,还见于《合集》7695、7696 等版。

(二) 王朝贵族与商王朝的对外战争

商王朝经常发动对外战争,不少王朝贵族参与其事。不仅如此,由于商王与王朝贵族之间的矛盾或王朝贵族与王朝贵族之间的利益冲突,也时见王朝贵族之间兵戎相见的记载。

王朝贵族参与征伐的方国较多,主要有:

羌方:

□戌卜,㱿,贞吴戋羌、龙。(《合集》6630 正)

"羌方"在甲骨文中又称"羌",其"主要活动区域应在靠近山西省中南部的陕西境内"②。"龙"亦方名,其地应距羌方不远,"应在靠近山西境内陕西省的中部偏北,羌方在其南"③。此辞是记王朝贵族吴戋伐了羌方并乘势征伐了龙方。征伐羌方的王朝贵族还有:

癸未卜,宾,贞宙臭往追羌。(《合集》493 正)
辛丑卜,王,贞……弜……伐羌。(《合集》20402)
己酉卜,㱿,贞雪获羌。(《合集》166)
宙雀伐羌。(《合集》20403)
□□卜,㱿,贞戍获羌。(《合集》171)

羌方是商王朝的劲敌和奴隶俘虏的主要来源,因此王朝贵族吴、臭、弜、雪、雀、戍等人都参与了伐羌的战争。

舌方:

舌方也是商王朝的劲敌,不少王朝贵族也参加了伐舌方的战事:

---

① 于省吾主编:《甲骨文字诂林》,中华书局 1996 年版,第 1327 页。
② 李雪山:《商代分封制度研究》,中国社会科学出版社 2004 年版,第 223 页。
③ 同上书,第 227 页。

丁未卜，争，贞勿令㠱以众伐舌。（《合集》26）
贞戉弗其伐舌方。（《合集》6376）
□辰允有……舌方征……邑以……（《合集》6069）

不仅王朝贵族㠱、戉、邑等参与了征伐舌方的战事，而且王朝贵族雀还负责向商王朝报告舌方入侵的敌情：

舌方其至于雀。（《合集》6132）

"雀"为王朝贵族的领地。此辞是说，舌方时有犯边，已临近雀的领地，因此雀向商王朝报告敌情：

乙巳卜，宾，贞雀呼告舌方其出，允……（《合集》6078）

舌方为商朝劲敌，在整个武丁一朝为患不断。王朝贵族中的㠱多次出征舌方，直到武丁晚期（或甲骨文第二期祖庚、祖甲时），才由㠱平定了舌方：

丁酉卜，出，贞㠱擒舌方。（《合集》24145）

此后，再也不见舌方与商王朝交战的记载。
龙方：
王朝贵族参与了伐龙方的战事。

□戌卜，㱿，贞吴戈羌、龙。（《合集》6630正）

癸丑卜，贞雀往追龙，从浃西及。（《合集》6593）（图3—13）

图3—13　《合集》6593

这是吴、雀等参与了征伐龙方的战事。龙方在吴伐羌时被顺势征伐，当与羌方距离不远，其地望"应靠山西境内陕西省的中部偏北，羌方在其南，是位于商王畿西部的方国"①。

徉方： 王朝贵族参与伐徉方的战事。

> 乙未卜，㱿，贞吴克徉。（《合集》6569）
> 戊戌卜，㱿，贞戉戈徉方。（《合集》6568）

"徉方"，学者考证"应位于今石楼、永和以西的地区，在舌方的南边，是位于商本土西北的方国"②。王朝贵族吴、戉参加了攻克和戈伐徉方的战争。

祭方：

> 贞雀戈祭方。（《合集》6965）

"祭方"其地邻近雀地，"位于山西东南与河南西北之间"③。本辞是雀戈伐祭方。

基方和缶：

> 甲戌卜，㱿，贞雀及子商征基方。克。（《合集》6573）
> 雀弗其执缶。（《合集》6875）

这是王朝贵族雀征伐基方和缶。王朝贵族雀还对邻近的小方国大肆用兵：

> 辛巳卜，㱿，贞呼雀敦桑。
> 辛巳卜，㱿，贞呼雀伐㚔。（《合集》6959）
> 勿呼雀伐畀。（《合集》6962）

桑、㚔、畀当为与王朝贵族雀相距不远，因此商王命令他对其征讨。

---

① 李雪山：《商代分封制度研究》，中国社会科学出版社 2004 年版，第 227 页。
② 同上书，第 232 页。
③ 同上书，第 239 页。

亘方：

辛丑卜，㱿，贞戍不其获亘。（《合集》6952 正）
戊午卜，㱿，贞雀追亘，有获。（《合集》6947 正）

学者考证，"亘方之领地在今山西省垣曲县，是商王畿西南方向的国家"①。

猷方：

庚寅卜，㱿，贞呼雀伐猷。（《合集》6931）

被王朝贵族征伐的猷，当离雀地不远。

周方：

……舌令……侯寇周。五月。（《合集》6821）

"周"又称"周方"（《合集》6657 正），曾成为商王朝的侯国称"周侯"（《合集》20074），周"与商人发生冲突时，周人的势力范围一直也是以岐山及其以东地域为中心"②。这条卜辞是记王朝贵族舌攻打周方。

羗方：

庚寅卜，㱿，贞舌化�戈羗。隹。（《合集》6648 正）

这是舌化�戈伐羗方国。

方方：

贞舌�化戈方。（《合集》151 正）

"方"为方名。学者据《合集》137 反："……四日庚申亦有来嬉自北，子𣥏告曰：昔甲辰方征于蚁，俘人十又五人，五日戊申，方亦征，俘人十又六

---

① 李雪山：《商代分封制度研究》，中国社会科学出版社 2004 年版，第 221 页。

② 同上书，第 121 页。

人。六月在敦",说此辞之"敦在沁阳田猎区,故此所谓方当在沁阳之北、太行山以北的山西南部"。"蚁"为地名,"当在今垣曲以东"①。这是王朝贵族㐬化壴戈伐方方国。另有弜、戉等王朝贵族也参加了征伐方方的战事:

　　辛卯卜,王,贞弜其戈方。(《合集》20442)
　　戊戌卜,㱿,贞戊得方㦰戈。(《合集》6764)

"㦰"字从我从戈,其义不详,当为方方之首领名。

戈方:

　　□□卜,㞢,贞㐬化壴受有佑。三旬又□日戊子执,戈戈方。(《合集》6650正)

"戈方"地望,"从㐬国征讨戈方这背景来看,戈方应与㐬国为邻"。而㐬"位于今太原市一带,则戈方也与此不远"②。

土方:

　　甲寅卜,□,贞戊其获征土方。(《合集》6452)

"土方",有学者据方侵蚁(《菁》5),确定"王在敦,以蚁为北",而《菁》6谓:"来艰自西",沚㦰向商王报告敌情,又谓:"有来艰自北",蚁妻竹向商王报告敌情,确定商王"当仍在沁阳一带",而"蚁在沁阳之北,土方当在沚之东,当在蚁之西。方既侵蚁,又侵沚,则方似在土方之上"③。也有学者考证:"土方从遥远的北方入侵到了蚁伯的边境,又南下经过伯㦰领地侵犯到商的东部,故'土方'的活动范围应在今河北省北部,是商本土北方强劲敌国"④。本辞是记戊参加了征伐土方的战事。

如此等等。我们可以看到,王朝贵族吴、皋、弜、㐬、雀、戊、邑等人

---

① 陈梦家:《殷虚卜辞综述》,科学出版社1956年版,第270页。
② 李雪山:《商代分封制度研究》,中国社会科学出版社2004年版,第237页。
③ 陈梦家:《殷虚卜辞综述》,科学出版社1956年版,第272页。
④ 李雪山:《商代分封制度研究》,中国社会科学出版社2004年版,第191页。

参加了对羌方、舌方、𢀛方、祭方、基方、缶、亘方、猷方、周方、䚄方、方方、𢀜方、土方等重要方国以及𢀒、桑、畀等地的战事，其地望多在商王朝本土的西部和北部。商王朝武丁时期对外战争较多，主要打击方向在王畿西部和北部，南方无劲敌①。上述王朝贵族参加的战争，为商王朝的开疆辟土作出了贡献。

值得注意的是，有的王朝贵族，诸如吴、弜、雀等人，不仅经常参加商王朝的对外战争，而且动辄以武力处理贵族之间的矛盾，俨然一副"得专征伐"的架式，有对商王诸子加以武装屠戮的：

贞宙吴令𣪘子画。（《合集》6053）

这是王朝贵族吴对商王诸子之一子画诉诸武力。有王朝贵族之间兵戎相见的：

辛巳卜，𣪘，贞呼雀敦𠱡。（《合集》6959）
贞雀戋戉费。（《合集》6952 正）

这是王朝贵族雀对著名的王朝贵族𠱡、戉征伐之事，以处理他们之间（或与商王）的矛盾。有对其他贵族兵戎相见的：

……弜……𣪘……疋。（《合集》6977）

"疋"为人名，《合集》231 云："贞疋来羌，用自咸、大丁、（大）甲、大庚、下乙"，可知疋是有权祭祀商直系先王权力的重要贵族。这是王朝贵族弜曾对疋进行的屠伐。

丙子卜，弜戋𢀖。（《合集》7017）
壬申卜，贞雀弗其……戋𢀖。（《合集》53）

"𢀖"为人名，《合集》10923 云："壬戌卜，争，贞气令𢀖田于𢀖侯。十月"，𢀖曾为商王武丁时的侯，贵族𢀖曾田猎于此。以上二辞表明，王朝贵族弜、雀

---

① 郭沫若：《卜辞通纂》，日本文求堂1933年版。

曾对其兵戎相加。

　　　　甲辰（卜），王，雀获侯任……方。（《合集》6963）

这是侯任曾受王朝贵族雀的武力惩处。

（三）王朝贵族参与商王朝的管理

不少王朝贵族，除了参与商王朝的祭祀和对外战争活动以外，还参与了商王朝的一些国家管理事务，即"叶王事"或"叶朕事"：

　　己丑卜，争，贞吴叶王事。（《合集》177）

　　甲戌卜，宾，贞益、吴、启叶王事。二月。（《合集》5458）（图3—14）

　　□寅卜，王……弜弗其叶朕事，其潧余。（《合集》5499）

　　舌、启不其叶。（《合集》18）

　　己酉卜，争，贞共众人呼比受叶王事。五月。（《合集》22）

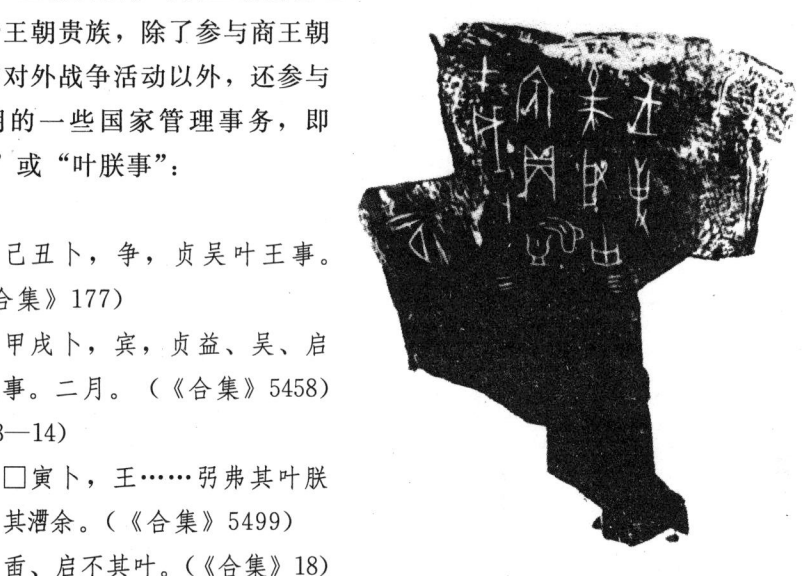

图3—14　《合集》5458

　　丙戌卜，争，贞受不乍嬰，叶王事。二月。（《合集》5476）

　　……豆叶王事。（《合集》5449正）

这是王朝贵族吴、弜、舌、受、豆等和益、启等都参与了王事活动。有的贵族是以商王任命的官吏身份参与这些活动的。有的身为王朝小藉臣：

　　己亥卜，贞令吴小藉臣。（《合集》5603）

"小藉臣"为管理王朝耕藉之事的官名。有的王朝贵族有"小臣"的名义：

　　……小臣㚔……（《合集》5571反）

是皋为小臣之职。有的王朝贵族有武官的名号：

……亚雀。(《合集》5679)

"亚"为商朝武职之官①。有的王朝贵族担任射官：

□□[卜]，㱿，贞射畣……曰：㞢既。己卯获羌十。(《合集》163)

"射"为武官名②，即管理专门的射兵之官。是畣为王朝射官。有的贵族接受了商王的封爵：

……雀任……受……（《合集》19033）

"任"为爵称，丁山谓："任本商制，男乃周名"③。甲骨文中王朝贵族雀又有男称，《合集》3452云："……贞……雀男……受……"学者谓："商代男、任在卜辞中通用的"，"男、任都是爵称，且互为通假"④，是贵族雀曾接受商王的封爵。

王朝贵族参与的王事管理活动，主要有：

1. 有关农业的管理

王朝贵族参与的商王朝的农业管理活动，主要有农田的开垦：

贞勿令皋裒田于京。(《合集》10919)
己酉卜，争，贞共众人呼比受，叶王事。五月。(《合集》22)
癸□[卜]，□，贞令受裒[田]于先侯。十二月。(《合集》9486)

这是商王命令皋、受等王朝贵族去开垦荒地，以增加王室田庄的耕种面积。

---

① 陈梦家：《殷虚卜辞综述》，科学出版社1956年版，第508页。
② 同上书，第512页。
③ 丁山：《甲骨文所见氏族及其制度》，中华书局1988年版，第45页。
④ 李雪山：《商代分封制度研究》，中国社会科学出版社2004年版，第50页。

王朝贵族参与王室田庄耕藉之事的管理：

> 己亥卜，贞令吴小藉臣。（《合集》5603）

吴为管理耕藉之事的臣官，但地位较高：

> 壬辰，贞叀吴呼小众人臣。（《合集》5597）

"众人臣"即管理众人之臣官，吴虽为管理耕藉之事的臣官，但可对"众人臣"呼、令，其地位应在被呼令的众人臣之上。王朝贵族还负责对商王储藏谷物仓廪的巡省之事：

> 己酉卜，贞令吴省在南廪。十月。（《合集》9638）（图3—15）

图3—15 《合集》9638

"省"即巡察、省视，"廪"即仓廪，为商王存贮王室田庄收获谷物之专用。曾因仓廪保护不严，某夜酿成被暴动的仆、宰连续焚烧三廪的大事，甲骨文中特记此事曰：

> 王占曰：有祟，赦、光其有来艰。乞至六日戊戌，允有……有仆在夒，宰在□薅，亦〔夜〕焚廪三。十一月。（《合集》583反）

为防止奴隶暴动焚廪，因而商王令贵族吴参与巡省南廪的安全保卫工作。参与省廪的还有其他贵族：

> 己亥卜，贞叀并令省在南廪。（《合集》9639）

这是王朝贵族竝也参与了王朝仓廪的巡察省视之事。

2. 训练特种兵——射

射兵是商王朝的特殊兵种,既可远距离射杀敌人逃兵,又可近距离挫敌进攻锋芒。但射要中"的",要求准确度较高,而且强弓非一般人所能挽张,较强的臂力也非一日之功可得。因此,射兵必须经过较长期的特殊训练才能投入战斗。有的王朝贵族专为商王朝训练射兵:

　　癸巳卜,殷,贞令㠱善射。(《合集》5770甲)

"善"字"是动词","此假作养或庠"①,即教练、训练。这是商王命令贵族㠱训练射兵。此当为单兵训练,即从每个射兵基本技能开始。

　　贞令㠱善三百射。(《合集》5771甲)

"三百射或作射三百,与三族、马并卜,故知是一集体。殷代师旅以百人为一小队、三百人为一大队","三百射当为射之左、右、中三队"②。此辞即商王命令贵族教练三百人为射兵。三百人的编队训练,当较单兵训练更进一步,为战阵操练以便实战时的相互配合与协调。

3. 参与商王的田猎活动

商王经常举行田猎活动,不仅满足了商王的逸乐,而且还是演兵习武,训练军队的一种手段。因此,商王每举行田猎时,常令王朝贵族带领族众前往。

田猎地的地形和野兽的有无,关系到商王的安危和猎获物的多少。为保障田猎活动达到预期效果,商王在田猎前,每每派王朝贵族前往省视、考察。先期前往省视的贵族如认为田猎地适宜,商王就率员前往。王朝贵族也在商王的命令下,进行田猎活动:

　　壬戌卜,王,贞其令雀田于……(《合集》10567)
　　壬戌卜,争,贞乞令爰田于𤊾侯。十月。(《合集》10923)

这是商王武丁命令王朝贵族雀和爰等人进行田猎活动。田猎活动以猎兽为目

---

① 陈梦家:《殷虚卜辞综述》,科学出版社1956年版,第513页。
② 同上。

的，所以又称为"狩"：

　　　　庚……呼弜……狩……毕。
　　　　辛亥卜，王，贞呼弜狩麋，毕。(《合集》10374)

这是商王命令贵族弜专狩麋鹿。或抓获野豕：

　　　　乙巳卜，弜获豕。(《合集》10242)

有时商王还命令王朝贵族专门去猎获老虎：

　　　　己未卜，雀获虎。弗获。一月。在而。(《合集》10201)

"而"为地名。本辞是记王朝贵族雀去猎老虎，但没有抓到。虎为百兽之王，其性凶猛，因而不易猎获。甲骨文第五期帝乙、帝辛时，商王曾猎得一虎，为显示其勇武，特取虎骨雕刻精美花纹并嵌以绿松石，上刻辞曰：

　　　　辛酉王田于鸡麓，获大霉虎。在十月隹王三祀叠日。(《怀特》1915)

商王三祀十月举行周祭诸先王的叠日祀典时，恰在鸡麓之地田猎并获得此虎，特取此虎之肋骨刻辞其上，以资纪念并昭示后世子孙。此外，王朝贵族还猎得其他珍禽：

　　　　庚寅卜，□，贞旱弗其擒，亡🦌。四月。(《合集》10812甲)
　　　　庚寅卜，[贞]旱擒，亡🦌。四月。(《合集》10812乙)

"亡🦌"为何种动物不详，但从"擒"字写作以毕罗鸟状可推知，此猎物当为一种鸟类。这是王朝贵族旱专门为商王去网捕某种禽鸟。

王朝贵族旱、雀、受、弜等不仅受商王之命率部参加田猎活动，有的还在商王狩猎时，要紧随其后：

　　　　□亥卜，㱿，贞旬无𡆥。王占[曰]……丁卯王狩岐。肰车……在

车，阜马亦……（《合集》584正甲）

"岐"为地名，"㚸"为王朝贵族名。本辞的验辞是记商王武丁于丁卯日在岐地狩猎，贵族㚸驾车，而贵族阜以马队随行。

4. 参与商王朝的丧葬之事

王朝贵族不仅参与商王朝的农业管理、军队训练和田猎活动，有时还受商王之命，参与有关商王朝的丧葬之事。

丙子卜，宾，贞令吴⃣我于㞢𠂤，⃣告不死。（《合集》17168）

"⃣"字作人仰于㞢上，并置于□中，此字与另形"囧"，字作占置于□中意同。裘锡圭谓："⃣象人埋坑中而有'㞢'荐之，⃣象残骨埋于坑中，应为一字异体，或释'葬'，似可从"①。"㞢𠂤"地名，即㞢地的高阜。"我"为代词，为商王武丁自指。本辞是说，商王武丁因病笃而安排后事，指定王朝贵族吴在他身后，将他葬于选定的㞢𠂤之地。但占卜时得出了虽有疾祸，但不会致死的判断。这表明吴有资格为商王料理身后之事。此外，参与此事的还有王朝贵族邑和竝：

乙亥卜，争，贞叀邑、并令⃣我于㞢𠂤。十一月。（《合集》17171）

这是王朝贵族邑和并也可参与商王的丧葬之事。能为商王料理身后之事，可见他们地位的重要。

5. 参与商王朝的占卜活动

有的王朝贵族还和王朝诸妇一样，身为卜官，参与了甲骨的整治活动，以供商王占卜之用：

……并示五十。（《合集》12522反）

这是记事刻辞，刻于龟甲的甲桥之上。这是记王朝贵族竝整治、检视了五十只龟甲，以供商王卜用。有的王朝贵族整治牛肩胛骨的批次较多：

---

① 裘锡圭：《论"历组卜辞"的时代》，《古文字研究》第6辑，中华书局1981年版。

　　　　壬子邑示一屯。小㲢。(《合集》6402 白)
　　　　癸亥邑示二屯。小㲢。(《合集》17570 白)
　　　　壬申邑示三屯。岳。(《合集》17567)
　　　　丁丑邑示四屯。耳。(《合集》17563 白)
　　　　丁巳邑示五屯。䇂㲢。(《合集》14474 白)
　　　　丙寅邑示七屯。小㲢。(《合集》1661 白)
　　　　壬午邑示八屯。岳。(《合集》4632 白)

以上均为记事刻辞，王朝贵族邑所检视、整治的甲骨，从一"屯"（即一对）至八屯不等。据统计，邑所整治牛肩胛骨每次多少不一，共达 35 次之多，而邑所整治、检视的龟甲次数较少，仅见一次：

　　　　邑示十。殻。(《合集》17556 反)

这是一版龟甲的反面，记事刻于甲桥之上。本辞是记王朝贵族邑这批共整治了十只龟甲。因此，作为卜官的邑，应主要负责卜用牛骨的整治工作。这表明，整治甲骨的卜官，或有分工，有的人专门负责整治龟甲，而有的人专门负责整治肩胛骨。

（四）王朝贵族被封在外地
　　王朝贵族和王廷诸子、商王诸妇一样，不少人被商王分封在外地。学者指出，"'子某'之族的族居地可考证其地望者，多集中在距王畿不远的地方，即商王国政治中心地区"。而这些非"子某"的王朝贵族，"则多集中在商王国的西部地区，即当时与外族兵戎相见最频繁的地带"。诸如雀、弜"约在今豫西临近黄河处"，甾"约在今晋东南"，而竝"约近甾"，戍"亦约在今晋南"，㠯"很可能亦在商王国边陲之地"①。
　　1. 王朝贵族有自己的封地
　　不少著名贵族都有自己的封地，他们平时居住在自己的封地上。一旦入朝为官，即代表商王行事，成为王朝贵族。
　　（1）王朝贵族从封地应召入朝"叶王事"，为商王从事各项管理活动。

---

① 朱凤瀚：《商周家族形态研究》，天津古籍出版社 1990 年版，第 74 页。

> 癸巳卜，贞令橐、阜、子髳归。六月。(《合集》3076)
> ……曰：阜来其以齿。(《合集》17303 反)

"归"即回归，"来"即归来。这是商王命令贵族阜等人回归商都，以服事商王。贵族阜或专程来商都，把珍贵的动物牙齿进致商王。

> 贞勿呼舌归。(《合集》4194)
> 贞令射舌归。(《合集》5749)

这是商王呼令贵族舌回归商都，为商王服王事。贵族舌有时专程来商都，以向商王进致羌奴：

> 贞……秜至告曰：舌来以羌。(《英藏》756)

这是贵族秜向商王报告说，贵族舌要来商都进贡羌奴。贵族雀也被商王召来商都：

> 己酉卜，王，雀有来，令……(《合集》4144)

商王对他们的来朝服事颇为关心，时有关于他们归来的卜问：

> 丙午卜，己酉雀至。(《合集》4146)
> 癸未卜，今一月雀无其至。(《合集》5793)
> ……雀允至。(《合集》4147)
> 雀弗其克入。(《合集》7076 正)

以上各辞，是商王关心贵族雀是否平安进入商都。贵族阜、舌、雀等人一旦应召入朝，就成为商王从事各种王事活动的王朝贵族。而平时，当在其各自的封地上经营。

(2) 王朝贵族有自己的封地，平时在自己的封地经营农业经济。诸如：

......弜受有年。(《合集》9759)

"弜"既为王朝贵族弜的私名,又为他受封之地名。弜平时在其封地上,即为弜地之长。这是贞问弜地会得到好年成否。

乙亥卜,弜受齌……二月。(《合集》10029)

"齌"字于省吾释,谓"即稷字的初文,今称谷子,去皮为小米"[①]。这是卜问弜封地上所种植的谷类是否会获得丰收。

贞舀不其受年。(《合集》9791 正)

这是贞问王朝贵族舀的封地是否得到好年成。

□□卜,雀……入受年。(《合集》9760)

这是贞问贵族雀的封地是否有好年成。王朝贵族弜、舀、雀等有自己的封地,并在封地经营农业生产。

2. 被封贵族对商王朝承担义务

商王朝是统一的奴隶主专制的国家,王朝贵族由于与商最高统治者商王有着或远或近的血缘关系,或为商王朝统治的巩固和加强作出过贡献,所以被分封在外地。而被商王分封的贵族,虽然有自己相对独立的经济,但都对商王朝承担着一定的义务,以示对中央王朝的承认。

被封在外地的贵族,在商王朝的对外战争中,要随时应召出征,承担着繁重的军事义务,因而耗费了大量的人力;而且平时还要向商王朝贡纳品物,在经济上也受到商王朝的无情盘剥。

王朝贵族对商中央王朝的经济负担,主要有商王向封在各地的贵族强制性取、共者,也有被分封在各地的贵族按定制向商王朝"自动"地致、来、入者。

(1) 商王朝强制性的取、共者

"取"即征收、征取。"共"即登聚、征供。取与共都带有一定的强制

---

① 于省吾:《释黍、齌、来》,《甲骨文字释林》,中华书局 1999 年版,第 242 页。

性，是商王为了满足自己的特殊需要，自上而下的无厌诛求。商王向领有封地的贵族经常自上而下地征收索取：

贞并弗其以，有取。(《合集》9105 反)

"致"即进致。本辞是说贵族竝没有主动地向商王朝进致，而是商王要进行强制性征收、强取。

贞呼取戉。(《合集》1479)

这是商王呼令向另一贵族戉强制性地征取。商王向领有封地贵族强制性地征取品物不一，有伐奴：

□□（卜），㱿，贞呼吴取囧任伐，以。
己酉卜，㱿，贞勿呼吴取囧任伐，弗其以。(《合集》7854 正)（图 3—16）

图 3—16 《合集》7854 正

"囧任"即名囧的任爵，"伐"字"象以戈砍人之颈"，甲骨文作为动词，用于祭祀"指用人牲而砍其头言之"，而用于战争为征伐。但伐字又可由动词转为名词用，指准备砍头的人牲[①]。商王命令贵族吴征取囧任的伐奴，以供作砍头的人牲之用。

呼吴取垈□人。(《合集》840)

"垈"即逃亡，"甲骨卜辞之中，实有大量关于奴隶逃亡的记载"，而商朝"奴隶主对逃亡的奴隶，一定要追捕、追及、获而执之"[②]。这是商王命令贵

---

① 于省吾：《甲骨文字释林》，中华书局 1999 年版，第 167 页。
② 胡厚宣：《甲骨文中所见殷代奴隶的反压迫斗争》，《考古学报》1976 年第 1 期。

族吴把抓捕到的逃亡奴隶进献。除向贵族征用人牲和逃奴以外，还有各种牲畜，诸如牛：

> 癸酉卜，王，呼弜共牛。（《合集》8939）

这是商王向贵族弜下令登进牛只。商王还向贵族征共特殊的牛牲：

> 庚子卜，□，贞取弜勿……往……（《合集》7031）

"勿"字郭沫若《殷契粹编》424 片考释谓："勿乃犁之初文，象以犁启土之状。刃多假为犁牛之犁"。这是商王向贵族弜征取犁牛。又如：

> 贞共雀𠦪牛。（《合集》387 反）

"𠦪"字不明其义，当是和"勿"字一样作修饰牛牲之用。这是商王专门登共贵族雀的𠦪牛。商王还向贵族强制性地征取和登共马匹：

> □辰卜，㞢，贞呼取马于𠚤，以。三月。（《合集》8797 正）
> ……弗其取弜马……以在易。（《合集》20631）

这是商王强制性地向贵族𠚤和弜征取马匹。除牛、马之外，还登取鲜活的动物以供特殊需要，甲骨文中所见活着的动物有"生刍鸟"（《合集》116 正）、"生鹿"（《合集》10270）、"生豕"（《合集》15068）、"生鼃"（《合集》15147）等。

商王除了向贵族征取人牲、奴和牛、马等及鲜活的动物外，还强制性地征取其他物品，如良弓：

> 贞吴呼取弓。（《合集》9827）

这是商王向贵族弜征取良弓，以供战争和狩猎之用。

(2) 贵族定期向商王致（致进）、入（贡入）、来（贡来）

地方除了负担商王强制性地征取、登共各种品物外，还有定期向商王致（即贡致）、来（即贡来）、入（即贡入）各种品物的义务。

辛亥卜，㞢，贞邑以。（《合集》9057 正）

这是贵族邑向商王进致品物。贵族向商王进致的品物种类繁多：
　　其一是名目不同的非自由人和服役者：

　　壬子卜，贞吴以羌㲋于丁用。六月。（《合集》264 正）
　　己卯卜，宾，贞翌甲申用射畨以羌自上甲。八月。（《合集》277）
　　辛丑卜，贞皋以羌，王于南门寻。（《合集》261）
　　贞勿用吴来羌。（《合集》557）

这是贵族吴、畨、皋等进致、贡来羌奴，供商王作祭祀的人牲之用。

　　辛亥卜，宾，贞畨竁化以王係。（《合集》1100 正）

"係"字"指被缚係的俘虏言之"①。这是畨竁化向商王贡致系虏之人。

　　癸卯卜，贞翌辛亥王寻皋以执。（《合集》803）
　　……王寻皋以执。（《合集》804）

"执"即被拘执之人。这是商王寻祭时，以贵族皋所贡致的被拘执之人作为人牲。

　　贞皋弗其以易凵（陷）。（《合集》3389）

"易"字地名，"陷"字作跽人陷于坎中，易陷当是易地用于坑埋之人。这是皋进致易地专供殉埋之人牲。

　　贞吴率以𠃬刍。（《合集》95）

---

① 于省吾：《释係》，《甲骨文字释林》，中华书局1999年版，第298页。

"👹"字从网从兔,当为扑兔之工具网罟之罟,"罟刍"即用网扑获之刍奴。这是贵族进致网扑之刍奴。"刍"多为抓捕而来,如本辞"罟"刍及"获"刍。

　　丁未卜,贞令戍光有获羌刍五十。(《合集》22043)

"刍"称"羌刍",当以羌人刍牧者居多。刍平时被关在狱中:

　　……𢀛己未隶㡇刍坴自爻圉。(《合集》138)

刍时而发生逃亡,本辞是从狱中逃亡。有的一次竟逃亡十二人:

　　……左告曰:有坴刍自益,十人又二。(《合集》137 正)

有的刍奴戴刑具从监狱中提取:

　　……㡇刍羍自爻圉六人。八月。(《合集》139 正)

"羍"即以刑具铐其足,这是从爻地监狱提取六人。或被用作人牲杀死:

　　……戠……刍。(《合集》121)
　　癸丑卜,宾,贞㠯来屯,戠。十二月。(《合集》824)

"屯","为异族奴隶之名"①。"戠"即戠杀,以钺砍伐。本辞是贵族㠯贡来屯奴,以作为戠杀的人牲。

贵族吴、舌、㠯等人向商王贡致、贡来的有羌、係、执、易陷、罟刍、屯等,其中不少人被商王用作祭祀时的人牲杀死,当非自由人。但也有幸存生命者,留供商王驱使、服役之用,如:

　　庚寅卜,㱿,贞吴以角女。(《合集》671 正)

---

① 胡厚宣:《中国奴隶社会的人殉和人祭》(下),《文物》1974 年第 8 期。

贵族吴所贡致角地女子，或为商王后宫役使之用：

贞勿呼以夒人。(《合集》1031)

"夒人"即夒地之人。这是命令贵族夒进贡其属下自由人众供商王役使。不仅如此，贵族还向商王进致射兵：

癸丑卜，争，贞吴以射。(《合集》5761)（图 3—17）

贞勿令㬎以三百射。(《合集》5769正)

癸未卜……雀不其来射。(《合集》5793)

□未卜……呼雀……射。(《合集》5794)

"射"即射手、射兵。这是贵族吴、㬎向商王贡致经过专门训练的射手。贵族向商王贡来射手，最多可贡致三百名。这一次所贡射手，按一百人编成一队，可组成左、中、右三队的战斗编制。

其二是贡致、贡来各种牲畜和珍兽：

贵族还要向商王贡致、贡来各种动物，以供商王的需要。牲畜类有牛：

图 3—17　《合集》5761

□未卜，贞㬎以牛。(《合集》8975)

□戌卜，贞㬎见百牛，汎用自上示。(《合集》102)

"见"即献，"毁"字谓："刉物牲或人牲，取血以祭"①。"'上示'与'下示'

---

① 于省吾：《甲骨文字释林》，中华书局1999年版，第25页。

相对，'上示'当是'自上甲'"①。这是贵族皋贡致进献牛只，供商王祭祀时作牺牲之用。贵族也向商王贡来马匹：

> 乙未卜，内，（贞）……曰：弜来马。（《合集》9174）

这是贵族弜向商王贡来马匹。

> 贞呼吴曰：毋以豕。（《合集》8981）

这是商王命令贵族吴不再进致野猪。此外，另有其他珍稀动物：

> 戊辰卜，雀以象。
> 戊辰卜，雀不其以象。十二月。（《合集》8984）

这是贞问贵族雀向商王贡致大象否。

> 己巳卜，雀以猴。十二月。（《合集》8984）

这是贵族雀向商王进致猴子。这些被进致而来的象、猴等珍稀动物，当是供商王赏玩之用。

其三是向商王贡致"他奇怪物"：

《史记·周本纪》说，商纣王"囚西伯于羑里"时，周姬昌大臣闳夭等人为使其早日获释，"求有莘氏美女，骊戎氏之文马，有熊九驷，他奇怪物，因殷嬖臣费仲而献之纣"。被封在外地的贵族为讨得商王的欢心，不仅向中央王朝进致"美女"、"良马"等，还经常把地方上的"他奇怪物"向中央王朝贡致。

> □寅卜……皋以新鬯，由今夕……于丁。（《合集》13868）

"鬯"为香酒，新鬯即新酿造之香酒。"丁"为商先王名，我们前已指出，武

---

① 陈梦家：《殷虚卜辞综述》，科学出版社1956年版，第467页。

丁以前名丁的先王多位，此"丁"似以祖丁当之为妥。这是贵族皋贡致的新鬯酒，用于当晚祭祀先王祖丁之用。

……曰：皋来其以齿。（《合集》17303 反）

"齿"即牙齿，动物牙齿可以雕刻制作各种工艺品，尤以象齿为贵。1976年殷墟妇好墓中出土象牙雕刻品"有杯和带流筒形器两种，共三件，皆一整块象牙雕成。雕刻精细，花纹繁缛，是极少见的艺术品"①。妇好死于武丁晚叶前期，而皋却一直生活到祖庚平定舌方之时。因此，贵族皋所贡献给商王的象齿，或商王为妇好作象牙雕刻品的原材之用。妇好死后，被殉于其墓内，以供其冥世继续把玩。

雀不其以石。（《合集》6952 正）

这是商王特记贵族雀向其进贡石材，当是制作高级工艺品的，应非一般石料。殷墟妇好墓出土有五件石磬，内三件残碎，其中一件"呈青灰，略成长条形，上窄下宽，表面磨光，近顶端处有一圆孔"者，"在磬一侧上端刻'妊竹入石'四字"②。此磬即贵族妊竹所贡入之石质制成品。贵族进贡商王的优质石材，可制作豆、盂、瓿等高级生活用品和礼器，以供商王享用。

其四是贡入供占卜用龟：

商王几乎日日卜，事事卜，以决断国家的政事和自己的日常行止。因而占卜时需要大量的龟甲和兽骨，而这些供占卜用的龟和骨，不少都是贵族所贡入的。

吴入一。（《合集》1076 反）

"入"即贡入。这是"甲桥刻辞"，专记贵族贡龟之事。此版是记贵族吴此次

---

① 中国社会科学院考古研究所安阳工作队：《安阳殷墟五号墓的发掘》，《考古学报》1977年第2期。

② 同上。

贡入龟一只。贵族吴每次贡龟数量不等，有时一次贡入五龟者：

  吴入五。(《合集》3979 反)

吴一次贡入五龟还见于《合集》14721 反。吴也有时一次贡入十龟：

  吴入十。(《合集》9221)

贵族吴或一次贡入二十龟：

  ……吴入廿。(《合集》9220 反)

贵族吴一次贡龟最大数字为五十：

  吴入五十。(《合集》13338 反)

以上所见贵族吴曾六次向商王贡龟，共计 91 只。贵族弜也经常向商王贡龟：

  弜入。(《合集》9341)

这是刻于卜龟右甲尾之上的记事文字，学者称之为"甲尾刻辞"。"弜入"是记此龟乃是贵族弜贡入者。甲尾刻辞记弜曾多次贡龟，还见《合集》9342、9343、9344、9345、9346、9347、9348、9349、9350、9351、20578、20733 等版。贵族弜如此频繁地向商王贡龟，可能每次仅一龟，而不记数量，也可能每次不只一龟，但数字略去。贵族弜不仅贡龟的次数较多，而且有一次贡入龟只的数量较大：

  弜入二百廿五。(《合集》9334)

这是"右甲尾刻辞"。记贵族弜一次就向商王进贡达 225 只龟。以上贵族弜共 14 次向商王贡龟，虽有不少次所贡数目不详，但以每次最少一龟计，共达 238 只之多。

贵族雀也经常向商王贡龟：

　　雀入三。（《合集》1051 反）

有时一次贡龟 10 只或 10 只以上：

　　雀入十。（《合集》11274 反）
　　雀入三十。（《合集》190 反）

一次贡龟 30 只者，还另见《合集》6928 反。贵族雀有时一次贡入龟百只或百只以上：

　　雀入百。（《合集》9241）

雀入百只龟还见于《合集》14130 反。

　　雀入百……（《合集》10364 反）

此版"百"后数字虽残，当为贡龟百只以上无疑。但雀每次贡入百龟以上者：

　　雀入百五十。（《合集》10937 反）

这是记贵族雀一次贡入龟 150 只。此外，贡龟 150 只者还见于《合集》14209 反、14210 反、14395 反等版。据此，《合集》13694 反后所缺之数字，当为"五十"，此次亦为贡入 150 只龟。贵族雀还有时一次贡龟 200 或 200 只以上：

　　雀入二百。（《合集》2399 反）
　　雀入二百……（《合集》9238 反）

此版"二百"后数字残，当为二百零若干只。雀一次贡入 200 只以上者，多为二百五十：

> 雀入二百五十。（《合集》768 反）

此外，贵族雀一次贡龟 250 只还见于《合集》1100 反、1868 反、3201 反、9233 反、9234 反、9235 反、9237 反、9791 反、12487 反、12675 反、14929 反、14951 反等版。由上述各版看来，贵族雀贡入 250 只龟当为定数。因而《合集》9238 反之二百之后所缺数字，或为五十，即此次也是贡入 250 只龟。

贵族贡龟最大数字为五百：

> 雀入𠂤五百。（《合集》9774 反）

"𠂤"字作侧视形，似龟头及隆起之龟背甲，虽然足形略去，但可知应为龟字。此外，甲桥刻辞所记虽为入龟之事，但每批只记入龟数字，而多略去龟字，此版特记"𠂤"字，当为此批所贡为较特殊之龟种。贵族雀共 27 次向商王贡龟，总数达 5223 只。贵族㱿也经常向商王贡入龟只：

> 㱿入……（《合集》9257 反）

这表明，此龟是贵族㱿所贡入。但此版后之入数字残，贡龟数量不得而知。残去贡龟数字者，还见于《合集》9258 版。每次㱿所贡入龟只，少者有一、二只：

> 㱿入一。（《合集》14128 反）
> 㱿入二。（《合集》9255）

贵族㱿一次贡入二龟还见于《合集》9256、14207 反等版。有时㱿还一次贡入五只龟：

> 㱿入五。（《合集》9259）

贵族豆一次贡入 5 龟，还见于《合集》9260 版。也有时一次贡入 10 龟：

  豆入十。（《合集》7852 反）

贵族豆一次贡入 10 只龟，还见于《合集》9252 反及《合集》9254 版所记。

  豆来十。（《合集》9204 反）

这是贵族豆贡来 10 龟。贵族豆所贡入龟，虽每批以 10 只或 10 只以下为多，但也有 10 只龟以上者：

  豆入廿。（《合集》14577 反）
  豆入四十。（《合集》9253）
  庚□豆入五十。（《合集》419 反）

贵族豆共贡入、贡来龟 15 批，每次数目不等。其中两批有数字残缺者，以最少 1 龟计，总计贡龟 167 只。

四　贞人集团

《礼记·表记》说："殷人尊神，率民以事神，先鬼而后礼，先罚而后赏。"殷王十分迷信，无论是作为国家大事的对外战争和对于祖先的祭祀活动，还是商王个人的安危、行止，以及王廷贵妇的生育、灾病等，都要进行占卜活动。殷代晚期盘庚迁殷以后，殷王几乎是天天卜，事事卜，用以沟通人王和天神、地祇和人鬼，以加强自己对广大平民和奴隶的统治。自 1899 年以来至今天，安阳殷墟出土的十万多片甲骨文，就是商代占卜之风盛行的证明。

如此之多的占卜记录，是由贞人完成的，"贞人并不是名词，意思只是'问卜的人'。问卜的人任何人都可以充任，或是王自己充任。"贞人"大部分是当时的史官，但不全是史官。有时候殷王亲自来问卜，记着'王贞'，这王也可称为'贞人'。王妇、王子、诸侯偶然问卜，都写他们的名字，也都可称为'贞人'。不过史官作贞人,所记卜辞都是自己写自己刻"①。

"贞人"作为"贞卜命龟之人",是董作宾在《大龟四版考释》②中第一个提出的。此前,在甲骨卜辞的"干支"字之后,命辞"贞"字之前的一个字,学者或疑为官名,或疑为地名,或疑为占卜事类。但如此众多的说法,在辞中皆扞格难通。董作宾在全面研究了1929年第三次殷墟发掘"大连坑"出土的"大龟四版",特别是其中的第四版(《甲》2122)以后,始得出此字应为人名。如果干支字之后,贞字之前的此字为地名,其应加"在"字,如"在向贞"、"在潢贞"等,因此董作宾指出:"只言'某某卜某贞'者,决非地名。"此外,本版(《甲》2122)全为卜旬之辞,如果贞上此字为"事类"或"职官名"的话,"则应全版一致"。但这一块内容全为"卜旬之版,贞上一字不同者六,则非事与官可知"。并论定"可知其决为卜问命龟之人,有时此人名甚似官,则因古人多有以官为名者。又卜辞多'某某王卜贞'有'王卜贞'之例,可知贞卜命龟之辞,有时王亲为之,有时使史臣为之,其为书贞卜的人名,则无足疑"。"大龟四版"之一的《甲》2122(图3—18)上共有6名贞人,他们在9个月之内,轮流贞旬。因此,"他们的年龄无论如何,必须在九个月内是生存着的,最老的和最少的,相关也不能过五十年。因此,可由贞人以定时代"③。

图3—18 《合集》11546
(大龟四版之一)

---

① 董作宾:《甲骨学六十年》,《中国现代学术经典·董作宾卷》,河北教育出版社1996年版,第209页。

② 董作宾:《大龟四版考释》,《安阳发掘报告》第3期,1931年。

③ 同上。

1933年董作宾《甲骨文断代研究例》发表以前，"虽然不少前辈学者对甲骨文分期断代研究进行过一些探索，但他们将晚商二百七十三年'层垒'造成的甲骨文材料，还只是做'平面'——即横向处理，笼统称之为'殷墟书契'或'殷墟甲骨文'。"① 而董作宾"贞人"的发现，才使甲骨文分期断代研究始露端倪。在此基础上，董作宾全面提出了甲骨文分期断代的十项标准，即世系、称谓、贞人、坑位、方国、人物、事类、文法、字形、书体等，从而使看似混沌一团的十多万片甲骨"各归其主"，有条不紊地划归五个不同时期，分别隶属于晚商八世十二王的名下。

　　贞人在甲骨文断代工作中具有重要的作用，有学者把诸标准的世系、称谓、贞人作为"甲骨文断代的首先条件"，称之为"第一标准"②。也有学者认为，"世系、称谓、贞人，三位一体，是甲骨文分期断代的基础"③。贞人是商王朝代表时王进行占卜活动并记事的史官，他们都是商王朝的高级知识分子，不同的贞人供职于不同的商王。由于甲骨文材料陆续公布的增多和学者们研究的深入，学者们对甲骨文中的贞人的统计数字也日益全面并逐渐增多。

　　1933年董作宾的《甲骨文断代研究例》，由于材料的局限和研究尚属初期阶段，因而所认识的贞人有限，不过82人而已。其中第一期武丁时11人，第二期祖庚、祖甲时62人，第三期廪辛、康丁时8人，第五期乙、辛1人，另有6人"不能确定时期"，待"将来从各方面研究，总可找出他们的时代来"。后董作宾在材料增多和研究进一步缜密的基础上，对甲骨文中贞人的认识就大大前进了一步。他在1965年出版的《甲骨学六十年》一书有《卜人断代总表》，共列贞人120名，其中第一期73人，第二期22人，第三期18人，第四期1人，第五期6人；陈梦家1956年出版的《殷虚卜辞综述》的"卜人断代总表"中共列贞人120名，其中第一期73名，第二期22人，第三期18人，第四期1人，第五期6人；饶宗颐1959年出版的《殷代贞卜人物通考》，共列贞人142位（其中"附"4人，备考者20人）；岛邦男1975年出版的中译本《殷虚卜辞研究》对董作宾、陈梦家所列贞人进行了补充、考订，共列贞人110余名，其中第一期36人，第二期24人，第三期24

---

① 王宇信：《甲骨学通论》（增订本），中国社会科学出版社1999年版，第155页。
② 陈梦家：《殷虚卜辞综述》，科学出版社1956年版，第187页。
③ 王宇信：《甲骨学通论》（增订本），中国社会科学出版社1999年版，第169页。

人，第四期 24 人，第五期 6 人，并列有"贞人表"以供一览①；孟世凯 1987 年出版的《甲骨文小辞典》对《甲骨文合集》所收甲骨上出现的贞人进行了全面整理和研究，共得贞人 123 名，其中武丁及其以前（第一期）贞人最多，有 70 名以上，而祖庚、祖甲时期（第二期）次之，共 22 名，廪辛、康丁时共 18 名，武乙、文丁时（第四期）仅 1 名，帝乙、帝辛时（第五期）有 6 名②。每一个时期，都有一批贞人，他们之间有着那样这样的联系，因而"可以成为一个集团"③，或称之为"贞人"组。由于时间的先后和所能见到材料的多少不同，再加上各家对甲骨文分期断代的见解也不一致，因此，各家所统计的各时期的贞人数目也不尽一致。对此，孟世凯《甲骨文小辞典》第 217—220 页列有"附录三·各家所定甲骨卜辞贞人时期表"可参看。但是，甲骨文中担任贞卜工作的贞人至少在百名以上，这是目前学术界一致的看法。

　　甲骨文中所见这一百多名贞人，代王（或王自贞）参加占卜活动的概率也是不一样的，有的人参加占卜活动的次数非常之多，有的人参加占卜活动的次数较少，或偶尔为之。据《殷墟甲骨刻辞类纂》"贞人统计表"所列出于前辞（特种记事刻辞中的史官签名除外）的一百多位贞人，在《甲骨文合集》、《小屯南地甲骨》、《英国所藏甲骨文集》、《怀特氏等收藏甲骨文集》等书中，其所进行占卜活动出现频率达一千次以上者有王、宾、殼等，八百次以上者有争等，二百次以上者有亘、㱿、出、大等，一百次以上者有㞢、扶、史、即、何等，九十次以上者有韦、永、内等。其他大多数贞人占卜活动出现的频率就较少了，如徣、彡、專、亻等，仅出现在一二次占卜活动中。这说明，这一百多位贞人，在占卜活动中的地位是不一样的。不仅如此，贞人的占卜行动，几乎涉及商朝社会生活的各个方面，饶宗颐《殷代贞卜人物通考》"附录三·各期占卜事类表"，列有贞人参与的卜事活动，计有"一、卜雨，二、卜水，三、卜云，四、卜阴晴，五、卜风，六、卜雷，七、卜夕，八、卜旬，九、卜年，十、卜梦，十一、卜疾，十二、卜田猎，十三、卜往来，十四、卜兴作，十五、卜祭祀"等十五项。虽然晚商 273 年间由于礼制

---

① 岛邦男：《殷虚卜辞研究》，（中国台湾）鼎文书局 1975 年版，第 32 页。
② 孟世凯：《甲骨文小辞典》，上海辞书出版社 1987 年版，第 81 页。
③ 董作宾：《甲骨文断代研究例》，《中国现代学术经典·董作宾卷》，河北教育出版社 1996 年版，第 35 页。

和风尚的变化，所卜内容或有所损益，或因贞人的分工或年寿的不同等，贞人所参与的占卜事类有多少的区别，但上举在占卜活动中出现的频率较多者，所进行占卜涉及的事项就愈多，从甲骨文早期到晚期都是如此。而具体地说，出现频率最多的一期贞人宾、殻，占卜的事项有卜雨、卜晴、卜风、卜夕、卜旬、卜年、卜狩（渔附）、卜往来、卜梦、卜疾病、卜邑、卜祭祀（包括祭山川社、祭先公先王先妣，祭旧臣与杂祀）、卜征伐与方国（附致贡）、卜辞所见人物（侯、伯、诸子、诸妇、卜人、其他）、杂卜、成语等十六项内容。而贞人争，虽不见卜夕，但较殻、宾所卜事项多见卜云气、卜水、卜月食等内容，其他诸卜事与殻、宾同，共计十八项。而贞人亘为十五项，贞人㱿为十三项①。第二期出现频率最高的贞人出、大等，虽然没有上举几名一期贞人所涉及事类多，但与同期贞人相比，当也是涉及贞卜事项最多者。贞人所参与占卜事类的多少不同，也反映了这上百名贞人在王室占卜活动中所占地位的差异。

贞人所进行的十六、七项占卜活动，基本可归纳为以下三个方面：

1. 有关国家政治活动的大事。诸如：卜祭祀（甲、祭山川社，乙、祭先公先王先妣，丙、祭旧臣与杂祀）、卜征伐与方国（附致贡），卜辞所见人物（侯、伯、诸子、诸妇、卜人、其他）等。

2. 有关产业民生之事。诸如卜年、卜雨、卜晴、卜风、卜云气、卜水、卜月食、卜狩（渔附）、卜邑等。

3. 有关商王个人生活诸事。诸如卜夕、卜旬、卜往来、卜梦、卜疾病、杂卜等。

因此我们可以看出，商代晚期上百名贞人所进行的占卜活动，涉及到商朝整个社会的政治、经济领域以及商王的吉凶行止，甚至病梦等个人生活的各个方面。由此可见，贞人的占卜活动对商王朝整个社会有着重大的影响。这上百名贞人，是商王朝政治舞台上的一支非常活跃的力量。

殷王笃信天命。亡国之君帝辛在"西伯滋大"的形势下，仍倒行逆施，废"百姓爱之"的商容，并"弗听"比干的劝谏。"西伯伐饥国，灭之"以后，大臣祖伊"恐"，告诫纣王现已面临"天既讫我殷命"，"惟王淫虐用自绝，故天弃我"的危险关头，但纣王还说"我生不有命在天乎"②，还在迷信

---

① 参见饶宗颐《殷代贞卜人物通考》目录，香港大学出版社1959年版，第3—6页。

② 《史记·殷本纪》。

天命。早在商人起兵伐夏桀时，就打着"天命"的旗号，《尚书·汤誓》称"有夏多罪，天命殛之"，"尔尚辅余一人，致天之罚"。商汤伐夏桀，是执行上天的意旨。"夏氏有罪，予畏上帝，不敢不征。"而商王要与上天沟通，并通天神的意旨，是通过占卜实现的。占卜成为人王与上天沟通的中间环节。商王盘庚时，遭到贵戚和平民强烈反对的"震动万民"以迁殷的大事，也是乞灵于占卜的。《尚书·盘庚》言"卜稽曰：其如台"，即占卜透露了上天的意志，只有迁殷，才能"天其承我命于兹新邑，绍复先王之大业，厎绥四方"。因此，商殷统治者通过占卜，实现了人王与"天神的沟通"，达到了自己的政治目的，这就是《尚书·盘庚》所说的"各非敢违卜，用宏兹贲"。

《礼记·表记》说："昔三代明王，皆事天地之神明，无非卜筮之用。"在神权盛行的夏、商、周奴隶社会里，占卜在国家政治生活中，起着重要的作用。而代时王进行占卜活动的贞人们，不仅通过自己所进行的占卜工作欺骗和麻醉广大被统治阶级，而且也欺骗了包括商王在内的统治阶级自己，从而巩固和加强了奴隶主阶级的政权和商王"余一人"的地位。因此商代晚期这上百名贞人，对商王朝整个社会的运作有着重大影响。他们在商王朝的统治阶级中，占有重要地位。

虽然代商王占卜的贞人颇受商王的信任，几乎商王朝的政治运作事无巨细都要由贞人先进行占卜，以指导在现实施政中是否实行。但贞人权力的增大，也会引起商王的疑虑和不安，唯恐贞人借着占卜之机，把他们自己的意志打着天意的旗号强加给商王。而历史上的教训是有的。《后汉书·张衡传》注引《帝王世纪》说，汤灭夏以后，"大旱七年。殷史卜曰：'当以人祷。'汤云：'必以人祷，吾请自当。'"幸亏"果大雨"，才使商汤免于烧死。因此，虽然贞人处心积虑地体会商王的意旨，并千方百计地使占卜的结果与意旨相符合，但商王除了对自己的占卜结果坚信不疑外，对贞人的占卜活动总是心存疑虑，唯恐他们"矫诬上天，以布命于下"，因而时时加以干预，以防贞人捣鬼而受到欺骗。

贞人进行占卜活动，即"命辞"，在甲骨文中常见。商王有时也再一次进行判断，即"占辞"。但多数卜辞其后并无"占辞"。这表明，商王是在对贞人的部分占卜进行"抽查"，以防贞人在占卜时做手脚，以免受到蒙蔽。

癸丑卜，争，贞自今至于丁巳，我找㞢。王占曰：丁巳我毋其找，于来甲子找。旬有一日癸亥，车弗找。之日㞢甲子允找。（《合集》6834

正）（图 3—19）

这是一条包括叙辞、命辞、占辞、验辞的完整卜辞。"叙辞"为"癸丑卜，争"，是记癸丑日，贞人争代王卜事。"命辞"是"贞自今至于丁巳，我戋宙"，"戋"即戋伤、战胜。"宙"为方国地名。这是代王占卜的贞人争说自今（癸丑）日至四天后的丁巳日这五天时段内征伐宙地可以取胜。"占"字《说文》云："视兆问也。""占辞"是"王占曰：丁巳我毋其戋，于来甲子戋"，即商王看了卜兆以后，得出自己的判断：至丁巳日还不能取胜，

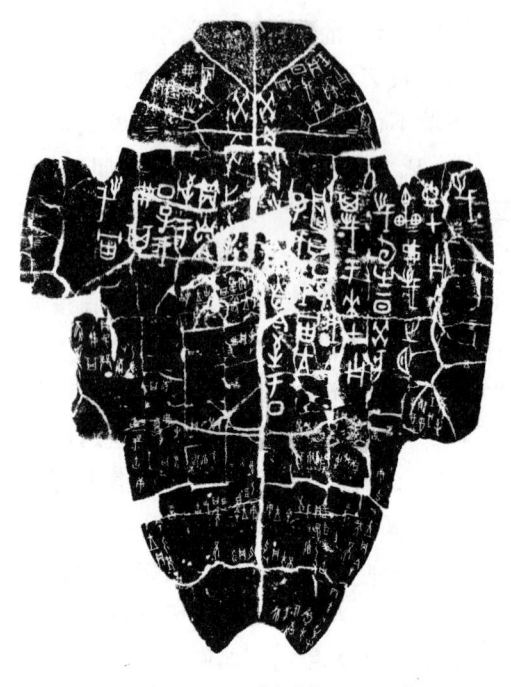

图 3—19　《合集》6834 正

要到未来的（下旬）甲子日才能取胜。"验辞"即事情发生以后所卜记，以验证卜问的结果，"旬有一日癸亥，车弗载。之日㘞甲子允戋"。"㘞"指前一日临近结束时段，至第二日已临界这段时间。"之日"指当日，在辞中指癸亥日。验辞说：自占卜（癸丑）日以后十一天（癸亥）这段时间，没有取得战争的胜利。而是癸亥日临近结束甲子日即将来临这段时间取得了胜利。本辞表明，贞人争卜问的自占卜之日癸丑至丁巳日这五天内会取得胜利不准确，而商王亲自视兆判断的未来甲子日取得战争的胜利是准确的。由于商王对这次占卜的过问，纠正了贞人争占卜的不准确，从而使这次战争的进程没有发生冒进的错误。

商王除了要对贞人有关战争的占卜进行"抽检"，对他们关于祭祀活动的占卜也是如此：

丙辰卜，宾，贞御。王占曰：吉，其御。（《合集》15098 反）

这是贞人宾为王卜问要举行御除灾殃之祭。商王对其占卜并不放心，亲自检视兆象，得出自己的判断，也是吉利的，可以举行御祭。不仅一般的祭祀如

此，商王对贞人代卜的祭祀祖先之事，更是并不完全放心，例如：

> 丙申卜，殻，贞来乙巳酒下乙。王占曰：酒隹有祟，其有殽。乙巳明雨，伐既雨，咸伐亦雨，饮鸟星。（《合集》11498 正）

这是贞人代王贞卜，要于未来的乙巳日酒祭先祖下乙（下乙即祖乙）。商王武丁对其占卜并不首肯，还要亲自观察兆象，得出了自己的判断，即"王占曰"进行酒祭要有灾祟祸殽。九天以后的乙巳日果然应验，虽然举行了杀伐和剖卯磔脍之祭，仍然出现了不好的天象。这就防止了贞人把自己的意旨强加于商王。

商人已有的重男轻女的观念，常以生男为吉，生女为不嘉，这是关系到商王族兴旺和王位传承的大事。代王占卜的贞人为博得商王的欢心，时有吉嘉之卜。但商王对此并不完全相信，要亲自视兆加以判断：

> 辛未卜，殻，贞妇好娩㚸。王占曰：其隹庚娩㚸。三月庚戌娩㚸。（《合集》454 正）

这是代王占卜的贞人殻得出了商王之妻妇好生育，要吉嘉生男的兆象，而商王视兆进一步推断说，当为庚日生育才能得男。事实果真如此，三月庚戌日生得了男孩。有一次贞人殻为了讨好商王，占卜说妇好生育吉嘉得男，但为商王武丁识破：

> 甲申卜，殻，贞妇好娩㚸。王占曰：其隹丁娩㚸，其隹庚娩㚸，引吉。三旬又一日甲寅娩，不㚸，隹女。（《合集》14002 正）

过了三十一天以后的甲寅日妇好分娩，不吉嘉，是个女孩。商王对其臣下的行止疾祸，也经常命贞人进行占卜，以示关心。为防止贞人根据自己的好恶在占卜中加以"毁谗"，也要亲自视兆判断：

> 癸丑卜，争，贞戜往来亡祸。王占曰：亡祸。（《合集》914 正）

"戜"即沚戜，为商王武丁时代著名将领，其封地与舌方、土方接近，应在

"商的西北部，商王畿的边境一带"①。这是贞人争代商王卜问，得出沚馘往来于封地和王都之间没有什么灾祸之事发生。这与商王自己的判断，即"王占曰：亡祸"是一致的。

  贞舻其有疾。王占曰：舻其有疾，隹丙不庚。二旬又七日庚申丧鼠。（《合集》13752 正）

"舻"为人名。这是贞人代王问卜，得出了贵族舻将有疾病的兆象。商王亲自视兆判断，贵族舻将有疾病，与贞人一致。但商王进一步判断的将是丙日而不是庚日，事实是后二十七天的庚申日灾病发生。又如：

  己巳卜，㱿，贞允不死。王占曰：吉。勿死。（《合集》734 正）

这是己巳日贞人㱿代王卜问，得出的兆象是贵族允不会死去。商王又进一步视兆确认，吉利，不会死去。

为加强中央王朝与各地的联系，商王还经常派员到各处执行某种使命，这就是卜辞中的"使人于某"。商王唯恐贞人假天子以令诸侯，在占卜时欺骗自己，因而不时对"使人"之卜加以干预：

  庚申卜，㕱，贞王使人于陕，若。王占曰：吉，若。（《合集》376 正）

这是庚申日贞人㕱代王卜问，说王派人去陕地顺若吉利。虽然商王对贞人的卜问不放心，但检视卜兆以后，得出的结果与㕱所卜相同为吉若。

商王朝对广大平民和奴隶，极尽压迫和剥削之能事，因而引起他们的逃亡反抗。商王为防止代卜的贞人为粉饰太平而隐瞒不报，因此，对有关这方面的占卜也加以过问。例如：

  癸酉卜，亘，贞臣得。王占曰：其得，隹甲、乙。甲戌臣涉舟，延陷，弗告。旬又五日丁亥执。十二月。（《合集》641 正）

---

① 李雪山：《商代分封制度研究》，中国社会科学出版社 2004 年版，第 140 页。

这是癸酉日贞人亘占卜，得到了臣奴将被抓得的兆象。商王对此不甚放心，从兆象上判断，只有在甲日或乙日才会抓得逃跑臣奴。事情的结果是：果然是甲戌日逃逸的臣奴用船渡河时，虽好长时间船陷在水中，但没有人向商王报告这一情况，错过了抓捕时机。赶到占卜之日（癸酉）之后的第十五天丁亥日，才把逃逸的臣奴执获。

对关系商王朝产业民生的诸事占卜，诸如雨、易日等，商王也并不完全相信贞人得出的结果：

> 庚辰卜，㞢，贞翌辛巳易日。王占曰：易日。（《合集》13220 正）

"易日"即天气阴蔽。这是贞人㞢代王占卜，兆象说未来的辛巳日天气将要阴蔽。商王视兆占卜再行验证，基本与㞢贞一致：天气将要阴蔽。

> 己卯卜，㱿，贞雨。王占曰：其雨。隹壬午允雨。（《合集》902 正）

贞人㱿卜得要下雨，商王视兆判断与贞人㱿所卜得结果同。而且卜后第三天壬午日果然下了雨。但有大事被贞人以天气阴蔽化小者：

> 甲午卜，亘，贞翌乙未易日。王占曰：有祟，丙其有来艰。三日丙申允有来艰自东，画告曰：兒……（《合集》1075 正）

这是贞人亘只卜得将要天气阴蔽。而商王亲自视兆，卜得丙日将有祟祸发生。果然三天的丙申日得到报告，东方有敌犯边。

除了因王朝不同的政治需要和商王个人吉凶的问疑，商王还经常随事而卜、随意而问以外，还在每旬之末的癸日预卜下一旬十天之内有没有灾祸发生，以便指导商王这一段时间内的政事和个人行动，这成为商王朝占卜活动的例行公事，这就是甲骨文中的"旬亡祸"之卜。贞人为了粉饰太平，代王占卜时常以"旬亡祸"即未来的十天之内没有什么灾祸之事敷衍商王。商王对贞人报告的占卜结果并不以为然，因此要对大量的贞旬"平安"之卜进行"抽检"，即在不少的"卜旬"卜辞后面留下了"王占曰"及事后的结果"验辞"。不少叙、命、占、验较为齐备的辞例表明，商王"抽检"的结果，几乎全与这些贞人占卜的意见相左，贞人报"平安"的假象，几乎要误了商王的大事：

1. 延误军情：

  癸巳卜，㱿，贞旬亡祸。王占曰：有祟其来艰。迄至五日丁酉，允有来艰自西。沚馘告曰：土方征于我东鄙，戋二邑。吾方亦侵我西鄙田……（《合集》6057 正）

这是贞人㱿代王卜问，得出了下一旬之内没有灾祸之事发生的兆象。商王验兆恰与其意见相反，即将有灾祸之事发生。事实证明，第五天丁酉日沚馘来报告：土方、吾方同时犯边。商王得出的结果与贞人"报平安"的占卜完全相反的卜辞还有：

  ……争，贞旬亡祸。王占曰：有祟，[其]有来艰，沚馘呼告曰……（《合集》7139）

  ……[贞旬亡]祸。王占[曰]：[其有]来艰。六日……有来艰。沚馘呼……吾……（《合集》7143 正）

以上是发生的事情险被"隐瞒不报"。

2. 发生奴隶逃亡的灾艰之事，亦被贞人"瞒报"：

  癸丑卜，争，贞旬亡祸。王占曰：有祟有梦。甲寅允有来艰，左告曰：有刍刍自益，十人又二。（《合集》137 正）

这是贞人争在例行公事，报告一旬之内平安无事。但商王抽检的结果与之完全相反。事实证明第二天甲寅日就出现了乱子，名为左的贵族来报告说：刍牧奴隶自益逃跑十二人。

  癸亥卜，争，贞旬亡祸。王占曰：有祟。五日丁未在敦围羌。（《合集》139 反）

这是贞人争卜得一旬十天之内平安无祸事。但商王亲自视兆判断为有祸祟，五天以后的丁未日应商王占卜之验，在敦地抓获了羌奴。

3. 商王个人的安危：

　　□亥卜，𠨘，贞旬亡祸。王占曰：……丁卯王狩岐狱，车……在车，辈马亦……（《合集》584甲正）

商王进行的田猎活动，一是为了游乐，二是为了通过田猎活动整军备武，训练兵众。因此田猎时驱车纵马，矢石齐发，也存在一定的危险性。但贞人为了不扫商王雅兴，总以卜得平安为报。这是贞人争卜得一旬之内将平安无祸。商王视兆"抽检"，得出了与贞人完全相反的意见。事情应验表明，商王狩猎出行时，遭到车仰马翻之惊变，险些酿成大祸。

可以看出，虽然贞人被授权代商王贞卜，但商王对贞人"卜旬"的结果，是并不完全放心的，因此有时对其卜问结果加以"抽检"。较为完整的卜辞，即有商王亲自视兆占曰，得出完全与贞人不同结果的卜辞还有：

　　癸丑卜，□，贞旬亡祸。王占曰：有[祟]，其有来艰。迄至三日乙卯，允[有]来艰……（《合集》7147正）
　　……贞旬[亡]祸。[王]占曰：其有来艰……丙戌允有来艰……偁……己……（《合集》7149正）（图3—20）
　　……贞旬[亡祸]。[王]占曰：有[来]艰，其佳……不吉，其于……羽……辰，子……（《合集》7163）
　　……[旬]亡祸。王占[曰]……来艰……（《合集》7152正）

图3—20　《合集》7149正

虽然以上诸辞验证结果及有关变故不得而知，但商王所占与贞人的贞卜结果"旬亡祸"完全不同是非常明显的。商王一旦发现将有祟祸发生，有时会采取御除灾殃之祭，以保护一旬平安：

　　癸卯卜，𠨘，贞旬亡祸。王占曰：有祟，其有来艰。五日丁未允有

来艰，饮御自弓圉。六月。(《合集》6057 正)

"御"为祭名，即祛除灾殃之祭。"饮"为人名。"弓圉"为地名，即弓地的监狱。这是商王验兆后，得出了与贞人般报平安的卜旬全然不同的结果。灾祸发生以后，命贵族名饮者在弓圉进行御除灾殃之祭，以减轻灾祸为害的程度。

值得注意的是，以上所举凡叙、命、占、验辞齐备者，且与商王检视卜兆后得出的判断（即王占曰）相左者，一般皆版大字多，而"卜旬"辞更是如此，如《合集》6057 正。还应注意的是，凡有"王占曰"的叙辞、命辞，多是商朝地位较为重要，而且占卜频率出现较多的贞人，诸如宾、般、争、亘、㱿等所为。这一现象说明，商王对这些经常参与占卜活动而且地位较高的贞人并不完全放心。而所卜诸事版大字多，有的还涂以朱砂，表明商王对这些占卜是非常重视的，之所以如此，是为了"立此存照"，对贞人在占卜活动中的敷衍行为和虚应故事是一种"警示"。商王是要向臣下显示自己是"奉若天道"之"明王"，自己能与天神沟通，是任何人也欺骗不了的。

商王不仅自己亲自视兆判断，对贞人的占卜结果加以验证，有时还刻意安排两名贞人同卜一事，以便互相监督并牵制，如：

癸未卜，争、㝬，贞旬亡祸。(《合集》16816)

已如前述，争是商朝武丁时地位较为重要、参加占卜活动次数较多的贞人，而㝬参与的占卜次数较少，连同与其他贞人共卜，即"两史同贞"①，其参加卜次也不到 20 次。这是商王命二贞人共卜，以互相制约。

癸卯卜，争、㝬，贞旬亡祸。(《合集》16862)
□□卜，争、㝬，贞旬亡祸。壬辰雨。(《合集》3756)

不仅贞人争占卜时，商王令贞人㝬与之共贞，还有贞人内，亦与贞人㝬共贞：

□未卜，内、㝬，贞……(《合集》909)

---

① 胡厚宣：《卜辞杂例》，《中央研究院历史语言研究所集刊》第 8 本第 3 分，1939 年版。

惜本辞残，内、㱿"两史同贞"内容不可得知。但从争、才"两史同贞"多为"旬亡祸"可知，商王对卜问未来的十天之内有无灾祸发生的"卜旬"占卜是十分重视的。为防占卜的贞人欺骗，不惜命两人共占，以使其互相牵制，不能挟私。

不仅如此，商王还对贞人的占卜直接进行干预，即通过"王占曰"亲自加以判断，而且有时还对贞人占卜的结果不置可否，暗地里进行"考验太卜"的工作。甲骨文第二期祖甲时有很多"干支卜王"之辞，如：

甲寅卜王。一
甲寅卜王。二
乙卯卜王。一
乙卯卜，王曰贞：翌丙辰，王其步自隻。二
乙卯卜，王曰贞：于丁巳步。（《合集》24346）

这些"干支卜王"之辞，有人进行过整理，从甲子日到癸亥日，六十天内几乎无日不有，"这种卜辞分明是王命占卜，而自己不说出问的事情，太史也只能记到王字为止"，应是商王在"考验太卜"。上举《合集》24346记甲寅日王命占卜，太卜灼骨呈兆，但商王祖甲并没有说所问何事，太史太卜都不敢询问，所以只写到王字为止了。第二天乙卯日王又如此，第一卜记"乙卯卜王"，而乙卯日的第二卜以后，就与以前所卜不同了，二辞都记"曰贞"，"意是太史感觉到祖甲这一次可是说了话了，所以记上'曰'字"。学者认为，这类"卜王"卜辞"何以但卜而不贞，并且举行过多次？这种'卜王'之辞，与其说是祖甲的神秘，不如说他是考验占卜的可信与否。他以后把卜事减少，废除了许多过于迷信的事情，不去占卜，不能说和'卜王'是没有关系的"[①]。商王祖甲"考验太卜"尽在不言中，这和其父武丁即位后，"三年不言，政事决于冢宰，以观国风"是如出一辙的。

无论对贞人占卜的"抽检"，还是"考验太卜"，这都说明商王与贞人在占卜解释权方面发生了公开的或隐蔽的矛盾。因此，把占卜权从贞人手中收

[①] 董作宾：《为书道全集详论卜辞时期之区分》，《中国现代学术经典·董作宾卷》，河北教育出版社1996年版，第542—543页。

回，以便于商王亲自与天意的沟通，实际上是使商王的意志不受人为的干扰，这就是甲骨卜辞所见贞人的数目由第一期至第五期日益减少，而王亲自占卜的次数日益增多的缘故。殷墟甲骨文在第四期武乙、文丁和第五期帝乙、帝辛时，可供商王役使的贞人数目极少，基本上占卜活动都由商王自己进行了。

　　商朝末年商王对占卜的垄断，大大地削弱了贞人集团对王朝政治的影响力，从而使王权进一步得到了神化和加强。商王与贞人之间长期存在的矛盾，不仅是由于他们对"神意"和"天命"的"感悟"不同，因而使商王的意旨在一定程度上受到贞人占卜的制约而不能为所欲为；还有一个重要原因是不少贞人"系臣属诸侯（包括方国被册封者）来朝为官者"[①]。"商代的封国（包括一些方国首领臣服受封者）首领一般要来商王朝为王服务，担任贞人等官职。这些贞人其实是为商王尽作臣下的义务，这是商代中央集权强化的表现。"[②] 尽管这些来朝任贞人的方国首领多会从商王朝整个奴隶主阶级根本利益出发，多数人在占卜时会尽心尽力，但某些占卜必然使商王的为所欲为受到"天命"的制约，再加之"非我族类，其心必异"[③]，从巩固和加强子姓王族对商王朝的统治出发，商王从贞人手中夺回沟通天人意志的占卜权，削弱贞人的影响力，也就成为必然的措施了。

[①] 李雪山：《商代分封制度研究》，中国社会科学出版社2004年版，第62页。

[②] 同上书，第75页。

[③] 《左传·成公四年》。

第四章

商王朝的被统治阶级——甲骨文中的"人"

甲骨文中有很多"人"字,字写作侧立人形。《说文》云:"人,天地之性,最贵者也。象臂胫之形。"段注说人字形云:"人以纵生,贵族横生,故象其臂下胫。"商朝是我国进入阶级社会后的第二个奴隶制王朝,甲骨文中的"人",已不再是作为"万物之灵"的纯自然人,而是生活在阶级社会里,被打上阶级烙印的社会人了。因此,我们专对甲骨文中大量有关人的卜辞进行全面考察,对深入认识商朝的社会结构是有一定意义的。

第一节 商朝贵族统治阶级不是甲骨文的"人"

关于甲骨文中的人,前辈学者陈梦家在《殷虚卜辞综述》第十八章"身分"中,曾专列第一节"卜辞中的'人'",进行分析。从卜辞中关于"人"的用法方面,加以归类,主要用于:"(1)单位词。二人,五人。(2)方国名。人方。(3)王自称。余一人无祸(《金》124);其于一人祸(《甲》2123)。(4)族人。乎王族人(《河》587)。(5)集体。动词之后:使人,共人,丧人;形容词之后:我人,众人。(6)邦人。戈人,雀人,长人。(7)驻在某地之人。才某(地)人,戍某(地)人"[①]七个方面。这些关于"人"的用法,其中的"方国名"不是指构成社会的人。而商王自称"余一人",在甲骨文第一期"为殷王武丁的自称,或为贞人史官对殷王武丁的专称。不

[①] 陈梦家:《殷虚卜辞综述》,科学出版社1956年版,第605页。

仅如此,"由甲骨卜辞看来,自殷武丁以迄帝辛,'余一人'与'一人'者,已为商王一人所专用的称号"。因此,"以天下之大,四海之内,惟天子一人为至高无上,惟我独尊,这充分代表了这种专制暴君的独裁口吻"[①]。商王的专称"余一人"与甲骨文代词余、朕"通常为王的自称"[②]一样,是商王个人称谓,而不是构成社会的人。因此,人的用法"(2)方国名"及"(3)王自称"可以从构成社会的人中排出。而剩下的"(1)单位词人、(4)族人、(5)集体、(6)邦人"等项,则是指构成社会的人。实际上,上列诸项构成社会的人只有两种,一种是构成社会的群体人,诸如族人、集体、邦人等项,即不以"单位词"计的人。另一种是构成社会的具体的个体,即以数字计的人。

商朝是我国进入阶级社会的第二个奴隶制王朝,其社会可分为统治阶级和被统治阶级两大既互相对立,又互相依存的群体。值得注意的是,在甲骨文中凡居于统治地位的贵族从不称"人"。诸如商朝最高统治者王以及贵族统治阶级,包括商王诸妇、王朝诸子、王公贵族、地方侯伯等,都只称私名而与甲骨文中的"人"无关。此外,那些逝去的贵族,不论男性祖先或女性祖先,皆以庙号称"人鬼"而从不称"人"。因此,商朝贵族统治阶级不是甲骨文中的"人"。

商朝社会是由统治阶级和被统治阶级构成的。既然贵族统治阶级不包括在甲骨文中的"人"之内,那么这些"人"自然是专指处在社会下层,被社会上层贵族奴役和压迫的被统治阶级的人和社会地位低下者的标志。

这些被统治与被压迫的"人",虽然都处在社会的底层,但由于社会的分化和分层,其所处的社会地位和身份也不尽相同。有的被统治阶级的人,有一定的人身自由,虽能保全肢体和有生命保障,应是自由人。而有的被统治阶级的人,身被缧械或受囚禁而失去自由,或肢体受戕害直至失去生命,应是非自由人。《殷虚卜辞综述》着力对"(5)集体、(6)邦人、(7)驻在某地之人"等项之人的用法进行了分析,并通过列举卜辞有关人、众、众人的材料,得出了"人"有王国之人,有邦族之人。"众"亦是如此,而众人则仅仅是王国的。其社会身份,人即"族邦之人,如周公在《无逸》一篇追

---

① 胡厚宣:《释"余一人"》,《历史研究》1957年第1期。
② 陈梦家:《殷虚卜辞综述》,科学出版社1956年版,第96页。

述殷王与'小人'的人，乃是自由而从事稼穑之人"。① 殷王是统治阶级最高首领，"小人"是被统治阶级的自由民众。很显然，殷王不同于社会底层的"自由而从事稼穑之人"，应从"小人"中排出。在这里，虽然陈梦家没有明确区分出商统治阶级，诸如商王等贵族阶级不是甲骨文中的人，但他的关于"族邦之人"的分析，已和我们的看法接近。此外，他还注意到"卜辞的众与多的用法不同：凡多数的人称之前附加多字如'多臣'、'多后'之类，决不加'众'。而'多'亦决不作为名词。卜辞的'众一百'亦决非'人一百'，所以'众'必须是一种身分"②的人。是什么样身份的人呢？他进一步从字形上分析说，"卜辞的众从日下三人，金文则从目三人。郭沫若卜辞所谓众，所谓众人，就是从事农耕的生产奴隶。字形是日下三人形，正表明耕者在太阳底下操作"。"周初的众人同样是耕田的人。在周孝王时的《舀鼎》铭中有表示众的身份的记录，是和臣的身份一样，没有人身自由，可以被所有者任意给人的东西"。如此等等，陈梦家进一步从被统治阶级的"人"中，已分出"没有人身自由"的"非自由人"。（图4—1）

图4—1 《合集》1

综上所述，甲骨文中的人是社会底层被统治阶级人的身份标志和专称，包括自由人和非自由人。与之对立的各级贵族统治阶级，他们不是甲骨文中的"人"，而是有标志社会地位的官称和爵称、身份较高者的庙号和私名。

第二节 不以单位词计的群体人全为自由人

已如前述，甲骨文中的人是被统治阶级，包括自由人和非自由人。而贵族统治阶级都冠以私名，表示他们身份较高而不是甲骨文中的"人"。作为

---

① 陈梦家：《殷虚卜辞综述》，科学出版社1956年版，第610页。
② 同上书，第610、611页。

社会地位和身份标志的"人",有不以单位词(即数量)计的群体人,也有以单位词计的不同名目(即身份)的个人。

我们在这里首先看一下有关不以单位计的群体人。这类人主要有:

一 某地人

甲骨文的其他人,实即某族人。这是因甲骨文地名、人名、族名往往相同,因此某地人又可指某族人、某贵族之人。总之,皆不以单位词计,就说明是一个人的群体,而不是具体的个人。地名(或族名)的不同,表示不同的群体人。如:戈人,《合集》8398 正"己丑卜,宾,贞翌庚寅令入戈人"。"戈人"即戈地(或戈家族)之人,这是商王命令贡致戈地之人。戈地之人来到商王朝,是为了参加中央王朝对方国的战争。《英藏》564 正说:

己亥卜,宾,贞翌庚子步,戈人不稟。十三月。
辛丑卜,宾,贞叀羽令以戈人伐舌方戈。十三月。

"步"即步伐。这二辞是说贵族名羽者命令戈人征伐舌方,参战时,不骑马,不驾车,乃是步战。戈人中有特种兵——射兵,《合集》3302"惟戈人射",即是命令戈人射杀敌人。

朱人。《合集》33203"辛亥卜令朱人先涉……"。"贞王去朱"《合集》5138)商王曾去此地,朱当为地名。朱地有尹官管理,《合集》5452"乙丑卜,允,贞令溺眔凤以朱尹比稟蜀叶事。七月",是说朱地之尹率贵族稟和蜀勤劳王事。

归人。《合集》7049"……归人征苣任"。曾接受商王封爵的,受到归人的征讨。《合集》20502"庚子卜,呼征归人于卫戈",所记当是归人受到商王的干预和惩处。

万人。《合集》21651"□子卜,贞万人归"。"万"为地名,即万地之人回归。

冥人。《合集》7851"乙丑卜,宾,贞隹冥人归"。冥在此为地名,或族群之名。《合集》7843"丁酉卜,殼,贞来乙巳王入于冥",是说商王入冥地。"冥人"即冥地之人众。

劝人。《合集》26898"叀劝人有戈",这是商王关心劝地之人是否受到战争的戕灾。在甲骨文第一期武丁时,劝地曾受贵族龙的伐祟。《合集》6834

正"丙寅卜，争，贞呼龙🉂侯专祟劝"，所记就是此事。甲骨文地名、族名、人名往往相同，劝地之首领亦可称劝，《合集》33526"癸丑，贞王令劝出田，告于父丁牛。兹用"所记，当为第四期武乙时，劝地之族长劝曾受商王之命去田猎，并对康丁举行告祭之事。

专人。即专地之人众，《合集》16239"□□卜，㞢，[贞]……专人……兹盂"。商王曾在专地建造监狱，《合集》11274"贞呼作圈于专"，讲的就是此事。

画人。《合集》7892"画人"，即画地之人众。《合集》9811 正"戊午卜，㞢，贞画受年"。商王曾卜问画地受得好年成否。画地在商王都之东，《合集》6665"三日乙酉有来自东，画呼㞢告旁戎"，是说东部有战事，画报告与旁方交战之事。此地廪辛、康丁时曾去田猎，《合集》28319"戊王其田于画，畢大狐"，猎得大狐。

兒人。《合集》7893"庚申卜，品，贞兒人……"，即卜问关于兒地人众之事……兒为地名，《合集》20592"丙午卜，王，令壴臣于兒。六月"。武丁的子辈亦称"子兒"，《合集》3398"……子兒……王令。六月。"子兒被封于外地，《合集》3399"贞[令]子兒来"，命令子兒回归王都。子兒的封地当在商王都之东，与画地邻近，"……东，画告曰：'兒伯'……"（《合集》3397）子兒又被武丁封为"伯"爵，因此称"兒伯"。兒人即子兒（或兒伯）的族人。

丞人。《合集》20190"甲申卜，自，贞王令丞人日明旋于亯，"此丞人即丞地之人或丞族之人。丞曾参与对方方的战斗，《合集》20461"……令丞追方"。丞还抓获羌人，"己未卜，叶，贞丞获羌"（《合集》19754）。并受商王之命，用网罟获猎野兔，《合集》20772"丁丑卜，今日令丞冤不歪䰟允不……兔十四……"

望人。《屯南》751"乙未卜，令长以望人秋于禁"之望人，即望地之人众。望为地名，第五期乙、辛卜辞有"癸酉卜，在望，贞王旬亡祸"（《合集》35661）。第一期武丁时大将望乘，当被封于此地。文丁卜辞之望人，或为望乘后之族人。

我人：《合集》6945"呼我人先于瞽"有我人。此处之我为地名。《合集》5527 反"贞勿使人于我"，商王曾派人前往我地。据《合集》6062"……自西……舌方征我……茪亦戈甾……"，其地望应在商王都之西。"我人"应即为我地之族人。

王人。《合集》16336"贞王人于🈳若"之王人，当为商王族之人。甲骨文有"王族"（《合集》5617），"即是由在位的商王以其诸亲子为骨干而结合其他近亲（如未从王族中分化出去的王的亲兄弟与亲侄等）结合而成的族氏"。① 而"王人"，虽然较其他人众与商王的血缘关系稍为密切，但除了商王的亲子和其他近亲以外，广大的族众应是地位不高的平民族众。《合集》6946正"甲子卜，争，雀弗其呼王族来"，是说贵族雀就可命令王族。此"王族"，应是商王诸亲子的族众，而不是商王亲子本人，因此"王人"应为平民。

崔人。《合集》8720正"贞共崔人呼宅崔"之崔为地名，崔人即崔地之人众。而所呼令之崔当为崔地首领。此辞意为命令崔登集崔地人众。

燹人。《合集》8070"贞呼共在燹人"。燹为地名，亦见《合集》8070"贞呼共在燹，"燹人，即为燹地之人众。

二 集体人

甲骨文中的人，除了以地名或族名表示的具体某地（或某族）的群体人以外，还有更为宽泛的群体人，已超出一地或一族的局限。

东土人。《合集》0738"……令共东土人"之"东土人"，即商王朝东方之人。甲骨文有四土，即东土、西土（《合集》36975"西土受年。吉"）、南土（《合集》36975"南土受年。吉"）、北土（《合集》36975"北土受年。吉"），"东土人"，已超出某地或某族的群体，应指更宽泛的集体人。

丁（□）人。

甲骨文中有□人，"□□卜，贞今日其取伊丁［人］……"（《合集》32803正），各辞皆"□"字在上，人字在下，学者二字分读，隶定为"丁人"。"丁人"有各种名目：

黄丁人："癸卯卜，贞今日令皋取黄丁人。七月。"（《合集》22）

单丁人："癸丑卜，争，贞旬亡祸。三日乙卯……有艰。单丁人豐参于麓……丁巳毘子豐参……鬼亦得疾。"（《合集》137正）

效丁人："丙午卜，贞效丁人媳不死，在丁家有子"（《合集》3096）、"丙戌卜，争，贞取效丁人嬉"（《合集》3097）、"人效丁人"（《合集》3098）。

---

① 朱凤瀚：《商周家族形态研究》，天津古籍出版社1990年版，第75页。

靳丁人："贞靳丁人奻，有疾"（《合集》13720）（图4—2）

以上之"丁人"有黄丁人、单丁人、效丁人等，虽其义不可确知，但指不同人的群体当无大误。

三 邑人

关于邑人的材料，甲骨文中所见不多，如：

  贞呼邑人出牛羊。（《合集》9741反）

邑人能受商王之命，献出牛、羊等牲畜，表明邑人拥有一定的财产和生活资料。

图4—2 《合集》13720

  癸酉卜，王，贞自今癸酉至于乙酉，邑人其见方印，不其见方执。一月。（《合集》799）

"方"即与商王朝经常交战的方方国。印字写作◎形，像以手按抑人，使之屈膝跽跪之状，罗振玉《殷虚书契考释》（中）第54页下释为印字，谓："其谊如许书之抑，其字形则如许书之印。""方印"当为方方被商朝抓获的失去自由者。"执"字作◎形，即双手被枷持之跪跽人形，"方执"亦应为方方被商朝抓获的失去自由者。"见"字在此有监视、看守义。本辞是说癸酉至乙酉这十三天之内，邑人只负责监视方方被虏获的印俘，而不承担看守执俘之任务。由本辞可知，邑人不仅参与了对方国的军事行动，而且战后还有看守失去自由的印俘或执俘的任务。

  有来艰，邑人震。（《合集》14211反）

"艰"即灾祸、不祥。"震"者"惊也，警也，亦骚动也"，"而骚动之与惊惧警动义实相因，惊惧者率致骚动也"。[①] 此辞是说，突如其来的灾孽，使邑人

---

① 屈万里：《自不跛解》，《中央研究院历史语言研究所集刊》第13本，1948年版。

惊惧骚动，从而引起商王的关切。

由以上各辞可以看出，邑人有财产牛羊，可参加战争并监管战俘，但不见邑人受刑拘或祭祀时作牺牲的记录，因而邑人是有人身自由和生命保障的自由人。此外，邑人的稳定，是商朝社会安定的保障。因此，商王对突如其来的灾孽所引起的邑人骚动十分关心，也是非常自然的了。

邑人和某地（或某族）人，都是指一个群体的人，只不过是侧重点不同而已。人总是要与一定的土地，即居住和劳作的空间联系在一起的，这就是棋布在商王国的各种不同规模的"邑"。居住在大小规模不同邑里的人，也包括奴隶主和平民。但奴隶主贵族称名而不是身份较低的"人"，因而"邑人"是自由人的泛称。邑人强调的是一群人与一块居住地的结合，而甲骨文的"某地人（或某族）"，不仅是指某地的一支群体人，还强调的是与某贵族有一定关系，但有自由身份的社会下层的群体人。而"集体人"，诸如"东土人"等，则是在更广大地域范围上，不同邑的邑人和不同地（或族）的群体人的泛称。

第三节　从甲骨文"单位词＋人"看被统治阶级个人的"人身自由"和"非人身自由"身份

甲骨文中的"人"，是被统治阶级的泛称，又是商代社会下层民众的一种身份和标志。而甲骨文常见的"单位词（即数量）＋人"，则是这种社会身份较低者的单位数量。甲骨文常见从小至大单位词递增表示的人的数量：

侑宰侑一人。（《合集》10344 正）
祝二人，王受又。（《合集》27037）
癸卯宜于义京羌三人，卯十牛。右。（《合集》390 正）
五人王受又。（《合集》26920）
壬午卜，大，贞酚六人。（《合集》22599）
十人王受又。（《合集》26915）
甲寅卜，暮祜十人又五，王受又。（《合集》27020）
其弹二十人。（《合集》27017）
三十人王受又。（《合集》26910）
五十人王受[又]。（《怀特》1406）

贞刖隶八十人不死。(《合集》580 正)

贞戜伐百人。(《合集》1040)

……二百人……之日见方执……(《合集》6797)

丙申卜，贞肇马左右中人三百。六月。(《合集》5825)

……小臣穑比伐，擒危美……人二十人四，而千五百七十，讯百……辆，车二辆，◯百八十三，函五十，矢……用又伯𢦏于大乙，用甈伯印……讯于祖乙，用美于祖丁，偶甘亭，易……(《合集》36481 正)

不其降𥇥千牛千人。(《合集》1027 正)

八日辛亥允戋，伐二千六百五十六人在狱。九月。(《合集》7771)

贞登人三千呼伐舌方受㞢又。(《合集》6168)

贞勿登人五千。(《合集》7315)

□巳卜贞……万人归。(《合集》21651)

以上就是部分甲骨文中所见的与单位词（数量词）联系在一起的人，其中最小的数字为"一人"，最大的数字为人三千、人五千。甲骨文也有数词万字。但上引之"万人"应为万地之人，此万当与数词无关。"万"为数词用见《合集》39902"辛巳卜，□，贞登妇好三千，登旅万，呼伐……"的登旅"一万"之万。但此数量词万与旅相关，也与人无涉。因此，甲骨文中的"人五千"应是目前所见的最大数字之人。上列之"单位词（数量词）（一、二、三、五、六、十……五千）＋（此为'加'号，非'十'）人"，作为人的个体统计，其数量不一。虽同为社会地位较低的人，但这些人的身份地位也是不尽相同的。这就是：

一 有"人身自由"的人

有的人未被施刑或被用于祭祀时的献牲，因而有人身自由和生命保障，当为自由人。如上列被启动的马兵"肇马左右中人三百"（《合集》5825）和征集参战伐灭方国的"登人三千"（《合集》6168）、"登人五千"（《合集》7315）的兵众等。虽然上列之"二百人"（《合集》6797）因辞残未见"登"、"共"，但与"之日见方𢦏"，即打败方方有关，亦应为参加战争之人众。在甲骨文中，未见被"登"的"单位词（数量词）＋人"用于祭祀时牺牲或施以刑罚者，因而这种人应是身份较为自由的人。

在这里，我们需要说明的是，以"单位词＋人"表示具体人数的人，和不以单位词计的群体人，在身份地位上是相同的，都是有人身自由的人。但二者又有区别，群体人指的是一个自由人的群体，具体的个人融于群体之中。而以单位词计的人，表示的是从群体之中游离出来的自由人个体的数量。群体人有某地人、邑人的较小范围的局限，而多个具体的个人汇在一起，即"单位词＋人"，当突破了群体人的局限，而与集体人相近——有人数的集体人。

二　非自由人的数字人

在甲骨文中，除了一部分以数量词计的"人"，为自由人以外，就是大量的"非自由人"了。所谓"非自由人"，指一部分"数量词＋人"为战争的俘虏，一部分"数量词＋人"为因受酷刑而不能保全肢体，直到被杀死，或用于祭祀时的牺牲。这部分人，当为失去人身自由和生命保障的"非自由人"。主要有：

1. 战争的俘虏

方国入侵，商王朝的人众被入侵方国虏去。或商王国征伐方国，抓获敌方之人。这些战争时被虏获的"人"，沦为失去人身自由的"阶下囚"，处在被奴役和被迫害的悲惨地位。上列之"七十人"（《合集》6057正），即为商王朝示𣪘之地被舌方俘去者。而"人廿人四……而千五百七十"（《合集》36481正），当为小臣墙随商王出征所"擒"获和斩首者。这些被俘虏的人，当处在胜利者的系縻之中。他们不仅失去了自由，而且随时有失去生命的危险。《合集》7771的"允弋，伐二千六百五十六人"，即是战后遭集体屠杀俘虏的最大数字。而《合集》36481正的"伯廘"、"魋伯印"、"美"等人，当是被俘获之敌酋，用作祭祀商先王祖乙、祖丁等的"献牲"。《合集》1040"贞戓伐百人"，就是武丁时名将沚戓一次就杀伐了战俘百人。

2. 受刑或被用于祭祀时牺牲的人，"单位词（数量词）＋人"：

有的"人"，被统治者施以刑罚，不能保全自己的肢体，上列之《合集》580正"刖仆八十人"，即对八十名仆奴施以刖刑，使他们肢体残损。这些被刖刑残害的"人"，当非自由人；而更多的"单位词（数量词）＋人"，则被处死，做祭祀时的"牺牲品"。如"侑一人"（《合集》10344正），商王行侑求之祭时以一人为牺牲品。以单位词（数量词）计的"人"，多用作祭祀时的牺牲品，虽然同是"人"，但数量不一。除以一计的"人"外，还有祝祭时的"二人"（《合集》27037）、祭义京时用甗辜、磔碎之羌"三人"（《合集》390正)、① 祭祀时以"人"为献牲,从而使"王受佑"所用的"五人"(《合集》26920)、十人(《合集》26915)、三十人(《合集》26910)、五十人(《怀特》1406)等。而"设(殷)六人"(《合集》22599),即"陈列六人以为祭牲"。②"㓞十人又五"(《合集》27020)的"㓞",即"割裂人牲的肢体"。③"弹廿人",即弹击廿人以祭。此外,行甹磔之祭时,一次所用的"千人"(《合集》1027正),当是甲骨文中所杀人牲最大的数字。

如此等等。通过上面的分析,我们可以看到,商代的"单位词(数量词)+人"的"人"在社会中所处的地位是不同的。其中有自由人,他们有人身自由和生命保障,如二百人、人三百、人三千、人五千等;另一部分"单位词(数量词)+人",是非自由人。他们饱受系累之苦,或被处刑,并时而被用于祭祀时的牺牲而失去生命——即没有人身自由和生命保障,诸如一人、二人、三人、五人、六人、十人、十人又五、二十人、二十四人、三十人、五十人、七十人、八十人、百人、千人、而千五百七十、二千六百五十人等。所以,有学者认为,"'人'为以人为牲之通称,而在更多情况下则用为量词。"④

第四节　以单位词计的有不同名目的非自由人

非自由人,指被拘执而失去人身自由,或被戕害肢体,直至剥夺生命,将其杀掉或用于祭祀时的牺牲者。已如前所述,以单位词计的自由人,从不限定其身份,只是个体人而不知其名的人之总数。而以单位词计的非自由人,皆标明"其身份",即该种名目"人"的数目。

一　羌

……执羌十人……(《合集》496)

---

① 此处之"羌",郭沫若谓"当是用牲之法,以声求之,殆即䪞䇂之䇂",同磔字。见《殷契粹编》第190片考释。

② 于省吾:《甲骨文字释林》,中华书局1979年版,第107页。

③ 同上书,第171页。

④ 姚孝遂、肖丁:《小屯南地甲骨考释》,中华书局1985年版,第85页。

……执羌，获二十又五，而二。（《合集》499 正）

以上二辞的，"羌"是被执。

丁未卜，贞令戍、光获羌刍五十。（《合集》22043）

获写作"隻"，作以手抓鸟，意为抓获。"羌刍"即羌人中精于刍牧者。羌刍以单位词五十计，即羌刍五十人。这是商王命令贵族戍、光抓获羌人刍牧者五十名。既然被抓获而来，当为失去人身自由者。

王占曰：有祟。八日庚子戈执羌……人，敁有圉二人。（《合集》584 反甲）

"圉"字象被幸执之人囚禁于囹圄之中，"用为名辞"，作监狱解。在某些卜辞中，又指被囚禁的奴隶；用为动词，释作囚禁，即捕捉后囚禁在监狱中。[①] 这是说，贵族戈幸执的若干羌人，被关在监狱之中，其中有一名被囚禁者敁裂处死。殷代设有关押羌人俘虏的监狱。

癸亥卜，争，贞旬亡祸。王占曰：有祟。五日丁未，在敦圉羌。（《合集》139 反）

这是敦地设有关押羌人的监狱。这些失去人身自由的羌人不堪忍受关押之苦，时而发生暴动：

……卯有［酨］……虎庚申亦有酨，有鸣鸟……狩圉羌戋戍。（《合集》522 反）

"戋"字作暴动解，[②] 狩圉即狩地的监狱。这辞是说，天象有不祥之兆，狩地的监狱发生了奴隶暴动。被押在监狱中的羌人因暴动反抗而受到了镇压：

---

① 齐文心：《殷代的奴隶监狱和奴隶暴动》，《中国史研究》1979 年第 1 期。

② 同上。

……□［圉］羌戎，哉圉一人。（《合集》1066反）

此"哉圉一人"，自然是被关在狱中参与暴动的羌一人被脆裂而死。羌人不仅被关押，身受羁累之苦，肢体还时而受到戕害：

庚辰卜，王，朕𠚢羌，不嶲死。（《合集》525）

"𠚢"字作以刀割生殖器之形，学者释为剢字，谓为"去势"，[①] 即《尚书·吕刑》"宫辟疑赦"之宫刑。对于受此刑的男子来说，即割去其生殖器。对于女子来说，即加以幽闭。这是占问商王对羌奴施行宫剢之刑，是否致死。更有甚者，羌人还随时被剥夺生命：

……王……未其侑以伐于祖辛羌三人，卯……十一月。（《合集》22567）
□□卜，其侑羌妣庚三人。（《合集》26924）

这是向祖先行侑求之祭，用羌三人为献牲。在这里，羌是一种身份（或为人的名目），"人"是单位词，三是单位数量，而"三人"是羌类身份献牲的数量，有时迳可省略"人"字，数字就代表了"人"的单位数量：

其侑羌五人。（《合集》26921）
其侑羌五。（《屯南》1003）

"羌五"即"羌五人"。又如：

其侑羌十人，王受佑。（《合集》26919）
……卯侑于母辛三宰一牛箙一羌十。（《英藏》1972）
庚辰……于庚宗十羌卯廿牛。（《合集》333）

[①] 唐兰：《天壤阁甲骨文存考释》，北京辅仁大学1939年版，第46页。

以上辞中"羌十"、"十羌"即"羌十人"。又如：

> 己巳卜，彭，贞御于河羌卅人。在十月又二卜。
> （《合集》26907 正）
> 丁巳卜，尹，贞王宾父丁以伐羌卅卯五宰……尤。
> （《合集》22549）

"羌卅"即"羌卅人"。因此，虽然单位词"人"字省略，身份"羌"后（或前）之数字，即表示具体的人数。羌被用于祭祀的牺牲，在甲骨文中常见，数字较大者，有五十羌：

> ……上甲五十羌。八月。（《合集》310）
> 贞王佳庚，勿佳庚，五十羌。（《合集》226 反）
> ……伐自上甲大示……五十羌，小示廿……
> （《屯南》1113）
> 其又以大乙羌五十人。（《合集》26908）（图 4—3）

图 4—3　《合集》26908

这是商王祭祀先王，一次就杀死五十羌。有七十羌：

> 伐其七十羌。（《屯南》2792）

这是一次将羌七十人砍头。有百羌：

> 癸亥卜，宾，贞勿䤶用百羌。（《合集》299）

"百羌"即羌百、羌百人。商王祭祀，杀掉百羌的记载不止一次，还有：

> 贞御自唐大甲大丁祖乙百羌百宰。（《合集》300）（图 4—4）
> 甲子卜，殻，贞勿改羌百。十三月。（《合集》305）
> ……其𠭴于丁侑百羌卯十……（《合集》22543）

丁亥卜，㱿，贞昔乙酉𣪘旋御……丁大甲祖乙百鬯百羌卯三百……（《合集》301）

另有杀用羌三百者：

□丑卜，宾，贞……三百羌于丁。（《合集》294）

三百羌用于丁。（《合集》295）

这是为祭祀名丁的先王一次就杀掉羌三百人为牺牲。用羌做献牲的最大数字为九百：

……示九百羌。（《合集》1038正）

这是祭祀先王示壬时以九百羌为献。以上之羌若干、若干羌即羌若干人。羌人被幸执，被囚押，被宫势，或失去自由，或被残害肢体，直至被用于祭祀时的献牲而失去生命等等，说明以数字计的标明羌身份的人，是不能把握自己命运的非自由人。

图4—4　《合集》300

二　伐

伐也是以人若干计的一种身份的人。"伐"字作以戈砍人头形，罗振玉《殷虚书契考释》（下）12页谓"当是武舞"。但学者指出："伐字的本义专指断人头，作为动词（祭法）表示杀人以祭，引申为动名词，指一种特定的牺牲——砍去头颅的人体"。[①]

[①] 罗琨：《商代人祭及其相关问题》，《甲骨探史录》，生活·读书·新知三联书店1982年版。

> 丙申卜，行，贞王宾伐十人，亡尤，在𠂤逄卜。（《合集》22606）

"宾"字祭名。"伐"即专备砍头者。伐十人，即十名备砍头者。王宾伐十人，即商王用十名备砍头者为祭祀时的献牲。

> 丁未酒以伐十、十宰。（《合集》903 正）

和"羌若干人"可省略"人"字而作"羌若干"一样，伐亦可省略"人"字，"伐若干"即"伐若干人"：

> 贞来乙亥酒祖乙十伐又五，卯十宰。（《合集》892 正）

"十伐又五"即伐十五。

> 辛丑卜，王其以伐大乙叀旧鬺用十人五。（《合集》26994）

这是商王侑以之祭以伐者十人五（即十又五人、十五人）为牺牲。十伐又五，亦可作伐十五。如：

> 癸卯卜，以伐十五，甲辰酒上甲。用。（《合集》32198）

十伐又五、伐十五虽然省去了"人"字，但仍表示"伐十五人"。

> □巳卜，争，贞以……衣侑以伐……河廿人。（《合集》1046）
> 又以伐二十人、十牢，有祸。（《屯南》4242）

被献祭于远祖河的伐共廿人。而另一次行以祭所献祭的伐也是廿人。伐和羌类非自由人一样，被用作祭祀时献牺，是较为常见的。伐在作祭祀祖先的牺牲时，其数量不一，所见从小至大数字有：

有一伐，如：

> 贞侑于卜丙一伐。（《合集》940 正）

贞侑于南庚一伐，卯窜。(《合集》965 正)

有二伐，如：

甲辰卜，以伐祖甲岁二牢。用。(《合集》32198)

有三伐，如：

侑王矢伐三，卯窜。(《合集》1051 正)

有五伐，如：

侑王矢伐五卯窜。(《合集》1051 正)

有九伐，如：

贞侑九伐卯九牛。(《英藏》1194)

有十伐，如：

贞御于祖辛酉十伐……(《合集》910)

有十五伐，甲骨文常见以十五伐为献牲祭祀先王，如祭先王上甲：

癸卯卜，伐十五，甲辰酒上甲，用。(《合集》32198)

此外，以十五伐祭上甲还见于《合集》32200、893、901 等。

祭大乙：

辛丑卜，王其侑以伐大乙，重旧鬻用十人五。(《合集》26994)

祭大丁：

丙子卜，酒㞢岁伐十五、十牢勿大丁。(《屯南》4318)

祭大甲：

丁未卜，宾……甲寅酒大甲十伐又五，卯十宰。八日甲寅不酒，雨。(《合集》896 正)

祭大甲一次用十五伐者，还见于《合集》902 正。

祭祖乙：

贞酓祖乙十伐又五，卯十宰又五。(《合集》898)

祭祖乙用十五伐为献牲者，还见于《合集》32199、892 正、899 等。

祭下乙：

乙丑卜，殻，贞来乙亥酒下乙十伐又五，卯十宰，乙亥不酒……(《合集》897)

"下乙"即为祖乙。① 以十五伐为献牲祭下乙等直系先王，还见于《合集》897 同版。

此外，用伐十五为献牲者，还有父丁：

乙巳，贞王侑㞢岁于父丁三牢伐十又五，若兹卜，雨。(《合集》32057)

此父丁，即商王武乙之父康丁。有伐廿，如：

侑㞢伐二十，十牢，有祸。(《屯南》4242)

---

① 胡厚宣：《卜辞下乙说》，《甲骨学商史论丛初集》(上)，河北教育出版社 2002 年版，第 298 页。

一次以廿伐为献牲者，还有《合集》1046、22136、22227、895乙、895丙、22231等。

有伐卅，如：

> 贞御于父乙☒三牛曹卅伐卅宰。(《合集》886)

这是商王武丁行御祭于父乙（即小乙），一次册砍卅伐为献牲。此外，一次用卅伐还见于《合集》888等。

有五十伐：

> 五十伐。(《合集》885正)

伐的最大数字为百：

> ……伐百于大甲……（《合集》883正）
> ……羊百伐百……（《合集》884）

这么多的伐被用于祭祀时的献牲而被剥夺了生命，可见其身份为非自由人。

三 奚

甲骨文奚字作"☒"、"☒"、"☒"、"☒"、"☒"等形，罗振玉《殷虚书契考释》中（23页）释为奚字，谓"罪隶为奚之本谊，故以手持索以拘罪人也"。于省吾在《双剑誃殷契骈枝》第27页《释奚》中，进一步据"安阳出土殷代玉人头考之，则清人编发之制，非始于汉，远在三千年以前。然则奚字上像以手提发辫之形，当非绳索之类矣"。但无论是"以手持索"，还是"以手提发辫"，以字形言之，均呈人被缧绁、羁押之状，当表示失去人身自由之人的一种身份。不仅如此，此种身份的人，以"若干"奚或奚"若干"的，表示用作祭祀时献牲的数目。如：

三奚：

> 乙丑卜，王，侑三奚于父乙，三月延雨。(《合集》19771)

这是以三名奚为献牲，侑祭商王武丁之父小乙。

奚三十：

庚午卜，侑奚大乙卅。（《合集》19773）

侑奚大乙卅，即行侑求之祭于先王大乙，以奚卅（人）为献牲。奚平时既被羁累，又在祭祀时用作牺牲而失去生命，当为非自由人。

四　戠

此字写作"🔲"、"🔲"、"🔲"等形，即以钺砍奚头，可隶定为戠字。

戠用为动词，乃杀牲之法，与伐字以戈砍人头同义，或为斩杀奚身份人之专字。"亦可用作名词"，即"被'戠'之牲，亦可谓之'戠'，犹被'伐'者亦可谓之'伐'"。① 戠作为一种被杀伐者的身份，常以数量词计数：

……御父庚三牢侑戠二酒萑至……父庚。（《合集》21538乙）

辛亥……卜，其至三宰又戠二……（《合集》21539）

图 4—5　《合集》21538乙

这是行御除灾殃之祭于先王父庚（即盘庚）、小辛等人时，分别以备砍头身份的戠二名为献牲。因此，戠这种身份的人，为专备砍头之用，当是毫无生命保障的非自由人。

五　屯

"屯"字于省吾释。② 此字用于骨臼刻辞时，表示一对肩胛骨。又可用作

---

① 于省吾主编：《甲骨文字诂林》，中华书局1996年版，第3190页姚孝遂按。

② 于省吾：《甲骨文字释林》，中华书局1979年版，第1页。

时间副词,"'屯日'当释为'全日'或'整日'";① 此外,学者论断,甲骨文"多屯""与多马、多射、多尹、多工、多亚、多箙、多犬、多卜、多奠、多后、多妇、多父、多子等的辞例相同",② 屯当是一种人的名目和身份。虽然"多屯"与上述辞例相同,但屯在社会地位上却与之有天壤之别。以上所列诸辞例皆为统治阶级,而屯则是非自由民。这就是屯可执:

贞执屯。王占曰:执。(《合集》697 反)

屯可以枷执,当为失去人身自由者。屯可执执若干,即幸多屯。

壬辰卜,宾,贞执又多屯。(《合集》817)

"多"为数量词,"多屯"即多名屯。这是多名屯被幸梏双手。屯可戠,即砍头:

贞王戠……屯,不若,左于下上。(《合集》809 正)

"左"即不保佑。"下、上"据《合集》32615 "求其下自小乙",《合集》32616 "求其上自祖乙","下上"即自小乙上溯至祖乙诸先祖。这是只问商王戠砍若干屯为献牲祭祖。因数字残去,故戠屯数量不详。屯有用数量词计的:

庚申……子商二屯……（《合集》819）
□□卜,王……二屯伐……（《合集》820）
……用侯屯……五。示十……（《合集》32189）

这是有明确数量计的屯,用为祭祀时的牺牲。或以数量较多的屯,即"多

---

① 钟柏生:《说"异"兼释与"异"并诸词》,《中央研究院历史语言研究所集刊》第 56 本第 3 分。
② 张秉权:《殷虚文字丙编考释》,"中央研究院历史语言研究所"影印本 1957 年版,第 126 页。

屯"用为祭祀时的牺牲：

> 丙寅卜，亘，贞王戠多屯，若于下上。
> 贞王戠多屯，若于小乙。（《合集》808 正）

屯被用于祭祀时的牺牲，当为无生命保障的非自由人。

六 仆

仆字胡厚宣释，谓其字形"⟨⟩"，"象从丮卜，在室内有所操作之形，卜亦声，音仆，疑即'臣仆'之仆的本字"。[①] 仆可以参加征伐方国的战争，当有一定的人身自由。如：

> 辛酉卜，争，贞勿呼以多仆伐舌方，弗其受有佑。（《合集》547）（图 4—6）

但这种自由是有限度的，往往是在幸执、强迫之下：

> 贞勿执仆呼望舌。（《合集》549）

"望"即瞭望。这是仆在幸执之下，被命令去瞭望舌方的军情。仆经常处在缧绁之中：

图 4—6 《合集》547

> 贞翌庚子执仆。（《合集》571 正）

"执仆"，即仆被枷铐，或被执拘。

> 癸丑卜，宾，贞叀吴令执仆。（《合集》578）

[①] 胡厚宣：《中国奴隶社会的人殉和人祭》（下篇），《文物》1974 年第 8 期。

这些被幸、被执之仆,当失去了人身自由。不仅如此,仆还时常受到肢体的戕害:

    贞刖仆不死。(《合集》580正)

"刖"字胡厚宣释,谓"整个字,像用锯或以手持锯,截断人的一足之刖"。[①]这是问对仆施以刖刑以后,是否会死掉。有时对多名仆,即"多仆"施以刖刑:

    其刖多仆。(《屯南》857)

被刖之仆有多达八十名者:

    贞刖仆八十人不死。(《合集》580正)

此外,有时一次就弑杀多名仆:

    甲午卜,贞戠多仆。二月。(《合集》564正)

已如前述,戠与伐同,用为动词即为砍头,这是将多名仆戠头。仆或被祭祀时作为献牲用掉:

    癸丑卜,敵,贞五百仆用。旬壬戌侑用仆百。三月。(《合集》559正)

这是癸丑日卜问:将五百名仆作为献牲用掉否。十天以后的壬戌日行侑求之祭时,实际只以百仆为牺牲用掉了。卜问以五百仆为献牲者,还见于《合集》558、560、562正等片。如此之多的仆失去生命,可见仆为非完全自由之人。

---

① 胡厚宣:《殷代的刖刑》,《考古》1973年第2期。

七 小臣

学者考证,"卜辞中小臣的工作职别和来源不同,社会身份也有高低之分,既不能笼统地称为官吏,也不能简单地定为奴隶"。[①] 其中有名者,如小臣皋(《合集》5571反)、小臣中(《合集》5574)、小臣高(《合集》5576)、小臣妥(《合集》5578、27890)、小臣鬼(《合集》5577)、小臣从(《合集》5579反)、小臣祸(《合集》27876)、小臣杏、克(《合集》27879)、小臣口(《合集》27884)、小臣刺(《合集》27884)、小臣穑(《合集》27886)、小臣(《合集》27889)、小臣(《合集》28011)、小臣监(《合集》36418)、小臣醜(《合集》36419)、小臣啬(《合集》36481反)等等,他们或受王令司农籍,或狩猎、从征,或从祭于中室,或从王在外,或来向商王报告,或司农籍、狩猎等,因而社会身份较高,为商王的官吏。这部分地位较高的有名小臣不在甲骨文"人"的行列。因而有名小臣无一以数字计者。但有的小臣,不称其名,并以单位词计,作为一种社会身份的"小臣"其社会地位应较为低下。以下卜辞也可证明:

□戌卜,彭,贞其有求于河眔上甲,在十月。侑二小臣。(《合集》32663)

这是商王卜问,在十月祭先祖河及上甲,行侑求之祭,以二小臣,即小臣二人为献牲。还有献祭数目更多者:

贞今庚辰夕用甗小臣三十、小妾三十于妇。九月。(《合集》629)
癸酉卜,贞多妣甗小臣三十、小妾三十〔于〕妇。(《合集》630)

"甗"为祭名,亦为用牲之法,即以甗蒸之。"于"字"疑读为御","御的意思是使",[②] 上二辞是说,使王妇行甗祭之礼,用小臣三十名为甗蒸之祭的牺牲品。

上列以数字计的小臣,皆是被用于祭祀的牺牲品,当是无生命保障的非

[①] 张永山:《殷契小臣辨证》,《甲骨文与殷商史》,上海古籍出版社1983年版。
[②] 胡厚宣:《中国奴隶社会的人殉和人祭》(下),《文物》1974年第8期。

自由人。臣的最大数字为七十：

……臣七十，妾……（《合集》631）

此辞较残，臣字仅剩下半，是否小臣之"小"字残去，已不可得知。但据上列臣以数字表示，且与身份较低的妾连言，因而此之臣七十亦当为地位不高之非自由人。

八　妾

妾和小臣一样，以数字三十计。上引《合集》629、630、631等片臣、妾连言，可知妾之身份、地位与臣相当。《尚书·费誓》"臣妾逋逃"，《左传》昭公元年"臣妾多逃"，臣、妾亦往往连言，臣与妾皆为社会地位较低的两种人身份。《左传》僖公十七年云"男为人臣，女为人妾"。妾可从市场上买来，《左传》昭公元年说，"买妾不知姓则卜之"。并因不堪奴役，时有逃亡之事发生。有的妾被施以枷械：

……辛至于……允汉隹……妾执……有子。（《合集》13937）
……日……宁允……侑妾执……（《合集》13938）

妾被枷执，当无人身自由。而且还被作侑祭的献牲。不仅如此，用小妾做祭祀时的献牲，一次就有三十人之多，可见其无生命保障。

九　卻

甲骨文另有一种身份卻，其字郭沫若隶定，谓"旧释嬖殆系人牲"。[1]"卻"字从妾从跽人，当与妾为同类的女性。卻亦有时以数量词计：

王其侑母戊一卻……此受佑。（《合集》27040）
二卻。（《合集》27040）
……□已三卻。（《合集》665）
……五卻。（《合集》664）

---

[1] 郭沫若：《殷契粹编》，科学出版社1965年版，第461页。

……五郤……（《合集》22163）

商王向母戊行侑求之祭，以一郤为献牲，此郤当为无生命保障者。虽然"二郤"辞简约，但与《合集》27040为同版，应是祭母戊同时献祭之卜的略文。郤常被侑、被伐（《合集》655正甲）、被沈（《合集》32161）、被酚（《合集》32162），但数目不详。但上列之三郤、五郤以《合集》27040之被侑献一郤、二郤例之，当为祭祀时被剥夺生命的献牲。

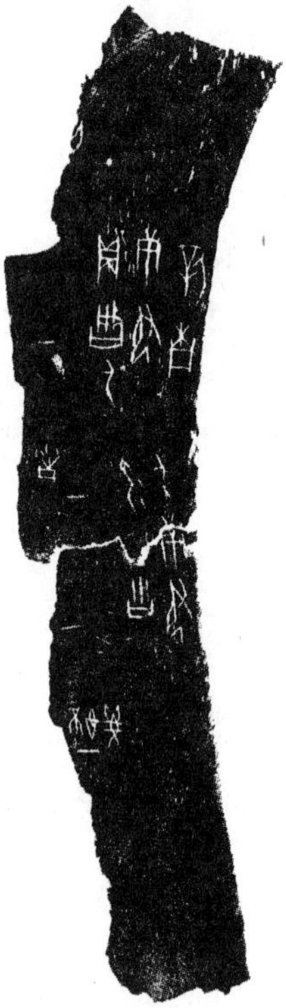

十 奴

奴字作"㚔"形，像以手按执跽跪之人。"奴，服也，义同俘，与牢圉并举，乃以人为牲"。① 《合集》137有"俘人十又五人"、"俘人十又六人"，俘作㚔，字像驱赶被抓获之人于道路之上，或泛指男、女俘虏而言。而此"奴"字，或专指被抓获之女俘而言：

贞勿龠用㓞㚔酚小宰侑奴女一于母丙。

□□卜，争，子狀于母㓞㚔小宰侑奴女一。（《合集》728）

贞酚妣庚奴，新南。

勿酚妣庚奴。小告。（《合集》724）（图4—7）

戊辰卜，侑奴妣己一女妣庚一女。（《合集》32176）

图4—7 《合集》724

献祭于母丙的奴特标明是"女一"。而献祭于妣己、妣庚的奴亦特标明为"一女"。因此，奴当是女性俘虏无疑。以上三辞，不仅说明奴这种身份的人，是女子，还是以单位词计，被用于祭祀商王女性祖先时的献牲。

酚奴一人。（《合集》32172）

---

① 郭沫若：《卜辞通纂考释》，科学出版社1983年版，第781页。

此外，同版还有"酉伐二人"（《合集》32172）。即以伐一人或伐二人为酉砍时的献牲。伐又可省去性别标志女字或单位词人字，迳以数量词表示被献祭的个体。用伐的献牲的数目不等，最少者为一人，一以上的数字有二伐、三伐：

  乙丑卜，叶，祖丁叶……用二伐，卯……（《合集》19774）
  三伐侑三牛。（《合集》13751 正）
  ……御于南庚三伐。（《英藏》61）

此外，三伐还见于《合集》710、22589 等片。有四伐、五伐、六伐：

  贞四伐于祖辛。勿四伐于祖辛。（《合集》709 正）
  五伐、六伐。（《合集》697 正）

虽不见用五伐、六伐献牲所祭的对象，但同版有"隹妣己。隹妣甲"的对贞之辞，因而此版所卜之伐，当与其祭祀有关。五伐还见于《合集》706、707正等版。有十伐：

  □午……报酉十伐卯小宰。（《合集》704）
  ……酉十伐。（《合集》705）
  贞勿侑十伐。（《合集》703 正）

因辞残，酉砍十伐为献牲的祭祀对象不详。用十伐献祭确为男性祖先的有：

  勿十伐于祖辛。（《合集》709 正）

此外，还有父乙（即商王武丁之父小乙）：

  贞御妇好于父乙㚔宰，侑青酉，十伐，十宰，青十。（《合集》702 正）

也有女性祖先：

侑于妣甲十𢀲。(《合集》697 正)

这是一次以十𢀲为献牲。祭祀的对象还有女性祖先妣庚（《合集》698 正、699、700、893 正等）、高妣丙（《合集》32173）等。

以𢀲为献牲祭祀祖先的最大数字为三十：

……来庚寅，酒血三羊于妣庚……曹伐廿，其卅，牢卅，𢀲二𤉲。(《合集》22229)

甲寅卜，贞三卜用，血三羊，曹伐廿……卅牢，卅𢀲，三𤉲于妣庚。(《合集》22231)

这是祭祀女性祖先妣庚，一次就曹砍三十𢀲为牺牲。商王在举行对祖先的祭祀活动时，常以从一至三十计的𢀲为献牲。因此，𢀲当为完全失去生命保障者。

十一 垂

垂常和𢀲连言，被用于祭祀祖先的献牲：

曹妣己𢀲垂。(《合集》716 正)

同为献牲，但𢀲垂与动物性献牲时，隔以用牲之法以加以区别之：

贞侑妣甲垂𢀲、卯牢。(《合集》787)
贞燎于高妣己侑青，曹三𢀲垂，卯牢。(《合集》710)

所"侑"之垂𢀲与所"卯剖"之牢，以不同祭法加以区别。而《合集》710所"侑祭"之青与所"卯剖"之牢和所"曹砍"之三𢀲垂，也以不同的祭法（或用牲之法）加以区别。此可知在祭祀先祖的卜辞中，作为献牲的𢀲、垂因与其他献牲诸如青、牢等是不同的。而𢀲、垂连言，身份应相同，前述𢀲可以以人计（《合集》32172），因此垂也应是与𢀲身份相同的用于献祭的人牲。垂的个体也是以数量词计的：

侑于妣庚一垂。(《合集》777 正)
㲼𠬝一垂。(《合集》783)

这是㲼砍一名垂为献牲。有以三垂为献牲者：

□午〔卜〕……𠬝、三垂。(《合集》776 正)
壬辰卜，㱿，贞呼子𡨄御侑母于父乙，空宰、㲼𠬝、三垂、五宰。(《合集》924 正)

有以五垂为献牲者：

……㲼𠬝垂五……(《合集》767 反)
贞寻御妣庚㲼五垂。(《合集》773 甲)
……五垂于高妣己。(《合集》774)

用垂最大的数字为十：

贞侑于妣庚十垂。(《合集》768 正)
侑母己十垂侑卯宰。(《合集》6475 反)

以上就是一至十数目不等的垂作为祭祀时的献牲，这些以单位词计记载的被献祭的垂，自然是无生命保障的非自由人。

十二　姬

"姬"字于省吾释，谓"甲骨文姬字每用为祭名"。① 但姬应为被用作祭祀时牺牲的一种人的身份，而非祭名，以下卜辞可证：

其侑姬于妣辛。(《合集》27547)
癸酉卜，贞王宾母癸姬，亡尤。(《合集》36319)

---

① 于省吾：《甲骨文字释林·释䖒》，中华书局1979年版。

上列卜辞中之"姬"是向妣辛、母癸行侑祭和宾祭时的献牲，而绝非祭名。

十三　婢

"婢"字于省吾谓："从婢声，系婢的原始字"。"婢之从卑，不仅是个音符，同时也具有卑贱之意"。姬与婢常连言，并皆称为"人"：

> 己卯卜，贞王宾祖乙奭妣己姬婢二人，敤二人，卯二牢，亡尤。
> 甲申卜，贞王宾祖辛奭妣甲姬婢二人，敤二人，卯二牢，亡尤。
> （《合集》35361）

"奭"即配偶。"敤"字"有击义"，"典籍也作剨或豆"。"剨即今方言切物曰剁的本字"。① 这是商王一次在宾祭祖乙之配妣己和另一次宾祭祖辛之配妣甲时，分别以姬婢二人为牺牲，并剁砍二人、卯剖二对牛为祭。

因此，被用作牺牲的姬婢二人之婢，当是无生命保障的非自由人。

十四　夷

"夷"字，郭沫若释为尸，假为夷。谓"殷代夷尸方乃合山东之岛夷与淮夷而言"。② 商王武丁时期，就时常与夷方发生战争，甲骨文中不乏记载，如：

> 甲午卜，卜宾，贞王宙妇好令征夷。（《合集》6459）
> 贞王宙侯告比征夷。六月。（《合集》6460 正）

以上二辞是商王命令妇好、侯告等名将征伐夷方。在征伐夷方的战争过程中，当有所俘获夷方之人。这些被俘获之夷人，有时用作祭祖之献牲，并以单位词标明这种夷身份的献牲之数量：

> 贞翌丁未用十夷于丁，卯一牛。（《合集》828 正）

---

① 于省吾：《甲骨文字释林·释婢》，中华书局1979年版。
② 郭沫若：《卜辞通纂考释》，科学出版社1983年版，第569页。

"丁"即商王武丁以前之先王名丁者,有报丁、大丁、中丁、祖丁等,此名丁先王因无区别字,故不能确指。这是以十名夷人为牺牲,献祭于其名丁的先王,这些以单位词表示的夷人,当为无生命保障的非自由人。

十五 刍

"刍"字罗振玉《殷虚书契考释》(中)第 36 页释定,谓"从又持断草,是芻也"。张秉权在《殷虚文字丙编考释》第 463 页进一步分析甲骨文"芻于某"的芻是动词,与《说文》"芻,'芻草也'"的意思相同。而"氏芻"的芻是名词,"有时也可以数计"。"卜辞屡言'氏芻'是与祭祀之繁和牲畜之多有着密切关系"的。他虽指出刍可以以数计,但此处之刍是物是人仍较笼统。胡厚宣在《甲骨文所见殷代奴隶的反压迫斗争》[①]中率先指出:"刍是一种畜牧奴隶。《说文》:'刍,刈草地。'段玉裁注'谓可饲牛马者'。《周礼·充人》郑玄注:'养牛羊曰刍'。《孟子·梁惠王下》赵岐注:'刍荛者,取荛薪之贱人也。'《汉书·贾山传》:'刍刈草也,荛草薪也,言执贱役者也。'所以刍,乃是一种刈草饲养牲畜的奴隶。"此种身份的刍多为抓获所得:

丙申卜,㞢,贞呼见徣𩫖刍,其𢦔。(《合集》9504 正)

这是商王命令将㞢𩫖刍牧者擒获。羌人善于放牧,时有专门卜问抓获羌刍之辞:

丁未卜,贞令戍、光有获羌刍五十。(《合集》22043)

商王朝虽然农业较为发达,但畜牧业仍颇为繁盛,并"有较为固定牧场的人工放牧"。商王朝不仅有"设于商王国畿内的牧场"达 19 处之多,而且还有"设在诸侯国内的牧场"8 处以上。正是因为"商代在全国各地设有牧场,进行人工放牧,保证了商王朝对大量牲畜产品的需求"。[②] 商王室牧场放牧牲畜

[①] 《考古学报》1979 年第 1 期。

[②] 王宇信、杨升南主编:《甲骨学一百年》,社会科学文献出版社 1999 年版,第 546—552 页。

对大量劳动力的需要，除了从羌族抓捕刍者，并以单位词"五十"计其数量外，还时由地方奴隶主贵族定期"氏"进、贡"来"或强"取"：

> 甲辰卜，亘，贞今三月光呼来。王占曰：其呼来。气至佳乙，旬又二日乙卯允有来自光，氏羌刍五十。（《合集》94正）

这是贵族光进致羌人刍牧者五十名。此外，还有其他地方贵族进致的善于刍牧者，诸如冤刍（《合集》95）、䎽刍（《合集》96）、骨刍（《合集》98正）、武刍（《合集》456正）、秝致刍（《合集》104）等。为了满足商王的需要，地方贵族进致的刍牧者当不在少数：

> ……氏多刍……（《合集》103）

进致刍者的最大数字为"五百佳六"：

> 己丑卜，殼，贞𡆥以刍五百佳六。
> 贞𡆥以刍不其五百佳六。（《合集》93正）

这是贵族名𡆥者一次进致五百零六名刍者。或贡来数目不详者：

图4—8　《合集》108

> 戊子卜，王，贞来競刍。十一月。（《合集》106）

此外，商王还强行征取刍者，如取竹刍于丘（《合集》108）（图4—8）。强制征取者还有扶刍（《合集》110正）、羞刍（《合集》111正）、逆刍（《合集》112）、何刍（《合集》113甲正）、克刍（《合集》114）、𡳾刍（《合集》115）、雍刍（《合集》119）、豸刍（《合集》117）等。这些贡来或强取的刍，虽未记其数量，但有以单位词记其数量者：

> 庚午卜，𠂤刍示千……（《合集》32008）
> 庚午卜，𠂤刍示千……（《合集》32009）

"示"即眡，检眡。"⿱人刍"即⿱人地之刍者，这是清点、陈示的⿱人刍达千人之多。刍者经常丧损或逃亡（圥），以表示对其奴役者的反抗：

允叶率以骨刍，其丧。（《合集》97正）

"丧"即逃丧、损失，这是骨刍逃丧。

癸丑卜，争，贞旬亡祸。王占曰：有祟有梦。甲寅允有来艰。左告曰：有圥刍自益，十人又二。（《合集》137正）

"圥"即逃亡。这是自益地逃亡了十二名刍者。

……⿱己未仆奄刍圥自爻圉……（《合集》138）

"圉"即狱。这是在己未日早晨，奄刍自爻狱逃跑了。刍者身陷爻圉，当无人身自由，发生逃损，逃亡是自然的。刍者逃亡，商王十分关心其逃亡刍者抓得否：

甲午卜，争，贞圥刍阱得。（《合集》130正）
贞圥刍不其得。（《合集》131）

也有时幸执、抓捕不得：

□卯卜，出，贞［圥］刍自穽，沐弗其执。（《合集》136正）

执即梏手。一旦抓到，就会施以枷刑：

己卯卜，出，贞沐执圥刍自穽。王占曰：其隹丙戌执，有尾，其隹辛寂。（《合集》136正）

这是己卯日卜问去幸执从穽地逃跑的刍者。商王看了卜兆后判断：八天后的丙戌日幸执将不吉，十三天后的辛日去幸执当吉利。

　　……奄刍辈自爻晕六人。八月。（《合集》139）

"辈"即幸，指以脚铐执其足。"晕"即圈，即监狱。这是自爻地监狱提取六名奄刍，以供役使。为防止其逃走，以脚铐梏其足。不仅被抓到的逃刍要受到枷梏的惩罚，就是一般刍者也时而被执——奉手：

　　贞奉刍。（《合集》122）
　　贞弗其执雍刍。四月。（《合集》127）

如此等等。这些善于刍牧的刍者，多为擒捕，抓获而得，再由地方贵族向商王进致、贡纳，或由商王向贵族强制征取。这些刍者，有的因不堪奴役，从刍牧之地丧亡即逃跑。也有的从囚禁他们的监狱中逃亡。但被抓获到以后，就会受到幸手或梏足的惩处。因此，刍当是失去人身自由的非自由人。更有甚者，有时刍者还被砍头：

　　……戮……刍。（《合集》121）

刍者一旦被戮砍头颅，生命就失去了保障。

十六　而

"而"，学者谓此字"旧释而，今释为馘"，进一步加以阐释说："𢼒像倒首长发形，正首长发则为𢾺。当为古代战争割敌首以计战功之举"，每馘代表斩杀敌人一名。而细别之"取首为馘，取耳则为聝，取手则为戎，取首发代首则为𢼒、𢾺"。[①] 砍下的头——而（馘）也以单位词计：

　　……毘……执羌获廿又五，而二。（《合集》499）

这是贵族毘执羌人，抓获二十五人，并取敌人之馘二颗。

[①] 李圃：《甲骨文选注》，上海古籍出版社1989年版，第168页。

……令罞……以羌……而廿……（《合集》286）

这是命令贵族名罞者，进致羌人若干……馘二十只。进致斩割之馘，多用于祭祖献庙：

……而于祖丁……羌甲一羌……祖……（《合集》412正）

并往往在班师庆捷典礼上展示：

……小臣穑比伐，擒危美……人二十人四，而千五百七十，訊百……两（四），车二辆，⚬百八十三，函五十，矢……用又伯䖒于大乙，用鼀伯印……訊于祖乙，用美于祖丁，偶甘京，易……（《合集》36481反）（图4—9）

图4—9 《合集》36481反

这是商朝晚期帝乙、帝辛时的一片甲骨，内容十分重要。本辞记小臣穑随从商王征伐危方，取得重大胜利。班师回朝以后，在宗庙举行盛大的告捷典礼，展示了此次战役所虏取的丰富战利品，并受到商王的赏赐。其中"而千五百七十，訊百……"，即是在宗庙中举行告执仪式时所陈示者。这批已被砍的一千五百七十多颗人头，自然是在战争过程中就被砍了头的人，应早已没有生命的保障了。

我们可以看到，以单位词计的种种不同身份（名目）的人，诸如羌、伐、奚、馘、屯、仆、小臣、妾、郒、㞢、垂、姬、婢、夷、屯、刍、而等等，皆为非自由人。其中的"伐、㞢"，是商王在举行不同的祭典或名目不一的用牲之法时，常以不同的数量用于献祭的牺牲。这些伐、㞢完全没有生命保障，当为商代非自由人中专门被用于祭祀时的杀伐之用者，从商代用伐、㞢为献牲祭祀的次数之频繁和数量之多，可知商王室当有一批随时备做献牲的伐、及储备。馘也是专门被用作砍头献祭者。至于馘、而，则为交战时，就被砍下头颅的敌方军士。准备已久，将其献馘于宗庙则是陈示战利品和庆祝战争胜利的盛大庆典的组成部分。不仅如此，其他以单位词计的垂、奚、屯、仆、垂、小臣、小妾、姬婢、夷等，时见用于献祭时为人牲，当是随时被剥夺其生命者，毫无生命的保障。

此外，有的以单位词计的人，则经常处在幸、执、抓、擒等被强制状态中，诸如羌、仆、㚔、奚等，直到被监禁，如羌等，自然更在非自由状态中。有的还进一步遭受肢体的损害，被施以宫刖之刑，诸如羌、仆等。他们虽然失去了人身的保障，但毕竟还未完全被剥夺生命的权利，因而是能存活下来的非自由人。尽管商王朝在举行侑、䈊、伐、馘、㱃、用等祭典时，也时而用一部分羌、仆、奚、㚔等作祭牲而剥夺了他们的生命，但仍有相当一部作为非自由人的羌、仆、㚔、奚等存活下来，并被商王朝驱使到社会的不同领域而延续着生命。因此，这部分以数字计的非自由人，当较上列完全没有生命保障的非自由人的地位要略高。

第五节　投入社会生产和生活领域的非自由人——奴隶

以上用单位词计的不同名目的非自由人，大部分都于祭祀时被用作"人牲"杀掉了。从没有生命保障而任遭屠戮这一点来说，其地位与奴隶是相同的。但是，仅仅人身被以商王为首的奴隶主贵族所占有和任意屠戮，并不是完全意义上的奴隶，而必须是这些地位低下的非自由人，"从事劳动并把劳动果实交给别人的人则叫做奴隶"。[①]

在上列不同名目非自由人中，只有很少几种名目的人能继续存活下来，并被投入商朝社会生活和生产领域之中。主要有：

一　羌

大批以单位词计的羌，在商王举行祭祀时，成为用、侑、伐、岁、㱃等祭仪和祭法时的人牲。这些羌人"牺牲"，多是致送而来：

[①] 列宁：《论国家》，《列宁选集》第4卷，人民出版社1974年第2版，第45—46页。

……贞……税至告曰：㐭来以羌。（《英藏》756 正）
辛酉卜，犬延以羌用自上甲。（《屯南》539）

以有致送之义。《殷墟甲骨刻辞类纂》第 43 页有关以羌、以羌的甲骨卜辞共辑 43 条，多条的羌都被用于献祭祖先的人牲。其中只有 9 条（如上列《英藏》756 正等），没有祭名或祭祀的对象，当是其生命能存活下来的另有他用者。或是"来羌"，即贡来羌：

庚子卜，宾，贞翌甲辰用望乘来羌。（《合集》236）
癸酉卜，贞望乘来羌。（《合集》.237）
贞有来羌自西。（《合集》6596）

这些贡"来"的羌，当不少被"用"掉，即作为祭祀时的人牲了。《殷墟甲骨刻辞类纂》第 42—43 页共辑有关"来羌"卜辞 49 条，其中有 27 条卜辞记羌一贡"来"就被"用"掉，或与其他祭仪连用，诸如"汎用"（《合集》241）、"率用"（《合集》248 正）、"以用"（《合集》32014）时被作为人牲而失掉了生命。而其余的 22 条卜辞，并没有记是否贡"来"的羌被于祭祀时做人牲之用，不排除其中有一部分因辞残，或原为祭祖时做人牲之用。但也有这一些卜辞表明，贡"来"的羌（如上列《合集》236、237、6596 等，）并没有被立刻用掉，而存活了生命。无论是大量氏、以、来的羌被用于祭祀时做"人牲"，还是存其生命另作他用者，都是抓获而来的：

乙酉卜，品，贞射㐭羌获羌。（《合集》165）（图 4—10）

图 4—10　《合集》165

这是射官名㐭者抓获了羌。甲骨文中有关"获羌"的记载很多，《殷墟甲骨刻辞类纂》第 41—43 页共辑有关"获羌"的卜辞有 67 条之多。商王朝不少贵族都参与了"获羌"的活动，诸如戍（《合集》171）、（《合集》178）、光

(《合集》182)、弜（《合集》186）、㚔（《合集》188 正）、屮（疋《合集》190 正）、子效（《合集》195 甲）、臬（《合集》198）、毘（《合集》199）、臾（《合集》203 正）、淳（《合集》204）、登（《合集》205）、先（《合集》207）、丞（《合集》19754）、旨（《英藏》594 反）、牧（《英藏》598）、我（《英藏》624）等人。值得注意的是，虽然甲骨文中有关"获羌"的记载很多，但从未有以单位词计，即获羌若干的记载。准于我们所分析的"不以单位词计的人"，应为自由人。这些羌在被抓获之前应有羌方群体人的自由人身份，只是这些羌被商王朝各级奴隶主抓获以后，被用于向商王经常的氏（以）、来，以作为祭祀时的人牲时，就成为以"单位词计"的羌的名目（或身份）的个体，成为完全没有人身自由生命保障的非自由人了。而那些没有失去生命者，常被囚禁于某地：

癸亥卜，争，贞旬亡祸。王占曰：有祟。五日丁未，在敦圉羌。（《合集》139 反）

"圉"即圄，"用作名词，作监狱时，在某些卜辞中，又指被囚禁的奴隶。用作动词，释作囚禁，即捕捉后囚禁在牢狱中"。[①] 这是记在敦地将羌监禁起来。或给他们施以刑具，如梏手：

壬午卜，宾，贞令毘执羌。（《合集》223）

"执"字写作以幸（为手枷）梏人双手。或械其足：

贞龙亡不若，不辇羌。（《合集》506 正）

"幸"字上从止，即是。下从幸，即脚铐。此字会意，即为以脚铐械其足。不辇羌，即不给用械足之刑具。被圉、被梏手或械足的羌，虽失去了人身自由，仍免不了逃亡反抗：

贞㚔羌不其得。（《合集》508）

---

① 齐文心：《殷代的奴隶监狱和奴隶暴动》，《中国史研究》1979 年第 1 期。

"屰"即逃亡。这是羌逃跑了,再也不能捉到。如果逃跑的羌被抓到后,就被再施以刑具:

> 壬午卜,敝,贞[倪追多]臣屰羌,执。
> 壬午卜,敝,贞倪追多臣[屰]羌,弗执。(《合集》628 正)
> 壬午卜,宾,贞倪不韅执多臣屰羌。(《合集》627)

而那些幸免被"用"做人牲而得以存活者,商统治阶级会对他们进行某种技能的训练:

> □子卜,矣,贞亡来羌,曰:用学……(《合集》22538)

"学"即教练、调训。本辞是说,对那些没有贡"来"做人牲的羌,要加以调教训练,使其掌握某种技能,以供商王的役使。没有用做人牲,而能延续生命的羌,主要是被用于商王朝的对外战争、农事和田猎活动中。

(一) 羌被投用于战争

> 贞令多马羌。贞勿令多马羌。(《合集》6763)

"马"为马兵。单骑称马,多个单骑组成骑兵队。《合集》5825"肇马左右中人三百",即为"三个各一百'人'的马队"。[①] 羌人慓悍,经训练后即成为马兵,组成"多马羌"的专门骑兵队伍。

由多马羌组成的骑兵部队,在商王的调遣之下,投入征伐战争:

> □寅卜,宾,贞令多马羌御方。(《合集》6761)

"御"即抗御,抵御。"方"即方方。方方国不仅经常为患于商王朝边地,而且还曾经给商王朝的"大邑"(《合集》6783)造成危害。学者据"方其荡于

---

① 王宇信:《甲骨文"马"、"射"的再考察》,《第三届国际中国古文字学研讨会论文集》,香港大学 1997 年版。

东"(《合集》11467) 等卜辞考证,其地望"即在今山东省鱼台县以北地方,是商本土东南方位的国家"。① 这是商王命令多马羌,即羌人组成的马队去抗击方方的入侵。对羌人组成的特殊马队,商王设有专门的职官进行监督、管理:

> 丁亥卜,宾,贞甴溯呼小多马羌臣。十月。(《合集》5717 正)
> ……多马羌臣……(《合集》5718)

"小多马羌臣"即"多马羌小臣",是专门负责多马羌这支特殊骑兵队管理和监督事务的低级官吏。而溯为人名。这是贵族溯对多马羌的管理者下达指令。

经过训练的羌可以组成特殊的兵种参加战争,并专设"小多马羌臣"对其监督和管理。此外,《说文》云,"羌,西戎牧羊人也"。羌人虽以善牧著称,但经过训练以后,还可用于其他劳动:

(二) 羌被投入农业领域

> 王令多羌裒田。(《合集》33213)

"裒田"即为垦田、造新田。② 本辞即商王下令,把经过训练的羌投入开垦荒地的农业劳动中。

(三) 羌被投入田猎活动

经过训练的羌还可投入商王的田猎活动中:

> 贞呼多羌获。
> 贞多羌不其获。(《合集》156)
> ……多羌不获鹿。(《合集》153)
> ……多羌……鹿……(《英藏》844)

这是商王命令多羌去抓获猎物。羌在田猎时可获鹿;或"毘":

---

① 李雪山:《商代分封制度研究》,中国社会科学出版社 2004 年版,第 215 页。
② 张政烺:《卜辞裒田及其相关诸问题》,《考古学报》1973 年第 1 期。

辛卯卜，品，贞呼多羌逐罞，获。(《合集》154)

"罞"字学者谓"字从目，似鹿而无角"。"乃今之'麞'字。""'罞'乃鹿子，田猎获罞，多数是与鹿同时猎获，且数量均多于鹿"。[①]

二 仆

仆也是以单位词计的一种非自由人。已如前述，不少的仆已被用做人牲：

甲寅卜，永，贞卫以仆率用。(《合集》555 正)

卫为贵族名，本辞是说卫所"以"的仆大多都被"用"掉了。甲骨文用仆最多一次有五百者（《合集》558）。仆或被"戮"即以钺砍头（《合集》570）。但也有不少仆未被杀掉：

贞卫以仆勿率用。(《合集》555 正)

这是贵族名卫者所氏进之仆未被全部用做人牲用掉。这些未被用于人牲而幸存生命的仆，有的被置于某地集中管理，以备商王随时"取"用：

贞令先取仆于若。
乙未卜，彀，贞乎先取仆于……(《合集》557)

或被关在监狱中：

……坣己未，仆、龟刍並自爻圉。(《合集》138)

这是戊午日即将结束，临近己未日开始之际，关在爻地监狱的仆和龟刍发生了逃亡之事。仆逃跑之后，商王会命令去追赶、捉拿：

[①] 姚孝遂：《甲骨刻辞狩猎考》，《古文字研究》第 6 辑，中华书局 1981 年版。

贞呼追仆，及。(《合集》566)

甲子卜，殻，贞得仆，叶。(《合集》601)

被追"及"或抓"得"之仆，或被施以手枷：

贞呼徣仆执。(《合集》572)

癸未卜，王呼疋仆执。五月。(《合集》576)

癸丑卜、宾、贞令邑、并执仆。七月。(《英藏》608 正)

癸丑卜，宾，贞叀吴令执仆。(《合集》578)

庚午，雀执仆。(《合集》574)

贞亘执仆。(《合集》575)

徣、疋、邑、并、吴、雀、亘等皆为商王朝奴隶主贵族之名。"徣仆执"与"雀执仆"同，即为对仆施以枷手刑具。或械足：

贞幸仆见。(《合集》568 正)

"幸"即械足，"见"即献。本辞是说，把仆械足以献。有些仆还受到肢体的残害，被砍去一条腿，即被施以刖刑（《合集》580 正及 581、583 等）。《周礼·掌戮》"刖者使守门"。《太平御览》卷六四八引《周礼》说"刖者使守门"。除一部分被刖的仆派做看守王家苑囿的大门，得以保存下生命以外，还有一部分保存有生命的仆被用于其他领域。

（一）仆被用于对外战争

商王朝征伐方国。仆有时充当兵员：

贞勿执多仆呼望舌方，其橐。(《合集》547)

贞勿执多仆呼望舌方，其橐。(《合集》548)（图 4—11

贞勿多仆呼望舌。(《合

图 4—11 《合集》548

集》549）

"望"即瞭望、观察。侦察敌情本是十分危险的战前行动，又何况被刑之人！这应是以被桎手之仆为诱饵，使舌方暴露军事实力。仆还参加征伐舌方的军事格斗：

> 辛酉卜，争，贞勿呼以多仆伐舌方，弗其受有佑。（《合集》548）
> 贞呼仆伐舌。（《合集》537）
> 贞勿呼仆伐舌。（《合集》539）

这些能在战场上与舌方周旋的仆，虽然是非自由人，尽管被施以刑具，但显然比那些被用做"人牲"的仆地位要高多了，因为毕竟保全了生命。

(二) 仆参加农业劳动

有的仆还被投放到农业生产领域：

> 王占曰：有祟，斁、光其有来艰。迄至六日戊戌，允有［来艰］，有仆在爱，宰在……麓，亦［夜］焚廪三。十一月。（《合集》583反）

"爱"为地名。麓"义为拔田草"。亦"读为夜"，"㐭即仓廪之廪"，① 这是说仆在爱地，宰在某地参加农田除草劳动，夜里发生了暴乱，一下子焚烧了三座仓廪。本辞表明，没有被用做"人牲"的仆，还有一部分被投入了农业生产领域的农田麓草劳动。

因此，作为非自由人的仆，除了大部分被用作人牲而失去生存权利外，还有相当一部分活着的仆。他们或被刖足，做家内奴隶。或被用于商朝对外的军事行动，或被强迫参加农业劳动。这些能生存下来，并被投放到社会生活领域的仆，才是真正意义的奴隶。这些仆奴和牲畜一样，成为商王会说话的工具和一种财富，因而有时商王也会对他们表示某些关心：

> 戊申卜，宾，贞仆亡囚。（《合集》590正）

---

① 胡厚宣：《甲骨文所见殷代奴隶的反压迫斗争》，《考古学报》1976年第1期。

三 奚

"奚"也是一种以单位词计的非自由人。奚多被用做人牲,如前列祭大乙时以三十奚献(《合集》19773),祭父乙时以三奚为献(《合集》19771)等。有学者据这些被用做人牲的"奚"字,"象一女人下跪,双手背缚,另有人以手揪其头发,正是女奴的象形",[①]推测多为女性,但未必尽然。

(一)奚参加商王朝的对外战争

用做人牲劫余而侥幸能生存下来的奚,有的被商王朝投向战场,参加征伐方国的战争:

癸丑卜,亘,贞王比奚伐巴方。(《合集》811正)
王勿比奚伐。(《合集》811反)

"巴方"的地望,学者考证"在山西省北部,是商本土西北方向的国家"。[②] 本辞是贞问商王率领奚征伐巴方与否,由此可知幸存生命的奚被投入了征伐巴方的战场。商王率领奚征伐的并不仅只巴方,其他方国还有:

勿比奚伐下[危]。(《合集》6477反)

"下"字后漫漶,疑为危字,本辞应是商王贞问不率领奚伐下危否。虽仅此一例,难得他证,但这是证明率领奚征伐另一个方国之事无疑。商王出征,是否率奚出征,要通过占卜决定:

壬子卜,□,贞惟我奚不征。十月。(《合集》644)

这是商王决定不把奚投入战场。

(二)奚参加田猎活动

奚有时也能参加商王举行的田猎活动:

---

① 胡厚宣:《中国奴隶社会的人殉和人祭》(下篇),《文物》1974年第8期。
② 李雪山:《商代分封制度研究》,中国社会科学出版社2004年版,第223页。

……奚田，湄日……（《合集》28723）

此辞是记，有的奚参加了商王的田猎活动。因此，这些没有被用做人牲，因而得以延续生命并被商王投放到战场上或用于田猎活动中的奚，才是真正意义的奴隶。

四 刍

已如前述，刍是用单位词计的人的一种名目（或曰身份）。刍善畜牧，不少刍是擒（《合集》9504 正）、获（《合集》22043）而来。刍这种身份的人，属于贵族所有，可以向商王致进、贡来，一次进贡可达 506 人之多（《合集》93 正）。商王还时向贵族强制征取，如《合集》108 等。贵族所有的刍数量不一，如㲋刍就达千人之多（《合集》32008）。刍经常逃亡反抗，以摆脱牢狱的监禁之苦（《合集》138）。一旦被抓回，就会受到梏手（《合集》136 正）或械足（《合集》139）的惩罚。尽管刍是没有人身自由的人，但被用于祭祀时的牺牲却极为少见。《殷墟甲骨刻辞类纂》第 348—350 页所辑第 192 条有关刍的卜辞中，虽有一些是作为动词与刍牧之事有关，或作为名词刍茭饲草之意，但更多的是作为处在社会下层的一种身份的人解，因为刍可以用人数计，如"有㚔刍自益，十人又二"（《合集》137 正）等。刍的数量是较多的，而且不少贵族都有刍。这是因为"商代在全国各地设有牧场，进行人工放牧，保证了商王朝对大量牧畜产品的需求"。[①] 因此，善于饲养牧放牲畜的刍这种非自由人，被用于祭祀时的人牲颇为鲜见，甚较为明确者，仅《合集》121 "……戠……刍" 一条。[②] 刍这种身份的非自由人，用于祭祀时牺牲的概率，与其他各种名目的非自由人相

[①] 参见王宇信、杨升南主编《甲骨学一百年》，社会科学文献出版社 1999 年版，第 546—552 页。

[②] 此辞虽残，使刍被戠砍其义可知。另有辞义不明者如：

父乙刍惟之。（《合集》974 正）

父乙大刍于王。（《合集》974 正）

父乙大刍于王。（《合集》974 正）

父乙刍。（《合集》974 正）

父乙㠯刍。（《合集》974 正）

比，用为人牲者，要低很多。这说明，刍这种身份的非自由人，仅在特殊的情况下才被用做人牲，而多数的刍保全了生命。这些保全生命的刍，当被投入了商王朝的畜牧业生产领域。

甲骨文常见贵族刍牧于某地之事：

　　贞雍刍于苋。（《合集》150 正）
　　贞于刍于𧆞。（《合集》151 正）
　　弜刍于申……（《合集》249 正）
　　贞弜刍于兹庙。（《合集》249 正）
　　……奠弓刍于彙。……（《合集》11408）
　　戊戌卜，雀刍于教。（《合集》20500）

以上各辞的苋、秋、𧆞、申、庙、彙、教均为地名。"刍"为动词，即刍牧。以上各辞是说，贵族雍、弓、弜、弓、雀等人刍牧于有关地点之事。商王也进行刍牧活动：

　　庚辰卜，宾，贞朕刍于斗。（《合集》152 正）
　　贞朕刍于丘剎。（《合集》152 正）

"朕"字陈梦家谓：卜辞中"'余'和'朕'通常为王的自称，凡有此二代词的卜辞通常（也有少数的例外）是王自卜的"。[①] 斗和丘剎均为地名。以上二辞是贞人宾代商王卜问：是刍牧于斗地，还是丘剎之地。不少贵族是拥有刍奴的，如：

　　贞执雍刍。（《合集》122）

"雍"为地名，也是人名。"雍刍"即是雍地之刍，也是贵族雍的刍。《合集》150 正之"贞雍刍于苋"，不是贵族雍本人刍牧于苋地，而应是贵族雍的刍行刍牧之事于苋地。准于此，其他各辞有关不同贵族刍于某地，当也应是他们的刍牧者在某地进行的，而不是贵族本人参加某地的刍牧劳动；至

---

① 陈梦家：《殷虚卜辞综述》，科学出版社 1956 年版，第 96 页。

于商王，更不可能亲自参加刍牧劳动。所谓"朕刍于某地"，当是"朕刍"，即贵族向商王致进、贡纳来的刍以及商王向贵族强制征取的大批的刍者，在某地进行刍牧劳动。

因此，以单位词计的非自由人刍，由于他们精于刍牧之事，所以除极少数被用做祭祀牺牲以外，大多都能存活下来，并被商王和贵族投放到畜牧生产领域从事劳动。因此从这个意义上说，非自由人身份的"刍是一种畜牧奴隶"。①

总之，上述羌、仆、奚、刍等四种身份和名目的非自由人，以单位词（即数字）计其数量，并处在没有人身自由并随时会被贵族杀死而没有生命保障等状况，是与处在社会最下层的被统治阶级的伐、戠、屯、小臣、妾、奴、仅、垂、姬、嬖、夷、而等名目和身份的人，地位基本是相同的。羌、仆、奚、刍等非自由人，随时都会被奴隶主贵族剥夺其生命。但是，他们当中的一部分幸存生命并得以苟延者，被贵族投放到社会和生产领域，就成了真正意义的奴隶。

---

① 胡厚宣：《甲骨文所见殷代奴隶的反压迫斗争》，《考古学报》1976年第1期。

第五章

商代社会的众和众人

甲骨文中有不少关于"众人"和"众"的占卜:

贞众人亡其擒。十月。(《合集》16)(图5—1)

"擒"字做以毕罗鸟形。本辞是说众人亡失其所擒之鸟类。

辛亥卜,贞众往畬有擒。(《合集》17)

图5—1　《合集》16

本辞是说,众去畬地会擒获鸟类。上述二版的众和众人,从字面上看虽有称"人"和不称"人"的不同,但所进行的同为一事,即"其擒"或"有擒",因此众人和众实际上是指同一种身份的人。

己巳卜,争,贞呼众〔人先〕于壴。
贞勿呼众人先于壴。(《合集》41)

《合集》41是一块牛胛骨的上部近骨臼处,上刻两辞,为同日所卜,正、反对贞之辞。中间以界划分开。正问是命令众先往于壴地么?反问是不命令众人先往于壴地么?两辞问卜者同为贞人争,所令者为同一事:先往于壴地。

而受命者"众"和"众人"当也是身份相同,只是不同称呼而已。

　　贞𢁇不丧众人。(《合集》57)
　　贞𢁇其丧众。(《合集》58)

"丧"即逃丧、损失。以上二片一为问贵族𢁇不逃丧或损逸众人,一为贵族𢁇逃丧或损失了众。虽然二辞不一定是同时所卜,但事主皆为贵族𢁇,而所卜之事同为逃丧或有所损失之事"丧",因而损失或逃丧,宾格众人和众虽然称名不同,但其身份当没有区别。

　　在甲骨文中,没有像"多仆"(《合集》564正)、多屯(《合集》608正)、多臣(《合集》619)、多羌(《合集》154)那样,以形容词"多"修饰众人或众,称为"多"众人或"多"众的。因此,众和众人本身应是一种群体人的名称。众又可称为"众人",说明众作为群体的人,与其他群体人,诸如戈人(《合集》8396正)、㠯人(《合集》20197)、劦人(《合集》26898)等,以地为名或以族为名的群体人的身份地位应基本相同。已如前述,这些不以单位词计的"人",应属于"不同群体的自由人"。而"众"和"众"人,作为一种人的群体,基本上也是不以单位词计的。因此,众和众人的社会地位也应与上述自由人相同,有一定相似之处,也是商朝社会的下层被统治阶级。

　　不仅如此,众和众人的自由人身份,还表现在甲骨文中没有发现众人或众被幸、被执、被圉等人身受到限制的记载。更没有关于众人和众的受到酷刑,诸如刀锯之刑,像刳羌、刖仆等使身体受到戕害的卜问。因此,众人和众和前述群体人一样,应有相当的人身自由。

第一节　众不是完全意义的自由人——
　　　　　　从以单位词计说起

　　但是,众人和众与前述从不以单位词(即数量)计的群体人并不完全相同,也偶有以单位词(数词)计的情况:

　　……受𧈒众百,王弗每。(《合集》26906)

虽然在大量关于众和众人的卜问中,以单位词(数量)计的仅此一例,但恰恰说明作为一个人的群体的众和众人的具体成员"个人",也可用众和众人作为其人的"身份"①(即我们所说的名目)。"惟众百",即众这种身份的百人。众可用单位词数字计,这又和前述"以单位词(数量)表示的不同名目的非自由人",诸如羌、伐、奚、戠、屯、仆、小臣、妾、䝞、及、垂、姬、䎽、夷、㠯、而等,用单位词(数量)计一样,其身份也当有某些相似之处。因此,这就说明众和众人处在不用单位词(数量)计和用单位词计的人的身份间,应表明他们并非是完全的自由人。众和众人也有时与"以单位词(数量)表示的不同名目非自由人"有同样之处,就在于有的众可以做祭祀用的献牲而被剥夺了生命。

一 关于甲骨文中众与兹米

贞令兹米众。(《合集》71)

或不言兹,而单言米众:

□寅卜,□,贞□不米众。(《合集》70)
……告余不米众。(《合集》72 反)
□□卜,贞其米众。(《英藏》191)

"米"字,有学者谓:"米或是敉或侎字,《说文》'抚也'。"② 并有学者进一步据《广韵》"敉,抚也,爱也,安也",说"米众"是商王在安抚众人,进而发挥为"众人经常受到统治阶级的关心"③ 云云。但是,我们不妨从"米"字所处词位及其他有关米字的辞例考察一下"米"是否为关心、爱抚众人。"兹"字祭名,并常与酒等祭名连用:

乙亥卜,宾,贞翌乙亥酒兹易日。乙亥酒,允易日。(《合集》13307)

---

① 陈梦家:《殷虚卜辞综述》,科学出版社 1956 年版,第 610 页。
② 王玉哲:《中华远古史》,上海人民出版社 2000 年版,第 276 页。
③ 陈梦家:《殷虚卜辞综述》,科学出版社 1956 年版,第 608 页。

（图 5—2）

或酒𧗒品连用：

乙未酒𧗒品上甲十、报乙三、报丙三、报丁三、示壬三、示癸三、大乙十、大丁十、大甲十、大庚十、小甲三……三、祖乙……（《合集》32384）

图 5—2　《合集》13307

"𧗒"字，于省吾谓："甲骨文祀典称𧗒，为旧所不解。其实，𧗒谓欲交接于鬼神而以品物为系属也。只言𧗒者，简语耳。言酒𧗒，酒为酒祭，𧗒谓系属物品。言酒𧗒品，语有不省。言𧗒米，就它辞言登黍、登米。不言登而言系者，谓以米系属于鬼神。文虽有别，义则无殊也。"①。（《合集》71）之"𧗒米……众"的众，虽然𧗒米之后辞残，还有其他祭名或祭品已不得而知，但在全辞中作为一种献祭的品物，当与行𧗒米之祭或同时其他祭典所用献牲有关。而单言米众者，米亦当为祭名。这是因为：

首先，从米字所在的辞位看，可与𧗒字祭名连言为"𧗒米"。已如于省吾所述，"𧗒为欲交接于鬼神而以品物为系属"的一种祀典。"言𧗒米，犹它辞言登黍，登米"，米与𧗒连言，当与祭祀有关，这里又哪有一点爱抚之意？

其次，米既可以作为祭祀敬献的品物，米与祭名"𧗒"连言，又可作为专门的祭名米祭。如：

庚寅，贞王米于冏，以祖乙。（《屯南》936）

郭沫若谓："米盖读为类，《周礼·大祝》'一曰类'注云'类，祭名也。《小宗伯》言'类社稷宗庙'，则宗庙之祭亦得用之"，并又谓："类从頪声，頪从米声，例可通假"。② 于省吾谓："米作动词用亦当为祭名，与今字弥敉字

---

① 于省吾：《释𧗒》，《甲骨文字释林》，中华书局 1979 年版，第 30 页。
② 郭沫若：《殷契粹编》，科学出版社 1965 年版，第 416 页。

通"。"是契文之米祭,即男巫招弭之弭。弭为安凶祸之祭"。[①]贞米于祖乙(《合集》32540),即商王向先王祖乙行米祭。《合集》32540米祭的对象是祖乙。《屯南》996行米祭之地是冏,而所祭对象也是祖乙。在这里,米是祭名,也当与爱抚之意无涉。

最后,米作为祭名,还可与"告"祭同时举行。

　　……告余不米众。(《合集》72反)

"告"为祭名,即向祖先、神明告请、祈求。此辞是商王行告求之祭,说不行米祭了,并以众为献牲了。这里,米字为祭名,也无"抚"意。因此,甲骨文所见"众"与兹米和米的动作发生联系的诸辞(《合集》70、71、72反、《英藏》191等),无论是"兹米"众还是"米"众,"兹"、"米"都是祭名,并无爱抚、关心之意。因此,众作为动辞"兹"、"米"的宾语,均应为兹米祭、米祭所献祭的一种人牲。

二 关于屮(又)众

"众"可屮、㠯。屮、㠯在甲骨文中,为早、晚不同的写法,但其义相同。在辞中,有时可作又或有用。如"十人屮二"(《合集》137正),即十又二人,"伐羌十㠯五"(《合集》22551),即伐羌十又五人,这里屮、㠯皆为"又"意。有时作有无之"有"解,如"其屮祸"(《合集》152正),即其有灾祸,"其㠯祸"(《合集》24664),也是其有灾祸,屮、㠯同为有无之有意。此外,屮、㠯,又为祭名,学者释为祭名侑,即侑求之祭。

　　贞屮于妣己艮、垂。(《合集》904正)
　　丙辰卜,又艮高妣丙。(《合集》32173)

屮与又同,即侑。《合集》904正是卜问行侑求之祭于妣己,以人牲艮、垂为献。而《合集》32173是丙辰日卜问,行侑求之祭于高妣丙,以艮奴为献牲。众也有时与屮、又发生联系:

---

① 于省吾:《释米》,《双剑誃殷契骈枝三编·释米》,第13页。

己亥卜，㱿，贞虫众之。十二月。(《合集》46正)

不虫众。(《合集》47)

贞其又众。(《合集》26899)(图5—3)

以上各辞与众发生联系的虫、又，如何理解，对众身份的认识颇有关系。坚持众为自由民身份说的学者，理解为有无的"有"，因而抹煞了众为祭祀时人牲的残酷社会现象。而我们认为众前之虫或又，即为侑字，应作祭名用，而众为侑祭的牺牲，而不应是有无之有字。其根据是：

图5—3 《合集》26899

□酉，贞四方又羌……众。(《屯南》932)

此辞"又"即侑为祭名，又是祭祀的动作。众与羌在辞中所处的词位相同，均为动词侑（又）祭的作用对象，即直接宾语。本辞是说，祭祀四方神时，行侑求之祭，以羌和众为献祭的对象。在本辞中，我们之所以把"又"视为侑祭之侑字而不是作"又"或"有"字解，是因为四方有羌、有众之辞从未见过，也没有见过与之相反的四方亡羌、亡众。此外，此辞所卜内容与同版的其他卜辞当有一定联系，从同版其他有关卜辞所卜内容看，此辞"又羌……众"之又，当为卜祭祀之侑。同版他辞为：

戊午，贞求雨。
戊午，贞求雨。(《屯南》932)

"求"字祭名，即祈求之祭。二辞均为戊午日卜问行祈求雨水之祭否。与此

"二辞同版"的"□酉，贞四方侑羌……众"，虽"□酉"天干残，拟补当是戊午日卜问的第四天辛酉日所卜。本版应为戊午日两次占卜行祈求雨水的求祭后，接着在四天后的辛酉日或因与雨水有关，再向四方神灵行侑求之祭，并以羌和众等为献牲。从同版三辞的有机联系分析，"求"既然为祭名，"又"自当不会是有无之有，而应是祭名之"侑"字。

不仅从《屯南》932 的同版关系看，"又"（即侑）应为祭名，"又"后之羌、众应为侑祭的献牲，而且再从上引《合集》26899"贞其又众"一辞与同版其他卜辞的关系看，"又众"也不是"有众"，而应是"侑众"，即众是行侑求之祭的献牲。《合集》26899（图 5—3）为甲骨文第三期廪辛康丁时卜辞，为一块牛肩胛骨，骨版上有三区卜辞。右边卜辞自下而上，应为"第一区"，即：

　　　　贞其……父己。
　　　　贞叀今夕。
　　　　贞于来𠂉（此字缺刻横划，字不详）兄（祝）妣，叀。三
　　　　癸亥卜，□，贞其兄（祝）于妣，叀祼用。四
　　　　……贞叀岁。

"兄"字祭名，即祝祭。"福"即福祭所献之酒肉。"岁"为刿牲之祭。这一区为卜问祭祀父己（即孝己，与廪辛、康丁之父祖庚、祖甲为兄弟行）和先妣之事，祭名有兄（祝）、岁等。

而此骨之左边，为第二区。上刻卜辞为：

　　　　贞其䬴，今枬亡尤。
　　　　贞其䬴，今枬亡尤。

"䬴"字《说文》云："䬴，食也，从凡，从食，才声，读若载"，即为设食。而"枬"字于此当为时称，唐兰谓"殆如上灯时候矣"。①

枬字又经宋镇豪、常玉芝等学者进一步论证，明确了这一时称与人类的生产活动和生活习俗相关，应是表示夜间开始时段。② 以上二辞是问晚上上灯时

---

① 唐兰：《天壤阁甲骨文存考释》，北京辅仁大学 1939 年版，第 46 页。
② 王宇信、杨升南主编：《甲骨学一百年》，社会科学文献出版社 1999 年版，第 665—670 页。

分要设食了，没有什么灾忧吧？这一区卜问内容与第一区专卜祭祀不同。

第三区卜辞即为此骨的中间部分，上列三辞：

> 贞其又（侑）众。
> ……贞弹祀。驭釐。
> 贞其令多马亚射麋。

这里的"又众"之"又"，我们不作有无之"有"或连词"又"解，而理解为"侑"祭之侑，"众"则为侑祭被用做祭祀的献牲。"弹"字祭名，又为用牲之法，弹击。"祀"字祭名。"驭釐"为来福。"多马亚"为官名，即管理马兵之官。虽然此三辞都居卜骨中部，但从内容看，1、2 辞均与祭祀有关，应为同类，而与 3 辞多马亚射麋的田猎性质相去甚远；此外，1、2 辞基本竖行，只是 2 辞驭釐使辞自上而下，自左而右转行。而第三辞自上而下，自右而左转行，其"亚射麋"三字，与二区刻辞非常近，从卜辞行款上看，第 2 辞与第 3 辞二者全然不同，当非同时为同事所卜。因此，从此版中部区所卜内容来看，1、2 辞与卜骨右边内容相近，均与祭祀有关；而此版"中部区"第 3 辞卜多马亚射麋之事，与"右区"所卜祭祀之事风马牛不相及；而此版"左区"二条卜辞皆为卜枫时设食之事，或应有一定的联系。即多马亚举行往射麋鹿田狩活动后，于上灯时分设食进餐。因此，《合集》26899 骨上之三区卜辞，所卜内容实为有关祭祀和枫时设食两事。此版一区和三区有关卜祭祀之事应为：

> 贞其……父己。
> 贞惟今夕。　二
> 贞于来□兄（祝）妣，叀。　三
> 癸亥卜，□，贞其兄（祝）于妣，叀祼用。　四
> ……叀岁。　一
> 贞其侑众。
> 贞弹祀。驭釐。

因此，在以上有内在联系的一组卜辞中，"又（即侑）"与祭祀父乙或某先妣时所用的祭典兄（祝）、弹、祀等相同，即为祭名侑字。而"侑众"是以众为人牲献祭，不能解释为"有众"。

从上面的分析，可知众有时可做侑祭的牺牲。虽然在卜辞中所见不多，但可说明，在有的情况下，众也是生命并无完全保障的非自由人。

三　关于逾众

甲骨文中有"逾众"的记载：

> 贞王勿往逾众人。（《合集》67 正）
> 贞王逾众人。（《合集》68）

"逾"字从余从止，于省吾《双剑誃殷契骈枝》三编《释逾》考证此字"即今途字"。谓其用法，二为道途之途。一为途字作动词用，"义为屠戮伐灭，应读为屠"。关于"逾众人"的解释，历来众说纷纭。坚持众和众人身份为商代奴隶说者，认为"逾众"就是众人和众被屠戮，即没有生命保障的最有力证据；而持众和众人身份为商代自由民或族众说者，则释逾为途径、道途之途，说"途众人"与屠戮众人没有任何关系。因此，为了全面认识众和众人的社会身份，还有必要对"逾众人"之"逾"进行全面的理解和分析。

（一）关于逾与众人和其他品物连言的再认识

在上列二辞中，"逾"为动词，众人是被逾作用的对象，为宾语，如果释逾为途径之途，虽勉强可通，但卜辞中有受逾者不仅仅是众和众人，还有逾牲畜者：

> □□卜，大，贞王其逾豖牛，其氚用于我。（《合集》25902）

"氚"即畿，于省吾谓，"氕与畿为古今字"，"畿为刉物性或人性，取血以祭"。[①] 此辞商王所逾之"豖牛"，与以上二辞"王逾"之"众人"，词性完全相同，在句中均为宾语，即动词"逾"的对象。如依前释，把"逾豖牛"解为道途或途径豖牛就其义难明了。在这里，"逾豖牛"只能解释为屠戮豖牛才较为合理。不仅如此，本辞"逾豖牛"后，还紧接有"其畿用于我"之事，即取牲血以祭，也进一步说明杀掉豖牛以后目的。因此，"逾"为屠戮物牲豖牛之意甚明。准于此，逾众人，理解为屠戮人牲众人。其义较"道途

---

① 于省吾：《甲骨文释林·释氕》，中华书局1979年版，第22页。

或途径"众和众人要为确切。

(二)㞢字与方国连言亦为屠戮

㞢字有时与方国连言，用为战争动词。

……贞令望乘[罙]
奠㞢虎方。十一月。

……奠其㞢虎方，告于大甲。十一月。

……奠其㞢虎方，告于丁。十一月。(《合集》6667)(图5—4)

于省吾在《双剑誃殷契骈枝》三编《释㞢》说"㞢虎方即屠虎方，谓屠戮虎方也，亦即《荀子》'不屠城'，《史记》'屠浑都'之屠"。在这里，于省吾不取"㞢"为道途之途意，是非常正确的。这里的㞢(屠)，虽是与战争有关的动词，但不是战场上挥戈扬钺的交战，即"征伐"进行的过程，而是在战争取得胜利后，进一步惩处战败者的军事行动。

图5—4 《合集》6667

(三)㞢与战争动词伐

㞢不仅用于屠方国，㞢还与战争动词伐字连言：

癸巳卜，宾，贞令伐㞢皁𠂤。(《合集》6051)

"𠂤"字，郭沫若谓："𠂤乃古堆字，然多用为屯聚之屯"。① 古代驻兵，多于地势较高之处为营寨。皁为人名，"皁𠂤"即皁屯聚兵员之营垒。"伐"即征伐，战争行动开始或战争进行过程都可称伐。此辞是商王命令攻伐叛将皁的驻兵营地，并进一步大加屠戮。而不能将本辞理解为商王命令征伐，途径皁驻兵之营𠂤。此辞"伐㞢"两字连言，不仅表明"㞢"与征伐有关，应释为

---

① 郭沫若：《殷契粹编》，科学出版社1965年版，第510页。

屠戮，也表明当是战争进程的一个阶段，即在"伐"完成以后，进一步对战败者所施的残暴行为。商王朝在战争的战斗进程中取得"伐"的胜利以后，还要进一步对失去抵抗能力的敌方人众施行屠戮，表明战争取得了最后的胜利。

通过上面的分析，我们可知"舂"与物牲连言，表明其后之品物，如豕、牛等被屠戮，并还取牲血以祭。因而"舂"无道途之意。不仅如此，舂字与征伐之伐字连言，并在伐字之后，表明"舂"作为战争的进程，是取得战场上的胜利——攻伐以后，进一步对被解除武装并失去反抗能力的民众的屠戮，标志着对敌方征战的结束。因此，"伐舂"连言，也进一步证明我们把"舂"物牲、人牲解释为屠戮而不是道途，是合理的。因此，众也可能惨遭屠戮而失去生命，是没有生命保障的人。

四 关于隼众

甲骨文中有"隼众"或"隼众人"的记载：

戊申，贞其隼众人。（《屯南》1132）
己丑卜，其隼众告于父丁一牛。（《合集》31995）
己丑卜，其隼众告［于］父丁。（《合集》31994）
其从⊕隼众。（《合集》31996 正）

"隼"字写作 或 形，郭沫若《殷契粹编》第 352 页，隶定此字为隼，说"字不识"，推测其义"当是祭名"。姚孝遂等亦谓"隼字不识，其义不明"，并推测此字"有可能为招集之意"。① 坚持商代众和众人为"奴隶说"者，据郭沫若隼为祭名说，从而论定被"隼"的众和众人是献祭的人牲，因而没有生命的保障；而认为众和众人是"自由民（或族众）说"者，则从"隼"为招集、聚集之意出发，论定其有人身自由。由于对"隼"字的不同释义，使学者对众人和众的社会身份认识大相径庭。因此，我们有必要在这里结合有关"隼"的卜辞，对"隼"的意义，进行全面认识。

甲骨文中有隼秋，或作秋隼：

---

① 姚孝遂、肖丁：《小屯南地甲骨考释》，中华书局 1985 年版，第 121 页。

其冓秋。(《合集》33281)

丁酉，贞……秋冓……燎五小宰……牛。(《合集》32363)

□酉，贞其秋冓……河燎五宰，沉五牛。(《屯南》1035)

此处"冓"当从郭沫若释作祭名为宜。"秋"为秋季禾稼即将成熟。"秋冓"与"冓秋"同，是商统治阶级为"乃亦有秋"(《尚书·盘庚上》)，即取得秋天好的收获而举行的冓祭。其所祭对象河等为商人远祖，或称之为高祖，并有牺牲为献。甲骨文中有向高祖河举行的"求禾"，即祈求年成丰收之祭：

辛未，贞求禾高祖河，于辛巳酒燎。(《合集》32028)

因此，"冓秋"与"求禾"的对象相同，均为河。只不过"求禾"是指禾稼生长的整个过程，即希冀当年会获得丰收。而冓秋，是指秋天庄稼即将成熟，行冓祭以取得收获丰稔。因此，求禾与秋冓实是向河神祈求丰收的两个不同时间阶段的祭典。既然"求"为祭名，与之词性相同的"冓"作为祭名理解，当也是合理的。此外，还有"秋大冓"：

庚午，贞秋大冓于帝五介臣，宁……在祖乙宗卜。兹用。(《合集》34148)

"秋大冓"即大规模举行冓秋之祭。"帝五介臣"郭沫若谓"介今作个，故'帝五介臣'又省称作'帝五臣'(见《粹》13)。帝自上帝，五臣不知何所指"。①《合集》217有"隹帝臣令"，帝有臣可供驱使，"帝五介臣"亦当为上帝的五名臣正。"宁"即宁祭。"宗"为宗庙，祖乙宗即为祖乙的宗庙。这是在商王祖乙的宗庙占卜，是否大规模举行向帝五臣的冓祭。甲骨文中的帝(即上帝)有绝对权威，主管天上和人间的一切。帝的一项重要职能，就是主管旱涝并左右年成的丰歉：

贞隹帝耆我年。二月。

---

① 郭沫若：《殷契粹编》，科学出版社1965年版，第352页。

> 贞不隹壱帝我年。(《合集》10124 正)

这是卜问上帝是否为害于年成的丰收。不仅如此,"帝五介臣",亦与秋天的收获有关:

> 贞其宁秋于帝五介臣,于日告。(《屯南》930)

"宁"为祭名,这是殷王为获得秋稔,举行宁祭于帝五臣之典礼,因此大规模的隽秋之祭,祭及"帝五介臣",这与"宁秋"之祭,祭及"帝五介臣"的目的是相同的。既然"宁秋"之宁为祭名,"隽秋"之为祭名也应是合理的。隽祭还有时与告祭连言作"告秋隽"。

> □酉卜,于……告秋隽。(《合集》33232)

"告"字祭名,即告求祈请。"告秋"姚孝遂谓"为收获之事祭告于先祖"。[①] 并谓"秋隽"当为有关收获之事,卜辞或称"告秋"。[②] 祭典的目的是相同的,这从"告秋隽"所祭对象也可证明这一点:

> □戌,贞,其告秋隽于高祖夒六……(《合集》33227)

"夒"为殷人先公远祖,与河(《合集》32028)、王亥(《合集》32083)一样,殷人又称之为高祖,高祖神夒能为害禾稼生长,影响年成丰歉:

> 庚寅卜,惟夒壱禾。(《合集》33337)

因此,殷王经常为禾稼丰收,获得好年成而向夒举行祈求之祭,并以牺牲为献:

> 甲子卜,争,贞求年于夒燎六牛。(《合集》10067)
> 壬申,贞求禾于夒燎三牛卯三牛。(《合集》33277)

[①] 姚孝遂等:《小屯南地甲骨考释》,中华书局1985年版,第11页。

[②] 同上书,第17页。

既然高祖神夔与禾稼生长，年成丰歉有关，那么《合集》33227之"告秋隺于高祖夔"，当与收获丰稔之事有关。因此，告秋与秋隺之"告"和"隺"当同为祭名。

从以上卜辞可知，"秋隺"的对象为河，"秋大隺"的对象为"帝五介臣"，"告秋隺"的对象是高祖夔。而夔、河等殷人高祖和"帝五介臣"均与作物的生长和年成有关，所以把"隺"理解为与祈祷作物丰收之事有关的祭名是合理的。

此外，前引《合集》31994、31995二辞之隺、告的对象是父丁。我们不妨再考察一下祭其父亲丁的目的。在甲骨文第四期的武乙、文丁卜辞中，商王武乙祀其父康丁的占卜较常见，《殷墟甲骨刻辞类纂》第1457—1460页共列有关卜辞180条之多。有关商王武乙对其父康丁的祭祀，多以人牲羌、伐和犬、豕、小豚、白豭、牛、羊、大牢、小牢、兕等物牲和品物等为献，多数卜辞行祭目的不明，而行祭的目的较明确的卜辞却为数较少。行祭父丁有较明确的目的者，主要有以下几个方面。

有关战争方面：

"告方"，见《合集》32678。"召方来"，见于《合集》33015、33016及《屯南》1116。

有关田狩方面：

"出田"，见《合集》33526。

"其狩"，见《合集》32680。

有关商王灾疾方面：

"告龙"，见《合集》32679。

"王御"，见《屯南》1104。

有关天象方面：

"日又戠"（即太阳有黑子），见《合集》33698及33710。

有关贵族出行方面：

"画其步"，见《屯南》867。

有关农事方面：

"求禾"，即祈求年成的丰收。

庚午，贞求禾于父丁。（《合集》33321）

据我们初步统计，商王武乙行祭父丁（康丁）目的明确的卜辞，以"召方来"所见最多，共 3 条卜辞。而其次是"日有戠"及"求禾"，各 2 条卜辞。这表明了商王武乙对与召方战争、天象和农业收获较其他方面要更为重视。因此，大量祭父丁但目的不明的卜辞，当不少与此三类较为重视的事项有关。基于此，我们再进一步分析前引卜辞：

己丑卜，其隻众告于父丁一牛。(《合集》31995)（图 5—5）

己丑卜，其隻众告于父丁。(《合集》31994)

"隻"为祭名，与"告秋"即祈禳秋稔有关。而上引《合集》33320、33321 表明康丁有保护年成丰收之神力，而《合集》31994、31995 所祭者正是父丁。所以我们从行祭对象及其神力看，也证明了"隻"为祭名的理解是合理的。因此，上述二条卜辞，"隻"祭与"告"祭互相呼应，在行祭父丁以祈丰收的目的方面有着内在的联系。隻、告的宾语，向父丁行隻祭所用的众和行告祭所用的牛，均为动词隻、告的宾语，即为向父丁行隻、告之祭所用的人牲和物牲。

图 5—5　《合集》31995

根据上述理由，我们把本节开篇所列的隻众人、隻众有关卜辞的隻，理解为祭名隻，而众人和众是举行隻祭时献祭的牺牲品。更具体地说，是为了取得秋天的好收成，举行隻祭并以众和众人作为人牲以献。

通过上面我们对于众以及和众人有关的侑、㞢、米、隻等祭名和夆（即为屠戮）的辨析，众和众人可做祭祀时的献牲并惨遭屠戮应是客观存在的事实。

五　众不是完全失去生命保障的非自由人

众和众人虽然有的被屠戮和做牺牲而失掉了生命，但不能仅仅据此就认为是完全失去人身自由的非自由人。

首先，众和众人在行侑祭、㞢祭、米祭、隻祭被用做献牲时，均没有具体数字，这与前面所列的"以单位词表示的不同名目非自由人"，诸如羌、伐等标明献祭的数量有所不同。此外，用众、众人做人牲和屠戮对象的占卜，在大量的有关人祭卜辞中，所占比例也是极少的。据初步统计，巫、米众的甲骨4片，卜辞4条。侑众的甲骨4片，卜辞4条。隽众的甲骨4片，卜辞4条。叁众的甲骨2片，卜辞2条。以上用众和众人做人牲和杀伐的甲骨共14片，卜辞14条。有学者曾统计过，甲骨有关人祭的"共有1350片，卜辞1992条"。① 以众和众人为献牲的甲骨卜辞，仅占其百分之一左右，可见众和众人不是祭祀时作为人牲的主要献祭品。

其次，再具体从商代以单位词计的人牲数量看，众和众人也是所用不多的。如在"以单位词表示的不同名目非自由人"中，祭祀以羌为献牲的，"共用7426人，另外还有324条卜辞，未记具体人数"。"卜辞中共用伐祭2384人，另外还有339条卜辞未记具体人数"。"仆臣之祭，共用1680人，另外还有19条卜辞未记具体人数。"而"卜辞叞祭共用369人，另外还有88条卜辞未记人数"。"卜辞以女奴祭祀，共用173人，另有68条未记人数。""卜辞奚祭共用36人，另外还有8条卜辞，未言具体人数。""卜辞中戠祭共用4人，另外3条卜辞残去人数。""卜辞用屯祭者共12屯，另外32条未言人数。"② 此外，以垂为祭者共114人，另外43条人数不明。被割耳者1572名。另有2辞人数不明。③ 因此，以众和众人为祭牲的未记明人数的14条卜辞，不仅其绝对数量是无法与羌、伐、仆臣、叞、女奴、奚、屯、重、而等相比的，就是从未记明人数的卜辞条数方面来看，也要比羌、伐、仆臣、叞、女奴、屯、垂等未记明人数的占卜，出现频率也相差很多。因此，祭祀用众和众人占卜次数之少，也说明他们与"以单位词表示的不同名目的非自由人"的经常被杀戮略有所不同，即在社会身份上，应较他们稍高。

第二节　不以单位词计的众和众人
　　　　　有一定的人身自由

我们曾经分析了甲骨文中不以单位词计的不同名目的群体人应为自由

---

① 胡厚宣据已著录的甲骨文字90多种书刊和所搜集的甲骨资料统计。参见《中国奴隶社会的人殉和人祭》（下篇），《文物》1974年第8期。

② 胡厚宣：《中国奴隶社会的人殉和人祭》（下篇），《文物》1974年第8期。

③ 据《殷墟甲骨刻辞类纂》，中华书局1989年版，第100—101页垂字形所列辞条及第1339页而字形所列辞条统计。

人，而以单位词表示的不同名目的人为非自由人，而众和众人，"多迳称'众'和'众人'，或偶有用单位词表示其具体数量的，这表明其社会地位当处在群体的自由人与单位词表示的不同名目的非自由人之间"。

不仅如此，从众和众人与商王朝奴隶主贵族阶级保持着一定的血缘关系，并是商朝社会生活和生产的主要承担者等方面来看，他们也是拥有一定人身自由的社会下层平民。

甲骨文中有大量关于征伐方国的卜辞。"在这些频繁的交战过程中，商人曾经虏获了大量的战俘"。此外，"有些'俘虏'的很大一部分，是来源于'属国'或'与国'的贡纳"。也有一些俘虏是在商王田猎或牧畜时，与邻近的"多方"发生冲突时所"虏获敌方人员"。这些异族俘虏，"主要是被当做祭祀时的牺牲而杀掉了，其中只有很少的一部分被活着保留下来成为奴隶"。[①] 这和我们上面分析"单位词表示的不同名目的非自由人"，大部分用于祭祀时的牺牲用掉了，只有极少数用单位词计的非自由人，诸如部分羌、臼、仆、奚等能存活下来，并被投入社会和生产领域成为奴隶相吻合。我们也分析了众和众人在极特殊的情况下以单位词计，即"众百"（《合集》26906），因而在社会身份上与那些以单位词计的不同名目非自由人应有某些相近之处。但在绝大多数情况下，众和众人不以单位词计，表明他们与自由人的身份也有一定的相近之处。因此，众和众人是处在自由人和非自由人之间的人群，并在商王和各级奴隶主贵族直接统治之下。

（一）商王有众

王其众戍春，受人，重面土人有戈。（《合集》26898）

"戍"字作从人荷戈，即戍守。"春"字地名，"面土"亦为地名。"受人"，即授人。"王其众"即商王的众。此辞是说商王的众人戍守春地，并授与增援人员，唯其中的面土人有所损失、灾伤。商王的众又称"王众"：

癸亥卜，狄，贞戍逐其雉王众。（《合集》26881）

[①] 姚孝遂：《商代的俘虏》，《古文字研究》第 1 辑，中华书局 1979 年版。

此处之"戍",因常与马、卫等官名并举,因而可知戍也是官名。戍某之某乃是邦族之名。① 戍逐即贵族名逐者为武官戍职。"雉"字,于省吾在《双剑誃殷契骈枝》三编《释雉》中谓:"契文雉众雉人相属为文,均就征伐言之,雉字应读为夷,夷谓夷灭"。陈梦家谓"可能是部别、编班人众"。② 王贵民对陈说进一步"从'雉众'卜辞的辞例和语法来分析,也足以说明陈师之义为是,而夷伤之义为非"。③ 因而"雉王众",即部别、编理王的众和众人。全辞是说,癸亥日占卜,由贞人占问戍官名逐者编理、部别其统领的王众否?能统领"王众"的戍官当不止一人,还有:

戍巂弗雉王众。(《合集》26883)
戍芦弗雉王众。
戍逐弗雉王众。
戍冎弗雉王众。
戍带弗雉王众。
戍荷弗雉王众。
五族其雉王众。(《合集》26879)

(图 5—6)

以上的巂和为另版的逆、逐、骨、肃、何均为人名。甲骨文中人、族、地往往同名,因而人名、地名又为居住此地之族名和该族的首领之名。因此,"五族其雉王众",即逐一卜问五位戍官之族不编理其所统领的王众后,又一并卜问"五族"编理所统领的王众否?所谓"王众",应即属于商王的众人。

图 5—6　《合集》26879

---

① 陈梦家:《殷虚卜辞综述》,科学出版社 1956 年版,第 516 页。
② 同上书,第 609 页。
③ 王贵民:《申论契文雉众为陈师说》,《文物研究》1986 年第 1 期。

（二）王朝官吏和贵族也统领众

另有与"王众"相区别的众和众人。戍官所统领者并非皆是"王众"。

> 戍卫不雉众。（《合集》26888）

此辞是说，戍官卫不部理所统领的众否。此"众"与犷、逐、荷、凡、带等所统领的"王众"有别，当是戍卫部理自己的众。

> 其呼戍御羌方于义则，戋羌方，不丧众。（《合集》27972）

"御"即抗御、抵御。这是命令戍官抗御羌方于义则之地，并使其遭受重创，而戍官所统领之众并没有遭受损失。

> 贞多射不雉众□。（《合集》69）

学者谓"多射"乃是官名，[①] 即多位射官。这是卜问射官部理所统领的众么？这些武官所率领的众，也与"王众"不同，应为贵族所有的族众。

也时有贵族率"众"出征：

> □未卜……弜众其丧。（《合集》53）

"弜"为商王武丁时的贵族名，也是弜家族的族名。"弜众"即弜的众，即为弜家族之众。"丧"字，姚孝遂谓："卜辞丧除用作地名，人名者外，其用作动词者如：'丧众'、'丧人'、'丧众人'，均与军旅之事有关，乃贞问战争中之伤亡损失"。"或释此类卜辞为奴隶逃亡，不可信"。[②] 这是贞问贵族弜的众（或弜家族之众）有所伤亡或损失否。

> 乙酉卜，王，贞弜不丧众。（《合集》54）

[①] 陈梦家：《殷虚卜辞综述》，科学出版社1956年版，第514页。

[②] 于省吾主编：《甲骨文字诂林》，中华书局1996年版，第1408页。

"弜不丧众"，即弜众没有遭受损失。其他奴隶主贵族也有众（或众人）。如竝：

    贞并其丧众人。三月。（《合集》51）
    □□［卜］，由，贞并亡灾，不丧众。（《合集》52）

这是卜问贵族竝（或竝家族）的众或众人是否有损失。还有贵族𣂒：

    贞𣂒不丧众人。（《合集》57）
    贞𣂒其丧众。（《合集》56）

这是卜问贵族𣂒（或𣂒家族）是否丧失了众或众人。

    ……𣂒隹其丧众。（《合集》31998）

此"𣂒"为甲骨文第四期武乙时贵族名，与第一期武丁时之𣂒为"异代同名"者，武丁时的𣂒，其家族势力强大，历祖庚、祖甲、廪辛、康丁四朝而不衰，直至武乙时仍活跃在商王朝的政治舞台上。此辞是问，贵族𣂒（或𣂒家族）的众有所损失吧？或迳称"𣂒众"：

    丁亥，贞王令𣂒众舀伐召方，受又。（《合集》31974）

这是商王命令𣂒众去攻打召方。这进一步说明，某贵族的众，应是该贵族家庭的族众。有我：

    贞我其丧众人。（《合集》50正）

"我"为地名，亦为我地之族名。本辞是贞问我地（或我家族）之众人有所损失否。有𠂤：

    □□卜，贞𠂤不丧众。（《合集》62）

"🐚"字不识,应为人名、地名或为族名。这是贞问🐚贵族(或家族)的众不会有所损失吧?有永众:

　　　　比永众受令。(《合集》26905)

"永众"即永地或永家族之众。
　　以上各辞表明,商朝的各级官吏和奴隶主贵族,也都有自己家族的众。
　　(三)商王是众和众人的实际支配者
　　《诗经·小雅·北山》"溥天之下,莫非王土。率土之滨,莫非王臣"。商朝奴隶主贵族的总头目商王,拥有至高无上的权力,不仅可以随意支配全国的土地和财富,而且各级奴隶主贵族,也在商王的严密控制和役使之下。因此,无论是"王众",即商王族的众;还是王朝官吏和贵族的众,诸如弜众、🐚众、永众等,也都在商王的随意役使之下。

　　　　辛亥卜,争,贞共众人立大事于西奠彶……月。(《合集》24)

"立大事"胡厚宣释事为史,谓:"由甲骨卜辞看来,史官者正是出使的或驻在外地的一种武官","在甲骨卜辞中,常担任征伐之事"。而"史官"的任命,还有一种仪式称"立史","立史常有防御敌方侵犯之意"。[①]"奠当在殷王国范围之内,疑即郊甸之甸"。[②] 此"西奠",当位于商王朝之西部,为武丁时外方经常骚扰之地,这是贞问共聚众人参加设立武官——大史于西奠仪式;或解"大事"为"国之大事",即祀事与戎事。释"立"为莅临、参与。"立大事"即参与戎事活动。这些"众人",应泛指商王所征调之各奴隶主贵族的"族众"。众人还要服事商王:

　　　　辛巳卜,贞令众御事。(《合集》25)

"御事"王贵民谓"就是迎接政事,用今天的话说就是接受差事"。[③] 这是贞

---

① 胡厚宣:《商代的史为武官说》,《全国商史学术讨论会论文集》《殷都学列》1985年版增刊。
② 王贵民:《说卯史》,《甲骨探史录》,生活·读书·新知三联书店1983年版。
③ 同上书,第322页。

问，命令众为商王服各种差役之事否。这些服事商王的众，有的是在商王亲自带领之下：

  贞勿隹王往以众人。（《合集》34 正）

商王亲自带领众人前往，而不是专提"王众"，当是泛指包括王众在内的诸家族之众。商王把从各家族共聚而来的众，指派贵族率领他们为商王服务：

  己酉卜，争，贞共众人，呼从爰叶王事。五月。（《合集》22）

"爰"为奴隶主贵族之名。"叶王事"卜辞成语，但"叶"字各家所释不同。饶宗颐赞同释为叶字，并谓叶、协为一字。"协王事者，《国语》上言料民之事云：'司民协孤终，司商协民姓，司徒协旅，司寇协奸，牧协职，工协革，场协入，廪协出，于是乎又审之以事'，是即协之义也"。[①]"王事"即有关商王之师、田、役、行诸事，这是商王共集各家族之众人，并命令他们在贵族爰率领之下，为商王服事。

  商王朝为便于众人的管理，还专门设官吏"小众人臣"：

  贞叀吴呼小众人臣（《合集》5597）

"小众人臣"即"众人小臣"。"吴"为人名，是商王朝武丁时政治舞台上较为重要的贵族，甲骨文中经常有吴"叶王事"（《合集》177 等之卜），诸如吴"戋羌龙"（《合集》6630 正）、"省在南面"（《合集》9638）等，并被商王任命为"小藉臣"（《合集》5603），或受命强取"囚任伐"（《合集》7854 正）。此外，还为商王"氐射"（《合集》5761）、"致角女"（《合集》671 正）、贡"来羌"（《合集》557）或贡"入五十"（《合集》13338 反）龟壳。（《合集》13338 反）等。此辞是卜问贵族吴对管理众人的官吏"小众人臣"下达指令之事。此外，还专设管理藉田之事的"小藉臣"：

[①] 饶宗颐：《殷商贞卜人物通考》，香港大学出版社 1959 年版，第 309—310 页。

己亥卜，贞令吴小藉臣。(《合集》5603)（图5—7）

"小藉臣""即管理农事之官"。① "吴小藉臣"即小藉臣吴。本辞是问，命令贵族吴为管理耕籍之事的官职否？作为"小藉臣"的吴，不仅可以通过"小众人臣"管理众人，而且他所任的"小藉臣"之职司，也直接与"众"进行的农事有关活动：

□□卜，贞众作藉不丧……（《合集》8)

这是卜问众人进行翻耕农田时，人员是否有所损失。此辞表明，"小藉臣"之职，是专为管理、监督在田间耕作的众而设。

图5—7 《合集》5603

因此，商代的众和众人，有直接属于商王的众"王众"。有属于官吏和贵族家族的众，诸如弜众、昼众、永众等。但对商朝最高统治者商王来说，无论是王众，还是各贵族家族的众，都处在商王的绝对控制和支配之下，因而又可统称为众（众人）。

第三节 众和众人"御事"商王

"御事"即服事：

辛巳卜，贞令众御事。（《合集》25)

众和众人在商王的命令下，服事商王，是商王朝役事的承担者，对促进社会繁荣和生产的发展发挥了巨大作用。

---

① 于省吾主编：《甲骨文字诂林》，中华书局1996年版，第182页。

一　众与商王朝的军事行动

（一）众和众人参加了商王朝征伐方国的战争

众和众人参加征伐的方国较多，有舌方。甲骨文中时有舌方犯边的记载，即"有来艰自西"（《合集》5057正及584甲正），并有不少征伐舌方的卜辞。舌方是商王朝武丁时劲敌，关于其地望，学者据甲骨文和近年考古发现的古代遗址研究，"采信舌方在今陕西山西交界石楼—绥德一带的观点。因而，'舌方'就是商本土西北方向的敌国。"① 商王征讨舌方，不仅时间长，而且动员了大量兵力，最多可达三千人：

> 贞登人三千呼伐舌方，受有佑。（《合集》6168）

一次登集三千人，应包括众人在内。出动兵力如此之多，可见舌方为患商王朝之烈。

> 贞王气以众伐舌。（《合集》29）

"气"在此应"训气求"。② 商王至高无上，其对臣下之"气"当有令、呼之意，但较为平和。"氏众"即以众、用众。③ 已如前述，众有"王众"和"弜众"、"𢆶众"、"永众"等。征伐舌方需兵力较大，仅"王众"不孚使用。因此，商王所"气"之"氏众"，当是要求各家族共聚众人出征舌方，似有协商之意。

但如果臣下向商王"气"，那就有"请战"的意味了：

> 戊辰□，贞翌辛［未］亚气以众人舀丁麓，呼保我。（《合集》43）

这是武官亚向商王乞求、请战，用众人去攻打丁录之地，并请命商王命令他保卫我地。商王还命令贵族皋氏众去伐舌方：

---

① 李雪山：《商代分封制度研究》，中国社会科学出版社2004年版，第218页。
② 于省吾：《甲骨文字释林》，中华书局1979年版，第81页。
③ 王贵民：《殷墟甲骨文考释两则》，《考古与文物》1989年第2期。

丁未卜，争，贞勿令皋以众伐舌。（《合集》26）

这是命令贵族皋用众人伐舌方。皋所"氏"的众，当是"皋众"。众和众人所征伐的方国还有如下所列：

⚎方

⚎方亦是商王武丁时征伐的对象，据学者考证，其地望"应在今陕西、河南、山西交界处"。① 众也参加了商王朝伐⚎方的战争：

丁巳卜，㱿，贞王学众伐于⚎方，受有佑。
丁巳卜，㱿，贞王勿学众⚎方，弗其受有佑。（《合集》32 正）

"学众当读为教众。"② 此二辞正反对贞，即对众人进行有关战斗技能的教练后，参加伐⚎方之役，能取得胜利，因而受到了神明的佑护。而不进行对参战众的战斗技能训练，交战时自然受挫，就不会得到神明的保护了。

羌方

羌方与商王朝长期处于敌对状态中，是甲骨文中大量以羌人俘虏为祭牲和奴隶的主要来源地。其地望"应在靠近山西省中南部的陕西境内。"③

�伐羌方，于之㪔，戈，不雉众。（《屯南》3038）

这是贵族㝰征战羌方，取得胜利，不部理参加征战的众人了。众也参加了征战羌方之战。

龙方

"龙方"地望，"应在靠近山西境内陕西省的中部偏北，羌方在其南，是位于商王畿西部的方国。"④ 龙方曾一度与商武丁王朝保持友好关系，但后来与商王朝交恶，并成为武丁一朝重要的征战对象。此战争"持续时间

---

① 李雪山：《商代分封制度研究》，中国社会科学出版社 2004 年版，第 236 页。
② 孙海波：《甲骨文编》，中华书局 1965 年版，第 147 页。
③ 李雪山：《商代分封制度研究》，中国社会科学出版社 2004 年版，第 223 页。
④ 同上书，第 227 页。

较长，参与的人员除了商王以外，还有妇妌、吴、雹和师般等诸侯"。[1] 龙方在商王朝沉重打击下，不仅其首领"龙伯"被俘"取"（《合集》6590），其若干城邑亦被夺"取"（《合集》7073 正）了，势力大受削弱。但至武乙、文丁时，龙方国力又有所恢复，与商王朝的战争再起。众就参加了伐龙方的战争：

己卯，贞令雹以众伐龙，戈。（《合集》31972）

"雹"为人名。贵族雹带领众征伐龙方，并使其受到沉重打击。

召方

商朝武乙、文丁时对外战争较少，只有召方是商王朝的劲敌。召方其地望，学者据《屯南》1049 等有关"于西土"和相邻方国的考证，"认定'召方'在河北省北部与山西省东部之间，是商本土北部偏西方的国家。"[2] 在伐召方的战争中，也见众曾参与：

丁丑，贞王令𢀛以众雹伐召方，受佑。（《合集》31973）
甲辰，贞𢀛以众雹伐召方，受佑。（《合集》31976）
辛卯，贞𢀛以众雹伐召方，受佑。（《合集》31977）

"𢀛"为贵族名。贵族𢀛以众人征伐召方。

总之，众和众人参加了商王朝征伐舌方、𢀛方、羌方、龙方、召方的战争。

（二）众人与商王朝正规军协同作战

众人在参加征战方国的战争时，多是与商王朝的正规军队协同作战的：

……王其以众合右旅……旅雹于隹，戈。在舊。（《屯南》2350）

"合"为汇合、配合。"旅"为商朝军队建制单位，甲骨文中有右旅，还有左旅（《屯南》2328），但"中旅"尚未见。"舊"为地名。之所以"以众合右

---

[1] 李雪山：《商代分封制度研究》，中国社会科学出版社 2004 年版，第 226 页。

[2] 同上书，第 193 页。

旅",这就是众多是"共"集而来,而少有登集所至者。

丁未,贞王令🔲共众伐在河西🔲。(《屯南》4489)(图5—8)

辛亥卜,争,贞共众人立大事于西奠坄……月。(《合集》24)

这是"共众人"参加军事行动的记录。

通过对甲骨文大量关于"共人"和"登人"的卜辞的比较,我们发现二者是有区别的。《殷墟甲骨刻辞类纂》一书第361—362页共列有关"共人"卜辞48条,多没有"其人"数量。其中只有1条"丁酉卜,毃,贞今䎽王共人五千征土方,受有佑。三月"(《合集》6409)。这表明,大量有关"共人"卜辞,

图5—8　《屯南》4489

都是不记"共"集人数的,而该书第365—366页,共列有关"登人"卜辞55条。其中有28条记有所"登人"数字,而有27条不记登人数字,即"登人"卜辞记有人数者达二分之一以上。这表明,甲骨文中的共人和登人是有区别的。之所以如此,当是"共"、"登"的意义有别。"共"字,唐兰《天壤阁甲骨文存考释》第47页谓"盖供给之义"。白玉峥在《契文举例》校读中进一步阐释"共人","盖纠合众之意也"①。共人多为临时的应急之举,故所纠合之人员没有严密的建制,因而人员多不以人数计;而"登人",王襄在《簠室殷契征文考释》"征伐"第20页说:"登人疑即《周礼·大司马》比军众之事。将有征伐,必先聚众。"所谓"比军众",《周礼·夏官·司马》大司马职郑注"比,校次之意也"。贾疏谓:"凡物有数者,皆须校次"。商代军队,已按编制部编。"甲骨文中有师、旅、行、戍",研究者认为它们是商代军队的编制名称。②因此"登人",当是召集正规的军队。军队的各级建制单位应有固定的人数,所以商王"登人"时,经常调整应召人数,以防建制缺员而影响战斗力。如"王登三千人"(《合集》6639等)、"登人五千"

---

① 载《中国文字》第八卷34期,1990年。
② 王宇信、杨升南主编:《甲骨学一百年》,社会科学文献出版社1999年版,第402页。

(《合集》6167等），而最多时达一万三千人。

  辛巳卜，□，贞登妇好三千，登旅万，呼伐……（《合集》39902）

此辞妇好被登的三千人，与应召军队以旅为建制单位的一万人一起出征，说明妇好所部经过调整人数的参战兵员，亦应是正规部队。

虽然众也可"登"，如：

  ……永，王登众受……（《屯南》149）

但所"登"众数及目的不详。《殷墟甲骨刻辞类纂》所辑有关"登众"卜辞，仅此一例而已，如与《殷墟甲骨刻辞类纂》第362页所列7条有关"共众"目的较明及不明者的卜辞相比，那就要少得多了。这说明，众人参加战争或其他王事活动，多是"共"，即临时征集而来。

（三）众人戍守地方

众和众人不仅应"共"出战征伐方国，还是戍守地方的戍队的组成人员。

  王其众戍春，受人，亡戋。（《合集》26898）

这是商王命令众人戍驻春地，并授与、增派人员，因而没有发生灾祸之事。

  王其呼众戍春，受人，惟㐭人土人暨𠬝人有戋。（《合集》26898）

这是商王命令众人戍驻春地，在增派的人员中，只有㐭土人及𠬝人遭受了损失。众人组成的戍也分左、中、右三队：

  右戍不雉众。中戍不雉众。左戍不雉众。（《屯南》2320）

这是卜问右、中、左三戍队是否部理、编列所属之众。

众人组成的戍队，是在戍官的统领之下。《合集》26879的戍芇、戍逐、戍凷、戍带、戍荷等，皆是为戍职的"五族"族长。本版的"五族其雉王众"的五族,即是《合集》26880"□丑卜,五族戍弗雉王众"的"五族戍"兵,而此五族的族长即为五族的戍官,他们统领的戍兵是较为特殊的王众。此外,任戍官并统领众人的族长还有戍卫(《合集》26888)、戍雋(《合集》26883)、戍夙(《合集》26897)等。

由众人组成的戍队负责戍守一地,但也并不只是消极地戍守,还抵御了外方的入侵:

> 其呼戍御羌方于义则,戋羌方,不丧众。(《合集》27972)

这是商王命令戍军抵御羌方于义则之地,使羌方受到了打击,但在战争中没有发生众人逃丧、损失之事。

如此等等,众和众人是商王朝军事行动的参与者。众人参与的征伐方国有舌方、㠯方、羌方、龙方、召方等。不仅如此,众还是戍守地方的戍队重要组成人员,抵御了敌方的入侵。

二 众人与商王朝的农业生产

农业是商王朝最重要的产业部门。众和众人承担了翻耕土地、播种作物和巡视仓库的工作。

(一) 众人是翻耕土地的劳动者

> □□卜,贞众作藉不丧……(《合集》8)

"藉"字写作人以耒起土之形,乃会意字,即翻耕土地之意。土地经翻耕使土壤疏松,方能播种,并利于农作物的生长。而用木耒翻耕土地,是较为沉重的农业劳动。此项繁重的农事活动由众人承担,是在专门的官吏"小藉臣"的监督、管理下进行的:

> 己亥卜,贞令吴小藉臣。(《合集》5603)
> ……大令众人曰劦田,其受年。十一月。(《合集》1)
> ……[大令众人]曰劦田,其受年……(《合集》2)
> □□卜,敝,贞王大令众人曰:[劦田其] 受[年]。(《合集》5)

"甲骨文叠字从三力，从口（亦有不从口者，如《合集》27277、27338），'力'是锸一类起土工具。"① 甲骨文"叠田"，学者论定其"可能是在冬天大规模翻耕土地，为明年的春播做准备。"② 藉田与叠田均指翻耕土地的劳作，其区别"在于所使用的工具"的不同。"叠是耜，而籍所使用的工具，从甲骨文字形看，是双齿耒"。③ 以上各辞是记商王大规模动员人众进行土地翻耕之事，以为来年的作物播种做好准备。"土地翻耕后，不能直接播种，必须对新翻的土地进行一番整理"，诸如打碎大的土块、平整土地。"还有可能开沟作垄，以便排灌，这些工作都必须在播种前完成"。④ 众人还是土地整理的承担者：

　　辛未卜，争，贞曰众人……尊田……（《合集》9）

"尊"字，上从尊，下从土，张政烺隶定此字作壿。谓"壿田是把开垦的土地作出垄来，使它变成正式田亩。"⑤ 本辞是记众人参加农田的整治工作。

　　丁亥卜，令众㓝田，受禾。（《合集》31969）

"㓝"字不识。但㓝田与受年有关，当与农作物播种前的耕籍和土地整理诸事有关。众和众人不仅负责农田的翻耕整理工作，为播种做准备，还要为商王去"衷田"：

　　癸巳卜，宾，贞令众人肆人绊方衷田。
　　贞勿令众人。六月。（《合集》6）

---

① 杨升南：《商代经济史》，贵州人民出版社1992年版，第164页。
② 裘锡圭：《甲骨文所见的商代农业》，《全国历史学术讨论会论文集》，《殷都学刊》增刊1985年。
③ 杨升南：《商代经济史》，贵州人民出版社1992年版，第166页。
④ 同上书，第172页。
⑤ 张政烺：《释甲骨文"尊田"及"土田"》，《中国历史文献研究集刊》第3集，岳麓书社1982年版。

"襄"字，张政烺释，谓"襄田是拊治田，是造新田。土要创，要引聚（积土），使平原下隰变为耕地"。又谓"卜辞襄田皆在王令下进行，其土地所有权属于王。而入某些方国襄田，也就标识着殷王国有土地扩大。"①"方"的地望，学者"从其与召方为邻来看，其在召方北部，活动区域主要在山西省北部"②一带。以上二辞，是商王命令众人去方这地方襄治新的田地以扩大商王的王室田庄。众人离乡背井，远入他方去"造新田"，当是众人相当危险和沉重的负担。

（二）众人参加农作物的播种

农作物的播种，是农业生产的重要环节，因为它关系到商代重要粮食作物一年收获丰稔与否。经过土地翻耕以后，就要适时播种。黍类是商代重要粮食作物，众人参加了种黍劳动：

> 丙戌卜，宾，贞令众黍，其受佑。五月。（《合集》14 正）
> 丙午卜，㱿，贞……众黍于……（《合集》11）
> 壬寅卜，宾，贞王往以众黍于冏。（《合集》10）
> 贞王……众黍于……（《合集》75）

以上各辞是记众人在商王的命令之下去参加黍类的播种工作，或是在商王的直接带领之下，去播种黍类作物于冏地。如商王不在场，则直接由"小臣"负责监督此项工作的进行：

> 贞叀小臣令众黍。一月。（《合集》12）

（三）众人省廪

商代农作物播种以后，经过一系列的田间管理过程，禾稼从生长到成熟和收割以后，就存储在专门的仓库"廪"之内，以备统治阶级随时取用。"地上储粮的建筑称为廪。甲骨文仓廪的廪是一象形字，像今日北方农村场院上的谷堆形"。③为保护仓廪的安全，商王时常派贵族率武装去

---

① 张政烺：《卜辞襄田及其相关诸问题》，《考古学报》1973 年第 1 期。
② 李雪山：《商代分封制度研究》，中国社会科学出版社 2004 年版，第 225 页。
③ 杨升南：《商代经济史》，贵州人民出版社 1992 年版，第 186 页。

"省廩":

> 己酉卜，贞令吴省在南廩。十月。(《合集》9638)
> 己亥卜，贞由并省在南廩。(《合集》9639)

"省"即巡行、检视。"省廩"即前往检视仓廩设施和巡察治安情况，从而起到镇慑作用。而众也参加了商王朝贵族的"省廩"活动。

> ……以众省廩。(《屯南》180)

这是用众组成的武装队伍去巡行、检视仓廩的治安情况。

三 众人参加商王的田猎活动

虽然农业是商王朝经济的主要部门，田猎在社会经济生活中已无足轻重，但商王仍经常举行田猎活动，以满足他在游田中追求刺激和淫逸的生活。商王每次举行田猎活动，都要兴师动"众":

> 甲子卜，令众田，若。(《屯南》395)

此辞是卜问：商王命众人去田猎，顺若否。众人在田猎活动中，有时去追杀兕牛:

> 贞由众涉兕。(《合集》30439)

这是众人涉水去追赶兕牛。有时猎得麋鹿:

> 贞呼众人出麋，克。(《合集》15)

这是卜问众人出猎麋鹿，并能克获。有时众还去抓捕禽鸟:

> 贞众人亡其[擒]。十月。(《合集》16)
> 辛亥[卜]，贞众……往笝……有[擒]。(《合集》17)

"亡"即无。"隺"实际上从隹，即鸟类。下从罕，即毕，为捕鸟工具。隺为会意字，隶定为隺，即擒获鸟类之专字，这二辞是卜问众人以捕鸟工具罗毕了鸟类否。

众人在商王命令下进行的田猎活动，所猎野兽和飞禽不仅满足了商王的特殊需要，而且通过逐兕、涉水和捕鸟等过程，使参加田猎活动者个人的军事技能和整体的战斗队列得到训练和提高。因而商王的田猎活动并不仅仅满足了商王个人的"盘于游田"，更重要的是通过田猎实现了士卒的军事训练活动，不啻为一次军事演习。因此，众和众人能胜任出征方国或戍守要地，是有平时训练所打下的基础的。

第四节 众和众人与商贵族奴隶主的关系

众和众人虽然是属于商王族和各级奴隶主贵族家族所有的下层民众，但商王可以随意调动和驱使，并设有专门管理众和众人的"小众人臣"（《合集》5597），因而，从这个意义上说，商王是众和众人的实际支配者。众和众人有一部分被用做䢼米、侑、隽等祭祀时的"牺牲"和被"奎"的对象，与"以单位词表示的不同名目非自由人"处于某种相同的地位；但以众和众人做献牲的卜辞毕竟甚少，应是偶尔为之，说明他们又有一定的处在"不以单位词计的自由人"的地位。社会生活是极其复杂的，特殊并不代表一般。以众和众人为祭祀时的献牲应为商代大量以各族俘虏为牲之外的特例。因此，我们没有必要一见到众和众人被作为祭牲，就认为他们都是失去人身自由的非自由人，或统统称之为没有生命保障的"奴隶"；我们也没有必要为了证实众和众人是"自由民，"而一概否定以众和众人为牺牲的卜辞存在，或将其另作解释，硬说成是与用众做献牲毫无关系的"关心与安抚"。

有一部分众和众人确实被用做祭牲或被杀死，但这在大量有关众的卜辞中，应是不多的特例。这种偶尔以众和众人为人牲的现象只能说明，他们比大量用于人牲的"以单位词表示的不同名目非自由人"的地位要略高。不仅如此，商王把不少众和众人用在方国战争和重要戍守，以及社会的农业生产和田猎等活动中，也说明众和众人在人身上是有一定的自由的。

一 王对众和众人的关心

商王对众人的某种程度的关心,也说明了众和众人为自由人。

商王对为其"御事"的众,时常关心其损失和逃丧情况。卜辞常有卜问关于贵族家族是否"丧众"(《合集》54等)、战争中是否"丧众"(《合集》27972等)、农业劳动中是否"丧众"(《合集》8)等情况。众人在田猎时,商王对他们的安危也表现了关切:

贞郭以众田,又戋。(《合集》31970)

这是贵族郭以众人参加田猎活动,发生了灾伤。

甲子卜,令众田,若。(《屯南》395)

这是命令众人田猎,会十分顺若,吉利否。就连众渡河是否会有所损失也加以卜问:

甲子[卜],□,贞舌涉以众,不丧众。(《合集》22537)

商王对众人的吉、祸也表示了关心:

戊戌,贞令众涉龙西北,无祸。(《怀特》1654)

这是命众人渡河,商王关心他们有无祸事发生。

丁酉卜,亚㡯以众涉于西,若。(《合集》31983)(图5—9)

这是命令武官亚名㡯者,以众渡于西地之水,顺若、吉利。

……令戉以众凸,希……(《合集》31984)

"戉"为人名,"凸"字不识。"希"即祟祸。这是命贵族戉以众人从事某种活动（凸），发生了祟害。

商王有时还赏赐为其"御事"的众人食物：

……食众人于泅。（《合集》31990）

"泅"为地名。这是商王赐食给众人于泅地。《孟子·滕文公》"汤居亳，与葛为邻"。由于葛伯借口"无以供粢盛也"，故"又不以祀"。为了使葛伯"供粢盛"以祭祀，于是"汤使亳众往之耕，老弱馈食"。疏谓："汤复使亳之众往为葛伯耕作，以助其粢盛，有老弱者馈耕者之食。"甲骨文"食众人于泅"，当和"老弱馈食"给耕者的情事基本相同。

图5—9　《合集》31983

不仅商王对为其"御事"的众和众人表现了关心，而且对众人平时的灾祸也加以卜问：

贞众有灾。九月，[在]鲛。（《合集》48）
[贞]众[有]灾。一月。（《合集》49）

众人一旦有了灾祸之事发生，商王还会为众举行御除灾殃的"御"祭：

御众于祖丁牛，妣癸卢豕。（《合集》31993）

此片为康丁至武乙时所卜。康丁称祖丁、武丁皆可为祖，但祖丁之法定配偶没有名癸者，而武丁的三个法定配偶之一为妣癸。因此，此辞中称为祖丁者，当为武丁无疑，而妣癸为武丁之法定配偶。《屯南》31993刻辞是为众行御除灾殃之祭于祖丁（即武丁）及妣癸（即武丁之配），但祖、妣有牛、豕牺牲规格的不同。《论语·为政》说，"非其鬼而祭之，谄也"。郑注说："人神曰鬼，非其祖考而祭之者是谄求福"。只有人鬼的后世子孙才能祭祀自己的祖先，并得到保佑，这就是《礼记·曲礼》所说的"非其所祭而祭之，名曰淫祀，淫祀无福"。因此，商王为众行御除灾殃之祭于先王祖丁和先妣妣癸，说明众当与商先王有着一定的血缘关系，众和众人应是商王和商王朝同姓贵族的族众。虽然众在各家族中处在最底层，被商王和各级贵族所奴役和驱使，但由于他们与贵族为同族，因而享有一定程度的人身自由。

二 众和众人为"被排斥在宗族组织之外的商族平民"

已如前述，商王和各级贵族奴隶主都有众，称为"王众"和"某众"。对商朝最高统治者商王来说，无论是王众，还是各级贵族"某众"，都处在商王的绝对控制之下。

之所以如此，是因为这些众和众人都是属于以商王为首的子姓家族的众，保持着与以商王为首的各级贵族、家族或（宗族）的某种联系，商王可为众和众人举行除灾殃之祭于自己的祖辈先王、先妣（《屯南》31933），表明这些众和众人"应与商王"有着某种疏远的血缘联系。但在甲骨文中，这种祭祀太少了。值得注意的是，甲骨文关于商王及贵族祭祀商先王的材料很多，从不见有完整的众和众人参与祭祀或单独祭祀商先王的占卜。这只能说明，众和众人早已失去了祭祀商人祖先的权利。因而这些众和众人，是已"被排除在宗族组织之外"的，"他们虽然跟贵族阶级有疏远的血缘关系，但实际上已经成为被剥削被统治阶级的平民"。[①] 正因为众和众人是被排除在商人宗族组织之外的平民，所以偶用众和众人作祭祀时的牺牲就不难理解了。商王在举行㲽米之祭、侑祭、舞祭时以众、众人为献牲，或加以奎（屠戮）等事实就不必加以回避或另作解释了，只不过是因为众和众人身份低下之故。

殷人历史上盘庚迁殷，是"震动万民"的大事，在社会各阶层产生了强烈的反响。盘庚力排众议，为了"绍复先王之大业，厎绥四方"，[②] 而毅然迁殷，并对社会各阶层发表训诰。这就是《尚书·盘庚》三篇。学者指出，《盘庚上》训教的对象主要是"在位者"，而《盘庚下》主要训教对象是邦伯、师长、百执事等人，《盘庚中》的告诫对象是平民。在《盘庚》

---

① 裘锡圭：《关于商代的宗族组织与贵族和平民两个阶级的初步研究》，《古代文史研究新探》，江苏古籍出版社1992年版，第328页。

② 《尚书·盘庚上》。

中篇里,盘庚把训诰的对象称为"汝众"、"汝万民"、"我畜民"。[①] 由于这些人的社会地位较低,商王动辄就威胁要把他们杀死。《盘庚中》"诞告用亶其有众"说:"乃有不吉不迪,颠越不恭,暂遇奸宄,我乃劓殄灭之无遗育,无俾易种于兹新邑。"那些地位较低的平民,如果敢做不善不道的凶人,或敢于倒行逆施,对抗上命,或敢拦路劫财并在里外做尽坏事等犯法者,商王就要毫不客气地把他们杀掉,并使这些凶人断子绝孙。时王盘庚真是视这些人如草芥!不仅如此。就是这些平民的祖先,对"有戕则在乃心"的子孙,也会十分不满。"乃祖乃父乃断弃汝,不救乃死"。看着他们被弃绝杀死,而毫不吝悯!因此,在甲骨文中,有的众或众人被用做祭祀时的牺牲或被屠戮,参照上述《盘庚中》告诫"有众"的严厉措施,就可以得到合理的解释了。

虽然商代的平民已被排除在宗族组织之外,但其祖先,毕竟与商王族曾有过一定的血缘联系。《尚书·盘庚中》说这些平民,"兹予大享于先王,尔祖其从与享之"。"古我先后,既劳乃祖乃父,汝其作我畜民"。因此,商代的平民虽然地位低下,由于其祖先与商"先后"有过这样那样的联系,他们仍受到先王的关心。"失于政,陈于兹,高后丕乃崇降罪疾,曰:'曷虐朕民'"。孔传谓:"崇,重也。今既失政,而陈久于兹,而不徙,汤必大重下罪疾于我,曰:'何为虐我民而不徙乎?'"疏谓:"我所以必须徙者,我今失于政教,陈久于此,民将有害。高德之君成汤,必忿我不徙,大乃降下罪疾于我,曰:'何为残虐我民,而不徙乎?'"这是说,盘庚因在旧都失于政教,致使广大平民深受其害,必迁殷才能免除。如果不迁,先王将责罚时王盘庚虐待这些平民大众了。因此盘庚迁殷,也是在先王的压力下,"厥所作视民利用迁"。孔氏传谓"其所为,视民有利则用徙。"迁都,是为了有利于平民大众,不然,会引起"高德之君成汤""大乃降下罪疾"于我——时王盘庚。因此,无论是商人先王还是时王,都对那些有着千丝万缕血缘联系的平民大众表现了一定程度的关心。在甲骨文中,时有商王对为其"御事"的众或众人表示关切之卜,诸如有关众是否有所损失、是否有所灾祟、吉若,甚至是否馈送食物等卜问。而众有了灾疾,也有时向先王、先妣举行御除灾殃之祭等,这和《尚书·盘庚中》所反映的殷先王和时王对平民大众的某种程度的

[①] 裘锡圭:《关于商代的宗族组织与贵族和平民两个阶级的初步研究》,《古代文史研究新探》,江苏古籍出版社1992年版,第328页。

关心是一致的。

商王和各级宗族贵族是商王朝社会的统治阶级，他们是不参加社会生产劳动的。众和众人是商朝社会的军事征伐和生产劳动的主要承担者。商王发动对外征战时，众和众人被"临时"共聚，以配合正规军队对敌作战；而农业生产方面，众人要负担籍田、叠田和衰田等沉重劳动，并负责谷物的播种，直至收获后的"省廪"活动。此外，商王经常举行的田猎活动，也"呼"令众同行。众和众人承受着奴隶主贵族沉重的压榨与奴役。

以单位词表示的不同名目的非自由人，只有其中的羌、仆、奚、㚔等，当他们没有被用做人牲侥幸存活下来，而被投入战争、农业和田猎活动时，就成为被商朝奴隶主贵族占有人身的真正意义的奴隶了。甲骨文中众和众人在以上诸方面承受的奴役与奴隶基本相同，因而他们和奴隶处于同样的社会境遇，是社会的最下层。

但是，众和众人虽然被排斥在商人的宗族之外，却由于他们与商王族保持着某些疏远的血缘关系，所以有着一定的人身自由。在甲骨文中，不见众和众人像羌、仆、奚、㚔那样随时被隻、执、幸、圉（监禁）、牵拽发辫等失去人身自由的记载，或被施以宫、刖等刑，使肢体受到戕害的卜辞。这又表明，众和众人当有一定程度的人身自由。从这一点看来，他们与毫无人身自由和生命保障的真正意义的奴隶又不尽相同。

商代的自由人，包括奴隶主贵族和平民。奴隶主贵族是指以商王为首的大、中、小奴隶主贵族和他们的家族成员。而广大平民，则是已被排除在商人宗族以外的社会下层，一部分中小贵族分化没落，也沦入了平民之中。但平民队伍在继续分化过程中，也有相当一部分平民，由于地位改变，上升为贵族统治阶级的一员。《尚书·盘庚中》"予念我先神后之劳尔先，予丕克羞尔，用怀尔然"。疏谓正义曰"我念我先世神后之君成汤，爱劳汝之先人，故我大能进用汝，与汝爵位，用以适义德，怀安汝心耳"。即平民中也有个别人由于受到商统治阶级的宠爱而地位上升，被"进用"或授与"爵位"而跻身为统治阶级的一员。但大多数平民，则处在奴隶主贵族统治和奴役之下。而处在社会最下层的众和众人，虽然其地位介于自由平民和奴隶之间，但在实际上却与奴隶地位相近。

第六章

商王朝的国家体制

第一节 商王朝的国家结构形式

商人的国家管理实行内外服制，国家结构也表现为王畿、畿边和外服方国的方式。即"王畿以内为内服，王畿以外为外服。内服为百官（百僚、百辟），外服为列国（侯伯）。畿边则是指内外服中间的分界。"① 陈梦家根据甲骨文研究，提出商代的政治地理结构可以分为大邑商、奠、四土四方、四戈、四方多方邦方五个层次。宋镇豪先生进一步将商代疆域分为王邑、商畿、四土、四至四个层次，并分别与郊、奠、鄙、牧、边侯、邦方相对应，使商代政治地理结构更加清晰。

一 商代的王畿

关于商代的王畿区，学者多有论述，陈梦家、李学勤、郑杰祥、宋镇豪、林欢诸先生都有十分精深的研究，② 为确定商代王畿区的范围作出了贡献，宋新潮则主要从考古文化角度分析，提出了商代文化中心区的分布状况。③

商代的王畿，最早提出的是罗振玉，在《殷虚书契考释》一书中罗氏根据卜辞中的"商"、"大邑"、"大邑商"、"四土"、"四方"等观念认为："王

---

① 金景芳：《中国奴隶史》，上海人民出版社1983年版，第58页。
② 陈梦家：《殷虚卜辞综述》；李学勤：《商代地理简论》；郑杰祥：《商代地理概论》；宋镇豪：《论商代的政治地理架构》，《中国社会科学院历史研究所学刊》第1集，社会科学文献出版社2001年版；林欢博士论文《晚商地理论纲》。
③ 参见宋新潮《殷商文化区域研究》，陕西人民出版社1991年版。

畿亦曰大邑……卜辞中有……告于大邑商语,均谓王都。《书·多士》:"肆予敢求尔于天邑商,天邑即大邑之讹。"陈梦家考证殷商文化可以分为一个圈,其中王畿区的范围相当于汉代的河内郡,汉代河内郡指太行山东南黄河以北的地区,大抵相当于今天河南省黄河北部的焦作市地区。

学者讨论商代的王畿经常引用的资料是《战国策·魏策》吴起所言:"殷纣之国,左孟门而右漳、滏,前带河,后被山"。这里山指太行山,河指黄河。漳、滏,漳即今漳水,滏水为漳水支流,在今安阳北。孟门具体位置不详,《史记》索隐刘氏按:"纣都朝歌,今孟山在其西。今言左,则东边别有孟门也",有学者认为孟门应是后世的孟津①。既然以漳滏与孟门连言左右,漳滏在安阳北面,则孟门必在安阳的南面,因此以后者为是。根据这一记载,商代王畿西到太行山,东到黄河,北到漳水,南到孟津。商代的黄河自郑州以西即转向东北方向,流经滑县、浚县、内黄,在天津地区入海②,因此安阳向东或向南都离黄河不远。除了南部的孟津距离安阳200公里外,东、西两面都不超过50公里,北面的漳滏距安阳甚至只有20余公里,商代的王畿显然太小了。考察《战国策·魏策》中吴起说这段话的原因,"魏武侯与诸大夫浮于西河,称曰:'河山之险,岂不亦信固哉!'……吴起对曰:'河山之险,信不足保也……殷纣之国,左孟门而右漳、滏,前带河,后被山……从是观之,地形险阻,奚足以霸王矣!'"所列举的都是各灭亡之国的险要地形,所述的商代部分,其实是在讲述商人都城周围的地形优势,因此所说只是其所占有的有利的防御地形,而殷墟确实是西面为太行山、北面为漳水、东面和南面是黄河,形成了四面合围、利于防守的地形,与吴起所说的山河之固的主旨相合。所以,我们认为以《魏策》的记载考察王畿的范围是不适合的。《魏策》的记载中吴起并不是以商人为中心考察商人的王畿,如果以安阳为中心,漳滏在北,孟津在南,称"左孟门而右漳、滏",是以坐东面西的方位而言的,与太行山和黄河的关系应该是"前带山,后被河",而吴起所言却是"前带河,后被山",即吴起其实是在黄河以东,以自己为中心而言商代王畿的,其所讲述的只是一种军事家对地形的认识,而不是商王畿范围的所至。司马迁根据自己的认识和对吴起所言的理解对商代都城地

---

① 宋镇豪:《论商代的政治地理架构》,《中国社会科学院历史研究所学刊》,社会科学文献出版社2001年版。

② 参见刘起釪《卜辞的河与〈禹贡〉大伾》,《古史续辨》,中国社会科学出版社1991年版。

理情况重新作了描述，《史记·吴起列传》："殷纣之国，左孟门，右太行，常山在其北，大河经其南"，以商人为中心描述商代的王畿，其范围也有所扩大，司马迁的描述与事实更为符合。但不论以何种视角，两则资料所描述的地区，大致都是西到太行山，东、南至古黄河，实际上是太行山与黄河之间的南北狭长的地带，而吴起所言的仅指太行山、古黄河与漳水所包围的地区。

类似的材料还有古本《竹书纪年》所载的"自盘庚徙殷，至纣之灭，二百七十三年更不徙都。纣时稍大其邑，南距朝歌，北及沙丘，皆为离宫别馆"，学者以此推论商代的王畿，考察这一记载所包括的范围。《史记·殷本纪》正义引《括地志》云"沙丘台在邢州平乡东北二十里"，在今河北广宗境内，而商时朝歌也在黄河附近，即这一地区所描述的基本也是太行山与黄河之间，北起邢台附近南到黄河的地区，范围很小。这个地区都在离安阳不远的范围之内，是从殷墟出发的商军能够直接控制的地区，很可能是商王的直接管理区，也即甲骨文中的"大邑"。

同时，学者所论述的王畿实际是晚商时期静态的王畿，对于商人定都殷墟之前的王畿则无以置论。我们拟从理论、文献、考古各方面，尽量复原各个时期商王朝的王畿区，以期达到对商代王畿区的动态认识。

（一）理论上的商代王畿

1. 商王的军事控制能力

古代国家的实际统治区一方面受文化的影响，另一方面还是取决于国家的军事力量，只有国家军事力量有效到达的地区才有可能成为国家稳定的直属疆土。商代已经建立了常备军，驻防在首都等主要地区。商代常备军所能有效控制的地区，应该就是王畿。现代军事研究表明，长距离行军士兵的最大负重在30公斤左右，强体力活动每天需要消耗1.5公斤左右的食物，即靠士兵自身携带给养，可以前进20天。古代行军速度很慢，《毛诗传》："师日行三十里"，军队如果推进过快，遭遇敌军时，疲惫的战士会无力接敌，《孙子兵法·军争篇》云："百里而争利，则擒三将军，劲者先，疲者后，其法十一而至；五十里而争利，则蹶上将军，其法半至；三十里而争利，则三分之二至。"以此推算，士兵依靠自己所带的给养，最长的行军距离为300公里，但让军队不考虑回程而在前进过程中就消耗全部给养是不可能的，所以在没有另外补给的情况下，一支靠战士自身携带给养的军队的最长距离只能达到这个数字的一半——150公里左右。如果将甲胄、兵器考虑在内，士兵所能自带的给养更少。所以由一个固定据点出发的军队的活动半径在 150 公里之内，这正好与学者推算的晚商时期商王直接控制区约略为三百里方圆半径的结论相合。① 按照这一理论推算，在定都偃师时期，商王都可控制区大致东到开封、南抵伏牛山区、西至山西夏县、北到山西长子；定都今郑州南城时期，东到山东曹县、南至河南舞阳、西到义马，北到林州；以今安阳为中心，以此距离计算，大致北至邢台、内丘，东到濮阳东部，南到开封，西到长子。

学者的研究表明，商代晚期已经在王畿内建立了较完备的由驿站、羁舍及防卫据点组成的补给系统，这种系统可由王都到达 250 里外的地区。② 即军队可以在这些补给点内取得所需的给养，军队的有效控制范围可以在此基础上向外延伸 300 里。这一地区，是商王朝势力所达的实际控制区。那么，商王朝实际控制的范围大致为直径约 1100 里的地区，所谓"邦畿千里"，是可信的。根据这一理论推算，商代晚期的商王朝直接控制区，向北到达河北定州、曲阳，向东到达山东泰安、泗水，向南到达淮阳、郾城，向西达山西翼城、洪洞、灵石。但在商代早期，不可能建立如此完备的道路和驿站体系，所以商代早期的王畿可能依然维持着从都城出发的军队所控制的范围为王畿，控制直径 300 里以内的地区。

2. 决定王畿的因素

上述只是理论上的商代控制能力。实际商人的控制范围受自然环境、历史背景等诸多因素影响，呈现出不规则的形状。

商代王畿区受三个因素的影响，一是地形，二是商人传统势力区，三是王都的地点。

首先，谈地形因素。自然环境往往是一种文化拓展的重要条件。每一种文化都有自己独特的军事技术和经济技术，这些技术不是适应一切环境的，而是有所侧重。在科学技术水平较低的古代，环境因素尤其重要，如伍子胥劝谏吴王夫差所言"今得志于齐，犹石田，无所用"，③ 环境常常成为影响一种文化拓展的主要因素。从商代的经济研究看，商人以农业为主要经营产业，④ 土壤和

---

① 宋镇豪：《商代的道路交通制度》，《历史研究》未定稿，1989 年第 11 期。

② 宋镇豪：《夏商社会生活史》，中国社会科学出版社 2005 年版，第 290 页。

③ 《史记·伍子胥列传第六》。

④ 参见杨升南《商代经济史》，贵州人民出版社 1992 年版。

水利条件相对较好的平原地区更适于农业的发展，所以在平原地区商人可以步步为营向前拓展，通过土地的占有和人口的繁衍取得对这一地区的控制权，所以在平原地区，王畿区会延伸得更远。通过考察考古商文化的分布，可以看出，商人主要沿平原和河谷地带拓展，商人在平原和河谷地区的拓展有效而稳固，而在山区的前进则非常缓慢，几乎是绕开山区前进。有时商人在山区也可以沿河谷地带拓展，商人向关中的前进，正是沿黄河谷地向西进入关中平原。但这种拓展一般只是线性分布，形不成广大面积的控制区；在鲁中山区、桐柏山区和西部太行山区，商文化都没有能取得大的进展，而在其周围的平原地区，商文化则可以前行很远。

从商文化分布可以看出，商人势力几乎覆盖了中国东部平原地区，在从辽宁到湘、赣之间的华北平原、江汉平原及各河流谷地上，商人势力在南北方向上顺利扩展。向北商文化可达辽宁地区，华北平原大部是商人的习惯势力区，向南商文化出现在江汉平原，沿随枣走廊到达盘龙城，然后继续向南越过鄱阳湖和赣江到达江西中部的樟树、新干地区。商人在山区进展缓慢，以太行山区为例，商人向西的拓展受到很大限制，除沿黄河谷地向西呈线状深入到西安地区并在泾渭平原扩张外，商人势力基本保持在太行山一线。一方面，是地形的因素，习惯于平原生存的商人可能在应付山地作战和生活能力方面有所不足；另一方面，燕山、太行山一线是我国气候、土壤等自然条件的重要分界线，与商人原先的生存环境差距过大，商人已有的生产经验在这一地区毫无优势；还有一个原因就是这一地区系牧业区，在这一带的居民多是游牧民族，作战勇敢、机动能力强，主要熟悉适于平原地区作战的商人，以步兵和车兵为主，很难对其进行彻底的征服。所以太行山一线终商一代都是商人的前线地带，有众多游牧民族活动，商人未能在这一地区建立有效的统治。（图6—1）

商人在南方的拓展基本也是沿平原推进的，大体沿平顶山向南，经过伏牛山与桐柏山之间的孔道到达南阳盆地，然后沿汉水而下，分为两支。一支向东沿溳水东南而下，到达武汉地区，进而进入江西瑞昌，向南到达吴城地区。沿这一线基本可以找到商人的分布，枣阳新店、随州淅河、庙台子[①]，安陆晒书台、下坝电、花园、高家坡、女儿台[②]，随州和安陆羊子山及汉水

[①] 随州市博物馆：《湖北随县发现商代青铜器》，《江汉考古》1980年第2期。

[②] 参见中国社会科学院考古研究所《中国考古学·夏商周卷》第2—5章，中国社会科学出版社2003年版。

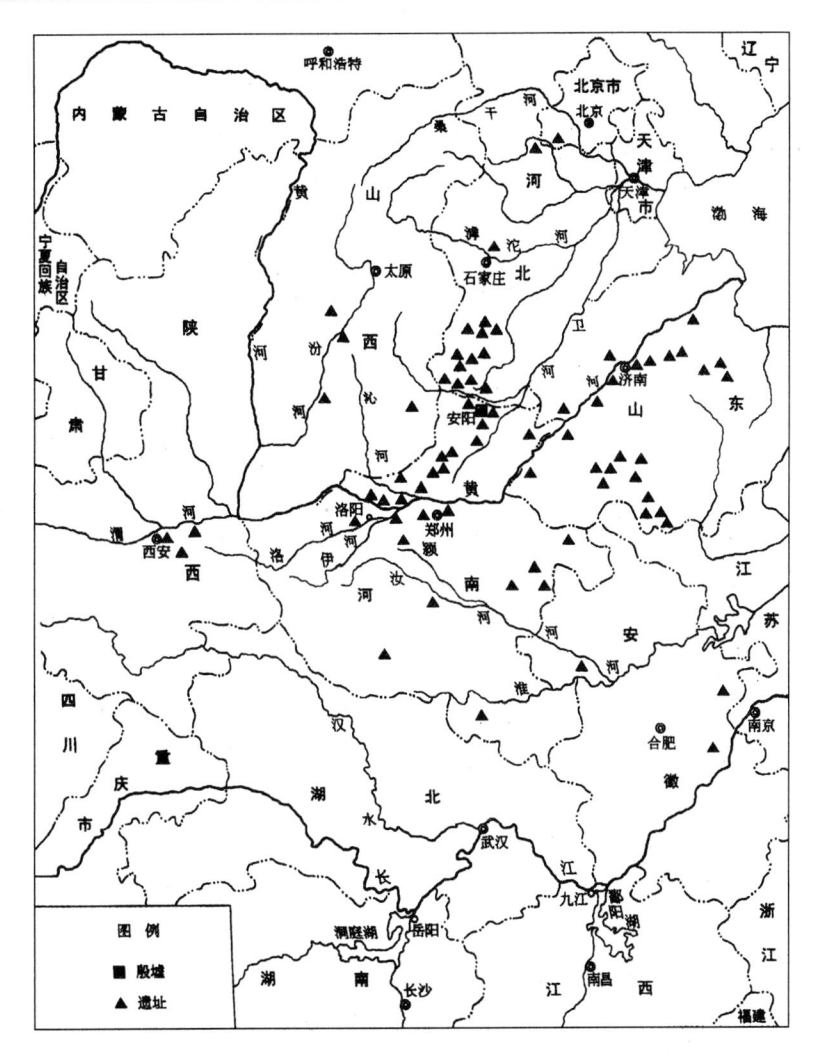

图 6—1　晚商文化分布示意图

（采自《中国考古学·夏商卷》）

下游的汉阳东城垸，都有二里岗期至殷墟晚期的青铜器出土。另一路则沿汉水南下，经过荆州地区进入湖南，跨过长江，越过洞庭湖，到达澧水、沅江、资水、湘江流域。①

另外，商人有能力在某一远离统治中心区域的地方建立征服性的军事据

---

① 何介钧：《商文化在南方的传播》，《湖南先秦考古文化研究》，岳麓书社1996年版。

点，但军事据点需要补给、与王朝联系以及在受到威胁时及时得到军事援助，这些决定了单纯的军事据点难以长期存在于远离中心区的地区。即使有存留下来的，也大都深受当地土著文化影响，实际上成为一种与当地文化融合的商文化亚型。江西的吴城、新干地区商代遗址中器物的演变表明，原先以中原商文化为主导的局面逐渐变为地方特色占据优势。[①]

其次，关于商人的传统势力因素。商人的传统势力区是指长期稳定的商文化地区，是商文化取得了绝对优势的地区，这些地区的居民全部是商人或完全为商人所同化，是商文化中坚。历史上商人曾经控制的地区很多，当商人在一个地区建立统治中心后，其所控制的地区拓展很大，但一旦迁都或力量削弱，这一地带的商文化区就会缩小，边缘区就会被其他文化所控制。商人的传统势力区具有强烈的文化认同感和政治向心力，是商王畿的基本部分。其实际地域很广，基本可以漳水为界，划分为南、北两个部分；南部以安阳、偃师、郑州三角形地带为核心，是商代尤其是晚商时期商人的主要活动区；北部主要指太行山以东、古黄河以西，南起漳水，北到定州、曲阳，或者更北至易县、涞水的地区。

北部地区在甲骨文中出现较少，但从文献记载，"殷人屡迁，前八后五"，"昭明居砥石"，学者考证砥石即今河北元氏县，[②] 说明河北中部是商人最早的根据地之一。到王亥、上甲时期，商人开始向北拓展，《山海经·大荒东经》注引《竹书纪年》："殷王子亥宾于有易而淫焉，有易之君绵臣杀而放之。是故殷主甲微假师于河伯，以伐有易，灭之，遂杀其君绵臣也。"今本《竹书纪年》云："十二年，殷侯子亥宾于有易，有易杀而放之。十六年，殷侯微以河伯之师伐有易，杀其君绵臣。"《国语·鲁语》也说："殷侯子亥宾于有易而淫焉。有易之君绵臣杀而放之。故殷上甲微假师于河伯，以伐有易，灭之，遂杀其君绵臣。中叶衰而上甲微复兴，故商人报焉。"有易部落在今易水流域，即在上甲时期，商人就已经控制了易水流域，开始了在这一地区的经营。商人早期的领土扩张主要是在北方发展，有学者通过对有易、有娀、河伯、子姓燕国、北伯、子姓孤竹国、箕子朝鲜、肃慎、长、发等与先商有关的众多方国进行研究，认为商人在北方有一段文明繁盛的历史[③]。

---

① 詹开逊、刘林：《从新干商鼎看吴城文化的性质》，《南方文物》1992年第2期。

② 王国维：《说自契至于成汤八迁》，《观堂集林》，中华书局1959年版。

③ 参见张京华《燕赵文化·中篇》，辽宁教育出版社1998年版。

从考古学文化来看，作为先商文化的下七垣文化主要分布在这一地区，这一地区很可能是商人兴起的策源地。作为最早划入商人势力范围之内的地区之一，邢台地区成为商人的故地之一。商人对邢台地区也予以特别的关注。邢地的长官也在商王朝占有重要地位。

> 癸卯卜，宾，贞井方于唐宗羲。（《合集》1339）

这可能是井方进贡唐宗牺牲的记载，也许是井方与商人有血缘关系可以祭祀商人祖先，总之邢台地区与商王朝的关系十分密切。考古发现也表明，终商一代，河北省中南部都被商文化所控制：早期有台西类型文化，分布在太行山与黄河之间，北起易县南到河南辉县的地区；中期时，台西类型文化北扩到壶流河、拒马河流域；晚期商文化到达北京房山琉璃河地区，而在河北北部的涞水、易县及其南面的石家庄、定州等地都有丰富的商代文化遗存[①]。河北地区的商文化终商一代都十分稳定地发展，所以这一地区也可以划入商人的传统势力区。由于商人曾长期在这一带经营，势力十分稳固，在这一带的其他方国和军事性存在也就较少，从商代封国与方国的分布情况[②]，也可以看出，商人在河北地区的诸侯很少，而考古文化证明这一带是典型的商文化分布区，所以河北应该是商王直接控制的王畿区。"三监之乱"失败后，"殷大震溃，降辟三叔，王子禄父北奔"，[③] 武庚禄父北奔说明商人在北方的势力仍在，在北方的统治根源深厚，顾颉刚先生甚至认为武庚在辽西一带建立了北殷。[④] 燕地还称亳，《左传》昭公九年："肃慎、燕亳，吾北土也"，地名称"亳"是商人的特点，丁山先生认为："凡是殷商民族居留过的地方，总要留下一个亳名，可见亳字最初涵义应是共名，非别名也"，"《春秋左传》所见的薄、博或蒲的地名，所在皆是，虽不尽是成汤故居，我认为至少是成汤子孙殷商民族所留下来'亳社'的遗迹"[⑤]，即燕地在商代已经是商人的占领地。更为值得注意的是，周人建国后，在这一地带没有建立封国，而是直

---

① 参见中国社会科学院考古研究所《中国考古学·夏商卷》，中国社会科学出版社2003年版。
② 参见李雪山《商代分封制度研究》，中国社会科学出版社2004年版。
③ 《逸周书·作雒解》。
④ 顾颉刚：《关于古朝鲜研究的一封信》，《东北民族与疆域研究动态》1999年第1期。
⑤ 丁山：《商周史料考证》，龙门书局1956年版。

接前出到北京地区，而在战国中期这一带突然又出现了一个神秘的中山王国，其爵位竟然是公爵，这可能与商人遗留的势力有关，如《路史·国名纪》引《续志》称鲜虞即中山为子姓。这也是值得我们进一步思考的问题。总之，河北地区商文化的存在当是没有疑义的。这一地区大致范围当以邢台为中心，南到漳水，北到定州、曲阳附近。

南部地区的王畿地位早已被学者所论证，并得到了学术界的一致认同。《汉书·地理志》："河内本殷之旧都，周既灭殷，分其畿内为三国，《诗》邶、鄘、卫是也。"郑玄在《诗谱》中也说："邶、鄘、卫者，商纣畿内千里之地，其封域在禹贡冀州太行山之东，北逾衡漳，东及兖州桑土之野"，这一记载所划定的商代王畿区，基本是各种王畿区的理论论证基础，不同学者对王畿区的范围认定也是在这一范围上的消长。衡漳即今河北南部发源于太行山的衡水和漳水。桑土根据杜预注，在今河南濮阳，王畿的主要范围在西起太行山，北到漳水流域，东达河南濮阳市区，南到黄河的地区。这一范围正好与我们在前面讨论的《战国策·魏策》中吴起所言："殷纣之国，左孟门而右漳、滏，前带河，后被山"，东起太行山，北到漳水，东、南到古黄河的范围基本相当。如果商王畿区就是这一范围，则商人向北只控制到离殷墟20公里的漳水，这显然不合理，也与漳水以北广大范围内稳定分布的商考古学文化不符。

由于北部是商人最早经营的地区，比较稳定，在商代后期已经是商人的后方基地，不再是拓展经略的主要地域，所以其在该地区所设置的军事性据点很少，主要力量在于向西、东、南三个方向发展，这可能是北部地区被当时和后世忽略的原因。在商人向西、东、南拓展的过程中，南部王畿区成为前线推进的后方和供给保障基地，所以商代后期在南部王畿区的经营十分努力，使这一带成为商王朝后期的政治、军事中心区。

从周初分封看，在安阳及其以南地区设置邶、鄘、卫，正好处于商人的南半部传统势力核心区，既控制了晚商商人重点经营的地域，又控制了通向华北平原通道，而从此向北，华北平原已经一马平川，无险可守，即周人控制了商文化的南部核心和关键地区。周人灭商之初，是"小邦周"代"大邑商"，其力量尚无法完全占领商人故地，从周人的分封也可以看出，在从漳水到北京的广大地区，并没有周人的封国，只是在今北京地区建立了带有军事据点性质的燕，这很可能与商人在这一地区的深厚历史有关。

最后，是王都的地点因素。商代常备军只能驻守主要据点，并在冲突地区执行任务，王都是最主要的兵力据点和决策中心，商王最直接控制的范围基本是以王都为中心的，有学者甚至认为商代的"都"有可能就是王根据战争需要而建立的驻跸之地[①]。

以上三点中，前两点是相对静态的因素，决定了商王都城的地理范围，而都城的定点决定了商王朝常规军事行动覆盖的范围。鉴于商代都城屡迁，商代的王畿区并不是一个静态的概念，而是不断变化的。在不同时期，其中心和所涵盖的地区有所不同，商代各个时期的王畿基本是传统势力区加上商人军队能力和地形影响条件下，商人所能控制的范围。

(二) 商代的王畿

根据这一理论，我们可以大体确定商人分别定都于偃师商城、郑州商城和安阳殷墟三个时期王畿区的大致范围。

偃师商城时期，商人势力发展很快。向西基本有两条路线，一条路线沿"太行八陉"中的轵关径，越过中条山，到达涑水流域和汾水流域；另一条是沿黄河向西，到达渭河平原并在这里建立据点繁衍。这两处地区的成因可能并不一样，对涑水流域和汾水流域的拓展主要是对夏人故地的进占，而对渭河平原则是商人势力发展的结果。与之对应的考古文化，分别是早商时期的东下冯类型和北村类型，山西夏县东下冯商城和垣曲商城是这时期商人在其直接控制区域边缘建立的据点。向南由于山脉的阻挡，势力未获拓展，但有可能沿伊水、洛水向西南方向延伸。向东则越过郑州，到达开封地区，但由于受到势力尚十分强大的东夷势力的阻遏，转而向南发展，沿平原一直到达桐柏山北麓，这一地区是早商时期二里岗类型商文化的分布区。向北大致可分为两部分，一是北部以邢台为中心的商人传统势力区，二是漳水以南商人后来拓展的领土，焦作府城商城遗址应该是连接新旧王畿区的中继站。通过分析，我们大致可以推论，在偃师商城时期，商人的王畿区大致向西沿黄河到山西垣曲，向北沿焦作连接商人旧有根据地，到达石家庄地区，向东依然在黄河两岸徘徊，向南为偃师、郑州、开封一线及其周围地区。实际上是南北狭长的带状区域。

郑州商城时期，王畿区中心区域大体与偃师商城时期相当，只是随着统治中心区的东迁，王畿区的西部边缘也向东退缩，东下冯商城、垣曲商城也被废弃，王畿区的西限可能在洛阳以西地区。向南可达鲁山、舞阳一带，向

---

① 方辉：《大辛庄的考古发现与研究》，《山东大学学报》2004年第1期。

东达柘城、商丘一线，向北则依然维持了原先的地域。

晚商时期的王畿区，文献中提到的较多，《史记·吴起列传》："殷纣之国，左孟门，右太行，常山在其北，大河经其南"，大体可以概括晚商时期商人的王畿区。常山，有学者以为常山即今山西恒山[1]，也有学者认为是汉代的常山郡，治所在今河北元氏县西北[2]。上引吴起所言中，孟门、太行、大河皆为具体的地理事物，常山应当是与他们同类的事物，以常山郡解之，恐非。常山即恒山，但恒山的确定地望，则有不同说法。一种说法认为常山即今山西恒山，另一种说法认为恒山非今天所说的北岳恒山，如孙星衍在《尚书今古文注疏》中引《水经·禹贡山泽地所在》云："恒山为北岳，在常山上曲阳县西北"，其地"今隶曲阳县境，山在县西北，祠内多汉矿碑也，古恒岳在此"[3]。常山，在古籍中多见，《史记·赵世家》："简子乃告诸子曰：'吾藏宝符于常山上，先得者赏。'诸子驰之常山上，求，无所得。毋恤还，曰：'已得符矣。'简子曰：'奏之。'毋恤曰：'从常山上临代，代可取也。'"正义引《地道记》云："恒山在上曲阳县西北百四十里。北行四百五十里得恒山岌，号飞狐口，北则代郡也"，也认为恒山在曲阳，而在恒山以北四百五十里有"恒山岌"，"岌，山高貌"[4]，可见"恒山岌"是一座很高的山峰，其指大约即今山西恒山，而战国时期的代地正好位于今河北怀安、蔚县以西，山西阳高、浑源以东一带，站在今恒山正可以俯视这一地区。可以推论，汉代恒山在曲阳西部，而今恒山被视做古恒山诸峰之一，叫恒山岌。可能是其海拔更高的原因，后来反而被称做恒山，取代了原来恒山的地位。秦汉时代的曲阳、行唐一带属于常山郡，而曲阳原名恒阳，唐元和十五年避穆宗李恒讳，始更名曲阳县。所以可以肯定，司马迁所说的常山应指曲阳西北的恒山，而非今山西恒山。《战国策·魏策》："今赵万乘之强国也，前漳、滏，右常山，左河间，北有代，带甲百万，尝抑强齐"，如果以山西恒山而论，很难理解常山与河间的左右关系，而曲阳之恒山与河间恰恰在东西方向上大致相当，恒山向东正是今曲阳、定州、河间一带，也是商文化的分布区

---

[1] 杨升南：《商代经济史》，贵州人民出版社1992年版，第2页。

[2] 宋镇豪：《论商代的政治地理架构》，《中国社会科学院历史研究所学刊》，社会科学文献出版社2001年版。

[3] 孙星衍：《尚书古今文注疏》，中华书局1986年版，第139页。

[4] 《说文新附》。

域。所以，基本可以确定商王畿的北界在曲阳、定州一带。

宋镇豪先生对商王朝的王畿区进行考察，认为"其东界大体在河南柘城、商丘以西和濮阳迄东一线，南界在淮阳、鲁山一线，西界在孟津和太行山以东"①，大致可信，如果再加上北方的王畿部分，即达到曲阳、定州一带，这样，我们看到晚商的王畿区，实际是商人历史上各个时期的王畿区的叠加，其东到柘城、商丘，西到洛阳、太行山，北到曲阳、定州，南到鲁山、舞阳。这一范围与我们前面的推算所得出的商代晚期的商王朝直接控制区——向北到达河北定州、曲阳，向东到达山东泰安、泗水，向南到达淮阳、郾城，向西达山西翼城、洪洞、灵石，除去西部由太行山阻挡不能重合外——大致相同。由此也可以看出，宋镇豪先生对于商代道路、驿站的推论是有道理的。宋新潮先生所做的"由此可以断言，考古学中的'商文化中心区'在政治上无疑是商王直接统治的'大邑商'范围，它大体包括今天行政区划的河南省大部，山西省南部，河北省北部以及山东省西南的一部分地区"② 推论也基本可以得到证实。

从商代的王畿区和其都城偃师商城、郑州商城、殷墟等的分布情况看，商人基本是沿黄河经略的，对河流有一定的依赖性，其建都大约有依水而建的制度。根据古河道寻找古代都城，应是寻找商代都城遗址的一个方向。商人的王畿也基本沿黄河分布，中心是太行山与古黄河之间的地区，另外包括黄河以东、以南部分地区。《国语·周语》云："昔伊洛竭而夏亡，河竭而商亡"，所描述的正是商人对黄河的依赖性关系。

商代的王畿区处于不断的变动之中，总体趋势是扩大，当一个地区长期处于商文化控制之下，其他文化和部族被同化，这一地区即融入商人势力区当中，成为王畿区的一部分。如商汤建国时期，向西占领原属夏人的伊洛地区，并在此建都，这一地区后来即被融入商人的王畿区之内。所以商人的外服与内服是处于变动之中的，古代的赐姓、外族祖先进入国家祭祀系统等，都是外服向内服转化过程中央王朝施行的融合政策。当然，偶尔也有相反的情况，如商都迁离偃师商城后，商王畿从垣曲退缩到洛阳附近，这是商朝军事控制力减弱的原因。

---

① 宋镇豪：《论商代的政治地理架构》，《中国社会科学院历史研究所学刊》，社会科学文献出版社2001年版。

② 宋新潮：《殷商文化区域研究》，陕西人民出版社1991年版，第218页。

另外我们还看到，商代王畿也受到周边地区其他文化的影响，山东地区也有十分利于文化发展的条件，但商人在山东的进展止于弥河一线，主要原因应是，属于东夷的岳石文化势力尚十分强大，阻止了商文化东进的势头。由于东、西两方地方势力强，所以商人王畿呈现南北跨度大东西跨度小的狭长形状。

二　商代的政治地理架构

在确定了商代王畿区的基础上，我们基本可以按军事控制理论，推算商代的实际控制区，即商代的政治疆域。商代前期由于尚未建立后来那样的完善的路政制度，其所实际控制疆域，在王畿外只能靠分散的据点支持，所以不会延伸很远。但到商代后期，随着路政制度的完善，商人实际控制区可以在王畿区边限的基础上向外延伸300里：向北达到河北涿州、北京地区，向东到达山东桓台、新泰，向南到达河南息县、罗山、桐柏山北麓，向西可达山西汾河流域。这一势力范围与考古学文化反映的商文化范围基本一致。在商人主要经略方向上，其实际控制区将达到更远地区。《汉书·贾捐之传》云："武丁、成王，殷、周之大仁也，然东不过江、黄，西不过氐、羌，南不过荆蛮，北不过朔方"，与我们所推论的范围基本一致。《左传》昭公九年："及武王克商，蒲姑、商奄，吾东土也；巴、濮、楚、邓，吾南土也；肃慎、燕亳，吾北土也。"这里对北、东、南三个方向领土的描述，基本是继承商人政治疆域遗产的结果。从盘庚迁殷之后，商人的政治疆域的中心地区维持在这一带，有时稍有波动。

除上述较稳定的实际控制区外，商人还在重点经略方向上控制着很大的疆域。商人的实际控制疆域时刻处于变化之中，其所达到的地区，取决于该地区的自然条件、商人的整体力量之外，还取决于商人的战略需要。在商人重点经略的方向，商人往往可以在一段时间内实际控制很远的地区，这一地区在这一时间内也成为商人实际的政治控制区，但商人一旦力量回撤，这一地区又重新脱离控制。以商朝的南方领土为例，商汤时即曾向南方拓展，今本《竹书纪年》："（成汤）二十一年，商师征有洛，克之。遂征荆，荆降"，《吕氏春秋·异用》："汉南之国闻之曰：'汤之德及禽兽矣。'四十国归之。"可见商汤时即向南扩张，势力达到今汉水流域，盘龙城即是商代前期商人在南方建立的重要据点。但商前期对汉水流域的控制较弱，至武丁时，商王朝再次向南征讨，《诗经·商颂·殷武》："挞彼殷武，奋伐荆楚，深入其阻，哀荆之旅。有截其所，汤孙之绪"，曾沉重打击了南方部族的势力。但商人在南方的势力并不稳定，到商代晚期基本退出长江地区。中原王朝对南方的控制也止于汉水流域、长江流域的北部边缘地区，直到周代也没有改变，《诗经·小雅·小旻之什》："滔滔江汉，南国之纪"，《诗经·大雅·荡之什》："江汉之浒，王命召虎，式辟四方，彻我疆土"，中原王朝的势力止于江汉。

所以，商代疆域具有动态性，其于某一方向达到的最远地点，未必即是其长期控制的疆域，而可能只是其某一时期向这一方向全力拓展的结果。而在商王朝稳定政治疆域之外，时在中央控制之下又时脱离中央控制的地区，是商代的归服区，也即金景芳先生所说的畿边。

文化的影响范围受自然条件和政治力量的限制较小，可以在广大地域内传播，商文化影响的范围很大。《淮南子·泰族训》："纣之地，左东海，右流沙，前交趾，后幽都"，包括了东到大海，西到陕甘，北到燕山，南到五岭的广大地区[①]。从考古发现的商代遗物，尤其是铜器风格看，在这个广大地域的确具有一定的共同性，辽宁喀左、湖南宁乡、四川彭县、山东寿光，相距数千公里，但出土的青铜器却有惊人相似的风格。甚至远至岭南直至越南出土的一些商时代的器物，也带有明显的商文化特征[②]。可见商文化的影响之深远，但这已经不是政治疆域之内的问题。

综上所述，我们可以将商代的政治地理架构分为王邑、王畿、王疆、归服区、联盟区和影响区六个层次。（图6—2）

王邑即甲骨文中的大邑商，其控制地域大约是北起沙丘、南到朝歌，西到太行山，东到古黄河的地区，是商王直接管理的地区，类似后世的京畿直辖区。这一范围内，很可能是由三公、多尹直接管理，是商王的主要活动区。

王畿北起河北曲阳、定州，南到柘城、鲁山，西至太行山，东跨古黄河两岸，是商王直接控制区，类似后世的"直隶"。这一区域由商王朝的各级内服官员管理，是商王朝的中心区域。

[①] 宋镇豪：《论商代的政治地理架构》，《中国社会科学院历史研究所学刊》第1辑，社会科学文献出版社2001年版。

[②] 何介钧：《试论湖南出土的商代青铜器及商文化向南方传播的几个问题》，《湖南先秦考古学研究》，岳麓书社1996年版。

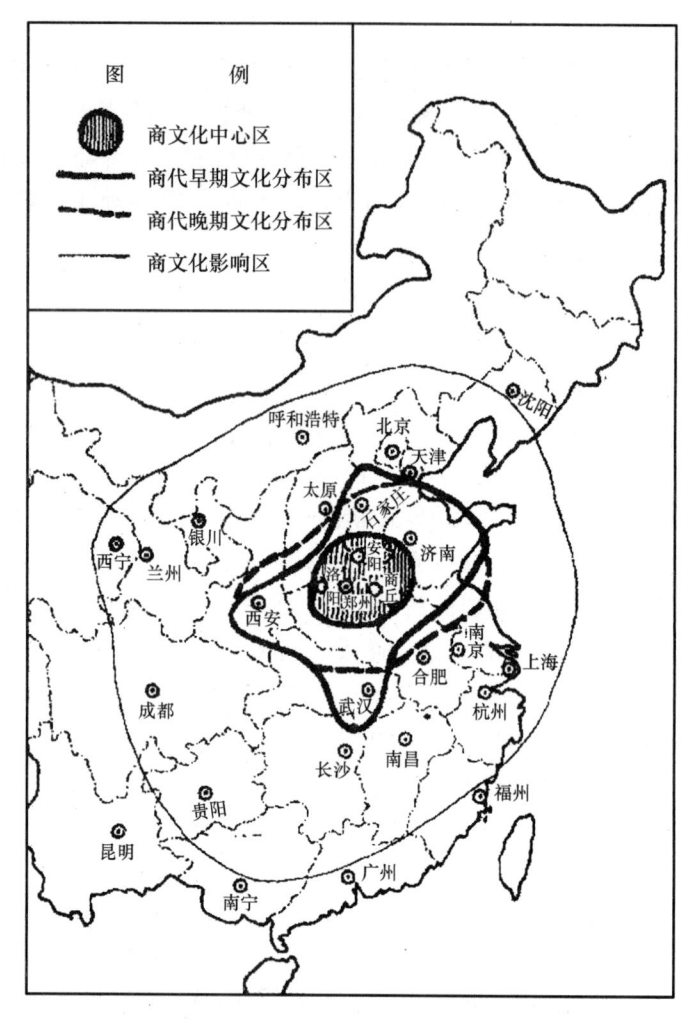

图 6—2 商文化分布区与商文化影响区示意图

（采自《殷商区域文化研究》）

王疆是在王畿基础上向外延伸 300 里左右，是商王朝军事力量所能有效控制的地区，是商人的实际控制区，也是商人的实际政治疆域。这一区域大致北至河北涿州、北京地区，南到河南柘城、鲁山，西到山西汾水流域，东到山东淄博、枣庄、江苏徐州地区。这一地区的边缘会因为地形、自然环境、商王朝的经营策略等因素影响而前后推移，但总体说来，变化不会太大。商人在这一区域内分封大量诸侯国，使之与周边的方国犬牙交错，分封建国，以藩屏商。

归服区是商人势力与方国势力交错分布的地区，其大致范围北可到燕山南麓，河北唐山地区、北京昌平张营遗址、平谷刘家河墓地，即在这一区域的边缘；向南可达汉水上游、武汉地区；向西可达渭河平原及其以北的黄河沿岸；向东达潍河流域。商人在这一区域的统治政策具有三重特征，一是保持军事威慑，维持方国的归服；二是加强文化控制，尤其是对方国上层的文化灌输；三是在这一区域内建立大量封国和王朝控制的武装据点，既巩固商人势力在这一地区的存在，威慑方国归服，又为中心地区建立一个缓冲区。商人在这一范围内的势力分布非常不平均，许多方向上只是点式分布，但在有的地区则可以延伸很远，建立相对成片的统治区域。商人在这一区域的存在具有不稳定性，商王朝主要依靠对归服方国的控制达到统治目的。

联盟区是商人在归服区外围，军事力量难以达到的地方，商人通过与周围方国建立联盟关系维护这一地区的稳定。这一地区的范围很难确定，其中有许多地方相互重合和互相转化，商人的政治影响主要依靠经济、文化手段，军事威慑处于十分次要的地位。

影响区实际上已经不属于政治疆域构架的范畴，而是文化传播的问题。但文化传播实际是以政治、经济、文化综合实力为后盾，也是认识商王朝的重要方面，所以我们将此也纳入研究的层次当中。这一区域几乎可以覆盖中国东部大部分地区，具有非常广泛的分布空间。

第二节 商王朝的国家管理形式

一 分封制与内外服制的建立

（一）内外服制的建立

商王朝国家最基本的形式是内外服制。内外服制的起源很早，应在夏代即已经形成[①]。所谓内外服制，实际是在早期历史条件下，中央王朝对不同地域实行的不同的治理措施，是在国家形成之初，中央王朝虽然有较强大的力量，但尚不具有直接控制广大地域能力条件下出现的国家管理形式。内外服制形成的条件有三：一是一个强有力的中心政权，二是有归服于中心政权的周边方国，三是中央王朝的中心地位虽得到周围方国的承认，但中央王朝

---

① 参见沈长云《夏代是杜撰的吗》，《河北师范大学学报》2005年第3期。

尚无力直接控制地方势力。最早具有这一形成条件和国家形态的是夏朝。这时虽然方国与夏朝形成上下级关系，并负一定义务，是一种不平等联合，但这些方国都具有很强的独立性，保持自身的政权和习俗。而中央王朝无力直接干涉方国事务，所以采取内外有别的统治方式，允许方国以自己固有的传统管理本地事务，并根据与方国关系的远近有所侧重，这即最早的内外服制。

商代也实行内外服制。关于内外服制最明确的表达是《尚书·酒诰》："自成汤咸至于帝乙……不敢自暇自逸，矧曰其敢崇饮。越在外服，侯、甸、男、卫、邦伯；越在内服，百僚庶尹、惟亚、惟服、宗工；越百姓、里君、罔敢湎于酒"。但由于时代久远，人们对商代内外服制度已知之甚少，所以对于商代内服的具体内容也产生了不同的认识。目前主要流行两种观点，一种认为以地域划分，"所谓'内'与'外'，是以王畿为限。王畿以内为内服，王畿以外为外服。内服为百官（百僚、百辟），外服为列国（邦伯）。畿边则是指内外服中间的分界"[①]。另一种观点认为商代的内外服实际是职官制度，郭沫若提出畿与服"畿服之制，乃后人所伪托，金文无畿字，服字多见，与《酒诰》义同，并非地域之区划"，"《酒诰》之内服、外服即内官、外官"[②]，"内服指公卿百官，外服指诸侯"，"所谓外服、内服，即外官、内官，而非内外畿服"[③]。

学者引以论证商代内外服的商末周初的有关记录，除上引《尚书·酒诰》外，还有《尚书·康诰》："周公初基作新大邑于东国洛，四方民大和会，侯甸男邦采卫百工播民见士于周"，《尚书·召诰》："周公乃朝用书，命庶殷侯甸男邦伯"，《作册令彝》："周公朝至于成周，出令。舍三事令，眔卿事寮、眔诸尹、眔里君、眔百工、眔诸侯：侯甸男。舍四方令。"（图6—3）单纯从文字角度考证，很难限定内服、外服是地域标准还是职官区分。然而从有关记载看，商人在官员的作用上，是内外服混合使用的。《尚书·盘庚》："邦伯师长百执事之人，尚皆隐哉。"在这里有外服首领、军队之长、百执事之人同在殷都与王谋划。内外服的官员具有流动性，原属内服的官员也可以被分封或派驻到边地，转化为外服，如雀等。雀是武丁时期重要人

---

① 金景芳：《中国奴隶社会史》，上海人民出版社1983年版，第58页。
② 郭沫若：《金文所无考》，《金文丛考》，第29页。
③ 彭林：《〈周礼〉畿服所见中央与地方的关系》，《史学月刊》1990年第5期。

物，应是王族成员，丁山先生认为"雀侯必小乙之子，亦武丁之弟兄行也。雀侯为武丁懿亲，故卜辞所见其事亦较繁"①。他经常参加各种祭祀等王廷事务，类似内服职官。而妇、子更是王室的宗亲，如妇好、子渔等有封地，但他们的活动主要在商都，死后也都葬在商都，应该算是内服，而非外服。但是，他们同时又经常担任在外讨伐的任务，成为重要的外服官员。商纣王时，"鬼侯、鄂侯、文王，纣之三公也"②，可见外服首领可以在王廷置位公卿，尤其是外服中实力强大的方国，

图6—3　《作册令彝》铭文
（《殷周金文集成》9901）

其首领通常是商王朝的重要官员。除文献中所见"以西伯昌、九侯、鄂侯为三公"③外。甲骨文中也常见类似的情况，如沚𢦏，作为外服的沚𢦏，有时参与商王朝的王朝事务决策，担任内服的职责。不仅重要的方国首领存在着这种内外服的转换，部分方国人员亦然。同时，我们看到，方国通过进贡人员到商王朝服务，一方面表现出一种顺服，另一方面也在商王朝建立了自己的眼线和代言人。商代有许多在中央王朝服务的贞人，这些贞人通过占卜，获得接近商王和进入上层权力阶层的机会。类似的还有其他种类的神职人员，如：

  贞冓以巫。
  贞冓弗其以巫。
  冓以巫。（《合集》946正）

---

① 丁山：《殷商氏族方国志》，《甲骨文所见氏族及其制度》，中华书局1988年版，第124页。
② 《战国策·赵策下》。
③ 《史记·殷本纪》。

这些宗教人员，在"国之大事，唯祀与戎"的时代，很容易就成为国家机构中的重要人员，成为联系商王朝与方国的重要人物。有学者认为"商代中央的职官就是地方国族的领导"[①]。

因此，商代的内外服制，只是一种地理上的概念。如果以内外服为职官，必然陷于混乱，但以地域划分，则可以厘然分清。所以我们认为，以王畿为限来区分内外服是合理的。

（二）分封制的建立

与内外服制相配合的是分封制。关于分封制的问题，学者也有不同意见，有的学者认为商代存在分封制[②]。也有的学者认为商代没有分封制，分封制是周代才确定的制度[③]。

关于分封制的讨论，我们应首先弄清什么是分封制和分封制产生的基础。分封制的基本内容是"封邦建国"，是在王朝掌握大量可自由支配的土地和人口资源但王朝自身又无法实现直接控制的情况下，委派亲信建立对王朝负有责任和义务的具有一定独立性的政权的国家管理形式。分封制最初的产生是在交通条件、军事技术相对不发达的情况下，为控制怀有敌对情绪的征服地区采取的措施。最初的分封制是在商朝产生的。

夏朝的建立情况十分特殊，其国家的基本架构和基础主要是通过禹在治水过程中对各部族的联合建立的，"（禹）治平水土，定千八百国"，[④] 是以和平合作的方式对原有部族及其权力结构的承认。这一成果为启所继承，进入"家天下"时代，建立了夏朝，"十年，帝禹东巡狩，至于会稽而崩。以天下授益。三年之丧毕，益让帝禹之子启，而避居箕山之阳。禹子启贤，天下属意焉。及禹崩，虽授益，益之佐禹日浅，天下未恰。故诸侯皆去益而朝启，曰'吾君帝

---

① 张亚初：《商代职官研究》，《古文字研究》第 13 辑，中华书局 1986 年版。

② 参见董作宾《五等爵在殷商》，《中央研究院历史语言研究所集刊》第 6 本 3 分 1936 年版；胡厚宣《殷代封建制度论》，《甲骨学商史论丛》，成都齐鲁大学国学研究所专刊 1944 年版；裘锡圭《甲骨卜辞所见"田"、"牧"、"卫"等职官的研究》，《文史》第 19 辑，中华书局 1983 年版；李雪山《商代分封制度研究》，中国社会科学出版社 2004 年版。

③ 黄中业：《商代"分封"说质疑》，《学术月刊》1986 年第 5 期。葛志毅：《周代分封制度研究》，黑龙江人民出版社 2005 年版，第 14—29 页。

④ 《淮南子·修务训》。

禹之子也'。于是启遂即天子之位，是为夏后帝启"①。即夏朝的建立是对各方国的接纳而不是征服，对于这些方国，我们可以借用《吕氏春秋·观世》所云："此周之所封四百余，服国八百余"中的服国来称之。② 夏朝是在接受现有服国的基础上形成的国家，没有供夏王朝可以支配的土地和人口资源，也不需要建立独立于王朝的外在组织维护王朝的统治，所以不可能建立起分封制。但这种和平认同建立的国家很自然就会出现内、外不同的两种统治形式，形成内外服制的最初形态。在这种内外服制下，夏人自己的疆域内为一种情况，夏人之外的所有其他势力团体理论上都处于平等的地位，共同尊奉夏朝的共主地位，社会权力结构较为简单，而不可能形成复杂的国家层级结构。后来夏朝虽然经过启灭有扈、少康中兴等战争，可能会把一部分部族置于国家的直接控制之下，但总体的政治统治模式不会有大的改变。

商人则不同，是通过战争征服建国的。"汤始征，自葛载；十一征而无敌于天下"③，"汤乃兴师率诸侯，伊尹从汤，汤自把钺以伐昆吾，遂伐桀"④，最终灭夏立国。在从夏之方国到天下共主的角色转变过程中，不同诸侯与天下共主的关系也发生了变化，与汤联盟、对抗、归服的诸侯，在商成为天下共主后，自然出现远近亲疏之别。而作为一个新生的政权，具有重新划分统治机构的契机。同时，在商汤灭夏以前，商人实际控制的范围很小，"汤处亳，七十里"⑤，在如此小的地域内，无须复杂的政治结构即可实现有效的统治。灭夏后，商成为天下的共主，"汤武一日而有夏商之民，尽有夏商之地，尽有夏商之财"⑥。继承了夏朝政治遗产，商人须对夏商势力范围内的土地和人口进行管理，原先简单的政治管理形式显然不适合需要，因而商人具备了重新划分阶层的动力。尤其是商人对夏人统治地区的占领——"桀败于有娀之虚，桀奔于鸣条，夏师败绩。汤遂伐三朡，俘厥宝玉"⑦——经过激烈的战争，将夏朝的上层建筑和财富的占有者阶层破坏，如何实现对这一地区的

---

① 《史记·夏本纪》。

② 参见黄中业《商代"分封"说质疑》，《学术月刊》1986年第5期。

③ 《孟子·滕文公下》。

④ 《史记·殷本纪》。

⑤ 《淮南子·泰族训》。

⑥ 《吕氏春秋·分职》。

⑦ 《史记·殷本纪》。

有效统治成为商人面临的问题。可以说,商朝是中国第一个真正面临如何在广大地域内对不同部族采取积极主动的政策,实行有效控制这一问题的朝代。同时,夏朝上层集团的死亡和逃亡,使这一地区出现了可供支配的大面积的土地和大量人口,也出现了暂时的权力真空,也为新生的商人国家建立统一的诸侯体系提供了物质基础。于是,商人在夏朝原始内外服制的基础上,实行了分封制。分封制是在当时的条件下,对新开拓的敌对征服区实行统治的最有效方式。一方面有足够的失去依附的人口和土地可供分配,可以建立分封诸侯国;另一方面夏人对商人还怀有强烈的敌意,如果建立单纯的军事据点,就需要解决后方支援、后勤供应、军事换防一系列问题,这是当时商人的力量所不能解决的。而分封制,则把商人各武装宗族分置在夏人居地,建立武装据点,拥有独立的军政大权,形成防卫力量,能够有效地控制被征服地区。(图6—4)在商人初建的国家内,基本可以分为四种地区,一是商人传统势力区,居住的是商人的本部族人员和已同化部族;二是与商人联盟区,居住的是较早与商人建立友好关系的部族;三是归服商人的地区,是迫于商人压力归顺的部族;四是商人的征服区,主要是夏人统治的中心地区。这四种地区的权力结构与商王朝关系不同,在王朝中的地位也不同,形成了立体的权力结构,超过了夏朝单纯的缺乏层次感的内外服结构。在这四种地区中,被征服地区即是"授民授疆土"而形成的诸侯,其他地区则是对原有部族势力的承认和接受并附加一定的整合。

图6—4 商代铜钺

商人虽然实行了分封制,但商人的分封制带有较强的原始性与不成熟性,与后世的分封制有所不同。

从商人的征服过程来看,战争的过程并不复杂,也不十分残酷。据文献记载,"汤始征,自葛载;十一征而无敌于天下",根据今本《竹书纪年》的记载,将汤伐夏的十一次战争进程排列如下:

(桀)二十一年,商师征有洛,克之。
　　　遂征荆,荆降。
(桀)二十六年,商灭温。

（桀）二十八年，昆吾氏伐商。
　　　　　遂征韦，商师取韦。
　　　　　遂征顾。
　　（桀）三十年，商师征昆吾。
　　（桀）三十一年，商自陑征夏邑，克昆吾。
　　　　　战于鸣条。
　　　　　桀出奔三朡，商师征三朡。
　　　　　战于郕。

　　经过这些战争之后，夏人力量损失殆尽，不复能战，"获桀于焦门，放之于南巢"①。另外，商人灭夏后，可能还越过中条山，对夏人势力深厚的汾水流域和涑水流域用兵，《帝王世纪》载成汤"凡二十七征而德施于诸侯"，除去载葛与伐夏的十二次战争，其他十五次战争，当是对夏人残余势力的追剿。据今本《竹书纪年》的记载，汤灭夏称王是在其在位的第十八年，"十八年癸亥，王即位，居亳"，相隔七年之后，"二十五年，作《大濩》乐，初巡狩，定献令"②，又过了两年才正式迁走代表政权的九鼎，"二十七年，迁九鼎于商邑"③，自汤灭夏至迁鼎于商的九年间，汤很可能致力于对夏人在汾、涑地区残余势力的打击。而商代前期，原分布于汾、涑流域的二里头文化，也被商文化的东下冯类型所代替④。

　　从上述材料可以看出，真正受到商人军事打击的部族并不多，只有夏人中心区与夏桀关系密切的部族才得到征伐。商人取得灭夏战争的胜利更多是依靠了政治策略，从《孟子·滕文公下》："葛伯放而不祀……汤使遗之牛羊……汤使亳众往为之耕，老弱馈食……"和《越绝书》："汤献牛荆之伯。荆之伯者，荆州之君也。汤行仁义，敬鬼神。当是之时，天下未从，汤于是乃献饰牲牛以事。荆伯乃愧然曰：'失事圣人礼。'乃委其诚心"等记载看，汤非常重视利用宗教信仰扩张势力，"行仁义、敬鬼神"，利用非武力手段笼

----

①　今本《竹书纪年》。
②　同上。
③　同上。
④　参见中国社会科学院考古研究所《中国考古学·夏商卷》，第2—5章，中国社会科学出版社2003年版。

络人心，达到不战而胜的目的。汤的和平扩张策略收效甚巨，关于其德义的传闻流传很广，"汉南诸侯闻之，咸曰：汤之德至矣，泽及禽兽，况于人乎，一时归者三十六国……诸侯由是咸叛桀附汤，同日贡职者五百国，三年而天下咸服"①。所以，商人真正可以自由支配的范围仅限于豫西伊洛地区与山西汾、涑流域。

另外，即使对于被征服部族的土地，商人也没有全部直接占领，而是采取扶植代理人的方式，例如，即使对于被称为"党于桀恶"②的韦，汤也是让祝融之后在此主事，《史记·殷本纪》集解引贾逵："祝融之后封于豕韦，殷武丁灭之，以刘累之后代之"，周鸿祥先生谓："韦、顾向为子姓之患，汤伐之稍戡其患，至武丁始灭之。"③《帝王世纪》曰："诸侯有不义者，汤从而征之，诛其君，吊其民，天下咸悦，故东征则西夷怨，南征则北狄怨，曰：'奚为而后我'"，商汤的征伐多是"诛其君，吊其民"，只是更换当地部族的上层首领人物，扶植与商人关系更密切的人做首领而已。《逸周书》："汤放桀而归于亳，三千诸侯大会"，《战国·秦策》："及汤之时，诸侯三千"，大量地方势力被保留下来，商人大约除了在夏人中心统治区实行直接占领外，对于其他地区依然是由原部族自行管理。

夏末夏人的中心统治区，大体为"北起山西汾水以南，南达河南汝水，西至华山以东，东迄郑州以西"④，范围跨度虽然大，但由于山水阻隔，其真正呈面状分布的也只在豫西的平原地区，"自洛汭延于伊汭，居易无固，其有夏之居"，"夏中心统治区的地望，大致只在今中岳嵩山和伊、洛、颍、汝四水的豫西地区"⑤，面积并不大。此外，还有中条山以北的汾、涑流域。所以，商人真正能用于"授民授疆土"的资源很少，而分封制的前提是国家掌握着可供支配的土地和人口资源，这就造成了商代分封制的先天不足，导致了商代分封制的不完善和缺乏系统性。

商人的分封集中于豫西、晋南地区，建立了许多带有军事性质的据点，东下冯商城和垣曲商城很可能是商人早期建立的武装戍守中心，是商王朝带

---

① 《帝王世纪》。

② 《诗经·商颂·长发》。

③ 周鸿祥：《商殷帝王本纪》，香港1958年版，第66页。

④ 郑杰祥：《试论夏代历史地理》，《夏史论丛》，齐鲁书社1985年版。

⑤ 宋镇豪：《夏商社会生活史》增订本，中国社会科学出版社2005年版，第15页。

有封建性质的地方诸侯。东下冯商城、垣曲商城与偃师商城间隔相似，联合构成了对夏人传统势力区的控制体系。

另外，由于商人灭夏后，为了巩固在原夏人统治中心区的统治，"作宫邑于下洛之阳"①，在今偃师地区筑城建都②，伊洛地区成为商人王畿区，使得最初"授民授疆土"建立的诸侯实际在地理上处于王畿之内，并不真正具有独立处理军政事务的权力。所以，最初的分封制只是针对新征服地区的统治方式，而不是基于王畿内外实行的分别治理的完善制度，分封与外服也不是完全对应的。这一切导致了商代初期的王畿和外服在管理形式上没有截然不同。在商王朝统治巩固后，随着国家开拓疆域行动的进行，获得的可供支配的土地和人口资源增多，才逐渐建立了众多分封诸侯，形成了内外服的明显差别。而最初实行分封制的豫西地区，由于受外族势力威胁，在王畿的边缘部分依然维持了部分诸侯。在政治安定、都城稳固的正常状况下，这些分封的诸侯会逐渐融入王权之下，但伊洛地区的地理特点是平原沿黄河、伊水、洛水狭长分布，惯于平原生活的商人势力范围难以向外开拓，使得这一地区实际一直是王畿的西部边缘，特别是在都城东迁之后，商人的王畿实际只能达到洛阳以西地区，而紧邻的晋南太行山地区、豫西的秦岭地区则是异族分布区，伊洛地区还面临外来势力侵扰的压力，使得这些分封的诸侯得以保留下来，甚至独立性比原先有所增强。商人在特殊地理环境和特殊历史条件下创行的分封制实际是首先在王畿区及其周围进行的，而商人受自然因素的制约，这一地区一直作为商王朝的王畿边缘，所以有部分王畿边缘区的诸侯保留下来，而没有像周代那样在畿内只是保留独立性较弱的采邑。王畿边缘保留诸侯和分散分封是商代分封制的特点，也由此导致了商代分封制的不成熟性。

商人的内外服制是在长期开拓过程中逐渐形成的，其所分封的诸侯是零散建立的，没有统一截然的划分，所以有学者甚至认为这依然是一种无意识的氏族分化的自然过程，"殷代的分封子弟之制不过是方国部族内部的自然分化方式"③。

其实不然，商代的分封是一种主动自觉的政治行为，也是商人开拓疆域

---

① 《春秋繁露·三代改制质文》。

② 参见中国社会科学院考古研究所洛阳汉魏故城工作队《偃师商城的初步勘探和发掘》，《考古》1984年第6期。

③ 王晖：《商周文化比较研究》，人民出版社2000年版，第323页。

和管理国家的重要手段，绝不是一种自然的分化过程。以卜辞中常见的登人为例：

己未卜，㱿，贞王登三千人呼伐🅇方，戋。(《合集》6640)(图6—5)

登人三千伐🅇，戋。(《合集》6835)

戊寅卜，㱿，贞登人[三千]呼伐舌方，弗[其受有佑]。(《合集》6171)

丙午卜，㱿，贞登人三千[呼伐舌方，受有佑]。(《合集》6172)

图6—5　《合集》6640

一次征调三千壮丁，需要相当大的人口基数的支持，葛英会先生认为："象妇好、旅（即王旅）这样的团体，每次征调的人数可三千或五千，或一万，而每次征调又不一定是壮丁，所以这样的团体实际人数，如包括老、弱、妇、孺在内，都可以在万人以上。"① 我们也可以作一个推算，按最常见之三千人计，以五人出一丁，则此地当有一万五千人。子某等为时王兄辈或子辈，在两三代人之内，其族根本不可能发展到万人。另外，我们从外服诸侯尤其是边远区诸侯的人口构成上也可以看出，诸侯治下的人民包括了非商族人在内，如山东济南大辛庄，"那里虽是以商文化为主体的，但部分岳石人及其后裔也同时生活在那里，而且长达'三期'之久，为此也留下了较多的遗物，唯因未发现他们单独活动的遗迹，我们暂称其为第二类遗存。它大约是商人殖民者从四面八方虏获的夷人，被集中、分散（各家）管理并沦为商人的奴隶、附庸后，久而久之便成为商文化的一个特殊部分"②。这些地区的小型遗址更能说明问题，如山东青州赵铺商代遗址，虽有商文化因素，同时也具有浓厚的东夷文化因素，这说明一般的平民居住遗址依然是由原居民居住的③，只是他们在当地商族统治者的管

---

① 葛英会：《殷墟卜辞所见王族及相关问题》，《纪念北京大学考古专业三十周年论文集》，文物出版社1990年版。

② 徐基：《关于济南大辛庄遗存年代的思考》，《夏商周文明研究》，中国文联出版社1999年版。

③ 任相宏：《泰沂山脉北侧商文化遗存之管见》，《夏商周文明研究》，中国文联出版社1999年版。

理之下而已。所以这些分封者应该也是"受民受疆土",并非单纯依靠本族的力量经营领地,这与西周是一样的。

(三) 内外服的不同

内服、外服官员的产生方式和所承担的义务是不相同的。内服职官主要由王室宗亲、各族族长、各方国派往王都或进贡的人才以及获得商王信任的依附人员等组成,主要帮助商王处理政务,虽然有人受有封地,但主要是提供经济来源,而没有自主处理事务的权力,独立性较小。外服职官组成较复杂,一部分是由商王朝派出的担负守卫、畜牧、农业等各种事务的整个的族转化成的具有相对独立性的组织的首领;另一部分是慑于商王朝的威力而归服的方国的首领,这些外服诸侯向中央王朝负有进贡财富、戍守边疆、开发经济、囤积粮食、拓疆前哨等多种义务。有的学者把内服、外服制度视为商朝国家结构特征中最突出的特点,是正确的。

殷代的诸侯,可能已经形成一定的层阶。但这种层阶可能只是局限在一定范围之内,并没有一种适用于整个国家的层阶。由于内服分封与外服分封的资源来源不同,形成了层阶构成的差别。外服是在对外部方国领土蚕食过程建立的,是在敌对势力威胁范围建立的据点,其最终所能控制的范围,一方面取决于王朝的策略,另一方面还取决于据点的掌控能力和敌对势力的力量变化,无法完全按王国的意志分配资源。而内服分封,则取决于王朝资源的整合,是王朝可以自由掌握的。商王可以根据自己的意志,调整受封者的地位,并建立相应的制度。

殷人的外服诸侯,主要是派驻到边疆地区武装宗族,其建立是分散的,所拥有的土地和人口资源也视该族的力量和当地环境而定,很难形成统一的层阶制度。但在长期稳定的外服地区,因为各诸侯国之间的长期共处,应该逐渐形成一定的层阶差别。特别是商代有复杂的战争,而外服分封的主要用意就在于防备外敌,甲骨文资料证明,商人的诸侯的确在战争中起到了积极的作用:

甲午王卜,贞乍余酒[朕禾],[酉]余步比侯喜征人方,其……(《合集》36483)

贞王令妇好比侯告伐夷。

贞王勿令妇好比侯(告伐夷)。(《合集》6480)

贞王勿惟［令］妇好比沚戚伐巴方，弗其受有右。（《合集》6478正）

在这些战争中，经常有不同的诸侯共同出征，如果没有层阶的差别，在战斗中的指挥和合作是难以进行的。所以商代诸侯虽然没有严格的爵位等级，但上下级的主从关系是存在的。只是这种层级只有在地域紧邻、联系紧密的地区，为保证各诸侯形成综合的力量，建立起主从关系，而不是适用于全部商王国之内。

商人的内服官员，也有类似的情况。凡是由商王授土授民建立的，商王可以根据意愿确立其所拥有的地位和财产，从而在畿内诸侯中形成一种通用的层阶。同时被挑选入王廷服务的族长，可能也被授予爵阶，可以与其他官员相勘，具有通用性质的层阶。

二　商代对内服的管理

商人的内服区，系指商人的王畿区，这地区大致包括今河北南部、河南中北部，这一区域是商人势力的中心区域，由商王朝对这一地区实行直接管理，主要由商王为首领的王朝百官与基层的各级行政单位和家族长进行管理。

商代建国之初即已经建立了行政主官制度。《诗经·商颂·长发》："昔在中叶，有震且叶。允也天子！降予卿士。实维阿衡，实左右商王"，《墨子·尚贤》言汤提拔伊尹"举以为己相"，即商汤以伊尹为众臣之长。后来，主要辅政有所增加，如《左传·定公元年》："仲虺居薛，以为汤左相"，《书钞》卷五十引《帝王世纪》则说："伊尹为丞相，仲虺为左相"，《孟子·尽心下》赵注："《春秋传》曰：'仲虺居薛，为汤左相'，则伊尹为右相，故二人等德也。"发展到后来出现三位主要辅政长官，从文献记载看，武丁先是"三年不言，政事决于冢宰"，[①] 继而"命卿士甘盘"，[②] 然后又以说为太傅，[③] 可知武丁之三公已备，只是是否三种职官同时设置尚不清楚。到帝辛时期，三公则是同时设置的，"昔者鬼侯、鄂侯、文王，

[①]《史记·殷本纪》。

[②]《竹书纪年》。

[③] 宫长为：《西周三公新论》，《中国社会科学院历史研究所学刊》第1辑，社会科学文献出版社2001年版。

纣之三公也。"①

在三公之下，商王有一个决策群体，称多尹，"卜辞君、尹二字经常互用，多尹也就是多君……殷墟卜辞里的多君（多尹）也应即商的朝臣。"② 多尹当是商王从各级贵族和各家族的族长以及各方国首领或其所委派的人员中挑选出来，参与国家事务管理的群体。

在三公和多尹等固定职官之外，商王还根据需要，随时任命符合意愿的人选参与事务的处理和政令的执行，这些临事受命的人是商王朝官僚体系的补充，也是商王集中权力的重要形式。

在商王、行政主官和多尹集团和临事受命官员团体之下，是商王朝的各级管理组织。王畿内的地方机构主要有两种，一种是商王在畿内分封的贵族领地，类似后世的采邑，这些封地内可能包括几个原居住的家族，他们接受封国之君的领导，同时也各有自己的族长为首领。另一种是商王直接控制下的各族，其族长同时兼任王朝的地方行政长官。从《左传·定公四年》："殷民六族……使帅其宗氏，辑其分族，将其类丑"看，这些族也有一定的等级差别，大族之下包含若干分族，形成一种立体结构。

处于最基层的则是各宗族，宗族是商王朝最基层的行政单位。这些族占有一定的土地，从事农业生产，其族长既是宗族的长辈，同时也兼负国家基层长官的作用。

商代王畿内基本可以分为商王直接控制地区和畿内封邑两类。

商王直接控制都城和重要据点。《六韬》："殷君善治宫室，大者百里，中有九市"，《尔雅·释言》："里，邑也"，《说文》、《诗经·小雅·十月》传、笺以及《诗经·将仲子》传和《周礼·地官·载师》郑注皆谓："里，居也"，都把里作为一种聚居单位。《左传·襄公九年》："使伯氏司里"，杨注："里即里巷，城内居民点。司里者，管辖里内街巷"③，那么里应是商代城市中的一种基层行政单位。关于里的计算方式，文献有多种记载，《尚书大传·虞传》："古八家而为邻，三邻而为朋，三朋而为里，五里而为邑"，以七十二家为一里；《周礼·地官·遂人》云："五家为邻，五邻为里"，以二十五家为一里；《管子·度地篇》云："故百家为里"，以一百家为一里；

---

① 《战国策·赵策下》。
② 李学勤：《释多君多子》，《甲骨文与殷商史》，上海古籍出版社1983年版。
③ 杨伯峻：《春秋左传注》，中华书局1986年版，第961页。

《风俗通》云："五家为轨，十轨为里。里者止也，五十家共居止也"，以五十家为一里。这些都是后世里成为通用于整个国家的正规一级行政组织后的情况，商代的里可能只是指对于城邑内居民的管理方式。按宋镇豪先生的推算，商代末期的殷墟人口达 23 万[①]，按"殷君善治宫室，大者百里"[②] 计，则平均一里人口为 2300 人左右，以每户 5 人计，合 460 户，如此大的规模当不是自然血缘关系构成的族，"夏商人口的自然增长不是决定夏商王邑人口规模的根本性因素，王邑人口的增加主要来自人口迁移的机械变动"[③]，那么里应该是一种以地域划分的行政单位，而不是完整的族组织，里尹也不是整个单位的血缘首领，应该是由商王任命的行政官员。从文献可以看出，这类里是有固定的长官管理的，《尚书·酒诰》："越在内服，百僚庶尹、惟亚惟服、宗工、越百姓、里居"，《逸周书·商誓》："及百官、里居、献民"，又云："尔百姓、里居、君子"，王国维认为"居"应是"君"的误字，里居即里君，是里的长官。另外，里君之名还见于周代的《令彝》、《史颂簋》、《礼记·杂记》称"里尹"，商代尹、君可通用，所以里君，即里尹。

甲骨文中有单字，卜辞云：

己卯卜，于南单立岳，雨。（《屯南》4362）
由东单用。（《合集》28115）
乙巳卜，［由］南单［用］。
……从西……入从。（《合集》28116）

"卜辞中的单应读为廛，《周礼·遂人》'夫一廛'，郑注：'廛，城邑之居。'《荀子·王制》：'定廛宅'，杨注：'廛，谓市内百姓之居'……居住于商都城里中的居民应是国人"[④]。如是，由于单的种类较少，仅东单、西单、南单等，应是比里更高一级的组织，可能是商王在城邑内按东西南北四个方向划分的区。

除城市和重要据点外，畿内还有大量直接为王所掌握的土地，如《小臣

---

① 宋镇豪：《夏商人口初探》，《历史研究》1991 年第 4 期。
② 《六韬》。
③ 宋镇豪：《夏商社会生活史》增订本，中国社会科学出版社 2005 年版，第 199 页。
④ 连劭名：《殷墟卜辞所见商代的王畿》，《考古与文物》1995 年第 5 期。

舌方鼎》："易小臣舌湡积五年，舌用乍享大子乙家祀障。举，父乙"（图6—6），商王赐给小臣湡地五年的收入。关于湡地的地望，李学勤先生认为湡在今河北沙河附近，属于商代的王畿[①]。表明这一地区是由商王直接掌握的，商王手里有可以自由支配的土地及在土地上生产的人口。

从前面的论述我们知道，商代的王畿大致包括河北南部和河南大部及晋南与鲁西部分地区。其中豫西、晋南为商汤建国时的分封区，并一直保留下来，而鲁西地区则是仲丁以后开辟的疆土，也有分封的情况。所以商王直接控制区主要集中于河北南部和河南北部的商人传统势力区，在大致北起今定州、曲阳，西止于郑州附近，东、南则基本跨古黄河两岸的范围内。

图6—6 《小臣舌方鼎》铭文
（《殷周金文集成》2653）

除商王直接控制地区外，畿内还建有王室宗亲和商王亲信的封邑。商王是天下的共主，在名义上拥有天下的土地和人民。虽然在实际占有和使用上，商王基本维持已形成的占有关系，但商王依然拥有多种方式，可以支配资源的流动，从而把宗亲和亲信安置在畿内。

商王除利用手里掌握的大量可以自由支配的土地，分封畿内诸侯外，还采取各种手段，改变原来的土地占有情况，实现资源的再分配。

商王通过王畿的扩张，扩大可支配资源。《史记·殷本纪》："纣囚西伯羑里。西伯之臣闳夭之徒，求美女奇物善马以献纣，纣乃赦西伯。西伯出而献洛西之地，以请除炮格之刑。纣乃许之，赐弓矢斧钺，使得征伐，为西伯。"

纣王释放文王的实际原因和目的是要借助周人的力量平定叛乱，但以周人纳地臣服为前提。而西伯所献的洛西之地，正是在商人王畿的西部边缘，接纳后即可并入王畿。

除新辟王畿外，商王也通过对于畿内已封诸侯的讨伐获得新的资源。甲骨文中有对诸侯进行的讨伐：

[①] 李学勤：《小臣缶方鼎与箕子》，《殷都学刊》1985年第2期。

> 甲辰……王雀弗其获侯任。在方。(《怀特》434)
> 甲辰卜，雀弋㞢侯。(《合集》33071)
> 贞旨弗其伐䓝伯。(《合集》6827 正)

这种讨伐并不是单纯的军事行动，当诸侯被讨伐之后，其所占有的土地和人口等资源即被商王所接纳，成为可以自由支配的财产。

除军事行为外，商王对于触犯法律的贵族也予以剥夺。"大刑，则甲兵聚之"，实际是对大族的整族惩罚，其所占有的财产也相应被剥夺，归商王所占有。

虽然不排除以不服王政而被剥夺的诸侯土地，以及商王强制获取的部分资源，但作为常规的建官制度，需要不断有新的可支配的土地和人口，而商王朝掌握的资源不是无限的，开拓的王畿在边远之地，单纯的征伐和法律制裁所取得的资源也有限，而依靠强制夺取资源还会带来严重后果，不利于统治。所以，商王还采取许多制度化的规定，达到资源重新配置的目的。这些子、妇、亚等贵族的封地，很可能是对各邑落、宗族单位的重新整合，通过合并或拆分，形成新的行政单位，任命安置新生的贵族。一方面，可以从商王直接控制的族中选出若干组合成一个新的单位，分封给新的贵族；另一方面，从多个旧贵族那里获取部分资源重新组合成新的分封资源。甲骨文有取邑的记载：

> 取三十邑〔于〕彭、龙。(《合集》7073 正)

取邑，即是从其他方国或诸侯取得土地①。甲骨文中还有致邑：

> 己卯卜，宾，贞曰以乃邑。(《合集》8986)

当是诸侯或方国向商王献地。这些"取邑"或"致邑"的原因尚不清楚，但在族组织盛行的社会中，改变资源占有当是一种不平常的行为，应该有强迫性因素在内。《公羊传·昭公三十一年》："大夫之义不得世"，说的是大夫不得世袭采邑，不知商代的情况是否也是如此。但商王通过"取邑"和"致

---

① 杨升南：《商代经济史》，贵州人民出版社1992年版，第60—63页。

邑"直接控制土地和人口的情况是存在的，周代也有这样的情况，周王可以剥夺臣下的采邑，如《大簋》：

> 隹十又二年，三月既生霸丁亥，王在蘴侲宫，王呼虞师召大，赐趞睽里，王令善夫豕曰趞睽曰：余既赐大乃里。……睽令豕曰：天子，余弗敢婪……（《殷周金文集成》4299）（图6—7）

图6—7　《大簋》簋盖铭文
（《殷周金文集成》4299）

"《大簋》铭文记载周王剥夺了趞睽的采邑，并把趞睽的采邑改封给大，趞睽不仅不敢有怨言，而且还得乖乖地向天子说：'余弗敢婪！'可见采邑的赐收予夺之权完全掌握在周天子手里"①。这种资源的组合，虽然也有部分强迫性，但基本保留了原来贵族的地位与利益，可以被他们所接受，同时也保证了商王直接控制地区规模的维持，利于王权的巩固。

这些重新整合的单位，一方面，保留了原先的血缘宗族，保留了原来的基层首领；另一方面，又属于较大的以居住区域划分的地域组织单位，这一

---

① 吕文郁：《周代王畿考述》，《人文杂志》1992年第2期。

级的首领是由商王朝任命的。新任首领并非全部都会到封邑执行行政权,有许多可能只是把领地当做经济来源,类似后的汤沐邑,如妇好:

辛巳卜,□,贞登妇好三千,登旅万,呼伐……(《合集》39902)

作为商王的王后,显然不可能把自己的家族搬至领地内。其他与商王关系较近的贵族也是如此,如子渔,葬于商都。子渔是很重要的王室宗亲,地位十分显要:

贞翌乙未呼子渔㞢于父乙宰。(《合集》130 正)
贞呼子渔㞢于祖乙。(《合集》2972)
贞叀子渔登于大示。(《合集》14831)

其也拥有自己的封地①,但从甲骨文记载看,子渔主要的活动地域应该是都城。这说明,子渔的家族实际生活于都城,其封地只有是提供其经济来源和标志其地位的采邑而已。从甲骨文看,商代诸子、诸妇、亚等,有许多生活琐事都占卜:

贞,妇好梦,不佳父乙。(《合集》201 正)
……亚、妌……梦父……囚。(《合集》5682)
己亥卜,争贞,辛有梦,勿祟,有匄。亡匄。十月。(《合集》17452)
己丑卜,㱿,贞翌庚寅妇好娩。
贞翌庚寅妇好不其娩。一月。(《合集》154)
壬午卜,㱿,贞妇井娩,㚢。二月。
壬午卜,㱿,贞妇井娩,㚢。(《合集》14314)
贞妇好有疾,佳有灾。
贞妇[好]有疾。(《合集》13714 正)

像做梦、疾病、生育等情况都得到关注,可见他们并非住在王都之外,而是长期居住在都城。他们的封地即是早期的是采邑制,而不具有外服诸侯所有

---

① 王宇信:《试论子渔其人》,《考古与文物》1982 年第 4 期。

的独立性。

但更多的家族,可能会从新组合单位中抽出部分土地,安置自己宗族,并对这一地区施行管理。另外,原居住于商都的贵族,在与商王关系疏远或王廷官职解任之后,也会回到封邑居住。

商代的畿内诸侯,主要分为两部分,一部分主要集中于负有前沿警戒防御任务的王畿区,其中以豫西和晋南最为集中,据朱凤瀚先生研究,"从商代晚期商人重要族氏分布的地理位置看,其地域分布从总体上看还是比较集中的,包括:A. 豫北,B. 豫西北、豫西,C. 晋东南部,大致在黄河与沁水两条水系的流域。其中A、B包括商王畿地区与所谓沁阳猎区,系商王国政治、经济的核心。C隔太行与殷都相望,是商人经营晋地的主要基地,亦是商王国西部的屏障。以上几块地域对商王国来说在政治与军事上均至关重要,乃其命脉所在,故卜辞所见商人强族多聚于其间。"[1]另外一部分与商王关系密切的则封于王都附近,这类受封者当以商王的近亲为主。

商代畿内封邑的大小,没有明确的记载。按《周礼·王制》的记载,周代的情况是"公侯田方百里,伯七十里,子男五十里。不能五十里者,不合于天子,附于诸侯曰附庸"。周是在灭商取得大量可支配资源的情况下进行的分封,而商人能用于分封的土地较少,所以达不到这个数字。《战国策·赵策》:"古者四海之内分为万国,城虽大,无过三百丈者,人虽众,无过三千家者",以每封国人口上限为三千家。甲骨文中有:

□呼比臣沚有瞀卅邑。(《合集》707正)

是说册封时分给沚三十个邑。甲骨文中又有:

……其多兹……十邑……而入执……鬲千……(《合集》28098)

"鬲为人鬲,即为数,十邑鬲千,平均一邑为一百鬲(家)。"[2]《逸周书·作洛解》:"都鄙不过百室,以便野事",也是说商周之际一邑约百家左右。那么,同时册封三十邑,所给予的也是三千家。同时甲骨文中最常见的征集人

---

[1] 朱凤瀚:《商周家族形态研究》,天津古籍出版社2004年版,第81页。
[2] 宋镇豪:《中国风俗通史·夏商卷》,上海文艺出版社2001年版,第48页。

数也是三千人：

> 己未卜，㱿，贞王登三千人呼伐𦐒方，𢦒。（《合集》6639）
> 庚寅卜，㱿，贞勿冒人三千乎望舌［方］。四（《合集》6185）
> 贞登人三千。（《合集》7320）

因此，我们可以推论，商代三千家是商代封邑的基本规模。据《孟子·滕文公上》："夏后氏五十而贡，殷人七十而助，周人百亩而彻"，则应有耕地21万亩。殷代的亩制我们已经不清楚。根据文献，"古者六尺为步"[①]，"百步为亩"[②]，"广一步长百步为亩"[③]，则一亩为100平方步，商代一尺约合16到17厘米[④]，按此计算，商代一亩为$100×(6×0.17)^2=102.012$平方米。则一邑所耕土地为约21.5平方公里。按《商君书·徕民篇》的记载："方百里者：山陵处什一，薮泽处什一，溪谷流水处什一，都市蹊道处什一，恶田处什二，良田处什四"，田地所占比例最多为60%，则一邑的总面积就为36平方公里左右。中国社会科学院考古研究所与美国明尼苏达大学等单位联合进行了河南安阳洹河流域聚落群分布的调查与研究，在以殷墟为中心约800平方公里范围内，发现商代聚落25处，每处聚落平均占有约32平方公里。殷墟是商王朝的都城，是当时人口最为集中的地区，每个聚落所拥有的额外土地不会太多，所以略低于普通聚落。但在人口密度较小地区，则会有更多可以用于其他方面的土地，同时聚落内把无成年人丁的家庭、部分附属的非自由人、"恶田"、封地首领直接占有的土地等因素考虑进去，实际地域当比36平方公里更大，但应该不会超过50平方公里，这应该是商代一般封邑所直接控制的地域。

但由于商代分封制的不成熟性，可能并没有严格的规模限制，有的封邑可能会大一些。所以甲骨文中还有"五千"和"万人"的记录，但出现的次数要少得多，可见属于较特殊的情况。征集五千人的有：

---

① 《管子》。
② 《论语》马融注引。
③ 《韩诗外传》。
④ 参见丘光明编著《中国历代度量衡考》，科学出版社1992年版，第10页。

贞登人五千呼见舌方。

贞登人五千。(《合集》6167)

丁酉卜，殼，贞今舀王收人五千征土方，受有佑。三月。(《合集》6409)（图6—8）

按这一数字推算，需要耕地约36平方公里，按田地占60%计，则一邑总面积为60平方公里左右，同样将"恶田"等因素考虑在内，实际面积有所增大，应在80平方公里左右，这是商代中型封邑所直接控制的范围。

图6—8 《合集》6409

甲骨文中最大的数字为"登旅万"：

辛巳卜，□，贞登妇好三千，登旅万，呼伐……（《合集》39902正）

此处的旅为地名还是军队名称，尚难以分清，但由于数字仅见，所以应算是特例，不妨碍一般性推论。按这一数字推算，其所需要的土地面积为70万亩，耕地约合72平方公里，总面积为120平方公里左右，同样将其他因素考虑在内，应在150平方公里左右，这是商代大的封邑所直接控制的范围。

综上所述，商代的一般封邑，大约方圆十余里，而大的封邑则可达到方圆二十余里。采邑和封地的具体规模有所不同，人口稀疏地区可能稍大，人口稠密区可能较小。由于畿内为文化发达区，人口和土地关系相对固定，封邑的大小差别当不会很大。受封贵族在这封邑内，建成自己的邑落，行使对这一地区的管理。

宋镇豪先生把商代的邑分为四类，前三类为商王都、方国都城、臣属诸侯之邑，第四类为三类大邑下属的小邑，这类小邑，当即是商代行政的基层单位[1]。畿内的情况可以相应划分为王都、畿内诸侯之邑和小邑三级，其中小邑是最基本的行政单位。甲骨文有：

---

[1] 宋镇豪：《夏商社会生活史》增订本，中国社会科学出版社2005年版，第48—72页。

> 贞燎于西邑。(《合集》6156 正)
> 癸酉卜，贞文邑［受］禾。(《合集》33243)
> 于家邑🈳立，王弗悔，有戋。(《美国》490)
> 乙酉……好邑。(《合集》32761)

这些邑皆是商王与畿内诸侯的邑。这些邑并不是松散的，很可能由若干邑构成了更高一级的组合，如甲骨文有：

> 甲戌卜，在央贞，右邑今夕弗震。(《合集》36429)

邑分左邑、右邑，很可能是一种邑落的组合。与此相对应的还有：

> 甲寅卜，贞令左子邑子师般受禽［佑］。十一月。(《法》CFS160)

"'邑子'应是这类群邑的某族尹，同时又是商王朝政权系统中基层行政单位的低级下吏，相当于《周礼》'掌比其邑（人口）之众寡'的'里宰'"[①]。本辞中的师般，即位在三公的甘盘，与左子、邑子一同接受商王的命令，邑子应当不是小邑落的族尹，而很可能是几个自然邑落组合的长官。另外，甲骨卜辞有：

> 贞宙邑子呼飨酸。(《合集》3280)

则是邑子参加飨礼，说明其身份当不是最底层的官吏。卜辞还有：

> □巳卜，其刖四邦舌卢……佳邑子示。(《屯南》2510)

宋镇豪先生认为"示者，视也，受儆视、戒视之义"，而本辞中的邑子是敌邦卢方的族邑之尹[②]。刖其君主，儆其下属，这位下属的地位当不会太低，应是介于君主与最基层单位之间的中级长官。所以，邑子很可能是数邑组合

[①] 宋镇豪：《夏商社会生活史》增订本，中国社会科学出版社 2005 年版，第 70 页。

[②] 同上书，第 72 页。

的长官。

因此，我们基本可以廓清商代王畿内的管理结构，最上是商王，下是畿内诸侯及直属于王的中级邑落管理官员，下面是各邑。

三 商代的外服管理
（一）商王朝建立的诸侯

商人在外服的诸侯分为两类，一类是由商王朝在边远地区建立的诸侯，包括侯、甸、男、卫等，可以称为外服封建区；另一类是近于商王朝军事压力或为取得商王朝庇护而归服的方国，可以称为外服归服区。两者的性质和管理方法是不同的。

从前面的论述我们得知，商人在被征服部分地区实行"授民授疆土"的分封政策，但实际上，由于用于分封的资源稀少及分封地区向王畿转化，使得分封制并不完善，也没有一次性建立成系统的外服体系。这一时期，商人外服诸侯，只有在豫西伊洛地区和晋南汾、涑领域才是由商人直接封建的诸侯，而其他地区则主要是归服方国。

商人对被征服部族处置主要有两种，一种是将之安置在商人势力区内，成为奴隶或附庸。1995年春，考古工作者在郑州小双桥商文化遗存中出土了带有明显岳石文化特点的长方形穿孔铲形器、褐陶和黑皮陶等器物，有学者认为长方形穿孔石铲是仲丁征兰夷的战利品[①]。如果单纯以可以作为武器使用的长方形穿孔石铲言，上述推论尚可以成立，但将其与出土的岳石文化风格的陶器一起考虑，则会得出不同的结论。作为生活用品陶器显然不可能是战利品，而只可能是被俘的夷人被安置在这里生活而制作的。即商人在其王畿内安置了部分被俘虏的夷人。甲骨文中有安置其他部族的记载，称奠：

奠弜刍于嚞。（《合集》11408正）
辛巳，贞其奠妥刍。（《合集》32183）
于京其奠勲刍。（《合集》32010）（图6—9）
己巳，贞勲刍其奠于京。（《屯南》1111）

奠是"商王往往将被商人战败的国族或其他臣服方国族的一部或全部，奠置

[①] 陈旭：《小双桥遗址的发掘与隞都问题》，《中国文物报》1996年12月8日。

图 6—9　《合集》32010

在他所控制的地区内"①。另一种方法是在当地设立商族诸侯,负责对当地的管理,如济南大辛庄,其主体为商代文化,"有可能是商王朝分封到山东西北地区的一个侯、伯类(级)的诸侯国(方国)的部族文化"②,但岳石文化并没有因此消失,而是与商文化发生了融合,学者认为"部分岳石人及其后裔也同时生活在那时……它大约是商人殖民者从四面八方虏获的夷人"③。

由于分封制的初衷是为了控制怀敌对情绪的新征服地区,所以最初的分封应是以军事功能为主要目的,最初建立的是侯、卫,这两种称谓的差别可能源于其所处的地理位置不同,近于王都者称卫,远者称侯。但随着被征服地区的平定,军事功能有所减弱,以经济功能为主兼负军事功能的据点增多,甸、男也与侯、卫一起成为外服中的重要角色。这一过程很长,大约到武丁祖甲以后才完成转变,早期甲骨文中侯、伯任事的记录很多,而到后期,则多田出现的次数越来越多。

商王朝较集中的分封有三次,除商汤建国时期的分封外,还有两次分别在仲丁至河亶甲时期和武丁时期。

商人灭夏是依靠了与东夷的联盟完成的,所以商人建国初期依然与东夷保持了较好的关系,东夷势力可以达到今河南中东部一带④。郑州南关外期文化,文化面貌相当复杂,许多学者认为它与山东岳石文化有密切关系⑤,

---

① 裘锡圭:《说殷墟卜辞的"奠"——试论商人处置服属者的一种方法》,《中央研究院历史语言研究所集刊》第 64 本 4 分,1993 年版。

② 徐基:《大辛庄遗址甲骨特征及其与台西、殷墟甲骨的比较研究》,《殷商文明暨纪念三星堆文明发现七十周年国际学术研讨会论文集》,社会科学文献出版社 2003 年版。

③ 徐基:《关于济南大辛庄商代遗存年代的思考》,《夏商周文明研究》,中国文联出版社 1999 年版。

④ 张国硕:《论夏末早商的商夷联盟》,《郑州大学学报》2002 年第 2 期。

⑤ 杜金鹏:《郑州南关外下层文化渊源及其相关问题》,《考古》1990 年第 2 期。

而郑州地区的考古发掘也表明,在夏末商初的遗存中存在许多岳石文化因素,"这充分说明夏末商初商人与夷人在今郑州一带关系仍然融洽"[1],即东夷的势力一度达到郑州附近。但商人的统治巩固以后,其在西方受太行山阻挡,难以挺进,转而向东方寻求拓展。

从大戊时期开始,商人开始向东方发展,今本《竹书纪年》载大戊"五十八年,城薄姑",开始加强在东方的军事存在,东夷可能寻求和解,"六十一年,东九夷来宾"。但大戊并未完成对东夷的控制,商人对东方的战略性扩张是从中丁时开始的。

今本《竹书纪年》云:"王(仲丁)即位,自亳迁于嚣","六年,征于蓝夷",仲丁迁嚣的目的在于发动对东夷的战争。商前期的都城实际远在商领土的西缘,在对东夷战争中产生许多不便,于是仲丁将都城东移,"仲丁迁都主要是为了便于征伐蓝夷"[2]。仲丁在东方的开拓,取得了成效,在仲丁在位的二里岗上层文化后段时期,山东地区的考古文化出现了明显的商人东进的现象,"这里的商代遗存,恰恰也是在二里岗上层文化后段突兀出现,并由西向东逐渐拓展的,我们认为,这很可能与仲丁以'蓝夷作寇'为口实,以征伐兰夷契机向东扩展疆土有直接关系"。[3] 仲丁伐东夷,使商人的势力扩展到整个山东中西部,"从商文化的分布范围来看,仲丁时期是商文化向东大扩展时期,白家庄期遗存东向分布于山东济南市至滕州市一线,整个泰沂山脉以西的山东西部地区皆已纳入商文化的分布范围,商文化在这些地区取代了东夷文化"[4]。

此后,诸代商王继续对东夷用兵,到外壬时,商人与东夷的冲突已经十分激烈,"外壬元年,邳人、姺人叛"[5],这次冲突的规模很大,《左传》昭公元年说"于是乎虞有三苗,夏有观、扈,商有姺、邳,周有徐、奄",被视为商人经历的一次重大危机。这次叛乱,直到河亶甲时方才平定,今本《竹

---

[1] 张国硕:《论夏末早商的商夷联盟》,《郑州大学学报》2002年第2期。

[2] 杨育彬、孙广清:《殷商王都考古研究四题》,《殷商文明暨纪念三星堆文明发现七十周年国际学术研讨会论文集》,社会科学文献出版社2003年版。

[3] 徐基:《关于济南大辛庄商代遗存年代的思考》,《夏商周文明研究》,中国文联出版社1999年版。

[4] 张国硕:《论夏末早商的商夷联盟》,《郑州大学学报》2002年第2期。

[5] 今本《竹书纪年》。

书纪年》：："河亶甲元年庚申，王即位，自嚣迁于相。三年，彭伯克邳。四年，征蓝夷。五年，侁人入于班方。彭伯、韦伯伐班方，侁人来宾"。丁山认为"班方、蓝夷俱在东海郡"①。经过争夺，商人控制了弥河以西的山东大部，东夷人则退缩到弥河以东的胶东半岛地区。②

与商王朝在东方的扩张相适应，今山东地区出现了众多侯国。根据文献记载，商代在山东地区封国有：来、薄姑、落姑、蒲侯、蒲如、姑幕、胶、黎、于陵等③，这其中有属于商人封建的诸侯。山东地区出土数量相当丰富的商代铜器，其中许多器物与安阳殷墟出土器物相同，说明商人在山东地区势力深厚。如山东青州苏埠屯商代遗址，即是商人在这一地区建立的商族诸侯，"其青铜礼器、兵器的形制、花纹、铭文以及陶器的器类、器形、纹饰与殷墟出土者几乎完全相同"，"其墓主的族属，只能是商族而不可能属于东夷族的蒲姑国"，"应是殷商诸侯方伯一类人物"④。山东滕县前掌大遗址也具有强烈的商文化的特征，不可能是东夷人的归服政权，而是商族在当地建立的侯国⑤。由是推断，商人在东进中建立了许多商族诸侯，这些诸侯一直保留了下来，在当地实施管理，并逐渐与当地文化产生融合。周公东征在山东地区遭到顽强抵抗，一方面与东夷固有势力有关，但更重要的原因是商人在山东地区长期经营，势力根深蒂固。（图6—10）

由仲丁开始的这种向东方大力开拓的政策，以及东夷具有强大的实力，迫使商人的大部分力量集中于东方，无法维持在其他地区的统治。到中商三期，商文化出现一个收缩期，"中商三期时，商文化的发展进入停滞状态，局部开始收缩退却。到晚商一期时，商文化的分布发生根本性变化。商文化已经全面退出山西、江西、湖南、湖北、安徽地区，陕西的商文化即退至西安以东"⑥。有学者认为这是商代实力衰退的结果，但结合商人在山东地区取

---

① 丁山：《商周史料考证》，中华书局1988年版。
② 任相宏：《泰沂山脉北侧商文化遗存之管见》，《夏商周文明研究》，中国文联出版社1999年版。
③ 逢振镐：《山东境内的商诸侯国与姓氏》，《夏商周文明研究》，中国文联出版社1999年版。
④ 王恩田：《山东商代考古与商史诸问题》，《夏商周文明研究》，中国文联出版社1999年版。
⑤ 同上。
⑥ 唐际根：《考古学·证史倾向·民族主义》，《三代考古》（一），科学出版社2004年版。

得的进展，我们就会明白，这只是商人战略上的收缩，其在西方和南方的放弃，在东方得到了弥补。

而商人平定东夷以后，很快就转向西方和南方，祖乙"命邠侯高圉"，用周人势力加强对西方的控制，阳甲"征西戎，得一丹山"，盘庚"迁殷"，"命邠侯亚圉"。但可能未能取得完全的胜利。武丁时期，又大起兵事。

到武丁时期，商人开拓疆土进入一个高潮时期。武丁时期征战频繁，根据甲骨文统计，"在第一期武丁时有81个"[1]。武丁时期主要的进攻方向是西方和南方。《易·既济》："高宗伐鬼方，三年克之"，今本《竹书纪年》说此事发生在武丁"三十二年，伐鬼方"，"三十四年，王师克鬼方"[2]。经过对鬼方的战争，商人恢复了在西方的势力范围。武丁还对南方荆楚用兵，并取得了很大的胜利，《诗经·商颂·殷武》说："挞彼殷武，奋伐荆楚，罙入其阻，裒荆之旅，有截其所"，郑笺谓："殷道衰而楚人叛，高宗挞然奋扬威武，出兵伐之，冒入其险阻，谓方城之隘，克其军，率而俘虏其士众"。从前面的论述我们得知，商人早在商汤灭夏以前即开始对南方征伐，今本《竹书纪年》："成汤二十一年，商师征有洛，克之。遂征荆，荆降"，《吕氏春秋·异用篇》："汉南之国闻之曰：'汤之德及禽兽矣。'四十国归之"，武丁的这次征讨只是因为商人全力东进期间，无力南顾，南方诸国与商人疏远，所以一战而克，基本完成了对南方

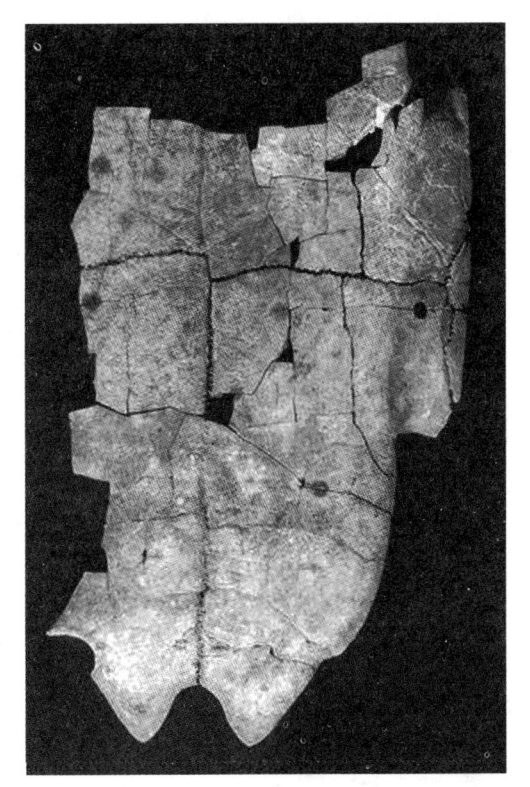

图6—10 山东济南大辛庄甲骨

---

[1] 参阅王宇信、杨升南主编《甲骨学一百年》，社会科学文献出版社1999年版，第498—500页。

[2] 今本《竹书纪年》。

的控制，所以有学者认为，"殷人之敌在西北，东南无劲敌"①。此外，武丁还"四十三年，王师灭大彭"，"五十年，征豕韦，克之"②，《国语·郑语》："彭姓，彭祖、豕韦、诸稽，则商灭之矣。"

伴随着武丁的开疆扩土，商王朝的边疆向外延伸，需要建立新的据点拱卫，同时也灭掉了部分当地方国，取得了可用于分封的资源，许多商族的诸侯在这些新地区建立起来。甲骨文中有大量商代侯、任、男的记录，其中大部分属于武丁时期。

综观商代由王朝封建的诸侯的分布情况，大致是前期主要集中于豫西和晋南的汾水、涑水流域，中期以后开始大量出现在山东中西部地区。东、西两部是商人封建的主要地区，这与商人的敌对势力主要在东、西两侧有关。西方为鬼方、土方、舌方等部族，东部则为东夷部族，皆是商人需要防备的力量。另外，商人在北部也建有一些势力，如孤竹国，《史记·正义》引《括地志》云："孤竹故城在平州卢龙县南十二里，殷时诸侯孤竹国也，姓墨胎氏"，墨胎氏，即目夷氏，子姓③，（图6—11）在今河北东北辽宁西部一带④。杞侯，在今河北地区⑤，有学者认为其箕子之封国。商人在南方地区的方国则很少，可能与南方没有强大的敌对势力有关。

图6—11 《孤竹父丁罍》铭文
（《殷周金文集成》9810）

由于商人的分封是分散进行的，没有大规模的集中分封，没有形成诸侯的系统性。同时，一次性开拓大面积疆土的情况也很少，用于封建的资源并不充足，没有像后世那样"地方千里，带甲十万"的强大诸侯，而只是许多占地方不大的武装据点性质的分封单位。以商初的情况为例，最重要的垣曲

---

① 郭沫若：《卜辞通纂考释》，科学出版社1983年版，第162页。
② 今本《竹书纪年》。
③ 参见陈平《燕史纪事编年会按》，北京大学出版社1995年版，第49—50页。
④ 彭邦炯：《从商的竹国论及商代北疆诸氏》，《甲骨文与殷商史》第3辑，1991年版。
⑤ 陈梦家：《西周铜器断代》，《考古学报》1955年第10期。

商城和东下冯商城，它们与偃师商城共同构成商人在夏人故地的控制体系，"各城之间的直线距离约为 60—90 公里，似乎暗示着它们均是方圆近百里地域范围内的经济、政治、文化中心，各自管辖着一片大小范围相近的地域"①。这种状况与"汤以七十里"、"文王百里"的记载相同，大约百里左右是商代外服诸侯的基本规模。这种诸侯在王朝事务中的影响力有限，其生命力也较脆弱，随时可能会被合并或迁徙，发展为固定的世代相袭的大族的机会相对较少。分封的零散性和制度的不成熟性，及没有大势力的诸侯，使得商代的诸侯能在历史上留下记载的机会很少。所以，商代诸侯除商末所提到的西伯、鄂侯、鬼侯、崇侯②等少数几位外，为史所载的并不多，司马迁在《史记·三代世表》中说："自殷之前，诸侯不可得而谱"，固然有时间相隔长的原因，也有商代分封制自身的原因。这种不成熟性致使在商王朝统治范围内难以出现能与中央抗衡的势力，保证了商王王权的稳固。而西周则不然，骤然扩大的土地和人口，使之可以进行大规模的分封，建立地域广大的侯国，最终完善了畿服制度。但也正是这种强力诸侯的出现，形成了与中央王朝的抗衡力量，造成西周夷王以后诸侯尾大不掉的局面，其成熟性反而转变成为一种反向的力量。

分封制的初衷是以武装据点维护在新征服地区的统治，原本只有侯、卫之服，但后来发展出侯、甸、男、卫系统。这主要有三个方面的原因，一是国家不是单纯的军事体系，而是包含政治、经济、宗教因素在内的综合存在，一个地区稳定后，必然会进行经济开发。所以当侯、卫之服稳定后，甸、男等非纯军事性组织建立起来。二是商代的分封不完善，没有综合性的大地域诸侯，而是由较小的地域单位组成，其独立支撑的能力有限。于是商王朝在战略位置重要、军事职能突出的地区建立以军事功能为主的侯、卫据点，而在位置稍后，土地资源较丰富地区建立甸、男等据点，使之互相依托。三是王朝疆域的变动与不安促进了各据点的职能的变化。商王朝的边疆是不规则和不稳定的，与其他部族犬牙交错，冲突时常发生，而当王朝实力衰退或策略调整时，原来能在王朝庇护之下的地区，转化为前线地带。这些都要求即使甸、男等据点也必须具有独立生存的军事能力，使之向侯、卫方向转化，最终形成了侯、甸、男、卫的外服系统。侯、甸、男、卫也成为外服官员的通称。从文献看，殷外服称

---

① 山西省考古研究所：《垣曲商城》，科学出版社 1996 年版，第 274 页。

② 参见《史记·殷本纪》。

"侯、田、男、卫"，金文称"殷边侯田"，从甲骨文看，商代后期出现了"东侯"、"西田"等称呼，外服行动也以侯、多田行动为主。所以，商代的外服发展到后期，以侯、甸为两种最重要的外服诸侯。

（二）归服方国形成的外服诸侯

外服中离心力比较强的是归服的方国诸侯。这些方国诸侯有的是迫于商人压力或希望借助商人力量而与商结成依附关系的归服方国，如大戊"五十八年，城蒲姑"，"六十一年，东九夷来宾"，即是这类例子。有的则是被商以武力征服的方国，当初向外开拓遭到当地部族抵制时，商人即通过武力进行扩张。以山东地区为例，"商王朝在其向东拓展的过程中，最初是突发式的军事征服"①，有许多地方势力被归服，文献有所记载，如河亶甲时"四年，征蓝夷"，"五年，姺人入于班方。彭伯、韦伯伐班方，姺人来宾"②。这些方国也被纳入商王朝的外服体系，为商王所控制。

商人灭夏以后，成为天下的共主，继承了夏人原先的权力，原先夏人的外服也都投到新的王朝之下，"汤放桀，而复薄三千诸侯大会，汤退，再拜，从诸侯之位……汤以此让，三千诸侯莫敢即位，然后汤即天子之位"③，把夏人原归服方国纳入了商王朝的外服，形成了最初的归服方国诸侯。由于商人直接占领区域不大，所以由商王朝自身建立的诸侯不多，在广大的地区内仍依靠当地的方国实现统治。现有考古资料表明，在二里岗下层早段时期，"商文化仅局限于郑州、洛阳一带的河南中部地区。在此期间，山西南部、山东、豫东、豫南以及湖北、陕西地区不是商文化的分布区"④。"诸多方国、部落纷纷臣服于商王朝，但商王朝并未派人对这些方国、部落进行直接统治，而是让这些方国、部落实行'自治'。这些方国、部落只要向商王朝称臣，定期朝拜进贡，商王朝似乎就心满意足了，并不苛求文化上与商王朝的统一性"⑤。

---

① 方辉：《2003年济南大辛庄遗址的考古收获》，《2004年安阳殷商文明国际学术研讨会论文集》，社会科学文献出版社2004年版。

② 今本《竹书纪年》。

③ 《逸周书·殷祝解》。

④ 张国硕：《从商文化的东渐看商族起源"东方说"的不合理性》，《夏商周文明研究》，中国文联出版社1999年版。

⑤ 同上。

在这部分归服方国诸侯中,有两个地区的方国诸侯情况特殊,都是商人灭夏前就已经归服商人的。一是南方诸侯,"汤献牛荆之伯。之伯者……当是时,荆伯未从也,汤于是乃饰牺牛以事……乃委其诚心"①,"汉南诸侯闻之……一时归者三十六国"②;二是东夷部分方国,早在商汤灭夏前,即与商结成联盟③,东夷的伊尹、仲虺等皆成为商王朝最初的重臣,东夷各方国也顺理成章地在商人建国后成为商人的与国。但由于东夷人本身实力强大,加之在商人取得天下共主地位之前就与之建立了联盟,所以虽然汤已经"践天子位,平定海内"④,成为新的王朝君主。但早期与商人联合的东夷部族,未能遵守原先对夏人的主从关系,而带有平等的意味。同时,这部分东夷部族的势力发展到了商人的王畿地区,达到今郑州附近⑤,将商王朝的王畿局限于豫西地区。实现疆域扩张,将东夷部族置于商王朝的控制之下,就成为商人需要面对的问题。

自大戊开始,商人开始向东方开拓,至河亶甲时,"佌人来宾",向商王朝归服。东夷的势力被压迫到弥河以东的半岛地区,基本控制了山东中西部地区,将之纳入外服。

在东方平定后,祖乙开始再次向西方拓展。(祖乙)"十五年,命邠侯高圉"⑥,高圉为周人先祖,《史记》集解引宋衷曰:"高圉能率稷者也,周人报之",祖乙任命周人先祖高圉为邠侯,开始重新经略殷的西部地区。商人在西方的经营很可能取得了成效,"祖乙之世,商道复兴,庙为中宗"⑦。《史记·殷本纪》:"帝祖乙立,殷道复兴,巫贤任职",《晏子·内谏》:"夫汤、太甲、武丁、祖乙,天下之盛君也",《尚书·无逸》:"昔在殷王中宗,严恭寅畏,天命自度,治民祗惧,不敢荒宁。肆中宗之享国七十有五年"。中宗,文献作中宗太戊,后经王国维先生考证,甲骨文中的中宗实指祖乙⑧。而在

---

① 《越绝书·卷三》。
② 《帝王世纪》。
③ 张国硕:《论夏末早商的商夷联盟》,《郑州大学学报》2002年第2期。
④ 《史记·殷本纪》。
⑤ 杜金鹏:《郑州南关外下层文化渊源及其相关问题》,《考古》1990年第2期。
⑥ 今本《竹书纪年》。
⑦ 同上。
⑧ 王国维:《殷卜辞中所见先公先王续考》,《观堂集林》,中华书局1959年版。

甲骨文中祖乙的地位十分重要，享受高规格的隆重祭祀。可见，在"比九世乱"中，商人的势力并未受多大影响。

阳甲时，"三年，西征丹山戎"，另《大荒北经》注引今本《竹书纪年》曰："和甲西征，得一丹山"，盘庚时，"营殷邑"，将都城西迁，盘庚迁殷的目的，大约就在于加强对西部的方国进行征服。"十九年，命邠侯亚圉"，据《史记·周本纪》："高圉卒，子亚圉立"，今本《竹书纪年》："（盘庚）十九年，命邠侯亚圉"。《左传》昭公七年："余敢忘高圉、亚圉"，杜预注："二圉，周之先也。为殷诸侯，亦受殷王追命也。"亚圉为高圉之子，亦是周人之祖先。

商人在西部的经营，至武丁时期始基本完成，"自武丁时期以后，不再见有是否侵犯商王畿的卜辞。"①

商人在不同方向上进行的战争具有不同的性质。由于商人适于平原生活，所以向西的开拓基本维持原状。商人在西部的战争主要是巩固边境，带有明显的防御性。这一是因为北方敌人势力强大，商人无力向前推进，二是因为地形、气候、生产条件都与商人不适合。而在东方、南方商人则积极进取，带有明显的掠夺性。陈旭先生认为"商王朝所进行的战争，有不同的原因和目的。对诸侯的战争，主要是因诸侯的背叛而进行的镇压使之臣服。对舌方、土方和羌方的战争，则是抵御他们的入侵"②。由于西方地形因素、敌对势力较强及商人在西方实行保守战略，使得西方一直未能完全为商人所掌握。最终为周人的兴起提供了空间，为商朝的灭亡埋下了伏笔。

武丁的另一个主要经营方向在南方。南方本已归服，这时应该是商人忙于东方征夷，随后又向西进攻，在南方地区实力衰退的结果。《诗经·商颂·殷武》："挞彼殷武，奋伐荆楚，罙入其阻，裒荆之旅。有截其所，汤孙之绪"，记载了武丁时期在南方的征服。商人在南方的战争持续时间可能不长，南方诸侯很快重新归服，这可能是因为商人在此地区进入时间较早。但这种归服并不稳定，到商代末期，商人的势力几乎退出了长江地区。

经过武丁时期的大规模开拓，商人的外服势力范围基本确定下来，后来诸王的经略基本是在这一范围之内进行。外服随着时势的变化有小的变动。

商王朝虽然在广大范围内建立了统治，但从有商一代的周边关系看，商朝边疆一直处于不稳定的状态。除在北方较为稳定外，在东、西、南方并不稳

---

① 孟世凯：《商代"北土"与氏族初探》，《河北学刊》1991年第6期。
② 陈旭：《商代战争的性质及其历史意义》，《史学月刊》1988年第1期。

定，尤其是东、西两个方向上，总是出现对抗性倾向，商人也在各个方向上相继用兵。这当与国家形成初期，尚未形成强大的国家实力和建成完善的统治制度有关。商朝是后世统治制度的雏形初具者，为后来的国家管理模式积累了宝贵经验，并为周人所吸收，最终实现了在广大范围内的较稳定统治。

归服诸侯在分布上也有其特点，自动归服方国主要在北方和南方，北方由于是商人起源地区，与周围地区部族较和谐，并无大的敌对势力。南方则由于商汤时即已经归服，关系也较深厚，只是在商人全力东进时脱离中央王朝，但经武丁的军事打击也很快重新归服。所以这些地区比较稳定。东方和西方则是商人主要征服方国分布区，这一带也是战争的频发区，终商一代，商人在这两个地区的战争都没有停止。最终"商纣为黎之搜，东夷叛之"[①]，西方的周人乘商人东征之机，举兵伐商，一战而克，代替商人成为天下的共主。商人实际是灭亡在东西方的夹击之下，《左传》昭公十二年言"纣克东夷而陨其身"，说明了商人灭亡的主要原因。

商代的分封是分散的，各种诸侯称谓也是由最初职责侧重不同发展而来，没有系统的层阶差别和统属关系。但作为一种国家管理制度，必然会向规范化和利于掌握的方向发展。甲骨文中有大量关于这种合作关系的记载，如：

> 壬子卜，宾、贞令戍比舌。（《合集》586）
> 丙子，㱿，贞勿呼鸣比戍使品。（《合集》1110 正）
> 辛未卜，贞令周比永止。八月。（《合集》5618）

像这种互相联合的行动，不可能没有主要负责者，必然以某人为主，以利事务的决断，尤其是在军事、出使类事务中，没有主将或主要使节的情况是不可能的。所以，商人在各职官之间必定有某种主从联合关系。有学者认为甲骨文中的"比"字是联合意，没有主从关系，表现的是一种联盟关系。但单纯从一个字本身很难说明问题，应该综合研究，甲骨文有商王"比"的情况：

> 乙卯卜，㱿、贞王比望乘伐下危。受有佑。（《合集》32 正）

---

① 《左传》昭公四年。

> 贞王比沚䤕伐巴方。（《合集》93反）
> 贞王叀沚䤕比。（《合集》221）
> 此望乘。（《合集》172）

但也有令的情况：

> 辛亥卜，出，贞令暮伯于𢦏。（《英藏》1978）
> 庚申卜，王，叀余令伯䌛使旅。（《合集》20088）（图6—12）
> 癸卯卜，贞叀甫呼令沚壴羌方。（《合集》6623）
> 丙戌卜，贞呼䤕告。（《合集》3976）
> 丁丑，贞王令蒙归侯以田。（《屯南》2273）
> □辰，贞令犬侯叶王事。（《合集》32966）

图6—12 《合集》20088

在这里商王显然是处于一种命令者的地位，而不是平等的联盟者的地位。所以比字所含的主要决策者身份是可以肯定的。

商人的外服制度和层阶越来越完善，从甲骨文材料可以看出，在武丁时期，侯、伯多任事，而且多是临事受命：

> 乙卯卜，争，贞沚䤕再册，王比伐土方，受有佑。（《合集》6087正）

再册，即是接受册命，任将领出征。而到后期，对侯、伯这种临时性的呼命减少，说明任命已经规范化，不需要占卜决定了。同时，也出现了侯、田等外服诸侯集团化的迹象：

> 丁卯，王卜，贞禽巫九禽，余其比多田于多伯征盂方伯炎。叀衣翌日步，亡尤。自上下于𢴦示，余受有佑，不䃢戈。告于兹大邑商，亡𡇒，在𣂑。引吉。在十月遘大丁翌。（《合集》36511）
> 甲戌，王卜，贞禽巫九禽，禺盂方率伐西或（国），羋西田，咠盂方，妥余一人，余其［比］多田甾正盂方，亡尤。自上下于𢾰……（《合补》11242）

盂在今河南沁阳西北①，侵扰商王朝西部地区，所以商王率多田多伯征伐。在这里，商王把西部的多田统称西田。同时，还出现了东侯的说法：

> 己未，王卜，贞禽……或（国），东侯，……甾戋人方，亡……（《殷墟甲骨拾遗·续二》，载《殷都学刊》2005年第3期）
> 丁巳王……或（国），典……戋人方……（《补编》11235）
> 丁巳……伐东……余一［人］……示，今……彡……（《合集》36182）

李学勤先生用卜辞比勘，释为：

> 己未王卜贞，禽［巫九禽，人方伐东］或，舞东侯，暨［人方，余其比多侯］甾戋人方，亡［禹在畎……］②

则将东部诸侯合称东侯。另外，金文中也有类似记载：

> 丁卯，王令宜子逾西方于眚。佳反，王赏戍具一朋，用作父乙鼎。亚孚。（《集成》2694）

"铭文的'西方'，并不是东西南北只表方位的西方。方者，方国，即《尚书》'多方'之'方'。'西方'乃指处在商的西方的方国，本铭特指商本土的一些方国首领而言。"③

东侯、西田、西方的出现说明，商王朝已将诸侯根据方位划分，可能有一定的组合。从冉册只见于前期，后期不仅不再冉册，而且出现了东侯、西田类集合称谓等现象说明，商代外服或者已经按地域划分诸侯，形成了较为固定的诸侯团体，这类团体可能有相应的地方级领导者，类似后世的"诸侯

---

① 陈梦家：《殷虚卜辞综述》，科学出版社1956年版，第260页。
② 李学勤：《论新出现的一片征人方卜辞》，《殷都学刊》2005年第1期。
③ 刘桓：《殷代戍鼎铭文鼎考释》，《黄盛璋先生八秩华诞纪念文集》，中国教育文化出版社2005年版。

之长"。与商王朝本族外服诸侯出现了组合一样,归服方国也出现了类似组织,周人首领以周侯称西伯,纣王更"赐之弓矢斧钺,使西伯得征伐"①,为西方诸侯之长。这些都说明,商代的外服制度日益完善。

(三)商代对外服控制策略

商王外服诸侯区拥有相当广泛的权力,无论是王朝建立的诸侯还是归服的方国,商王都可以置奠、建立据点、任命官员等,形成了较为有效的控制。另外,商王还注重对神权的宣扬,利用祭祀、占卜等手段,加强对诸侯和方国的控制,主要表现为内服参加祭祀,而外服也受宗教力量的影响,"葛伯不祀,汤使人让之"、"汤献牛荆之伯",皆是这一思想的体现。对于不服从者,则以神权的名义加以征伐,《尚书·汤誓》:"夏氏有罪,予畏上帝,不敢不正"。

另外,从商代的贡纳制度中,我们可以看到,除去奴隶、牲畜、猎物、手工业产品等实用物质资料外,商代还非常注重礼器的进贡与赏赐。方国进贡的物品中,有礼器,如妇好墓出土的玉戈和石磬②,玉戈上书"卢方皆入戈五",石磬上刻"妊竹入石",皆是诸侯所进贡的物品。商王朝对外服诸侯的赏赐也常有礼器,如甘肃庆阳出土的作册吾戈。即是商王赐给吾的礼器③。这种礼器的贡与赐,其意义不仅仅是贵重物品的往来,更重要的是对于其所包含的礼仪、等级的承认,是王朝控制和笼络地方势力的重要手段。

总体说来对于外服区的诸侯和方国的控制在思维模式上基本相同,即神权、军事、经济的多重方式的综合使用。但具体政策上还是有所不同。

对于由王朝分封建立的诸侯,商王的控制措施较为简单。由于这些诸侯本身即是商人,虽然有独立性,但地域较小,没有脱离中央的实力,加上又处于与敌对势力接壤区,容易受到威胁,所以对中央王朝具有依赖性。虽然也有不服从王朝的现象出现,但并不是很多。商王朝对由王朝建立的诸侯的管理较为简单,基本是恩威并重。

归服方国的情况则十分复杂,虽然与商王朝形成了主从关系,但其离心力很强,商王朝对归服方国的控制方法相对复杂。

商王朝的王朝统治政策,宋镇豪先生概括为:"殷商王朝推行版图扩张

---

① 《史记·周本纪》。

② 中国社会科学院考古研究所:《殷墟妇好墓》,文物出版社1980年版。

③ 齐文心:《庆阳玉戈铭"作册吾"浅释》,《出土文献研究》第3辑,中华书局1998年版。

政策，对于各地小国，或臣其君长加以羁縻控制，或以政治通婚方式进行势力渗透，必要时副之以武威相胁或军事征伐，要以制约其土地民人为根本目的所在，故'非我族类'的意识常为王朝最高政治利益所掩盖，'非是族也，不在祀典'的社会宗教观念，往往为'道得而神'所代替，以致异国异族能'非其鬼而祭之'，参与王朝某些一般性祭祀"[1]，是基本符合事实的。

商王朝对归服方国控制通过多种手段实现，基本可以归纳为强制性手段和抚柔性手段两种。

1. 强制性的手段

(1) 武力威慑

强大的武力威慑是商王朝在外服归服区实现统治的最基本前提，军事威慑是商人统治的重要力量。《诗经·商颂·长发》："武王载旆，有虔秉钺，如火烈烈，则莫我敢曷。"而外服封建区各据点的设立，也是为了控制当地局势，并威慑周围地区。除了固定的军事据点，商王朝还经常以田猎、巡边等形式，对边疆方国进行镇慑。甲骨文有：

甲寅卜，行，贞王其田，亡灾。在二月在䏦。
乙卯卜，行，贞王其田，亡灾。在……（《合集》24248）
王田于麦。（《合集》24228）
甲寅卜，王曰贞，翌乙卯其田，亡灾。于谷。（《合集》24471）
己卯卜，行，贞王其田，亡灾。在杞卜。（《合集》24473）

卜辞中的这些田猎，有许多是军事训练，类似后世的大蒐之礼，是商人训练军队威慑边疆诸侯的重要方式[2]。另甲骨文中有"徝方"：

……宾，贞王徝方，受佑。（《合集》710）
贞王勿徝方。（《合集》847）
戊寅卜，亘，贞王徝方。（《合集》10104）
贞王徝方。（《英藏》626 正）

---

[1] 宋镇豪：《商周干国考》，《东南文化》1993 年第 5 期。
[2] 参见姚孝遂《甲骨刻辞狩猎考》，《古文字研究》第 6 辑，中华书局 1981 年版。

值，或释循，皆是省视义，值方，即巡视方国，有学者认为"是指王朝统治者对四方方国的巡行守牧制度"①，这种巡视，对外服地区的镇慑意图是明显的，甲骨文中有值与伐连用的情况：

　　□亥卜，争贞王值伐方……（《合集》6733 正）
　　……贞王循伐方受有（佑）。（《合集》6733 反）

正是巡视与征伐相连的例子。前引《戍甬鼎》：

　　丁卯，王令宜子逸西方于眘。隹反，王赏戍甬贝一朋，用作父乙鼐。亚孚。（《集成》2694）（图6—13）

图6—13　《戍甬鼎》铭文
（《殷周金文集成》2694）

商王令宜子巡视西方诸国，"隹反，王赏戍甬贝一朋"，说明宜子并不是与少数使者前往，而是和戍甬率领的部队一起西行的。随从的部队，除执行保护任务之外，也带有威慑诸国的任务。

（2）实现各族的混居

商王朝在征服地区建立商族诸侯，形成与归服方国犬牙交错的局面，使商族与归服者混杂定居，既可以对归服方国实行威慑和监控，又利于商王朝观念的传播。这些建立的诸侯不仅与归服方国在地理上互相交错，而且在人口族属上也互相交错。商人在征服区建立的诸侯治下保留了许多当地的部族，如大辛庄遗址，其主体为商代文化，"有可能是商王朝分封到山东西北地区的一个侯、伯类（级）的诸侯国（方国）的部族文化，而不是当地土著居民跃变成的商帝国的东方方国文化。"② 但岳石文化并没有因此消失，而是与商文化发生了融合，学者认为"部分岳石人及其后裔也同时生活在那时，而且长达'三期'之久"，"它大约是商人殖民者从四面八方虏获的夷人，被

---

① 刘桓：《殷代德方说》，《中国史研究》1995 年第 4 期。
② 徐基：《大辛庄遗址甲骨特征及其与台西、殷墟甲骨的比较研究》，《殷商文明暨纪念三星堆文明发现七十周年国际学术研讨会论文集》，社会科学文献出版社 2003 年版。

集中居住、分散（各家）管理并沦为商人的奴隶、附庸后，久而久之便成为商文化的一个特殊部分"①。这些置于商人治下的当地部族与邻近归服方国的人实际是属于同一部族，这就使同一部族将商人封建的诸侯和归服国紧密联系起来，使商人的政令和文化更容易在不同政权区域间传播，被当地人所接受。这种人口互居促起的部族间的融合远比单纯的地理交错更有效。

此外，商王朝还把其他部族的被征服者安置到新的征服区内，实现更多不同部族的混居。如甲骨文中有：

奠望人于井。（《合集》4551）
辛丑，贞王令吴以子方奠于井。（《合集》32107）
辛酉，贞王令吴以子方奠于井。（《合集》32832）
□亥，贞王令吴以子方乃奠于井。（《合集》32833）
□亥，贞……以子方奠于井，在父丁宗彝。（《屯南》3723）
辛亥，贞王令吴以子方奠于井，在父丁宗彝。（《屯南》4366）
贞危人率奠于□。（《合集》7881）
其奠危方，其祝至于大乙，于之若。（《屯南》3001）
己巳，贞勮刍其奠于京。（《屯南》1111）

商人通过这种在新征服区安置其他地区的被征服者的方法，既减弱了商人中心区的不安定因素，又使被安置者处于异族地区，不得不依赖商人确保安全，而被征服区部族也不得不面对除商人外的其他部族，从而分散了其对抗力。

（3）利用归服方国打击归服方国

除依靠王朝军队和封建诸侯的军事力量进行威慑外，商人对这些地区的控制并不单纯依靠本族的力量进行，而是有选择地联合一部分方国力量，抵制和打击另一部分方国力量。如商代的干国，在归服商王朝后，被任命为戍守当地的官员，称"戍干"②。这种现象在动乱地区表现得尤为明显。商人在东征夷人时，用彭伯、韦伯，今本《竹书纪年》："河亶甲元年庚申，王即位，自嚣迁于相。三年，彭伯克邳。四年，征蓝夷。五年，姺人入于班方。

---

① 徐基：《关于济南大辛庄商代遗存年代的思考》，《夏商周文明研究》，中国文联出版社1999年版。
② 宋镇豪：《商周干国考》，《东南文化》1993年第5期。

彭伯、韦伯伐班方，佚人来宾"。商王朝在向西方进军时，祖乙"命邠侯高圉"，盘庚"命邠侯亚圉"，大概也是为了利用周人的势力对抗西方的方国势力。可见商人在某一方向进攻的同时，也在此方向进行封赏，以减少敌对势力，扩大同盟阵营。甲骨文中也有大量利用归服方国力量征伐的记载：

癸巳卜，设，贞呼雀伐望戊。（《合集》6983）
甲午卜，争，贞隹雀呼比望洋伐戊。（《天理》156）

"'望戊'应该是望族的一个分支或首领之名，'望洋'也应是望族的一个首领，商王让雀跟他一起去伐望戊，是'以夷制夷'的办法"[1]。这一情况到商末更明显，以商代末年的人方战争为例：

□戌，王卜，贞禽巫九禽，余其比多田于多伯征盂方［伯炎］。……［不曹］戋，囚告于兹大［邑商］。（《合集》36513）
甲午王卜，贞作余酒朕禾酉，余步从侯喜征人方，上歝示受有佑，不曹戋，囚告于大邑商……在𣂪。王占曰：吉。在九月遘上甲𩰫。隹十祀（《合集》36482）（图6—14）

多田、多伯等成外服诸侯为商王朝战役中的重要力量。这在文献中也有反映，《史记·殷本纪》载："西伯出而献洛西之地，以请除炮格之刑。纣乃许之，赐弓矢斧钺，使得征伐，为西伯"，上海博物馆楚简《容成氏》记载：

（纣）溥夜以为淫，不听其邦之政。于是乎九邦畔叛之：丰、镐、郍、于、鹿、耆、宗、崇、密须氏……夏台之下而问焉，曰："九邦者其可来虖"？文王曰："可。"文王于是乎素尚褰裳以行九邦，七邦来服，丰、镐不服。文王乃起师以向。（《上海博物馆藏楚简》第45、46、47简）

可以看出，上引简文所载的是纣王不道，九邦叛乱，纣王要求文王帮助平定

---

[1] 裘锡圭：《说殷墟卜辞的"奠"——试论商人处置服属者的一种方法》，《中央研究院历史语言研究所集刊》第64本4分，1993年版。

的事情，这里的"来服"应是指向商王来服。李零先生将之与《礼记·文王世子》并提，认为"文王平抚西方'九国'即简文'九邦'其说久湮，旧注失解……今得简文方知历史真相"①，但考之简文，上言纣在夏台问文王"九邦者其可来虔"，下文方"七邦来服"，当是来服事于商，而非文王。本文是纣问文王能否令九邦来归服于商，文王做了肯定回答，于是纣释文王，文王"素端褰裳"，不带任何军队而到九邦游说，七邦重新向商归服，丰、镐不服，周文王始举兵相向。根据沈建华先生的研究，九邦中除密须在陕甘交界处外，其余八国皆在陕东、晋南和豫西地区，大体位置在商周的中间地带②。而根据《礼记·文王世子》："武王曰：'西方有九国焉，君王其终抚诸？'"则是九国在周以西地区，显然《文王世子》中的九国与《上博简》中的九邦并不是一回事。所以，商纣王实际上利用周人的力量实现对西方各国的控制，取得西部地区的稳定。由于对西部九邦的讨伐是受商王的命令而行，所以文王可以一直攻占王畿边缘的黎。西伯勘黎之后，祖伊恐惧，纣王却不以为然，并不是商王忽视了周人的存在，而是商王认为文王是在执行自己的命令，而不加怀疑。否则，纣王是不会允许周人耀武于自己的畿边的。甲骨文中也有：

图6—14　《合集》34682

贞勿易黄兵。(《合集》9468)

---

① 马承源主编：《上海博物馆藏战国楚竹书》(二)，上海古籍出版社2002年版，第285页。
② 沈建华：《甲骨文所见楚简"九邦"诸国》，《2004年安阳殷商文明国际学术研讨会论文集》，社会科学文献出版社2004年版。

易龙兵。(《屯南》942)

黄是商王朝重要贵族，龙方则是一归服方国，《礼记·王制》载："赐诸侯弓，然后征"，赐予黄兵器，当与征伐之事有关，可能与商纣王对西伯"赐弓矢斧钺，使得征伐"具有相同的意思。

"方伯"与"得专征伐"表明，商代尚无力完全实现"礼乐征伐"自天子出。边疆的不断扩展，使得中央王朝无力四顾，只好选择关系密切、力量较强的归顺者，予以代行治安征伐的权力，以缓解中央的压力，维持边疆的安全。这一方法被夏商周三代所沿用，其能暂时带给王朝以喘息，但往往尾大不掉，反而成为王朝灭亡的原因。这也是商代的内外服制与周代的畿服制的主要缺陷之一。不同的是，商王朝由于分封制的不完善，没有产生实力强大的王朝封建的诸侯，最终是灭亡在归服方国的手中；而周朝则建立了完善的分封制，封建了控地千里的大诸侯，最后被自己分封的诸侯所替代。

2. 抚柔性手段

在普通的军事威慑、以外服制外服等方式外，商人更重视抚柔性手段，尤其是对于外服归服区边缘地带的方国，更是以抚柔性手段为主。

关于商王朝对待归服方国的方式，齐文心先生总结："商王朝对这些小国的统治方式，一般说来，是通过赐予其封号，承认其首领在该国的统治地位，保持传统的统治机构和职能。小国在内政方面有相对的独立性，据地称雄。他们对殷王进贡方物、奴隶、女子，有的还要贡职——派人供职于王朝，在必要时还要提供军队。商王则通过自己直接掌握的比较强大的军事政治力量确保小国的安全"[①]，这是基本正确的。我们大致归纳为物质与精神笼络、政治联姻、文化传播等几项。

(1) 物质与精神笼络

商王朝掌握着精神资源和物质资源，可以取得方国的土地、军事协助、贡物等，但这种取不是单纯的强制性，更多时候表现为一种交换。只是这种交换不是物质性的以物换物，而是商王用封官爵、赏赐礼器、承诺保护等作为交换物取得的。

商人封归服国首领以侯、伯等爵名。如商王朝在东征过程中，封大彭、豕韦之首领为彭伯、韦伯，《郑语》："大彭、豕韦为商伯矣。"然后，利用大

---

① 齐文心：《商殷时期古黄国初探》，《古文字研究》第12辑，中华书局1985年版。

彭、豕韦攻击东夷族的邳人和佻人，"三年，彭伯克邳"，"五年，佻人入于班方。彭伯、韦伯伐班方，佻人来宾"①。这些诸侯为商王朝出力，商王朝也关注这些方国的安危，在他们遇到危险时，商人对于这些归服者提供军事援助，如：

　　己巳，王，贞启呼巳曰：盂方共人，其出伐毛师高，其令东逾［于］高，弗每，不曹［戋］。王占曰：吉。(《合集》36518)

向中央王朝报告盂方集结军队的情况，目的还是在于王朝能够派出军队支援。

　　在封爵和提供安全保护之外，商人对于归服者也给予很多赏赐，如今本《竹书纪年》载："三十四年，周王季历来朝，赐地三十里，玉十瑴，马八匹"，从所赐的土地与物品看，赏赐规格很高，是一笔不小的财富。

　　(2) 政治婚姻

　　古代婚姻并不只是组合家庭的一个环节，更重要的是"结两姓之好"，扩大家族的联盟，为家族势力的扩大和安全提供更多保障。商代的婚姻也是如此，"殷代王室，要与那么多方国氏族，缔结婚姻，无非是一种羁縻政策和统治手段，藉以增加他们的向心力，巩固中央的领导权"②。宋镇豪先生更提出商代的政治婚姻实际上是一种家族本位的婚制③。

　　商人与其他部族的联姻是互相的，一方面商王朝将本族女嫁给其他部族的权贵人物；另一方面商王朝也娶其他部族之女为妻，由此构成互相的联姻关系，达成"结两姓之好"的目的。

　　商人通过与东夷结盟，达到了灭夏的目的，而在与东夷联盟过程中，婚姻成为一种重要的联合方式。《楚辞·天问》："成汤东巡，有莘爰极。何乞彼小臣，而吉妃是得？水滨之木，得彼小子，夫何恶之，媵有莘之妇？"注谓："汤东巡狩，至有莘国，以为婚姻。"甲骨文中有商王"取女"与归服方国"以女"的记载：

---

① 今本《竹书纪年》。
② 张秉权：《卜辞中所见殷商政治统一的力量及其达到的范围》，《中央研究院历史语言研究所集刊》第50本1分，1979年版。
③ 宋镇豪：《中国风俗通史·夏商卷》，上海文艺出版社2001年版，第519页。

取㚔女。(《合集》676 反)
取㚔女。(《合集》19982)
丁巳卜，㱿，贞周以嬽。(《合集》1086)
行弗其以㠯女。(《合集》674)

皆是商王朝与外族有关婚姻的记载。殷商王朝与异族的联姻，有商王与异族的联姻：

甲戌，余卜，取后。
甲戌，余卜，取后。(《合集》21796+21797)
辛未卜，王妇。
辛未卜，王勿妇。(《合集》4923)

以上皆是商王娶妇的记载。另外，卜辞有：

己卯卜，王，贞雀受姘。(《合集》4156)(图 6—15)

图 6—15　《合集》4156

则是由商王主婚，为王朝的贵族雀娶姘为妻①。甲骨文中有大量的妇名与方国名重合的例子，见表 6—1：

表 6—1　　　　甲骨文中妇名与方国名重合之统计

妇名	地名或国族名	人名	妇名	地名或国族名	人名
妇好、妇子	子方	女子	妇喜	自喜	侯喜、攸侯喜
妇井、妇妌	井、井方	井	妇周	周、周方	周侯、周方伯
妇见	见方	见	妇杞	杞	杞侯
角妇	角	角、角妇、友角	妇先	先	先侯、先、巫先
妇弋、妇	戈	子戈	妇爵	爵	

---

① 参见宋镇豪《中国风俗通史·夏商卷》，上海文艺出版社 2001 年版，第 521 页。

续表

妇名	地名或国族名	人名	妇名	地名或国族名	人名
自妇	妇	妇	妇羊、妇姅	羊、羊方	羊伯、羊子
妇良、妇娘	良	良、良子弓	妇妥	妥	子妥、妥、小臣妥
妇鼓	鼓	鼓	妇壴	壴	壴
妇㚯	㚯	㚯	妇窈	窈	
妇庞	庞	庞后	妇妟		子妟、妟、巫妟
妇沘		沘	妇哭	自哭	子哭
妇𡣿		𡣿	妇姅	丰	子丰
妇娅		子娅	妇癸	癸	癸伯
妇㚔		子束	妇		子、侯
妇		子	妇龙	龙方、龙囿	龙
妇䦆		子䦆、䦆子十、接䦆	妇光	光	侯光、光
妇汝		汝	妇妖		我妖
妇址		址	妇姁、妇笁	竹	蚁妻笁、笁、竹姜
妇敏		敏	妇		
中妇	中	中女、中子	妇果、妇婐	果	女婐
妇女		子女	妇妹	妹、妹	妹
妇㜽	㜽	㜽	在妇		姓
妇宰		婞	妇㚽		㚽
妇安		子安	妇凡	凡	子凡
妇来、妇㜣	来		妇今		巫今
妇白	白		妇汕		汕
妇利		利	妇爻、妇	爻	
妇裘	裘		卫妇	卫	卫
妇史		史	妇鼠	鼠	子鼠
妇石		石、妬	妇古	古	古子、古
河妇	河	河	旅妇	旅邑、旅	
舟妇	舟	舟	雷妇	雷	雷
妇孚		侯孚、孚	妇㐱		后㐱
妇寝		子寝	妇嫜		率
妇丙	丙、自丙				

其中有相当一部分是在表示国族名的字上加女旁，来为妇命名，如：

妇好——子方　妇妌——井方　妇娘——良　妇婞——羊

这些妇当是来自这些国族的女子，如曹定云先生即认为，妇好即是子方之女[①]，我们认为是可以接受的。即商人与许多国族结成婚姻关系，以达到加强合作的目的。

同时，商王朝也把本族的女子嫁给外族。如《诗经·大雅·大明》："文王初载，天作之合；在洽之阳，在渭之涘。文王嘉止，大邦有子；大邦有子，倪天之妹；文定厥祥，亲迎于渭"，是文王娶商王之妹为妻。另外，《周易·泰》："帝乙归妹，以祉，元吉"，顾颉刚先生认为，这一记载与《诗经·大明》说的是同一件事，都是商王帝乙嫁妹于文王[②]，"这一政治婚姻显然是帝乙想用血缘纽带维系商周之间的臣服关系"[③]。

在古代社会中，婚姻是一种扩大联盟范围，确保本族生存的重要方式。部族间政治婚姻的成败经常关乎一个王朝的兴衰，如夏末桀冷落其妻妹喜，"桀弃其元妃于洛，曰末喜氏。末喜氏以与伊尹比交，遂以间夏"[④]，"妹喜有宠，于是乎与伊尹比而亡夏"[⑤]，"如果说夏灭亡的外因是出于商的兴起，那么桀弃婚姻的政治意义于不顾，失去王室妻族的血亲集团的支持，则是其下台的重要内因"[⑥]。

周人在灭商的过程中，则充分利用了政治婚姻，既为自己争取了盟友，又麻痹了商人，最终完成了灭商的大业。《诗经·大明》记载了周人的三桩政治婚姻，一是"挚仲氏任，自彼殷商，来嫁于周，曰嫔于京。乃及王季，维德之行。大任有身，生此文王"，当是文王之父季历娶商人女子；二是"大邦有子，倪天之妹。文定厥祥，亲迎于渭。造舟为梁，不显其光"，记载

[①] 曹定云：《妇好是"子方"之女》，《庆祝苏秉琦考古五十五年论文集》，文物出版社1989年版。
[②] 顾颉刚：《〈周易〉卦爻辞中的故事》，《燕京学报》1929年第6期。
[③] 宋镇豪：《中国风俗通史·夏商卷》，上海文艺出版社2001年版，第522页。
[④] 今本《竹书纪年》。
[⑤] 《国语·晋语》。
[⑥] 宋镇豪：《中国风俗通史·夏商卷》，上海文艺出版社2001年版，第507页。

了文王娶商王之妹的婚姻；三是"有命自天，命此文王，于周于京，缵女维莘。长子维行，笃生武王。保右命尔，燮伐大商"，则是文王娶有莘氏女的记载。

关于季历、姬昌娶大任、有莘氏女的史实，顾颉刚先生已经作了十分精到的研究。其说可从[①]。王晖先生作了进一步阐释，认为古公立季历的原因在于其母方的高贵地位，可以取得其母族的支持，有一定的道理，但王先生认为大任、有莘氏女的身份并非如古人所言，应是殷商的王室或贵族[②]，则显得证据不足，所做的解释一则过于曲折，二则于情理未必切合。对于这事件的正确理解应该是，周人与商联姻最初是获得外援的方式，但到后来，随着周人势力所发展，与商人联姻则成为一种表示顺服和韬光养晦的方法。周人翦商事业始自古公亶父，至季、姬昌时期，虽然与商人维持表面的和平关系，但对抗与独立的策略已经十分明确。此时，与商人的婚姻只是为了麻痹商人，对周人的力量加强与战略并无更多意义。但周人与夷人的婚姻则具有不同凡响的意义，东夷是商王朝东方的强大力量，如果与夷人结成联盟，就可以使商人两面受敌，大大减轻周人所面临的压力和东进的阻力。所以周人极力歌颂的，应该是与夷人的婚姻。《楚辞·天问》："成汤东巡，爰及有莘；何乞彼小臣，而吉妃是得"，说明早在商汤时期，商人即与东夷建立起婚姻联盟，商人对于这种政治婚姻的作用十分看重。所以，当周人也与东夷结姻时，引起了商纣王的警惕，于是"囚西伯于羑里"。《史记·周本纪》："帝纣乃囚西伯于羑里。闳夭之徒患之，乃求有莘氏美女，骊戎之文马，有熊九驷，他奇怪物，因殷嬖臣费仲而献之纣。纣大悦，曰：'此一物足以释西伯，况其多乎！'乃赦西伯，赐之弓矢斧钺，使西伯得征伐。"索隐："一物，谓莘氏之美女也。"文王娶有莘氏女，闳夭也进献有莘氏女于纣，显然是希望以此消除纣对周、莘有所勾结的怀疑。而纣言"此一物足以释西伯"，大约纣也认为既然有莘也与自己形成婚姻关系，即可以动摇其与周的坚固联盟，从而放松了警惕。

另外，"纣克东夷而殒其身"，东夷与商人关系恶化，与东夷与周关系的加强是有关系的。当是东夷开始与周结姻，而疏远商人，从而迫使商人在东方用兵。而周人乘虚而入，一战而克，灭掉了商王朝。《周易》："东邻杀牛，

[①] 顾颉刚：《〈周易〉爻辞中的故事》，《顾颉刚选集》，人民出版社1978年版。

[②] 王晖：《商周文化比较研究》，人民出版社2000年版，第275、281页。

不如西邻之禴祭，实受其福"，实际上是以商人所处的位置而言的，爻辞意为：东邻为夷，西邻为周，周服而夷争，周反可受渔人之利。可能指的是，东夷先行动于东方，周人最终渔翁得利的情况。周人在进行灭商战争之前，进行过认真准备。除在国内积极准备力量，联合西方的与国外，还对商王朝进行了分化，《史记·周本纪》："西伯阴行善，诸侯皆来决平"，伯夷、叔齐奔周；辛甲，奔周；"太师、少师"，奔周。《逸周书·太子晋解》："三分天下而有其二，敬人无方，服事于商"，周人处于关中地区，北、西、南三面皆受自然环境限制，无法扩展势力，只有向东发展，而向东沿黄河一线的今洛阳、郑州地区，正是商人传统势力区，作为"小邦周"的周人根本无法突破这一障碍。周人之所以能够"三分天下而有其二"，完全依靠了其迂回策略的成功，这一策略即太伯、仲雍奔吴，《史记·吴太伯世家》："吴太伯，太伯弟仲雍，皆周太王之子，而王季历之兄也。季历贤，而有圣子昌，太王欲立季历以及昌，於是太伯、仲雍二人乃奔荆蛮，文身断发，示不可用，以避季历"，周人以让王位于季历的名义，派太伯、仲雍到吴地建立了句吴，从而与淮夷、东夷建立了联系。从商人的政区结构和商考古文化分布可以看出，商人势力北到燕山，沿华北平原、黄河向南，河北中南部、河南北部是商人中心势力区，从中心区往南，商人势力沿伏牛山与桐柏山之间的隘口进入南阳盆地，一路沿江汉平原到达湖南，另一路沿溳水到达武汉，然后沿长江抵达鄱阳湖平原，到达今江西吴城地区，南北纵布，将周与东部的夷人隔开。商人向东南的势力，却没能获得大的进展，止于今徐州地区，这很可能是受东夷、淮夷势力阻击的结果。吴地正处于夷人势力的南缘，是商人势力所不达的地区，而周人在此建立了自己的附属政权，据《史记·殷本纪》记载："太伯之奔荆蛮，自号句吴。荆蛮义之，从而归之千余家，立为吴太伯"，《舆地记》有记载："泰伯当殷之末，中国侯王数用兵，恐及于荆蛮，故起城，周三里二百步，外廓三十余里，在吴西北隅，曰故吴墟"，太伯在如此短的时间内在吴地建立起政权，显然不可能只是依靠个人魅力，而是有周的支持。徐中舒先生认为：太王之世，周国力尚弱，无法与商正面冲突，乃选择商的边缘地区着手经营[①]。周尚无力与商对抗，初建异地的句吴更无法对抗商人，所以这时句吴所做的，很可能就是联络南方的楚人和东部的夷

---

① 徐中舒：《殷周之际史迹之检讨》，《中央研究院历史语言研究所集刊》，第7本第2分，1936年。

人，使之脱离商朝。周原甲骨文中有"楚子来告"的记载，应是南方部族与周人形成联盟，而商末年商王朝与东部夷人关系的迅速恶化，这些很可能都与周人通过句吴与夷人的联络有关。《诗经·周颂·閟宫》："后稷之孙，实维大王。居岐之阳，实始翦商"，太伯奔吴，当是太王翦商的策略之一。而在这一策略的实施过程中，利用联姻关系以消除纣王的怀疑，对于策略的成功起到了重要作用。

（3）文化传播

商人在方国的发展最先是通过军事征服迫使其归服，在取得立足点后，则通过联姻等方式加强与其关系，同时充分发挥先进文化的吸引力，达到同化当地部族的目的。

商人在征服周边方国的过程中，通过征服和威慑迫使周边方国归服，这种靠强制性手段建立的统治具有不稳定性，一旦中央势力衰弱或距离中央较远，叛服无常成为常例。"在后来的殷墟三、四期的岁月里，边疆地区的土著文化蓬勃发展，商王朝再也未能恢复对这些地区的直接控制，丧失了二里岗时期原有的版图"[1]，所以商王朝的边疆一直不能靖定，东顾则西叛，西征则南乱。商人为了达到长治久安，在威慑和笼络的同时，还注重上层统治文化的传播，希望以上层文化的认同加强对周边地区的控制。

为了建立长久稳定的统一和统治，只有实现文化上的统一才可能达到。为了这一目的，商王朝开始力图建立一种包容各族的上层统治文化。这一行动的主要行为方式表现为礼乐的传播和对疆域内神灵体系的改造。

商人传播统治文化的一项重要措施是与外服诸侯间的人才交流。以往研究者多表述为方国派贞人到商都为商王服务，表述有不正确之处，应该是方国派人到商都充当贞人为商王服务。这批人是到商都后，经过训练才成为贞人的。甲骨文中有卜竹：

丙寅卜，矣贞，卜竹曰：其㞢丁宰，王曰：弱⌘，翌丁卯率若。八月。（《合集》23805）

竹当孤竹国，在今辽宁西部[2]。远在朔方的方国，尚且作为商的贞人，可见

---

[1] 何驽：《商王朝恐怖主义策略起源与兴衰背景》，《江汉考古》2005年第1期。
[2] 李学勤：《试论孤竹》，《社会科学战线》1983年第2期。

商王朝从方国获取贞人的做法是较为普遍的。从甲骨文的钻凿、文例、占卜制度看，这些来自各地的贞人的占卜程式和记录方式高度一致，应当是受过同一种占卜技巧的训练，即他们很可能是到商都后，统一接受过商王朝的神职训练。神职训练，应该不只是占卜的程序与占断方法，也包括天命、商王祖先至上等观念的灌输。

商人的文化融合还体现在青铜礼器的传播上。礼器是一种具有特定含义的器物，不仅器物本身贵重，更包含了等级、信仰等政治、精神领域的内容，是上层统治文化的一种重要表现物。从考古学文化看，商文化风格的青铜器的分布范围很大，从辽宁到湖南、江西，从陕西到山东，都有浓厚商文化风格的青铜礼器出土。许多边疆地区都有商中心区铜器出现，如山西石楼、陕西绥德、湖南宁乡、醴陵、常宁等地都出土了一批与殷墟特征完全相同的青铜器，"这类铜器，显然是从殷商王朝来的，不可能是当地铸造的产品"[①]。（图6—16）

图6—16 湖南宁乡青铜四羊方尊

远在山东青州的苏埠屯遗址说明，当地的礼乐之器已经完全商王朝化了。而湖北黄陂盘龙城遗址所表现出的文化现象也与殷墟有很大的一致性，尤其是城垣、宫殿的风格与营造方式，占卜甲骨及钻凿形态，青铜礼器的器类、器型、花纹及礼器组合等都与殷墟极为相似[②]。而众多商文化边缘区遗址的文化面貌表明，随葬品和礼器多高度商化，日用陶器则多带有地方色彩。

大洋洲遗址也呈现出同样的特征，学者认为大洋洲商代大墓的墓主"不可能是从中原来的商族，而是当地的土著首领"。"当地商代奴隶主统治阶级，在政治上与中原殷商王朝有着十分密切的关系。他们的政治生活基本上是仿效中原殷商奴隶主统治阶级的礼制，因此，在他们的有政治色彩的文化上，

---

① 陈旭：《新干大洋洲的年代和性质》，《夏商文化论集》，科学出版社2000年版。
② 湖北省博物馆、北京大学考古专业盘龙城发掘队：《盘龙城一九七四年度田野考古纪要》，《文物》1976年第2期。

与中原殷商文化有较多的共同点"①。（图6—17）

图6—17　江西新干大洋洲青铜鼎

吴城遗址，"从模印文字看，其笔划之端正，镌刻之精工，显示出高超的工艺水平，其风格与甲骨卜辞、钟鼎铭文等官方文字相一致，显得工整、庄重"②。

盘龙城、吴城等边远地区的文化具有强烈的商文化特征，尤其是礼器几乎承袭了中原文化的全部特征。

在商王朝的归服方国中，周是最重要也是最特殊的一个方国，它最终代商而立，成为天下的共主。而周人对商文化的接受和融合也最有代表性，周人不仅在政治上成为商王朝在西方的代言人，接受商王"赐（周）弓矢斧钺"，"得征伐"③，而且全面接受了商人的上层统治文化。

西周甲骨深受商甲骨的影响。西周甲骨虽有许多自己的特征，但经王宇信先生根据西周甲骨的出土情况、钻凿形态、文字辞例等方面分析，认为西周甲骨的许多特征继承自商人，"这些特征不是独创的，而是早在殷人那里

---

① 陈旭：《新干大洋洲的年代和性质》，《夏商文化论集》，科学出版社2000年版。

② 周广明等：《清江吴城遗址第六次发掘的主要收获》，《江西历史文物》1987年第2期。

③ 《史记·周本纪》。

就始露端倪，加以继承和发展形成，是时代进步性的表现"①，西周甲骨与殷墟甲骨有许多共同性，它们是一脉相承的。我们认为这个推论是合理的，尤其是西周甲骨文字与殷墟甲骨文字基本相同，虽然其书写较殷墟甲骨文字潦草，但其书体结构、偏旁构成等与殷墟文字是一致的，这种一致性不可能是两种文字的巧合，只能是同一种文字的两个分支才可能出现的情况，周人的文字显然是自商人那里学习来的。

周代的筮法明显受商人筮法的影响。商代的筮法已经初具成熟形态，有单体卦、重卦、互体卦等八卦变化，甚至出现了以爻画代替数字的记录形式②，并形成了"卜筮不过三"的筮占原则③，而这些都是后来西周筮法中的重要内容。这说明周人的筮法从商人的筮法中吸取了许多内容，从文王居羑里"演周易"看，当是在接受商人占卜经验基础上的改进。

西周青铜器完全接受了商人青铜器的风格。关中地区先周文化墓葬中就随葬有许多商式青铜礼器④，到周灭商后，周人的青铜器大量涌现，无论是铸造技术、纹饰风格还是文字都与商人的青铜器几乎完全一致。尤其是西周早期青铜礼器上的铭文，完全继承了商末商人青铜器铭文的风格，中间并没有出现突变现象，这说明周人对商人文化的接受是完全的和顺畅的，这当是长期接受商文化影响的结果。

从文化现象可以看出，周人是大量接受商人文化的。一方面是周人的学习，另一方面是商人的传授。尤其是占卜、筮法、文字等为上层集团所垄断的东西，大概是商人有意传授的。周代商后，周公在劝诫殷遗民的时候，对殷人的历史和祖先情况娓娓道来，如数家珍，对商人历史的了解很深。而周公称"惟汝先人，有册有典"，并称引其中的章句"夏迪简在王庭，有服在百僚"，可见周公对商人的史书非常熟悉，这些史书当是周人归服时期，由商人送给周人的。而文献中周人不仅承认商人的共主地位，对商人先代诸王

---

① 王宇信：《西周甲骨探论》，中国社会科学出版社1984年版，第174页。
② 参见张政烺《易辨——近几年根据考古材料探讨周易问题的综述》，《周易讨论会论文集》，湖北人民出版社1985年版；蔡运章《论甲骨金文中的互体卦》，《第三届国际中国古文字学研讨会论文集》，香港中文大学1997年版。
③ 晁福林：《商代易卦筮法初探》，《考古与文物》1997年第5期。
④ 参见中国社会科学院考古研究所《中国考古学·两周卷》，中国社会科学出版社2004年版，第41—42页。

的功业赞颂有加，甚至称周代商立是上帝"改厥元子"的结果，将自己与商人并列为上帝之子。这些情况说明，周人其实已经与商人产生了认同心理。

但是，我们也看到，同一文化的建立和认同是一个虽然稳妥但收效较慢的方式，需要长时间的融合，而且也难以消除具体利益冲突带来的对抗，共同文化所形成的是一种向心力，在存在共同的强大外敌时，这种向心力会加强共同文化下不同集团的团结，但当没有强大外来压力，而中央王朝又不能维持其中心地位时，这种向心力则转化为一种互相取代的力量，周代商立正是这一文化认同导致的结果。商人在东方则较好地维持了这一政策所需要的平衡，收到了较好的效果，周灭商后，跟随武庚叛乱的东国，正是山东地区商化较深的地方，这与当地接受商王朝统治和文化传播较早，形成并维持了当地部族对商人的认同有关。

商人对国家的管理策略是多样性的，"国家的统治方略，怀柔和征伐并重，殷商政权显然是建立在努力控制各大小异国异族，加强其臣隶关系，从而达到制约其族人和土地的目的这一基础上的"[1]，多种手段的合理配合，为商人实现大地域统治提供了保障。商人在国家统治中的强制性手段和抚柔性手段取得了明显的成效，虽然边疆地区常有动荡，但商人大体维护了从燕山山脉到长江流域，从关中平原到苏北平原的统治，这在交通、技术较为原始的三千多年前的古代，是一个不小的成就。

四　邑与族

（一）以地区划分居民制度的建立

商灭夏后，统治区域和人口骤然增加，"汤武一日而有夏商之民，尽有夏商之地，尽有夏商之财"[2]，单纯依靠血缘关系和族组织显然已经无法实现对整个统治区域内的有效管理，商人开始按地域划分居民进行管理。

商人以地区划分居民，自商汤时代就已开始。《尚书》有佚篇《明居》，《史记·殷本纪》云："咎单作《明居》"，集解引马融曰："咎单，汤司空也。明居，民之法也"，宋镇豪先生认为："所谓《明居》应即'司空明居民之法'，而'司空明居'之法，在《礼记·王制》当中却有所揭示，其文云：'时执度，度地居民，山川沮泽，时四时，量地远近，兴事任力。凡居民量

---

[1] 宋镇豪：《商周千国考》，《东南文化》1993年第5期。

[2] 《吕氏春秋·分职》。

地以制邑,度地以居民,地邑民居,必参相得也,无旷土,无游民,食节事时,民咸安其居。'这就是所谓司空明居之法,'量地以制邑,度地以居民',即按地区划定城邑,安置民众,建立起大大小小的统治区域,将民众固定到土地上"①。

除"量地以制邑,度地以居民"的管理方式外,商王朝的许多行政措施,也促成了各部族间的混居,进一步打破了血缘部族对地域的独占,为按地域划分并进行管理提供了条件。

根据甲骨文的记载,商王朝在各地进行作邑、置奠,建立各种农庄、牧场等据点,把各部族安插在一起。

甲骨文中有建立邑落的记载,记作"作邑"或"立邑",在"作邑"记录中,"作"有两种写法,一种为"乍":

壬子卜,㱿,贞我乍邑。(《合集》13491)

□未卜,㱿,我乍邑。(《合集》13493)

甲寅卜,争,贞我乍邑。(《合集》13496)(图6—18)

图6—18 《合集》13496

壬子卜,争,贞我其乍邑,帝弗佐,若。三月。(《合集》14206正)

彭邦炯先生认为乍邑是在未开发的荒地上建邑②。另一种写为"乍":

庚午卜,内,贞王乍邑,帝若。八月。(《合集》14201)
贞王勿乍邑。(《合集》13506正)

彭邦炯先生认为乍邑"可能是强占的公社已垦地而为之"③。从甲骨文材料

---

① 胡庆钧主编:《早期奴隶社会比较研究》,中国社会科学出版社1996年版。
② 彭邦炯:《卜辞"作邑"蠡测》,《甲骨探史录》,生活·读书·新知三联书店1982年版。
③ 同上。

看，这一说法是有道理的，凡是作邑于某地的，皆写为"乍邑"：

> 己亥卜，内，贞王㞢石在麓北东，作邑于之。
> 王㞢石在麓北东，作邑于之。
> 作邑于麓。（《合集》13505）
> 贞作大邑于唐土。（《英》1105正）
> 丁卯卜，争，贞王作邑，帝若。我从之唐。（《合集》14200正）

另外，从上面几辞还可看出，商王在鹿、唐等地亦作邑。

> 立邑墉商。（《殷缀》30）

立邑，"指攻位，测定邑的方位坐标。"① 确定所建立邑落的地点与方位。

由此可知，王朝可以在王朝疆域内选地建邑，所作邑的规模也不同，有"大邑"与一般邑落之分，在唐地建立的邑落即是"大邑"。通过"作邑"和"立邑"，"商王武丁时代在全国各地建立了不少直属于王室的'邑'"。②

商王朝的"作邑"和"立邑"，使村落的建立已经不再是单纯的自然过程，而是可由商王朝控制的人为过程。这一过程打破了原有的族地关系，同一地域内有不同的族居住，地域开始成为政府施政的单位。众多族在一个地域单位下协作生产，共同防御。原始的以族划分居民，变为以地区划分居民。但我们也看到，商代的邑的规模并不大，甲骨文中又有：

> ……其多兹……十邑……而入执……禹千……（《合集》28098）

"禹为人禹，即为数，十邑禹千，平均一邑为一百禹（家）。"③ 这样小的邑当是一族的聚居地域。即在大范围内以地区划分居民的情况下，具体的居住点则仍是族居地，小规模的行动依然以族为单位。另外，由于族的强大生命力和涵盖力，族际关系往往会外延到其他长期生活在一起的其他族属的人身

---

① 宋镇豪：《商代邑制所反映的社会性质》，《中国史研究》1994年第4期。
② 彭邦炯：《卜辞"作邑"蠡测》，《甲骨探史录》，生活·读书·新知三联书店1982年版。
③ 宋镇豪：《中国风俗通史·夏商卷》，上海文艺出版社2001年版，第48页。

上，形成一种虚拟的共同血缘关系，所以地域区划也往往表现出族的形式，"其同姓者不必亲种类；或久居相爱，即结为同姓，叙伯仲"。

甲骨文中有衰田：

> 癸亥，贞王令多尹衰田于西，受禾。（《合集》33209）

"衰即捋，用手刨土"①，是一种整治田土的农业生产行为。甲骨文中有许多商王到其他方国衰田的记载：

> 癸巳卜，宾，贞令众人辥入羊方衰田。（《合集》6）
> 癸□[卜]，□，贞令叟衰田[于]先侯。十二月。（《合集》9486）
> 戊子卜，宾，贞令犬延族衰田于虎。（《合集》9479）
> 癸卯[卜]，宾，贞……牵衰田于京。（《合集》9473）

张政烺先生认为商王在其他方国的衰田类似后世的"寄田"，"所谓'寄田'就是到'旁国'种田。这样开垦的田地，耕种久了，自然不肯放弃，殷人所衰田必然要变成殷王疆土之一部分"②。除衰田外，甲骨文中还有"在某田"的记载：

> 在攸田，武其来告。（《合集》10989）
> 乙未卜，晹，贞在潕田，黄有赤马，其烈。（《合集》28196）
> 丁丑卜，在义田来执羌，王其升于□大乙，祖乙，有正。吉（《屯南》2179）（图6—19）

上引各辞的田，"显然也是被商王派驻到某地的一种人"③，即是被商王派驻

---

① 张政烺：《卜辞衰田及其相关诸问题》，《考古学报》1973年第1期。
② 同上。
③ 裘锡圭：《说殷墟卜辞的"奠"——试论商人处置服属者的一种方法》，《中央研究院历史语言研究所集刊》第64本4分，1993年版。

图 6—19 《屯南》2179

到担任以农业生产为主的团体，"有些田的驻地在侯、伯的封域之内"①。这些生产单位也与其他部族相互混居。

从卜辞中可以看出，商王朝还把早归属的部族抽调往新归顺的方国屯驻，如：

癸□（卜），□，贞令㠱衷田［于］先侯。十二月。（《合集》9486）
戊辰卜，宾，贞令泳衷田于盖。（《合集》9476）

还有命令某些部族成员到其他部族地区定居的记载：

---

① 裘锡圭：《甲骨文中所见的"田"、"牧"、"卫"等职官的研究——兼论侯甸男卫几种诸侯的起源》，《文史》，第 19 辑，中华书局 1983 年版。

癸卯卜，雀宅奠，亡囚。(《合集》22317)

这本是商王朝对付归服部族的方法，在派本族人混居于异族加强监控的同时，也把归服部族派驻于其他诸侯方国领地中，既分散了原部族的力量，又增加驻留于其他方国内部族的危机感，加深了他们对商王朝的依赖，增强了这些部族与中央王朝之间的关系。而这种分而治之的策略，造成了小聚居大杂居的局面，抵消了各地方势力对中央的对抗力量。同时，这种局面也促进了中国早期的民族融合。

置奠是商王朝另外一种建立居民点的方法。甲骨文中有大量关于"奠"的记载，裘锡圭先生认为"奠"是商人将被征服的国族安置于商人控制区加以统治的方法：①

其奠危方，其祝□至于大乙，于之若。(《屯南》3001)
于京其奠勳刍。(《合集》32010)
奠望人并。(《合集》4551)
辛丑，贞王令吴以子方奠于并。(《合集》32107)

这些被奠者被安插于其他部族的领地内，但"内部一般似仍保持着原来的组织"②。这些被分散安置的族，与其他族混居在了一起。

各族混居导致了"大杂居、小聚居"局面的出现，使以地域划分居民成为必然的国家管理方式，"从小范围讲，征服者与被征服者，都仍然保持着同一宗氏聚族而居的血缘关系；但就大范围讲，则已是一种按照地区划定都邑安排居民的政治性区划"③。

(二) 族组织是商人施政的基本单位

商人虽然建立了地域区划，但是，无论是作邑、置奠、垦田或者其他方法建立的邑落，都是以族为基本单位的，王室、诸侯的施政也在相当程度上依赖族组织进行，族是商代最普遍的团体组织形式，利用族进行统治管理是

---

① 裘锡圭：《说殷墟卜辞的"奠"——试论商人处置服属者的一种方法》，《中央研究院历史语言研究所集刊》第64本4分，1993年版。
② 同上。
③ 胡庆钧主编：《古代奴隶社会比较研究》，中国社会科学出版社1996年版。

商人最基本的管理形式①。

在商王朝的统治体系中，子、妇、宗亲等与商王具有血缘关系的人，在王朝中担任重要的职务，起着重要的作用，"商朝的官制带有突出的宗族血缘性质"②。

商王之妇，如妇好、妇妌等不仅领有封地，还积极参与国家军政事务，拥有一人之下万人之上的权力，成为商王的重要辅佐③：

贞翌□卯勿呼妇好侑。（《合集》2610）

妇好燎一牛。（《合集》2640）

乙卯卜，宾，贞乎妇好侑伐于妣癸。（《合集》94）

乙酉卜，争，贞勿呼妇好登人于庞。（《合集》39953）

辛巳卜，争，贞今甾王登人呼妇好伐土方，受有佑。五月。（《合集》6412）

贞王勿隹［令］妇好比沚戓伐巴方，弗其受有佑。（《合集》6478）

翌庚子妇井侑母庚。（《合集》39665）

贞翌辛亥呼妇妌宜于磬京。（《合集》8035）

壬辰卜，［争］，贞妇好不往于妣庚。（《合集》2643）

甲辰……叀妇妌伐龙方。（《合集》6584）

贞勿呼妇妌伐龙方。（《合集》6585正）

辛丑卜，㱿呼贞妇妌呼黍于丘商，受［年］。（《合集》9530正）

妇在商王朝的祭祀、生产、战争中都积极参与。同样的还有子，甲骨文有：

戊申卜，品，贞呼子央侑于妣己小宰。（《合集》13726）

翌乙卯子汏酒。（《合集》672正）

□午卜，㱿，贞翌乙未呼子渔侑于父乙宰。（《合集》2975正）

翌乙酉呼子商酒伐于父乙。（《合集》969）

---

① 张政烺：《古代中国的十进制氏族组织》，《历史教学》1951年第3、4、6期。
② 王贵民：《商周制度考信》，（中国台湾）明文书局1989年版，第194页。
③ 参见徐义华《甲骨刻辞诸妇考》，《殷商文明暨纪念三星堆遗址发现七十周年国际学术研讨会论文集》，社会科学文献出版社2003年版。

庚寅卜，争，贞子莫佳令。(《合集》3195 甲)
乙酉卜，内，贞子商戋基方。三月。(《合集》6570)
贞宙子画呼伐。(《合集》6209)
庚子卜，殼，贞令子商先涉羌于河。
庚子卜，殼，贞勿令子商先涉羌于河。(《合集》536)
呼子汏逐鹿，获。(《合集》10314)

这些子"他们均是商王之子，亦即诸王子"①，他们在王朝事务中起着举足轻重的作用。相似的还有多子：

壬戌卜，争，贞宙王自往陷。
贞宙多子呼往。(《合集》787)(图6—20)
壬午卜，贞多子获鹿。(《合集》810 正)
丙子卜，贞多子其延学，疾，不遘大雨。(《合集》3250)
贞宙多子飨于庭。(《合集》27647)
宙多子飨。(《合集》27648)
贞宙多子呼伐戱。(《英》601)

图6—20 《合集》787

"'多子'与王的关系亦相当密切，将'多子'解释为多位'子某'即诸王子，则与卜所见'多子'的身份是相符合的。此'多子'之中，相当一部分'子某'可能即属于王族"②。由于多子在国家事务中的活跃，成为国家事务的重要参与者，甚至有学者把他们作为王朝大臣的称呼，认为"可见多子一词和在《洛诰》文中一样，是对大臣或诸侯一类人物的称呼"③。

另外，还有一批不称子某的商王同姓贵族也在国家政治生活中非常活跃，有㠯、并、弜、吴、皋、夒、雀、壴、㠯、戍等④，他们参加商王朝的祭

---

① 朱凤瀚：《商周家族形态研究》，天津古籍出版社2004年版，第50页。
② 同上。
③ 李学勤：《释多君、多子》，《甲骨文与殷商史》，上海古籍出版社1983年版。
④ 朱凤瀚：《商周家族形态研究》，天津古籍出版社2004年版，第61页。

祀、农垦、田猎、征伐等多种活动：

> 丙辰卜，宾，贞叀辛令燎于夒。（《合集》14370 丁）
> 庚申卜，出，贞令邑、竝酒河。（《合集》23675）
> 壬子卜，贞吴以羌㗅于丁，用。六月。（《合集》264）
> 辛酉卜，㱿弗敦，弜侑南庚。（《英藏》1813）
> 戊戌卜，内，呼雀戠于出日入日宰。（《合集》6572）
> 癸未卜，宾，贞叀辛往追羌。（《合集》493）
> 贞戉弗其伐舌方。（《合集》6376）
> 癸丑卜，贞亩往追龙，从洙西及。（《合集》6593）
> 戊午卜，㱿，贞雀追亘，有获。（《合集》6947 正）
> 甲戌卜，宾，贞益、吴、启叶王事。二月。（《合集》5458）
> 己酉卜，争，贞共众人呼从受叶王事。五月。（《合集》22）
> 贞勿令辛田于京。（《合集》10919）
> 辛亥卜，王，贞呼弜狩麋，擒。（《合集》10374）

这些与商王有血缘关系的贵族，参与各种军事事务，成为商王朝的中坚力量。

由于妇、子及其他与商王有血缘关系的家族亲属任官，在商王朝中掌握着重要的权力，有学者甚至认为商王朝"政府中的要职，主要是由商王的亲属担任的"[1]，这使得商王朝的统治带有浓厚的亲族垄断性，表现出家与国相表里的特征。

王室以下和各级贵族，也是以族的形式组合在一起。甲骨文有：

> 叀多生飨。
> 叀多子飨。（《合集》27650）
> 甲寅卜，彭，贞其飨多子。（《合集》27649）
> 贞叀飨多子于庭。（《合集》27647）

多子是指王族之子，"多生即多姓，即许多族的族长，在周代铜器铭文里，

---

[1] 张亚初：《商代职官研究》，《古文字研究》第 13 辑，中华书局 1986 年版。

百姓亦写作百生"①。甲骨文还有：

贞呼黄多子出牛侑于黄尹。（《合集》3255）（图6—21）

裘锡圭先生认为："黄多子跟黄尹显然有血缘关系，所以商王想让他们拿出牺牲来祭祀黄尹"，黄多子即黄族的族长②。

在中国古代，社会成员"聚族而居，合族而葬"，家族一方面是社会个体成员生活的基本单位，同时也是国家政治管理所关涉的基本单位。商代也是如此，在商代的聚落中，族是其最基本的组织形式，"商代邑中居民，甲骨文称为'邑人'（《合集》799），通常以族氏组织相集约，大体由所谓'姓族'和'氏'两方面人组成"③。即使在人口流动性较强，人地关系相对不固定的城市地区，族组织也顽强地存在着。以殷都为例，殷都地区的人口主要是由外地流入的④，并非都是原居民。但殷墟考古发掘所发现的墓葬表明，都城内的居民保留了完整的族组织，殷墟西区墓地、后岗墓地等都呈现出"合族而葬"的特点，体现了古人"生相近，死相迫"的观念，族依然是这些都市居民生产生活的基本单位。据《左传·定公四年》载，周人灭商后，实行分封制，"分鲁公以大路、大旂，夏后氏之璜，封父之繁弱，殷民六族……分康叔以大路、少帛、綪茷、旃旌、大吕，殷民七族"，"分唐叔以怀姓九宗，职官五正"。殷人六族、七族、怀姓九宗等族组织存在并成为进行管理的方式，可见族是商人社会活动的基本单位之一。

图6—21　《合集》3255

---

① 张政烺：《古代中国的十进制氏族组织》，《历史教学》1951年第3期。
② 裘锡圭：《关于商代的宗族组织与贵族和平民两个阶级的研究》，《古代文史研究新探》，江苏古籍出版社1992年版。
③ 宋镇豪：《商代邑制所反映的社会性质》，《中国史研究》1994年第4期。
④ 宋镇豪：《夏商人口初探》，《历史研究》1991年第4期。

商代的族已经不是单纯的血缘组织，而是发展为具有强大经济、军事力量，并有自身的管理机构的组织，成为一级社会结构。

首先，商代的族拥有独立的经济。族有自己的生产地域，如非王卜辞有：

> 正受禾。
> 长受禾。（《合集》22246）

此二辞属非王卜辞之丙二类，辞中的正、长"是丙二卜辞所代表的家族之属地"①。非王卜辞乙一类亦有：

> 戊辰卜，车允畋贝。今生……（《合集》21622）

畋，"在此应指治农田"，"车当为乙一卜辞占卜主体之贵族的下属，贝地可能是其家族属地之一"②。商代各家族拥有自己的土地与人口，有的家族还可能在商都城之外的地方有自己的邑落③。

商代各家族有独立的财政。非王卜辞丙二类有：

> 癸巳卜，令共積杞。（《合集》22214）

《说文》："積，聚也"，段玉裁注："禾与粟皆得称積"，也有学者认为"责者積也，積者租税也"④，显示出各家族拥有相对独立的财政。

> 又積豕。
> 啄積。
> 延積获。（《合集》22226）
> 甲申卜，令啄宅正。

---

① 朱凤瀚：《商周家族形态研究》，天津古籍出版社2004年版，第166页。
② 同上。
③ 林沄：《从武丁时代的几种"子卜辞"试论商代家族形态》，《古文字研究》第1辑，中华书局1979年版。
④ 丁山：《甲骨文所见氏族及其制度》，中华书局1988年版，第55页。

亩延宅正。(《合集》22322)

朱凤瀚先生认为啄、延为两个分族的族长，他们率领族人收聚财物，"宗族长有经济主管权，对族人生产产品拥有支配权"[1]。

各族还有自己的防御设施，如非王卜辞有：

己丑子卜，贞余又呼出墉。
己丑子卜，贞子商呼出墉。
子蚩呼出墉。(《前》8.10.1)

墉在甲骨文中作❈、❈等形，如城墙象形，《说文》："墉，城垣也"，是指城防设施。在这里墉当是动词，指家族建立城邑，这些族很可能有本族的武装据点。

商人家族不仅具有相对独立的经济、武装和领地，而且已经出现了早期的宗法制度，并在各家族中普遍适用，"商代由嫡庶之别而形成的宗法制度，不但在最高一层的王室成员中实行，而且在一般的贵族中也是实行着的"[2]。这一切都使得家族越来越成为一级可以自我管理的机构，《尚书·盘庚》在劝诫各级贵族时说："汝克黜乃心，施实德于民，至于婚友"，民与婚友并言，可见宗族成员是管理的对象，族也成为重要的管理组织。

随着族组织的扩大和职能的增加，族的分化也越来越明显。

从文献和甲骨文、金文资料看，商代的王族、多子族及贵族的家族已经皆是一种立体结构，早期的宗法制度已经建立，"王室与部分子姓亲族间仍保持着宗族关系，这些同姓亲族虽已以宗族形式存在，为独立实体，与王室异居异财，但仍奉时王为宗子，故此种宗族属于一种高层次的宗族，商王仍可以在此种宗族通过宗法关系维系与加强同姓贵族间的团结"[3]。

商人其他家族内部也出现明显的贫富分化，出现了富有的族核心群体。朱凤瀚对1971年发掘的后冈墓地进行分析，"此墓地中已发掘的墓葬可分为

---

[1] 朱凤瀚：《商代晚期社会中的商人宗族》，《华夏文明》第3集，北京大学出版社1992年版。
[2] 杨升南：《从殷墟卜辞中的"示"、"宗"说到商代的宗法制度》，《中国史研究》1985年第3期。
[3] 朱凤瀚：《商代晚期社会中的商人宗族》，《华夏文明》第3集，北京大学出版社1992年版。

三组，有共同的陶器组合形式，彼此邻近，故当属同一宗族，但三组墓在墓制的规格上有明显区别，说明三组墓葬的墓主人身份有较大的差异。其中西组墓中含有中字与甲字形墓，当是此一宗族族长一级贵族之墓，余长方形竖穴墓亦皆为墓室面积在 4 平方米以上的中型墓，且百分之五十的墓有殉人。所以西组墓墓主人皆属于贵族，系宗族长与其近亲。另外两组墓中，东组有中、小型墓两种，而中组十二座墓皆属小墓，所以东、中组墓主人社会地位相对西组较低，而中组墓主人可以认为皆是平民。由此一墓地情况可知，较高级的贵族所在宗族，在组织结构上也是多层次的，只是宗族长与自己的近亲组成了一个贵族家族，成为此一宗族的核心"[1]。

另外，商人的族也不是平面的血缘关系成员组成，而是发展为有不同层阶的立体结构。《左传·定公四年》："分鲁公以大路、大旗，夏后氏之璜，封父之繁弱，殷民六族：條氏、徐氏、萧氏、索氏、长勺氏、尾勺氏。使帅其宗氏，辑其分族，将其类丑，以法则周公……分康叔以大路、少帛、綪茷、旃旌、大吕，殷民七族：陶氏、施氏、繁氏、锜氏、樊氏、饥氏、终葵氏。"从这段文字可以看出，商人的族分宗氏、分族、类丑三个层次，其中宗氏"即大宗，嫡长房之族"[2]，分族则是诸庶弟之族，类丑的身份比较特殊，杨升南先生认为："'类丑'应即是由同一族来的战俘而转化成的奴隶"[3]，即是家庭的附属群体。"这段文字证明商人家族组织确是以宗氏、分族这样的分层式亲属组织结构存在的，符合前述宗族之组织形态特征……则他们亦当一直是按此种组织结构系统聚族而居的"，"商代晚期规模较大的商人家族皆是以多层次的宗族形态存在，并大抵仍是在一个共同的地域内依其族系聚居的"[4]。

随着族的立体分化，原来的族长从单纯的血缘首领，向兼及政治首领转化，对于族内部事务的掌控权加强。以甲骨文中的多子为例，有许多子"当已从王族分出，他们本人即是一族之长，但同时也可以担任王官"[5]，这些族长对于本族事务加以决策和管理，具有相当高的权力，已经不是以协调为主

---

[1] 朱凤瀚：《商代晚期社会中的商人宗族》，《华夏文明》第 3 集，北京大学出版社 1992 年版。
[2] 杨伯峻：《春秋左传注》，中华书局 1986 年版，第 1536 页。
[3] 杨升南：《商代人牲身份的再考察》，《中国史研究》1988 年第 1 期。
[4] 朱凤瀚：《商代晚期社会中的商人宗族》，《华夏文明》第 3 集，北京大学出版社 1992 年版。
[5] 朱凤瀚：《商周家族形态研究》，天津古籍出版社 2004 年版，第 50 页。

的血缘尊长，而是带有行政管理者的色彩。非王卜辞有：

　　甲申卜，令啄宅正。
　　由延宅正。(《合集》22322)

"由非王卜辞对宗族成员采用'令'这一词语，更可得知宗族长对本宗族族人具有政治上的使令权"①。

更重要的是，商代把各宗族的首领也纳入到王朝的官僚体系当中，族长的身份由各家之长的私人性质向国家官员的公设转化，甲骨文有"族尹"之称：

　　丁未卜，争，贞郭以右族尹申有友。五月。(《合集》5622)(图6—22)

图6—22　《合集》5622

"'族尹'大约像后代的'公族大夫'类的职官，负责管理族内的大小事务"②，"作为最初的行政概念的'尹'，很早就与族长相结合，称'族尹'，商的朝廷中有不少尹称为'多尹'，他们不是王室就是朝廷常设的官员，很可能即族长们的合称，经常来'叶王事'，就这样称呼他们"③。族尹的出现说明，族的首领已经开始成为类似行政官员的角色，担任基层管理者的任务，其实已经被纳入商王朝的管理体系之内。另外，甲骨文中有"宗工"：

　　□戌卜，[贞]共众宗工。(《合集》19)
　　庚□[卜]，贞共[众]宗工。(《合集》20)
　　勿令共众宗[工]。(《合集》39479)

---

① 朱凤瀚：《商代晚期社会中的商人宗族》，《华夏文明》第3集，北京大学出版社1992年版。
② 赵林：《商代的宗庙与宗族制度》，《国立政治大学历史学报》第1期，1983年。
③ 王贵民：《商周制度考信》，(中国台湾)明文书局1989年版，第74—75页。

《尚书·酒诰》："越在内服，百僚庶尹、惟亚、惟服、宗工、越百姓里居"，"汝劼毖殷献臣、侯、甸、男、卫，矧太史友、内史友、越献臣、百宗工"，杨筠如谓："宗工，下文'越献臣百宗工'，疑如汉人宗正之属"①。则上辞中的宗工是属于王室的族事务管理者即王室宗正。但从文献的"惟亚、惟服、宗工"以及"百宗工"看，宗工与亚、服同列，且数量众多至言"百宗工"，所以宗工当指各族的族事务管理者。那么各族的宗工实际上与亚、服、献臣一样被视作是王朝的正式官职，族成为国家的一级正式单位。

同时，商代还出现了专管族事务的官员，《左传·定公四年》："分唐叔以怀姓九宗，职官五正"，《左传·隐公六年》："翼九宗五正顷父之子嘉父逆晋侯于随，纳诸鄂"，杨伯峻先生认为"足见此乃殷商以来传世之官职"②，九宗与五正的关系，很可能是五正是管理九宗的官员。专管族事的官员，本身可能是族长。从"九宗五正"的出现看，大族分化之后，原来的总族长作为全族的管理者，并有正式的名称为"五正"。在这里，族已经转化为一种行政组织，而其长官已经正式成为国家的地方管理官员，即族由自我管理能力转化为了国家的管理方式。

在商代，"血缘关系在当时对于社会成员仍具有较强的约束力"③，但商代的族已经不再是单纯的血缘团体，而是出现了阶层分化和贫富差别，出现了宗族、分族之分，族长由血缘首领发展为管理者，具有了一级行政机构的特征。这种拥有相对独立的经济、管理职能的团体，很容易被纳入国家政治管理的系统之中，而商王朝正是利用了族的这种特性，将其纳入国家体系之中，族成为了国家政治中重要的组织，而这些族原先的族长也成为一级国家管理人员。

在商王朝任官的多子及曼、并、弜、吴、臯、爰、雀、壹、畐、戉等与王同姓的贵族本人即是各族族长，其他职官也多由各族族长担任，甲骨文中有多尹、多君：

  弜不飨，由多尹飨。

---

① 杨筠如：《尚书覈诂》，陕西人民出版社1959年版，第69页。
② 杨伯峻：《春秋左传注》，中华书局1986年版，第49页。
③ 朱凤瀚：《商代晚期社会中的商人宗族》，《华夏文明》第3集，北京大学出版社1992年版。

元箙，由多尹飨。大吉。(《合集》27894)

贞，王其又曰多[尹]。

贞，勿曰多尹。(《合集》5611正)

庚辰，贞不于多尹囚。(《合集》5612)

甲午，贞其令多尹乍王寝。(《合集》32980)(图6—23)

辛巳卜，矣，贞多君弗言余其侑于庚勺祁。九月。(《合集》24132)

图6—23 《合集》32980

丁酉卜，矣，贞多君曰来弟以礻。王曰：余其……(《合集》24134)

辛未王卜，曰余告多君曰：殷卜有祟。(《合集》24135)

"卜辞君、尹二字经常互用，多尹也就是多君……殷墟卜辞里的多君(多尹)也应即商的朝臣"①，这些商王朝的朝臣同时也是各族族长，"甲骨卜辞中又有'多君'或'多尹'的称谓，多君的身份也应是父系家族的族长，族长被称为君，意谓家族成员与族长之间存在着血缘与政治一体化的臣属关系"②。

作为商王朝施政基层单位的邑，也是以族为组织的。"商周的地域或行政单位应该是邑和里。但是，实际上族和邑、里是重合的，邑、里的实体是族，在商代一个邑可能就是一个族，或多到几个族，而为王事进行活动，大量的、频繁的还是以族的形式出现"③。"'百姓'、'里居'就是基层的行政官吏……也有少数是周人语言如'庶尹'、'百姓'、'里君'，在商代分别为'多尹'、'多生'、'族尹'"④，"可知族尹为基层行政官吏"⑤。

商代管理形式最显著特点之一，是行政单位与宗族的紧密结合。担任主

---

① 李学勤：《释多君多子》，《甲骨文与殷商史》，上海古籍出版社1983年版。
② 孙晓春：《试论商代的父系家族公社》，《史学集刊》1991年第3期。
③ 王贵民：《商周制度考信》，(中国台湾)明文书局1989年版，第69页。
④ 王贵民：《商代的官制及其历史特点》，《历史研究》1986年第4期。
⑤ 同上。

要行政职务的官员往往是各族的族长。

族作为社会组织的基本细胞和基层行政单位，其影响延伸到社会的各个方面，不仅人们的日常生活以族为单位进行，而且国家的各种活动，也是按族为划分标准进行的。如军事行动中以族为单位，甲骨文有"三族"、"五族"：

> 己亥，历，贞三族王其令追召方及于󰀀。（《合集》32815）
> 宙三族令。（《合集》34134）
> 㲈令三族。（《合集》34135）
> 王其令五族戍舌。（《合集》28054）
> □丑卜，五族戍，弗雉王众。（《合集》26880）
> 王宙次令五族戍羌方。（《合集》28053）

另外，来自同一地的人员也编制在一起。

> □巳卜，□，贞象以三十马，允共执羌。
> 贞象三十马，弗其执羌。（《合集》500正）

象三十马，说明来自象的三十名骑兵是编组在一起的。按亲属关系编制军队，是中国古代通常使用的方法，一方面，同族本来即是同一团体，便于相处和领导；另一方面，同族亲情使他们能在战斗中互相保护，协同作战，有利于战斗力的提高，此即《汉书·刑法志》所谓："于是乃作内政而寓军令焉，故卒伍定虖里，而军政成虖郊。连其什伍，居处同乐，死生同忧，祸福共之，故夜战则其声相闻，昼战则其目相见，缓急足以相死。"

可以看出，商人实际生活在一个严密的族际社会中。这种严密的族际社会，是造成中国古代奴隶制不发达的重要原因之一。

商代社会已经存在奴隶是无疑的，商代有一个奴隶阶层，商人的奴隶主要来源于战争俘虏[1]，战争中被掳掠的人口大量转化为奴隶。在严密的族组织下，整族被俘获者可以采取整族安置的方式，使之定居于某一处，成为附属商族的团体。但在战争中零散的被俘人员，则很难在如此严密的族组织中

---

[1] 姚孝遂：《商代的俘虏》，《古文字研究》第1辑，中华书局1979年版。

找到容纳的空间。所以冲突中的零散人员，除小部分被收养入商族，或被王朝选入小臣等服役团体外，大部分被用为牺牲。如甲骨文中有大量捕获羌人的记载和用羌为人牲的记载：

  伐其七十羌。（《屯南》2792）
  癸亥卜，宾，贞勿酯用百羌。（《合集》299）
  贞御自唐、大甲、大丁、祖乙百羌百宰。（《合集》300）

商代的大规模使用人牲，一方面是受祭祀观念的影响，但更重要的方面是因为在严密的族组织下，无法为这些零散的外族成员找到存留的空间。

  商代也存在本族奴隶，《史记·殷本纪》载："箕子惧，乃佯狂为奴"，可见商人中的本族人也可能成为奴隶。本族人沦为奴隶有两种原因，一是由于债务，二是由于犯罪。在中国古代有着严密的族组织，社会成员在本族的经济庇护之下，同时"工商食官"使个体间的经济来往较少，债务奴隶少见，朱凤瀚先生认为"平民中的赤贫者仍葬于宗族墓地内，说明本族成员降为奴隶的情况是很少见的"[①]。所以商代的本族奴隶主要是犯罪奴隶。杨升南先生通过对武官村祭祀坑人牲及其种属的分析，认为在"被作为人牲的牺牲中，有相当一部分的来源也可能本不是异国俘虏而是从自由民中跌落下去的奴隶"[②]。在族社会下，每个人都是血缘亲属，本来不可能被用作牺牲，但是为了惩罚危害族与社会的个体，古人把违反了法律的成员开除出族，甚至认为罪犯不再是人。《公羊传·襄公二十九年》："刑人非人也。君子不近刑人，近刑人则轻死之道也。"既然"刑人非人"，则可以用于祭祀，成为进献的牺牲。另外，在族组织的社会中，社会成员被牢牢控制于族，国家依靠族进行的统治虽然高效而安定，但同时也使得社会劳动力和生产力被族所控制，不利于国家力量的集中，而罚罪犯为奴隶则为国家把部分劳动力从族下解放出来提供了条件，国家可以以此为手段，把大量人口从族组织下游离出来，掌握在国家手中。商人"重刑罚"、"先罚而后赏"的意义或许在此。

[①] 朱凤瀚：《商代晚期社会中的商人宗族》，《华夏文明》第3集，北京大学出版社1992年版。

[②] 杨升南：《商代人牲身份的再考察》，《中国史研究》1988年第1期。

商代的奴隶主要是由国家控制,他们在国家控制的田庄、工场、牧场做工,是国家奴隶。还有一部分高级贵族也有奴隶,商代发现的墓葬中经常有大量殉人,说明贵族应该也有奴隶。殷墟西区墓地中的许多中型墓也有殉人,说明中级贵族也有奴隶。如"侯告羌"、"子商臣"、"子效臣"等,另外各贵族还要向商王进献奴隶,杨升南先生认为这些人"进贡前即是奴隶"①,那么他们应该是附属于这些贵族的奴隶。但这种奴隶数量很少,朱凤瀚先生认为:"在当时还主要使用石器以及木、蚌、骨器的生产力水平下,既不可能豢养大批奴隶而使所有宗族成员皆脱离生产……奴隶劳动可能只是宗族经济的补充形式"②。更重要的是,从甲骨文中可以看出,有许多进献的奴隶其实是临时捕捉的:

己未卜,叶,贞丞获羌(《合集》19754)
丁未卜,贞令戍光有获羌刍五十。(《合集》22043)
□□〔卜〕,殻,贞射舌……曰:宙既。己卯获羌十。(《合集》163)

大量"获羌"卜辞表明许多殉人、人牲及奴隶可能并不是长期豢养的,而是应事捕捉的。

另外,商代的奴隶大多数都是有自己的族组织的。在前面的章节中我们曾经讨论过商人对于被征服者的安置方式,他们是以族为单位被安置于商人的控制区,这与周灭商后,安置商人的方式很相似,被分给周公和康叔的"殷民七族"、"殷民六族"也保留了自己的族。考古资料中也有奴隶之族的发现,武官村祭祀场有东西向坑30余个,"坑中人骨大部分为成年女性和未成年的幼童和少年,年龄最小的仅有六岁,乳齿尚未脱落,天灵盖亦未长满",在第7号墓坑中"埋有人架9具,有6具头被砍去,3具头未砍去,皆为俯身。其中2具为成年男性,1具为成年女性,4具为未成年(内3具为女性),2具为儿童。据骨架分析,M7所埋奴隶,可能为一家族"③。杨升南

---

① 杨升南:《商代人牲身份的再考察》,《中国史研究》1988年第1期。
② 朱凤瀚:《商代晚期社会中的商人宗族》,《华夏文明》第3集,北京大学出版社1992年版。
③ 中国社会科学院考古研究所安阳工作站:《安阳殷墟奴隶祭祀坑的发掘》,《考古》1977年第1期。

先生认为此当非俘虏,而是奴隶①。即奴隶是整族居住的,又合族被杀。(图6—24)

奴隶也是以族组合,附属于商王或所在安置地区的王朝诸侯,也即附属于他们的宗族,"因而他们也通过主人和宗族发生了联系。这样就形成了一种宗族社会结构,其奴隶制的特征为宗族奴隶制。奴隶也好,奴隶主也好,都是生活在宗族社会结构之中的"②。这些奴隶的族虽然是其他宗族之下的依附者,没有一般族所拥有的独立性质,但由于也是聚族而居,主宗族在对其管理时也要依靠其族组织发挥作用,所以他们拥有一

图6—24 武官村大墓全景
(采自《殷墟的发现与研究》)

定的自我管理权。这使得征服者不能像对待零散的个体俘虏那样随便处置他们,族成员依然有族的照顾,同时由于商王朝管理的需要,族中的上层人物转化为商王朝的管理者,使整个族向附属族群转化,奴隶的地位有所改善。

由于商人保持了奴隶的家族组织,所以在称呼时,也以其家族称呼。在殷墟卜辞见到的只是不同的家族,而见不到特定的奴隶标志。族组织的完整,使奴隶消失在了家族体系之中。

商代最终没有能发展成为成熟的奴隶社会,主要原因即在于商人族组织的严密。"中国古代社会结构的特点在于其中存在着不同层次的宗族,自由人和非自由人都是笼罩在宗族之中的","商朝是一个宗族群体,奴隶制则是隐含在这种宗族群体之中的"③。但这个严密的族社会,一方面使外来的零散人口除去个别以收养被纳入商族外,其他则难以有大规模生存的空间;另一方面商王朝把被征服者的族组织形式保留下来,奴隶也被以族的形式安置,这使得这些奴隶拥有一定的自我管理权。

综上所述,我们可以看到,商代已经建立了由宗氏、分族、类丑不同层

---

① 杨升南:《商代人牲身份的再考察》,《中国史研究》1988年第1期。
② 田昌五:《商代社会结构探析》,《华夏文明》第3辑,北京大学出版社1992年版。
③ 同上。

次组成的大族，这些大族已经形成了立体的结构和管理体制，商王朝通过族实现其对各地的统治。商王朝各级国家机构，从表面上看，是由各级邑落统治，实际上是各级宗族起作用，都是通过族来行使管理权的。即商人采取了地域划分与宗族控制相结合的方法，实行对全国的控制和管理。古代称社会成员为"百姓"，实际是以族相称，"百姓在古金文中均作'百生'，即同族之义"①，文献中的"越百姓、里君"与甲骨文中的"多生"说明，商代的"百姓"也是族称。

依靠族建立的政权体系，有其弱点。首先，商人通过族组织建立广大地域内的有效基层组织，但却难以把个人纳入到国家体系当中，个体社会成员与国家没有直接的利害关系，与族的利益却息息相关。而族本身具有一定的独立性，有自身相对独立的利益，其更关注的不是王国的整体利益，而是自身在王国中的利益，族会根据本族的利益作出对自己有利的选择，而不可能与王朝保持完全的一致。在王朝力量强大时，各族服从于王朝，以获得安全与保护。一旦王朝无力保护自己或王朝面临危机时，族会选择对自己更有利的合作伙伴。个体成员不能与社会产生直接联系，而是被局限于族内，难以与社会形成直接的权利义务关系，从而导致了个体与国家的脱节。直到今天，这一缺陷依然阻碍着中国的现代化进程。

其次，王朝对于资源的直接控制受到族的阻碍。所以，商王朝加强在控制主族的同时，也极力加强对分族的直接控制，如：

贞呼黄多子出牛侑于黄尹。(《合集》3255)

商王直接命令黄族多子，"黄多子的身份没有尊卑的差别，这里显然不包括当时生存的黄族之长"②，说明商王也可以直接控制管理黄族的各个分族。但在族组织严密的商代，王朝的这一努力收效并不大。至商代后期，商王显然想改变各地族长尾大不掉的局面，开始任用其他人才参与政治。《尚书·牧誓》："乃惟四方之多罪逋逃是崇是长，是信是使，是以为卿大夫"，纣王利用脱离了族组织的"多罪逋逃"，以求摆脱族的牵制。这一举动大大触动了各族上层集团的既定利益，遭到反对，称纣王"乃罔畏畏，

---

① 郭沫若：《中国古代社会研究》，人民出版社1954年版。

② 孙晓春：《试论商代的父系家族公社》，《史学集刊》1991年第3期。

咈其耇长旧有位人"①，显然是对商王人事改革的反抗。

再次，由于各大族各自为政，互不统属，力量分散，一旦中央王朝被打倒，即难以再集结各部族的力量成为统一的力量。所以，商王朝在牧野一战之后，虽然依然拥有广大的地域和人口，却再也没有能形成大规模的抵抗，被周人各个击破，"大邑商"被"小邦周"所取代。

但是，依靠族对国家进行管理，可以直接利用族组织已经具备的物质、人口资源和管理体制，具有低成本、高效率等优点。

国家不须再花费时间和财力重建当地的管理机构，高效地实现了对一个地区的控制；国家不必把政令下达于每个社会成员，也不必针对众多人进行利益协调，只需对族长进行安排即可实现；国家不必为大量国家官僚提供俸禄，也不必为社会成员提供保障，这一切都由族承担；国家可以迅速征集各族已经有的武装，组成由国家控制的武装力量，实现对某一地区的集中打击；国家可以利用族具有独立经济和武装的特点，在边远地区安置据点，实现对该地区的控制，形成对国家的拱卫体系。

如此等等，可以说，商王朝能在当时的技术和交通条件下实现对方圆数百公里内的有效统治，与注重族控制是分不开的。利用族进行统治，是在当时条件下的最优选择。

五 商王朝统治格局的建立

商王朝建立后，在控制原有疆土的同时，极力开拓新的疆土。随着疆域的扩大，商王朝已经不能完全依靠中央王朝的力量实现对全国的控制。商王朝已经建立了一支常备军。甲骨文中有：

丁酉，贞王乍三师右、中、左。（《合集》33006）

即是商王建立三个师的常备军②。关于商代常备军的数量，有三万人和六万人两种意见③。即使以六万人计，在当时的交通和技术条件下，相对于商王

---

① 《尚书·微子》。

② 杨升南：《略论商代的军队》，《甲骨探史录》，生活·读书·新知三联书店1982年版。

③ 参见王贵民《商周制度考信》，（中国台湾）明文书局1989年版，第222页；杨升南《略论商代的军队》，《甲骨探史录》，生活·读书·新知三联书店1982年版。

朝"东不过江、黄,西不过氐、羌,南不过荆蛮,北不过朔方"① 的疆域,这些兵力依然是不足的。

常备军是商人的主要军事力量,平时布置在首都等主要据点,遇到冲突则前往边境。甲骨文有:

□巳卜,王,贞于中商乎御方。(《合集》20453)
己酉王卜,贞余正三邦[方],叀令邑,弗每,不亡□□,在大邑商。王占曰:大吉。才九月。遘上甲□五牛。(《合集》36530)(图6—25)

从辞中可以看出,商王是在中商、大邑商进行占卜和军事准备。商代很可能是常备军主要集中在王都,遇战事再前往冲突地区。

在大地域内实行有效控制,军队执行能力是以部队的机动能力和后勤保障能力为基础的。即使到了军事技术更进步的春秋时期,军队每天的行程也只有三十里,而如果是军队沿途没有给养补给的话,个人所带的给养最多维持数天,所以一支军队所控制的距离不会超过300里②。另外,军事行动需要大量的物资消耗,《孙子兵法》云:"凡用兵之法,驰车千驷,革车千乘,带甲十万,千里馈粮,则内外之费,宾客之用,胶漆之材,车甲之奉,日费千金,然后十万之师举矣",后勤供应一直是古代军事行动的瓶颈,极大局限了军事行动的能力,"故兵贵胜,不贵久"③,"不战而屈人之兵,善之善者

图6—25 《合集》36530

---

① 《汉书·贾捐之传》。
② 见本章第四节有关推论。
③ 《孙子兵法·作战篇》。

也"[1]，一方面这是军事技巧发展的结果，另一方面也是实际条件限制的结果。按照当时的军事技术和后勤保障能力，仅依靠一支数万人的常备军，商王朝很难在如此广大的地域内保持稳定的统治。但是，从文献和甲骨文的记载看，情况却与我们的推论不同，商王朝在数百公里范围内建立了稳固的统治，基本有效地控制着燕山以南、桐柏山以北、太行山以东、弥水以西的广大地区。商王朝之所以取得这一成就，在其军事威慑、抚柔政策、文化融合等成功的统治技巧之外，还得益于商王朝所建立的经济、军事据点网络、路政系统和驿传体系以及在此基础上建立起的情报收集和传递网络。

（一）商王朝的经济网络体系

商王朝代夏而立后，对于征服地区并没有直接控制，而是封建诸侯，建立武装据点，形成以中心城邑为依托的据点网络。商王朝巩固以后，这种据点的建设并没有停止，反而更加频繁，并从新征服区，扩大到整个王朝疆土。商王朝通过封建诸侯、作邑、置奠、衷田、设置牧场、建设卫戍点等方式，在整个王朝疆域内，建立了一个据点网络。

1. 分封诸侯

商人最初的据点是在新征服地区和边疆建立的本族诸侯和武装据点，后来这些据点成为商人建立新的据点的依托，成为商王朝据点体系的支撑点。由于商人的主要敌对势力和征服区在王畿东西两侧的豫西、晋南和山东地区，所以商人的诸侯和重要武装据点也主要建设在东西两面。商王朝在较远地区分封诸侯的做法一直延续到商代晚期，从甲骨文中可以看出，这些诸侯一直在王朝事务中起着重要的作用。这些诸侯拥有自己的城邑：

> 癸丑卜，宾，贞于雀墉。（《合集》13515）
> 丙午卜，贞我宙斿墉。（《怀特》407）

这些分封的诸侯和据点具有自己的地域和人口，拥有较独立的军事、行政权力，成为商王朝在外服地区统治的依靠力量，对王畿起到"藩屏"的作用。

2. 置奠

"商王往往将被商人战败的国族或其他臣服国族的一部或全部，奠置在他所控制的地区内。这种人便称为奠，奠置他们的地方也可以称为奠……被

---

[1] 《孙子兵法·谋攻篇》。

奠者内部一般似仍保持着原来的组织（如被奠的危方仍有自己的首领危伯柔），他们要在被奠之地为商王耕作、畜牧，有时还要外出执行军事方面的任务，此外似乎还要满足商王对臣妾等的要求"①。甲骨文中有奠置各方国人的记载：

  贞危人率奠于□。（《合集》7881）
  贞微人于砍奠。（《英藏》547 正）
  奠望人并。（《合集》4551）

被奠者除归顺、降服者外，还有被掳掠来的奴隶：

  贞于京奠勋刍。（《合集》32010）
  辛巳，贞其奠及刍。（《合集》32183）

从卜辞的记载看，商代的奠应该是由多个邑组成的一个区域，甲骨文中有：

  癸酉卜，在云奠河邑，泳，贞王旬无祸。佳来征人方。（《英藏》2525）
  壬辰，亦来自西，甶呼［告曰：舌方］征我奠，戋四［邑］。（《合集》584 反）

奠的地域可以较大，其中分布有多个邑落。

商王是将被奠置者安置在商王直接控制区或者其他部族的领地内的，如上文所引的：

  贞微人于砍奠。（《英藏》547 正）
  奠望人并。（《合集》4551）

即将微人、望人分别安置于砍、并两地。这样必然造成不同族之间的杂居。

---

① 裘锡圭：《说殷墟卜辞的"奠"——试论商人处置服属者的一种方法》，《中央研究院历史语言研究所集刊》第64本4分，1993年版。

另外卜辞还有：

> 辛巳卜，王其奠元眔永磬在盂奠。王弗□羊。大吉。（《屯南》1092）

是将元族和永族人安置在盂奠，即同一奠内可以安置不同族的人。从上述卜可以看出，商代已经在某些地区专门划出一些地方安置被征服或掳掠来的人口，称作奠，如"砍奠"（《英藏》547 正）、"盂奠"（《屯南》1092）等。可见奠并非专为一族所专设，奠一旦设立，后来有归顺的族可以安置到其中。可以推测，奠是商王朝划出一些特定地区，作为安置扩张过程中掳取或归顺的人口。

奠的分布范围很广：

> 贞于竹奠。（《合集》24409）
> 贞呼奠于萑。
> 勿呼奠于萑。（《合集》10976 反）
> 于永次奠。（《怀特》1458）
> 癸卯卜，宾，贞令墉兹在京奠。
> 贞勿［令墉兹在京］奠。六月。（《合集》6）

竹，当即文献中之孤竹，在今辽宁西南部；萑，彭邦炯先生认为萑即春秋时期鲁国的"赺"，在今山东泗水邹县之间[①]；永，陈梦家先生认为其地在河南永城南[②]；京，在河南省东部或山东省西部一带[③]；可见商人设奠的地域很广，几乎遍布其统治区域。在商王朝不稳定的地区亦设有奠：

> 癸未卜，永，贞：旬亡［祸］。七日己丑，角友化呼告曰：［舌］方征于我奠豊。七月。（《合集》6068 正）
> ……四日庚申亦有来艰自北，子䇂告曰：昔甲辰，方征于蚁，俘人十又五人。五日戊申，方亦征，俘人十又六人。六月在□。（《合集》

[①] 彭邦炯：《甲骨文农业资料考辨与研究》，吉林文史出版社 1997 年版，第 636—637 页。
[②] 陈梦家：《殷虚卜辞综述》，科学出版社 1956 年版，第 306 页。
[③] 林欢博士论文：《晚商地理论纲》，中国社会科学院研究生院 2003 年。

137 反）

　　癸未卜，㱿，貞旬亡……祟，允有来艱自西，址戈告曰：舌方征于我奠……（《合集》584 甲正）

　　癸巳卜，㱿，貞旬亡囚。王占曰：有祟，其有来艱。气至五日丁酉，允有来媸自西，沚咸告曰：土方征于我東鄙，戈二邑，舌方亦侵我西鄙田。（《合集》6057 正）

这说明奠并非只在商王直接控制区，而是设立于各个地区，甚至在动荡的边疆地区也出现了奠，远远超出了商王直接控制区的范围。

　　另外，奠所安置的人也发生了变化，甲骨文有：

　　□戌卜，□，貞不□束余□奠子戠。十月。（《合集》20036）
　　癸巳，貞⿱致画于蜀乃奠。（《屯南》866）
　　辛巳，貞⿱致画于蜀乃奠。（《英藏》2413）

在这里被安置的是子戠、画等，画很可能就是卜辞中的子画或其部属，这样就出现了"子某"被安置的情况。相类似的还有：

　　辛丑，貞王令吳以子方奠于并。（《合集》32107）
　　辛酉，貞王令吳以子方奠于并。（《合集》32832）
　　□亥，貞王令吳以子方乃奠于并。（《合集》32833）

这里的子方很可能不是方国名，而是商人诸子之一，与子戠、子画一样是商王的亲属。另外，卜辞中还有：

　　癸亥，貞王其奠㱿。（《屯南》862）
　　乙丑□侯商□告□。
　　乙丑，貞王其奠㱿侯商，于父庚告。
　　乙丑，貞王令……
　　［己巳］，貞商于㱿奠。
　　己［巳］，貞商于㱿奠。
　　乙亥，貞王其令㱿侯商于祖乙门。

于父丁门令🅰侯商。(《屯南》1059)
丙寅，贞王其奠🅰侯，告［祖乙］。
丙寅，贞王其奠🅰侯，告祖乙。
贞王其奠🅰侯，告祖乙。(《合集》32811)
己巳，贞商于🅰奠。
己巳，贞商于🅱奠。
辛未，贞其告商于祖乙。若。
辛未，贞夕告商于祖乙。(《屯南》4049)（图6—26）

图6—26　《屯南》4049

裘锡圭先生认为："'🅰侯'在时代较早的卜辞里已经出现，所以称'🅰侯'，当然是由于🅰是这位侯的封地，但是（70文中引辞号。按：即《屯南》1059）却卜问是否奠🅰侯商于🅰，这是很奇怪的。在此之前，🅰侯商一定由于某种原因失去了原来的封地。所以奠🅰侯这件事应该是比较特殊的"[①]。细审这一组卜辞，从时间和事件上可以分为两段。第一段癸亥日至丙寅日，商王占卜在🅰设奠，初步确定置商为🅰侯，并向父庚、祖乙报告；第二段从己巳日至乙亥日，再次卜问奠于🅱地还是🅰地，最终确定商奠于🅰，然后于辛未日向祖乙报告，乙亥日在祖乙宗庙门或父丁门正式任命🅰侯商。从"贞商于🅰奠"、"贞商于🅱奠"的卜问和随后的"贞王其令🅰侯商于祖乙门"看，当是任命商为🅰地之侯。这时奠已经成为一种安置本族贵族为诸侯的方法，即奠已经从单纯的安置被征服者的方法，扩大为一种可以适用于安置商本族人的方法。但是，这种安置方法很可能依然带有贬抑的性质，甲骨文中还有：

丁巳卜，贞王令并伐商。(《合集》33065)
□卯［卜］，［贞］今夕令伐商。(《合集》33066)
庚寅，贞王令并伐商。
庚寅，贞叀亢令伐商。(《屯南》2907)

[①] 裘锡圭：《说殷墟卜辞的"奠"——试论商人处置服属者的一种方法》，《中央研究院历史语言研究所集刊》第64本4分，1993年版。

是商王朝曾征伐商，很可能是商本为王朝贵族，因为不服王命，遭到征伐，后再次归服，于是商王朝将之奠于㠱地，称㠱侯商。上引卜辞中的画很可能也是这种情况：

  癸巳，贞䧄以画于蜀乃奠。（《屯南》866）
  辛巳，贞䧄以画于蜀乃奠。（《英藏》2413）

是子画遭到惩罚，将其本人或其部属迁于蜀地重新安置。这说明奠纯粹安置被征服者的性质已经发生了变化，而转化为一种普遍的安置人口的方法。同时，从商奠于㠱而称㠱侯看，商受到的处罚可能只是降级使用，也可以看出，部分奠的首领可以由商王朝任命，奠已经发展为一种类似行政区划的组织。

  到商代后期，奠可能已经发展为一种制度化的安置方式，奠已经"不是一个专有地名而是一种地区"[①]，被认同为一种正式的地方区划名称，出现了"南奠"、"西奠"等方位性称呼，也出现了"我奠"或"多奠"等通称性的名称：

  辛亥卜，争，贞共众人，立大事于西奠玫［舟］。□月。（《合集》24）
  贞勿遣在南奠。（《合集》7884）
  ……殻，贞在南奠□。（《合集》7885）
  师般以人于北奠次。（《合集》32277）
  贞我奠受年。（《合集》9767）
  丙午卜，宾，贞呼省牛于多奠。
  贞勿呼省牛于多奠。（《合集》11177）

这说明，商代的奠已经成为类似一级地方行政组织的单位，广泛分布于商王朝的疆域之内。这些奠也成为由商王直接控制的地区。

  随着奠向一级行政组织的发展，奠的功能也向综合性方向发展，在具有较强的经济功能的同时，也具有了军事功能。

[①] 裘锡圭：《说殷墟卜辞的"奠"——试论商人处置服属者的一种方法》，《中央研究院历史语言研究所集刊》第64本4分，1993年版。

商代的奠有农业性质,也有牧业性质。

南奠受年。
南奠不其受年。(《合集》9768)
贞,共牛于奠。(《合集》8936)
丙午卜,宾,贞呼省牛于多奠。
贞勿呼省牛于多奠(《合集》11177)

奠受年、省牛、共牛等占卜说明,奠不是集中于某一类生产类型,而是具有多种生产类型的奠。

学者以为奠为不设防的殖民区[①],但从商人置官,可以看出商王也派人在此进行统治。所以出现商人的防御设施,应该是合理的。甲骨文有:

癸卯卜,宾,贞令墉奚在京奠。(《合集》6)
癸酉卜,𣪊,贞令多奠依束墉。(《合集》6943)
贞王令犀今秋〔比𣪊〕舟曡乃奠。(《合集》32854)

墉、曡皆有筑城之意,当是在奠建立城防。

综上所述,奠本来是一种安置被征服部族的方式,最后转变成为一种较普遍的在各地安置外来人口的方式,并成为一种具有相对独立的经济生产和武装防卫据点,奠也变为商王朝扩大直接控制地区的重要手段,林欢先生则认为置奠是商王巩固与扩大王畿的方式[②]。

除了分封、置奠外,商王朝还在全国各地建立各类生产性据点和军事性据点。

3. 生产性据点的建立

(1) 作邑

关于商代"作邑"的情况,我们在前节已有所论述,知道商王朝在许多地方作邑。商王朝通过在各地作邑,建立了遍布全国的据点,从记载看,这

---

① 裘锡圭:《说殷墟卜辞的"奠"——试论商人处置服属者的一种方法》,《中央研究院历史语言研究所集刊》第64本4分,1993年版。

② 林欢博士论文:《晚商地理论纲》,第69—73页,中国社会科学院研究生院2003年。

类据点以生产型和小据点为主,但也有大的据点:

> 贞乍大邑于唐土。(《英》1105 正)
> 己卯卜,争,贞王乍邑,帝若。我从之唐。(《合集》14200 正)

大的邑应该是带有综合性质的据点,不仅具有生产能力,而且具有防卫能力。甲骨文有:

> 王其乍㒸于旅邑……其受佑。(《合集》30267)

㒸,郭沫若释为"城塞之塞"[①],"㒸是一个范围不大的城堡,和邑是两回事,自然是为了保护邑而作的"[②]。

(2) 裒田

商王朝对于新征服地区和归顺的方国,保留了一种从中划得土地的权力。商王朝往往会在被征服地区和归顺方国内划出一部分土地,由商王派人屯垦,称为"裒田"。甲骨文中有大量"裒田"的记载:

> 戊辰卜,宾,贞令泳裒田于盖。(《合集》9476)
> 癸巳卜,宾,贞令众人肆入羊方裒田。(《合集》6)
> 癸□[卜],□,贞令曼裒田[于]先侯。十二月。(《合集》9486)
> 戊子卜,宾,贞令犬延族裒田于虎。(《合集》9479)
> 癸卯[卜],宾,贞……皋裒田于京。(《合集》9473)
> 于龙裒田。(《合集》33209)
> 甲戌,贞王令刚裒田于亐。(《屯南》499)

从卜辞可以看出,商王朝的裒田活动,遍及各处地区,并深入到其他方国内。参加裒田的也是有各种身份的人,包括泳、皋、多尹、犬延族、多羌等,其中泳、皋等是王朝贵族,而多尹则是王朝官员,犬延族是商人之族,多羌为掳掠来的人口。由此可以看出,裒田是一种相当普遍的活动,商王朝

---

① 郭沫若:《卜辞通纂》,附一第 10 片考释,科学出版社 1983 年版。
② 彭邦炯:《卜辞"作邑"蠡测》,《甲骨探史录》,上海古籍出版社 1983 年版。

通过袁田在全国建立了众多的农业据点。这些农业据点并非是单纯的农业生产单位,同时也是武装团体。

商人的袁田是商王朝通过军事屯垦形式向周边部族势力的间隙渗透,是通过一种和平的方式来扩张领土。

(3) 置牧

商王朝在各地设立牧场,甲骨文中有:

迍于右牧。
迍于左牧。(《合集》28769)
□鹿其南牧擒。
其北牧擒。(《合集》28351)
戊戌,贞右牧于片,攸侯叶鄙。
中牧于义,攸侯叶鄙。(《合集》32982)

(图6—27)

图6—27 《合集》32982

商代的牧分布很广,钟柏生先生分析了甲骨文中的地名,认为商代的刍牧地遍布各地[①],并没有集中分布地区。另外,牧还以数字编次:

乙丑卜,宾,贞二牧又……用自……至于多后。(《甲》1131)
辛未,贞三牧告。
辛未,贞于大甲告牧。(《屯南》1024)
王其祈,甹九牧告。(《天理》519)

宋镇豪先生认为这是商王朝利用周围隙地辟为牧场,用数目编次[②]。这说明牧场已经成为一种正式的单位。甲骨文中还有:

[①] 钟柏生:《卜辞中所见的刍牧地名》,《考古人类学刊》第50期,1995年。
[②] 宋镇豪:《论商代的政治地理架构》,《中国社会科学院历史研究所学刊》第1集,社会科学文献出版社2001年版。

癸酉卜，㞢，贞呼税取虎于牧鄙。(《合集》11003)

"牧鄙"，即牧之边境，这说明商代的牧是有土地范围的，是一个与土地联系在一起的单位。另外，商人在各地的牧也有军事功能：

辛未，贞在丂牧来告，辰卫其比史受……(《合集》32616)
壬申卜，在攸贞，右牧🅾告启，王其呼成比彮伐，弗每，利。(《合集》35345)
癸酉卜，戍伐，右牧🅾启人方，戍有戋。引吉。(《屯南》2320)

是牧担负着向中央王朝告警之责，并在军事行动中担任前锋，即牧也参与军事活动。类似的记载还有：

□□卜，宾，贞牧再册……登人敦……(《合集》7343)
丁亥卜，贞牧再册，曹……(《合集》7424)

再册，即"举册接受册命"[①]。上二辞都是要牧接受册命并参加军事征伐的记载。有学者认为商代的牧具有经常性的军事职能，"可见殷人自己在放牧时，也得严阵以待，随时准备战斗"[②]。

商代有相当一部分牧是由商王直接建立和控制的：

戊戌卜，宾，贞牧勹人，令遘以受。(《合集》493)
受兹三牧……于唐。(《合集》1309)

"大略是讲唐地开辟的牧场向王朝求人力补充，商王乃命令遘送受人前往"[③]。另外卜辞还有：

[①] 齐文心：《释读"沚冒再册"相关卜辞》，《2004年安阳殷商文明国际学术研讨会论文集》，社会科学文献出版社2004年版。

[②] 王慎行：《卜辞所见羌人考》，《古文字与殷商文明》，陕西人民教育出版社1992年版。

[③] 宋镇豪：《论商代的政治地理架构》，《中国社会科学院历史研究所学刊》第1集，社会科学文献出版社2001年版。

□□卜，戈在丂牧。(《合集》35240)
　　贞奠、雨以刍于丂。(《合集》101)

"致为致送。刍是进行畜牧劳动的放牧者。致刍于丂与丂地牧场之设置，正相一致"①，即牧的人员由商王直接提供。商王对牧也予以特别的关注：

　　壬辰卜，贞赏牧。
　　贞勿赏牧。六月。(《合集》5597)
　　御牧于妣乙卢豕，妣癸麂，妣乙豕麂。(《合集》31993)
　　辛未，贞于大甲告牧。(《屯南》1024)

牧受到赏赐，商王还为之举行禳灾之祭，或为之告祭于大甲，这说明这些辞中的牧在商王朝事务中有重要作用，同时也可能是商王的本族。

商王通过在各地建立牧，形成了许多分布于各处的带有军事性质的畜牧生产单位，达到了控制各地的目的，林欢先生认为"诸'牧'地理分布的意义并不在于代表当时畜牧业分布状况，而在于它们在边地控制中所起的作用"②。

4. 军事性据点的设置

(1) 戍点的设置

戍是商王朝向外扩张和稳固统治的重要方式之一，《说文》："戍，守边也。从人持戈。"甲骨文中有戍字，大多都与军事行动有关：

　　癸，戍夙伐戋，不雉[人]。(《合集》26897)
　　戍从雨敝方，戍。(《合集》27996)
　　戊辰卜，戍执征毁方，不往。(《屯南》2651)
　　□卯卜，戍微御□。大吉。(《屯南》463)

商王向边境和有紧急事件的地区派出族武装，建立军事据点，应付各种事

---

① 杨升南：《商代的畜牧业》，《华夏文明》第3辑，北京大学出版社1992年版。
② 林欢博士论文：《晚商地理论纲》，第84页，中国社会科学院研究生院2003年。

件，以维持边境与地方的安定：

  丁巳卜……
  弜巳，从戍春受人，亡戋。
  王其众戍春受人，由禀土人有戋。
  叀乇人有戋。
  王其呼众戍春受人，由禀土人眔乇人有戋。（《合集》26898）
  王叀次令五族戍羌方。（《合集》28053）
  癸巳卜，王其令五族戍舌。（《合集》28054）（图6—28）

类似的还有：

  己未卜，王其呼戍祟，在……（《合集》28045）
  叀戍光往有戋。（《合集》27975）
  戍冉其遘戎。（《合集》28044）

图6—28 《合集》28054

即商王朝在祟、光、冉等地设有戍点。戍负责日常的守御活动，但并不是消极被动地应付紧急事件，也参加进攻性战斗，担负着攻击任务：

  丁卯卜，戍允方出，弗伐微。（《合集》28029）
  戍叀义行用逆羌方，有戋。（《合集》27979）
  隹戍中往，有戋。
  隹戍光往，有戋。
  ……戍往……羌方，不□人，有戋。（《合集》27975）

戍针对边境和不稳定地区参与军事行动，有些情况下当危机解除后，戍即撤回。但在情况紧急时，戍不会按期撤回，如：

  戍其迟，勿归，于之若，戋羌方。

戍其归，呼犬戉，王弗每。
其呼戍御羌方于义祖乙，戈羌方，不丧众。(《合集》27972)

在更多情况下，特别是边境地区，戍守任务是长期的，从而建立据点，"商代的戍官既然是为了守边和征伐邦方而设，因而在某戍防之地应有一定的防卫设施等"①，成为商王朝进军的前哨：

……甴入戍辟，立于大乙，[自]之盂羌方，[不雉人]。
……[甴入戍]辟，立于?，自之盂羌方，不雉人。(《合集》26895)

"这是记商王入于戍辟之地，对先王大乙举行祭祀，从而攻击羌方时，不会使人员受损"②。

在当时的情况下，戍守据点的物资保障不可能完全依靠王朝的远距离运输供应，所以戍守者不是单纯的军事力量，而是一个部族，他们不仅担负军事任务，同时也担负生产任务：

甴戍呼舞有大雨。(《合集》30028)
王其呼戍舞盂有雨。(《合集》28180)
甴田罙戍舞。(《合集》27891)

戍舞以求雨，当与生产有关。许多戍在经过长时期的经营后，逐渐发展为生活、军事相结合的综合性据点。如山东淄博桓台史家遗址，即是一处商王朝在东方地区建立的卫戍据点，该据点约30万平方米，建立于高地之上，利用建于龙山时代的城址加以修补而成，遗址内还发现商代的铜器、卜甲、祭祀坑等遗迹，是一处具有综合防卫职能的城邑。

戍原本是商王朝派驻到各地的戍守军事力量，随着边疆的扩大，原来的边境成为后方，戍原本的防守功能已经消失，但商王朝并没有将戍撤销，而是将这种原本以防守为主的军事资源转化为一种机动性的军事力量。戍由边

---

① 王宇信：《山东桓台史家〈戍宁觚〉的再认识及其启示》，《夏商周文明研究》，中国文联出版社1999年版。

② 同上。

防任务中解放出来，成为一支可以自由调动的力量，戍也由原先的戍守力量转变成一种重要军事力量，是商王应付军事事件时经常调动的军事组织：

  弜乎戍卫，其每。
  王其乎戍征卫，弗每。
  方其至于戍师。（《屯南》728）
  王其乎戍圉□。（《合集》3107）

不仅仅是内地的戍发生了这种职能转变，边境地区的戍也开始成为商王调动使用的力量：

  ……及羌……戍盠，弗戋。（《合集》27987）

从"及羌"看，戍盠本来是戍守与羌地接壤的边境的部队[①]，甲骨文有：

  其将盠……又夕……
  弜将盠师。
  其将盠于襄。
  ……将盠……
  ……将盠，其……（《合集》27988）

这是商王调动盠师增援襄，襄，于省吾先生认为其地即春秋时期的襄牛，为宋国故地[②]，在商王朝的东部边境，"当时可能因为人方大出造成边境压力，于是将原在羌边境的一支军事组织调往襄地增援"[③]。而戍也由临时性的防守力量发展为一种正式的武装组织形式，戍也成为一种正式的武官，如卜辞中有：

  壬戌卜，犾，贞叀马亚呼执。

[①] 林欢博士论文：《晚商地理论纲》，第9页，中国社会科学院研究生院2003年。
[②] 于省吾：《甲骨文字释林》，中华书局1979年版，第133—134页。
[③] 林欢博士论文：《晚商地理论纲》，第9页，中国社会科学院研究生院2003年。

壬戌卜，犾，贞盅戍呼执。(《合集》28011)

陈梦家指出"戍与马、卫等官名并举，戍也官名"[1]。

(2) 师

师，甲骨文作"𠂤"，可用作地名，指军旅驻守之所：

丙申卜，行，贞王宾伐十人，无尤。在师㳄卜。(《合集》22606)
壬卜，在师㝱。(《合集》24249)
王在师裏荞。
王在师稻荞。(《合集》24255)
辛未卜，尹，贞今夕无祸，在师攸卜。(《合集》24260)
戊戌卜，王在一月，在师羌。(《合集》24281)
辛酉卜，王宾岁，无尤。在四月，在师非卜。(《合集》24266)

商人建立的师大多分布于西南和东南两个方面[2]，可能与商人在这些地区的统治形势较为紧张有关。

商代的师可能不是单纯的军事据点，也承担有生产任务：

戊寅卜，在韦次师人无戋，异，其耤。(《京都》2141)

(3) 偶

甲骨文中有"作偶"的记录：

王其作偶于旅邑……其受佑。(《合集》30267)
无作偶于北杏。(《合集》27796) (图6—29)

图6—29 《合集》27796

---

[1] 陈梦家：《殷虚卜辞综述》，科学出版社1956年版。
[2] 林欢博士论文：《晚商地理论纲》，第46页，中国社会科学院研究生院2003年。

于瓶作偋，□戈，大吉。(《屯南》2152)

偋，郭沫若释为"城塞之塞"①，即商王朝在各地建立城塞设施，以拱卫领土。

(4) 筑城

商王朝还在许多地区建立城池，有许多城防设施可能属于商王朝的各大家族所建立：

> 甲申卜，我墉于西，多以人。
> 甲申卜，我墉于西，七月。(《英藏》1107)
> 己丑子卜，贞余又呼出墉。
> 己丑子卜，贞子商呼出墉。
> 子蚩呼出墉。(《前》8·10·1)

在这里墉当是动词，是建筑城墙的意思，商人在西方边境建立城防，即在边境地区建立军事据点。

从上面的讨论可以看出，商人据点网络的职能不是单一的，无论生产单位还是军事据点，都担负着多种职能。军事组织同时也是生产组织，在担负军事职能的同时，也担负经济职能；生产组织亦然，同时担负着军事职能。

另外，我们看到相当一部分据点是由商王直接控制的，商王可以通过建立各种据点把资源掌握到自己手中。同时商代的网络化军事组织，也起到了后世"封建亲戚，以藩屏周"的封建诸侯的作用，它一方面可以减少建立独立于王朝的诸侯，另一方面也可以承担诸侯所具有的职能，对于商王朝诸侯的地位也是一种削弱。所以终商一代，始终没有出现像周代那样能左右中央王朝的独立力量。

(二) 商代的路政系统

商王朝已经建立起较为发达的道路系统，《尚书·洪范》："无偏无党，王道荡荡；无党无偏，王道平平；无反无侧，王道正直"，说明商代的道路已经相对完善。据彭邦炯先生研究，商代晚期已经形成了以王都为中心向四

---

① 郭沫若：《卜辞通纂》，第10片考释，科学出版社1983年版。

方辐射的道路网络，主要干道有六条：

其一东南行。是通往徐淮地区的大道，即甲骨文中关于征人方的往返路径，有的地段可能与今陇海路郑州至徐州、津浦路徐州至淮河北相合。

其二东北行。是通往今卢龙及其以远辽宁朝阳等地的交通干道。

其三东行。与山东益都古蒲姑有要道相通。另有水路，估计可沿古黄河或济水而下。

其四南行。与今湖北、湖南、江西等当时的国族之间有干道相连。

其五西行。通往陕西，沿渭水可直至周邑丰镐或别的方国部落。

其六西北行。为逾太行的要衢。商与西北囗方、土方等交战，常有战报捷送王都[1]。

随着道路体系的建成，商王朝同时也建立了与之适应的路政设施和制度，宋镇豪先生对此有细致的研究，认为商代已经建立起道路戍守据点体系、旅舍体系和驿传制度，商代的路政体系已经十分成熟[2]。

1. 路守据点体系

为了保障道路畅通，商王朝在道路的险要地段设立了军事据点加以防卫，称"枼阵"：

> 辛巳贞，王宙癸未步自枼阵。（《合集》33150）
> 癸亥贞，王宙今日伐，王夕步自枼三阵。（《合集》33149）
> 癸亥贞，王其伐卢羊，告自大乙。甲子自上甲告十示又一牛。兹用。在枼四阵。（《屯南》994）

《说文》："枼，楄也"，桂馥《说文解字义证》："楄当为扁类"，"甲骨文枼应指防御木栅墙或堞一类人工构筑设施"[3]。《说文》："阵，隗高也"，则"枼阵"一般设立于道路附近的高地之上，甲骨文有：

> 贞王勿往于枼京。（《乙》1215）

---

[1] 彭邦炯：《商史探微》，重庆出版社1988年版，第269页。
[2] 宋镇豪：《夏商社会生活史》增订本，中国社会科学出版社2005年版，第285—293页。
[3] 同上书，第287页。

"京"即指高地,《尔雅·释丘》云:"绝高为之京,非人为之丘"。"枼陮"当设在高地。甲骨文有云:

丁亥卜,又于五山,在□陮,二月卜。(《合集》34168 正)
□□□,又于五山,在枼□,□月卜。(《合集》34167)

"枼陮与五山相属,决知枼陮是在山丘或自然高地立木栅或筑土垛,用以慎守险恶路段"①。

从"枼陮"、"枼三陮"、"枼四陮"等称呼可以看出,枼陮按数字编次,形成了一个体系,宋镇豪先生认为:"枼陮的设置,以数目为序,编至四站,首站单称'枼陮',第二站未见,第三、四站分别称为'枼三陮'和'枼四陮'。各站间保持有一定的距离……枼三陮与枼四陮的间隔距离有一日之程。如按《韩非子·难势》所云:'良马固车,五十里而一置',则自首站至四站,可控路段约有 200 至 250 里左右,从而形成交通道上有机防范网络"②。

2. 旅舍体系

甲骨文有"羈"字,作"🐎"形,许进雄先生认为羈"可能是驿站一类之特别设施"③,宋镇豪先生进一步认为:"殷商时代,在中心统治区内的干道上,王朝直接建有食宿交通设施,专供贵族阶级人员过行寄舍,甲骨文称之为'羈'。其字构形作🐎,像系马于栅栏意;繁形作🐎(《合集》28162),从手持鞭,勒马驻止之意更显。羈有过行寄止义。《广雅·释诂》云:'羈,寄也。'《周礼·地官·遗人》云:'以待羈旅',郑注:'羈旅,过行寄止者'。甲骨文'羈'用为专名,是殷商王朝设立于干道边的旅舍"④。甲骨文有:

贞至羈。(《合集》28163)
至二羈。(《合集》28160)
弜至三羈。吉。(《合集》28157)

---

① 宋镇豪:《夏商社会生活史》增订本,中国社会科学出版社 2005 年版,第 288 页。
② 同上书,第 287 页。
③ 许进雄:《明义士收藏甲骨释文篇》,加拿大多伦多皇家安大略博物馆 1977 年版,第 163 页。
④ 宋镇豪:《夏商社会生活史》增订本,中国社会科学出版社 2005 年版,第 288 页。

贞四羁。祐。(《合集》28158)

□□卜，在五羁(《合集》28152)(图6—30)

在五羁。(《合集》28153)

羁按照数目编次，"一羁至五羁，次序井然，应是顺道路依次编置的……一羁至五羁，自此及彼，由近而远，路程关系明确，各羁舍间应保持有一定的距离。《逸周书·大聚解》谓周观殷政，'辟开修道，五里有郊，十里有井，二十里有舍，远旅来至'。《周礼·地官·遗人》云：'凡国野之道，十里有庐，庐有饮食；三十里有宿，宿有路室，路室有委；五十里有市，市有候馆，候馆有积'。《诗·小雅·六月》'我服既成，于三十里'，毛传：'师日行三十里'。《管子·大匡》云：'三十里置遽委马。'后一说是指节级递送的驿传之制，在殷商尚未形成这种倒换车马和传者的驿传法，消息一般是由专人一送到底。以当时条件论，'二十里有舍'、'三十里有宿'，比较近乎实际。羁与羁间大体保持在二三十里距离，则第五羁已距王都百五十里左右之遥了。商代道路交通呈中心王都向四外平面辐射状，如果王都通往四方的各条干道都设有此等羁舍，可以想见殷商王朝的直接控制区，方圆直径约为二三百里。在此范围内的过行食宿寄止，可由王朝专设的羁舍提供便利……概言之，殷商王朝的中心统治区有二三百里方圆，在王都周围半径百里开外的干道，王朝专设有过行食宿的'羁'舍"[1]。

图6—30 《合集》28152

即商王朝沿主要道路建立了一个旅舍网络，为涉及国家事务的人员提供食宿。这些旅舍在战时则成为重要的行营和后勤保障的据点。

(三) 驿传体系

甲骨文有字作""、""、""、""、""，于省吾先生释遽，认为商代

---

[1] 宋镇豪：《夏商社会生活史》增订本，中国社会科学出版社2005年版，第289—290页。

已经建立起了相当发达的驿传制度①，"甲骨文既于遣言往来，又于传言致，可见商代的遣传已相当发达"②。与这种驿传相适应，商代已有专职的驿传者，甲骨文有：

> 癸卯卜，㱿，贞呼弘往比逸于餗。
> 癸卯卜，㱿，贞勿呼弘往比逸于餗。（《合集》667 正）
> 己未，贞王令逸……于西土，亡戈。（《屯南》1049）
> 己卯，贞逸来羌，其用于父丁。（《英藏》2411）

"'令逸'之'逸'，用为人名，则指专门负责出入驿传者，以职相称。'呼弘比逸于餗'，是呼命弘前往餗地比合逸。'逸来羌'可能指某方逸者送致羌奴。凡此可见当时王朝抑或地方臣属与国，均有逸者之设，专职驿传之事"③。

商王朝还在较远地区设立逸站，为远行者提供服务：

> 丁未卜，食有在逸。（《殷缀》57）
> 己亥，贞王在兹矣逸。（《屯南》2845）

宋镇豪先生认为，在离王都较远的地区，"有的地方榛莽未辟，人烟绝少，有的地方，虽有土著族邦，逸者却因身负重命，怕消息走漏，或安全上的原因，也不得不绕道而行。因此殷商王朝或在一些必要路段设立逸站，供逸者食宿"④。

（四）军事情报网络

随着统治网络的建立，商王朝的信息传递体系也建立起来。甲骨文中有大量向中央告警的记录：

> ……四日庚申亦有来艰自北，子㠱告曰：昔甲辰方征于蚁，俘人十又五人，五日戊申，方亦征，俘人十又六人。六月在□。（《合集》137 反）
> 癸未卜，㱿，贞旬无……祟，允有来艰自西，沚戈告曰：舌方征于

---

① 于省吾：《殷代的交通工具和驿传制度》，《东北人民大学人文科学学报》1953 年第 2 期。
② 于省吾：《甲骨文字释林》，中华书局 1979 年版，第 280 页。
③ 宋镇豪：《夏商社会生活史》增订本，中国社会科学出版社 2005 年版，第 292 页。
④ 同上。

我莫……（《合集》584甲正）

癸巳卜，殻，貞旬亡囚。王占曰：有祟，其有来艱。迄至五日丁酉，允有来娩自西，沚馘告曰：土方征于我东鄙，戈二邑，舌方亦侵我西鄙田。王占曰：有祟，其有来艱。迄至七日己巳，允有来艱自西，址友角告曰：方出侵我示至来田七十人五……（《合集》6057正）

王占曰：有祟，其有来艱，迄至九日辛卯，允有来艱自北，蚁妻奻告曰：土方侵我田十人……（《合集》6057反）

甲午卜，亘，貞翌乙未昜日，王占曰：有祟，丙其有来艱。三日丙申允有来艱自东，画告曰：几……（《合集》1075正）

□□〔卜〕，□貞旬亡囚……允有来艱自西，酋告曰……〔戈〕𠬝、夹、方、相四邑。十三月。（《合集》6063正）

上述卜辞是边境发生方国入侵或冲突时的告警。也有在战事之前，商边地势力侦知敌情后向中央王朝的报告：

辛卯卜，殻，貞基方，缶作墉，其脩。
辛卯卜，殻，貞基方，缶作墉，不脩，弗吾。
辛卯卜，殻，貞基方，缶作墉，不脩，弗吾。
辛卯卜，殻，貞勿鼎基方，缶作墉，子商戈。
辛卯卜，殻，貞勿鼎，基方，缶作墉，子商戈。
辛卯卜，殻，貞勿鼎，基方，缶作墉，子商戈。四月。（《合集》13514正甲）

图6—31　《合集》36518

以上卜辞是敌方筑城，即有人向王朝报告，引起商王警惕，从而占卜是否派子商前去摧毁。另外，商王朝对于边境各方国的军事动向也保持警惕，如卜辞有：

乙巳，王，貞启呼巴曰：盂方共人，其出伐毛师高，其令东逌于高，弗每，不曹〔戈〕。王占曰：吉。（《合集》36518）（图6—31）

以上卜辞是盂方征集兵马,即有人向商王报告,商王认为可能是要攻击师高,并命令附近商人力量向东集结于高。可见商王已经建立了有效的情报网络。

随着商王朝封建诸侯的建立,以及经济、军事据点和旅舍、路政等体系的完善,商王朝在其政治疆域内建立起了一个控制网络。通过这个网络,商王朝一方面可以储备大量经济、军事资源,另一方面形成了军事力量在各地的均衡分布。网络建立之后,当商王朝面临地区性小冲突时,可以利用当地的军备和资源应付,对于地区性冲突作出及时的反应,避免了军队的长途跋涉之苦。当发生大规模冲突时,则事先得到情报,并在当地军事力量的抵挡下,获得充足的常备军的集结时间,争取行动上的主动。控制网络的建立,在一定程度上解决了军事的后勤供应困难,省却了长途运输之劳,同时又可以迅速传递信息和集结力量,商王朝通过这一网络实现了对广大疆域内的有效控制。

通过上述研究,我们大致可以看出商人对其疆域的控制策略。

商人一方面在王畿内建立发达的交通系统,在这一范围内,驻扎于都城等地的王朝常备军可以在发生冲突时及时赶到和有效控制。沿干道设立棨隉、羁舍,在王畿边缘的棨隉和羁舍,除日常功效外,还在战时担负着运输军事物资的任务,成为前方部队的物资供应站,使商王朝军队直接控制区的起点延伸到最外围的棨隉和羁舍,大大扩大了商王朝的政治疆域。在王畿的外缘地区则建立相当数量的戍、奠、牧等武装性据点,负责守卫,并储备军备物资,作为向外扩张的补给点和兵站。在方国地区,主要依靠方国的力量,但商王也在部分方国内建立了由中央直接掌握的据点,形成了对方国的牵制,以抚柔和威慑相结合的手段实现对当地的控制。

商王朝的常备军主要用于守备王畿地区,同时承担扩张领土和应付大规模军事冲突的任务,一般性的地方治安和小规模冲突则由各地建立据点的地方武装负担。

在商王朝的边疆地带,许多警卫和防守任务也由当地的部族担任,商朝的外层防御有时也委托给归顺的部族负责。

    己酉卜,宾,贞有来告□方征于寻。祼告于丁。(《合集》6672)
    □来告大方出伐我师,宙马小臣令……(《合集》27882)

在进行战争前,一般先派将领到邻近战争进行地的方国,进行军事动员:

> 甲申卜,㱿,贞呼妇好先登人于庞。(《合集》7283)
> 乙酉卜,㱿,贞勿呼妇好先于庞登人。(《合集》7284)
> 乙酉卜,㱿,贞勿呼妇好先于庞登人。(《合集》7285)
> 乙酉卜,㱿,贞勿呼妇先于庞登人。(《合集》7286)
> 丙戌卜,㱿,贞勿呼妇好先登人于庞。(《合集》7287)

即在战争前,先派妇好到庞征集人员。此处所征集的人员,可能是正式的战斗人员也可能是负责提供后勤保障的人员,这些人员直接从边境部族或方国征集,能够及时投入战场,既保障了边境的安全,又避免长途行军和物资运输,为王朝节省了人力物力。

商人军事网络的边缘不是平行推进的,在商人势力较强、地形有利的地区,商人势力会出现前突,反而把一些敌对或未归顺的部族包容在商人的疆域内,"当时商王朝的统治地区内,还存在着许多方国,或犬牙交错,或间隔山水,有些是商王朝的与国,有些时亲时叛,有些则经常发生战争"[1]。商人通过这种比较灵活的方式,使势力得到有效的扩展。

军事网络扩展了边疆,增长了军事行动能力的距离,有效拓展了领土。从有关记载看,依靠这个网络,商王有效控制了相当范围内的疆域。以攸、永两地为例,攸地地望有多种说法,郭沫若认为在安徽桐城[2],王恩田认为在山东滕县后黄庄[3],陈梦家认为其地在河南永城南部、安徽宿州西北一带[4]。无论哪一种说法正确,其地与殷墟之间的直线距离都在 300 公里以上。而商王在这些地方却能有效地行使权力。

这种网络化的统治方式,为商王朝实现对各地的有效控制,建立大地域国家提供了条件,巩固了商人的统治。但也有其不利的方面。网络化据点的建立,一方面使更多力量被固着在土地上,影响了商人的机动灵活战略;另

---

[1] 李民:《关于商王朝的经济域限》,《2004 年安阳殷商文明国际学术研讨会论文集》,社会科学文献出版社 2004 年版。

[2] 郭沫若:《卜辞通纂》,科学出版社 1983 年版,第 547 页。

[3] 王恩田:《山东商代考古与商史诸问题》,《中原文物》2000 年第 4 期。

[4] 陈梦家:《殷虚卜辞综述》,科学出版社 1956 年版,第 306 页。

一方面影响了商人机动力量的集中，无法再积聚强大的攻击力量。所以自武丁以后，随着商人统治网络的完善，商人开拓领土的行动也几乎停滞。边疆地区越来越倚重利用归服方国的势力，武乙时"周王季命为殷牧师"[1]，纣王时对周文王"赐弓矢斧钺，使得征伐，为西伯"，周实际上成为商王朝在西方的代理人。《上海博物馆藏战国楚竹书》也有相关记载。

即当西方发生叛乱时，借助周人的力量平定的叛乱[2]。这固然有商人正与东夷战争力量分散的原因，但实质上与商人本身难以集聚大量机动力量有关。

六 商王对人力物力的控制

商王朝在建立官僚系统、统治网络的同时，极力把更多的资源掌握到中央王朝的控制之下，以保证中央王朝的绝对优势力量，得以驾驭各地诸侯和方国，并向外开拓疆土。

商王朝对资源的集中主要从疆土、物力与人力等方面对地方进行控制。

商王名义上拥有对全国土地的占有权，"商王可到他所能控制的领土范围内的任何地方垦土造田"，[3] 这从甲骨文中可以得到证实：

> 戊辰卜，宾，贞令永袤田于盖。（《合集》9476）
> 癸卯卜，宾，贞令辜袤田于京。（《合集》9473）
> 戊子卜，宾，贞令犬徝族袤田于虎。（《合集》9479）
> 癸巳卜，宾，贞令众人肆入羊方袤田。（《合集》6）

商王派人到盖、京、羊方、先侯等地开垦土地，这些土地成为商王直接控制的地产。[4] 同时，商王也可以从各诸侯或方国占取已经形成的邑落：

> 贞呼从奠（郑）取怀、夒、鄙三邑。（《合集》7074）
> 取三十邑于彭、龙。（《合集》7073 正）
> 乙卯卜，宾，贞曰：以乃邑。（《合集》8986）

---

[1] 今本《竹书纪年》。
[2] 参见马承源主编《上海博物馆藏战国楚竹书》，上海古籍出版社 2000 年版，第 285 页。
[3] 杨升南：《商代经济史》，贵州人民出版社 1992 年版，第 59 页。
[4] 参见张政烺《卜辞裒田及其相关问题》，《考古学报》1979 年第 1 期。

即商王可以从奠、彭、龙等地方获取邑落,也可以命令臣下将邑落进献给商王。既然商王拥有全国土地的占有权,商王即可以在广大范围内按需要占取一部分土地与人口,建立直属于商王的经济军事据点。从前面商代统治网络的建立部分可以看出,商王朝在许多地区建立了由王朝控制的经济、军事网络体系,控制了大量资源。

商王对臣下的财产和人力拥有获取和使用的权力。甲骨文关于臣属向商王进贡的记载,除"致"、"来"、"见(献)"等记载外,还有大量"取"物与人的记载:

贞勿呼取方骨马。(《合集》8796正)

贞吴呼取弓。(《合集》9827)

丁亥卜,㱿,贞呼取吕。

贞勿呼取吕,王占曰:吉,其取。(《合集》6567)(图6—32)

贞呼取羞匄。(《合集》111正)

贞呼取微伯。

贞勿取微伯。(《合集》6987)

壬子卜,取雍。

壬子卜,勿取雍。九月。(《合集》7063)

图6—32 《合集》6567

以上卜辞是商王向各地征取物品。《韩诗外传》:"孔子侍坐于季孙,季孙之宰通曰:'君使人假马,其与之乎?'孔子曰:'吾闻君取于臣谓之取,不曰假。'季孙悟,告宰通曰:'自今以往,君有取谓之取,不曰假。'故孔子正假马之名而君臣之义定焉",杨升南先生认为:"'取'字是从帝王角度讲的。在古文中这个'取'字是君对臣,上级对下级的一个用语","'君取于臣谓之取'此乃犹如自己所有的东西、物件一样"①。商代的取字未必完全与上述情况相合，但商王可以通过占卜决定向臣下征集财富，说明商王对臣下财产的获取有一定的自由度，可以根据需要通过占卜，并以神灵的名义，向臣属征取资源。

除直接从各贵族和方国那里获取土地与人口外，商王朝还有权向各级贵族和方国征集人力。甲骨文中有大量关于"众"与"众人"的记载：

> 王大令众人曰：协田，其受年。十一月。（《合集》1）
> 丁未卜，争，贞勿令辛以众伐舌。（《合集》26）

关于众的身份，学术界有很多观点，朱凤瀚先生认为卜辞中的"众"即商人诸宗族内的族众，其身份即相当于平民。至于众的组成，"'众'作为商人诸宗族族人之集合称谓，有时确实不仅指平民，如卜辞中习见的王令某一贵族'氏众'（或'以众'）征伐敌方，在这些高级贵族统率下充当武士的'众'，除平民族众外，有可能亦包括在各支族军中任指挥官的中、小贵族，但是从人数比例上及与'众'有关的辞例看，使用'众'这种集合称为的人，其主要成分应当还是平民"②。

> 己酉卜，争，贞共众人，呼比受叶王事。五月。
> 甲子卜，品，贞令受衷田于□，叶王事。（《合集》22）

此处，征集来的众人由受率领，说明其非完整之族的团体组织，可以由其他贵族率领。还有如：

> 丁亥，贞王令辛众、甫伐召方。受佑。（《合集》31974）
> 贞王勿令辛以众伐舌方。（《合集》28）
> 庚申卜，兄，贞令并众卫。十二月。（《合集》40911）

这里禽众很可能也归甫指挥，但从称辛众、并众看，众当是属于禽族的，所以众很可能是从各族调集来的成员。即商王通过"共众"将人力从族中征集出来，交由其他贵族率领，成为一支王朝的力量。朱凤瀚对殷墟后岗墓地分

---

① 杨升南：《商代经济史》，贵州人民出版社1992年版，第62页。
② 朱凤瀚：《殷墟卜辞中的"众"的身份问题》，《南开学报》1981年第2期。

析后，认为"在平民成年男子中，战士占相当大的比例……从这个意义上看，参加族军是有一定社会政治地位的表现。平民中战士比例相当大，故他们大概多非职业武士，卜辞可见战时王令各族氏'收众'、'登人'等，亦证明平民中为战士者多是平时生产、战时当兵"①。众是可以调动的力量。

　　壬寅卜，宾，贞王住以众漆于囧。（《合集》10）

即致送众到囧地从事农业生产。卜辞中还有：

　　□戌卜……共众宗工。（《合集》19）
　　庚□卜，□，贞共〔众〕宗工。十一月。（《合集》20）

我们在前面讨论过宗工是宗族管理者，"供众宗工"当是向族正提供劳力，参与集体事务。类似的还有：

　　戊寅卜，争，贞今㭰众又工。十一月。（《合集》18）
　　众又工。（《屯南》599）

"'众又工'是占卜，让众再从事手工业劳动之事"②，是派众担任手工业生产。可见众是一种可以被委任以各种活动的人，这些人当是非固定身份的人，很可能是由各族中抽调出的可以自由支配的劳动力。

　　至于众的具体身份，我们从以下卜辞可以看出：

　　戍䕌弗雉王众。
　　戍带弗雉王众。
　　戍丹弗雉王众。
　　戍逐弗雉王众。
　　戍荷弗雉王众。（《合集》26879）
　　□丑卜，五族戍，弗雉王众。吉。（《合集》26880）

---

① 朱凤瀚：《商代晚期社会中的商人宗族》，《华夏文明》第3集，北京大学出版社1992年版。
② 杨升南：《商代经济史》，贵州人民出版社1992年版，第577页。

王叀次令五族戍羌方。(《合集》28053)

从上述卜辞看，如果五族系王之五族，则众系王族之人，由此可知，众并不是一个普遍的社会阶层的称呼。从卜辞也可以看出，商王朝对于众非常关心：

甲子……贞禽涉以众，不丧众。(《合集》22537)
□□卜，贞众作耤不丧……(《合集》8)
贞并无灾，不丧众。(《合集》52)

众长途劳作，遇到危险是可以理解的，应该解为损失而不是逃亡。在战争中，只关注奴隶而不关注战士是不正常的。所以，众有可能不是完全意义上的奴隶。另外，从研究看，商代尚没有大规模地使用家内奴隶，因而禽众、并众等不可能是奴隶。

卜辞还有：

贞御众于祖丁牛，妣癸卢豕。(《屯南》附三)
御众于祖丁牛，妣癸卢豕。(《合集》31993)

御祭为"禳灾之祭"[①]，即为众举行禳灾之祭。御之对象皆为王之亲近，而没有及于奴隶的情况。所以众不可以视做奴隶。那么卜辞：

……王其以众合右旅……旅禽于旧。(《屯南》2350)

则是王把征集来的士兵与常备军编制在一起作战。

可以看出，甲骨文提到众时，众大多是执行某种任务，即是承担某种任务的人，而且众或是由王直接控制的人员编成，或是由禽、并等贵族提供，然后由王朝编制划归某人指挥。所以众人可能并不是指某一个阶层，而是指由商王或各单位和各贵族向王朝提供的为王朝承担某种任务的人员。

商人的国家是通过武力征服建立起来的，在其域内有大量非商人本族的人口。这些被征服地区的人口，在被纳入商王朝的国家后产生分化。被纳入王朝

[①] 杨树达：《积微居甲文说·卜辞琐记》，上海古籍出版社1986年版，第70页。

中心统治区时间较长并与商人关系较密切的一部分可能融入了商人之中，被认同为商人。另有一部分成为商王和各级贵族的依附人口——带有家庭奴隶性质的附属家族。通过对商人家族的研究，我们也可以看出，在商人各家族的内部也出现了非族的人口，即奴隶。据《左传·定公四年》："殷民六族……使帅其宗氏，辑其分族，将其类丑，以法则周公"，杨升南先生认为："'类丑'应即是由同一族来的战俘而转化成的奴隶"①，即是家族的附属群体。这类附属者依然以血缘关系组织在一起，但与其上层组织却没有血缘关系。被征服地区人口的绝大部分保留了原来的血缘组织和土地关系，成为商国家基层人口的组成部分。他们在商王直接控制的地区或贵族的领地内，承担生产任务，也承担国家的力役。在实际的需要大批人力参加的活动中，尤其是外出裒田以及军事行动中，这些附属者被编制在一起，为宗主或商王提供劳力，即是众。

总之，众人其实是王朝向各族征集的人力，其具体组成可能并非单纯的归服部族成员或奴隶，有时也可能两者兼有之，甚至有时可能会包含有商族被排斥于宗族之外的下层成员。

王朝征集众人并非一时之举，而是国家调集人力的常规性方式之一，甲骨文中有"小众人臣"一职：

贞叀吴呼小众人臣。（《合集》5597）

"小众人臣"即管理众人的小臣，即商王朝设有"小众人臣"专门负责对众人进行管理。

除常规的征集众与众人之外，商王还根据临时出现的情况，从各地调集人力。商王可征调各部族的力役，如我们在前面所引的：

戊辰卜，宾，贞令永裒田于盖。（《合集》9476）
癸卯卜，宾，贞令㚔裒田于京。（《合集》9473）
戊子卜，宾，贞令犬延族裒田于虎。（《合集》9479）

即商王派永、㚔、犬延族人到各地裒田，可见商人对于各族的人力具有支配权。另外，卜辞中常见"登人"，甲骨文中有：

---

① 杨升南：《商代人牲身份的再考察》，《中国史研究》1988年第1期。

> 戊午卜，宾，贞王比沚馘伐土方，受有［佑］。（《合集》6417 正）
> 辛未卜，争，贞妇好其比沚馘伐巴方，王自东㪿伐㞢，陷于妇好位。（《合集》6480）
> 甲申卜，㱿，贞呼妇好先登人于庞。（《合集》7283）
> 乙酉卜，㱿，贞勿呼妇好先于庞登人。（《合集》7285）
> 丙戌卜，㱿，贞勿呼妇好先登人于庞。（《合集》7287）

沚馘、庞方皆是归服于商王朝的方国，都要向王朝提供兵力并担负出征任务。由此可见商王朝可以从各诸侯、方国抽调人力。另外，从"妇好先登人于庞"看，由庞方征集的人员的指挥也可能由妇好直接担任。可见，商王还有权对各级贵族所拥有的物力与人力进行征集。卜辞还有：

> 辛巳卜，□，贞登妇好三千，登旅万，呼伐……（《合集》39902）

"登妇好"表明，妇好拥有独立的领地，而且不完全从属于王族。出征所征集的三千人当是青壮年男子，按户出一丁每户五口计算，那么妇好领地内至少一万五千人。如此庞大人口显然不可能是妇好的血缘之族，即这些土地与人口当是妇好通过"授民授疆土"获得的。贵族领地的首领与所统之下的民众可以不是真正的血缘关系，而是一种管理关系。即这些人员虽然以族为组织，但与上级管理者之间却没有血缘关系。而妇好、庞方等地的社会成员被征集、被安排到商王委派的官员的指挥之下，成为王朝直接掌握的力量。

除向地方征集族众参加劳役、战争外，还征集奴隶：

> 取竹芻于丘。（《合集》108）（图 6—33）
> 丁巳卜，争，贞呼取何芻。（《合集》113 甲正）
> 贞呼取垂臣‖。（《合集》938 正）
> 丁亥卜，㱿，贞呼卬比韦取夹臣。
> ……卬比韦取夹臣。（《合集》634 正）

这些进贡给商王的奴隶，当是各族的附属人口。商王通过这种方法，把大量附属人口直接掌握到王朝的手中。

图6—33　《合集》108

商王获得直接掌握力量的另一形式，是通过严酷的法律把大量在族组织之内的成员剥离出来，处罚为直接由国家控制的罪隶。

《礼记·表记》："殷人尊神，率民以事神，先鬼而后礼，先罚而后赏"，商代的严刑峻法，除残酷的肉刑外，还有降为奴隶的刑罚。这一刑罚出现很早，《尚书·汤誓》有："尔不从誓言，予则孥戮汝，罔有攸赦"，颜师古《匡谬正俗》云："案孥戮者，或以为奴，或加刑戮，无有所赦耳。"宋镇豪先生认为："孥与奴古通用……所以'孥戮者'，当解为罚作奴隶或予杀戮为是"①，即商初即已经出现将触犯法律者罚作奴隶的刑罚。

这些被降为奴隶的人已经失去一切社会活动的资格，也不再被族人认同，《盐铁论·周秦篇》："古者君子不近刑人，刑人非人也"，《礼记·王制》："刑人于市，与众弃之，是故公家不畜刑人，大夫不养，士遇之涂，弗与言也，屏之四方，唯其所之，不及以政，示弗故生也。"商王朝通过将犯罪者从其本族下孤立出来，使之离开族的包容而成为由商王掌握的人力资源。《白虎通·五刑篇》："古者刑残之人，公家不畜，大夫不养，士与遇路不与语，放诸境埆不毛之地，与禽兽为伍"，实际是将其作为奴隶用于生产。《史记·殷本纪》载武丁时傅说的情况为"得说于傅险中，是时说为胥靡，筑于傅险"，集解引孔安国："傅岩之岩在虞、虢之界，通道所经，有涧水坏道，常使胥靡刑人筑护此道"，虞、虢在今山西南部平陆一带，正是商的政治疆域的边界，"常使胥靡刑人筑护此道"实际是使罪人服劳役，与"放诸境埆不毛之地"的意义相同。

由于罪人服役是商王掌握劳力的重要手段，商王极力把更多人力掌握到自己手中，刑法也就严苛而繁重，所谓"先罚而后赏"。另外，商代罚人为奴的适用范围可能是非常宽泛的，《史记·殷本纪》："箕子惧，乃佯狂为奴"，称箕子佯狂为奴，可见为奴不仅是有罪者，大概古代存在凡精神和肉体异于正常者，皆被视为不祥，可以在收系之列。《左传》僖公二十一年："夏，大旱，公欲焚巫尪"，杜预注："巫尪，主祈祷请雨者。或以为尪非巫

---

① 胡庆均主编：《早期奴隶制社会比较研究》，中国社会科学出版社1996年版。

也，瘠病之人，其面上向，俗谓天哀其病，恐雨入其鼻，故为之旱，是以公欲焚之"。巫与神灵沟通时往往处于精神癫狂的状态，可以视为异常之人，而尪则是瘠病之人，也不是正常人，这些精神癫狂与瘠病之人可以直接被用于焚祭，说明其丧失了自由身份。这种情况大约持续时间很长，直到汉代通过虐待巫尪求雨的情况依然存在，《春秋繁露·求雨》："春旱求雨……暴巫尪八日……秋，暴巫尪九日"，只是由焚改为曝晒。

商人一方面依赖族组织实现对广大地域内的人口控制；另一方面商王又极力把人力资源从族的束缚下游离出来，集中到自己手中，以加强中央王朝的力量。如何将人力资源集中于政权手中，是早期国家的重要任务之一，执政者在以族为单位赋予国家和社会义务的同时，也努力把各种闲散的社会力量集中于王朝。《韩非子·右储说上》："太公望东封于齐，齐东海上有居士曰狂矞、华士，昆弟二人立议曰：'吾不臣天子，不友诸侯，耕作而食之，掘井而饮之，吾无求于人也。无上之名，无君之禄，不事仕而事力。'太公望至于营丘，使吏执而杀之。"极力改变人口自然群体状态，将之集中于国家控制之下，以扩大政权能控制的人口范围，是古代国家的政策之一。

商人也实行分封制[①]。但与周代的分封制不同，周人依靠完善的宗法制度，周王主要是依靠最高族长的身份，从理论上取得对各族的人力与物力的征调权的，却没有方法将各族人力直接剥离出来，集中到周王的控制之下。商人则不同，商王没有真正将全部人力交给诸侯，而是通过征人、罚为奴隶等方式将大量人力从族组织中剥夺出来，使之成为由王朝直接掌握的人力资源，为王朝服务。所以终商一代，一直没有出现地方势力尾大不掉的情况，直到商纣时期，商王朝直接控制的力量依然十分强大，只是由于用兵于东夷，在周人的突袭之下而失国。而商王朝对各族人力的征发显然也调动了各族的利益，所以周人申述商王罪行和后人总结商王朝经验时，也认为："乃惟四方之多罪逋逃是崇是长，是信是使，是以为卿大夫"[②]，"其在受，德昏，羞刑暴德之人，同于厥邦，乃惟庶习逸德之人，同于厥政"[③]。故周文王很有名的一项政策是"有亡荒阅"，即向所有贵族表明自己尊重贵族私人对奴隶的占有，赢得了包括商人同盟在内的诸侯的拥护。

---

① 参见胡厚宣《商代封建考》，《甲骨学殷商史论丛》，（中国台湾）大通书局影印本1972年版。

② 《尚书·牧誓》。

③ 《尚书·立政》。

商代虽然有分封制度，但由于商代分封制度具有先天性的不足，所以商人并没有把分封制度普遍用于各个地区和领域，而是把相当一部分据点直接控制在商王手中。特别是不断建立新据点，以抵消具有独立倾向的旧据点，使商王始终掌握着最强大的力量，避免了诸侯对中央的抗衡。而周人建立了完善的分封制度，而且这一方式被广泛应用，结果是：一方面，独立性强、掌握土地、人口资源广的诸侯出现；另一方面，当周王无力取得新的土地时，只好从自己拥有的土地中划分给新的诸侯。这使得周王实力日益缩小，最终被诸侯所超过，失去了天下共主的实际权力。

七 商王朝的公共事务管理

中国古代国家的主要职能集中于军事与祭祀，"国之大事，唯祀与戎"，即是一方面通过对神灵的祭祀，掌握国家的精神资源；另一方面通过军事力量维护加强政权，取得物质资源的集中权。巩固和维护政权主要依靠祭祀和军事，但祭祀和军事只是统治手段最重要和最末端的手段，真正实现国家的正常运转，许多基础性的社会工作依然需要国家参与。商代国家在加强国家机器的同时，还对社会公共事务进行有效的管理。

（一）城邑管理

商代已经出现城市，目前考古发现的商代都城有偃师商城、郑州商城、洹北商城、殷墟、盘龙城、东下冯商城、垣曲商城、孟府商城、新干牛头城商城、吴城商城等。现将商代都城的情况略述如下。

偃师商城有两重城墙，外为大城，内为小城。小城时代较早，略呈长方形，南北约 1100 米，东西约 740 米，面积约 81 万平方米[①]。大城是在小城基础上扩建而成，东墙长 1770 米，西墙长 1710 米，北墙长 1240 米，由于东墙南部向西凹进，所以南墙较短，约长 740 米，全城面积达 200 万平方米[②]。偃师商城内南部有三座小城，其中一号小城为宫殿区，在宫殿区东部和南部，筑有二号小城和三号小城，这两座小城内布满了形状和面积大致相同的排房式建筑，排列十分整齐，属于仓廪或武库，对宫殿区起着拱卫的作

[①] 中国社会科学院考古研究所河南第二工作队：《河南偃师商城小城发掘简报》，《考古》1999 年第 2 期。

[②] 中国社会科学院考古研究所：《中国考古学·夏商卷》，中国社会科学出版社 2003 年版，第 207 页。

用。宫殿和大型夯土基址主要分布于城内南部，一般居址和手工业作坊遗存则主要分布在商城的中、北部，有大量普通平民居址和水井群，有为数众多的窖穴灰坑、较密集的窑址，还出土冶铸的坩埚碎块。偃师商城的防卫系统十分发达，城墙规模宏大，周长达5400多米，墙体厚达17—18米，城墙外有宽20米、深6米的护城河；城内外有纵横交错的道路系统，偃师已经发现城内外干道多条，形成交通网络；偃师商城拥有工程浩繁的供、排水系统，修建有大量水井和多种明、暗排水设施，甚至利用水系在城内建设起池苑。[1] 宋镇豪先生认为偃师商城"若以城南政治色彩和城北多经济功能而言，此城规划实已开后世'前朝后市'的先河"[2]。（图6—34）

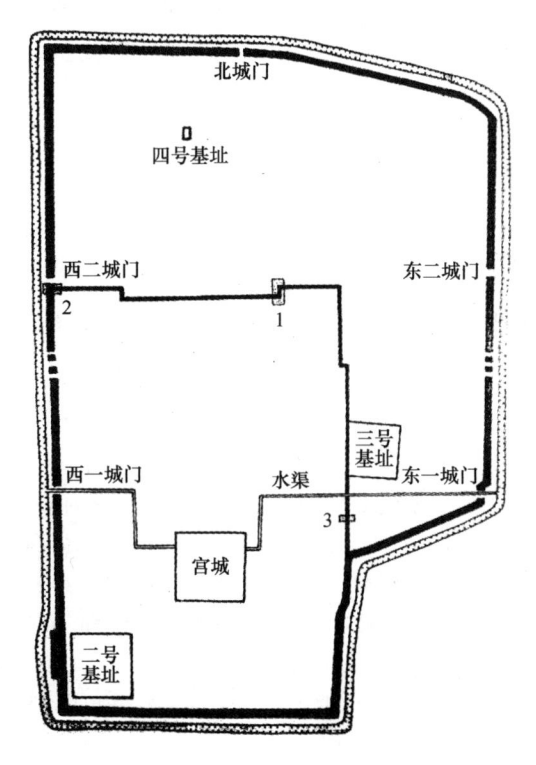

图6—34 偃师商城平面图

（采自《中国考古学·夏商卷》）

---

[1] 参见中国社会科学院考古研究所《中国考古学·夏商卷》，中国社会科学出版社2003年版，第203—218页。

[2] 宋镇豪：《夏商社会生活史》增订本，中国社会科学出版社2005年版，第55页。

郑州商城也有内外两重城墙，外城东西长约 4000 米，南北宽约 3000 米，总面积达 1300 万平方米[①]，其城垣包括北、西、南三面，东面为古代的湖区。内城城墙与外郭城墙相距 600—1100 米[②]，呈长方形，北垣长 1690 米，西垣 1870 米，东、南垣均为 1700 米，总面积达 317 万平方米[③]。宫殿区分布于内城的东北部，东西长 750 米，南北宽 500 米[④]，在宫殿区发现有夯土墙和壕沟，可能是宫殿区的防护设施[⑤]，即已经出现宫城。小型房屋基址主要分布于城墙内侧和内城墙与外郭墙之间，手工业作坊也位于外围，在内外城之间[⑥]。郑州商城的供排水系统也十分发达，金水河横贯商城北部，熊耳河流经南部内、外城之间，整个城内遍布水井[⑦]，并在城内建有水池等蓄水设施[⑧]。其宫城、内城、外城布局的出现，当是对偃师商城布局的发展与完善，体现了古代"筑城以卫君，造郭以守民"[⑨]的建城思想。

安阳洹北商城是最近新发现的商代中期王都遗址，城呈方形，东墙长 2230 米、西墙长 2200 米、南墙长 2170 米、北墙长 2150 米，面积达 400 万平方米以上。在城内西北部花园庄及其相邻的三家庄、董王渡村一带，发现大片夯土遗迹、铜器窖藏及墓葬[⑩]。城区东部也有大片夯土遗迹。由于尚未

[①] 河南省文物考古研究所：《郑州商城外郭城的调查与研究》，《考古》2004 年第 3 期。

[②] 同上。

[③] 河南省博物馆、郑州市博物馆：《郑州商城的发掘》，《文物资料丛刊》(1)，1979 年。

[④] 裴明相：《郑州商代王城的布局及其文化内涵》，《中原文物》1991 年第 1 期。

[⑤] 曾晓敏、宋国定：《郑州商城考古又有重大收获》，《中国文物报》1995 年 7 月 30 日；安金槐：《试论郑州商城的地理位置与布局》，《中国商文化国际学术讨论会论文集》，中国大百科全书出版社 1998 年版。

[⑥] 中国社会科学院考古研究所：《中国考古学·夏商卷》，中国社会科学出版社 2003 年版，第 225 页。

[⑦] 参见宋国定《试论郑州商代水井的类型》，《郑州商城考古新发现与研究》，中州古籍出版社 1993 年版。

[⑧] 曾晓敏：《郑州商代石板蓄水池及相关问题》，《郑州商城考古新发现与研究》，中州古籍出版社 1993 年版。

[⑨] 《吴越春秋》卷五。

[⑩] 唐际根、徐广德：《洹北花园庄遗址与盘庚迁殷问题》，《中国文物报》1999 年 4 月 14 日。

全面发掘，城区具体规划和布局尚不清楚。

殷墟是商代后期的都城，其规模经历了一个从小到大，人口由少到多的过程。殷墟文化一期时，殷墟面积约12平方公里，人口约7万；到三、四期以后，发展到30平方公里，人口12万—14万[1]。洹南小屯为中心区，是当时的宫殿宗庙区。以此为中心，分布着居住区和手工业区及墓葬区。

从考古资料可以看出，商代的城市皆有一定的布局和规划，并有相对集中的功能区域，是按照一定构想建成的。

城市作为国家统治的中心，有其特定的功能。城市的出现绝不是单纯的建筑技术的发展和人口集中所能完成的。城市一旦建立，随之而来的是大量非生产性人口和非农业人口的出现，如何解决城市人口的粮食供应和管理行业分工以实现各行业物资之间的交流，是维持城市生存和运转必须面对的问题。商代的城市人口数目已经相当庞大，据学者研究，郑州商城可能有10万居民，而商末的殷墟则有12万—14万人[2]，如此庞大的人口需要相当范围内的资源供给才能维持。这也决定了城市不能独立存在，必须有广大的乡村作为依托，才有可能为城市中的人口提供生活必需品，以维持城市的存在。所以，城市管理实际上是一个国家政权运作的缩影，体现着一个国家整体的政治水平。

根据前面所提示的商代城市情况，郑州商城可能有10万居民，商末的殷墟则有12万—14万人，而郑州商城和殷墟的面积不过10余平方公里或30平方公里左右，人口密度达到每平方公里数千人。都城分布着大面积的宫殿区，外围分布着铸铜、制骨、制玉、烧陶等各种手工业作坊。在殷都的人口中有相当一部分人是脱离农业生产的贵族、奴仆和手工业生产者，需要其他农业人口和土地提供额外的粮食才能维持城市的存在。不考虑其他因素，仅以农业生产制度推算，支持商代城市需要很大的地域。按照文献的记载，商代平民缴纳的税赋是"什之一"，即总产品的10%交纳于国家，一个普通农户产品的90%用于维持家庭生存，以每户5人计，则每人平均分得的产品为总产品的18%左右。如是可知，维持一个非农业生产者达到普通农业家庭成员的生活水平，需要两个家庭的贡纳才够。由于古代非农业生产人口的比

---

[1] 参见中国社会科学院考古研究所《殷墟的发现与研究》，科学出版社1994年版，第40—48页；宋镇豪《夏商人口初探》，《历史研究》1991年第4期。

[2] 宋镇豪：《夏商人口初探》，《历史研究》1991年第4期。

例不清，所以难以计算。在单纯依靠步行的情况下，农业生产据点所控制的范围大约是以据点为中心的半径 3 公里以内，再远则农业生产者的时间和精力会耗费在路途之上，无法完成生产任务。但我们可以根据商代都城的各种设施的分布情况大体做一个推算，以殷墟为例，殷墟遗址大约东西长 6 公里、南北长 5 公里①，从最边缘地区的居民点出发可控制的农业地域可在此基础上由四方向外延伸 3 公里，则能够被殷墟人口耕种的土地范围最大约为 130 平方公里；其中还包括宫殿、城防、河流、道路、村落、墓葬等占用的土地，按《商君书·徕民篇》的记载："方百里者：山陵处什一，薮泽处什一，溪谷流水处什一，都市蹊道处什一，恶田处什二，良田处什四"，田地所占比例为 60%；由于殷墟地区为平原地带且又为商代人口集中得到较好开发的地区，所以土地利用率当高于此，以 80% 计，能用于耕种的土地约 100 平方公里。按"殷人七十而助"②，商代一亩约合 102.012 平方米计③，则这一区域的农田约可供 14000 户耕种，即约 60000 人从事农业生产，占总人口的一半，即另外 60000 人属于非农业生产的贵族、臣仆、士兵、手工业者。我们可以推论，商代末期王都殷墟的非农业人口达到了 50%。按照两个家庭的贡纳养活一个非农业生产人口计，则需要 12 万户缴纳贡赋，减去殷墟已有的 14000 户农耕者，还需要额外有 106000 户。106000 户约需要 760 平方公里的耕种面积，生存空间则至少 1300 平方公里，加上殷墟本身拥有的 130 平方公里，约合 1430 平方公里。即不将各种王朝事务考虑在内，在商代维持一个 12 万人口的城市，至少要有 1400 平方公里内的乡村提供支持，以实现对 60 多万人的有效管理。而实际上城市消费也不仅仅是单纯的维持一般生活水平的消费，而是包括王朝的综合支出，其管理和协调更为复杂。要保持城市及其依托的乡村的产品流通、人员往来、社会治安等任务，这本身已经是一个非常复杂的工程。

商人在城市管理中，一方面通过城市合理选址和布局，为城市管理奠定了良好的基础；另一方面商人建立了"工商食官"的商业体系，为解决物资的生产和分配提供了坚实的保障。

商人建都地点是经过精心选择的，偃师商城、郑州商城、洹北商城、殷

---

① 参见中国社会科学院考古研究所《殷墟的发现与研究》，科学出版社 1994 年版，第 40 页。

② 《孟子·滕文公上》。

③ 参见本书第六章第四节。

墟等商人都城均在气候宜人、水资源丰富、农业条件优良、交通便利的平原地区①，为城市的粮食供应和物资交流提供了优良条件。

商人建立了完善的保卫系统和合理的城市布局。从上面的讨论可以看出，商人建立了大规模的城防设施，为城市提供了安全保障。城市按功能分区，体现出"前朝后市"或"卫君守民"的建设思想。商人的常备军也以都城为主要驻扎地点，为都城提供军事防卫力量。

商人非常关注城市的水源和供水。商人在选择建都地点时，即已充分考虑了城市的水源问题，商代的都城都近水或临水而建。从考古资料可以看出，偃师商城南临洛水；郑州商城有金水河和熊耳河穿城而过，东部则临大泽；洹北商城和殷墟则依于洹水。同时商人十分注重供、排水系统的建设，几乎每个都城都有大量水井和池苑设施，为城市水源提供了充分保障。

在城市的供应方面，商王朝保留了城市中的族组织，许多高级贵族拥有领地，领地出产的物资会运往都城，供他们消费，即族内物资的流动解决了部分居民的供应。城市的更主要的供应依靠王朝掌握的工商体系和民间的商业流动完成。在城市物资的供应和分配体系中，商王朝充当了交换中的重要角色。

商人即使在城市中也保留了族组织，同时商王朝对于一些贵族赐予封地②，所以相当一部分生活物品，可以由各族从封地出产后运来。但更多生活资源依靠由商王朝掌握的商业系统。关于商代的商业系统，一直被学者忽略，有学者甚至认为商代既没有出现通用的货币，也没有发达的商业③。"主要在于提高生活水平，改善生活条件，纯粹的商品生产，恐怕还未发展起来"，并认为商代手工业也没有被纳入到商业中去，"这些手工业是由商王室建立的，其产品是商王室所垄断和控制的，提供给王室成员和奴隶主贵族使用，而不是出售的商品"④。如果没有工商业，那么像郑州商城、安阳殷墟这

---

① 参见王迎喜《商王河亶甲与盘庚为何都在安阳建都》，《新乡高等师范专科学校学报》2005年第6期；于云洪、魏训田《商朝盘庚迁殷的原因》，《德州学院学报》2005年第3期。

② 胡厚宣：《殷代封建制度考》，《甲骨学商史论丛初集》第1册，成都齐鲁大学国学研究所专刊1944年版。

③ 程德祺：《殷代奴隶制与商品经济》，《殷都学刊》1989年第1期。

④ 陈旭：《商代使用货币说辨析》，《夏商文化论集》，科学出版社2000年版。

样人口达到 10 万的城市，根本无法自存。这些城市的生存，正是依靠了商王朝的"工商食官"体系。

从文献和考古资料看，商代已有相对完善的手工业体系，出现了冶铸、制玉、造车、烧陶、纺织、制骨、酿酒等各个工种①。这些完备的手工业作坊主要由商王朝掌握，"商代的手工业者，有可能主要集中于王室手工业"②。

甲骨文中，手工业者被称为多工、我工等：

　　甲寅[卜]，史，贞多工亡尤。（《合集》19433）
　　多工亡尤。（《合集》19434）
　　癸未卜，有囧百工。（《屯南》2525）（图6—35）
　　癸巳卜，争，贞旬有祟，不于[我]工囧。（《合集》19441）
　　乙未酒，多工率条遣。（《合集》11484）
　　甲申卜，出，贞多工令眔史方。（《合集》41011）

图6—35　《屯南》2525

叶玉森认为"多工"即《尚书·尧典》之"百工"，传曰："工，官也"③，陈梦家亦认为"工，我工、多工都是官名"④。但考之卜辞，其中有的"工"并不能解释为官：

　　戊寅卜，争，贞今㭫众又工。十一月。（《合集》18）
　　□众又工。（《屯南》599）

---

① 参见杨升南《商代经济史》，贵州人民出版社 1992 年版。
② 陈旭：《商代手工业者》，《全国商史学术讨论会论文集》，《殷都学刊》增刊，1985 年。
③ 叶玉林：《殷虚书契前编集释》卷 2，（中国台湾）台北艺文印书馆影印本 1968 年版，第 69 页。
④ 陈梦家：《殷虚卜辞综述》，科学出版社 1956 年版，第 519 页。

"'众又工'是占卜,让众再从事手工业劳动之事"①。从上引各辞可见,工的本来身份是众,被用于手工业生产。关于众的身份,我们在前面的章节已经做过讨论,他们是商王从各族征集从事劳役或战事的人力,由各族成员和附属人口组成。卜辞还有:

贞师其有工。
贞师亡其工。(《合集》4247)
己巳卜,敝,贞犬延其工。(《合集》4632)
贞犬延亡其工。(《合集》4623)
贞光……其工。(《合集》4484)

则是命令师、犬延、光等率其族人从事某种手工业劳动或者负责管理某种手工业生产,也是商王朝派人对于手工业活动的直接参与。

另外,卜辞还有:

执工不乍尤。(《合集》26974)
戊辰卜,今日雍己夕,其呼庸执工,大吉。
弜呼庸执工,其乍尤。
□庸执工于雍己□。(《屯南》2148)

则是逮捕工并用工为牺牲以祭祀②,可见相当一部分工是没有人身自由的工奴。有学者认为"故'多工',也就是指众多的工奴而言……这工奴是直属于王室的"③。

商王朝设有专门管理手工业生产的职官,称"司工"④,卜辞有:

己酉,贞王其令山司我工。(《合集》32967)

[①] 杨升南:《商代经济史》,贵州人民出版社1992年版,第577页。
[②] 参见杨升南《商代经济史》,贵州人民出版社1992年版,第577页。
[③] 肖楠:《试论卜辞中的"工"与"百工"》,《考古》1981年第3期。
[④] 郭沫若主编:《中国史稿》,人民出版社1976年版,第208页。

"山是人名。司字在这里作为掌管、管理解，辞意为'王是否命令山来管理王室的工'，在这里，工是奴隶，而山是官，有人根据这条卜辞认为殷代已有'司工'这一官名，其职能主要管理手工业奴隶"[1]。类似的卜辞还有：

壬辰卜，□，贞㞢㕣令司工。（《合集》5628）

"'惟㕣令'即'令㕣'，'令㕣司工'即商王任命㕣为'司工'这一职官，主管王朝的手工业生产"[2]。

同时，商代的手工业生产表现出单一化特征，如郑州铭功路商代中期14座陶窑，所烧制的器物主要为盆、甑等同类器物，且是皆为泥质陶无夹砂陶，器类和用材都表现出明显的单一性[3]。河北邢台贾村遗址的4座晚商陶窑遗址中，只出陶鬲和陶鬲残片，是一处专门烧制陶鬲的窑址[4]，"在邢台一带出土的陶窑，不是单个出现，而是以组群的形式出现。陶窑烧制的陶器品种单一，但数量大，出土的陶鬲都是成批成组的。由此可见，陶器的炼制，不可能是烧窑者自己使用，其中大部分可能是作为商品出售或用于交换。"[5]青铜器生产也再现类似的情况，郑州商城南关外铸铜作坊以铸造青铜镢等生产工具为主，而紫荆山北铸铜作坊是以铸造青铜刀和箭头为主，也显示出产品具有一定的单一性[6]。制骨等行业也有类似情况。手工业生产的单一化特征说明生产的目的并不是自己使用，而是用于交换。

国家掌握着具有强烈产品单一化的手工业，具有了交换的需要，与商王朝的手工业经济体系相适应，商王朝还建立了商业体系。商代的国家商业体系可能建立得非常早，《管子·轻重甲》："伊尹以薄之游女工文绣纂组，一纯得粟百钟于桀之国"，即是伊尹以商的织品交换夏人的粮食，这当是一种

---

[1] 肖楠：《试论卜辞中的"工"与"百工"》，《考古》1981年第3期。
[2] 杨升南：《商代经济史》，贵州人民出版社1992年版，第578页。
[3] 安金槐：《谈谈郑州商代瓷器的几个问题》，《文物》1960年第8、9期。
[4] 河北省文化局文物工作队：《1958年邢台地区古遗址墓葬的发现与清理》，《文物》1959年第3期。
[5] 李恩玮、石从枝：《邢台商周遗址简论》，《2004年安阳殷商文明国际学术研讨会论文集》，社会科学文献出版社2004年版。
[6] 河南文物研究所：《郑州商城的发现与研究》，中州古籍出版社1993年版。

国家贸易行为。到商代末年,城市的商业职能表现得十分明显,《六韬》:"殷君善治宫室,大者百里,中有九市",《帝王世纪》载纣王造宫室"七年乃成……宫中九市,车行酒,马行炙",九市当即交易的场所。市中当有交换的地点,相传太公望曾是"朝歌之废屠","师望在肆昌何识,鼓刀扬声后何喜"①,则是师望在肆中卖肉,即市中有肆。

关于商代的商业行为,卜辞中有所记载:

> 戊寅卜,内,呼雀㘎。
> 勿呼雀㘎。(《合集》10976 正)
> ……㘎……弗㘎……(《合集》21776)

㘎字,孙海波先生释"㘎,从网从贝,即买字"②。雀是商代重要贵族,则上辞是商王命令雀进行交易或者管理交易。

甲骨文有㝏、㝏字,学者释为宁或贮,王襄谓:"古贮字,许说积也"③,丁山先生谓:"说文:'贮,积也。从贝,宁声','宁,辨积物也,象形',宁贮并有积谊。因此,研究文字者皆以宁、贮为一字"④。是则宁、贮同字,皆有储物之意。卜辞中有:

> 癸丑卜,翌乙卯多宁其延陟㘎自……(《合集》19222)
> 戊午卜,贞祭,多宁以㘎自上甲。(《合集》32115)(图6—36)
> 贞令宁以射何戈衣。四月。(《怀特》962)
> 丁未卜,令宁壴㘎沚或。(《屯南》2438)

在此处,宁应解释为官名,叶玉森:"按㝏疑㘎省,

图6—36 《合集》32115

---

① 《战国策·秦策五》;《楚辞·天问》。
② 孙海波:《卜辞文字小记》,《考古学社社刊》1935年第3期。
③ 王襄:《簠室殷契类纂》,(中国台湾)台北艺文印书馆影印本1988年版,正编第6第30页。
④ 丁山:《甲骨文所见氏族及其制度》,科学出版社1956年版。

同卷第二页云'兴贮',此云'令贮',辞例相同,贮或为官名"①。"宁豆……宁为官名,豆为人名"②。王贵民先生做了较为完整的解释:"甲骨文有一'宁'和贮字,是一种职人或部门,'宁'在《说文》里训作'辨积物也',就是备置和积存财物。'贮'也训'积也',意思大体相同……这些'宁'实际上当是王室在各地为'辨积物'而专设的机构,不是一般的贡纳,很可能是官商,依王室需要由他们提供东西"③。即商人建立了专门的储藏和交易机构。这种宁、贮既是城市的货物仓库,负责储存,又为城市提供交易,担当早期官商的角色。商代城市的交易和分配当是主要由建于商都的宁、贮完成。商代建于各地的宁、贮与仓廪,各自负责手工业产品和粮食的储藏和流通,共同构成商王朝的物资储藏体系,为城市正常的物资供应和运转提供奠定了基础。

古代工商并举,一方面是这两个部门交流频繁,另一方面是这两个部门都在政府的控制之下,实际成为不可分割的一体。政府通过掌握的手工业进行生产,同时通过掌握的商业体系实现分配和交易,通过"工商食官"达到物资生产的满足和交流的平衡,也通过"工商食官"实现政权对资源的集中,所以"工商食官"是中国古代国家经济政策中的重要内容。由于中国古代的工、商业由国家控制,是国家政权的附属部分,民间工、商业发展不足,相对薄弱,同时也受到统治者从实际到意识形态上的打击,使得中国历史显示出一种工、商业不发达的表象。但实际上,中国历代都注重工、商业的发展,只是强调国家控制之下的工商业,对于普通居民则要求其附着于土地,以实现农业生产和社会治安的稳定。这种对于民间的"重农抑商"政策应当与"工商食官"的产生是同步的,《尚书·盘庚》将"兹予有乱政同位,具乃贝玉"作为一种罪行,劝诫贵族要"无总于货宝",可能是这一思想的反映。

(二) 水利的建设

商人富有治水经验,其先王曾参与古代的治水实践。《史记·殷本纪》:"契长而佐禹治水有功",契可能参加过上古的治水。商人先公冥则曾做夏朝的水官,今本《竹书纪年》载帝少康十一年"使商侯冥治河",《礼记·祭

---

① 叶玉森:《殷虚书契前编考释》,(中国台湾)台北艺文印书馆影印本1968年版,第4卷第4页。
② 中国社会科学院考古研究所:《小屯南地甲骨》,中华书局1980年版,第1022页。
③ 王贵民:《浅谈商都殷墟的地位和性质》,《殷都学刊》1989年第2期。

法》曰:"冥勤其官而水死",郑氏注:"冥,契六世之孙也,其官玄冥,水官也",《国语·鲁语》亦云:"冥勤其官而水死",韦昭注:"冥,契后六世孙,根圉之子也,为夏水官,勤于其职而死于水也"。商人对冥进行隆重的祭祀,"殷人禘喾而郊冥"①,甲骨文中也见对冥的祭祀:

> 贞侑犬于季。(《合集》14716)
> 壬申卜,旅,贞其又于季由羊。(《合集》24969)

王国维先生认为:"卜辞之季,亦当是王亥之父冥也"②。商人在漫长的历史时期通过治水和农业生产积累了丰富的用水经验。

商代已经出现了引水灌溉技术。甲骨文中有㴲字,卜辞曰:

> 癸未卜,宾,贞㞢㴲田,不来归。十二月。(《合集》10146)

㴲字,王贵民先生释湀,"上从辿,下从土,则可认为是从湀从土会意。湀在古书里有濡湿润泽义,此处应为引水灌田"③。则商代已经有引水灌溉的技术。

灌溉是与水源及水道等水利设施联系在一起的。商人的主要活动地带在黄河流域,在黄河中游活动区基本沿河分布,所以商人利用河水灌溉应该是可能的。甲骨文有:

> □卯卜,争,贞王乞正河新㠯。允正。(《合集》16242)
> 庚戌卜,争,贞王乞正河新㠯。允正。(《合集》16243)

正河,郭沫若先生释为"治河",④㠯字,陈邦怀先生释为圩字,则上二辞是筑堤治理河水。即商王占卜是否派人治河,这种治水当是由王朝承担的工程。

---

① 《礼记·祭法》。
② 王国维:《观堂集林》,中华书局1959年版,第415页。
③ 王贵民:《就甲骨文所见试说商代的王室田庄》,《中国史研究》1980年第3期。
④ 郭沫若:《殷契粹编》,科学出版社1965年版,第77页。

另外，商人已经开始兴修水利工程：

　　　　贞作汦。(《前》5·31·2)

汦字，作"🐛"形，陈邦怀先生谓："此字从水，丑声，当即汦字"①，"'作汦'即筑堤蓄水之事"②。

商代的引水和排水设施也有记录，甲骨文有：

　　　　……百浺。(《合集》18770)

沈之瑜先生认为"浺"即阱字，《周礼·秋官·雍氏》："春令为阱，护沟渎之利于民者"，郑玄注："沟渎浍，田间水通水者也"，"百浺，是百条沟渎的意思"③。考古发现也揭示了商代的水沟，在河南省郑州二里岗、白家庄、孟县涧溪的商代遗址都有发现。孟县发现的水沟系人工挖掘，一端与涧溪相接，应该是引涧溪水灌溉的水道④。

与蓄水工程和引水沟渠相适应，商人在田间也建立了沟渠系统。甲骨文有：

　　　　丁巳卜，㱿，贞黍田年魯。
　　　　贞〵保黍年。
　　　　〵弗保黍年。(《合集》10133 正)

〵字，"此辞之'〵'，即后世之'〴'字。《说文》：'〵，小水流也。《周礼·匠人为沟洫》：耜广五寸，二耜为耦，一耦之伐，广尺深尺，谓之〴，倍谓遂，倍遂曰沟，倍沟曰洫，倍洫曰〵〵。凡〵之属皆从〴。甽，古文，从田从川。畎，篆文〴，从田犬声'。此辞之'〵保黍年'正是卜问田中作〴通水利以保农作之

---

① 陈邦怀：《殷虚书契考释小笺》，石印本一册，1925年。
② 温少峰、袁庭栋：《殷墟卜辞研究——科学技术篇》，四川省社会科学院出版社1983年版，第205页。
③ 沈之瑜：《"百浺"，"正河"解》，《上海博物馆集刊》第4辑，1987年。
④ 河南省文化局文物工作队：《河南孟县涧溪遗址发掘》，《考古》1961年第1期。

丰年。此为殷人田中有畎浍之水利系统"①。甲骨文还有：

……何……其甽。（《前》4·12·2）

"甽即之异体，田亩中之沟洫也"②，"其甽"即是在田间修筑沟渠。甲骨文的田字，作"十"、"井"、"㘡"、"㘷"等形，呈现非常规整的形状，显然是经过整治的土地。这种规整的土地一方面有划分界限的社会功能，利于土地的分配③；另一方面具有其本身的耕作功能，即供、排水设施。《周礼·遂人》："凡治野：夫间有遂，遂上有径；十夫有沟，沟上有畛；百夫有洫，洫上有涂；千夫有浍，浍上有道；万夫有川，川上有路"，《周礼·稻人》："以潴蓄水，以防止水，以沟荡水，以遂均水，以列舍水，以浍泻水"，这里所说的是周代的制度，商代未必有如此系统的制度，但沟渠的灌溉和排水功能肯定是具有的。

水利灌溉工程量巨大，需要大量的人力，沟渠的修建和灌溉的实现也需要共同协调，不是单个家庭甚至家族所能建造、维护和拥有的。商代灌溉的工程应该也是一种公共行为，上面的《合集》16242、《合集》16243、《合集》18770、《前》5·31·2、《前》4·12·2等卜辞皆是王卜辞的内容，即王占卜是否进行这些工程，从此可以看出，商代的水利工程有相当一部分是由王朝出力承担的。

（三）治安问题

商代的社会治安由王朝的各家族负责维护。

从前面的章节中我们知道，商代存在着严密的家族组织，这些家族组织不仅有自己的经济组织，而且拥有武装，在日常的社会治安中，家族起着重要的作用。一般城镇和村落的治安，由族武装负责。

但在城市和交通干道的治安，则主要由王朝的力量承担。随着社会的发展，国家的地域越来越大，所有控制的人口也越来越多，尤其是城市附近人口聚集，密度较大，原有的城墙等体系已经不能为全部人口提供足够

---

① 温少峰、袁庭栋：《殷墟卜辞研究——科学技术篇》，四川省社会科学院出版社1983年版，第203—204页。

② 同上书，第203页。

③ 参见杨升南《商代经济史》，贵州人民出版社1992年版，第73页。

的保护。于是军事巡逻和镇压成为维持治安的重要方式,商王朝在重要城市和要塞驻扎军队,负责安全和治安的保卫任务。同时,商王朝还建立了以桒隉、羁舍、逯站等据点和供应点组成的网络,也承担着维护治安的任务。

(四)人口统计

甲骨文中有大量关于人员数目的记载:

> 贞登人五千,宙王自……(《合集》7312)
> □午卜,争,贞登人五千。五月。(《合集》7316)
> 庚子卜,宾,贞勿登人三千呼伐舌方,弗受有佑。(《合集》6169)
> 庚寅卜,韦,贞登人三千。(《合集》7329正)

从各地征集一定数量的人员,必然是在对该地人口数目有所统计的基础上进行的,由此"可知商代统治阶级对于区域族落组织的人口清查统计当确已进行过"[①]。

商代已经开始将人口登记造册:

> 辛未卜,骰,贞我登人,气在黍不酱,受有年。(《合集》795正)

"酱在此指人口登记造册。记录了殷商王朝在耕种前召集族众进行人口登记,或在收获季节按人口造册核登人数,以便农事力役。"[②] 由此可见,商代的人口统计已经十分正规,有记录人口统计的典册。

但是,从甲骨文的记载我们也可以看出,商代统计的人口数量都是实际征集使用的人口数量,而很少有单纯就某一地人口情况进行的占卜和记录。也就是说,商代的人口统计实际主要是对可征调人口的掌握。这一点,与历史文献的记载相符合,《国语·周语》:

> 宣王既丧南国之师,乃料民于太原。仲山父谏曰:"民不可料也!夫古者不料民而知其少多,司民协孤终,司商协民姓,司徒协旅,司寇

[①] 宋镇豪:《夏商人口初探》,《历史研究》1991年第4期。

[②] 同上。

协奸，牧协职，工协革，场协入，廪协出，是则少多、死生、出入、往来者皆可知也。于是乎又审之以事，王治农于籍，蒐于农隙，耨获亦于籍，狝于既烝，狩于毕时，是皆习民数者也，又何料焉？不谓其少而大料之，是示少而恶事也。临政示少，诸侯避之。治民恶事，无以赋令。且无故而料民，天之所恶也，害于政而妨于后嗣。"王卒料之，及幽王乃废灭。

从仲山父的话可以看出，在周宣王以前，国家并不进行专门的人口普查，对人口数量的掌握是通过执行和承办国家的具体事务附带统计人口的多少，即实际上只是关注国家可以利用的人口数量，并没有专门的"料民"——人口统计的制度，明显带有"重视单纯人力的可任因素"的特征[①]。甲骨文中所反映的情况也是如此，上引：

辛未卜，㱿，贞我登人，迄在黍不晢，受有年。(《合集》795 正)

即明显是借耕种或收获黍时进行的人口统计，这说明商代的人口统计实际上也主要是对劳动力的调查和统计，而人口统计的目的也只是在于掌握可征用人力的数量。

但由于国家事务繁重，经常需要征调各族人员参与，所以这种以征集劳力形式进行的人口统计和调查是经常性的，显出一种制度化的倾向，《尚书·洪范》："八政：一曰食，二曰货，三曰祀，四曰司空，五曰司徒，六曰司寇，七曰宾，八曰师"，孔颖达疏："八政者，人主施政于民有八事也。一曰食，教民使勤农业也。二曰货，教民使求资用也。三曰祀，教使敬鬼神也。四曰司空之官，主空地以居民也。五曰司徒之官，教民以礼仪也。六曰司寇之官，诘治民之奸盗也。七曰宾，教民以礼待宾客相往来也。八曰师，立师防寇贼也。"其中司空负责管理土地数量和安置居民，显然必须对土地数量和人口数量能够掌握，必须对土地和人口进行调查和统计，其他负责劝农、教礼也需要对人口有一定的了解。"可以说，这八政都间接或直接与户籍管理有关。其中的食、司空、司徒、司寇、师，尤为密切"[②]。"殷商的人

---

① 宋镇豪：《夏商人口初探》，《历史研究》1991 年第 4 期。
② 宋昌斌：《中国古代户籍制度史稿》，三秦出版社 1991 年版，第 28 页。

口清查统计已渐趋定期化和制度化。"①

同时我们也看到，商代的主要管理形式是控制族，而不是控制社会成员个人，所以许多人口的统计和调查工作可能由各族族长进行。

(五) 抚恤与赈济

对孤寡的救助。《商书·盘庚》称："无侮老成人，无弱孤有幼"，告诫人们不得欺侮老成人，不可轻忽孤幼，否则将"伐厥死"，对于老弱孤幼给予特别的关注。

商代族组织发达，主要的社会救助功能由族负担。但族所能救济的只能是族内的孤寡老幼，当遇到大范围的困窘局面时，族即无力承担。需要由国家负责抚恤和赈济。国家负责社会抚恤的出现当很早，《晏子春秋·内篇问（下）第四》："天子之诸侯为巡狩，诸侯之天子为述职。故春省耕而补不足者为之游，秋省实而助不给者谓之豫，夏谚曰：'吾君不游，我曷以休？吾君不豫，我曷以助？一游一豫，为诸侯度。'"说夏代即已经有制度化的社会抚恤制度，这显然是一种理想化的说法。商代的国家抚恤文献中也有记载，《管子·轻重甲》："至汤而不然，夷竞而积粟，饥者食之，寒者衣之，不资者振之，天下归汤若流水"，《淮南子·修务训》："布德施惠以振困穷，吊死问疾以养孤孀"，即汤已经建立起粮食储备，为贫困者提供衣食帮助。从"汤有七年之旱，民有无米禀卖子者"②可知，汤时的粮食储备制度当是十分有效的。关于商代早期的情况我们已经难知其详，但从甲骨文看，商代后期，商王朝已经建立起了由王朝控制的经济网络，同时在王国内实行的籍田制度和与之相应的仓廪制度，使得商王朝在各地都能掌握一定的粮食储备。当灾荒发生时，国家可以利用各地仓廪所储藏的粮食进行赈济。商王朝的经济体系，为赈济和救灾提供了相应的保障机制。

与商代神权社会相适应，商王朝的许多社会管理事务是通过神权实现的。通过通神为社会提供精神的安抚③。甲骨文中有大量求雨卜辞：

    求雨于上甲窜。（《合集》672 正）
    贞翌辛卯㞢求雨，夒畀雨。（《合集》63 正）

---

① 宋镇豪：《夏商人口初探》，《历史研究》1991 年第 4 期。
② 《管子·轻重篇》。
③ 赵容俊：《甲骨卜辞所见之巫者的救灾活动》，《殷都学刊》2003 年第 1 期。

壬午卜，于河求雨，燎。(《合集》12853)

王有岁于帝五臣，正，隹亡雨。

……求侑于帝五臣，有大雨。(《合集》30391)(图6—37)

其有燎亳土，有雨。(《合集》28108)

燎云，不雨。(《合集》21083)

癸巳，贞其燎十山，雨。(《合集》33233正)

其烄于周。(《合集》30793)

于何烄，雨。(《合集》30790)

从求雨记载看，求雨所泽及的对象包括商王国所有臣民以及归服方国在内，可见商人在精神方面也为臣民提供了安慰。

在族组织发达的商代，相当一部分社会公共事务都是由族负担，使许多本来由国家负担的职责消化在了族组织之内。这使得国家的支出节省，运行的环节减少，大大提高了国家运行效率。但族力量所不能完成的公共事务依然由国家负责，国家依靠所掌握的经济、军事、文化力量为整个社会提供了相对完善的服务。虽然这些服务的主旨在于维护商王朝的统治，但其功能和效益却是不能低估的。

图6—37 《合集》30391

第七章

商王朝的职官制度

　　商人在商汤时期已经进入了王国阶段，建立起了君主专制的政体[①]和相对完整的国家机器，具有了国家的规模和特征。这时商人国家的具体情况我们不得而知，但根据史籍的记载，商人曾经长期参与中原中心权力管理，商族先公契曾做舜的"司徒"，"契长而佐禹治水有功，帝舜乃命契曰：'百姓不亲……五品不训，汝为司徒。'封于商，赐姓子氏"[②]。相土则在夏王朝任职，《诗经·商颂·长发》疏谓"相土在夏为司马之职，掌征伐也"，后来冥也在夏做水官，今本《竹书纪年》载夏少康十一年"使商侯冥治河"，帝杼十三年"商侯冥死于河"，《国语·鲁语上》亦云："冥勤其官而水死"。此时商人虽然没有取得中原政治舞台的中心地位，但长期参与中心王朝的政治事务，积累了成熟的治国经验，尤其是商先公相土、冥在夏王朝任职，对夏的国家建置是清楚的。商人代夏以前的国家制度很可能与夏人相似，关于夏人的国家制度，学者多有论述[③]。可参度商代早期的情况。

　　商汤灭夏前，商人所控制的疆域很小，《孟子·公孙丑上》："以德行仁者王，王不待大，汤以七十里，文王以百里"，《淮南子·泰族训》："汤处亳，七十里"，《管子·轻重甲篇》："夫汤以七十里之薄，兼桀之天下"；也有记载汤时地方圆百里者，如《墨子·非命上》："汤封于亳，绝长继短，方地百里"，《荀子·正论篇》："汤居亳，武王居鄗，皆百里之地也"，《战国策·楚策四》："汤以亳，武王以镐，皆不过百里以有天下"。在这样小的地

[①] 王震中：《先商社会形态的演进》，《中国史研究》2005 年第 2 期。

[②] 《史记·殷本纪》。

[③] 参见孙淼《夏商史稿》，文物出版社 1987 年版。

域内，单一的中心政权即可以胜任整个国家的管理任务，所以在汤灭夏以前，商人的国家管理是由商王直接负责的，所有地区都在商王的直接控制之下。

在商汤灭夏后，商人由夏的一个方国变为天下的共主，不仅占有了原属夏人的土地，而且获得了原先夏人属国的归服，《逸周书》："汤放桀於亳，三千诸侯大会"，《战国策·齐策》："及汤之时，诸侯三千"，商人需要控制的地域骤然增大，需要面对的臣民也不再是单纯的商人本族，商人原先的统治方式已经不能适应形势的需要。面对新的形势，商人实行了内外服制。所谓内外服，"王畿以内为内服，王畿以外为外服。内服为百官（百僚、百辟），外服为列国（侯伯）"[①]。

商代的官制与商代的政治地理架构紧密相连，商代的政治疆域总体可以分为王畿区和侯甸方国区两部分，与此相应，商王朝的职官也可以分为内服官和外服官两类。即商人在国家管理和职官设置上都实行内、外服制，"越在外服，侯、甸、男卫、邦伯；越在内服，百僚庶尹、惟亚惟服、宗工、越百姓、里居"[②]，基本可以说明商人的职官分布情况。商人官员的任命和所承担的义务在内服外服是不相同的，内服、外服制度可被视为商朝国家结构特征中最突出的特点。（图7—1）

但商人的内外服制只是一种总体的管理方式，具体到各个职官，则经常出现内、外服混用的情况。首先，由于分封制的出现和王国对外的扩张，有许多本是内服的官员得到封地或在外建立本族据点后，向外服转化，成为外服诸侯，但这些外服诸侯本是内服宗亲或官员，所以依然可以兼有内服职务。其次，即使纯粹的外服也可以参加王朝内政事务的处理或担任内服的官职，《尚书·盘庚》："邦伯、师长、百执事之人，尚皆隐哉。予其懋简相尔，念敬我众"，此是盘庚迁殷后的训话，可见邦伯之类外服的官员也可以在王都，参与王朝事务。《史记·殷本纪》："（纣）以西伯昌、九

图7—1 商代玉璋
（采自《中国考古学·夏商卷》）

[①] 金景芳：《中国奴隶社会史》，上海人民出版社1983年版，第58页。

[②] 《尚书·酒诰》。

侯、鄂侯为三公"，则是外服方国首领在王朝担任高级政务官员。这种内外服的转化和混用，使得单纯以职务来区分内服、外服显得十分困难。所以，我们更认同金景芳先生的观点，"所谓'内'与'外'，是以王畿为限。王畿以内为内服，王畿以外为外服"①。王朝的职官也相应分为王畿内服职官、畿外外服职官。

商王朝最高统治者是商王，具有天下共主的名义和裁决一切的权力。商王之下是最高辅政官员，最高辅政官的设置不断变化，最初可能只有一人，"允也天子，降予卿士，实维阿衡，实左右商王"②，后来增加为两人，仲虺"以为汤左相"③，至最后则发展为三人，称三公，这大约在武丁时期完成，一直保持到商朝末年，"昔者鬼侯、鄂侯、文王，纣之三公也"④。最高辅政官统领着一个决策集团，即甲骨文中的"多君"与"多尹"，是商王朝的朝臣，他们既为商王的政事处理提供咨询，"谋于卿士"⑤，有时也负责处理一些具体事务。这个谋士集团的构成比较复杂，既有王室宗亲、内服官员，也有外服诸侯和方国首领，具有相当广泛的人员来源，以更好地适应商王朝广大地域国家的统治。与这个政务团体具有相同作用的还有一个贞人集团，负责为商王提供宗教方面的决策参考，利用神灵力量影响政事裁决。在商王、最高辅政官、决策团体之下，则是负责具体事务的政务、事务、宗教职官。商王朝的最基层的管理，则由各个宗族的族长负责。

商代的外服职官，比较复杂。一方面包括产生途径不同的两种诸侯，即由王朝分封建立的诸侯和归服方国与部落的首领；另一方面各归服方国与商王朝的关系也十分复杂，呈现出远近和亲疏不同。由王朝封建的诸侯可以分为两类，一类是军事性据点转化而来的诸侯，这类诸侯原先是具有独立性的军事据点，后来转化为具有独立军事能力的地方势力，这类诸侯多分布在冲突边缘地区；另一类是由生产性据点转化而来的诸侯，这类诸侯在地理分布上不在前沿地区，但由于王朝势力兴衰和边疆变动，也发展成为具有综合性

---

① 金景芳：《中国奴隶社会史》，上海人民出版社1983年版，第58页。
② 《诗经·长发》。
③ 《左传·定公元年》。
④ 《战国策·赵策下》。
⑤ 《尚书·洪范》。

质的地方势力。归服方国的情况比较复杂，早期归服方国很可能已经被同化，如早期与商人联盟的东夷的一些方国或部落。在商王朝建立初期，东夷的势力达到郑州附近，但后来商朝的王畿扩展到山东西部，原来东夷的许多地方被纳入王畿之内，成为商人的中心地区，这部分东夷人很可能被同化，伊尹、仲虺等成为商朝名臣并接受商人祭祀，也可以说明这部分东夷人与商人实际上已联为一体。其他归服方国或部落也因归服时间的早晚、地理位置的远近以及由于征服、投靠等归服原因的不同而与商王朝具有不同的关系，商王朝对他们的统治政策因而也有所不同，使商王朝与归服诸侯的关系呈现出立体层次。

第一节　商王朝的内服官制度

在商王朝畿内的官员是内服官，根据其具体执掌，内服官可以分为主要负责王朝政务或事务的外廷官和主要负责商王生活的内廷官。

商代职官制度尚不十分成熟，一方面由于"国之大事，在戎与祀"，政务与宗教事务很难分开；另一方面从事政务和宗教事务的人员也尚未形成严格的分职，官员往往根据需要执行多方面的任务，宗教和政务混为一体，尤其是高级官吏往往既是高级宗教人员又是高级政务人员，所以很难精确划定某官属于某一类官职。但由于国家事务的需要，已经出现了有所侧重的职位和人员，同时也为了表述的需要，我们把商代的内服职官大体分为政务官、事务类职官、宗教文化类职官、武官和内廷官五种。

政务官指负责处理日常政务的各级行政长官，除上面所说的商王的决策机构外，还包括各级官吏，即《尚书·酒诰》的"越在内服，百僚庶尹"，《大盂鼎》的"殷正百辟"，各级没有被选拔入决策机构的尹官，当是这些官吏的主体。政务类职官是王朝正常运转的主体，也是商王最倚重的部分。

事务类职官指负责执行的官吏，主要是从事经济活动的人员，包括牧、犬、亘正、司工、小籍臣、小刈臣、多马、以小臣、多宁、多御正等，这些官员主要从事不需要研究决策的程序性的生产活动，属于王朝的技术性职官。

宗教文化类职官指从事占卜和祭祀以及文化活动的职官，主要包括贞人、巫、作册等。宗教类职官在商代是一个比较特殊的群体，早商与晚商的宗教类职官有所不同，由于古代神权的独立性使之很容易成为王权的抗衡力量，所以王权总是努力限制和控制神权，与这一过程相应，商代前期宗教类职官具有相当强大的势力，不仅掌握神权同时还控制着政务职官团体，有着超过政务职官的地位，但到后期宗教类职官虽然依然拥有十分强大的势力，但总体地位已经大大降低。商王通过对祭祀和占卜的制度化，使祭祀和占卜都成为程式化的活动，参与人员的自由发挥度受到极大限制，神职人员逐渐向专业的技术性官员转化，而不再是一种具有特殊权力的职官，从周初周人对商末职官系统的描述"越在内服，百僚庶尹、惟亚惟服，宗工；越百姓、里君"[①] 可以看出，神职系统已经变得不是那么重要了。有学者认为："政职系统有从神务与政务不分的状态中独立出来的倾向"[②]，是正确的。

武官指商王朝的各级将领与其他侧重武职的官职，包括师长、亚、马、射、戍等，他们是商王朝开拓疆域和守御领土的主体力量。

上述的政务官、事务类职官、宗教文化类职官、武官组成商朝的外廷官系统。

内廷官主要为王的生活提供服务，由于古代国与家不分，他们往往表现为国家职官，而实际上他们也经常参与国家事务的决策和处理，这类职官主要包括宰、寝、小臣等。内廷职官有一个特别明显的发展倾向，即一部分内廷官处于向外廷官的转化过程中。前面所说的保、傅、宰本来都是与王生活相关的官员，但后来都转化为国家的正式职官。因为王廷职官与王的关系密切，很容易成为王的亲信，王利用内廷执掌和处理部分政务，既利于自己操控，又可以防止外廷官擅权。这一倾向是由专制王权形成的，贯穿于中国历史的全部，商代也不例外。因此，内廷官不仅与外廷官在事务上有重合的部分，而且部分内廷官还处于向外廷官转化的过程之中。

商代已经建立了一个由行政主官（称尹、冢宰或卿士）、多尹集团、政务官、事务类职官、宗教文化类职官、武官和内廷官组成的较为完备的系统，能够有效地推行王朝的政策，在广大地域进行行政管理。同时，我们也看到，商代职官分职不明确，这必然导致职权范围的不明朗，造成职官与事务的错位，有常设职官所不能覆盖的事务，对此商王采取一些补充措施，临时委派某些人员处理，加之商王为了巩固其权力，对某些官职并不固定化，"不惟其官，惟其人"，临时性委派人员的现象很多，甲骨卜辞中有大量

---

① 《尚书·酒诰》。

② 张荣明：《商周的国家结构与国家宗教》，《社会科学战线》2000年第2期。

"令"、"呼"某人做某事的记录，有相当一部分当是这种情况。与此相适应，经常参与其事的小臣、多臣、多子等也逐渐形成了相对固定的集团，成为商代官制中的补充部分。

《尚书·周官》："唐虞稽古，建官惟百……夏商官倍"，《礼记·明堂位》："夏后世百官，殷二百"，都记载商代已经建立了固定职官达二百的官僚系统，考之文献、甲骨与考古资料，这些记载当是可信的。

《论衡》中也有关于商代官制的侧面论述，"纣非时与三千人牛饮於酒池，夫夏官百，殷二百，周三百，纣之所与相乐非民必臣也，非小臣必大官，其数不能满三千人，传书家欲恶纣，故言三千人增其实也"，牛饮三千者并非一定有固定官职的人，数字的多少难以确定，但将职位与实际官员人数混为一谈，显然不正确。

一 外廷官

（一）政务官

1. 辅政主官

商人已经设置了仅次于王的主官，作为商王的助手。《墨子·尚贤》言汤提拔伊尹"举以为己相"，《史记·殷本纪》记伊尹"汤举，任以国政"，即商汤建国即设立了主官，作为商王的助手，主管政务。

但商人的辅政主官的设置并不是一成不变的，而是经历了一相制、双相制和三公制三个阶段。

商汤时期，即以伊尹为最高辅政官，"伊尹相汤，以王于天下"[1]。相的权力很大，"昔在中叶，有震且叶。允也天子！降予卿士。实维阿衡，实左右商王"。商汤可能有限制过大的相权的意思，又设左相，《左传·定公元年》："仲虺居薛，以为汤左相"，"伊尹为丞相，仲虺为左相"[2]。《孟子·尽心下》赵注："《春秋传》曰：'仲虺居薛，为汤左相'，则伊尹为右相，故二人等德也"，最高辅政官由一人转变为两人。但从后来的事态看，左相掣肘右相的作用似乎没有起效，伊尹依然拥有相当大的权力，以至于到汤孙太甲时，"太甲颠覆汤之《典刑》，伊尹放之于桐"[3]，可见商初相的权力甚至可以

---

[1] 《孟子·万章上》。

[2] 《书钞》卷五十引《帝王世纪》。

[3] 《孟子·万章上》。

废立商王。不过，作为一种制度的双相制建立了起来。

商朝的主官制度一直维持下来，《尚书·君奭》："我闻在昔，成汤受命，时则有若伊尹，格于皇天。在太甲，时则有若保衡。在太戊，时则有若伊陟、臣扈，格于上帝；巫咸乂王家。在祖乙，时则有若巫贤。在武丁，时则有若甘盘。率惟兹有陈，保乂王家。"由于材料缺乏，不能确定是否双相制也一直被保留，但从大戊时的情况看，"帝太戊立伊陟为相……伊陟赞言于巫咸。巫咸治王家有成"①，双相制一直被保留了下来。

虽然双相之间有一定的互相制约，但商代前期的相权依然非常强大。从文献记载可以看出，商前期的商王受到相权极大的限制，甚至有相权威胁王权的倾向，《孟子·万章上》："太甲颠覆汤之典刑，伊尹放之桐"，《史记·殷本纪》："帝太戊赞伊陟于庙，言弗臣"。同时相在理论上对于商王也处于指导地位，不断对时政和王权等做出评策，"（汤时）伊尹作《咸有一德》，咎单作《明居》，帝太甲元年，伊尹作《伊训》，作《肆命》，作《徂后》……太甲修德，诸侯咸归殷，百姓以宁。伊尹嘉之，乃作《太甲训三篇》……既葬伊尹于亳，咎单遂训伊尹事，作《沃丁》……伊陟赞言于巫咸。巫咸治王家有成，作《咸艾》，作《太戊》……帝太戊赞伊陟于庙，言弗臣，伊陟让，作《原命》"②。这种情况对王权形成了威胁，于是商王对相权进行改革，出现了三公制。

武丁即位之后，王权依然未能完全集中，但武丁通过用人、祭祀、官制等方面的改革，加强了王权，其中改革中重要的一项即是三公的设置。武丁起初也实行双相制，先是"三年不言，政事决于冢宰"③，又提拔甘盘，"命卿士甘盘"④。后在原有双相制的基础上，另举傅说为太傅，《史记·殷本纪》记载："武丁……得而与之语，果圣人，举以为相，殷商大治。故以傅险姓之，号曰傅说"，从而形成了三公制度。三公制是王权对相权斗争的结果。商代的三公同为商王的最高辅佐，由其中一人兼任最高辅政官，"以三公摄冢宰"⑤。从商末的情况看，王权在对相权的限制方面取得了胜利。商纣时期的三公不仅权力没有确定，甚至连生命也难以保障，《史记·殷本纪》：

---

① 《史记·殷本纪》。
② 同上。
③ 同上。
④ 今本《竹书纪年》。
⑤ 《尚书·伊训》孔传。

"（纣）以西伯昌、九侯、鄂侯为三公。九侯有好女，入之纣。九侯女不喜淫，纣怒，杀之，而醢九侯。鄂侯争之强，辨之疾，并脯鄂侯。西伯昌闻之，窃叹。崇侯虎知之，以告纣，纣囚西伯羑里。"

商代三公具体为何职，学术界并没有定论，多数学者认为应当同于周代三公，即太师、太傅和太保[①]。关于太师，甲骨文中有"𠂤"字，释师，卜辞中有称师者：

　　癸巳卜，[㱿]，贞令师般涉于河东。（《合集》5566）
　　丁巳卜，㱿，贞呼师般往于微。（《怀特》956）
　　癸酉卜，㱿，贞师般叶王事。（《合集》5468正）（图7—2）
　　贞令师般比东……（《合集》4213）
　　贞令师般。（《合集》14658）

董作宾认为师般，即武丁时的甘盘[②]，则殷商或者已经有太师一职。但经综合分析，甲骨文中的师未必皆指太师，更多是指一种武官。关于太傅，刘师培在《论历代中央官制之变迁》一文中就武丁之相傅说进行讨论时说，"若'傅'字之义近于辅，又古以傅姆并言，傅姆为随女之官，则傅说之'傅'，亦即随卫君主之官"[③]，宫长为则认为："傅说之'傅'，本应作官名解，当为太傅之职"[④]。甲骨文中亦有称保者：

图7—2　《合集》5468正

---

　①　宫长为：《西周三公新论》，《中国社会科学院历史研究所学刊》第1辑，社会科学文献出版社2001年版。
　②　董作宾：《甲骨文断代研究例》，（中国台湾）《历史语言研究所专刊五十附册》，1965年。
　③　刘师培：《论历代中央官制之变迁》，《刘师培史学论著选集》，上海古籍出版社2006年版。
　④　宫长为：《西周三公新论》，《中国社会科学院历史研究所学刊》第1辑，2001年。

丙子，保🔲示三屯。㱿。(《合集》17634)

丙寅卜，大，贞宙叶又保自右尹。十二月。(《合集》23683)

□舌豊宙东保用。(《屯南》4572)

贞雀侑保。(《合集》4126)

张亚初认为保即是官名①。从甲骨文和文献研究可知，伊尹曾任太保之职，古文献中称伊尹为保衡，陈梦家认为"卜辞的黄尹、黄奭即《诗颂》之阿衡、保衡，阿、保是其官名而黄或衡是其私名，与此同例，黄尹是阿保之官，伊尹亦然，所以《墨子》说他是'女师仆'，《叔夷镈》说他是'为傅'。《后汉书·崔实传》'阿保'注云'谓傅母'，《礼记·内则》注云'保，保母也'，《说文》'娿，女师也，读若阿'，'姆，女师也，从女每声，读若母'……阿保为尹，亦见于西周初期金文和《尚书》：《令尊》之'明保'又称'明公尹'，《乍册大鼎》则有'皇天尹大保'；《君奭》之'君奭'又称'保奭'"②，王贵民也说："我们推测'保'和'奭'字有关联，在甲骨文中，伊尹还被称为'伊奭'、'黄奭'，'奭'字与保、傅、姆、辅、弼等字声义都相近。周初召公任'太保'，又尊称'君奭'，完全一致。伊尹又称为'阿衡'，'阿，乃古代世族教育青少年的保育人员，亦即师保之职"③，即伊尹是太保。宫长为认为太保在整个商代都是常设的官职④。杨升南也认为"商初伊尹在汤及太甲时处于保、辅的地位，与后世三公的职权相当"⑤。综观之，商代的确在武丁时期或其以前已经有保、师、傅的官名，但在武丁之前尚未联合成为在一起的三公，武丁时期对这三个官职的地位和权力进行了调整，合在一起作为朝廷的主要政务官员，称三公。

在文献中，商代有一个重要官职称冢宰。《尚书·伊训》："伊尹祠于先王，奉嗣王祇见厥祖。侯甸群后咸在，百官总己以听冢宰，伊尹乃明言烈祖

---

① 张亚初：《商代职官研究》，《古文字研究》第13辑，中华书局1986年版。
② 陈梦家：《殷虚卜辞综述》，科学出版社1956年版，第363页。
③ 王贵民：《商朝官制及其历史特点》，《历史研究》1986年第4期。
④ 宫长为：《西周三公新论》，《中国社会科学院历史研究所学刊》第1辑，社会科学文献出版社2001年版。
⑤ 王宇信、杨升南主编：《甲骨学一百年》，社会科学文献出版社1999年版，第455页。

之成德，以训于王"，《史记·殷本纪》载"（武丁）三年不言，政事决于冢宰"，集解引郑玄："冢宰，天官卿贰王事者"。《论语·宪问》云："何必高宗，古之人皆然。君薨，百官总己以听于冢宰，三年"，《正义》云："冢，大也，宰，官也"，从文献记载看，冢宰是商代非常重要的官职，其职权与后世的宰相相似。《尚书·周官》："冢宰，掌邦治，统百官，均四海"，蔡注："冢，大，宰，治也，天官，卿，治官之长，是为冢宰，内统百官，外均四海，盖天子之相也"，《周官》是周初设立官职情况的记录，"天官冢宰，周袭殷制"[1]，与殷人的制度当去不远，所以殷人的冢宰也应该是百官之长。《春秋繁露·三代改制质文》有文曰："故汤受命而王，应天变夏作殷号，时正白统。亲夏故虞，绌唐谓之帝尧，以神农为赤帝。作宫邑于下洛之阳，名相官曰尹。作濩乐、制质礼以奉天。文王受命而王，应天变殷作周号，时正赤统。亲殷故夏，绌虞谓之帝舜，以轩辕为黄帝，推神农以为九皇。作宫邑于丰，名相官曰宰"，《后汉书·百官志一》："古史考曰'舜居百揆，总领百事'，说者以百揆尧初别置，于周更名颐宰，斯其然矣"，即在商代时官吏称尹，到周代始称宰，所以文献中关于商代冢宰的记载其实是后人用周人的术语称呼商代的百官之长[2]。商代曾担任冢宰之职的有伊尹，《孔丛子》："太甲即位，不明居丧之礼，而于冢宰之政，伊尹放之于桐"，《皇极经世书》："伊尹行冢宰，居责成之地，借使避放君之名，岂曰不忠乎？"章炳麟也认为"自伊尹任政，而冢宰之望始隆"，以伊尹为冢宰。而从上面的论述我们知道，伊尹的实际执任职是太保。除伊尹外，傅说可能也担任过冢宰之职，商金文中有《宰甫卣》（图7—3）：

图7—3　《宰甫卣》铭文
（采自《殷周金文集成》5395)

　　　　王来兽自豆麓，在醻次，王饗酒，王光宰甫贝五朋，用作宝䵼。
（《集成》5395）

---

[1] 章炳麟：《经学略说》，《国学讲演录》，华东师范大学出版社1996年版。
[2] 章炳麟：《专制时代宰相用奴说》，《太炎文录初编》，上海人民出版社1985年版。

丁山认为宰甫即傅说,并认为傅说实为太宰[1],丁氏之说未必正确,傅说也未必为太宰,但他很可能也曾担任过冢宰之职,《墨子·尚贤》:"昔者傅说……武丁得而举之,立为三公,使之接天下之政,而治天下之民",说明傅说曾经是最高官员。那么太保、太傅都可以担任冢宰,《尚书·伊训》孔传云:"伊尹制百官,以三公摄冢宰",说明冢宰是由三公兼任,所以冢宰当不是一个固定的官职名称,而是对总管百官的最高官员的称呼,而作为三公的太保、太傅、太师皆有资格担任冢宰。由此我们可以对武丁时期的情况作出推论,《史记·殷本纪》载"(武丁)三年不言,政事决于冢宰",武丁在此后提拔甘盘辅政,而甘盘即甲骨文中的师盘,当是太师之职,后再提拔傅说,为太傅,那么在此前决断政事的冢宰,当是太保,结合伊尹亦太保的例子,可以推论在三公制建立以前商王朝的最高官吏应该是太保,而在三公制建立之后,则根据商王的需要任命其中一位兼任冢宰的职务,成为最高辅政官。

甲骨刻辞中也有关于宰的记载:

> 壬午,王田于麦麓,获商戠兕,王赐宰丰,寝小𥎌兄。在五月,隹王六祀彡日。(《补编》11299 反)
> 王曰:俎大乙禴于白麓,尿宰丰。(《合集》35501)

商末铜器《宰椃角》铭文中也有:

> 庚申,王在阑,王格,宰椃从,锡贝五朋,用作父丁尊彝。在六月,隹王廿祀翌又五。(《集成》9105)

从甲骨金文资料看,商代的宰参加的事务集中于田猎和祭祀,"显示为商王的近臣"[2],但从其所进行的活动并看不出有什么特别的尊隆,其地位与文献的太宰相去甚远,很可能这里宰只是一种官职,而不是冢宰。在上引《合集》中宰丰与寝连言,表明宰可以在王寝活动,属于商王的内官之类,《墨

---

[1] 丁山:《商周史料考证》,中华书局1988年版。
[2] 王贵民:《商周制度考信》,(中国台湾)明文书局1989年版,第175页。

子·尚贤》:"伊尹为宰,汤得而举之",《大戴礼》保傅注:"宰,膳夫",宰很可能是掌握王食的官,所以随侍在商王左右,参加田猎与祭祀。有学者认为宰"可能是执行黥刑的官,或服刑以后又复位的贵族"[①],在相关材料中找不到充足的证据,不可信。

商代的三公是否已经形成周代那样完备的制度,或者只是商王设立的三个平行的官职,还需进一步研究。从商王设立三公的初衷来看,三公制是王权与相权斗争的结果,三公制的建立标志着相权的分裂和削弱,所以三公虽然是众臣之首,但实际的权力却不明确。同时,由于是商王对抗相权的结果而不是制度本身建设的结果,所以一开始不是正式的常设职官,而是商王根据权力制衡的需要进行调整而设置的。即使三公制较正规的周代,也不是三公同时必有的,《尚书·周官》:"今予小子,祗勤于德,夙夜不逮。仰惟前代时若,训迪厥官。立太师、太傅、太保,兹惟三公。论道经邦,燮理阴阳。官不必备,惟其人",《礼记·文王世子》所载"虞夏商周有师、保,有疑、丞,设四辅及三公,不必备,唯其人"的职位状况较为可信。

从商代的相或三公的担任者的身份看,商代的行政主官并不都是商王的宗亲,而大多是其他方国的人员,伊尹为有莘氏小臣,仲虺居薛,都属于东夷部族,鬼侯、鄂侯、文王也都是归服方国的首领。可见,行政主官名义上是国家的政务主管,但更多是商人笼络其他部族的策略。商初的行政主官的确掌握一定权力,但其地位越来越低,到帝辛时期,三公其实已经只是一种象征性的位置,不仅没有实权,甚至不能摆脱被残杀的命运。《史记·殷本纪》:"(纣)以西伯昌、九侯、鄂侯为三公。九侯有好女,入之纣。九侯女不喜淫,纣怒,杀之,而醢九侯。鄂侯争之强,辨之疾,并脯鄂侯。西伯昌闻之,窃叹。崇侯虎知之,以告纣,纣囚西伯羑里。"可见商代末期,三公是没有实际权力的。

另外,甲骨文中和金文中有"卿事":

……卿事于燎北宗不……大雨。(《合集》38231)

辛未,王卜,在召庭,隹执,其令卿事。(《合集》37468)

乙未,卿事赐小子𫘨贝二百,用作父丁尊簋。举。(《集成》3904)

[①] 萧良琼:《"臣"、"宰"申议》,《甲骨文与殷商史》,上海古籍出版社1991年版。

卿事可以赏赐小子，是职位很高的人物，罗振玉先生谓"而郑君谓卿士兼擅群职，是卿士即冢宰矣，《周官》虽无卿士之名，而屡见于《诗》及周初古金文，是周官实沿殷制矣"①，认为卿士是最高辅政的称呼。

2. 决策机构——朝臣多尹

商王朝建立了一个由多尹组成的决策团体。甲骨文中有"多君"与"多尹"：

辛未，王卜，曰余告多君曰：殷卜有祟。（《合集》24135）
□未，王卜，[曰]余告[多]君曰：殷[卜]吉。（《合集》24137）

从卜辞可以看出，当商王占卜有结果后告于多君与多尹，这应该就是《尚书·洪范》中所说的"谋于卿士"。卜辞另有：

戊子卜，矣，贞王曰：余其曰多尹，其令二侯上丝眔仓侯，其……周。（《合集》23560）

上段卜辞涉及商王命令上丝侯和仓侯执行与周有关的政务而与多尹进行商量。李学勤先生认为"卜辞君、尹二字经常互用，多尹也就是多君……殷墟卜辞里的多君（多尹）也应即商的朝臣"②。

商朝有一个由多尹组成的谋士集团，这些多尹是商王从各级官员和贵族及族长中选拔出来的。尹是商代对在王朝任事者的一种通称，是具有某类身份相似的人的合称，"它只是职官通称之一种"③。另外，族长也可以称尹：

丁未卜，争，贞令郭以右族尹申有友。（《合集》5622）

可见商王朝已经把族长也纳入到王朝官僚体系当中。商代尹和多尹是多种职

---

① 罗振玉：《殷虚书契考释》，（中国台湾）台北艺文印书馆影印本1968年版，第41页。
② 李学勤：《释多君、多子》，《甲骨文与殷商史》，上海古籍出版社1983年版。
③ 钟柏生：《卜辞中所见的尹官》，《中国文字》1999年第25期。

官的合称，包括商王朝的各种政务、事务官员，也包括各大宗族的族长，甚至可能会包括到王朝服务的归服方国人员或首领，成分十分复杂。商王从多尹中选取可任驱遣者，组成自己的决策机构，成为随时咨询的"朝臣"。"多尹"作为商王协商政务的朝臣出现，说明商王身边有一个从各种政务官员和各大族长甚至外服方国首领中选出的人员组成的集团，侍奉在商王左右，为商王出谋策，他们也可以称为"多尹"或"多君"，成为辅助商王的决策机构。这个集团的人员不是十分固定和稳定的，人员具有流动性。但是很可能已经设立了常设性的领导多尹的职官，如：

丙寅卜，大，贞㞢叶右保自右尹。十二月。（《合集》23683）（图 7—4）

右尹与右保连言，而张亚初先生认为保即是官名，可能是三公之一的太保[1]，所以右尹应该也是一种职位较高的官职，可能即是多尹集团的领导者。

商代还有卿士之称，在文献中多见，按所记事件的顺序整理如下：商汤时期有《诗经·商颂·长发》："昔在中叶，有震且业，允也天子，降予卿士。实维阿衡，实

图 7—4　《合集》23683

左右商王"，《尚书·伊训》："惟兹三风十愆，卿士有一于身，家必丧，邦君有一于身，国必亡，臣下不匡，其刑墨。具训于蒙士，呜呼"；外丙时期："王即位，居亳。命卿士伊尹"；中壬时期："王即位，居亳，其卿士伊尹"；太甲时期："王即位，居亳，命卿士伊尹"；沃丁时期："王即位，居亳，命卿士伊尹咎单"；太戊时期："王即位，居亳。命卿士伊陟、臣扈"；祖乙时期："三年，命卿士巫贤"[2]；武丁时期："元年丁未即位，居殷，命卿士甘盘"，"六年，命卿士傅说"[3]；商代末期有《墨子·公孟》："昔者商王纣卿士费仲，为天下暴人"，《尚书·微子》："卿士师师非度，凡有辜罪，乃罔恒

---

[1] 张亚初：《商代职官研究》，《古文字研究》第 13 辑，中华书局 1986 年版。
[2] 自外丙至祖乙皆引自今本《竹书纪年》。
[3] 古本《竹书纪年》。

获"，《尚书·牧誓》："乃惟四方之多罪逋逃，是崇是长，是信是使，是以为大夫卿士。俾暴虐于百姓，以奸宄于商邑。"商末周初的有《尚书·洪范》："汝则有大疑，谋及乃心，谋及卿士，谋及庶人，谋及卜筮"，"曰王省惟岁，卿士惟月，师尹惟日。"孔颖达疏引郑玄注："卿士，六卿掌事者。"从文献看，前期的卿士多指具体的重臣，而到后期则是臣属的代称。甲骨文中有"卿事"：

　　……卿事于燎北宗不□大雨。（《合集》38231）
　　辛未，王卜，在召庭，隹执，其令卿事。（《合集》37468）

罗振玉在《殷虚文字考释》中说："至殷之官制，则有卿事……卿事即卿士也"，王国维在《观堂集林·释史》中也说："史之本义为持书之人，引申而为大官及庶官之称，又引申而为职事之称。其后三者各需专字，于是史、吏、事三字，于小篆中截然有别，持书者谓之史，治人者谓之吏，职事谓之事"，郭沫若说："罗振玉释为卿士。今案，'其令卿史'，犹《诗·大雅·常武》'赫赫明明，王命卿士'矣①。"但由于卜辞中关于卿事的记载很少，尚难确定上辞中的卿事即是官名，金文中有：

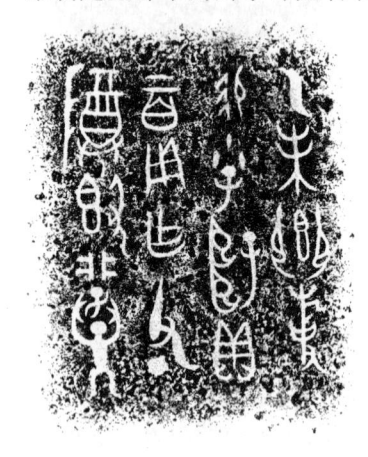

乙未，卿事赐小子𫷷贝二百，用作父丁尊簋。举。（《小子𫷷簋》《集成》3904）（图7—5）

在这则材料中，卿事的确是作为官名，可以确定商代有卿士。在晚商金文中也有其他赏赐小子的记载：

甲寅，子赏小子省贝五朋，省扬君赏，用作父己宝彝。（《集成》5394）

乙巳，子令小子𠂤先以人于堇，子光赏𠂤

图7—5　《小子𫷷簋》铭文
（《集成》3904）

---

① 郭沫若：《卜辞通纂》，第615片考释，科学出版社1983年版。

贝二朋，子曰：贝，佳丁蔑女历，备用作母辛彝。在十月，月佳子曰：令望人方每。（《集成》5417）

㓝赏小子夫贝二朋，用作父己尊彝。㓝。（《集成》5967）

其中赏赐小子的子、㓝都是职位很高的人物，以此类比，商代的卿士的确具有很高的地位，由于资料缺乏，尚难断定殷代卿士的具有情况，但考之周代的情况，卿士的确是"兼擅群职"，且任卿士的人员既有诸侯也有内臣，其具体情况大约与冢宰差不多，也是一个非固定的官职。结合伊尹既称卿士又称冢宰的情况看，很可能卿士与冢宰是同一职位的两种称呼。

有学者认为商代已经建立了卿事寮和太史寮两大系统，分别由太史和卿士掌领，如韩国磐先生认为"卿事、太史二寮，均起于殷代"[1]。也有学者认为"在商代或在晚期仅有'大史寮'以主持政务与文化事宜，两寮分设是西周方形成的"[2]。考之卜辞，关于"卿史寮"和"太史寮"的记载很少，除上引《合集》38231、《合集》37468见"卿事寮"外，还于《合集》36423见"大史寮"：

□未令……其唯在大史寮令。（《合集》36423）

王贵民先生据此认为殷代已经有大史寮，"不过卜辞确已出现大史寮，其云：

……令，其佳大史寮令。（《合集》36423）

参照他辞有'韦师寮'之名（《合集》36909），应无可疑。然则，西周的大史寮源于殷商"[3]。由于残辞断简，资料缺乏，难以论定。但从商代行政体系的完整性、"因于殷礼"的周人在周初建制的完备性，结合我们在前面关于多尹、三公、冢宰等情况的论述，商代具有行政的"寮"应当是可信的。《尚书·伊训》云："惟兹三风十愆，卿士有一于身，家必丧。邦君有一于身，国必亡。臣下不匡，其刑墨"，对于卿士、邦君臣属的不匡正

---

[1] 韩国磐：《关于卿事寮》，《历史研究》1990年第4期。
[2] 王宇信、杨升南：《甲骨学一百年》，社会科学文献出版社1999年版，第456页。
[3] 王贵民：《商周制度考信》，（中国台湾）明文书局1989年版，第176页。

其长官的行为定为犯罪,且有适用的墨刑,可见商代主要长官之下都有自己的臣属。那么商代的卿事寮很可能就是我们前文中所说的多尹集团,由三公执掌,为商王提供决策和行政服务。关于卿事寮的具体职能,杨宽先生在描述周代的情况时说:"卿事寮可以说是周王办公厅和参谋部,掌管着政治、军事、刑法等等"①,即卿事寮是王的决策与执行机构,商代的情况应该也是如此。

3. 王朝政务官员——多尹集团

一部分多尹和多君进入商王朝,还有众多的尹官组成了负责处理多种具体王室政务和事务的集团。

甲骨文中有大量关于尹与多尹的记载:

> 甲午,贞其令多尹乍王寝。(《合集》32980)
> 癸亥,贞王令多尹衰田于西,受禾。
> 癸亥,贞多尹弜□,受禾。(《合集》33209)
> 己未……贞申尹归。(《合集》21659)
> 庚寅卜,告……绊尹⿰于河西。(《合集》34256)

由以上卜辞可以看出,尹与多尹可以建筑王寝、开垦田土、管理农业、致送册命和接受其他各种王朝的命令,职能十分复杂,这说明多尹并不是一种固定的职官称呼,而是一个集体称呼,王贵民先生认为:"'尹'是治理之意,也是最古的纯粹的官名之一,但它本身并无职位高低之别"②。除上引甲骨文中的尹外,西周文献和金文中有大量称尹的官员,如"明公尹"、"公尹"、"尹太保"、"皇天尹太保"、"皇尹"、"作册尹"、"命尹"、"内史尹"、"尹氏"等,尹显然是一种对官员的通称。即商代以尹作为官员的通称,在王朝中服务的尹与多尹当是从各种官员中选拔出来的人员组成的。

除多合称的多尹外,甲骨文中还有具体的尹的称呼,有"右尹":

> 丙寅卜,大,贞宙叶右保自右尹。十二月。(《合集》23683)

---

① 杨宽:《西周中央政权机构剖析》,《历史研究》1984年第1期。
② 王贵民:《商代官制特点研究》,《历史研究》1986年第4期。

小尹：

> 令小尹步。(《屯南》601)

束尹：

> 贞今日令束尹。(《合集》32054)
> 辛巳卜，贞王㞢羽令以束尹。(《屯南》3797)

申尹：

> 己未……贞申尹归。(《合集》21659)

纴尹：

> 庚寅卜，告……纴尹𠂤于河西。(《合集》34256)

卜辞还有"三尹"、"七尹"：

> 癸亥，贞三尹飨于西。(《合集》32895)
> 王其乎七尹伐卫于……(《英藏》2283)

右族尹：

> 丁未卜，争，贞令郭以右族尹申有友。(《合集》5622)

可以看出尹是有多种官员组成。

尹与多尹的执掌也十分复杂，钟柏生先生总结认为商代的尹与多尹可以参与军事、追捕罪犯、参与祭祀、主持建筑王寝工程、负责哀田等多种事务[①]。我们重新整理卜辞，尹官具体为商王实施的有如下工作。

---

① 钟柏生：《卜辞中所见的尹官》，《中国文字》1999年第25期。

乍王寝：

    甲午，贞其令多尹乍王寝。(《合集》32980)

裒田：

    癸亥，贞王令多尹裒田于西，受禾。(《合集》33209)

乍大田：

    令尹乍大田。
    勿令尹乍大田。(《合集》9472)

狩猎：

    甲午卜，呼呼束尹有㒸。(《合集》5618)

追捕逃犯：

    壬午卜，殼，贞尹执羌。王占曰：其执。七日戊[子]尹允执。(《合集》5840)

辅佐其他官员：

    甲申卜，争，贞尹以彳子。
    贞尹弗其以彳子。(《合集》9790正)

致字作彳，郭沫若先生释挈[1]，唐兰先生释氏，读提，提有挈义[2]，"挈有提

---

[1] 郭沫若：《甲骨文研究·释挈》，人民出版社1952年版。
[2] 唐兰：《天壤阁甲骨文存考释》，北京辅仁大学1939年版，第36页。

挈、扶持之意，此辞当为殷王卜问是否让尹扶持㞢子的卜辞"①。
叶王事：

> 贞叀多尹令比终眉叶王事。
> 贞叀多子族令比终眉叶王事。(《合集》5450)

其他事务：

> 令多尹𠂤。(《合集》5613)
> 多尹以于商。(《合集》20357)
> 呼多尹往䚅。(《合集》31981)
> 呼多朿尹次于教。(《合集》5617)

从上引卜辞可以看出，多尹集团的构成是复杂的，有政务、事务官员也有族长。所负责事务也具有多样性，涉及建筑工程、农业生产、执法辅政等各种事情。根据其具体地位和执掌可以分中央官、地方官和族官三类②。但甲骨文中所见的尹，主要是指中央官，是商王从各种职官中选拔执行王命者。从其执行的事务皆受命自商王，以及"多尹"、"三尹"、"七尹"等称呼看，他们应当是一个有联系的团体。即尹虽然是官员的通称，但甲骨文中的尹与多尹主要指在王朝服务的各种官员，他们参与各种事务的处理，为商王提供服务，类似后世的"卿士寮"，范毓周先生认为尹是"一种主管王的行政事务的行政官"，多尹是行政官的团体，"西周金文《令方彝》中地位仅次于'卿事寮'的'诸尹'可能就是这种'多尹'发展而来"③。

4. 王朝联络官——史

商王朝为了与各地方政权联系，经常向各地派遣使者：

> 贞使人于羍。(《合集》5534)

---

① 范毓周：《甲骨文中的"尹"与"工"》，《史学月刊》1995年第1期。
② 钟柏生：《卜辞中所见的尹官》，《中国文字》1999年第25期。
③ 范毓周：《甲骨文中的"尹"与"工"》，《史学月刊》1995年第1期。

贞史人于岳。
贞勿使人于岳。(《合集》5521)(图7—6)
丁丑卜，韦，贞使人于我。(《合集》5525)
王勿使人于沚。(《合集》5530甲)

为了联系方便和加强监控，有时商王朝会为某诸侯设置一名专门使者，负责王朝与诸侯之间的沟通。甲骨文中称"立史"：

贞㞢立史于䧹侯。六月。(《合集》5505)
丙辰卜，㱿，立缋史。(《合集》5513)
贞立明史。(《合集》7075)
立须史。(《合集》5514)

图7—6　《合集》5521

专门使者的出现，使得使者不再是来往于路途的无固定驻地与随员的职官，其职责也不再局限于信息的传递，而是带有视察、监督、协助地方事务等多重职能，具有了政务和军事职官的性质。甲骨文中有许多"史"参加战争的记载：

壬戌卜，㱿，贞乞令我史步伐舌方。(《殷古》13·1)
贞我史其戋方。
我史弗其戋方。(《合集》6671正)
癸亥卜，㱿，贞我史毋其戋缶。
癸亥卜，㱿，贞我使戋缶。(《合集》6834)
其呼北御史卫。(《合集》27897)

有学者因此认为商代的"史"是武官[①]，我们认为不准确。史参加战争一是由于使者需要在边境和荒僻地区行动，带有武装随行，会遇到冲突事件，如商青铜器《戍甬鼎》(《集成》2694)铭云："丁卯，王令宜子逌西

[①] 胡厚宣：《殷代的史为武官说》，《全国商史学术讨论会论文集》，《殷都学刊》增刊1985年。

方，于眚。隹反，王赏戍具一朋，用作父乙鼒。亚孚"，即是宜子出使西方时带有戍作为卫队。二是使者身份专门和固定的缘故，使者实际转化为王朝派驻在各地的特派员，对边地的事务有处理权，即史并不单纯是信息传递者。

六月，有来曰：史有疾。（《合集》13759 正）

即有人为"史"传递信息。

史是王朝派出的使者，有些固定的使者因为身份固定化，成为地方事务的重要角色，参加了军事行动，但史的主要执掌依然是负责与王朝的交流与沟通。

5. 地方政务官员

商代王畿内的地方邑落和地区有几种不同的情况，可以分为商王统治下的各族聚居普通邑落与地区，商王建立的田庄、牧场、手工业生产单位等据点以及各王室宗亲、臣下的领邑等几种。其管理也有所不同，王室宗亲、臣下领邑由其首领管理，对商王负有进贡、服役等义务，其下的行政官员更具有家族性质；由商王建立的各生产单位则直属商王，其居民大多属于人身受到限制的生产者，其管理由王朝的事务官员负责。所以，真正可以划入王朝地方政务官员者，只有商王统治下各族聚居的普通邑落和地区的官员。

商代的地方政务依靠宗族来实施，各族族长也自然成为基层的执行者，成为王朝的低级官吏。甲骨文中有：

辛卯卜，即，贞宙多生射。（《合集》24140）
宙多生飨。（《合集》27650）

"多生即多姓，即许多族的族长[1]。"各族族长实际是商王朝的基层官吏，参加王朝事务的处理和执行。商代的居民聚族而居，但在人地关系紧张、人口密度大的地区，如城市等地，更适合按地区划分管理。商人在城市和其他人口密集区划区为"里"，设置"里君"进行管理。这个"里君"很可能是由

---

[1] 张政烺：《古代中国的十进制氏族组织》，《历史教学》1951 年第 3 期。

本地区的族协商产生,由势力较大的族的首领担任。这即是《尚书·酒诰》所载"越在内服,百僚庶尹、惟亚惟服、宗工、越百姓、里居"中的百姓与里居。

(二) 事务性职官

事务性职官主要指掌管经济生产的官员。商王朝注重经济资源的掌握,王朝建立了大量的田庄、牧场和手工业作坊,从事多种生产活动,商王朝也派官吏对这些产业进行管理。

1. 农官

农业是商代最重要的生产部门,商王朝管理农业的事务官有小藉臣、小刈臣、田畯等。

小藉臣

甲骨文有小藉臣:

> 己亥卜,贞令吴小藉臣。(《合集》5603)

"藉"字像人踏耒耕作形,表示在田间劳作,小藉臣即是管理农业耕藉事务的小臣。

小刈臣

甲骨文有小刈臣:

> 刈小臣。(《合集》9017 正)
> 呼小刈臣。(《合集》9566)

"刈即艾字,《诗经·臣工》'奄观铚艾',徐光启《农政全书》云:'艾,穫器,今之刟镰也,方言曰刈。江淮陈楚之间,谓之铭或谓之锅,自关而西,或谓之钩,或谓之镰,或谓之锲'……商代遗址中所出石、蚌镰相当多,正是卜辞刈字所从"[①],刈本义是镰,在此用作动词,为收割之义。小刈臣即掌管收割作物的农官。

除小藉臣、小刈臣外,还有其他小臣也参加农业生产的管理:

---

① 杨升南:《商代经济史》,贵州人民出版社 1992 年版,第 153 页。

贞由小臣令众黍。一月。(《合集》12)

黍在此为种黍之义，即令小臣带领众人去种植黍。

畯

甲骨文中还有"畯"字：

□□卜，争……畯……（《合集》5609）
贞……畯……（《合集》5610）

罗振玉先生释畯，"古金文皆从允，与卜辞合"[①]，《说文》、《尔雅》皆释畯为"农夫"，《诗经·七月》有"田畯至喜"，毛传谓："田畯，田大夫也"，是农业之官。杨升南先生认为"甲骨文中的畯即田畯，也当是一农官"，这样甲骨文中的小藉臣、小刈臣、畯同是商朝王室专设的农官。

2. 牧官

商代畜牧业发达，祭祀中大量使用牲畜作为牺牲，最多一次即献祭千牛，《合集》1027即是。商代牧场的设置范围很广，商王朝设有管理畜牧业的职官，主要有刍正、牛臣、牛正、羊司、豕司、犬司、司犬、牧、牧正等。

刍正

甲骨文中的主要畜牧生产者，称刍：

贞侯以骨刍。（《合集》98正）
庚辰卜，宾，贞呼取扶刍于□。（《合集》110正）
乙丑卜，敝，贞即以刍，其五百隹六。（《合集》93正）

刍，罗振玉先生释，"从又持断草，是刍也"[②]，在卜辞中多用指从事畜牧业生产的奴隶，"刍是一种畜牧奴隶。《说文》：'刍，刈草也'。段玉裁注，'谓可饲牛马者'。《周礼·充人》郑玄注，'养牛羊曰刍'。《孟子·梁惠王下》赵岐注，'刍荛者，取荛薪之贱人也'。《汉书·贾山传》，'刍刈草也，荛草

[①] 罗振玉：《殷虚书契考释》，(中国台湾) 台北艺文印书馆影印本1968年版，第12页。
[②] 同上书，第36页。

薪也，言执贱役者也'。所以刍，乃是一种刈草饲养牲畜的奴隶"①。甲骨文中有刍正：

贞呼刍正。(《合集》141 正)

刍正即是专门管理刍奴的官员。
牛臣与牛正
甲骨文中有牛臣：

［牛］臣觞呼耂有刍。
耂牛臣刍。(《合集》1115 正)

金文中有牛正：

父癸牛正。(《三代吉金文存》11：15·5)

杨升南先生认为："'牛正'与'牛臣'，即是主管牛的饲养之官"②。
羊司、豕司、麑司和司犬
甲骨文有：

叀豕司。(《合集》19209)
叀麑司用。(《合集》19884)
叀豕司卫，吉。(《合集》19212)
甲戌卜，自，司犬。(《合集》20367)
……羊、豕司。(《合集》19210)

"司"即主事的职官，主管羊、猪、犬等的官称"司"③。

---

① 胡厚宣：《甲骨文所见殷代奴隶的反压迫斗争》，《考古学报》1979 年第 1 期。
② 杨升南：《商代经济史》，贵州人民出版社 1992 年版，第 248 页。
③ 王宇信、杨升南：《中国政治通史·先秦卷》，人民出版社 1993 年版，第 227 页。

牧

商代各牧场的首领称牧。甲骨卜辞有：

戊戌卜，宾，贞牧匄人，令遷以受。（《合集》493）

"匄"即乞求、要求，匄人，即要求提供用于牧业生产的人。牧即是一处牧场的管理者，向商王要求增加人力。商代青铜器中常见"亚牧"和"牧"的铭文：

亚牧父戌。（《集成》502）
亚牧。（《集成》2313）
亚牧。（《集成》2322）
牧。丙。（《集成》8016）

这些牧应该是畜牧生产的管理者[①]。

牧正

商代的牧场很多，王朝对牧场的管理相当正规，经常省视各牧场，有时候商王亲省：

丙寅卜，殸贞王往省牛于敦。
贞王勿往省牛。三月。（《合集》11171 正）
贞王往省牛。（《合集》11175）
贞王勿往省牛。三月。（《合集》11170 正）

有时派其他人员前往省视：

丙午卜，宾贞呼省牛于多莫。（《合集》11177）
贞呼省专牛。（《合集》9504 正）

[①] 裘锡圭：《甲骨卜辞中所见的"田"、"牧"、"卫"等职官的研究——兼论侯甸男卫几种诸侯的起源》，《文史》第 19 辑，中华书局 1983 年版。

对牧场较常规的管理和视察，有必要设置一个专门总管各牧场的官职。牧正很可能是总管各牧的官员，金文中有"牧正"：

牧正。(《集成》5575)（图7—7）
牧正父己。(《集成》6406)

牧正是总管畜牧的官员①。

3. 工官

司工

商代的手工业十分发达，涉及建筑、制陶瓷、纺织、木作、冶铸、制玉、制骨、酿造等各个行业②，商王朝实行"工商食官"的制度，所以有相当一部分手工业直接掌握在商王手中，由王朝委派官员管理，商王朝设有专门管理建筑工程和手工业生产的职官，称"司工"③。

图7—7 《牧正尊》铭文
（《集成》5575）

从考古资料看，商人已经建立带有城墙的巨大城市，建有规模宏大的宫殿宗庙。这些大规模的建筑，没有相当的管理和组织能力是无法建成的。

商代甲骨文中有大量关于建筑方面的占卜，有时派尹等官员进行管理：

甲午，贞其令多尹乍王寝。(《合集》32980)

但更多的并不出现负责者，只就建筑事项进行占卜：

甲寅卜，争，贞我玨邑。(《合集》13496)
壬子卜，争，贞我其玨邑，帝弗佐，若。三月。(《合集》14206正)
庚午卜，内，贞王乍邑，帝若。八月。(《合集》14201)

---

① 裘锡圭：《甲骨卜辞中所见的"田"、"牧"、"卫"等职官的研究——兼论侯甸男卫几种诸侯的起源》，《文史》第19辑，中华书局1983年版。
② 参见杨升南《商代经济史》，贵州人民出版社1992年版。
③ 郭沫若主编：《中国史稿》，人民出版社1976年版，第208页。

贞王勿乍邑。(《合集》13506 正)
……立邑墉商……(《缀合》30)
甲子卜，争，贞乍王宗。(《合集》13542)
甲辰［卜］，弜□在兹乍宗。若。(《合集》34139)
□丁珛亚。(《屯南》1347)
癸巳［卜］，□，贞……乍多亚。(《合集》21705)
辛未卜，乍宅。(《合集》22247)
王其乍偶于旅邑……其受佑。(《合集》30267)
甲戌卜，贞其有乍亾兹家。(《合集》13587)
乙亥卜，出，贞珛王寝，告……(《合集》24953)

卜辞中频繁出现建筑邑落、宗庙、城防、宫室等工程，说明工程建设是商王朝的经常性的事务。这样常规性的建设应该有专门的官员进行管理。《史记·殷本纪》："咎单作《明居》"，马融注："(咎单) 司空也，明居民之法"，《考工记》郑注："司空，掌营城郭，建都邑，立社稷宗庙，造宫室车服器械"，即司空是建筑和手工制造业总的管理者。甲骨文中有"司工"：

壬辰卜，贞叀弖令司工。(《合集》5628)

朱彦民先生认为"一期甲骨文中有'司工'一官，应就是文献中的'司空'，即掌管建筑房屋工程之职。汤时有司空之职或有可能"[①]。司工同时兼管手工业，上辞中"'惟弖令'即'令弖'，'令弖司工'即商王任命弖为'司工'这一职官，主管王朝的手工业生产"[②]。类似的记载还有：

己酉，贞王其令山司我工。
己酉，贞山叶王事。(《合集》32967)

"山是人名……辞意为商王武乙命令山管理他的工匠事务，'司我工'，即

[①] 朱彦民：《从考古资料谈商族的发展》，《中国文物报》1997年12月28日。
[②] 杨升南：《商代经济史》，贵州人民出版社1992年版，第578页。

'司工'"①，即任命山为司工之职。

多工与百工

司工是建筑业和手工业的总管，其下设有各个行业的分管官员，这些分管官员又可以称多工或百工。

甲骨文中有多工与百工：

> 甲寅［卜］，史，贞多工亡尤。（《合集》19433）
> 乙未酒，多工率条遣。（《合集》11484）
> 甲申卜，出，贞多工令眔史方。（《合集》41011）
> 癸未卜，有祸百工。（《屯南》2525）

"'多工'与'百工'当是相同的含义，即'百工'"②，《考工记》"国有六职，百工与居一焉"，郑玄注："百工，司空事官之属"，百工是司空之下的各个分支管理者，包括许多行业的官员。甲骨文中所见的有右尹工、尹工、左工、右工等。

右尹工与尹工

甲骨文中有右尹工：

> 丁亥卜，宾，贞令䊅㐬右尹工于垂［侯］。（《合集》5623）（图7—8）
> 丁卯卜，贞令追㐬右尹工。（《合集》5625）

图7—8 《合集》5623

"'右尹工'当是司工的下属，当时乃'工商食官'的体制，手工业生产者集体编制，分为右中左等组织，故名'右尹工'、'左尹工'之类"③。甲骨文中还有：

> 贞宙令尹工。（《合集》5627）

---

① 王宇信、杨升南：《中国政治通史·先秦卷》，人民出版社1993年版，第229页。
② 同上书，第230页。
③ 王贵民：《商朝官制及其历史特点》，《历史研究》1986年第4期。

尹工应该也是手工业生产的管理者。
右工与左工

  翌日戊，王其省牢右工，湄日不雨。(《合集》29685)
  ……卜，余……左工……(《合集》21772)

卜辞中的右工、左工应该也是百工之一，掌管某种建设或生产，"甲骨文中还有'右工'(《合集》29685)、'左工'(《合集》21772)，亦皆为工官之属"①。

4. 山川林虞官

商代对山川林泽进行管理的官员包括小丘臣、犬官和司鱼等。
小丘臣
甲骨文有小丘臣：

  小丘臣。(《合集》5602)

当是管理山林的官员。
犬官
  商王经常外出田猎，在许多地区设置了负责狩猎的官员。即甲骨文中的犬官：

  ……戊王其比盂犬叶田蔑，亡［戋］。(《合集》27907)
  盂犬告鹿，其比，毕。(《合集》27921)
  王其田，叀成犬比，毕，亡戋。(《合集》27915)
  牢犬告，王其从，亡灾，毕。(《合集》27920)
  牢犬告□，［王］其比，亡戋，毕。(《合集》27921)
  惟宕犬㞢比，亡戋。(《合集》27903)
  王叀阶犬……(《合集》27916)
  由祝犬比，亡戋。(《屯南》106)

---

① 宋镇豪：《夏商社会生活史》，中国社会科学出版社2005年版，第119页。

商代设立的犬官的田猎地很多,据杨升南先生统计,见于甲骨文的有二十余处①。这些犬官除随从商王射猎外,还负责向商王报告该地的兽情:

　　　　□丑卜,犬来告:有麋。(《合集》33361)
　　　　庚申卜,犬[来告]曰:有鹿,[王]其比,毕。(《屯南》2290)

有时犬也参加军事行动:

　　　　□戌卜,永,贞令旨以多犬、卫比多……蠢羊。(《合集》5666)

司鱼

　　　　壬子卜,其燎司鱼,兹用。(《合集》29700)

王贵民先生认为司鱼系管理养殖和捕捞鱼产品的官员②。

5. 仓储官

上述事务性职官皆是生产性职官,物品产出后需要储存,手工业产品需要交换,商王朝实行"工商食官"政策,所以在储藏和交换过程中,政府起重要作用,设立了负责管理的职官。

在农业地区,主要产品是粮食,储藏于各仓廪,这些仓廪主要由当地部族负责,王朝不设立专门的官员管理,但经常派人视察。甲骨文中有:

　　　　庚寅卜,贞叀束人令省在南廪。十二月。(《合集》9636)
　　　　己亥卜,贞令多马、亚沿遘禗省陵廪,至于仓侯。比楅川、比垂侯。九月。(《合集》5708正)
　　　　戊寅卜,方不至。之日又曰:方在崔廪。(《合集》20485)

在城市和大的聚居地,手工业产品和进贡而来的各种祭祀用品等,则储存于"多宁"处。"多宁"既负责物品的储藏,也负责物品的流通,同时还

---

① 杨升南:《商代经济史》,贵州人民出版社1992年版,第315页。
② 王贵民:《商朝官制及其历史特点》,《历史研究》1986年第4期。

负责在祭祀时提供牺牲和祭品,具有多重职能。甲骨文有:

> 癸丑卜,翌乙卯多宁其延陟凿自……(《合集》19222)
> 戊午卜,贞祭,多宁以凿自上甲。(《合集》32114)
> □辰卜,争,贞令亳宁鸡贝凿……(《合集》18341)
> 贞呼取亳宁。(《合集》7061)
> 贞勿呼宁鼓罙……(《合集》3508)
> 乙亥卜,弜呼多宁见。用。
> 弜乎弹燕宁。呼㞢燕。不用。
> 弜呼弹燕。(《花东》255)

"这些'宁'实际上当是王室在各地'辨积物'而专设的机构,不是一般的贡纳,很可能是官商,依王室需要由他们提供东西"①。

6. 其他事务性职官

除可以明确界定为某方面的事务官员外,商代还有一些负责管理车马的御正、车小臣,负责管理人力的小众人臣、小多马羌臣及负责族事务的宗工、五正等。

御正

> 辛亥卜,子其以妇好入于狄,子呼多御正见于妇好,ㄓ疒十。往?。
> 辛亥卜,弹ㄓ妇好祈三,㞢ㄓ妇好二,用。住?。
> 辛亥卜,宙弹见于妇好。不用。(《花东》63)

弹、㞢大约是"多御正"中的两位,则弹是御正。另有卜辞:

> 癸卯卜,在菱,弹以马。子占曰:其以,用。(《花东》498)

弹致送来马。御正当是与马或车有关的官员。另外,商青铜器有"驳卣",其铭文曰:

---

① 王贵民:《浅谈商都殷墟的地位和性质》,《殷都学刊》1989 年第 2 期。

> 戬辛巳王易驭八贝，用作父己尊彝。（《集成》5380）

驭字作驱马之形，当是御字，是驭马或驾车之意，此处当指驯马或驾车有关的人。即商代已经有了专门管理马匹或车的官员。

车小臣

甲骨文有：

> 翌日……车小臣……（《合集》27879）

车小臣当是负责管理车的官员。

小众人臣

甲骨文有：

> 壬辰，贞叀吴呼小众人臣。（《合集》5597）

小众人臣即是对众人进行管理的官员。从甲骨文研究我们知道，众人是商代为王朝服役的重要劳动力，服务于农业、牧业、手工业等多个领域。不断从各个宗族征集大量众人为王朝劳动，是商王控制人力资源的重要手段。小众人臣即是对这些从各宗族征集来的人员进行管理的官员。

小多马羌臣

甲骨文有：

> 丁亥卜，宾，贞叀羽呼小多马羌臣。十月。（《合集》5717 正）
> □多马羌臣。（《合集》5718）

"甲骨文中有'多马羌'，是牧马的羌奴，其官有'多马羌臣'或称作'小多马羌臣'。'小多马羌臣'即管理马羌的'小臣'"[1]。

宗工

甲骨文中有"宗工"：

---

[1] 王宇信、杨升南：《中国政治通史·先秦卷》，人民出版社1993年版，第227页。

□戌卜，[贞] 共众宗工。(《合集》19)
庚□[卜]，贞共[众]宗工。(《合集》20)

上引各辞是占卜商王是否向宗工提供众人，可见宗工应是属于王朝的官员。《尚书·酒诰》："越在外服，侯、甸、男、卫、邦伯；越在内服，百僚庶尹、惟亚惟服、宗工、越百姓、里居"，"汝劼毖殷献臣、侯、甸、男、卫、矧太史友、内史友、越献臣、百宗工"，杨筠如谓："宗工，下文'越献臣百宗工，疑如汉人宗正之属'"①。从"惟亚、惟服、宗工"以及"百宗工"看，宗工当指各族的族事务管理者。但上引甲骨文中的宗工接受商王提供的众人，应该是属于王室的族事务管理者，即王室宗正。

五正

各族事务由族长或宗工管理，在各族聚居的地区，则出现了协调各族的官员。《左传·定公四年》："分唐叔以怀姓九宗，职官五正"，《左传·隐公六年》："翼九宗五正顷父之子嘉父逆晋侯于随，纳诸鄂"，"九宗五正"当是翼地怀姓九族的协调者称五正，杨伯峻认为"足见此乃殷商以来传世之官职"②。

(三) 武官

"国之大事，在祀与戎"，军事活动是古代国家社会生活的主要内容之一。商代虽然没有形成严格的官员职能划分，但已经出现了侧重军事的职官。商代的军事职官大致有师、亚、马、多马、马小臣、射、戍、使等。

师长

商王朝已经建立起常备军，师是商代军队的最大单位，甲骨文有：

贞方来入邑，今夕弗震王师。(《合集》36443)
丁卯卜，㱿，贞我师无启敁。(《合集》11274)
壬辰……侯衣王……蒸□……朕师。(《合集》36127)

商代师为一个万人的军事编制单位，其首领称"师长"，《尚书·盘庚》："邦

---

① 杨筠如：《尚书覈诂》，陕西人民出版社1959年版，第69页。
② 杨伯峻：《春秋左传注》，中华书局1986年版，第49页。

伯、师长，百执事之人"，"师长是武官"①，"商军有师这一编制单位，'师长'之职自然是师的统领者"②。

亚

甲骨文中有亚一职，经常参加军事活动：

> 甲子卜，亚戈耳龙。毋启，其启，弗每。有雨。（《合集》28021）
> 己亥卜，在微，贞王（令）□亚其从出伐□方，不曹戈。在十月又□。（《合集》36346）

此外，亚还经常与多马、马、卫、射、任等其他具有军事职能的官员一起活动：

> 甲辰卜，贞气令吴以多马、亚，省在南。（《合集》564）
> 己亥卜，贞令多马亚岔遘，祝省陕廪，至于仓侯。比楒川、比垂侯。（《合集》5708 正）（图7—9）
> 贞多马、亚其有囚。（《合集》5710）
> 贞其令马、亚射麋。（《合集》26899）
> 贞叀马、亚涉兕。
> 贞惟众涉兕。（《合集》30439）
> 乃呼归卫、射、亚……（《合集》27941）
> 以多田、亚、任……（《合集》32992 反）
> 贞令遘以文取大任、亚。（《合集》4889）

图7—9　《合集》5708 正

这些活动可能都带有军事性质。另外，亚还担任军事方面的教官：

> 丁酉卜，其呼以多方小子小臣。其教戍。

---

① 顾颉刚、刘起釪：《盘庚三篇校释论》，《历史学》1979年第1期。
② 杨升南：《略论商代的军队》，《甲骨探史录》，生活·读书·新知三联书店1982年版。

亚立，其于右利。

其于左利。(《合集》28008)

此处的"亚为教官"[1]。

甲骨文中的亚涉及的事务也非常广泛，除上引卜辞所见的征伐、省廪、射猎、致取等事务外，还有：

戊戌，隹亚奠戠，弜告。(《花东》260)

癸卯卜，亚奠贞，子占曰：□人用。

癸卯卜，亚奠贞，子占曰：终卜用。(《花东》61)

则是亚参加祭祀、占卜等事务。有学者认为安阳花园庄东地甲骨中的亚，其地位可能是家臣[2]。可见亚是一种职责非常广泛的职官。

亚除作为一种特定的职官外，很可能还是某类官员的通称。《尚书·牧誓》："友邦冢君、御事：司徒、司马、司空；亚旅：师氏、千夫长、百夫长"，其中御事是司徒、司马、司空的总称，亚旅是师氏、千夫长、百夫长的总称，所以亚很可能是对于某类职官的泛称。从甲骨文看，称亚某者特别多，有亚雀(《合集》22029)、亚禽(《合集》33114)、亚旁(《合集》26953)、亚般(《合集》27938)、亚旂(《合集》28011)、亚䉅(《屯南》1057)等。商代青铜器，亚形铭文特别多，仅亚铭的器就达200多件[3]。这些说明，亚非常可能是某类职官的称呼，而不是一种固定的职官。

马与多马

商代已经出现骑兵部队，称"马"：

丙申卜，贞戎马左右中人三百。六月。(《合集》5825)

---

[1] 宋镇豪：《从甲骨文考述商代学校与教育》，《2004年安阳殷商文明国际学术研讨会论文集》，中国社会科学出版社2004年版。

[2] 朱凤瀚：《商周家族形态研究》，天津古籍出版社2004年版，第143页。

[3] 曹淑琴、殷玮璋：《亚匕矢铜器及其相关问题》，《中国考古学研究》，文物出版社1986年版。

肇即发动,此辞是说发动分为左、中、右三阵的马队参加行动①。这些骑兵的首领称马或多马:

叀戍、马呼罙往。(《合集》27966)
壬戌卜,狄,贞叀马、亚呼执。
壬戌卜,狄,贞叀戍呼执。(《合集》28011)
王……众……弜令多马。(《屯南》4029)
癸巳卜,宾,贞多马遘戎。(《合集》5715)
甲戌卜,㱿,贞我马及戎。(《合集》6943)
甲辰卜,贞气令吴以多马、亚,省在南。(《合集》564正)
贞令马、亚射麋。(《合集》26899)
贞叀马、亚涉兕。(《合集》30439)

马、多马是指骑兵之长,也是商王朝重要的武官。

马小臣

甲骨文中有"马小臣":

……来告大方出,伐我师……叀马小臣(命)。(《合集》27882)(图7—10)
丙寅卜,叀马小臣[呼]。
叀戍马品呼,允王受有佑。
王其呼,允受有佑。(《合集》27881)

图7—10 《合集》27882　马小臣参加战争,应该也是一个武职②。

射

商代军队中有专门的射手组成的射兵:

---

① 参见王宇信《甲骨文"马"、"射"的再考察——兼驳马、射与战车相配置说》,《出土文献研究》第5辑,科学出版社1999年版。

② 参见王贵民《就殷墟甲骨文所见试说"司马"的起源》,《甲骨文与殷商史》,上海古籍出版社1983年版。

丙午卜，永，贞登射百，令莫□□。（《合集》5760）
登三百射。
勿登三百射。（《合集》698 正）
贞品三百射，呼。（《合集》5777）

射兵的长官称射：

乃呼归卫、射、亚……（《合集》27941）

各族射兵的长官称射某：

己丑卜，宾，贞令射倗卫。一月。（《合集》13）
[㱿]贞射畓……日由既己卯……获羌十。（《合集》163）
丙午卜，贞伊射𢦏。（《合集》5792）
贞令射串于微。（《英藏》528）

射倗、射畓、射𢦏、射串分别是倗、畓、𢦏、串族的射兵长官。

戍

戍原来是各地戍守部队的首领，后来随着商王朝领域的扩大，原来戍守的边境变成了后方，戍守部队也从边防力量向正规军事力量转化，戍也成为一种官职。

壬戌卜，犾，贞叀马、亚呼执。
壬戌卜，犾，贞叀戍呼执。（《合集》28011）
己未卜，王其呼戍祟，在……（《合集》28045）
叀戍中往有戈。（《合集》27975）
戍禹其遵戎。（《合集》28044）
……叀入戍辟，立于大乙，[自]之畓羌方，[不雉人]。
……[叀入戍]辟，立于𠂤，自之畓羌方，不雉人。（《合集》26895）

随着戍守地点的长期建设，戍向着综合方向发展，戍官也由单纯的军事长官，向综合性长官转化：

  宙戍呼舞有大雨。（《合集》30028）
  王其呼戍䉛盂有雨。（《合集》28180）
  宙田眔戍舞。（《合集》27891）

戍可以担任使者的护卫任务，前引商青铜器《戍甬鼎》铭记载戍甬跟随宜子出使西方巡察，回到商都后受到商王封赏，可见戍已经成为一种可以担任多种职事的官职。戍还可以参加祭祀：

  己酉，戍铃尊宜于召康庚𠦪九律，𠦪商贝十朋，万夗用宁丁宗彝。在九月，隹王十祀，劦日五，隹来东。（《集成》9894）

另外，还有《戍嗣子鼎》："丙午，王赏戍嗣子贝二十朋，在阑宅，用作父癸宝䵼。隹王䇂阑大室。在九月。犬鱼"（《集成》2708），戍随商王在阑大室活动，受赏赐，应该也与祭祀活动有关。

（四）宗教文化职官

从研究我们得知，商人已经建立了地域广大的国家，并实行着有效的统治。这种统治不是简单的武力或人力所能达到的，必须相伴有高度发达的统治技巧和思想文化。商代存在着一个宗教文化团体，为商王朝的统治提供精神武器和知识支持，这个团体主要由宗教神职人员构成。神职人员构成社会的主要知识阶层，是早期社会十分普遍的现象，商代亦是如此。虽然这个团体总体都属于宗教神职人员，但由于国家机构的完善和实际执掌的具体化，这些神职人员的具体分工有所侧重，我们可以将其区分为占卜职官、史官、乐舞之官等三类。其中占卜职官包括贞人、筮人、巫等；史官包括作册、大史、小史、右史等；乐舞之官包括少师、大师、多万等。

1. 占卜职官

商代的占卜职官主要分三种，一是执掌龟卜的贞人，或称卜人；二是执掌筮占的筮人；三是利用其他手段或现象进行预测的巫人。他们不仅掌握精神领域的力量，同时也是政治生活中的重要成员，在商代国家中占有重要地位。

贞人（卜人）

在甲骨刻辞中存在大量贞人：

□酉卜，宾，贞告𢀛受令于丁二宰箙一牛。（《合集》19563）
甲子卜，争，贞求年年于夔，燎六牛。（《合集》10067）
壬午卜，亘，贞告舌方于上甲。（《合集》6131 正）
壬申卜，㱿，贞于唐告舌方。（《合集》6301）
□□卜，出，贞［大］史其酚，告于血□。十月。（《合集》25950）

宾、争、亘、㱿、出等都是在龟卜中负责占卜事务的官员，被称作贞人或卜人。贞人是与神灵沟通的重要角色，这在神权政治的商代是非常显要的职位。商王朝汇集许多贞人在王朝服务，武丁一代的贞人多达 70 多人，甲骨文中的"多卜"（《合集》24144）可能即是指多个贞人而言。

商代已建立了较稳定的占卜制度和相应机构，据宋镇豪先生研究，商人已经形成元卜、左卜、右卜三大卜官的建制，一般情况下一卜用三骨已成常制，"甲骨文云：

庚申卜，旅，贞㞢元卜用。（《合集》23390）
习元卜。（《合集》31675）
己酉卜，大，贞㞢右卜用。（《合集》25019）
丁卯，右卜，兄不岁用。（《合集》41496）
右卜。（《合集》28974 反；《京津》2539）
……王祼……非，左卜有祟……（《合集》15836）
……入商。左卜占曰：弜入商。（《屯南》930）（图 7—11）

图 7—11 《屯南》930

元卜、右卜、左卜，乃分指三卜的三块甲骨，或因三同时占之，故亦指人，设职以称[①]。"即商代已建成元卜和左卜、右卜三大相对固定的卜官，通常情况下，元卜由商王亲自担任，以利用占卜权维护王权。但有时也会由其他人担任元卜的职务，卜辞有：

丙午卜，㱿贞，卜竹曰：其侑于丁牢，王曰：弜畴，翌丁卯率若。八月。（《合集》23805）

由三卜制和相关记载可以推论，很可能有的贞人是主要占卜者（在此处是㱿），下有次级贞人（在此处是卜竹），有时贞人一次即行三卜或多卜，则由贞人和其他卜人同时执行，由一人担任总的掌握者。那么，商代应该有一个层次分明的贞人集团。

不同时期，甲骨文中贞人的数量不同，据学者统计，"从武丁时期到帝辛时的甲骨文中，出现的贞人有120个左右，以武丁时最多，有约70个，祖庚祖甲时22个，康丁时18个，武乙时最少只1个，帝乙帝辛时6个"[②]，总的趋势是越往后期贞人的数量越少，这可能是王权集中加强，贞人权力萎缩的结果。

筮人

商代已经出现筮法。在殷墟甲骨刻辞中和出土器物上，有由数字组成的文字：

阜九，阜六。
七七六七六六。贞吉。
六七八九六八。
六七一六七九。
友，八八八八八。（《考古》1989年第1期[③]）
一一六六一五。

[①] 宋镇豪：《论古代甲骨占卜的"三卜"制》，《殷墟博物苑苑刊》创刊号，中国社会科学出版社1989年版。

[②] 王宇信、杨升南：《中国政治通史·先秦卷》，人民出版社1993年版，第232页。

[③] 肖楠：《安阳殷墟发现"易卦"卜甲》，《考古》1989年第1期。

六八八八六六。
九七七。（《华夏考古》1997年第2期①）

是商代以筮法占测的记录②。殷墟四盘磨出土的卦画文字十分完整：

七八七六七六曰隗。
八六六五八七。
七五七六六六曰魁。（《中国考古学报》1951年第5期）

这种筮卦由六个数字组成，说明已经出现由六爻组成的重卦，并且有了固定的名称，商代的筮法已经是一种成熟的占卜方式。《尚书·洪范》"汝则有大疑，谋及乃心，谋及卿士，谋及庶人，谋及卜筮"，把筮占与龟卜同列为神灵意志的体现，可见筮法已经是商人政治决策中的重要参考项。

作为一种在国家政治中发挥作用的成熟的占卜方式，必然有相应的专业人员，王朝会设立相应的职官。《世本》称："巫咸作筮"，而商朝太戊时期重臣名为巫咸。甲骨文中有爻戌，有学者认为"'爻戌'一词是商代筮官的专称"③。我们把这些以筮法为王朝服务的人员称为筮人。

贞人与筮人的关系

从上引的《尚书·洪范》"汝则有大疑，谋及乃心，谋及卿士，谋及庶人，谋及卜筮"中可以看出，卜、筮是被当作同一项的，即商人在决策过程中卜、筮是同时并用的。考古资料也证明商人把龟卜与筮占结合使用，如上引记录筮占的刻辞，此数版甲骨皆是占卜用过的甲骨，后面则契刻筮占所得的结果，"这些记有筮数的骨料均是卜用的甲骨，有的还兼记卜辞，反映了卜与筮的结合"④。龟卜与筮占有怎样的关系呢？

---

① 安阳市文物工作队：《1995—1996年安阳刘家庄殷代遗址发掘报告》，《华夏考古》1997年第2期。
② 参见张政烺《试释周初青铜器铭文中的易卦》，《考古学报》1980年第4期；《殷墟甲骨文所见的一种筮卦》，《文史》第24辑，中华书局1985年版。
③ 徐葆：《殷墟卜辞中的筮法制度》，《中原文物》1996年第1期。
④ 宋镇豪：《夏商社会生活史》，中国社会科学出版社2005年版，第899页。

《尚书·洪范》还记录了决策的选择标准,"汝则从,龟从,筮从,卿士从,庶民从,是之谓大同。身其康强,子孙其逢,吉。汝则从,龟从,筮从,卿士逆,庶民逆吉。卿士从,龟从,筮从,汝则逆,庶民逆,吉。庶民从,龟从,筮从,汝则逆,卿士逆,吉。汝则从,龟从,筮逆,卿士逆,庶民逆,作内吉,作外凶。龟筮共违于人,用静吉,用作凶"。我们可以看到,龟、筮是决策选择的中心条件,我们可以以龟、筮为中心将上述情况分为两类:龟、筮相同的情况和龟、筮不同的情况。在龟、筮相同的情况下,只需人中有一方赞同,即以赞同论,在龟、筮不同的情况下,不论人的因素如何,皆以不吉论;在龟、筮不同的情况下,将王与龟作为同一项,将筮与卿士、庶民作为同一项,其结果是内吉外凶。从龟与王为同列和筮与卿士、庶民同列的情况看,很可能龟与王的意志相联系,而筮与臣下的意志联系。那么可以推论,龟卜代表王意,筮占代表臣民之意,龟卜的地位较筮占重要。

筮占的出现,使商王不仅多了一项可以分化神权的工具,而且可以利用筮占代表臣民意志这一特点,削弱臣、民在决策中实际的作用;同时,王也可以通过控制少数几个贞人和筮人达到支配多数臣民的目的,实现了王权的进一步强化。

巫

商代的神职人员中,除去贞人和筮人外,还有巫人,《尚书·君奭》:"我闻在昔成汤既受命,时则有若伊尹,格于皇天。在太甲,时则有若保衡。在太戊,时则有若伊陟、臣扈,格于上帝;巫咸乂王家。在祖乙,时则有若巫贤。在武丁,时则有若甘盘",《史记·殷本纪》也有记载:"伊陟赞言于共咸,巫咸治王家有成,作《咸艾》,作《太戊》……帝祖乙立,殷复兴。巫贤任职",巫咸、巫贤皆被作为商朝的重臣,可见巫在商朝曾是重要的官员。

巫职一直保持到商末,《尚书·西伯戡黎》:"天既讫我殷命,格人元龟,罔敢知吉",《史记·殷本纪》:"天既讫我殷命,假人元龟,无敢知吉",集解引徐广曰:"元,一作'卜'",引孔安国曰:"至人以人事观殷,大龟以神灵考之,皆无知吉者","至人"与"大龟"同列,当是指能作预言的巫而言。

从商王朝的情况看,前期巫地位很高,可以左右国事。但到后期,巫的地位则已经下降很多。甲骨文中巫:

癸卯卜,贞酒求,乙巳自上甲二十示一牛,二示羊,土燎牢,四戈彘,四巫豕。(《合集》34120)

陈梦家先生说:"四戈与四巫,都是神名。所谓四巫当指四方之巫如东巫北巫等"①。类似的卜辞还有:

壬辰卜,钔于土。
癸巳卜,其帝于巫。
癸巳卜,钔于土。(《合集》32012)
乙丑卜,酒伐,辛未于巫。(《合集》32234)
辛酉卜,宁风巫九犬。(《合集》34138)
(图7—12)
戊子卜,宁风北巫一豕。(《合集》34140)
帝东巫。(《合集》5662)
庚戌卜,巫帝一羊、一犬。(《合集》33291)

图7—12 《合集》34138

在这些卜辞中的巫,都是作为神巫名出现的,现实世界中的巫,则地位很低:

丙申卜,巫御,不御。(《合集》5651)
贞巫妆不御。(《合集》5652)
巫姘∧□。(《合集》21568)
叀巫言舌。(《合集》30595)

巫只参与一些祭祀等事务,很少有其他活动的记录。另外卜辞还有:

贞禺以巫。
贞禺弗其以巫。

---

① 陈梦家:《殷虚卜辞综述》,科学出版社1956年版,第578页。

  冓以巫。(《合集》946 正)

  ……周取巫于垂。(《合集》8115)

  巫子颔以。(《合集》5874)

巫被诸侯当做一种进贡品进献给商王。有时巫还被用做牺牲：

  ……在蓸，其用巫，求祖戊，若。(《合集》35607)

巫在此被用做人牲。可见巫的地位已经很低。

  巫的地位下降当是王权加强的结果。巫不像贞人或筮人那样具有专业的预测工具，而是靠天象、自然现象等对事物进行预测，《国语·楚语下》中称巫觋为"民之精爽不携贰者，而又能齐肃衷正，其智能上下比义，其圣能光远宣朗，其明能光照之，其聪能听彻之，如是则明神降之，在男曰觋，在女曰巫"，《说文》："巫，祝也，女能事无形以舞降神者也。象人两褒舞形"。即巫是通过自己的身体和智力条件，直接与神沟通，其进行预测的手段也是自然现象等，如"亳有祥桑谷共生于庙，一暮大拱"、"有飞雉登鼎耳而呴"等①，所谓"至人以人事观殷"，在这类预测中，占卜者自身的意志具有很大的自由度，很容易形成独立于王权的预测结果，对于王权是一种威胁。所以商王在维护和强化王权的过程中，对于具有独立性的巫进行了特别的限定和打击，最终导致巫在神权体系中的地位变得十分低下。

  商代有巫这一种职官，但不同时期的巫具有不同的地位和职能。大致是商代前期巫是十分重要的神职和政职人员，但到后期，地位变得十分低下，在政权体系中几乎没有作用了。

  2. 史官

  史官历来是中国最重要的职官之一，商代已经有史官。《尚书·多士》云："告尔多士，予惟时其迁居西尔，非我一人奉德不康宁，时惟天命。无违，朕不敢有后，无我怨。惟尔知，惟殷先人有册有典，殷革夏命。今尔又曰：'夏迪简在王庭，有服在百僚。'"这是武王劝诫商人西迁往洛邑，以天命为理由，让商人不要怨恨；同时又说："你们也知道，你们商人的祖先有

---

① 《史记·殷本纪》。

第七章　商王朝的职官制度　481

图书经典,记载了殷革夏命,到现在你们也还说:'选拔夏朝遗留下的良臣到王庭,在各机构中服务。'"周武王用商人代夏的例子,说明周人代商的合理性。在这里,武王提到了商人的册与典记载了"殷革夏命"和商初任用夏遗臣的史实,这说明商人很早就已经有了记录制度和相应的记录官员。商代的史官主要有作册、大史、小史、内史、右史等。

作册

商代的主要史官称作册。甲骨文中"作册"很少见:

　　作册。(《合集》1724 反)
　　作册西。(《合集》5658 反)

"'西'是人名,作册是西的官职"①。但商代青铜器中,有关作册的记载很多,有《作册般鼎》,其铭云:

　　癸亥,王彡于作册豊新宗,王赏作册豊贝,大子易东大贝,用作父己宝彝。(《集成》2711)(图 7—13)

《作册般铜鼋》,铭云:

图 7—13　《作册般鼎》铭文
(采自《殷周金文集成》2711)

　　丙申,王彡于洹,获。王一射,𡚬射三,率无废矢。王令寝馗贶于作册般,曰:奏于庸。作母宝。(《中国历史文物》2005 年第 1 期)

《作册般甗》,铭云:

　　王宜人方,无敄,咸,王赏作册般贝,用作父己障。来册。(《集成》944)

---

① 王宇信、杨升南:《中国政治通史·先秦卷》,人民出版社 1993 年版,第 233 页。

《六祀邲其卣》，铭云：

> 己亥，邲其赐作册㪍孚𦫳一珏，用作祖癸尊彝。在六月，隹王六祀翌日。（《集成》5414）

《寝农鼎》，铭云：

> 庚午，王令寝农省北田四品。在二月，作册友史赐橐贝，用作父乙尊。羊册。（《集成》2710）

此外，还有《作册丰鼎》（《博古》2、26—27）、《作册宅方彝》（《西清》、6—7）等。甘肃庆阳还出土过玉戈，上契有"作册吾"①。

作册少见于甲骨文，但金文中却多见，这可能是因为作册平时的执掌比较固定，其事务不需要占卜的缘故。作册为一比较重要的职位，能够经常得到商王的赏赐。作册、寝经常跟随于王左右，可以奉王命执行诸如赏赐类的事情，这与史官负责记录王的言行，需要经常侍于商王身边相符合。

从"王宜人方，无敄，咸，王赏作册般贝，用作父己障"来看，作册可能也随军行动，或者担任为军事行动祈祝的活动，所以在军事胜利后得到赏赐。

大史

甲骨文中有大史之职：

> 乙丑卜，出，贞大史必酒，先酒，其侑报于祊卅牛。七月。（《合集》23064）
>
> 乙丑卜，出，贞大史必酒，先酒，其侑报于祊卅牛。七月。（《合集》25937）
>
> □□卜，出，贞［大］史其酒，告于血□。十月。（《合集》25950）
> 贞叀大史夹令。七月。（《合集》5634）

---

① 参见许俊臣《文博简讯》，《文物》1979年第2期。

"当时大史与作册同为史官，但大史的地位似已逊于作册，不过仍在王朝祭祀、占卜和记时日中起重要作用"①。大史的治所称大史寮：

　　　　□未令……其唯在大史寮令。（《合集》
　　36423）

大史除参与祭祀、占卜外，有时也参与处理其他事务：

　　　　庚午卜，叀大史析舟。
　　　　叀小史析舟。（《合集》32834）

析舟，当是指与舟船有关的事务。
小史
甲骨文中有小史：

　　　　佳小史。（《合集》32835）
　　　　庚午卜，叀大史析舟。
　　　　叀小史析舟。（《合集》32834）
　　　　己卯卜，贞叀大史。
　　　　己卯卜，贞小史。（《屯南》2260）（图7—14）

图7—14 《屯南》2260

大史与小史对贞，小史当是与大史相类的职官。
内史
《吕氏春秋·先识览》："殷内史向挚，见纣之愈乱迷惑也，于是载其图法，出亡之周"。内史当是商代的史官之一。
右史
甲骨文中有右史：

---

① 刘桓：《殷代史官及其相关问题》，《殷都学刊》1993年第3期。

癸卯卜，贞□吉，右史死。
不其吉，右史其死。(《花东》373)

由于资料较少，执掌不明。可能与大史、小史等属于同一类职官。

3. 乐舞之官

《礼记·郊特牲》云："殷人尚声，臭味未成，涤荡其声，乐三阕，然后出迎牲，声音之号，所以诏告于天地之间也"。商代已经形成了一定的礼乐制度，王朝拥有乐师和大量乐器，非常重视音乐在生活、事礼和祭祀中的作用[①]。甲骨文关于乐舞的记载：

□其奏商。(《屯南》4338)
惟商奏。
叀羑奏。
叀聿奏。(《合集》33128)
叀戚奏。(《安明》1826)
万叀羑奏，有正。
叀庸奏，有正。
于孟庭奏。
于新室奏。(《合集》31022)
戊戌卜，争，贞王归奏玉其伐。(《丙》141)
甲午卜，殻，贞王奏兹玉，咸左。(《合集》6653 正)

乐舞是商人在生活、政务和祭祀中不可或缺的因素。商人设立了乐舞方面的职官，《史记·殷本纪》索隐引郑玄注："商家典乐之官，知礼容，所以礼署称容台"，郑玄所说的典乐之官与礼署容台的具体情况，已不清楚，但从文献和甲骨文可知，商代的乐舞之官主要有大师、少师、万、多万等。

大师与少师

商代的乐官称师，《史记·殷本纪》："于是使师涓作新淫声，北里之舞，靡靡之乐"，师涓应当是纣的乐舞长官之一。商纣末年，由于政治混乱，引起大批贵族外逃，其乐师人员也出逃，《史记·殷本纪》："殷之大师、少师

[①] 参见宋镇豪《夏商社会生活史》，中国社会科学出版社 2005 年版，第 514—532 页。

乃持其祭、乐器奔周"，《史记·周本纪》："大师疵、少师彊抱其乐器而奔周"，《论语·微子篇》："大师挚适齐，亚饭干适楚，三饭缭适蔡，四饭缺适秦，鼓方叔入于河，播鼗武入于汉，少师阳、击磬襄入于海"，皮锡瑞《今文尚书考证》谓："是则大师、少师为殷之乐官。"①

从《论语·微子篇》的记载看，商代的乐官乐师是一个大的团体，包括大师、亚饭、三饭、四饭、鼓者、播鼗者、少师、击磬者等多种乐师，大师、少师是这个团体的首领，《汉书·礼乐志》："故《书》序：'殷纣断弃先祖之乐，乃作淫声，用变乱正声，以说妇人。'乐官师瞽抱其器而奔散，或适诸侯，或入河海"，即将乐官与师瞽分而言之。

万与多万

甲骨文中最主要的乐舞从事者称万，甲骨文有：

万舞，其……（《屯南》825）
隹万舞。（《合集》31033）
叀万呼舞（《合集》30028）
叀万舞盂田，有雨。（《合集》28180）
王其呼万舞于……（《合集》31032）

裘锡圭先生认为"万"是主要从事乐舞工作的一种人，商代从事乐舞之业的"万"人很多，故有称"多万"②：

□未卜，其……多万……父庚。（《屯南》4093）

管理多万的长官也称万或多万。甲骨文有：

癸酉卜，贞万吉骨凡有疾。十二月。（《合集》21052）

本辞是为万吉的疾病情况进行占卜，万吉显然是指一个具体的人，其地位很

---

① 皮锡瑞：《今文尚书考证》，中华书局1989年版，第226页。
② 裘锡圭：《释万》，《甲骨文中的几种乐器名称——释庸、豊、鞀》之附录，《中华文史论丛》第2辑，上海古籍出版社1980年版。

高，应该是乐舞者的官长之一。另卜辞有：

丁酉卜，今日丁万其㪔。(《屯南》662)
多万……入㪔若。(《英藏》1999)
丁丑卜，在🈳，子其叀舞戉，若。不用。
子弜叀舞戉于之，若。用。多万有灾，引🈳。(《花东》206)

是命令万或多万教子等人学习舞蹈，万、多万成为贵族子弟的乐舞教师[①]，万与多万应该也是指乐舞者的首领而言。

另外，甲骨文中还有舞臣，甲骨文有"呼取舞臣廿"(《屯南》586+781)，这里舞臣被取，当是一种身份低下的人，可能是专门的舞蹈奴隶。

综上所述，商代已经有一个由大师、亚饭、三饭、四饭、鼓者、播鼗者、少师、击磬者等乐师，及万、舞臣等舞者组成的乐舞集团，其首领分别为大师、少师和万、多万。

二 内廷官

商王王宫内有大量女子和小臣，构成服事商王的主体。古代社会国与家相表里，负责商王生活的人员，也被视做国家的职官，这些主要负责商王生活的官员称内廷官。内廷官包括后、妇、宰、多食、𢆉小臣、卤小臣、寝、小疾臣等。

后与妇

商王拥有众多妃嫔，充斥后宫，如《帝王世纪》记商末纣王"多发美女以充倾宫之室，妇女衣绫纨者三百余人"，甲骨文中也有大量关于妇的记载：

庚子卜，㱿，贞妇好有子。三月。(《合集》40386)
贞妇井毋其有子。(《合集》13931)
贞妇庚有子。今六月。(《合集》21794)
乙酉卜，王妇鼠冥，其隹……(《合集》13960)
丁丑卜，争，贞妇🈳冥，嘉。隹……(《合集》14024)

[①] 参见宋镇豪《从甲骨文考述商代的学校与教育》，《2004年安阳殷商文明国际学术研讨会论文集》，社会科学文献出版社2004年版。

妇㛪冥，不其嘉。(《合集》6905)

贞妇娸有子。(《合集》13933)

丙午，贞多妇亡疾。

丙午，贞多臣亡疾。(《合集》22258)

如此多的妇某以及"多妇"的出现说明，商代王室存在着一多妇集团。这些妇中有相当一部分应是商王的配偶，也有一些是在宫执事的女官[①]。除这些有身份的诸妇外，还有许多充当侍者的人。这些后宫的众多妇女，有其自身的管理者。商王的正妻是当然的后宫之长，甲骨文和金文中有姛字：

□□卜，贞丁卯……文武帝……尊姛。(《合集》36175)

……姛其……文武帝呼……彝姛于癸宗。若，王弗悔。(《合集》36176)

其隹姛祐正。(《合集》38729)

亚醜。者姛以大子尊彝。(《集成》5935)（图7—15）

龚姛易赏贝于姛用作父乙彝。(《集成》7311)

图7—15 《者姛方尊》铭文
（采自《殷周金文集成》5935)

姛字，孙诒让释姒[②]，《尔雅·释亲》："稚妇谓长妇为姒妇"，姛即是长妇[③]，长妇当指嫡妻而言。则姛即是商王之王后或诸侯之正妻。陕西扶风庄白所出微史家族窖藏青铜器中有青铜尊，其铭文云："唯五月辰在丁亥。帝司商庚

[①] 参见胡厚宣《殷代婚姻家庭宗法生育制度考》，《甲骨学商史论丛初集》第1册，齐鲁大学国学研究所专刊1944年版；张政烺《妇好略说》，《考古》1983年第6期；钟柏生《寻井卜辞及其相关问题的探讨》，（中国台湾）《中央研究院历史语言研究所集刊》第56本第1分，1985年版；陈建敏《卜辞诸妇的身份及其相关问题》，《史林》1986年第2期。

[②] 孙诒让：《古籀余论·田强敦释文》，中华书局1989年版。

[③] 吴大澂：《说文古籀补》，振新书社1930年版。

姬贝卅朋",甲骨文中帝皆指死去的先王,而这里帝司显然是在世的生人,连劭名先生认为:"'帝司'是生称,我认为是'天君',即王后。如果这一推论可以成立的话,说明'帝'作为君王的生称,似有可能",连先生关于"帝司"是王后的推论是正确的,但帝作为生称则未必。在这里,帝是死者,但帝司未必是死者,而可能是帝的未亡人。商代商王之姤也是指正妻而言,殷墟妇好墓出土的带有铭文的铜器中的"司"(也有人释为"后"),很可能也是指妇好的王后身份而言。

除去商王的王后作为皇宫的首要管理外,诸妇群体本身也有等级的分化[1],居于高级地位的妇可能也负责对后宫诸妇和侍女们的管理。

宰

甲骨刻辞中也有关于宰的记载:

> 壬午,王田麦麓,获商戠兕,王赐宰丰,寝小搢兄。在五月,隹王六祀,彡日。(《佚》518)
> 王曰:俎大乙禳于白麓,屎宰丰。(《合集》35501)

商金文中有宰甫卣文铭文:

> 王来兽自豆麓,在酥次,王飨酒,王光宰甫贝五朋,用作宝尊。(《集成》5395)

《宰椃角》之铭曰:

> 庚申,王在阑,王格,宰椃从,锡贝五朋,用作父丁尊彝。在六月,隹王廿祀翌又五。(《集成》9105)

宰当在王的内廷活动,宰很可能是掌管王饮食的官,见前文"政务官"节,此不赘述。

---

[1] 参见徐义华《甲骨刻辞诸妇考》,《殷商文明暨纪念三星堆文明发现七十周年国际学术研讨会论文集》,社会科学文献出版社2003年版。

多食

甲骨文有多食：

　　㓚见多食，受……（《合集》30989）

"还有专职厨官掌其事，甲骨文中有'多食'（《合集》30989）的职官名，即是厨官的群称"①。

酋小臣

甲骨文中有酋小臣：

　　丙……酋小臣骨立。（《合集》27876）

酋小臣当是负责管理酒类的官员。

卤小臣

甲骨文有卤小臣：

　　卤小臣其有邑。（《合集》5596）

卤指食盐，"则'卤小臣'的职务则是负责商朝'卤'事的一位小臣……则他是商朝的一位盐务官员"②。

寝

甲骨文中有大量关于商王宫寝的材料，有王寝、大寝、东寝、西寝、新寝。寝是商王经常活动的场所，在寝内设有专门的管理者，称寝。

虽甲骨文关于寝官的记载不多，但金文中有相当多的寝官的活动记录。其中传世金文中有：

寝孜簋：

　　辛亥，王在寝，赏寝孜□贝二朋，用祖癸宝尊。（《集成》3941）

---

① 宋镇豪：《中国风俗通史·夏商卷》，上海文艺出版社2001年版，第285页。
② 杨升南：《从卤小臣说武丁征伐西北的经济目的》，《甲骨文发现一百周年学术研讨会论文集》，（中国台湾）台湾师范大学国文系、中研院历史语言研究所，1998年版。

寝寰卣：

宝父乙寝寰。（《集成》5203）

寝址盘：

寝址。（《集成》10029）

寝农鼎：

庚午，王令寝农省北田四品。在二月，作册友史赐橐贝，用作父乙尊。羊册。（《集成》2710）（图7—16）

图7—16 《寝农鼎》之铭文
（采自《殷周金文集成》2710）

另外，《作册般铜鼋》也记有寝官的情况。

考古发现中也有寝官的器物出土，殷墟西区1713号墓，出土寝鱼礼器爵、簋有铭云：

辛卯，王赐寝鱼贝，用乍父丁彝。

山西曲沃寝孳方鼎：

甲子，王赐寝孳赏，用作父辛彝。在十月又二，遘祖甲劦日，惟王廿祀。

另外，还有安阳大司空村M539出土的寝出器组及大司空村南出土的寝印器组等。

寝是商王的内廷官员，主要负责王的宫寝的管理。但有时也参加"省田"、赏赐等政务事务活动。

小疾臣

甲骨文有小疾臣：

呼……小疾臣。(《合集》5599 正)

小疾臣得。(《合集》5600)

小疾臣不其得。(《合集》5601)

"'小疒臣'是商王及其家族的'医生'"[1]。商代的医诊工作由巫医担任,《山海经·大荒西经》:"有灵山,巫咸、巫即、巫盼、巫彭、巫姑、巫真、巫礼、巫抵、巫谢、巫罗十巫,从此升降,百药爰在","开明东有巫彭、巫抵、巫阳、巫履、巫凡、巫相,夹窫窳之尸,皆操不死之药以距之。"河北藁城商代遗址曾发现一座墓,墓主为中年男性,随葬有铜、骨、陶器,头部放置卜骨3块,脚下有一长方形漆盒,内装"石砭镰",此人生前当是一名巫医[2]。甲骨文中小疾臣的身份也是处于巫医之间:

己巳卜,亘,贞王梦珏,不隹值小疾臣。(《合集》5598 正)

隹值小疾臣,告于高妣庚。(《合集》5598 反)

商王做了梦也要询问小疾臣,可见小疾臣本身也有巫的身份。

第二节 商代的用人制度

商王朝的用人原则

商人的官吏任用有一定的规律可循,已具有初步的任官制度,即任用宗亲、任用外族官长、任用旧人为官和临事任官。由于不同历史时期,王朝所面临的情况和处境不同,其任用官吏的方式和官吏来源也有所侧重。

(一) 任用外族官长

在夏商二代的统治中,重要的一个环节是维护与外服各族的关系。其中东夷在夏、商、周三代的国家事务中起着重要的作用。

夏商时期,东夷文化十分发达,具有强大的力量。东夷在夏人的统治中占有重要的地位,《说苑·权谋》引《战国策》佚文:"汤欲伐桀,伊尹曰:

---

[1] 张永山:《殷契小臣辨证》,《甲骨文与殷商史》,上海古籍出版社1983年版。

[2] 河北省文物研究所:《河北藁城商代遗址》,文物出版社1989年版,第143—149页。

'请阻之贡职以观其动.'……桀怒,起九夷之师以伐之。伊尹曰:'未可,彼尚犹能起九夷之师,是罪我也.'汤乃谢罪请服后入贡职。明年,又不贡职,桀怒,起九夷之师,九夷之师不起。伊尹曰:'可矣.'汤乃兴师,伐而残之,迁桀南巢焉",可见"九夷"是夏朝在东方统治的依靠力量。商人最初国力较弱,"汤以地七十里",所以在对抗夏人的过程中,也极力争取东夷的支持,与东夷结成联盟①。在商汤灭夏的过程中,出身东夷部族的伊尹是重要的功臣,"允也天子,降予卿士,实惟阿衡,实左右商王"。② 商建立以后,需要扫灭其西方夏人的残余势力,于是继续进军夏人的传统根据地汾、涑流域,并将都城建在现偃师商城以镇慑夏人。由于其既无力加强对东方的直接控制,又需要东夷各族的配合,因而在任用官吏方面,注重任用东方人士。

商代任用东夷人为官的最突出例子,是商汤对东夷人士的重用。首先是伊尹。"伊尹相汤,以王于天下"③,"伊尹为丞相,仲虺为左相"④,《孟子·尽心下》赵注:"《春秋传》曰:'仲虺居薛,为汤左相',则伊尹为右相,故二人等德也",即商汤任用伊尹、仲虺为最高政务官。伊尹,原为有莘氏小臣,《墨子·尚贤中》:"伊挚,有莘氏女之私臣,亲为庖人,汤得之,举以为相,与接天下之政",《楚辞·天问》:"成汤东巡,爰及有莘;何乞彼小臣,而吉妃是得",《史记·殷本纪》亦谓:"伊尹欲干汤而无由,乃为有莘氏媵臣,负鼎俎以滋味说汤,致于王道"。有莘氏之地或说在陈留、或说在山东曹县,商汤时都在东夷文化的范围内⑤,即为东夷部族。其次是仲虺。《左传·定公元年》:"薛之皇祖奚仲以为夏车正,奚仲迁于邳……仲虺居薛,以为汤左相",薛地在今山东滕县一带,也是东夷故地。也就是说商汤所任用的两位最高政务官,都是东夷族人。

商汤建国后,东方夷族势力很大,商人需要在东方扩展,依然十分注重利用当地部族的力量。所以在商汤之后,直到祖乙时期,东夷人士都在

---

① 田昌五、方辉:《"景亳之会"的考古学观察》,《夏商周文明研究》,中国文联出版社1999年版。张国硕:《论夏末早商的商夷联盟》,《郑州大学学报》2002年第2期。

② 《诗经·长发》。

③ 《孟子·万章上》。

④ 《书钞》卷五十引《帝王世纪》。

⑤ 张国硕:《论夏末早商的商夷联盟》,《郑州大学学报》2002年第2期。

商王朝的政务官员中占有重要的地位。据《尚书·君奭》:"昔成汤既受命,时则有若伊尹,格于皇天;在太甲,时则有若保衡;在太戊,时则有若伊陟、臣扈,格于上帝,巫咸乂王家;在祖乙,时则有若巫贤;在武丁,时则有若甘盘。率惟兹有陈,保乂有殷,故殷礼陟配天,多历年所。"其中所说的伊尹、保衡、伊陟、臣扈、巫咸、巫贤,都是东夷部族人士。伊尹与保衡实为同一人[①],指汤、太甲时的相伊尹;伊陟,《史记·殷本纪》集解引孔安国曰:"伊尹之子";臣扈,《唐书·表十三》:"十二世孙奚仲为夏车正,禹封为薛侯,其地鲁国薛县是也。奚仲迁于邳,十二世孙仲虺,复居薛,为汤左相。臣扈、祖己皆其胄裔也","十二世孙奚仲,为夏车正,更封于薛。又十二世孙仲虺,为汤左相。太戊时有臣扈,武丁时有祖己,皆徙国于邳",即臣扈也是东夷人;巫贤与巫咸,《史记·殷本纪》正义云:"巫咸及子贤冢皆在苏州常熟县西海虞山上,盖二子本皆吴人也",《越绝书》:"虞山者,巫咸所出也"。从上文可以看出,自商汤立国到祖乙时期,东夷族在商王朝的统治中起着重要作用。其时有相当多的部族已经与商人同化,如伊尹已经成为商人祭祀中的重要神灵,其权能与商人先王无二[②],《楚辞·天问》称伊尹"何卒官汤,尊食宗绪",《吕览·慎大览》亦云:"祖伊尹,世世享商。"

至河亶甲时,"佽人来宾",向商王朝归服,东夷对商王朝的威胁基本解除。商人转而向西方扩张。祖乙"十五年,命邠侯高圉"[③],高圉为周人先祖,祖乙任命高圉为邠侯,开始经略西部地区。今本《竹书纪年》载阳甲"三年,西征丹山戎",另《大荒北经》注引《竹书》曰:"和甲西征,得一丹山",则说明商王朝向西方发动了军事行动。后来盘庚把都城迁到今安阳,盘庚迁殷的目的之一,可能即是为了便于向西方拓展。商人在用兵的同时,依然注重对当地势力的利用,盘庚"十九年,命邠侯亚圉"[④],亚圉为高圉之子,亦是周人之祖先。同时,文献所见的王朝重臣也从东夷转向西方部族的人士,上引《尚书·君奭》:"在武丁,有若甘盘",关于

---

① 参见陈梦家《殷虚卜辞综述》,科学出版社1956年版,第363页。
② 参见朱凤瀚《商人诸神之权能与其类型能》,《尽心集——张政烺先生八十庆寿论文集》,中国社会科学出版社1996年版。
③ 今本《竹书纪年》。
④ 同上。

甘的地望，一说在今郑州西，一说今洛阳西南，一说在今陕西户县西南，无论何地为是，都基本处于商人向西方发展的黄河通道上。甘盘之后，武丁又提拔傅说，《尚书大传》谓："高宗即位，甘盘佐之，后有傅说"，疏引正义说："《说命篇》高宗云：'台小子旧学于甘盘，既乃遯于荒野。'高宗未立之前已有甘盘，免丧不言，乃求傅说，明其即位之初，有甘盘佐之。甘盘卒后，有傅说计，傅说当有大功"。关于傅的地望，《史记·殷本纪》载是武丁"乃使百工营求之野，得说于傅险中。是时说为胥靡，筑于傅险"，集解引孔安国说："傅氏之岩在虞、虢之界，通道所经，有涧水坏道，常使胥靡刑人筑护此道。说贤而隐，代胥靡筑之，以供食也"，虞、虢在今河南陕县、山西平陆一带，也处于殷人向西方拓展的通道上。即自祖乙之后，商人开始拉拢西方的方国和部族，到武丁时期，开始任用西方诸侯到商王朝中央任官，以利用西部地区的当地势力为商王朝在西方的开拓献力，也利于对其中的强大者实行羁縻政策。对此，甲骨文也有所体现，武丁时期有沚馘，是当时重要的将领：

贞王宙比沚馘伐巴方，帝受我佑。
贞王勿隹比沚馘伐巴方，帝不我其受有佑。（《合集》6473 正）
戊午卜，宾，贞比沚馘伐土方，受有［佑］。（《合集》6417 正）（图 7—17）
贞王比沚馘伐土方。（《合集》6419）

图 7—17 《合集》6417 正

沚是商王朝西方的一个方国，或说在山西南部①，或说在山西西北②，或说在河南陕县③，但无论其具体地望在何处，大体总是处在殷人西方的前沿，是商王朝向西方开拓的重要依靠力量。沚馘除参加军事征伐外，也参加其他

---

① 胡厚宣：《殷代工方考》，《甲骨学商史论丛初集》，（中国台湾）大通书局影印本 1972 年版，第 229 页。
② 岛邦男：《殷墟卜辞研究》，鼎文印书局 1976 年版，第 384 页。
③ 陈梦家：《殷虚卜辞综述》，科学出版社 1956 年版，第 297 页。

事务：

丁丑卜，㱿，贞王往立秬，延比沚㦰。(《合集》9557 正)
贞沚㦰其作王。八月。(《合集》3954 正)
乙巳卜，㱿，贞我其有令沚㦰叀用王。
乙巳卜，㱿，贞我勿有令㦰弗其叀［用王］。(《合集》1107)
贞㦰伐百人。(《合集》1040)
贞勿令沚㦰归。
贞令沚㦰归。六月。(《合集》3948)
贞㦰启不其叶［王事］。(《合集》7443)
丙午卜，贞伊射㦰。
贞勿伊。(《合集》5792)
□□卜，贞伯㦰典执。四月。(《合集》5945 正)

从上引卜辞看，沚㦰跟从商王参与农业生产、祭祀、处理王事并担任过射、伯等职，是一位可以参与多方面事务的朝臣。商王有时会关心沚㦰的身体状况：

沚［㦰］骨［凡］有疾。(《合集》13891)
［沚］㦰弗其骨凡有疾。(《合集》1385 反)

商王还赏赐沚㦰：

贞王其畀㦰……隹……(《合集》3982)

沚与商王朝的这种依附关系一直延续到商朝末年，商末有沚族的铜器：

庚寅，𢪏㝩□，在寑，王光赏𢪏贝，用作父乙彝。沚。(《三代》5·38·1)
辛巳，𢪏寻□，在小圃，王光赏𢪏贝，用作父乙彝。沚。(《三代》6·48·5)

这当是商王对沚族首领名𦘕者的赏赐。商人重用西方人士的做法，一直维持了下来，商末纣时，以西伯、鬼侯、鄂侯为三公，当是这种政策延续的结果。

任用外族的另一项措施是对臣服的夏人采取了温和的政策，将原夏王朝中的能够利用的官吏吸引到新王朝中任职。《尚书·多士》："夏迪简在王庭，有服在百僚"，孔传云："夏之众士蹈道者，大在殷王庭，有服职在百官，言见在用"，即对夏朝原有的官吏宽释并加以任用。对于原来夏的臣服方国，商人也加以容纳，"汤放桀而复薄，三千诸侯大会。汤退，再拜，从诸侯之位……汤以此让，三千诸侯莫敢即位"①，"于是诸侯毕服，汤乃践天子位，平定海内"②。

商人任用外族官长任官，在不同历史时期有不同的特征，大体是在商代前期重用东方部族的官长，而到商代后期则重用西方部族的官长。这是因为商王朝在不同时期国家所面临的境况不同和国家开拓的方向不同。虽然整个商王朝统治间皆任用外族长官，外族官长的实际地位，在前、后两个时期却发生了变化。在商代前期，其所任用的外族人士，的确是真正的执掌权力者，如伊尹可以放太甲，伊陟可以使太戊不敢臣，在商王朝的政事中起着重要的作用；但到商代后期，外族官员的地位下降，实际只是商王朝抚柔政策的一种，在王朝任官的外族人士，并不能真正掌握权力，如傅说起于贱役，更大的意义可能是有利于武丁摆脱贵族的束缚，同时体现对西方部族的羁縻。到商末情况更甚，纣王的三公西伯、鬼侯、鄂侯甚至连生命都没有保障。

从甲骨文看，商王朝除任用外族人士担任要职外，还任用大量外族人员在王朝担任贞人、巫等神职人员为王朝服务，其中有的贞人可能是某些部族的首领，如武丁时的贞人亘，甲骨刻辞中有亘入贡甲骨的记载：

亘入二（《乙》2204）
亘入十（《乙》3451）

还有亘率兵出征的记载：

---

① 《逸周书·殷祝解》。
② 《史记·殷本纪》。

> 壬午卜，𣪘，贞亘弗戈鼓。
> 壬午卜，𣪘，贞亘允其戈鼓。
> 壬午卜，𣪘，贞亘弗戈鼓。（《合集》272）

大量方国人员在王朝任职，"表明商朝存在着贡职制度，除任用子姓王室贵族外，还有相当数量异姓国族的君长或贵族在王朝担任要职。这是商朝任官制度的重要特点之一"[①]。外族成员在王朝任职，使商王朝的官吏实际上处于内外服混用的状态，使商王朝的官僚体系呈现出开放性的特征，扩大了王朝统治的基础，为大地域国家的有效统治提供了条件。

（二）任人唯旧

1. 世官世族

任用外族人士在王朝担任职务，只是商王朝在力量较弱时的权宜之计和力量强盛时的羁縻策略，尤其是在商王朝的统治巩固之后，外族官员的实际作用被严格限制了。商代最重要的官吏选拔制度是世袭制度。

《尚书·盘庚》："古我先王亦唯图旧人共政"，"迟任有言曰：'人惟求旧，器则非旧，惟新。'古我先王，暨乃祖乃父，胥及逸勤，予敢动用非罚？世选尔劳，予不掩尔善"，从"唯图旧人共政"和"世选尔劳"看，商人的确实行世官世族的制度。

《尚书·君奭》："昔成汤既受命，时则有若伊尹，格于皇天；在太甲，时则有若保衡；在太戊，时则有若伊陟、臣扈，格于上帝，巫咸乂王家；在祖乙，时则有若巫贤；在武丁，时则有若甘盘。率惟兹有陈，保乂有殷，故殷礼陟配天，多历年所"。据《史记·殷本纪》集解引孔安国曰："伊尹之子"，伊尹、伊陟为父子；据上引《唐书·表十三》："十二世孙奚仲为夏车正，禹封为薛侯，其地鲁国薛县是也。奚仲迁于邳，十二世孙仲虺，复居薛，为汤左相。臣扈、祖己皆其胄裔也"，《元和姓纂》也记载："裔孙奚仲居薛，至仲虺为汤左相，代为侯伯"，即仲虺、臣扈、祖己也是祖孙；据《史记·殷本纪》正义云："巫咸及子贤冢皆在苏州常熟县西海虞山上"，则巫咸、巫贤为父子；可见有殷一代的确是遵循"用人惟旧"的用人原则的，外族诸侯在商王朝"代为侯伯"。

[①] 齐文心：《庆阳玉戈铭"作册吾"浅析》，《出土文献研究》第3辑，中华书局1998年版。

这一点在甲骨文中表现得非常明显，学者所说的"异代同名"现象[①]，其实就是世官世族在甲骨文中的反映。出现于甲骨文各期的有🔲、舌、般、永、大、黄等。

🔲

　　贞令🔲田于京。(《合集》10919)

　　勿令🔲允子何。(《合集》12311 正)

　　丁未卜，翌日戊，王其田□，叀犬言比，无戋。毕。吉。

　　叀戊，犬🔲比，无戋。引吉。(《屯南》2329)

　　壬申卜，在攸，贞右牧🔲告启，王其呼戍比彪伐，弗每，利。(《合集》35345)

上引三条卜辞分别属于第一期、第三期和第五期，🔲都作为商王朝的官员出现在占卜记录中，这应该是一个族世代在商王朝为官的记录。

舌

　　己酉卜，㱿，贞舌获羌。(《合集》166)（图 7—18）

　　乙巳卜，宾，贞舌呼舌方出，允其（戋）。(《合集》6079)

　　叀舌从，湄日亡戋。(《合集》29297)

　　丁卯卜，在存，贞舌告曰：兕来羞，王叀今日哀。亡戋，毕。(《合集》37392)

舌分别出现于第一期、第三期和第五期。

般

　　呼师般取垚自敦。(《合集》839)

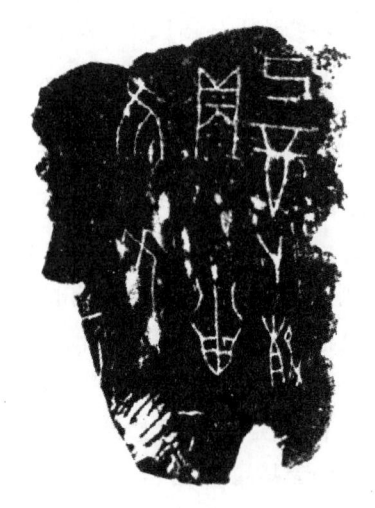

图 7—18　《合集》166

[①] 参见张政烺《帚好略说》，《考古》1983 年第 6 期；中国社会科学院考古研究所：《小屯南地甲骨·前言》，中华书局 1980 年版，第 38 页。

癸巳卜，㱿，贞令师般涉于河东。（《合集》5566）

□□卜，亚般岁兹见……（《合集》27938）

癸亥，王述于作册般新宗，王赏作册豊贝，大子易东大贝，用作父己宝鬻。（《集成》2711）

丙申，王述于洹，获。王一射，𤔲射三，率亡废矢。王令寝馗贶于作册般，曰：奏于庸。作母宝。（《中国历史文物》2005 年第 1 期）

师般、亚般、作册般分别出现甲骨文第一期、第三期和商末青铜器铭文中。

大

癸卯卜，大，贞子侑于朔羌五。（《合集》22559）

丁亥卜，大，贞其铸黄吕乍凡利。（《合集》29687）

贞人大分别出现于第二期、第三期。另外还有贞人黄，在第五期卜辞中有：

癸亥卜，黄，贞王旬亡祸。

癸酉卜，在攸，黄，贞王旬亡祸。（《合集》36823）

第一期卜辞中有黄尹和黄多子：

贞呼黄多子出牛，侑于黄尹。（《合集》3255 正）

贞人黄可能与武丁卜辞的黄尹、黄多子是同族，而黄尹即伊尹[①]，那么黄即是伊尹的后人。可见伊尹一族一直在商王朝任职，直到商代末年，文献所说的伊尹"尊食宗绪"，[②] "世世享商"[③]，是有所根据的。这些例子说明，同一族的成员在不同时期都在王朝任职，充分体现了商人"旧人共政"的用人制度。

[①] 陈梦家：《殷虚卜辞综述》，科学出版社 1956 年版，第 363 页。

[②] 《楚辞·天问》。

[③] 《吕览·慎大览》。

任用旧人必然会使世官和世族产生，"官有世功，则有官族"①，甲骨文中的㠱、犬㠱、右牧㠱及师般、亚般、作册般等不同时期同名人物的出现，说明商代的确出现了世官世族。这一点在商代青铜器中反映得非常充分，商代青铜器有大量以戈、刀、马、册等为标记者，其中有的可能是做器者当时所担任的官职，另一部分则应是已经转化为"官族"的各族的标志。

2. 商代世官世族产生的原因

商代世官与世族产生的原因有三：

一是由于组织严密，大族族长已经被吸纳为一级地方官吏，这使得许多职官必然带有世官的特性。另外在族社会中，族是实际的人身和财产归附者，决定了世官世族产生的必然性。

二是由于社会基础教育尚不发达。在没有发达教育体系的情况下，无法由社会一般阶层提供可以担任官吏的人才。官吏需要掌握管理、礼仪等方面的事务，而且有许多对专业技能要求较高的职官如祭司、贞人等，普通社会人员难以担当，只能从相对固定的家族中产生。在教育不普遍和不发达的条件下，任用世官是最可行、最有效、成本最低的选用人才方式。

三是由于国家对资源控制的薄弱和族组织对资源占有制的发达。世官世族，其实就是人口与资源相对固定于族的情况下而产生的一种任官制度。在古代族社会，族与土地固定在一起，人与人、人与资源之间有着相对固定的归属关系，王虽然是名义上的天下共主，但实际直接掌握在王手里的人口和土地资源很少，而自由任命官员的前提是拥有可以支配的人口、土地资源。在人口、土地以及管理权力主要掌握在族手中的情况下，商王无法掌握足够的用以全面实行自由任用官员的资源，所以只能实行世官世族制度。

中国世官制度的瓦解是春秋到战国时期，由于这时候诸侯国间战争频繁，新兴地主阶级在争夺政权的斗争中胜利，公族被消灭，大量固有的人口和土地、权力等资源的归属关系被打破，为任命官员代替世官提供了契机，所以，战国时代出现了打破世官世族的趋势。有学者认为世官的打破是因为士的出现，"出身于不同等级的士人知识阶层的出现，是先秦政治制度上划时代的大事。这批士人虽任官职，但只食俸禄而不占有土地；同时又非世

---

① 《左传·隐公八年》。

家，这就猛烈地冲击着传统的世族世官制度，促使其趋于瓦解①。"但非世族的士的出现实际是对原有地方首领、公族族长等人物消失后的补充，只是促进世官世族瓦解的力量，而不是世官世族瓦解的原因。世官世族衰落的真正原因是族的上层领导力量的消失或者转移，使族分散为小的集团，无法形成较高层次的财富、权力与族群的结合，从而使族管理权让位于任命官员的管理权。实际上一旦人口和土地、权力等资源形成稳定的组合，世官和世族制度即会重新出现，汉代的豪强、魏晋的门阀等即是很好的证明，这些时期的世官世族制度虽然不像商、周时期那样严格，但基本沿袭了世官世族的主要特征。世官世族本质是一种资源配置问题，而不是人才任用问题。世官世族是对王集权的一种障碍，所以自由任官和限制世官世族是强化王权的重要内容，历代统治者在利用世族扩大统治基础的同时，也极力限制和打击豪族，力求减小豪族对资源的控制，尤其是使政治权力资源与豪族的固有归属被打破。到唐代，随着各地豪族遭到打击和科举制的成熟，世官世族最终走向没落。

（三）任人唯亲

甲骨文中有大量王室的宗亲贵族参加政务活动的记载，这些人主要有诸妇、诸子和同姓贵族，他们在商王朝的统治中成为中坚力量。

甲骨文中的妇是一些具有较高地位和身份的妇女，其中有相当一部分是商王的后妃。诸妇是商王朝中活动比较频繁的一类人，她们的活动涉及生产、祭祀、军事等各个方面：

> 贞妇好侑。（《合集》2608 正）
> 贞呼妇好侑。（《合集》2606 正）
> 己丑卜，妇石燎爵于南庚。（《屯南》2118）
> 贞呼妇虫于父乙宰，晋三宰侑孚。（《合集》924）
> 庚戌，乞自妇井三……（《合集》9394 反）
> 妇井示百。㱿。（《合集》3250 反）
> 甲辰，妇楷示二屯。岳。（《合集》5545 白）
> 贞勿呼妇妌伐龙方。（《合集》6585 正）
> 丁巳卜，宾，贞妇妌受［黍年］。（《合集》9966）

---

① 龚书铎主编：《中国社会通史·先秦卷》，山西教育出版社1996年版，第231页。

甲寅卜，㞢，贞妇妌受黍年。（《合集》9968正）（图7—19）

[贞妇]井呼黍于丘商，受[年]。（《合集》9529）

妇井叶[朕事]……（《合集》2772）

□午卜，贞[妇]好允见㞢老。（《合集》2656）

丁卯卜，乍企于兆。

勿乍企于兆。四月。

呼妇奏于兆宅。

勿呼妇奏于兆宅。（《合集》13517）

图7—19　《合集》9968

我们看到，妇可以参与祭祀祖先、整治甲骨、农业生产、军事征伐、接见官员、工程建设等各个方面的工作，在王朝事务中具有一定的地位。但是在男权社会当中，妇女日益被排除出国家事务毕竟是一个趋势，商代的妇作为一个整体，其主要的事务是负责整治甲骨，参与祭祀、征伐等事务只有少数地位较高的妇才有资格[①]。虽然她们作为一个整体在王朝政务中所起的作用不大，但在王权集中的国家体制中，她们的存在具有强烈的"家天下"象征意义。

甲骨文中还有许多"子"，"主要存在于武丁时期的壴、宾组卜辞中出现的'子某'，即将近一百一十名，其中较习见者约三十余名"[②]。卜辞有：

宙子效令西。（《合集》6928正）

乙酉卜，内，贞子商戈基方。三月。（《合集》6570）

癸巳卜，贞令冀、筚、子昌归。六月。（《合集》3076）

贞宙子画呼伐。（《合集》6209）

三日丙申，允有来艰自东。画告曰：儿（伯）……（《合集》1075正）

[①] 参见徐义华《甲骨刻辞诸妇考》，《殷商文明暨纪念三星堆文明发现七十周年国际学术研讨会论文集》，社会科学文献出版社2003年版。

[②] 朱凤瀚：《商周家族形态研究》，天津古籍出版社2004年版，第50页。

　　　　……东，画告曰：儿伯……（《合集》3397）
　　　　翌乙卯子汏酒。（《合集》672 正）
　　　　贞呼子桑……升于……（《合集》3118）
　　　　……子橐偁䎽牡三牛……（《合集》3139）
　　　　贞勿呼子宎𠦪父乙。（《合集》709 正）
　　　　壬申卜，宾，贞呼子渔侑于父……（《合集》2978 正）

这些子某与王室有一种特殊的亲密关系①，朱凤瀚先生认为"他们均是商王之子，亦即诸王子"。②甲骨文中还有"多子"之称：

　　　　壬戌卜，争，贞叀王自往陷。
　　　　贞叀多子呼往。（《合集》787）

"'多子'与王的关系亦相当密切，将'多子'解释为多位'子某'即诸王子，则与卜辞所见'多子'的身份是相符合的。此'多子'之中，相当一部分'子某'可能即属于王族，另有一些当已从王族分出，有自己的家族，他们本人即是一族之长，但同时也可以担任王官。"③

关于子的身份，学者多有研究，大体可以确定为王子、族长、贵族之子、爵位等④，但不论怎样解释，子所表示的血缘身份都是其他义项的基础，并在此基础上附加了政治意义。《左传·襄公二十六年》载宋国伊戾陷害太子于宋襄公，襄公说："为我子，又何求？"杨伯峻注："子谓嗣子"，子在这里既有血缘关系的内涵，但同时更强调其在宗族和国家中的继承人地位，表现为一种公共社会身份，体现一种等级观念。商代的情况也是如此，商代甲骨文和青铜器有：

---

①　岛邦男：《殷墟卜辞研究》，第三章第三节，汲古书院 1975 年版。
②　朱凤瀚：《商周家族形态研究》，天津古籍出版社 2004 年版，第 50 页。
③　同上书，第 55 页。
④　胡厚宣：《殷代封建制度考》，《甲骨学商史论丛初集》，齐鲁大学国学研究所专刊 1944 年版，第 438 页；张秉权：《甲骨文与甲骨学》，国立编译馆 1988 年版，第 429 页；林沄：《从武丁时代的几种"子卜辞"试论商代家族形态》，《古文字研究》第 1 辑，中华书局 1979 年版；朱凤瀚：《商周家族形态研究》，天津古籍出版社 2004 年版，第 55 页。

□□卜，㱿，贞子冒娩，不其嘉。(《合集》14032)
女子小臣兒作己障彝。举。(《三代》13·35·5)

"子冒娩"，说明子冒当是女性，而铜器铭文中的"女子"当也应该解释为女性的子。在当时的社会条件下，女性当然不可能成为族长，所以子应该是一种通用性的社会身份标志，张秉权先生认为，"那些'子'在甲骨文中，不仅表示一种亲属身份，也是一种爵位的名称，而且也不仅限于男性"，[①] 子未必已经是一种十分成熟的爵称，但其代表一种社会性的等级身份却是可以肯定的。

甲骨文中有：

贞呼黄多子出牛侑于黄尹。(《合集》3255正)

黄多子是黄族的多子，说明非王族的成员也可以称子，"当时贵族家庭内的族长之子们在家族内也可以称为'子某'"[②] 贵族之子可以称子，但不是所有的贵族之子皆可以称子，而是有一定的规限。甲骨金文中有小子：

甲寅子赏小子省贝五朋，省扬君赏，用乍父己宝彝。(《集成》5394)
（图7—20）
子赏小子畚先以人于菫，子光赏畚贝二朋，子曰：贝，隹丁蔑女历，畚用乍母辛彝。在十月，月隹子曰：令望人方每。(《集成》5417)
邲赏小子夫贝二朋，用乍父己尊彝。朢。(《集成》5967)
丁酉卜，其呼以多方小子小臣。
其教戍。(《合集》28008)

在这里，小子作为子的下级出现，而"小子小臣"的连用说明，小子可能不是单纯的家族内部身份。从《尚书》的记载看，小子的含义有三种：一种是自称，如《汤誓》"非台小子，敢行称乱"，《金縢》"予小子新命于三王"，《大诰》"予惟小子，若涉渊水"；一种是他称，《康诰》"孟侯，朕其

[①] 张秉权：《甲骨文与甲骨学》，国立编译馆1988年版，第429页。
[②] 朱凤瀚：《商周家族形态研究》，天津古籍出版社2004年版，第55页。

弟，小子封……肆汝小子封在兹东土……小子封，恫瘝乃身，敬哉……汝惟小子，乃服惟弘王应保殷民"。这两种皆是对王、周公、康叔等高级贵族的称呼。另外还一种含义，可能是指担任某种职务的一类人，《尚书·酒诰》："乃穆考文肇国在西土，厥诰毖庶邦庶士越少正御事……文王诰教小子、有正、有事，无彝酒，越庶国饮惟祀，德将无醉"，"我西土棐徂，邦君御事小子尚克用文王教，不腆于酒，故我至于今，克受殷之命"，"庶邦庶士越少正御事"与"小子、有正、有事"对言，而"小子、有正、有事"、"邦君、御事、小子"连言，可见小子绝非单纯的血缘称呼，而是一种担任一定职务的人。即有一个高级贵族的子裔组成的集团，与有正、有

图 7—20　《小子省卣》铭文
（采自《殷周金文集成》5394）

事、邦君、御事等同为执事官员，在国家事务中起着重要的作用。结合前引的"女子小臣兒作已障彝。举"中的"女子"之称，可以认为，子作为社会等级称呼时，并不是所有高级贵族的子裔都可称子或小子，而很可能是族长以及在国家中担任某些职务的人，才能称子或小子。

综上所述，我们可以推论，子本表示一种血缘关系，后来随着族的分化和族组织的严密，子成为族长及其嗣子的称呼，随着家与国相融合、族权与政权相融合，子进一步转化为一种国家官僚体系中的称谓和身份。但从甲骨文、金文看，子尚未转化为一种固定的爵级，而只是表示在国家事务中承担一定的职事，即子是指在国家事务中担任一定职务的贵族子弟。可能到西周以后，子才正式成为政权中的一级爵位。

所以子的称谓应该同时具有两方面的特征，一是表示一种亲属关系，一是表示一种社会关系，具有血缘和国家两重性质。子转化为爵称，其实就是已经出现等级分化的族被纳入政治体制而产生的一种变化。子虽然成为一种职官称谓，但子最原始和最广泛的内涵却是血缘之子，这一点被保留下来并得到推广，所以后来子这一称呼发展为一种社会性的尊称。

除多子外，还有一批不称子的商王同姓贵族参与王朝事务，据朱凤瀚先

生研究,这批贵族包括皋、吴、弓、并、爰、雀、壴、甶、戉等①:

　　□戌卜,㱿,贞吴戈羌、龙。(《合集》6630正)
　　壬辰,贞叀吴呼小众人臣。(《合集》5597)
　　甲戌卜,宾,贞益、吴、启叶王事。二月。(《合集》5458)
　　丁酉卜,出,贞皋擒舌方。(《合集》24145)
　　癸未卜,宾,贞叀皋往追羌。(《合集》493)
　　贞勿令皋田于京。(《合集》10919)
　　己酉卜,㱿,贞甶获羌。(《合集》166)
　　叀雀伐羌。(《合集》20403)
　　辛巳卜,㱿,贞呼雀敦桑。
　　辛巳卜,㱿,贞呼雀伐㠯。(《合集》6959)
　　□□卜,㱿,贞戉获羌。(《合集》171)
　　戊戌卜,㱿,贞戉得方羝戈。(《合集》6764)
　　甲寅卜,□,贞戉其获征土方。一月。(《合集》6452)
　　庚申卜,出,贞令邑、并酒河。(《合集》23675)
　　丙寅,贞翌丁卯邑、并其侑于丁宰又一牛。五月。(《合集》14157)
　　己亥卜,贞叀并令省在南廪。(《合集》9639)

这些贵族担任祭祀、征伐、生产、视察等多方面的事务,在王朝中占有重要的地位。

　　这些王的亲属贵族在王朝中任事,应该是有固定的官职的,只是在命令他们执行任务时直呼其名而不以职务称,这是甲骨文中常见的现象,如沚,有射、伯之称,说明曾任射、伯之职,但基本还是直称沚,雀也有雀侯、雀任之称,曾任侯、任之职,但也多只直称雀。

　　商王任命大量亲属同族在王朝任职,使官僚体制表现出强烈的家族化特征,有学者认为"所谓旧人,除了少数异姓贵族重臣外,即指宗族贵族",所以"商周与各级政权任官原则是'亲亲',典型的任人唯亲的政策"②,这一论断是可信的。

---

① 朱凤瀚:《商周家族形态研究》,天津古籍出版社2004年版,第61页。
② 王贵民:《商周制度考信》,(中国台湾)明文书局1989年版,第73页。

"任用旧人"是从用人制度的继承性方面而言，是以时间坐标衡量而言，则重用宗亲近臣是各个时期用人制度的现状，是以静态情况而言。

（四）临事任官

除了外族官长、各级同姓贵族，这类带有世官世族特征的人员外，商王还可以根据事情需要临时任命官员。商王临时任命官员的原因主要有二，一是商朝官制尚不完善，有的事务尚未有确定的管理者，或者出现新的事项时没有人执掌，需要临事任官；二是集中王权的需要。外姓官长、各级同姓贵族都是拥有财富和地位的人，同时也拥有相对稳定的利益关系，有时会与王权产生抵牾，"伊尹放太甲"、大戊"不敢臣伊陟"等事项都说明王权依然受到贵族的限制。临事任官，商王可以有较大的自由权，有利于王意志的贯彻执行。

接受临时性任命的人主要有两类。

第一类是已经有一定职务的贵族，卜辞有：

启入御事，若。（《合集》21698）
贞勿［呼］山入御事。（《合集》5561）
微御事来。（《合集》27789）
癸巳卜，其呼北御史卫。（《合集》27897）
其呼卢御事霝射，又正。（《合集》32969）

王贵民先生认为御事（御史）是一种没有具体执掌的官名[1]，但考之卜辞，御事当为动词，"'史'并不一定非释为官名不可，解释为'用事'亦通"[2]，即御事是指为商王任事，带有临事任命的性质。上述卜辞中的启、山、微、北、卢等皆是商王朝的贵族或方伯：

甲戌卜，宾，贞益、吴、启叶王事。二月。（《合集》5458）
己酉，贞王其令山司我工。
己酉，贞山叶王事。（《合集》32967）

---

[1] 王贵民：《说钟史》，《甲骨探史录》，生活·读书·新知三联书店1982年版。
[2] 钟柏生：《论"任官卜辞"》，（中国台湾）《中央研究院第二届国际汉学会议论文集·语言文字组》，1989年版。

闻微来。(《英藏》633)

在北称册。(《合集》7423)

贞勿用卢以羌。(《合集》259)

所以这些临事接受命令的人,实际只是兼摄诸职,本质上并不涉及职官的设立和任命,所以我们不予讨论。

第二类是本身无职的人临事受命,这主要包括两种人,一种是各级贵族的子弟,主要是指各族庶子弟,这些人员虽然与本族有关系,但在族中没有固定的地位,可以成为从属于商王的力量。另一种是附属于王的具有非自由人身份的亲信,主要是指从俘虏、罪隶等非自由人中选出的在商王左右服役任事的人。这些人临事受职,是我们讨论的对象。

任用俘虏、罪隶担任王亲信是古代社会比较普遍的现象,商王朝也是如此,甲骨文中有俘虏任事的记录。如:

癸巳羌宮示十屯。㱃。(《合集》7380 白)

戊戌羌彶示七屯。㱃。(《合集》7383 白)

"羌宮示十屯"、"戊戌羌彶示七屯",是羌宮和羌彶参与甲骨整治工作,而参与这项工作的多是诸妇及一些神职人员负责,羌参加整治甲骨的工作,说明俘虏可以被选拔参加王朝的占卜事务[1]。

□□卜,宾,贞羌舟启王⊕。(《合集》7345)(图7—21)

图7—21 《合集》7345

启,"有在前之义,典籍多训启为开为发,在前之义用由开发所引申","又古代出征往往称前军为启"[2],即羌舟为商军的先头部队。商代也存在任用罪隶的

---

[1] 徐义华:《甲骨刻辞诸妇考》,《殷商文明暨纪念三星堆文明发现七十周年国际学术研讨会论文集》,社会科学文献出版社2003年版。

[2] 于省吾:《释逆羌》,《甲骨文字释林》,中华书局1979年版。

情况,《史记·殷本纪》:"武丁夜梦得圣人,名曰说。以梦所见视群臣百吏,皆非也。于是乃使百工营求之于野,得说于傅险中。是时说为胥靡,筑于傅险。见于武丁,武曰是也。得而与之语,果圣人,举以为相,殷国大治。故遂以傅险姓之,号曰傅说",《墨子·尚贤》:"傅说被宰带索,庸筑于傅险","昔者,傅说居北海之洲,圜土之上,衣宰带索,庸筑于傅险之城",《楚辞·离骚》:"说操筑于傅严兮,武丁用之而不疑",都说明傅说原是从事苦役的罪人。这类罪人失去了族的庇护,被选拔到商王左右,成为完全依附于商王的群体,商王从中选拔部分人员任以政事,成为商王加强王权时重要的依靠力量。

甲骨文中有一个小臣集团,在商王朝的活动十分频繁。小臣原本是商王身边的侍从奴隶[①],但随着社会的发展,小臣集团日益成为一个在商朝政治中起重要作用的团体,其人员构成也发生了深刻的变化。

小臣在商王朝的政务处理中发挥重要作用,参与的事务非常广泛,已经出现了有固定职务的小藉臣、小众人臣、小刈臣、马小臣、小疾臣、小多马羌臣、卤小臣、邕小臣、小丘臣等。除这些固定执掌的小臣外,还有一些临时受命的小臣,参加多种事务。现分列如下:

小臣随侍在商王左右,参加狩猎:

> 癸巳卜,㱿,贞旬亡祸。王占曰:乃兹亦有祟。若偁,甲午,王往逐兕,小臣叶车马硪䡇王车,子央亦堕。(《合集》10405 正)

小臣参加农业生产的管理活动:

> 贞叀小臣令众黍。一月。(《合集》12)

小臣参加整治甲骨的工作:

> 允十屯,小臣从示。(《合集》5579 反)
> 辛丑,乞自喦□屯,小臣闻[示]。(《英藏》2000+2032 反)

---

① 张永山:《殷契小臣辨证》,《甲骨文与殷商史》,上海古籍出版社 1983 年版。

小臣参加祭祀：

  丁巳卜，叀小臣剌以汸于中室。(《合集》27884)

小臣作为使者出使：

  王使小臣守使于夷。(《集成》4179)

小臣向中央警卫边境：

  小臣䜌有来告。(《合集》27886)

另外，还发现了小臣的军事礼器，如河南虢国墓出土的商代小臣䚋玉戈[1]、美国哈佛大学福格艺术馆的小臣餘玉戈[2]，玉戈是军事权力的象征，这说明小臣䚋和小臣餘拥有一定的军事权。

小臣的地位也再现了复杂性，有的小臣地位很高。小臣可以受到赏赐：

  王赐小臣兹，赐在寑，用乍祖乙尊。(《集成》5378)

有的小臣拥有自己的祭器：

  赏小臣豐贝用乍父乙彝。(《集成》5352)
  癸巳王赐小臣邑贝十朋，用乍母癸彝。隹王六祀彡日在四月。(《集成》9249)

小臣可以被分封到外地成为诸侯，甲骨文中有分给卤小臣邑的记录：

  卤小臣其有邑。(《合集》5596)

---

[1] 姜涛、贾连敏：《虢国墓出土商代小臣玉器及其相关问题》，《文物》1998年第12期。
[2] 李学勤：《论美澳收藏的几件商周文物》，《文物》1979年第12期。

卤小臣能拥有邑，说明地位不低。卜辞中又有：

　　……正又任啬罙唐，若。
　　贞勿令旨比屮正又任啬。（《合集》3521）

任，是商代一种爵位，① 则小臣啬被外派为任一职，甲骨文还有：

　　啬有鹿。
　　有鹿。
　　亡其鹿。（《合集》893 正）
　　贞啬有鹿。
　　呼多马逐鹿，获。（《合集》5775 正）
　　呼逐在啬鹿，获。
　　贞弗其获。（《合集》10935 正）

也证明小臣啬拥有邑。
　　甲骨文有小臣醜：

　　辛卯，王……小臣醜其乍围于东对。王占曰：大［吉］。（《合集》36419）

山东益都苏埠屯有亚醜族的墓地。甲骨文中有杞侯缶：

　　癸未卜，在归，贞禽巫九禽，王于㠱侯缶师，王其在㠱醜正……。（《合集》36525）

甲骨金文中有小臣舌：

　　辛巳卜，贞王其宁小臣舌，隹亡灾，商余令王弗每。（《合集》36421）

---

① 杨升南：《甲骨文中的"男"为爵称说》，《中原文物》1999 年第 2 期。

> 王易小臣舌湡积五年，舌用乍享太子乙家祀障。举，父乙。(《小臣舌方鼎》,《三代》3·53·2)

李学勤先生认为小臣舌即杞侯舌，太子为商王已死的太子，小臣舌当是王室成员[1]。可以看到，小臣的活动有随侍王生活、农业生产、祭祀占卜等各个方面。

与小臣集团职能复杂相适应，小臣集团构成人员的身份也变得十分复杂。既保留了原本的侍从奴隶，同时也吸收了大量贵族子弟，形成了一个构成人员复杂的团体。有的小臣确实是奴隶：

> 贞，今庚辰夕，用鬲小臣三十小妾三十于妇。九月。(《合集》629)
> 癸酉卜，贞，多姚……鬲小臣三十小母三十于妇。(《合集》630)

鬲小臣被用做牺牲，地位很低，应该是奴隶。有的小臣的出身很高，如：

> 己亥卜，贞令吴小藉臣。(《合集》5603)
> ……小臣皋……(《合集》5571 反)

吴、皋本身是王族成员，也担任小臣。类似的还见前面的《小臣舌方鼎》。举家族也应该是王的同姓贵族，举族是殷代的一个非常重要的家族，其子弟可以作为小臣。另外，虢国墓出土的玉瑗上契"小臣系它"者[2]，李学勤先生认为"它"当读"献"。但从甲骨文看，"它"字主要用作危害意，小屯 YM331 出土玉簪上有"大示它"[3]，"它"字与大示相连，显然应为"危害"意。而从诸神权能看，能够为害生人的应该是受害者的祖先，这说明"小臣系"应该是某贵族的祖先。甲骨文甚至有女性小臣：

> 辛丑卜，争，贞小臣婋，妨。(《合集》14037)

---

[1] 李学勤：《小臣缶方鼎与箕子》，《殷都学刊》1985 年第 2 期。
[2] 姜涛、贾连敏：《虢国墓出土商代小臣玉器及其相关问题》，《文物》1998 年第 12 期。
[3] 石璋如：《殷代头饰举例》，《历史语言研究所集刊》第 28 本下，(中国台湾)中央研究院历史语言研究所，1953 年版。

女子小臣儿作己尊彝。冀。(《集成》5351)(图7—22)

"此种小臣很可能是进献来的妇女或俘虏,位尊或得宠者为王妇、子妇,位卑者为姬妾,女小臣似应是后者之一部分。"①

从分析可以看出,小臣集团的执掌十分复杂,既可以担任外廷职官,又可以担任内廷职官,还经常临事受命处理事务。小臣的人员构成也十分复杂,既包括奴隶,又包括王室成员和各级贵族子弟。小臣工作分散,人员复杂,可见小臣并不是一种官职,而是一种身份,应该是依附于商王的人员构成的群体。

图7—22 《小臣儿卣》铭文
(采自《殷周金文集成》5351)

最初的小臣,身份就是为王室生活服务的附属人群,地位较低。例如,伊尹,"有莘氏女之私臣,亲为庖人,汤得之,举以为相"②,"成汤东巡,有莘爰及。何乞彼小臣,而吉妃是得③。"有的小臣因为本身才能或其他原因成为君主的亲信,地位逐渐提高。随着王权的日益加强和国家事务的繁忙,王为了便于控制权力和处理事务,开始让小臣从事政务。小臣本是王身边的奴隶,由于经常在王左右,成为王的亲信,王出于集权的需要,经常任命这些亲信担任某些使命,久之,小臣执事成为常例,"用其携贰者以宰治其同族"④,小臣集团的性质也发生了变化,从单纯的生活服务者向综合事务处理者转化。即随着小臣职能的扩大和一些固定职务如小藉臣、小众人臣、马小臣等的出现,原先非奴隶的人也被任命为小臣职务,主要是各级贵族的子弟,相当一部分王室或贵族成员逐渐进入到臣的行列,小臣集团的成员也由原来单纯的外来奴隶,开始吸引一些出身本来就高的人加入。当小臣集团转化为王的综合事务处理群体时,小臣的结构发生了变化,许多人虽然以小臣

---

① 张永山:《殷契小臣辨证》,《甲骨文与殷商史》,上海古籍出版社1983年版。
② 《墨子·尚贤》。
③ 《楚辞·天问》。
④ 郭沫若:《释臣宰》,《甲骨文字研究》,人民出版社影印本1952年版。

的身份参与王安排的事务，但却不再是奴隶。这时小臣已经是一个具有复杂职能和人员构成的依附于商王的集团，是商王集中王权中的重要依靠力量。

  商代后期，利用小臣集团排挤旧贵族集中王权的情况可能非常严重。《尚书·微子》称纣王"咈其耇长旧有位人"，《诗经·大雅·荡》："匪上帝不时，殷不用旧。虽无老成人，尚有典刑"，郑笺："老成人，谓若伊尹、伊陟、臣扈之属"，都指责商纣王不用旧贵。从《尚书·牧誓》可以看出，"昏弃厥遗王父母弟不迪，乃惟四方之多罪逋逃，是崇是长，是信是使，是以为大夫卿士。俾暴虐于百姓，以奸宄于商邑"，把"遗厥王父母弟"与"四方之多罪逋逃，是崇是长，是信是使"对言，正是商纣重用罪隶加强王权的体现。商末重用小臣的情况，在甲骨文中也有所反映。商代末期，随着占卜制度的成熟和占卜事项的程式化，能够出现于卜辞中的人物和偶然事件日益减少。从总体看，第五期中卜辞显出高度的统一性，极少专门就某人任某事进行占卜，仅见于几版卜辞，如：

  壬申卜，在攸贞，右牧☒告启，王其呼戍比宨伐，弗每，利。（《合集》35345）
  乙巳卜，在兮，叀丁未妇史众。
叀丙午妇史众。（《合集》35343）
  □□卜，贞囊犬雍告……比叀戊申利，亡［灾］。（《合集》36424）

但关于小臣任事的卜辞却有数版：

  ……贞翌日乙酉小臣䴆其……右老冀侯，王其……以商庚川王弗每。（《合集》36416）
  丙戌卜，王其辽☒马……小臣䴆☒䲷克。（《合集》36417）
  弜𠭯其佳小臣临令，王弗每。（《合集》36418）
  辛卯……小臣䤹其乍圉于东对。王占曰：大［吉］。（《合集》36419）
  䤹其逯至于攸，若。王占曰：大吉。（《合集》36824）
  癸□卜……小臣其人有正……不其……辛（《合集》36420）
  辛巳卜，贞王其宁小臣舌佳无灾……商余令王弗每。（《合集》36421）
  甲申卜，贞翌日丁巳王其呼☒小臣……祓奇……（《合集》36422）

……小臣嗇比伐，羍危美……人二十人四，而千五百七十，訊百……兩（四），车二辆，馘百八十三，函五十，矢……用又伯慶于大乙，用魋伯印……訊于祖乙，用美于祖丁，侲甘亭，易……（《合集》36481）

由上述可知，商代末年的确出现了重用小臣集团的现象。可以推测商纣王曾重用小臣等身份较低的人用事，以摆脱旧贵族的限制，结果引起旧贵族的不满，反而成为纣王的罪状之一。

利用亲信担任正式职官，是独裁体制常见的任人形式。从王的亲信向内廷官再向外廷官转化一直是中国最高统治者强化权力的重要方式。在商代官制尚不完善的情况下，临事任官时重用亲信表现得十分明显。即使在官制完善的后代历史中，外戚、宦官等皇帝的亲信，虽然已经不能以正式朝官的身份出现，但仍经常以皇帝代言人的身份干预政治。任人唯亲是中国政治的痼疾。

商王朝用人原则的前三项特点都与族相联系，所有官员都同时是族中的重要人物。商王侧重临事任官也是对族权的打击。

第三节　商王朝的外服职官制度

外服官系统指商王朝在王畿以外的官吏。《尚书·酒诰》："越在外服，侯、甸、男、卫、邦伯"，"汝劼毖殷献臣、侯、甸、男、卫"，《大盂鼎》："惟殷边侯甸"，即由侯、甸、男、卫、伯组成外服系统，在甲骨文中这一系统包括侯、伯、男、田、任等外服称呼。

按传统的观念，"外服职官是指臣属于商朝的诸侯"[①]，但综合考察文献与甲骨文，具体人员的身份是变动的，即使商王的亲属，也可以被派驻到畿外主持一地的事务，即使归服方国的首领，也可以在王朝担任要职，其官职或变易或兼摄，单纯以官职论内服外服很容易引起混乱，所以我们认为内外服应以王畿的划分而论更合适，凡是王畿内的职官，即是内服，王畿外的职官，即是外服。

一　外服官称谓系统

这些诸侯可以分为两类，一类为王朝封国，是由王朝分封建立的诸侯

[①] 李学勤主编：《中国古代文明与国家形成研究》，云南人民出版社1996年版，第431页。

国，是商族向外的拓展；另一类为归服方国，是边区归服中央王朝的诸侯国，是外族向中央王朝的臣服①。这两种不同性质的外服个体具有不同的特点。首先，出现的原因不同，封国是商人向外拓展过程中由商族人建立的政体，其人员和文化都以商人为主体；方国则是当地原来独立的政体，在商王朝的军事威慑下向中央归顺，其人员和文化都具有强烈的地方性色彩。其次，所起的功效不同，封国起着威慑周围方国、藩屏商畿的作用，同时也是商人进一步拓展的前哨，处于国家系统的中间环节；而方国只是商王朝军事控制下的归服者，是商王朝收取贡纳，胁迫供应的团体，处于商王朝国家系统的末端，虽然有的方国处在商人经略的主要方向上，可以上升到中间环节，但总体依然是商势力的最外围。再次，与中央王朝的关系不同，封国对中央王朝有依附性，具有强烈的认同感；方国则是慑于商王朝的威力而归顺的独立政体，一方面要避免商王朝的军事进攻，在商王朝的强大力量面前维持自己的存在，同时又希望借助商王朝的力量对抗更外围的方国，具有一定向心力；另一方面又具有保持独立的要求，具有分裂性。两者应该予以区别研究。

两者的界限并不是长期不变的，当一个地区臣服商王朝时间久了之后，即可能与商文化融合，成为商王畿内服的一部分，而当商人势力衰退时，原先由中央分封的封国也可能趁势独立，转而成为王朝的分裂力量。这一切以商王朝的军事实力和文化影响为后盾，随其消长而有所变化。

商代外服官系统有侯、伯、子、男、田等爵称。在甲骨文中这一系统包括侯、伯、子、男、田、任等六种②，也有学者认为除上述六种之外，还包括亚和妇，共八种③。但我们认为，商代外服职官曾有一个发展的过程，妇、子、亚、侯、伯、男、田、卫、戍、牧等都曾在外服服役过，但并非都是专门的外服职官，后来随着社会的发展和制度的完善，出现了专门的外服职官，其中以有侯、甸、男（任）、卫四种最为重要。妇、亚、子等实际是一种内服职官，因其地位很高而取得了外服的领地，作为外服的只是拥有这个

---

① 参见杨升南《卜辞中所见诸侯对商王室的臣属关系》，《甲骨文与殷商史》，上海古籍出版社1983年版。

② 杨升南：《卜辞中所见诸侯对商王室的臣属关系》，载《甲骨文与殷商史》，上海古籍出版社1983年版。

③ 李雪山：《商代分封制度研究》，中国社会科学出版社2004年版，第56页。

称号的人，而不是这种称号发展为一种外服职官。

甲骨文中侯名多见，据杨升南先生统计称"侯某"者有18位，称"某侯"者31位①。关于侯的记载也大量存在：

> 丙戌卜，亘，贞蒙侯虎其御。（《合集》3286）（图7—23）
> 贞叀象令比蒙侯归。（《合集》3291）
> 贞今甾……比蒙侯虎伐冒方，受有佑。
> 贞勿比蒙侯。（《合集》6554）
> 甲午，王卜，贞作余障朕禾障，余步比侯喜，征人方。上下敡示受有佑，不曹戈囚，告于大邑商无……在飲，王占曰：吉。在九月，遘上甲飯佳十祀。（《合集》36482）

图7—23　《合集》3286

通观侯称卜辞，侯所进行的活动主要与军事活动有关，有时也有进贡：

> 贞侯以骨刍。（《合集》98）
> 戊寅卜，侯俉以人。（《合集》1026）

但次数很少，所进贡的物品也仅限于刍、人，所以很可能都是其在战争行为中俘获的人，有类似献俘的意思。从王率领攸侯喜征人方，令蒙侯等占问，可以推知许多侯的领地在边远地区。另外有的侯被用为人牲者：

> 壬戌卜，用侯屯自上甲十……
> 壬戌卜，乙丑用侯屯。
> 癸亥卜，乙丑用侯屯。
> 于来乙亥用侯屯。（《合集》32187）

可能是侯屯不用王命，受到惩罚。

---

① 王宇信、杨升南主编：《甲骨学一百年》，社会科学文献出版社1999年版，第463页。

甲骨文中称"伯某"者12位,称"某伯"者33位①。伯某的活动比较复杂,有与商王行礼相见者:

  壬戌卜,王其㇏二方伯。大吉。
  王其㇏二方伯于师辟。(《合集》28086)

㇏字,刘桓释为拜②,意为商王礼见二方伯。卜辞中还有:

  王其㇏㱿方伯晳,于之若。(《合集》28087)
  [甲]戌卜,翌日乙,王其㇏卢伯澡,不雨。(《合集》27041)

指与方伯行揖拜之礼③。伯可以进行军事活动:

  庚午卜,争,贞王叀易伯妖臂。(《合集》7411)
  辛巳卜,㱿,贞王叀易戋比。(《合集》3381)
  壬子卜,伯睘其启。七月。(《合集》3418)

前两辞为王率领易伯出征,后一辞卜问是否让伯睘做先锋。伯向商王朝提供物品:

  □亥卜,㱿,贞王其乎共阜伯出牛有正。(《合集》8947正)
  贞呼取雇伯。(《合集》13925)
  贞呼取微伯。(《合集》6987正)

伯被征伐:

  贞旨弗其伐蒿伯□。(《合集》6827正)

---

① 王宇信、杨升南主编:《甲骨学一百年》,社会科学文献出版社1999年版,第464页。
② 刘桓:《殷契新释》,河北教育出版社1989年版。
③ 严一萍:《释揖》,《甲骨文字研究》,艺文印书馆1989年版。

伯被抓捕：

> 我王祀……执伯钾，乙亥山……曰钾……（《合集》5949）

伯受刖刑：

> 壬寅卜，扶，命𢦏㞢伯。（《库》208）

"𢦏，锯形，卜辞刉（或释跀、尨）字从之。刉指刖刑，《国语·鲁语》：'中刑用刀锯'，所以𢦏㞢伯，即伐㞢伯或刑㞢伯。"[1]

伯还被用做牺牲：

> ……用又伯廌于大乙……。（《合集》36481）
> 方伯用。（《京》5281）
> □亥卜，羌二方伯其用于……祖丁父甲。（《京》4034）

卜辞中还有用某方囟的记载：

> 羌方囟其用，王受又。（《甲》507）
> 用危方囟于妣庚，王窐。（《南明》669）

囟字，"象头壳之形；其义或为首脑，或为脑壳"[2]，有学者认为这当是被俘方国首领被用作牺牲[3]，甲骨文中的人头刻辞也"当是杀战俘首长以祭祀祖先的刻辞"[4]。

> 甲申，贞其执三邦伯于父丁。（《合集》32287）

---

[1] 王冠英：《殷周的外服及其演变》，《历史研究》1984年第5期。
[2] 陈梦家：《殷虚卜辞综述》，科学出版社1956年版，第327页。
[3] 杨升南：《商代人牲身份的再考察》，《历史研究》1988年第1期。
[4] 胡厚宣：《战后京津新获甲骨录·序》，上海群联出版社1954年版。

从伯的地位可以明显看出，伯具有独立性和分裂性。综观卜辞，外服职官中明确与方连言以作称呼的只有伯，而方是商人对外族的称呼，可以肯定伯这一名称应该是归服方国的爵称。

田在甲骨文中也多见，裘锡圭先生释为甸①，可从。卜辞有大量"在某田"：

> 贞在攸田武其来告。(《合集》10989 正)
> 乙未卜，喑，贞在宁田黄有赤马其剢。(《合集》28196)
> 叀在庞田封示，王弗每。□。大吉。
> 叀在䍙田又示，王弗每，洋。大吉。
> 叀在浮田空示，王弗每，洋。吉。(《屯南》2409)
> 丁丑卜，在义田来执羌□，王其有升于□□、大乙、祖乙，又正。吉。(《屯南》2179)

这里的甸很难解释为诸侯，裘锡圭先生认为"有些田的驻地在侯、伯封域之内，例如'在攸田武'的驻地，就应该在屡见于卜辞的攸侯的封地内"，"如果田是诸侯的话，卜辞就不会经常称他们为'在某田'，而应该把他们都称为'某田'了"②，这种意见是正确的。但这只是田初建的情况，当田在一地生活长久之后，即可能发展为独立的诸侯。实际上，到第五期帝乙、帝辛时期，田已经与侯、伯一样成为最重要的外服职官：

> 甲戌，王卜，贞令鼋屯盂方、西戉、典西田，□妥余一人比多田，甾正，侑自上下于戠示……(《合集》36181)

多甸随从商王征伐人方，这里的甸的领地当在靠近人方的地方，即在王朝的边缘区，是商王朝的外服诸侯。同时，多田有与亚、任同卜的情况：

> 以多田、亚、任。
> 以多田、亚、任。(《合集》32992 反)(图 7—24)

---

① 裘锡圭：《甲骨卜辞所见的"田"、"牧"、"卫"等职官的研究》，《文史》第 19 辑，1983 年。
② 同上。

亚是甲骨刻辞中常见的官职，侧重武职，但具体职责十分广泛①，并不是专职的外服官。

卫的情况与甸差不多，卜辞中有：

□亥，贞在㕚卫田来。（《合集》32937）
□巳卜，在弖卫……吉。（《合集》28060）
其取在演卫凡于雋……王弗每。（《屯南》1008）

卫也是很难确定为诸侯。有与亚、射共卜者：

图7—24　《合集》32992反

乃呼归卫、射、亚……（《合集》27941）

亚是武职，射是射兵，卫很可能也是一种武职官员。王贵民先生认为卫本是一种负责守卫的武装，驻外地者以所驻地族为名，发展为后来的卫服，成为商王朝的外服诸侯②。

甲骨文中关于男的资料很少，大多残断，不能成辞，较完整者有：

庚辰卜，贞男芀亡囚。（《合集》21954）

很难确定其性质和活动内容。但甲骨文有雀男：

贞……雀男……受……（《合集》3452）

杨升南先生认为"称'雀男'，犹侯称'侯某'"③，雀是男爵，雀在甲骨文中

---

① 参见孙亚冰《卜辞所见"亚"字释义》，《纪念殷墟甲骨文发现一百周年国际学术研讨会论文集》，社会科学文献出版社1999年版。
② 王贵民：《卫服的起源和古代社会的守卫制度》，《中华文史论丛》1980年第8辑。
③ 杨升南：《甲骨文的"男"为爵称说》，《中原文物》1999年第2期。

是一位十分活跃的人物，参加多种活动。

任的情况与男差不多，但也有成辞者：

> 丁卯卜，曰䓆任有征归，允征。
> 归人征䓆任。(《合集》7049)
> ……㱿，贞呼吴取骨任伐，以。(《合集》7854)
> 丁巳卜，史，贞呼任𪊨䟆。十月。(《合集》10917)

但任具体主要从事何种活动尚难明了。任有时也与多田、亚同卜：

> 以多田、亚、任。(《合集》32992反)

可推测与多田、亚大约有类似之处。

关于子和妇，前人已经多有论述，前者或王子或族长，后者指一个贵妇团体，都不适合划为专门的外服爵称。

通过上述讨论，可以看到，商代外服中确定有独立意义的诸侯的只有伯一种，侯有独立性但不是十分明显，男、田、任的附属性更强，子、亚、妇都不是专门的外服爵称。侯、甸（田）、男、卫本来应该是由王委派的在外服执行任务的团体，《逸周书·职方》孔注："侯，为王斥候也。服言服王事也。甸，田也，治田入谷也。男，任也，任王事……卫，为王捍卫也。"徐中舒、唐嘉弘先生认为，侯，即"为王斥候"，"甸"即"田"，是负责田猎和进献猎物的官职，也兼营农业，"男"即任，从事繁重的徭役和农业生产任务，"卫"则是护卫商王的禁卫军[①]。其诸侯的地位并不是自始即有的，只是有些团体由于地理位置、形势需要等因素，难以完全依靠中央王朝的力量，必须具有独立的生存能力，才转化为具有诸侯特征的组织。其中尤以侯最为明显，"侯，为王斥候也"，侯是负责观察敌情的前哨，在当时交通条件下，中央无法为其提供及时的军事支援，其必然要依靠自己的力量图存——力图在经济和军事上能独立生存，而驻守各地的力量是以族为单位，既有经济职能又有军事职能，族长同时就任长官，所以很容易发展成具有独立特征的组织，转化为诸侯。但侯依然是中央的支属，只是中央的边缘部分而已。

---

① 徐中舒、唐嘉弘：《论殷周的外服制》，《人文杂志增刊·先秦史论文集》，1982年。

侯在古文中意为矢所射的目标，与甲骨文中的至有相同的含义，表示力量所能达到的最边限，虽然边远，但依然在力量所及的范围之内。离边缘稍远的甸、男、卫更是如此。所以侯、甸、男、卫本来是商王朝外服的以族为单位安置的一些团体，由于地理与形势的关系，获得了相对的独立性，转化为诸侯。裘锡圭先生谓："根据甲骨卜辞和古书的训诂，大体上可以肯定'侯、甸、男、卫'这几种诸侯名称，都是由职官名称演变而成……中央王朝应该是承认了这种由职官发展而成的诸侯以后，才用'侯、甸、男、卫'等称号来封建诸侯，并把这些称号授予某些臣服方国的君主的"[1]，但他们对于中央王朝的关系依然是密切的，没有强烈的独立性，"它们并非封国的诸侯，而是隶属于商王朝并为之服务的一般行政实体，它们分辖一方，实际是主管一方行政"[2]。其中侯处于边缘地区，独立性较强，是完整意义上的诸侯，而甸、男、卫的独立性相对较差，所以有的学者甚至认为卫应该属于内服，"这些卫，大都是王室直属的特种武装或亲族、百姓（即同姓或异姓贵族）的家族武装，他们奉王命救卫或戍守一地，'为王捍卫'，是执行内服的职责，应当属内服"[3]。子、妇本身就是商族具有特殊身份的人的头衔，因为其特殊的身份，获得封地，其对中央的依附性更强，而且许多子、妇的封地并非在王畿之外，而是畿内的采邑，并非真正的外服诸侯。只有伯是原各方国首领，归服后被划入外服。所以伯和侯、甸、男、卫虽然同属外服，但存在着性质的差别，伯是商王朝之外的方国势力，而侯、甸、男、卫属于商王朝在外建立的武装团体。

用这种观点再回头审视文献中对商人内外服的记载，就一切都变得很清楚条理。文献《尚书·酒诰》："越在外服，侯、甸、男、卫、邦伯"，《尚书·召诰》："周公乃朝用书命庶殷侯、甸、男、邦伯"，都按侯、甸、男、卫、邦伯的顺序排列，其中侯、甸、男、卫主要指本系商王朝外派的官吏，而邦伯则主指归服方国。《酒诰》一句是综述商人的外服职官，《召诰》则是因为营洛殷人中有大量被俘的商人属国之民，所以言邦伯。至于单对殷人而述其外服时，则只说侯、甸、男、卫等本属商人的职官，《尚书·酒诰》："汝劼毖殷献臣，侯、甸、男、卫；矧太史友、内史友，越献臣百宗；矧惟尔事，服休、服采；矧惟

---

[1] 裘锡圭：《甲骨卜辞所见的"田"、"牧"、"卫"等职官的研究》，《文史》第19辑，1983年。
[2] 王贵民：《商代的官制及其历史特点》，《历史研究》1986年第4期。
[3] 王冠英：《殷周的外服及其演变》，《历史研究》1984年第2期。

若畤；圻父薄违，农父若保，宏父定辟，矧汝刚制于酒"，《大盂鼎》："唯殷边侯田，雩殷正百辟，率肆于酒，故丧厥师"，一是劝诫殷人不要酗酒，二是总结殷人酗酒的教训，与外族人无涉，所以外服即不包括邦伯。由此反观《尚书·盘庚》："邦伯师长百执事之人，尚皆隐哉"，实是盘庚向各归服方国、军队长官、各级官吏协商，以图取得最广泛的支持。

外服制度与诸侯治理其实是国家实力达到一定程度，军事力量可以控制某一地区但又不能保证直接控制可以在这一地区长期稳定存在的情势下，被迫采取的统治方式。中央承认方国的独立性，保持对这一地区的控制，方国则接受中央的领导，以避免中央的军事打击。柳宗元《封建论》中所谓："盖以诸侯归殷者三千，资以黜夏，汤不得而废。归周者八百焉，资以胜殷，武王不得而易。徇之以为安，仍之以为俗，汤武之所不得已焉。"所以王权并不满足于间接的统治，而极力直接进入这一地区，试图取得更大地域内的直接管理权。通过甲骨文研究可知，商王通过置奠、建立王室田庄、牧场等以经济为主的据点以及戍等军事为主的据点的方式，在外服区域建立了大量隶属于商王的政治单位，形成了商王权力在这一地区的延伸。

综上所述，我们可以看到，商代的外服官吏构成十分复杂，并不是单纯的臣属于商的诸侯。大体上可以分为三类，一类是商王直接控制的农庄、牧场、奠、戍等据点内的官吏，二类是侯、甸、男、卫和商王朝在外服分封的亲信侯国，三类是归服方国。三者混杂在一起，呈现出犬牙交错的形势。

在王畿的外围，商王朝军队能够有效控制的地区是商王朝实际控制区，这一范围内主要由商王建立的据点和分封诸侯进行统治，而在实际控制区以外，则是诸侯国和方国混杂，以达到利用方国牵制方国，维护王朝的作用。另外，商王还在外服地区设立许多由中央王朝直接控制的田庄、牧场、戍等同时具有经济性质和武装性质的据点，以加强对这一地区的控制。

可以看出，侯、甸、男、卫实际是商王朝派出的任务侧重不同的据点的长官，而非具有独立性的侯国之长，其间也没有层阶的高低和统属关系，这些官职与后来的爵阶制度无关，可能只是后世沿用了其名称而已。"侯甸男卫诸称本指对王负有不同服事义务的诸侯，所以虽同是诸侯之称，周代的公侯伯子男诸称，乃是等级制下的爵称，殷代侯甸男卫诸称则主要类于服事的'职'称。二者间的这种区别很重要，应与商代无爵制有关"[①]，"爵制乃周人

---

① 葛志毅：《殷周诸侯体制比较》，《学习与探索》2000年第6期。

新创，原为商所无"①，这是正确的。

另外，也可以看出，外服只是一个地理概念，与职官无涉。凡是在王畿外驻扎任王事者，皆可称外服，即使王派出的官吏亦然，并非一定是封国或方国才划为外服。所以以往学者一提及外服即认为外服官皆以诸侯论的观念是不正确的。

由于外服诸侯具有独立倾向，所以即使由商王朝建立的侯、甸、男、卫系统中，也会出现脱离王朝，谋求独立的现象，这时商王也"移六师加之"，发生战争，双方有征伐之事，但并不属于不同的部族。有学者认为与商王朝发生过战争的诸侯都是归服方国，是不正确的。王朝分封建立的方国在商王朝力量衰弱时也会产生离心力或者拒绝承担对中央的义务，王即加以讨伐，在古代是常见的现象。因此，战争不是区分封国与方国两者的标准。

但并非所有称侯、甸、男、卫者皆商人王朝所建立，有时归服方国也可以称侯或男等。这种情况大致可以分为两类，一是归服方国完全被商王朝所征服，称侯以示其独立性降低，如商末出现的鬼侯，也可能就是"高宗征鬼方，三年克之"②的鬼方首领；二是方国在归服后，商王朝可能会有所抚柔，有时为了表示亲近以商王朝的职官系统称呼之，如而伯又称而任，又伯又称又侯。这可能是随着其与中央王朝关系的亲疏而变动的，但也可能是而方中另外的成员被王朝任命到别的地方任职。商人授官尤其是对归服方国的授官，不像周人那样基本按血缘远近确定，而是根据对王朝的需要和当事人的贡献确定，显出强烈的以事论职的色彩。

从上述讨论可以看出，商代建立了内外服制度，外服是商王安全保障的重要地区，一方面设立军事性据点，设立众多的侯、甸、男、卫等带有相对独立的武装团体，另一方面对外围的异族方国进行联合，以实现连续地区的稳定。当中央王朝势力强大时，对异族方国的控制较为牢固，边疆稳定，国家的势力延伸到方国地区，当中央王朝势力衰落时，方国脱离中央，国家的势力退守到侯、甸、男、卫所控制的外服区，《左传》昭公十年所言"古者天子守在四夷，天子卑，守在诸侯"，是对这一状况较为贴切的描述。

殷代已经有侯、甸、男、卫等称呼，但尚未出现统一的诸侯之称，用诸侯通称外服官职，周代分封始用此意。

---

① 金景芳：《古史论集》，齐鲁书社1981年版。

② 《易·震》。

二 外服职官的设置与发展

由于商王朝是中国历史上第一个正式建立外服职官系统的王朝，所以其外服职官经历了一个由初始向成熟发展的过程，到了商代末年，商王朝基本建立了较为完善的外服职官系统，出现了一定的外服集团与统领，但尚未形成严格的爵级制度。

商代的外服职官是指在王畿以外的职官，这类职官主要分为两类，一类是由王朝委派的人员建立的据点，由于其所处的地点离王都较远，不能直接在王朝军事力量的护卫之下，因此需要具有相对独立的行政、军事功能，以应对紧急情况，而以族为单位和族长任官的情况又促进了其独立性的加强，使之成为具有相对独立性的据点；另一类是归服方国，这些方国或被征服、或投靠商王朝寻求保护、或迫于商王朝的压力而内附，由于归服原因、归服时间等情况的不同，与商王朝的关系呈现出亲疏不一，形成层次的差别。

在商王朝灭夏过程中，没有经过大规模的灭国迁民，商王朝可以自由支配的土地和人口资源不足以支持大规模的分封，所以商代的外服是在商王朝不断开拓疆土和巩固统治过程中逐渐建立起来的，所设置的职官也没有系统性，只是根据防卫和生产的需要设立不同性质的据点，而这些据点是整族据守和族长任官，拥有自己的经济、武装来源，具有相对独立的社会功能，以至最终发展为诸侯。这些由商王朝建立的诸侯，大抵是商王的宗亲和近臣，商王诸妇、子、同族及其近臣都有被封为诸侯者。由商王朝建立的诸侯主要包括侯、甸、男、卫、牧、犬等。

商王朝对外开拓，伴随着征服的进行和疆土的扩大，越来越多地方势力成为商王朝的归服方国。归服方国的情况比较简单，多数称伯，少数被纳入王朝建立诸侯称谓系统，称侯、任，如伯垂（《合集》3439）又称垂侯（《合集》3320），而伯（《合集》6480）称而任（《合集》10988）等。

商人已经形成了一个外服职官系统。从甲骨文可以看出，商王的亲属近臣可以出任外服，出任外服之后即以外服职官相称，如：

子奠——侯奠　子效——侯效　子㚤——㚤侯
子宋——宋伯歪　子兒——侯兒——兒伯　子商——伯商

子玟——玟伯[①]

是子任外服时，则称以侯、伯。其他同姓贵族也有类似情况，如弜、雀：

弜（《合集》10374）——弜侯（《东京》559）
雀（《合集》7076）——雀男（《合集》3452）——男雀任（《合集》19033）

这种内、外服制有区别的职官称谓，说明商代内、外服虽然在人员上存在流动性，但主要执掌和归属是比较清楚的，内、外服在划分和称呼上界限比较明显。

根据《尚书·酒诰》："自成汤咸至于帝乙……不敢自暇自逸，矧曰其敢崇饮。越在外服，侯、甸、男、卫、邦伯；越在内服，百僚庶尹、惟亚、惟服、宗工；越百姓、里君、罔敢湎于酒"，表述了一个由"侯、甸、男、卫、邦伯"组成的外服职官系统，这是周人对商代后期情况的概述。从甲骨文的记载看，最初商王朝在畿外设置的职官比较复杂，侯、田、男（任）、卫、奠、牧、犬、戍等多种官职在外服都有设立。但到商代末年，外服职官渐趋规范化，主要以侯、田和伯为主，甲骨文不同时期关于外服官的材料清楚地表明了这一点，在早期的卜辞中，侯、田、男（任）、卫、奠、牧、犬、戍等都频繁出现，但到第五期时，出现的这类职官只有侯、田和伯，而牧、戍、卫、犬等极少见或基本不见于卜辞：

贞翌日乙酉小臣䑇其右老冀侯。（《合集》36416）（图7—25）

图7—25　《合集》36416

[①] 杨升南：《卜辞中所见诸侯对商王室的臣属关系》，载《甲骨文与殷商史》，上海古籍出版社1983年版。

甲午王卜，贞㫃余彭……余步比侯喜征人方。(《合集》36483)

乙丑王卜，贞禽巫九禽，余作障遣告侯、田册赢方、羌方、羞方、𢀖方，余其比侯、田甾㚔四邦方。(《合集》36528 反)

癸未卜，在归，贞禽巫九禽，王于㒸侯缶师，王其在㒸酺正。(《合集》36525)

丁丑王卜，贞禽巫九禽，典春象侯弹［亡］尤。眔二牲，余其比□㚔，无左。自下上□□受有佑。不曹戈□……大邑商，亡圡在欣。

□丑卜，贞禽巫九备，㫃余障，祉告献侯𠂤。册二十。(《合集》36345)

……卜，贞典春象侯……余其比弹甾㚔亡左……曹戈。王占曰：吉。在……(《合集》36347)

……［象］侯……弹甾㚔无……占告于……(《合集》36348)

(贞)禽巫九禽，(乍)余彭朕禾，余其比多田与(多伯征)盂方伯(炎)。(自上下)鼓示。(《合集》36521)

甲戌，王卜，贞禽巫九禽，禺盂方率伐西国，舞西田，暜盂方，妥余一人，余其［比］多田甾正盂方，亡尤自上下于鼓……(《合集补编》11242)

壬申卜，在攸贞，右牧𡈼告启，王其呼戍比彪伐，弗每，利。(《合集》35345)

从以上卜辞可以看出，第五期卜辞中，只有侯、伯为重要的外服，另外牧、戍仅一见。也就是说，到了商末，外服职官经过整合，基本形成了以侯、田和伯为主的外服官系统。同时，也可以看到，各地诸侯也根据其领地的相邻关系初步形成了一定的组合，出现了多田、多伯、东侯、西田等集体称呼。

这些组合性的称呼说明，外服职官制度日益成熟。另外，多种外服称呼的混乱情况也得到了改变，基本规范到侯、田的称呼当中。第五期卜辞中也表现的"侯、田、伯"外服职官系统与《尚书·酒诰》所载的"侯、甸、男、卫、邦伯"外服职官系统略有不同，少了男、卫两职，更加简化。商代的外服职官设置经历了一个逐步完善的过程，由于商人在建国时没有掌握大量自由支配的土地和人口资源，没有能进行统一的分封，外服职官的设置是一个分散过程，没有形成统一的爵级和统一的职官称呼，而是根据其主要负责的职能命名，所以最初出现了侯、田、男（任）、卫、奠、牧、犬、戍等多种职官。后来，随着王朝统治的巩固和制度的进步，逐渐规范，出现了《酒诰》中所说的"侯、甸、男、卫、邦伯"系统，然后又进一步整合为第五期卜辞所反映出的"侯、田、伯"系统。"侯、田、伯"系统可能形成不久商朝即灭亡了，所以周人依然引述"侯、甸、男、卫、邦伯"系统和称呼，但周人对"侯、田、伯"系统肯定也应有所了解，《大盂鼎》"我闻殷坠命，惟殷边侯甸，与殷正百辟率肄于酒"正是把侯、甸作为外服。从这种其他各种外服职官逐渐融入侯、甸也可以看出，商代的外服职官并不是爵级，而只可能是因为职能侧重不同而设立的不同职官，也就是说，商代的外服职官系统尚没有形成严密的爵阶制度。

到了商代末期，诸侯间已经出现了集团化倾向，也出现了介于王和诸侯之间的诸侯首领，即商王朝根据地域联系将诸侯组成集团，任命势力较强并与王朝关系较密切的诸侯担任高一级首领，也就是方伯。《史记》中载周侯称西伯，可能就是这样一种地位。另外，牧师可能也是一种诸侯首领。同时，也出现了把王朝封建的诸侯与归服方国称谓混称情况，许多由王朝建立的诸侯称伯：

    子宋——宋伯壬　　　子兒——侯兒——兒伯
    子商——侯商——伯商　　子殳——殳伯

许多原本是归服方国的首领也称侯，如：

    犬方——犬侯　　　鬼方——鬼侯　　　周方——周侯①

即商人力图将归服方国与分封的诸侯纳入同一个系统，建立统一的外服职官。但从甲骨文看，归服方国与封建诸侯之间的差别依然十分明显，也就是说商人的这一做法尚没有能收到明显的成效。

可以看出，商代外服职官有一个从复杂到规范的逐渐完善的过程。导致商代外服职官呈现复杂性的主要原因是商人的外服职官是在王朝建立和

---

① 参见杨升南《卜辞中所见诸侯对商王室的臣属关系》，载《甲骨文与殷商史》，上海古籍出版社1983年版。

巩固过程中逐渐建立起来的，而不是按照某种制度有计划有步骤地建立起来的。这主要表现在两个方面，一是外服职官建设是商人开创的新例。商朝之前的夏朝是以和平方式成为中央王朝的，虽有内外服制，但其外服的组成十分单纯，基本是以和平方式联合于夏王朝周围的部族和方国，不存在性质复杂的地方势力，也不存在王朝与地方复杂的立体权力关系。商人则是通过武力建国，需要面临如何统治和巩固新征服地区的新问题，所以最初的外服职官，只是临事而设，而没有旧制度引为参考，这种临事而设的职官，必然带有不规范性和不成熟性。二是商人的疆土不是一次性获得的，而是不断开拓而来的。商王朝最初的领土很小，"汤以七十里"，后来灭夏，占有了夏人故地，也仅限于豫西地区，商人疆域大约为从洛阳到濮阳的古黄河两岸。商人的领土是在建国以后向各个方向开拓而获得的，这种领土的变动，使得畿内和畿外、内服和外服也处于不断的变动之中，难以形成严格的内、外服区分，也难以建立区分严格的内、外服职官。商王朝的许多职官原本不是专为外服而设，而是商王朝加强统治的通用职官，如田、牧、犬等，这些职官畿内、畿外都有设置，所以内、外服职官的区分是相对的，而不是绝对的。但到商代后期，随着商王朝领土的相对稳定和统治日益巩固以及制度建设的完善，商王朝的职官设置也日益规范。畿内地区随着王权的加强，许多地方转化为由商王直接控制，有独立性的职官融入了内服官系统而消失。畿外职官也发生了变化，由原来的生产或防卫据点发展而来的诸侯，其官职也转化为专门的外服之官。同时，外服职官也逐渐规范化，原来名目众多的畿外的职官发生了融合，逐渐形成了较完善的外服职官系统。

周人的分封制则是在商人外服制的基础上发展出的较成熟的职官制度，同时周人灭商后，基本继承了商人的疆域。周人既有前代制度为基础，又有一次性大规模分封的物质条件，所以周人在建国之初即建立起了完善的外服系统。可以说，周人外服的成熟性是建立在商人经验的基础之上的。

三　外服职官

商代的外服官主要包括侯、甸（田）、男（任）、卫、戍、牧等，但随着外服职官制度的完善，戍、牧等被融入了侯、甸、男、卫系统。外服职官处于一个不断完善的过程中，主要趋势是简化，最终大体形成了一个由侯、田、伯组成的外服职官系统。

侯

侯是商王朝最重要的外服职官之一，侯最初应该是在边境地区设置的武装警卫组织，《逸周书·职方解》孔晁注："侯，为王斥候也"，由于处于边远和冲突地区，逐渐发展为具有独立经济、军事职能的据点，侯也成为外服的正式职官。从甲骨文记载看，侯出现于各期卜辞，尤其到甲骨文第五期后，成为仅有的两种经常出现的外服职官之一，构成商末外服的主要职官。甲骨文中有某侯，如：

癸亥卜，宾，贞令蒙侯䍃征鼓。
贞勿令蒙侯。七月。（《合集》6）
己卯卜，允，贞令多子族比犬侯扑周，叶王事。（《合集》6812 正）
壬寅卜，雀侯弗戈奂。（《合集》6839）
癸卯卜，㱿，贞王于黍侯受黍年。十三月。
癸卯卜，㱿，贞王勿于黍侯……（《合集》9934 正）
丁酉卜，殸，贞杞侯炬弗其骨凡有疾。（《合集》13890）（图 7—26）

图 7—26 《合集》13890

甲骨文中还有侯某：

□巳卜，殸，贞王比侯告。（《合集》3339）
贞王勿佳侯告比。（《合集》6460）
甲寅卜，王呼以侯莫来□。六月。（《合集》3351）
丙寅卜，王，贞侯光若……往㞢妞……侯光……（《合集》20057）

学者一般认为侯某与某侯相同，都指某一地之侯。但二者实际是不同的，某侯之某则是指侯的封地之名，而侯某则至少有相当一部分应该是指侯的私名，如㞢侯商（《屯南》1059）又称侯商（《屯南》1066），先侯专（《合集》3307）又称侯专（《合集》3346），蒙侯虎（《合集》6554）又称侯虎（《合集》3297），攸侯喜又称侯喜（《合集》36482）。

关于商王朝设置诸侯的过程，卜辞中有所记录：

> 癸亥，贞王其奠□。（《屯南》862）
> 乙丑□侯商□告□。
> 乙丑，贞王其奠□侯商，于父庚告。
> 乙丑，贞王令……
> ［己巳］，贞商于㗊奠。
> 己［巳］，贞商于奠。
> 乙亥，贞王其令□侯商于祖乙门。
> 于父丁门令□侯商。（《屯南》1059）
> 丙寅，贞王其奠□侯，告［祖乙］。
> 丙寅，贞王其奠□侯，告祖乙。
> 贞王其奠□侯，告祖乙。（《合集》32811）
> 己巳，贞商于□奠。
> 己巳，贞商于㗊奠。
> 辛未，贞其告商于祖乙。若。
> 辛未，贞夕告商于祖乙。（《屯南》4049）

这一组卜辞，从时间和事件上可以分为两段。第一段癸亥日至丙寅日，商王占卜在□设奠，初步确定置商为□侯，并向父庚、祖乙报告；第二段从己巳日至乙亥日，再次卜问把商奠于㗊地还是□地，最终确定商奠于□，于辛未日向祖乙报告，乙亥日在祖乙宗庙门或父丁门正式任命□侯商。岛邦男认为□地在今山西蒲县①，在王畿之外，□侯商应该是外服的官员。从"贞商于□奠"、"贞商于㗊奠"的卜问和随后的"贞王其令□侯商于祖乙门"看，当是任命商为□地之侯。一件事反复卜问，并向多位祖先报告，可见设置诸侯是件十分重要的事情。

从甲骨文可以看出，王朝对侯的控制十分有效，侯经常是在商王朝的命令和带领下执行任务：

---

① 岛邦男：《殷虚卜辞研究》，（中国台湾）台北鼎文书局1975年版，第425页。

贞㞢象令比蒙侯。
贞㞢象比蒙侯归。
贞陦比蒙侯归不。(《合集》3291)
贞隹……令比㗊侯。(《合集》3310)
率示袁其比𠱛侯。七月。(《合集》3327)
癸亥卜，王，贞余比侯专。八月。(《合集》3346)
戊寅卜，贞令甫比二侯及罙元，王𠉏于之若。(《合集》7242)

可见侯虽有相对独立性，但与商王朝的关系十分密切，是商王朝在外服的主要依靠力量之一。

甸（田）

甸，即甲骨文中的田，《逸周书·职方解》孔晁注："甸，田也，治田入谷也"，田最初很可能是在边远地区建立的与侯、卫、戍等防卫组织互为支撑并侧重提供经济后援的生产单位，后来发展为具有独立性的地方诸侯。由于田是"治田入谷"，所以田的设置不仅在边疆地区，即使畿内地区也有设置。但畿内的田最终被商王控制，发展为王室田庄。边疆地区的田则独立性增强，成为镇守一方的诸侯，发展为外服正式职官。甲骨文有田参加征伐的记录：

以多田伐有邦㢹……(《合集》27893)

多田也与戍或亚、任等其他官员一起行动：

隹田罙戍舞。(《合集》27891)
以多田、亚、任。
以多田、亚、任。(《合集》32992)

到商代末期，田已经发展为与侯同等的外服职官，成为商王朝维持外服地区的依靠力量，"'田'已经成为商王征伐方国时所依靠的重要力量，其地位与侯、伯相当"[①]。

[①] 裘锡圭：《甲骨卜辞中所见的"田"、"牧"、"卫"等职官的研究》，《文史》第 19 辑，中华书局 1983 年版。

男（任）

男，甲骨文中有男、任，皆是指商王朝外服中的男服而言，《逸周书·职方解》孔晁注："男，任也，任王事"，可见男是一种职能比较多的职官。

甲骨文中有男：

> 贞男不其……（《合集》3451）
> 贞……雀男……受……（《合集》3452）
> 庚辰卜，贞男芍□亡畎。（《合集》21954）

这些卜辞中的男是官职称谓[①]。甲骨文中还有任：

> 己酉卜，㱿，贞勿呼吴取骨任伐，弗其以。
> [己酉卜]，㱿，贞呼吴取骨任伐，以。（《合集》7854）
> 盧，贞戈任疾，亡□。（《合集》3929）
> 丁卯卜，曰莒任有征归，允征。
> ……归人征莒任。（《合集》7049）

称男、任的外服，在前期卜辞中多见，到第五期后基本不见于卜辞，可能已经融入侯、田系统之中。

卫

卫，也是商王朝原先在边境或冲突地区设置的武装警卫组织，《逸周书·职方解》孔晁注："卫，为王捍卫也"。甲骨文中有"在某卫"：

> □亥，贞在丁卫来。（《合集》32937）
> 丁亥卜，在𬯀卫酒邑烄典晋又奏方豚，今秋王其使……（《合集》28009）
> □巳卜，在𬎼卫……（《合集》28060）
> 其取在演卫凡于雋……王弗每。（《屯南》1008）

[①] 杨升南：《甲骨文中的"男"为爵称说》，《中原文物》1999年第2期。

"在某卫"是指外服的卫服而言①。有时卫与射、亚等并称：

　　……迺呼归卫、射、亚。(《合集》27941)

卫在前期卜辞中有，到第五期卜辞基本不见。可能被同为武装警卫性质的侯所取代。

戍

　　戍是商王朝在边境地区设置的军事据点，《说文》："戍，守边也。从人持戈。"这些戍也具有相对的独立性，可以独立执行任务：

　　癸，戍夙伐戋，不雉［人］。(《合集》26897)
　　戊辰卜，戍执征㲋方不往。(《屯南》2651)(图7—27)
　　戍其伐，有戋。(《合集》28067)
　　丁卯卜，戍允□出，弗伐微。(《合集》28029)
　　……于方既食，戍乃伐，戋……(《合集》28000)
　　戍弗及㲋方。戍及㲋方，戋。(《合集》27995)
　　戍禹其遵戎。(《合集》28044)

图7—27 《合集》2651

山东桓台史家遗址及其出土的戍宁觚表明，戍是商王朝边境地区武装守卫据点。② 戍到帝乙、帝辛时期，已经很少见，据笔者所见仅一例：

　　壬申卜，在攸贞，右牧🅇告启，王其呼戍比彘伐，弗每，利。(《合集》35345)

---

① 裘锡圭：《甲骨卜辞中所见的"田"、"牧"、"卫"等职官的研究》，《文史》第19辑，中华书局1983年版。
② 王宇信：《山东桓台史家〈戍宁觚〉的再认识及其启示》，《夏商周文明研究》，中国文联出版社1999年版。

这说明到商代后期,虽然依然存在武装守卫性质的戍点,但大部分已经融入了侯、田系统当中。

牧

商代的畜牧业十分发达,在畿内、畿外建立了许多牧场,为商王朝提供畜产品。甲骨文有:

迟于右牧。
迟于左牧。(《合集》28769)
戊戌,贞右牧于片,攸侯叶鄙。
中牧于义,攸侯叶鄙。(《合集》32982)
□鹿其南牧毕。
其北牧毕。(《合集》28351)
乙丑卜,宾,贞二牧又……用自……至于多后。(《甲》1131)
爰兹三牧……于唐……(《合集》1309)
辛未,贞三牧告。
辛未,贞于大甲告牧。(《屯南》1024)
王其祈,由九牧告。(《天理》519)

这类牧也具有武装团体性质,担负着军事职能,商王在各地建立牧,"诸'牧'地理分布的意义并不在于代表当时牧畜业分布状况,而在于它们在边地控制中所起的作用"[①]。

从上引卜辞可以看出,商朝建立的牧场数量极多,牧场相互联结,已经形成左、中、右牧、南、北牧以及以数目编次的牧,形成了牧场间的联合单位。这种联合单位应该设立总管的官员,由于这一官员具有总管广大地域内牧场的职能,所以实际上转化为介于商王与地方牧官之间的管理者,成为一方诸侯之长,今本《竹书纪年》:"四年,周公季历伐余无之戎,克之,命为牧师",《后汉书·西羌传》注引《纪年》:"周人伐余无之戎,克之。周王季命为殷牧师",《礼记·曲礼下》:"九州之长,入天子之国,曰牧",《周礼·春官·宗伯》:"八命作牧,九命作伯",联系后来周

---

① 林欢博士论文:《晚商地理论纲》,第84页,中国社会科学院研究生院2003年。

文王接受商人册命，"赐（文王）弓矢斧钺，使得征伐，为西伯"①，商代很可能出现了牧、伯两种介于商王与诸侯之间的相当于一方诸侯之长的职官。甲骨文有：

戊午卜，扶，令䇂□匕屰牧伯芬。（《合集》20017）

牧、伯连言，惜辞意不能明，但甲骨文中有子牧（《英藏》4033），所以牧伯有可能是子牧出任外服之后的称呼。

牧这一职官在前期卜辞常见，到第五期帝乙、帝辛后就很少见了，只见于前引《合集》35345，牧作为一级地方诸侯，可能已经融入侯、田系统当中。

伯

商代的伯是对王朝周边方国和部族首领的称呼，无论归服方国或敌对方国，其首领皆可称伯。甲骨文中有觐见商王或听命于商王的伯：

贞㞢于㠯伯。（《合集》3407）
辛亥卜，出，贞令暮伯于𡴎。（《英藏》1978）
壬戌卜，王其䭯二方伯。大吉。
王其䭯二方伯于师辟。（《合集》28086）
王其䭯獻方伯𣜩，于之若。（《合集》28087）
［甲］戌卜，翌日乙，王其䭯卢伯𣂪，不雨。（《合集》27041）
庚午卜，争，贞王叀易伯㚢戈𦘒。（《合集》7411）
辛巳卜，㱿，贞王叀易戉比。（《合集》3381）
壬子卜，伯䍌其启。七月。（《合集》3418）
□亥卜，㱿，贞王其乎共阜伯出牛有正。（《合集》8947）
贞呼取雇伯。（《合集》13925）
贞呼取微伯。（《合集》6987）

也有被商王征伐甚至用做牺牲的伯：

---

① 《史记·殷本纪》。

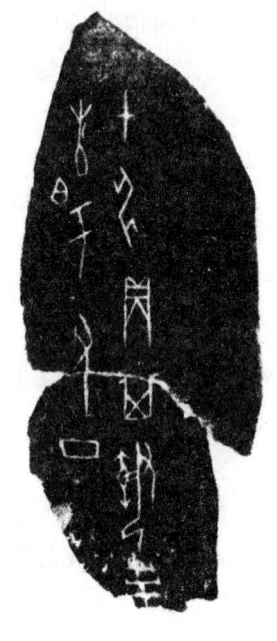

我王祀……执伯䍙，乙亥山……曰䍙（《合集》5949）

方伯用。（《合集》38750）

羌二方伯其用于……祖丁父甲。（《合集》26925）

羌方卤其用，王受又。（《甲》507）

用危方卤于妣庚，王宓。（《南明》669）

甲申，贞其执三邦伯于父丁。（《合集》33287）

（图7—28）

图7—28 《合集》32287

伯是商王朝周边地方势力的首领，是商王朝开拓领土中重要的征服和融合对象，在商代的外服中占有重要地位。

伯在甲骨文中各期都有，到商代末年，伯更成为商王朝在外服的主要联合力量之一，伯与侯、田共同组成了商末的外服官系统。同时，由于商王朝的外服诸侯已经出现地域集团，势力较强与中央王朝关系密切的归服方国首领开始作为诸侯之长出现。

综合上述商代外服职官的情况，我们可以看出，商代的外服职官有以下特点。

一、大量王室宗亲和同姓贵族出任外服，甲骨文有大量子名与侯、伯之名重合的现象：

子奠——侯奠　　子䘛——䘛侯　　子竹——竹侯
子不——不伯　　子宋——宋伯歪　　子兒——侯兒——兒伯
子商——伯商　　子㚔——㚔伯　　子雇——雇伯
子归——归伯　　子骨——骨任　　子辟——戍辟

子某当如朱凤瀚先生所言，主要是商王诸子[①]。也不否认可能会出现子名与侯名偶然相重的情况，但大量子名与侯、伯之名重合就不是巧合所能解释得

[①] 朱凤瀚：《商周家族形态研究》，天津古籍出版社2004年版，第50页。

了的，只有子受封为外服职官，才可能出现众多子、侯、伯等同名的现象，即商已经建立了封建亲戚之制。这些子受封于外服之后，即冠以外服职官名，所以子虽然大量就任外服职官，但子这一称谓不能划入外服职官。

二、最初在外服地区设置的一些职官，并非专门的外服职官，而是应时应事而设，内、外服皆有的职官，后来才发展出专门的外服职官。其中原来侧重生产的据点如田、牧等尤为明显。

商代最初的外服并不是按照成熟的制度建立起来的，而是根据各地区不同的情况和需要设立的戍卫、生产机构，所谓侯、甸、男、卫等外服，"它们则多听命于王朝的'师田行役'，和一般族邑对王朝所负的义务没有什么差别了"①。这种侯、甸、男、卫制度，一方面是王朝向外拓展的方式，在力量无法直接控制的地区建立具有一定经济、军事、行政自主性以及具有较强生存能力的据点，作为中央王朝拓展的前锋和中心统治区域的藩屏；另一方面是巩固疆域的方式，是在交通和控制手段不发达的情况下，在远离王朝统治中心区的地方，王朝无力为建立的据点和村落建立及时和完全的保护，由邑落和据点为自己的生存建立独立的经济、军事组织，采取的一种给予地方长官一定的自主行政、军事权的统治方式。该制度最初的设置是根据需要建立职能有所侧重的据点，所以有许多适应性较强的管理形式，不只限于在外服设置，而是在内、外服皆有设立。

侧重于军事防卫性质的据点，如侯、卫等主要设立在边境地区，所以一开始就带有较明显的外服性质。但甸、牧等本来是以经济生产为主的单位，则是畿内、畿外都广泛设置的。设于畿内的甸、牧等生产组织，后来成为王室直接控制的田庄和牧场。在边境地区的甸、牧等组织，由于其军事、行政性质日益重要，逐渐转化为一种职官称呼。边境地区的田本来是侧重农业生产的据点，但由于当时没有出现能独当一面的大诸侯，各个据点无法形成足够强大的自我供给和保障体系，所以商人在各武装据点附近建立农业生产基地，为前沿的据点提供后勤保障和后备支援。田虽然侧重于生产，但由于处于边境地区，所以也负有军事职能，带有综合性质，而边疆的动荡又使田随时面临紧急情况，所以这些据点最终转化成一种带有全面职能的具有一定独立性的单位。同时田也是以族为组织的，"由于当时存在世官制（即一种职务长期由一个族的人——一般是族长——先后继任，实质上就是让一个族世

---

① 王贵民：《商代的官制及其历史特点》，《历史研究》1986 年第 4 期。

世代代固定地担负某种劳役），一个族的几代人相继在同一个地方担任'田'的职务的情况，也很可能出现。在这类情况下，拥有族众和武装的'田'显然是相当容易发展成为诸侯那样的人的"，到商代晚期，"'田'已经成为商王征伐方国时所依靠的极为重要的力量，其地位与侯、伯相当"①。牧的情况也相同，最终转化为一种外服的职官。

三、尚未形成爵级制度。从甲骨文可以看出，商代外服各职官之间可以混称：

雀男——雀侯　　伯垂——垂侯　　子归——归子——归伯
而伯——而任　　伯弜——弜任　　㞢伯——㞢任——㞢侯

从上述材料可以看出两点：一是王朝封建的诸侯名称可以混称，如雀男又称雀侯；二是封建诸侯与归服方国的名称也可以混称，如㞢伯、㞢任、㞢侯。有两种原因可能会导致这一现象，一是商代已经出现爵级，同一人因为升迁而改变爵称；二是因为外服职官没有固定爵级，各种外服职官可以混称，导致这种改变可能是因为在同一诸侯不同时期担负任务有所不同。结合第五期卜辞所反映出的男、卫等融入侯、男的情况看，很可能是后一种情况，即商代尚未出现固定爵级，外服职官可以混称。

但这种混称并不是随意的，而是有一定的规则和目的。商人封建诸侯名称的改变，可能是因为职能的变化。而商人将许多归服方国也以侯称，一方面可能是想通过这种称呼以拉近与归服者的关系，示以恩宠；另一方面很可能是想顺便把归服方国纳入封建诸侯的管理模式，加强控制。

四、第五期基本形成了以侯、田、伯为主的外服职官系统。经过长期的发展，因为其他外服职官融入侯、田、伯系统，侯、田、伯已经成为外服职官的系统通用称呼。随着疆域的逐步稳定，经过整合的侯、田、伯等诸侯已经基本担负起外服地区的守卫、管理功能，不需要再大量设置新据点。这一切为商王朝建立较成熟的外服职官系统提供了条件，到第五期时，其他职官可能依然有少量存在，但总体上侯、田、伯已成为商王朝外服的主要职官，构成外服职官系统主体。

---

① 裘锡圭：《甲骨文中所见的"田"、"牧"、"卫"等职官的研究》，《文史》第19辑，中华书局1983年版。

由于商代的外服诸侯,是在漫长时间内零散地根据实际需要所设立的具有不同侧重任务的据点,所以他们之间没有形成有序的品阶,不同的称呼只是源于设置据点时其所承担的主要任务侧重点而已。但商代后期,随着外服制度的完善,出现了地域诸侯集团,随之出现了介于王与地方诸侯之间的诸侯之长。

第四节 外服官与中央王朝的联络与义务

一 商王与诸侯的联络

为了加强对疆域的控制,商王朝建立了较为完善的道路和路政[①],为中央与地方之间消息传递提供了条件。

王朝与各地方政权联系十分密切,经常向各地派遣使者:

> 使人于岁。(《合集》5534)
> 贞史人于岳。
> 贞勿使人于岳。(《合集》5521)
> 丁丑卜,韦,贞使人于我。(《合集》5525)
> 王勿使人于沚。(《合集》5530 甲)
> 㱿,贞妇好使人于眉。(《合集》6568 正)
> 丙子卜,㱿,贞勿呼鸣比戉使㠱。(《合集》1110 正)
> 己未卜,王来使人南。(《合集》20345)

随着中央王朝与地方关系的加强,有时商王朝会就某一诸侯任命一名专门使者,负责王朝与诸侯之间的沟通。甲骨文中有"立史":

> 贞㠯立史于☒侯。六月。(《合集》5505)(图7—29)
> 丙辰卜,㱿,立缯史。(《合集》5513)
> 贞立明史。(《合集》7075)
> 立须史,其莫。(《合集》816 反)

这里的"立史"当是指设立专职的使者,以加强对这些地方的联系与监控。

---

① 宋镇豪:《夏商社会生活史》,中国社会科学出版社2004年版,第271—293页。

商代后期，地方诸侯开始出现了地域联合化倾向，出现了"东侯"、"西田"等集团化称呼，随着地方政权向联合化演进，商王朝出现了负责某一联合区域的专门使者：

□□卜，亘，贞东使来。（《合集》5635甲）
……东使来。（《合集》5635乙）
庚子卜，争，贞西使旨亡囚，叶。
庚子卜，争，贞西使旨其有囚。（《合集》5637正）
丁巳卜，宾，贞令舄赐㠯食，乃令西使。三月。（《合集》9560）

图7—29　《合集》5505

"以上'东史'、'西史'当指派至于东或于西的使者"[①]，东使、西使当即商王朝派往东方、西方的使者。另外，还有北御史：

其呼北御史卫。（《合集》27897）

北御史可能是派往北方负有军事使命的使者。卜辞还有：

弜立二史□。（《宁》1·497）
己未卜，㞢，贞我三史使人。
贞我三史不其使人。（《乙》7793）

二史、三史当是对使者的集体称呼，刘桓先生认为，"知'我史'等于'我三史'，三史可能即指东、西、北三史……这三史为长期驻边之官"[②]。

专门使者的出现，使得使者的职责不再只是临时奔走于商王与诸侯之间的信息传递者，而是带有视察、监督、协助地方事务等多重职能，他们平时可能驻于诸侯之地，可以参与当地的一些决策，具有代表中央王朝的政务和军事职

---

① 陈梦家：《殷虚卜辞综述》，科学出版社1956年版，第520页。
② 刘桓：《殷代史官及其相关问题》，《殷都学刊》1993年第3期。

官的性质。甲骨文中有相当一部分使参加战争的记载，应当与此有关：

    贞我史其戋方。
    贞我史弗其戋方。
    贞方其戋我史。
    贞方弗戋我史。(《合集》6771 正)
    癸亥卜，㱿，贞我史毋戋缶。
    癸亥卜，㱿，贞我使戋缶。(《合集》6834)
    其呼北御史卫。(《合集》27897)

另外，有的使很受商王重视：

    □寅卜，王逆入史。王月。(《合集》20064)

王亲自迎接前来的使者，使者的地位应该很高，应当不是单纯的传递信息的使者。

在商王朝任命专门使者的同时，王朝也会命令诸侯任命专门的使者：

    庚申卜，王，侯其立朕史人。(《合集》1022 甲)
    亚立史。(《前》6·8·6)
    呼雀立史。(《前》5·23·3)

这些由中央王朝命令各地诸侯建立的使者，当是负责与中央的联系。

二　诸侯对王朝的义务

诸侯对王朝的义务主要表现在为王朝服役、向王朝进贡、为王朝戍边、随商王进行军事征伐四个方面[①]。

（一）为王朝服役

诸侯首领本人或派人到中央王朝任职服役，是商代诸侯的重要义务之

[①] 参见王宇信、杨升南《中国政治制度通史·先秦卷》，人民出版社 1996 年版，第 237—240 页。

一。《史记·秦本纪》载:"秦之先,帝颛顼之苗裔……费昌当夏桀之时,去夏归商,为汤御,以败桀于鸣条。大廉玄孙曰孟戏、中衍,鸟身人言。帝太戊闻而卜之使御,吉,遂致使御而妻之。自太戊以下,中衍之后,遂世有功,以佐殷国,故嬴姓多显,遂为诸侯。其玄孙曰中潏,在西戎,保西垂。生蜚廉。蜚廉生恶来。恶来有力,蜚廉善走,父子俱以材力事殷纣",《史记·殷本纪》载纣王:"以西伯昌、九侯、鄂侯为三公",都是方国首领到王朝服务。甲骨文中也有相关记载:

> 庚申卜,王,甶余令伯纴使旅。(《合集》20088)
> 丁丑卜,𣪊,贞王往立秭,延从沚馘。(《合集》9557)
> 贞沚馘其乍王。八月。(《合集》3954 正)

即是王以伯纴为使者出使到旅地,王令沚馘参加农业或手工业生产管理。另外,卜辞中还有许多诸侯参与王朝事务的记载:

> □辰,贞令犬侯叶王事。(《合集》32966)
> 贞雀叶王事。(《合集》10125)
> 丁丑卜,王,贞令竹、祟、兀于卜田叶朕事。(《合集》20333)
> 己卯卜,王,贞鼓其取宋伯丕,鼓田叶朕事。宋伯丕比鼓。二月。(《合集》20075)

上引卜辞皆是诸侯参与王朝事务处理的记载。
　　方国诸侯还在商王朝担任贞人,为王室提供服务:

> 乙巳卜,亘,贞羽不其受年。(《合集》9790 正)

诸侯除了本人到王朝任职,还需向王朝提供人才。另外,还有向王朝进贡巫:

> 贞周以巫。(《合集》5654)
> 甲子卜,𣪊,贞妥以巫。
> 贞妥不其以丕。(《合集》5658)

贞異致巫。

異弗其以巫。(《合集》5769)

这当是地方诸侯向商王朝委派神职人员,应当是贡士制度的雏形。

(二) 向王朝朝贡

诸侯要向商王朝进贡。甲骨文中有大量诸侯向王朝以、入、来、供、见等行为的记录:

□未卜,贞𢀛以牛。(《合集》8975)

乙卯,允有来自光,以羌芻五十。(《合集》94)

贞呼吴共牛。(《合集》8937)

妇好入五十。(《合集》10133)

雀入二百五十。(《合集》1531 反)

贞𢀛来舟。

贞𢀛不其来舟。(《合集》11462)

癸未卜,亘,贞画来兕。(《合集》9172 正)

也有王朝向诸侯索取的记录:

庚子卜,争贞令员取玉于龠。(《合集》4720)

贞勿呼取方骨马。(《合集》8796 正)

庚子卜,亘,贞呼取工刍以。(《英藏》757)

丁亥卜,㱿,贞呼卬比韦取夹臣。

……呼卬比韦取夹臣。(《合集》634 正)

所进贡的物品十分广泛,杨升南先生总结为奴隶、牲畜、农产品、野兽、贝、玉、象齿等奇珍、手工业品、邑、卜龟和卜骨等八种[①]。

贡纳一方面为商王朝提供大量物质财富,是王朝重要的经济来源,另一方面也是诸侯臣服于中央的政治象征,是国家生活中的重要内容。

---

① 杨升南:《甲骨文中所见商代的贡纳制度》,《殷都学刊》1999 年第 2 期。

(三) 为王朝戍边

诸侯为王朝戍边主要表现于向王朝告警、为王朝人员提供食宿、作为王朝军事行动的前哨和补给点等几个方面：

> 沚馘告曰：舌方出，王自正。(《合集》6099)
>
> 甲午卜，亘，贞翌乙未昜日，王占曰：有祟，丙其有来媾。三日丙申允有来媾自东，画告曰：儿……(《合集》1075)
>
> 允有来媾自西，沓告曰：🐾、夹、方、相四邑。十三月。(《合集》6063)

这些都是边境诸侯向中央告警的报告。除负责有警卫任务外，平时诸侯还负责向王朝的使者等过往人员提供食宿：

> ……食众人于泞。(《合集》31990)
>
> 丁卯，王其军偶，其宿。(《粹》1199)
>
> 庚申卜，翌日辛，王其饔囚偶，亡尤。(《屯南》2636)

"大抵言商王在路途中食宿于族邦领地"，"沿途方国族落有义务提供过往食宿之便"。① 到战争时，则可以作为王朝的对外军事行动基地：

> 癸未卜，宾，贞马方其征。在沚。(《合集》6)
>
> 在正月，王来征人方，在攸侯喜鄙永。(《合集》136484)
>
> 在九月，王征人方。在雇。(《合集》36485)

并为王朝军队提供支援：

> 己未卜，㱿，贞缶其啬我旅。
>
> 己未卜，㱿，贞缶不啬我旅。
>
> 己未卜，㱿，贞缶其来见王。
>
> 己未卜，㱿，贞缶不其来见王。(《合集》1027)(图7—30)

---

① 宋镇豪：《商代的道路交通》，《华夏文明》第3集，北京大学出版社1992年版。

钟柏生认为："'啬我旅'，当是以'谷物供应旅众'之义"①，当是缶为王朝的军队提供后勤保障。

（四）随商王进行军事征伐

商王朝虽已经建立起常备军，但很多时候还需要诸侯军队的配合：

> 乙卯卜，㱿，贞王比望乘伐下危，受有佑。（《合集》32正）
> 贞王比沚馘伐巴方。（《合集》93反）
> 王宙而伯龟从伐□方。（《合集》6480）
> 癸卜，戍伐。右牧禽启人方，戍有戋。引吉。（《屯南》2320）

图7—30　《合集》1027

为商王提供武装力量，听命于王朝进行军事行动，是商代诸侯重要的义务之一。

诸侯对中央的义务不是单方面的，商王对外服诸侯也负有一定义务。商王朝要求诸侯单独或共同进行军事行动时，需要向方国说明理由，卜辞中有：

> 甲戌，王卜，贞禽巫九禽，禺盂方率伐西国。羿西田，晢盂方，妥余一人，余其［比］多田甾正盂方，亡尤。自上下于敭……（《合补》11242）

晢字，"是指宣告敌方的罪责而言……卜辞说'晢'某方，即向诸侯宣告某方的罪责，并昭示商王将与他们或他们中的一部分共往讨伐"②，这表明商王在要求诸侯协同出征之前，先向诸侯说明出征的理由，可谓"师出有名"。

商王朝对外服诸侯的安危也十分关注，外服诸侯遭到攻击时，商王朝要

---

① 钟柏生：《卜辞中所见殷代的军政之一》，《中国文字》新14期，1991年版。

② 李学勤：《论新出现的一片征人方卜辞》，《殷都学刊》2004年第1期。

提供军事保护，甲骨文有：

> 登人呼伐。
> 贞舌弗敦沚。（《合集》6180）

是对舌方是否攻击沚表示关注。另外，卜辞还有：

> 乙丑王……伐西国……余其比……示，余受……（《合集》36532）
> 己未王卜，贞禽［巫九禽，人方伐东］国，羿东侯，晢［人方，余其比多侯］酚戋人方，亡［尤在畎］……①

从上引卜辞可以看出，"西国"、"东国"遭到人方的攻击，而这里的"东国"、"西国"当是指东方外服地区，即当畿外诸侯遭到异族攻击时，商王朝即出兵讨伐。另外，卜辞还有：

> ［乙］亥，王卜，贞自今春至……翌，人方不大出。王占曰：吉。在二月，遘祖乙彡，隹九祀。（《合集》37852）

即关注人方是不是会大规模出动，从上引卜辞看，人方攻击对象是"东国"，所以本辞可以说明商王主动关注外服诸侯的安危②。

另外，我们看到上引卜辞中有子卬、扯戈、沚蔵、蚁妻姕、舌等向中央王朝告警的记载，王朝接到告警后，需要对方国进行支援，或对威胁到这些诸侯的方国进行讨伐：

> 辛巳卜，㱿，贞今春王宙沚蔵比伐土方，下上若，受［有佑］。（《合集》6418）
> 乙巳……
> 登人呼伐。
> 贞舌方弗敦沚。

---

① 李学勤：《论新出现的一片征人方卜辞》，《殷都学刊》2004年第1期。

② 同上。

贞勿登人呼伐舌方，弗其受有佑。(《合集》6178)

□□卜，㱿，贞舌方其至舌。

壬午卜，㸔，贞告舌方于上甲。

……于上甲。

……[告]舌方于示壬。

□□卜，㱿，贞王往次于滤。(《合集》6131 正)

贞于报乙告舌方。

舌方其至于舌。(《合集》6132)

即商王朝对于地方诸侯负有军事保护的义务。

第五节 "方国联盟说"质疑

关于商代的政治体制，多数学者认为商代是君主专制的集权王朝。但也有学者认为商代并不是真正意义上的国家，而是一个方国联盟。于省吾先生认为商朝与方国之间是阿兹特克式的军事联盟，而商王其实是军事联盟首领[1]。林沄先生做了进一步的研究，认为"甲骨文所反映的以商本土为核心的方国联盟，其实质应是城邦国家联盟"，"既不应该按封建时代君主国的模式去理解，也不应该认作为部落联盟，而是在城邦国家基础上结成的城邦国家联盟"，"商在中国历史上被作为一个王朝，实际上不过是一个方国的王朝，至多是一个较强大的方国联盟的王朝。"[2] 齐文心先生根据甲骨文中有某王、王某认为，"商朝除了继统的子姓商王之外，还存在其他的称王者"[3]，由此推论王非商王所专有的称号。葛英会先生也认为"卜辞中冠以王字的一类氏族（或部族），不仅是王族族称，而且也兼作部落王的名号"，并说："王族所代表部落组织的庞大规模，多王及多王族存在的事实，是商代后期部落组织仍旧留存于世的证据，同时也是部落联合存

---

[1] 于省吾：《从甲骨文看商代社会性质》，《东北人民大学人文科学学报》1957年第2—3期合刊。

[2] 林沄：《甲骨文中的商代方国联盟》，《古文字研究》第6辑，中华书局1981年版。

[3] 齐文心：《关于商代称王的封国君长的探讨》，《历史研究》1985年第2期。

在的证据"①。高明先生也持类似的论点,"商代社会虽已产生了世袭的王权政治,但还很不完善,氏族制的残余势力仍相当强大,实际上商王并没有完全改变原来的部落联盟酋长的地位。商王所统治的地区,实行的既不是以血缘为纽带分封的贵族政治,也不是委任官吏来管理的官僚政治,而是保持了许多原来具有相对民主的原始氏族和部落……可见,商代的王,仅仅是一些大大小小的氏族和部落军事领袖的称号,商王也不过是整个部落联盟的军事统帅,与后来专制政权的国王不同"②。如此等等。我们是不赞成上述商代社会"方国联盟"说,并认为其有不少可商榷之处。现讨论如下:

一 联盟说论据的再考订

(一) 卜辞中的"比"

林沄先生立论商代社会为方国联盟的基础是对甲骨文中"比"字的考释,认为"以上'比'字均是作动词用,是亲密联合之义……所以,象'王唯侯告比征尸'这样的句子,字面的意义只是王和侯告联合征伐尸方,在文辞中王和侯告的地位是相对等的,看不出有什么主从之别。因此,这类卜辞是证明商王在军事行动中和其他方国有联盟关系的基本依据"③。

关于比,林沄先生释"亲密联合之义"是对的④,与文献记载也相吻合,《周礼·职方氏》:"大国比小国",郑玄注:"比,犹亲也",《国语·晋语》"昔夏桀伐有施,有施人以妹喜女焉。妹喜有宠,于是乎与伊尹比而亡夏",比也是联合义。但是,如果我们联系比字在甲骨文中的具体语境,仔细加以考虑,就会发现这一用法并不能作为证明商代是城邦国家联盟的证据。在甲骨文中,比的这一用法只用于军事行动中,"王比某"的占卜并不是指占卜王一个人作为统帅去率领诸侯,而是也指商王带领军队与诸侯的军队一起行动,"比某"的侧重在于王师与诸侯军的共同行动,其中"比"字实际是指

---

① 葛英会:《殷墟卜辞中所见王族及相关问题》,《纪念北京大学考古专业三十周年论文集》,文物出版社1990年版。

② 高明:《商代卜辞中所见王与帝》,《纪念北京大学考古专业三十周年论文集》,文物出版社1990年版。

③ 林沄:《甲骨文中的商代方国联盟》,《古文字研究》第6辑,中华书局1981年版。

④ 同上。

第七章　商王朝的职官制度　551

王军与诸侯军的联合。这一点在其他卜辞表现得尤为明显：

　　□戌卜，争，贞令三族比沚𢦔伐土方，受有佑。(《合集》6438)
　　己卯卜，允，贞令多子族比犬侯扑周，叶王事。(《合集》6812)(图7—31)
　　□巳卜，争，贞令王族比虞曹，叶王事。(《怀特》71)
　　令迟以王族比曹，叶王事。六月。(《合集》14912)

这条卜辞应该也是指各族族武装与诸侯军联合，而不是指某族族长与诸侯军的关系。在这里，"比"字所体现的是各族与商王之间的亲疏关系，而不是等级关系。"比"的联合意义，并不能作为否定王与诸侯之间存在上下级不平等关系的证据。另外，这类卜辞确实反映出比者、被比者、商王之间存在由近及远的关系：

图7—31　《合集》6812

　　己亥卜，在长，贞王……亚其比叙伯伐……方，不曹戈。在十月又……(《前》2·8·5)
　　贞王令妇好比侯告伐夷。(《乙》2948)

"在所有关于这方面的刻辞中，都是商王或受商王令的王臣'比'诸侯，而无相反的例证。可见商王是这些军事行动的主导者，诸侯是处于从属的地位"。[①]

此外，卜辞中除对各方国的"比"之外，还有大量"呼"、"命"行为：

　　贞呼去伯于冥。

[①] 杨升南：《卜辞中所见诸侯对商王室的臣属关系》，《甲骨文与殷商史》，上海古籍出版社1983年版。

贞呼去伯于冥。(《合集》635 正)

王令㞢伯。(《合集》3444)

癸卯卜，宾，贞叀甫呼令沚壴羌方。(《合集》6623)

己卯卜，贞令沚馘步。七月

辛巳卜，令众御事。

癸未卜，贞今日令馘步。

……翌……令馘步。(《合集》25)

□□卜，㱿，贞令望乘……(《合集》171)

勿令周往于㠯。(《合集》4883)

贞令望乘眔舆奎虎方。十一月。(《合集》6667)

这类呼命方国诸侯执行王命的卜辞说明，商王与方国之间存在着上下级从属关系，商王朝是一种集权的立体权力结构。

(二) 卜辞中的"多王"

古代社会确实存在着多王状态，中央王朝容许少数边远地区的首领称王。如卜辞有：

丁酉卜，宾，贞叀戍粜令比戠王。

贞叀戍延令比戠王。六月。(《合集》6)

其中的戠王，当是戠地的首领。这在文献中也有证明，是事实。今本《竹书纪年》载武乙三十五年："周王季伐西落鬼戎，俘二十翟王"，"今本《竹书纪年》记周穆王："征犬戎、取其五王以东"，《后汉书·西羌传》也记载了此事："王乃西征犬戎。获其五王，遂迁戎于太原"《史记·秦本纪》："戎王使由余于秦……内史廖曰：'戎王处辟匿，未闻中国之声……'"，《史记·赵世家》："西周时，徐偃王反，周穆王日驰千里马，攻徐偃王，大破之"。这种称王实际是有严格限制的，我们看到，所有这些称王的部族都是"处辟匿"，在中原王朝的控制范围之外。这是中央王朝对于无力征服和控制的边远地区所采取的一种妥协和通融方式，这些称王的部族远离中央王朝，对中央王朝的权力系统不构成影响和妨碍。但中央王朝的势力范围之内，则不可能出现大量部族称王的现象。

甲骨文中有多王，是许多学者认为商朝是方国联盟的依据。齐文心先生对甲骨文中的某王和王某进行了分析，论定王某和某王是部族首领称王。葛英会先生和高明先生则主要根据甲骨文中的王某，认为这些即是王族又是王名的称呼表明商代保留了部族联盟。仔细分析甲骨卜辞，我们认为关于甲骨文中的多王问题，值得进一步探讨。

齐文心先生主张的王某主要有㲋王、次王和应王，㲋王可能是㲋地之君，但次王和应王则尚需探讨。甲骨文中有：

次王入。（《合集》40532）（图7—32）

次王入。（《合集》9375）

齐文心先生认为次王是次国之君，即次国首领可以称王。赵诚先生则认为次是动词："这条辞里的动词次为迎接之义，与次入之义相应"①。但细审原片，这两条都是甲尾刻辞，属于记事刻辞，所以次非动词，齐文心先生的理解是正确的，次王应该是指人而言。甲骨文次字作 、 、 、 等形，晁福林先生释敛，认为"敛字除读若唤、氾之外，用法最多的是做人名，或称'敛王'，或称'父乙敛'，与《纪年》所载吻合无间，应即小乙敛"②。其他诸家也多有考释，孙海波、李孝定诸先生释次，于省吾、张政烺诸先生释次③。次有第二、后继之义，《孙子兵法·计篇》："全国为上，破国次之"，《尚书·洪范》："初一曰五行，次二曰敬用五事，次三曰农用八政，次四曰协用五纪，次五曰建用皇极，次六曰乂用三德，次七曰明用稽疑，次八曰念用庶征，次九曰向用五福，威用六极"，皆有后续、次序之意。次字亦然，于省吾先生谓："次应读作延"④，赵诚先生认为次字有延续之意⑤。所以上引二辞中的次王或者即是对嗣王的称呼，武丁时曾立孝己为太

图7—32　《合集》40532

---

① 赵诚：《甲骨文行为动词探索》，《古文字研究》第17辑，中华书局1989年版。
② 晁福林：《殷墟卜辞中的商王名号与商代王权》，《历史研究》1986年第5期。
③ 于省吾主编：《甲骨文字诂林》，中华书局1996年版，第382—388页。
④ 于省吾：《甲骨文字释林·释次、盗》，中华书局1979年版。
⑤ 赵诚：《甲骨文简明词典》，中华书局1988年版，第362页。

子，《荀子·性恶》："曾、骞、孝己独厚于孝之实，而全于孝之名"，"天非私曾、骞、孝己"，杨倞注："孝己，殷高宗之太子"，甲骨文中复有小王的称呼：

癸未卜，□侑小王。（《合集》5029）
□□卜，王，贞凡小王。（《合集》20021）
戊午卜，勺侑小王。（《合集》20022）
小王父己。（《合集》28278）
己丑子卜，小王宣田夫。（《合集》21546）（图7—33）

图7—33 《合集》21546

卜辞中的小王指的就是孝己[①]。所以次王有可能指商王的嗣王而言。无论次王为小乙敛或商王的嗣王，都是退位的商王或未即位的商王，实际都是对商王的称呼，而非方国首领称王。

甲骨文中有：

贞宙应王墨。（《合集》18218）
丙午卜，㞢，贞令喑墨应王。（《合集》18219）
贞宙应王墨。七月。（《合集》18220）

齐文心先生认为应王为应国之君。墨字形，无释。但甲骨文中有字，郭沫若先生认为是城塞之塞[②]，字从，当是城塞之形，字从手从，当是作之意，字当是筑城之意。所以上引卜辞当是商王命令在应地筑城。此外，甲骨文有：

丙辰……王其令墨荣于裕东。（《怀特》1648）
贞王令㞢今秋……舟墨乃莫。（《合集》32854）
贞王令㞢今［秋……舟墨］乃莫。（《合集》32855）

[①] 于省吾：《甲骨文字释林》，中华书局1979年版，第45页。
[②] 郭沫若：《卜辞通纂》，附一第10片考释，科学出版社1983年版。

当是王命令在荣地和乃奠地筑城。因此上引诸辞的句读应为：

贞甫应，王壨。（《合集》18218）
丙午卜，㱿，贞令㳑壨应，王。（《合集》18219）
贞甫应，王壨（《合集》18220）

即实际是商王朝在应地占卜的记录。另外，从卜辞也可以看出，应地并非与商相去甚远：

庚寅卜，在㠱，贞王步于应，亡灾。（《合集》36956）
戊戌卜，宾，贞㠯取□㐁于应执。《合集》5854）

丁山先生认为应即古应国[①]，古应国或说在山西长子一带，或说在河南平顶山地区，正处于商王朝政治疆域的边缘，尚在商王朝势力所及的范围内，容许其首领称王的可能性不大。

从以上讨论可以看出，商代称某王的可能存在，但数量很少，而且分布于商王朝的外部边远地区，对于整个商王朝的权力结构和社会性质并不构成影响。

关于甲骨文中的王某问题，我们认为葛英会先生认为是王族名称的解释是有道理的，即甲骨文中的王某，实际上王族之人，如：

癸亥卜，王戈受年。十二月。（《合集》8984）

"'王戈'或应理解为王族戈"[②]。但葛英会先生根据甲骨文中存在人名、族名、地名三位一体现象推论王某同时又是部落王的名号，则可信度不强。在葛先生所举例中有：

王戈——子戈　　　王㱿——子㱿　　　王邑——邑子

[①] 丁山：《甲骨文所见氏族及其制度》，中华书局1956年版。
[②] 沈长云：《说殷墟卜辞中的"王族"》，《殷都学刊》1998年第1期。

王兢——子兢　　　王侯——子侯　　　王𢀛——子𢀛
王微——子微　　　王豐——子豐　　　王𢎵——𢎵

葛先生认为上述都是族名，是王族分化为子族的现象，而王族名称又兼做部落王的称号。我们认为：

首先，"'王'、'子'都不是族的专有名号，是一种身份"①，尤其是王某的王字，更多是表示一种归属，表明其人与商王同宗或同族，如王雀、王戈等系商王的宗亲或同姓贵族，或者属于商王甚至带有所有格的性质，如王臣、王刍等。

其次，是子某未必皆是族名，子指商王诸子②，并不单纯指有家族的子，许多尚未从王族独立出来的子也称子。所以，子某与王某并称，正说明其属于王族或原本属于王族，称王某只是说明其与王具有血缘关系，属于同族同宗，而不是其可以称王。

另外，甲骨文中也可能确实有称王某但与商王没有血缘关系的族，但王在征服这些部族后，把他们置于直接控制之下，也可以称王某，这时王字的所有格性质十分明显。

综上所述，商代可能存在有其他部族首领称王的情况，但绝不是大面积和普遍的，而只是在商王朝无法控制的边远地区的一些实力较大的部族首领称王，他们与商王朝形成一种松散的关系，并不影响商王朝的权力结构和国家体制。

所以依据商代存在其他部族首领称王而论证商王朝为方国联盟体制是没有说服力的。

二　商王与诸侯的关系

商王以天下共主自居，卜辞中还有：

己巳王卜，贞［今］岁商受［年］。王占曰：吉。
东土受年。
南土受年。吉。

---

① 朱凤瀚：《商周家族形态研究》，天津古籍出版社2004年版，第28页。
② 同上书，第50页。

西土受年。吉。
北土受年。吉。(《合集》36975)(图 7—34)
南方。
西方。
北方。
东方。
商。(《屯南》1126)

商与四方、四土相对，居于中心的地位，而且把四土作为关注的对象，即商王以天下之主的身份对全国事务进行占卜。这在文献中也有反映，《诗经·商颂·殷武》："商邑翼翼，四方之极"，《诗经·商颂·玄鸟》："古帝命武汤，正域彼四方"，《尚书·微子》："殷其弗或乱正四方"，把商作为天下的中心和管理者。

图 7—34　《合集》36975

商人自任天下之主的观念，不仅仅是商人自己的观点，而且得到四方诸侯的承认。周人在其文诰中屡屡提及对商的共主地位的承认：

> 在昔，殷先哲王迪畏天显小民，经德秉哲。自成汤咸至于帝乙，成王畏相惟御事，厥棐有恭，不敢自暇自逸，矧曰其敢崇饮？(《尚书·酒诰》)
> 昔在殷王中宗，严恭寅畏，天命自度，治民祗惧，不敢荒宁。(《尚书·无逸》)

作为对抗中的胜利者，周明确承认商人曾是天命所归的正统，可见商人天下共主的地位得到了当时周围方国的认同。

(一) 商王对诸侯的权力

与商王这种天下共主的身份相适应，商王在政治、经济、军事等方面对诸侯拥有一定的支配权。

在政治上，商王对诸侯具有领导、监督和惩罚的权力。《史记·殷本纪》载成汤建国之后，劝诫诸侯，"毋不有功于民，勤力迺事"，如果违反，则予以惩罚，"予乃大罚殛女，毋予怨"，甚至可以剥夺其对本国的领导权，"不道，毋之在国，女毋我怨"。《尚书·盘庚》中受到训诫的"邦伯师长百执事之人"中的邦伯，当指在王朝供职的方国首领和外服诸侯而言，这些归服方国的首领和诸侯与商王朝的内服职官一样，"用德彰厥善，用罪伐厥死"，受到商王的赏罚。盘庚向邦伯、师长和百执事之人商量，说明邦伯之类外服诸侯在商王朝的事务中起到重要的作用，商王可以对方国首领和诸侯施以赏罚，则表明商王与诸侯之间存在着上下级关系，并非松散的平等的联盟。

因为拥有至高无上的政治地位，是天下共主，所以商王拥有在各诸侯国自由行动的权力。甲骨文有：

贞今日勿步于奠。（《合集》7876）
贞王步于轡。（《合集》33148）
己巳卜，在危，贞今日步于攸，亡灾。在十月又二。（《合集》36825）
庚辰，王卜，在危，贞今日步于叉，亡灾。
辛巳，王卜，在叉，贞今日步于沚，亡灾。（《英藏》2562 正）

"步"，《说文》："行也"，"王步于诸侯国，可能是一种巡视性质的活动……王通过在诸侯国内的巡视，达到'光帝典'的作用。这是他统治整个国家的象征"[①]。上述卜辞中的轡、危、沚等皆是归服于商的方国，商王能在归服方国内自由巡视，说明商王的政治共主地位不仅是名义上的，而且是行动上的。商王还可以在诸侯国内进行祭祀和占卜等活动：

丙申卜，行，贞王宾伐十人，亡尤。在师㱃卜。（《合集》22606）
贞无尤。在十二月。在沚卜。（《合集》24349）
丁卯卜，王。在沚卜。（《合集》24351）
甲申卜，行，贞今夕亡囚。在剌卜。（《合集》24367）
虫在㯱卜。（《合集》28962）
戊辰卜，尹，贞王其田，亡灾。在正月。在危卜。（《英藏》2042）

---

① 杨升南：《卜辞中所见诸侯对商王室的臣属关系》，《甲骨文与殷商史》，上海古籍出版社 1983 年版。

上引卜辞中的沚、剌、聓、危等也是归服方国，商人在这些地区占卜，说明商王具有在这些方国活动的自由。除在这些方国活动外，商王还可以代诸侯国处理某些事情。甲骨文有：

> 其烄于周。(《合集》30793)
> 于何烄，雨。(《合集》30790)
> 于鉴烄。(《合集》30792)

烄是焚人以求雨的祭祀方式。从"其烄于周"看，是商王派人到周地进行烄祭以求雨，这种行为当是商王以天下共主身份，为周人而举行的祭祀和祈雨活动。

对于不听命于王朝的诸侯，商王则动用军事力量进行惩罚。甲骨文有：

> 甲辰……王雀弗其获侯任。在方。(《怀特》434)
> 甲辰卜，雀戈𦥑侯。(《合集》33071)(图7—35)
> 戊□卜，令雀伐𦥑侯(《合集》33072)

侯任、𦥑侯当是商王朝的外服官，因为未服王命，所以受王朝大臣雀的征伐。同类的记载还有：

> 贞旨弗其伐㫃伯。(《合集》6827正)
> 壬寅卜，扶，命刖又伯。(《库》208)

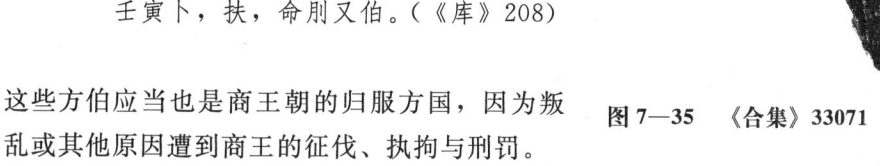

这些方伯应当也是商王朝的归服方国，因为叛乱或其他原因遭到商王的征伐、执拘与刑罚。

图7—35 《合集》33071

商王朝不仅与诸侯建立了政治上的属从关系，而且商王在这些方国内具有具体的经济利益。卜辞中有大量关于农业生产情况的占卜，据张秉权先生统计，商王所关注的这些农业生产地，分布于广大的区域内，"殷代农业区域的分布，东至今山东临淄县境，西至今陕西兴平县境，南至江苏睢宁县境，北至山西垣曲县境，大约包括现在的河南、陕西、山西、山东、江苏、安徽等六省之地，这只是最低限度的估计，实际上，无法考知的地名，比较可以考知的地名，还要多出二倍有余①。"商王对如此广大地域内的农业生产点予以关注，绝不只是形式与名义上的附属关系的表现，而是与商王朝的实际利益联系在一起，各地诸侯需要向中央交纳贡品，其收成直接关系到商王的经济利益。

此外，商王是全国土地名义上的拥有者，甲骨文有：

贞呼亶归田。（《合集》9504）
令望乘先归田。（《合集》39963）

"亶是贵族，望乘是一员武将，甲骨文常见商王命他去征讨下危。他有土地，卜辞中有'望乘邑'（《合集》7071）。其田邑之所有权在商王，故卜辞有令其'归田'的占卜"，亶是商王朝的贵族，望乘是归服国的首领，其土地的所有权都属于商王，商王可以命令他们"归田"，可见商王是名义上的土地所有者。商王还可以到诸侯国内占取土地：

□子，贞于□方袤田。（《合集》33211）
癸卯卜，由贞王于黍侯受黍年。十三月。（《合集》9934 正）
……王令……袤田于龙。（《合集》33212）

"由上引证的甲骨卜辞可知，商王可到他所控制的领土范围内任何地方垦土造田，建立王室田庄"②。可见商王对诸侯国的土地拥有名义上的占有权，并有一定实际的支配权。

商王还可以在诸侯国内进行打猎：

戊子卜，宾，贞王往逐䖵于沚，亡灾。（《续存》下 166）
己卯卜，行，贞王其田，亡灾。在杞卜。（《后》上 13·1）
贞在攸田武其来告。（《乙》7746）

---

① 张秉权：《甲骨文与甲骨学》，国立编译馆 1988 年版，第 449 页。
② 杨升南：《商代经济史》，贵州人民出版社 1992 年版，第 59 页。

戊王其田卢不遘小雨。(《佚》72)
雀田于占。十一月。(《铁》191·2)

古代的田猎在具有经济、游玩性质的同时，也具有军事训练的意义。所以，商王对诸侯国的权力是十分宽泛的，对诸侯的控制也十分严密。

商王朝在军事上对诸侯也具有干涉权。在商王朝需要扩展兵员时，可以向诸侯征集人员：

辛未卜，㱿，贞我共人乞在黍，不鲁，受……(《合集》795)
多射共人于皿。(《合集》5742)
甲申卜，㱿，贞呼妇好先共人于庞。(《合集》7283)
乙酉卜，争，贞呼妇好先共人于庞。(《合集》7288)
令共东土人。(《合集》7308)

共，林小安先生释裒，有聚敛义[①]，在此为征集人力，其中的"东土人"当指东部诸侯或方国之人。战时，商王则有权调集诸侯军队出征：

呼比丹伯。
勿呼此丹伯。(《合集》716 正)
庚午卜，争，贞王由易伯肾。(《合集》7410)
王叀侯告此。(《合集》891)

诸侯军队成为商王朝开拓疆土和维护王权的重要力量。

(二) 诸侯对商王的义务

诸侯对商王的义务，我们在上节已经讨论过。诸侯需要为王朝服役、向王朝进贡、为王朝戍边，随王朝征伐，体现了一种上下级从属关系。

另外，甲骨文中记载的诸侯与商王之间的往来关系，也可以说明商王在王朝与诸侯的关系中处于中心地位。《诗·商颂·殷武》："天命多辟，设都于禹之绩。岁事来辟，勿予祸适，稼穑匪解。"可见商人领土中有许多方国，

---

① 林小安：《殷墟卜辞从字考辨》，《尽心集——张政烺先生八十庆寿论文集》，中国社会科学出版社 1996 年版。

需要定期朝觐商王。这里朝觐的频率是每岁来朝，与周人的三岁一朝不同，当是商人的制度。从“勿予祸适”看，如果不定期来朝觐，诸侯则要受到商王的责罚，表现出强烈的上下关系。除常规的朝觐外，王朝还可以根据需要命令诸侯来见。卜辞中多有“其来”占辞：

> 戊寅卜，㱿，贞雷其来。
> 戊寅卜，㱿，贞沚㦰其来。
> 贞㦰不其来。
> 贞雷不其来。（《合集》3946正）

此辞是对沚㦰、雷等诸侯的来朝与否加以占卜，显然不可能是在测度这些官员自身的行为，而是王朝遇到某些问题，需要这些官员来王都，此处的“来”应是“使来”的意思。这种“使来”需要通过占卜决定，所以应当不是常规的觐见。这当是在常规职务外，由王朝临时委派的任务。另外，卜辞中还有令归的卜辞：

> 贞令沚㦰归。
> 贞勿令沚㦰归。（《合集》3948）
> 贞令蒙归。（《合集》3289正）
> 贞令蒙侯归。（《合集》3294）
> 辛卯卜，争，贞勿令望乘先归。九月。（《合集》7488）
> 乙亥卜，永，贞令戉来归。三月。（《合集》4268）

这里的归，或是让诸侯回到自己的领地，或是让诸侯回归王都，都是通过占卜决定，完全取决于商王的意志，商王处于绝对的中心地位。

（三）文化影响与商王朝的实力

从甲骨文和考古资料可以看出，商文化的分布和影响范围很大，宋新潮先生根据考古文化分析认为“考古学中的‘商文化中心区’在政治上无疑是商王直接统治的‘大邑商’范围，它大体包括今天行政区划的河南省大部、山西省南部、河北省北部以及山东省西南的一部分地区”[①]，这一地区是商王

① 宋新潮：《殷商文化区域研究》，陕西人民出版社1992年版，第218页。

朝可以直接控制的政治疆域。

商人在北方的势力范围很广,直到河北东北部都有商人建立的封国。甲骨文中有卜竹:

取竹刍于丘。(《合集》108)
壬辰卜,扶,令竹□。(《合集》20230)
竹入十。(《合集》902反)
己亥卜,贞竹来以召方于大乙束。(《屯南》1116)
己酉卜,竹有晋允。(《英藏》1822)
竹侯。(《合集》3324)(图7—36)

图7—36 《合集》3324

竹即孤竹国,在今河北迁安、卢龙一带,是商王朝在北土的封国。① 竹国之长在王朝任卜官:

丙午卜,贞矣,卜竹曰:其㞢于丁牢,王曰:弜疇,翌丁卯率若。八月。(《合集》23805)

即竹作为神职人员在王朝服务。另外,卜辞中有子竹:

子竹犬。(《合集》22045)

所以竹可能为商王的同族。《史记·正义》引《括地志》云:"孤竹故城在平州卢龙县南十二里,殷时诸侯孤竹国也,姓墨胎氏",墨胎氏,即目夷氏,子姓。② 即商王分封子弟到河北东北部,建立了孤竹国,则商人的政治势力达到河北东北部。辽宁喀佐等地出土的商式铜器说明,这一范围是

---

① 李学勤:《试论孤竹》,《社会科学战线》1983年第2期。
② 参见陈平《燕史纪事编年会按》,北京大学出版社1995年版,第49—50页。

可信的。

商人在南方走得更远。甲骨文中有：

乙未卜，贞立事于南，右比我，中比舆，左比曾。十二月。（《合集》5512）

舆、曾皆是商人在湖北境内建立的封国[①]。考古发现的商代遗址位置更往南，湖北盘龙城商城和江西清江吴城遗址等商代考古文化，其主体文化特征与中原相同，有学者甚至迳以为其为商文化。

由于西方受太行山阻挡、东方受势力较强的东夷的阻挡，商王朝在东、西两个方向拓展的幅度比在南北方向上的幅度要小。在山东青州苏屯埠、淄博桓台史家遗址也都发现了商文化的遗址，西方大型遗址发现较少，但也发现了不少商代的礼器等遗物。

大范围内的商代考古文化大都具有一个特征，即上层统治文化与中原地区高度一致，这在青铜礼器上表现得十分充分。商时期，许多边疆地区都有商中心区风格铜器出现，如山西石楼、陕西绥德、湖南宁乡、醴陵、常宁等地都出土一批与殷墟相同的青铜器山东青州的苏埠屯遗址的礼乐之器完全商王朝化了。湖北黄陂盘龙城遗址是城垣、宫殿的风格与营造方式，占卜甲骨及钻凿形态，青铜礼器的器类、器型、花纹及礼器组合等与殷墟极为相似[②]。绥德、苏屯埠、盘龙城、吴城等边远地区的礼器几乎承袭了中原文化的全部特征。

首先，我们看一下商代考古文化的范围，绥德与安阳的直线距离约400公里，苏埠屯、桓台史家也约400公里，盘龙城与安阳的直线距离超过600公里，清江吴城和新干大洋洲与安阳的直线距离则在1000公里左右，即商文化在如此广阔的范围保持了基本一致的上层统治文化。文化在传播过程中会发生变异，如果商王朝只是一个实力不大的中央方国，与上述地区之间间隔着众多独立"联盟方国"，那么当文化经过多个方国的转传之后，必然会发生变化，不可能在上千公里以外的地方出现与之高度相同的文化，而现实

[①] 李学勤：《盘龙城与商朝的南土》，《新出土青铜器研究》，文物出版社1990年版。
[②] 湖北博物馆、北京大学考古专业盘龙城发掘队：《盘龙城一九七四年度田野考古纪要》，《文物》1976年第2期。

是在距离安阳上千里处，出现了几乎与殷墟完全一致的上层文化。在如此之远的距离上实现文化的完整传播，必然需要有一个强大的文化原动力，才能保证文化的直接传播。如果商王朝只是平行的方国联盟，商文化需要通过层层方国传到武汉、吴城一带，这种影响可能会存在，但文化特征不会保持得那么完整和明显。

所以，从商文化的分布范围和完整性看，商是一个具有强大实力的中央王朝，对广大地域实行着有效的控制，而不是一个松散的方国联盟。

（四）从商周交替中的共主现象说起

商人自任天下之主的观念，不仅仅是商人自己的观点，而且得到了四方诸侯的承认。原为商服国，后取代商朝的周人在其文诰中屡屡提及对商的共主地位的承认，认为商朝是天命所归的中央王朝：

> 在昔，殷先哲王迪畏天显小民，经德秉哲。（《尚书·酒诰》）
> 有殷受天命，惟有历年。（《尚书·召诰》）
> 乃惟成汤克以尔多方简，代夏作民主。（《尚书·多方》）
> 乃命尔先祖成汤革夏，俊民甸四方。自成汤至于帝乙，罔不明德恤祀。亦惟天丕建，保乂有殷，殷王亦罔敢失帝，罔不配天其泽。（《尚书·多士》）
> 率惟兹有陈，保乂有殷，故殷礼陟配天，多历年所。（《尚书·君奭》）

同时，周人也承认自己所获得中央政权是对商王朝原有地位的继承：

> 惟不敬厥德，乃早坠厥命。今王嗣受厥命，我亦惟兹二国命，嗣若功。（《尚书·召诰》）
> 天惟式教我用休，简畀殷命，尹尔多方。（《尚书·多方》）
> 非我小国敢弋殷命。惟天不畀允罔固乱，弼我，我其敢求位？（《尚书·多士》）
> 文王蔑德降于国人。亦惟纯佑秉德，迪知天威，乃惟时昭文王迪见冒，闻于上帝。惟时受有殷命哉。（《尚书·君奭》）

作为取代商朝的胜利者，周人明确承认商人曾是天命所归的正统，而周人的政权是夺自商人之手，是对商人天命的继承。周人对商人的这一认同在《尚书·无逸》中表现得更为明显，《无逸》是周公劝诫成王不可淫逸的文诰，其中有：

> 昔在殷王中宗，严恭寅畏，天命自度，治民祗惧，不敢荒宁。肆中宗之享国七十有五年。其在高宗，时旧劳于外，爱暨小人。作其即位，乃或亮阴，三年不言。其惟不言，言乃雍。不敢荒宁，嘉靖殷邦。至于小大，无时或怨。肆高宗之享国五十有九年。其在祖甲，不义惟王，旧为小人。作其即位，爱知小人之依，能保惠于庶民，不敢侮鳏寡。肆祖甲之享国三十有三年……自殷王中宗及高宗及祖甲及我周文王，兹四人迪哲。（《尚书·无逸》）

周人在论政的过程中对商代先祖也称颂有加，甚至将商人祖先中宗、高宗、祖甲与文王并列为"四哲"，可见对商朝的认同并不只是一种抚柔商人权宜之计，而是周人实际的认识与态度。周人对商人的这种认同与融纳几乎持续于整个周代，《左传》僖公二十四年："宋，先代之后也，于周为客"，依然承认宋为先代之后。齐《叔夷镈》："虩虩成唐，有严在帝所，敷受天命，翦伐夏祀，败乃灵师，佳小臣佳辅，咸有九州，处禹之堵"，商人后裔依然追颂其祖先配祭上帝的功勋，而配祭上帝是王所特有的祭祀规格。即直到春秋时期，商人曾经为天下之王的事实依然被认同。可见商王朝天下共主的地位得到了当时周围方国的认同。

尤为明显的是，周人称商人所居地区为"中国"，而称自己居住的地区为西土，完全以商人的视角定义当时的天下区划。

1963年陕西宝鸡出土的"何尊"铭曰：

> 惟王初迁宅于成周……惟珷王既克大邑商，则廷告于天曰：余其宅兹中或（国），自之辥（乂）民……惟王

图 7—37　《何尊》铭文

（采自《殷周金文集成》6014）

五祀。（图7—37）

以中国指商人居地。① 文献中也有类似的记载：

> 文王曰：咨女殷商，女炰烋于中国，敛怨以德。不明尔德，时无背无侧。尔德不明，以无陪无卿……文王曰咨，咨女殷商。如蜩如螗，如沸如羹。小大近丧，人尚乎由行。内奰于中国，覃及鬼方。（《诗经·大雅·荡》）
> 王来绍上帝，自服于土中。（《尚书·召诰》）

以上之中国一指殷商居地，一指洛邑，皆是商人王畿区内。即使在西周初年，周人所说的中国皆指商人居地，而自指时则曰"西土"：

> 逖矣，西土之人……弗迓克奔，以役于西土。（《尚书·牧誓》）
> 用肇造我区夏，越我一二邦，以修我西土。（《尚书·康诰》）
> 乃穆考文王，肇国在西土……我西土棐徂，邦君御事小子尚克用文王教，不腆于酒，故我至于今，克受殷之命。（《尚书·酒诰》）
> 用肇造我区夏，越我一二邦，以修我西土。（《尚书·康诰》）
> 有大艰于西土，西土人亦不静，越兹蠢。殷小腆诞敢纪其叙。（《尚书·大诰》）

周人以"西土"自居，只有提到商人的土地与人民时才用中国的称呼，如《康诰》最后：

> 皇天既付中国民越厥疆土于先王，肆王惟德用，和怿先后为迷民，用怿先王受命。

即是把周所占领的商人土地称中国，周人其实是以商人为中心而定义方位的，将商王所在的地方称中国。当周代商立国后，才以中央王朝自居，逐渐把中国的称呼扩大到周人的所居地区。

---

① 参见于省吾《释中国》，《中华学术论集》，中华书局1981年版。

另外，从周朝初建的政治形势也可以证明历史上的商王朝不是方国联盟，而是集权国家。

武王克商的战争进展非常顺利，几乎是牧野一战而克，周人在实际上只是攻占了商都及其周围地区，其控制范围只限在今河南中、南部。这相对于殷商王朝末期的疆域而言，只是王畿的一部分而已。但是，周朝却继承了商王朝所有的政治遗产，不仅领有原来商王朝的疆域，而且还继承了原来各地部族对商王朝的归服关系，《左传》昭公九年："及武王克商，蒲姑、商奄，吾东土也；巴、濮、楚、邓，吾南土也；肃慎、燕亳，吾北土也"，这一范围正是商王朝的政治疆域[①]。原来属于商人的外服，也处于周王朝的附属地位，《逸周书·世俘》："武王成辟四方，通殷命有国"，朱右曾注："武王既归，成天下君，乃颁克殷之命于列邦"，武王命人将代殷而立的事实向天下诸侯通告，同时要求原商人的诸侯向周人服职贡，《国语·鲁语下》："昔武王克商，通道于九夷百蛮，使各以其方贿来贡，使无忘职业。"《逸周书·度邑》："维王克殷，国君诸侯，乃微厥献民九牧之师，见王于殷郊。"《逸周书·大匡》："惟十有三祀，王在管。管叔自作殷之监，东隅之侯咸受赐于王。王乃旅之以上。陈诰用《大匡》"，朱右曾注："孔曰：东隅，自殷以东；旅谒，各使陈其政事。愚谓东诸侯被纣化久，故训以正之，咸与维新也"，可见周人取代商人政权而成为天下共主的事实已经得到了诸侯的承认。而周武王更在实际控制的地区进行了分封，《史记·周本纪》："（武王）于是封功臣谋士，而师尚父为首封。封尚父于营丘，曰齐。封弟周公旦于曲阜，曰鲁。封召公奭于燕。"鲁、齐、燕皆在商王朝政治疆域的边缘，周人的实际控制范围尚未达到这些地区，能在这些地区分封，说明至少在名义上周王朝拥有对这些地区的占有权。周人代替商人成为天下共主，即可以在实力所不能控制的地区行使指令，说明天下共主的地位不是一种虚名，而是一种实际权力。

商周之际，国家文明已经进入相对成熟时期，商王朝已经是结构严密的国家政权，而不是松散的方国联盟。商周之争已经不是平等的部落联盟之间的战争，而是以下代上的政权交替。周人继承了商人天下共主的地位，也继承了天下共主的疆域与政权权力。如果商王朝只是方国联盟，那么周人代商

[①] 宋镇豪：《论商代的政治地理架构》，《中国社会科学院历史研究所学刊》，社会科学文献出版社 2001 年版。

所取得的也只是共主的名号，而政治实体则依然是一种松散的方国联盟，要想在实际控制能力达不到的地域行使政治权力，是不可能的。周人甫克商，即出现天下皆来朝武王的局面，说明中央王朝的共主地位已是当时的共识了。

我们在上面的章节已经做过分析，周人对商文化的继承是明显的，作为胜利者，周人承认并推崇商文化，这说明商的中央王朝地位是确实存在的。

商代并不是方国联盟，而是一个专制王权国家。商代已经建立了内外服制，并成为国家的统治方式。只是由于商人的内外服是根据需要随着疆域开拓逐渐建立起来的，内外服制尚不完善，但内外服制的最基本结构和特征已经形成。后世由内外服制发展出的五服制与九服制，其实是将内外服制理想化。在这种理想状态下，将内服原有的王畿、畿边、畿外以及内建诸侯和归服方国及其亲疏不同的层次理想化，抛开地形、王朝力量分布不均、各地方国亲疏不同等差异，统一按与王都的空间距离规划，实现一种理想状态的国家结构，这是根据现实进行的一种规划和理想化，而不是对现实的描述。五服制和九服制是内外服制的理论化，但这的确是以现实情况为蓝本的。

第八章

商王朝的法律制度

第一节 "汤刑"与"汤法"

法律是国家政治制度的重要方面，是维护国家正常秩序和运作的保障。商代已经建成了较完备的法律，后世文献对于商人法律的记载较多，《诗经·大雅·荡》："匪上帝不时，殷不用旧。虽无老成人，尚有典刑"，《集传》："典刑，旧法也"，《通释》："《尔雅·释诂》：'刑，常也。'郑笺：训为典法者，法亦常也"，即商人就已经建立起固定的法律。商人注重利用法律维护自己的统治，《礼记·表记》："殷人尊神，率民以事神，先鬼而后礼，先罚而后赏。"《荀子·正名》称"刑名从商"，即后世的法律术语是由商人建立的，可见商人的法律已经比较完备，对后世有深远的影响。

一 商代法律沿革

商人建国之初即已经制定法律，《左传》昭公六年："商有乱政，而作汤刑"，《吕氏春秋·孝行》引《商书》也说："刑三百，罪莫重于不孝"，高诱注："商汤所制法也。"商汤所制之法，成为商人的行为准则，《史记·殷本纪》："帝太甲元年，伊尹作《伊训》、作《肆命》、作《徂后》"，集解引郑玄："《肆命》者，陈政教所当为也，《徂后》者，言汤之法度也"，即伊尹对汤所制定的法律进行了解释。对于不遵从汤法者，则要进行惩罚，《孟子·万章》："太甲颠覆汤之《典刑》，伊尹放之于桐"，《史记·殷本纪》："帝太甲既立三年，暴虐，不遵汤法，乱德，于是伊尹放之于桐宫"，伊尹借助汤法的原则，以商汤法律维护者的身份，对破坏商汤之法的太甲进行了惩罚。

盘庚时曾重申商汤之法，《尚书·盘庚上》："盘庚敩于民，由乃在位，以常旧服，正法度"，即通过法律的强制性以实现迁都的目的。

经过数百年，社会状况发生了重大变化，原先的汤刑已经不能满足社会的需要，祖甲时对法律进行了改革。今本《竹书纪年》说："祖甲，二十四年，重作汤刑"，可能是祖甲时代对汤刑进行了补充和修订[①]。沈约注："繁刑以携远，殷道复衰"，雷学淇曰："汤之刑，仅三百而已，甲以为轻而增益之"，即祖甲时期对法律进行了修订，使法律更加细化，处罚也有所加重。

到殷末，商王朝对法律进行了进一步修整，法律更加严酷。《尚书·西伯戡黎》称纣王："不虞天性，不迪率典"，蔡注云："典，常法也"，《诗经·大雅·荡》："匪上帝不时，殷不用旧。虽无老成人，尚有典刑。曾是莫听，大命以倾。"指出殷末不仅在用人制度上不再重用旧贵族，而且在法律制度上也抛弃了旧有的法典。《荀子·议兵》称"纣为炮烙刑，杀戮无时，臣下懔然，莫必其命"，《史记·殷本纪》言"百姓怨望而诸侯有畔者，于是纣乃重刑辟，有炮格之法"，可见，殷末时帝辛的确对法律进行了改革。而根据《史记·殷本纪》等书记载的帝辛"为炮烙之刑"推断，可能帝辛时期是为了加强统治而进行法律改革，加重了惩罚的力度，增加了严酷的刑罚，由于其在用人制度和法律制度上都作了大幅度调整，引起畿内贵族和外服诸侯的不满，对于这种改革所持的态度也是否认的，《尚书·立政》称"其在受（纣）德昏德，惟羞刑暴德之人同于厥邦，乃惟庶习逸德之人同于厥政"。

二 商代法律的神权依据与施行

（一）法律的神权来源

以神权神化王权是权力集中的重要形式之一。强制性的法律更需要合理性，而神授是法律来源的基本依据。从夏启开始，就已经出现"受命于天"的思想，而对反对势力进行惩罚的理由，也是"天用剿绝其命"，"恭行天之罚"。商人进一步发展了夏人的理论，天命成为政权的来源，《尚书·召诰》载"有殷受天命"，《诗·商颂·玄鸟》亦称："天命玄鸟，降而生商"，《诗·商颂·长发》也说："有娀方将，帝立子生商"。对于"天命殛之"的罪人，商王也打出"致天之罚"的旗帜，宣称"先王有服，恪谨天命"[②]。《墨子·非乐》引汤之《官刑》："曰：'上帝弗常，九有以亡；上帝不顺，降

---

① 彭邦炯：《商史探微》，重庆出版社1985年版，第104页。
② 《尚书·商书·盘庚上》。

之百殃'"①，而《尚书·盘庚》更直接说："失于政，陈于兹，高后丕乃崇降罪疾"，"有乱政同位，具乃贝玉，乃祖乃父丕告我高后曰：'作丕刑于朕孙。'迪高后丕乃降弗祥"，"故有爽德，自上罚汝，汝罔能迪"，惩罚并非单纯依据在现实社会中的违法行为，而是同时以这种行为遭到上帝或祖先的责罚为前提，即法律是执行神灵的意志，是以神的名义施行的。另外，甲骨文中也有关于行使法律的记载：

丁酉卜，殻，贞□执屯。(《合集》826)
贞执屯，王占曰：执。(《合集》697反)

执作，"意为追捕之称"②，即在抓捕屯之前先占卜，确定神意之后再付诸行动。甲骨文还有：

丁巳卜，亘，贞刖，若。(《合集》6000)
庚辰卜，王，朕剢羌，不嵆死。(《合集》525)

对是否执行刑罚进行占卜询问，表现出神灵意志在法律决断中的作用。

(二) 法律的施行

1. 抓捕

在现实当中，商王朝也建立了有效维护统治的法律实践体系。甲骨文中有许多与抓捕有关的记录，甲骨文中有""""、""、""、""、""、""、""等形，隶作夆、幸、执等，学者对此多有考释③，大多认为其意主要与抓捕有关。""、""，隶作夆，学者大多认为是古代的桔，"夆，卜辞作，象手械，即拳字，盖加于俘虏之刑具也"④，孙海波认为："像刑具以桔人两手"⑤，张秉权也认为："夆的字形象原始的刑具手铐。"朱芳圃先生的考释较为详细全面，字，"王襄释夆，叶玉森谓'像桔形'，按王说非，叶说是

---

① 孙诒让《墨子间诂》以此段或为《大誓》之文。
② 胡厚宣：《甲骨文所见殷代的反压迫斗争》，《考古学报》1966年第1期。
③ 参见于省吾主编《甲骨文字诂林》，中华书局1999年版，第2575—2599页。
④ 董作宾：《殷历谱下编卷九》，(中国台湾)台北艺文印书馆影印本1964年版，第38页。
⑤ 孙海波：《甲骨文编》，中华书局影印本1965年版，第424页。

也。《说文·木部》：'梏，手械也。所以告天。从木，告声'，殷墟出土陶俑有作左揭形者，像人械其两手。❀为正面形，其侧面作❀，中有二孔，以容两手，上下用绳束之，上绳系于颈，下绳系于腰。字形与实物，恰恰为形影相应"，❀字，"从，从止，当为桎之初文。《说文·木部》：'桎，足械也。'所以质地，从木，至声"，❀字，"从，从口，口者像首形，革、黄诸字比从此作，是其证也。当为枷之初文……按枷，颈械也"，释❀字，"当为拲之初文，《说文·手部》：'拲，两手同械也。从手，从共，共亦声，《周礼》：'上皋梏拲而桎'，❀，拲或从木'按❀像其体，❀言其用。为械其两手之刑具，因之，用以❀械两手为❀。"① 另外，甲骨文中还有"❀"、"❀"字，于省吾先生认为"像拘其首于笼内"②，齐文心先生认为是"执"字的或体，"从甲骨文中'执'字的或体❀（山东省博物馆藏）可以看到使用这种刑具的残酷性，奴隶的头被夹在项枷内，手被拲在手梏中，引颈躬身，受尽折磨"③。根据甲骨文资料，商代已经出现了梏、桎、枷等束缚手、足、颈的专门的拘押刑具，《汉书·高帝纪》："关三木"，颜注："三木在颈及手足"，即枷、梏、桎，而这三种刑具，在商代皆已经出现，并用于拘押犯人。从1937年第十五次殷墟发掘出土的带梏陶俑看，商代有专门的拘押刑具是可信的。（图 8—1）

图 8—1　商代带梏陶俑
（采自《中国古代史参考图录》）

除用专门刑具拘捕外，还有用通常的绳索捆绑的，甲骨文有係字，作"❀"形，像以索系人颈：

……羌，王占［曰］……又二日癸酉……羌係……十丙又……（《合集》1097）

辛亥卜，宾，贞卤、正、化以王係。

---

① 朱芳圃：《殷周文字释丛》，中华书局影印本 1962 年版。
② 于省吾：《甲骨文字释林·释宰、輎》，中华书局 1979 年版。
③ 齐文心：《殷代的奴隶监狱和奴隶暴动》，《中国史研究》1979 年第 1 期。

辛亥卜，宾，贞盂、正、化弗其以王係。(《合集》1100 正)

在卜辞中以俘虏为主，"但是係似也包括殷代一些罪人，传说为胥靡的傅说就是'被褐带索，庸筑乎傅岩'，与係为绳索缚系人相合，亦可证明此点。"①

甲骨文中有许多关于抓捕的卜辞：

贞戬启，王其执舌方。(《合集》6332)

丙子，贞令众御召方，执。(《合集》31978)

戊辰卜，宾贞方执井方。(《合集》6796)

庚午卜，争，贞亘执。

庚午卜，争，贞亘不其执。(《合集》6947 正)

辛亥，贞雀执亘，受佑。(《合集》20384)

……于庚午雀执仆。(《合集》574)

贞亘执仆。

贞亘不弗其执仆。(《合集》575)

癸丑卜，王，呼𠂤仆执。五月。(《合集》576)（图 8—2）

图 8—2　《合集》576

癸丑卜，宾，贞令邑并执仆。七月。(《英藏》608)

雀弗其执缶。(《合集》6875)

辛亥卜，㱿，贞追不执。(《合集》869)

贞执雍芻。

贞勿执雍芻。

贞执雍芻。

贞执雍芻。(《合集》122)

戊辰卜，今日雍己夕，其呼𠂤执工。大吉。

弜呼𠂤执工，其乍尤。(《屯南》2148)

---

① 刘桓：《卜辞所见来自各方国的被奴役者》，《尽心集——张政烺先生八十庆寿论文集》，中国社会科学出版社 1996 年版。

综合考察甲骨文中有关执的卜辞，被抓捕者大抵可以分为三类，一是方国之人，二是王朝诸侯，三是大量奴、隶、臣、工等身份可能是奴隶的人。

方国之人中，有的是纯粹的商王朝的敌对势力，有的则可能是归服方国，前者是单纯的敌对关系，抓捕属于军事行动，是战争行为，与执行王朝的法律无涉，后者则具有宗主国对从属国的处罚性质，是中央王朝对归服者的征伐，具有法律性质。但受甲骨文分期精确性等因素的影响，我们很难将战争与征伐的界限区分开来，但可以肯定在与方国的冲突中有部分是中央维护宗主地位的征伐，是具有依法惩罚性质的行为。

由于王朝实行内外服制，许多王朝诸侯具有一定独立性，在甲骨文中直称其地名，但其确为商王朝的下属：

乙卯卜，永，贞𢀛弗其执子。（《合集》5834）

癸丑卜，贞执𠂤子。（《合集》5906）

勿执多子。（《合集》39841）

□戌卜，宾，贞戈执亘。（《合集》6951 反）

己巳卜，王，贞史其执芦任。六月。允执。（《合集》5944）

乙酉卜，甫允执沚。（《合集》5857）

贞执望。（《合集》5908）

贞勿执黄。（《合集》5909）

子、任皆是商王朝中的贵族之称，具有相当高的地位，沚、望、黄皆商王朝重要的诸侯。商代的诸侯多聚族而居，当受到商王朝的法律惩罚时，会聚众反抗，与中央发生武装冲突，但这些冲突并不是完全对等的政治团体间的冲突，有些王朝与封国或方国间的冲突带有维护中央法权的执行性质，这一类冲突应该归入商王朝的法律行动当中，周宣王时的尹吉甫也威胁淮夷说："敢不用命，则即刑，扑伐。"这一类维护法律的行动是靠军队执行的，《国语·鲁语上》所言"大刑用甲兵"，指的应当是这种情况。

另外，也有抓捕逃亡者和普通人的记录，主要是奴、隶、羌、臣、工等可能为奴隶的人：

癸丑卜，争，贞旬亡囚。王占曰：有祟有梦。甲寅，允有来艰，左

告曰：有㚔芻自㞢十人又二（《合集》137 正）

甲午卜，争，贞㚔芻不其得。（《合集》130）

己卯卜，㱿，贞……执㚔芻自印，王占曰：其隹丙戌执，有祟，其隹辛寐。（《合集》136 正）

乙酉卜，宾，贞州臣有㚔自印，得。（《合集》849）

贞㚔自印，得。（《合集》855）（图 8—3）

图 8—3　《合集》855

芻，是从事畜牧业的奴隶，㚔，"字从止从立，与往从止从王者不同。止有向前之义，立与位同，象本来安居其位，因受逼迫而出走，其义当逃亡。"[1]

商代的法律主要针对诸侯、方国和奴隶，针对普通人的记录很少，但普通人不可能不在法律约束之内，在仆、臣、工等中，很可能就有商的普通社会成员。《尚书·汤誓》："尔不从誓言，予则孥戮汝，罔有攸赦"，颜师古《匡谬正俗》云："案孥戮者，或以为奴，或加刑戮，无有所赦耳。此非孥子之孥，犹《周书·泰誓》称囚孥正士，亦谓或囚或孥也，岂得复言并子俱囚一无囚字也。又班固《汉书·季布传》赞云：'及至困戹，奴僇苟活。'盖引《商书》之言以为折衷矣"，宋镇豪先生认为："孥与奴古通用……所以'孥戮者'，当解为罚作奴隶或予杀戮为是"[2]，即商初即已经出现将触犯法律者罚作奴隶的刑罚。《公羊传·襄公二十九年》："刑人非人也。君子不近刑人，近刑人则轻死之道也"，《礼记·王制》："刑人于市，与众弃之，是故公家不畜刑人，大夫不养，士遇之涂，弗与言也，屏之四方，唯其所之，不及以政，示弗故生也。"孔颖达《礼记正义》认为"刑人于市，与众弃之，亦谓殷法，谓贵贱皆刑于市。周则有爵者刑于甸师氏"。即商人在处置普通社会成员时，是将其从本族下孤立出来的，"刑人非人"，即犯罪的社会成员不再被当做"人"看待，而与俘虏一样被处死、奴役或成为牺牲。

商代是一个族际社会，所有社会成员都处于严密的族组织之下。所以，

---

[1] 胡厚宣：《甲骨文所见殷代奴隶的反压迫斗争》，《考古学报》1976 年第 1 期。

[2] 宋镇豪：《夏商法律制度研究》，《夏文化研究论集》，中华书局 1996 年版。

商人社会的日常治安,很可能靠族组织维护。而甲骨文中有:

  乎师般取並自敦。(《合集》839)
  辛卯卜,宾,贞以子徕並,不死。六月。(《合集》6)

取、以,皆不用执,当是逃亡者已经被抓住,商王令人取回,可见地方也具有相当的治安力量,能够担负抓捕逃亡者的任务。

甲骨文中执行抓捕任务的人有多名:

  贞乎妇执。
  贞乎妇好执。
  □乎妇莽。(《合集》176)
  贞乎妇,並有得。
  贞乎妇,並无得。(《合集》2652)
  甲午卜,争,贞並多☒得。(《合集》130 正)
  贞吴执並。(《合集》846)
  贞吴执並。(《合集》847)
  乙酉卜,甫允执沚。(《合集》5857)
  雀其执缶。(《合集》6875)

即命妇等抓捕逃亡者。可以执行抓捕的人很多,如子、妇、任等都可以兼涉法律事务,但商代可能出现了专职的抓捕罪犯官员。甲骨文中有的执字似乎可以解释为人物,如:

  丁卯卜,勿令执以人田于豨。(《合集》1022 甲)
  丁卯卜,令执以人田于豨。十一月。(《合集》1022 乙)
  丁酉[卜],[贞]执弗其以𢦏。(《合集》1088 正)
  ……王,执其以𢦏。(《合集》1087)
  令执比廪。
  勿令执比廪。(《合集》9503)
  甲辰,贞执以凼用于父丁,卯牛。(《合集》32057)
  壬辰卜,贞执其有疾。(《合集》13733)

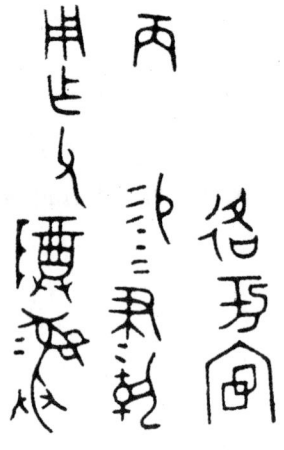

执承担进贡奴仆、卫戍粮仓、参加宴饮、参与祭祀等活动，商王还关心其是否会生病。另外，商代晚期的青铜器还有《执尊》，其铭曰：

□□，[尹]格于宫，赏[执]，赐吕二丰二，执用乍父[丁]尊彝。(《集成》5971)(图8—4)

同样的铭文还见于执卣：

乙亥，尹格于宫，赏执，赐吕二丰二，执用乍父[丁]尊彝。(《集成》5391)

图8—4 《执尊》铭文
(采自《殷周金文集成》5971)

《金文集成》定执卣为西周早期器，但从其铭文内容与器形看，应属于商代晚期器，与执尊当同时之物。在这里执为人名，或者也可作官名，如果是，则商代已经出现了专门的负责缉捕罪犯的官员执。

但从上述分析看，商代虽然可能出现了专门缉捕罪犯的官员，但依然有相当多其他人员参与抓捕，即缉捕制度尚不完善，缉捕事务并非集中于一种官职之手。商代承担和执行抓捕任务的力量很可能多是军队，商王借军事力量维护法律与治安。

2. 审讯

当罪犯被抓捕后，即进行审判，商王朝尚未设立专门的法律职官，法律事务由各级政务官员处理。

甲骨文有字作"✲"、"✲"，于省吾释听字[①]。《尚书·洪范》载"四曰听"，孔疏："听者，受人言、察是非也。"《书·大传·周传》言"诸侯不同听"，注："听，议狱也。"严一萍谓："谓王听政，然亦可能为听狱。"卜辞有：

贞王听隹囚。
贞王听不隹囚。(《合集》808)

[①] 于省吾：《甲骨文字释林·𦔻、𦕅》，中华书局1979年版，第83页。

丁未卜，亘，贞王听不隹囚。(《合集》5299)

听政属于王的正常职责范围，进行占卜决定是否听政的概率较小，而专门的听狱次数较少，举行时要进行占卜。所以听狱的可能更大。除商王听狱外，还有其他人参与审讯的记录：

辛卯……妇无听。十一月。(《合集》18099)
□辰卜，王玨有听。(《合集》20624)

妇、王玨都可以参与断狱。

《尚书·康诰》：有"外事，汝陈时臬，司师……汝陈时臬，事罚蔽殷彝，用其义刑义杀"，孙星衍《尚书今古文注疏》云："此言外朝听狱之事，汝陈列是法，以司察其众。此商家刑罚有伦理可从也"，宋镇豪先生谓："'外事'指民事听讼审判，因在外朝，故称'外事'。'陈'指宣读布告。'臬'指刑法条律。'司师'殆意为司察参照。'殷罚有伦'谓原殷商刑名有其允当合理处。'蔽'是决断。'事罚蔽殷彝'意谓民事案件审核断狱判罪可援据殷彝即殷法。'义刑义杀'谓殷商刑罚有条有则。这里实包括了（一）向司法部门提起诉讼、案件被受理、司察审判及（二）核准断狱、定罪、量刑施刑等两个系列司法程序。受理案件和复核判刑前，奴隶主统治者都要先行宣陈有关刑法，大概为防止无端奸情造生。"[①]

三　商代法律的律条

商代已经建立了比较完备的法律，初步出现了约束官吏的官刑、规范军队的军法和适用大多数社会成员的普通法律。

（一）官刑

一旦官吏阶层出现，如何约束官吏，保证王权的实施，成为法律中的重要内容。《左传》昭公十四年引《夏书》云："昏、墨、贼、杀，皋陶之刑也。"昏者，"己恶而掠美"，即作恶行贿罪。墨者，"贪以败官"，行为不洁，指受贿枉法罪。贼者，"杀人不忌"，即贼杀人命罪。《尚书·伊训》蔡沈注："皋陶之刑，贪以败官为墨"，已经对官吏的行为进行约束。

---

① 宋镇豪：《夏商法律制度研究》，《夏文化研究论集》，中华书局1996年版。

商代也有约束政府权力机构的"官刑"内容，根据文献所载，可知商代官刑大致有渎职之罪、三风十愆、放任不匡三种。

渎职之罪。商汤灭夏后，对官吏和诸侯进行约束，作《汤诰》："毋不有功于民，勤力乃事。予乃大罚殛女，毋无怨"，"不道，毋之在国，女毋我怨"①，凡是不为民做事，不勤于政事的都要受到惩罚，不守约束的诸侯，则使之不能回国。

三风十愆。古文《尚书·伊训》载伊尹为太甲"制官刑；儆于有位（百官）"，规定官吏的罪名有"三风十愆"："敢有恒舞于宫，酣歌于室，时谓巫风；敢有殉于货、色，恒于游、畋，时谓淫风；敢有侮圣言，逆忠直，远耆德，比顽童，时谓乱风。惟兹三风十愆，卿士有一于身，家必丧。邦君有一于身，国必亡"，"三风"是巫风、淫风、乱风，"十愆"指三风所内括的恒舞、酣歌、贪财、好色、游玩、畋狩、侮圣言、逆忠直、远耆德、比顽童等为官者最易犯的十大过失罪。而对三风十愆的处罚十分严厉，官吏触犯一种，即"家必丧"，"国必亡"。类似的"官刑"内容也载于《墨子·非乐上》："先王之书，汤之《官刑》有之，曰'其恒舞于宫，是谓巫风。其刑，君子出丝二卫，小人否。'"这说明《伊训》虽出自伪古文《尚书》但应有所本，其内容并非全伪。

放任不匡。《尚书·伊训》在告诫卿士勿犯"三风十愆"后又说："臣下不匡，其刑墨"，即如果卿士的臣属未对上级的违法行为进行劝谏，则处以墨刑。

从上述讨论可以看出，"不有功于民，勤力乃事"、"殉于货、色，恒于游、畋"、"臣下不匡"所针对的都是官吏的职守问题，即商代官刑最基本的罪名是玩忽职守，这说明商代官刑主要目的在于促使官吏恪于职守，与《尚书·盘庚》对官吏所言："自今至于后日，各恭尔事，齐乃位，度乃口。罚及尔身，弗可悔"的劝诫正相符合。从"三风十愆"的内容也可以看出，商代官刑有相当一部分实际是对风俗的维护，即商代官刑还带有习惯法的性质。而"不道，毋之在国"、"其恒舞于宫，是谓巫风。其刑，君子出丝二卫"、"臣下不匡，其刑墨"等具体的处罚措施看，商代对官吏违法量刑已经有一定的适用法律。

商人对官吏的处理是有所通融的，有时可以用经济处罚抵罪。上引《墨

---

① 《史记·殷本纪》。

子·非乐上》："汤之官刑有之，曰：'其恒舞于宫，是谓巫风，其刑君子出丝二卫，小人否。'"孙诒让《墨子间诂》："'卫'疑当为'术'，术与遂古通。《月令》'径术'，郑注读为'遂'，是其例。《西京杂记》邹长倩贵公孙弘书云：'五丝为䌰，倍䌰为升，倍升为緎，倍緎为纪，倍纪为緵，倍緵为襚'，'遂'即'襚'也。此假借作'术'，又伪作'卫'。"是则商代的官吏在犯巫风之罪后，要处以交纳丝二襚的惩罚。商人采用经济处罚的手段，或者是采取赎刑。很可能已经初步形成了"刑不上大夫"的观念，赎刑是一种变通方式。

商人对上层人物的惩罚主要包括两类，一是外服诸侯，《史记·殷本纪》载汤："既绌夏命，还亳，作《汤诰》：'毋不有功于民，勤力乃事。予乃大罚殛女，毋无怨……不道，毋之在国，女毋我怨'"，集解云"不道犹无道也。又诫诸侯云，汝为不道，我则无令汝之在国"，即汤对不肯"有功于民，勤力乃事"的诸侯要加以囚禁，不使返国。商末纣王也曾"囚西伯于羑里"。二是王朝贵族，商纣王曾对其宗亲施以刑罚，"（比干）乃强谏纣，纣怒曰：'吾闻圣人有七窍。'剖比干，观其心。箕子惧，乃佯狂为奴，纣又囚之。"①

甲骨文中也有许多惩罚王朝上层人物的记录：

　　乙卯卜，永，贞毕弗其执子。（《合集》5834）
　　癸丑卜，贞执冎子。（《合集》5906）
　　勿执多子。（《合集》39841）
　　己亥卜，争，贞令弗其获执亘。（《合集》6952 正）
　　己巳卜，王，贞史其执声任。六月。允执。（《合集》5944）
　　贞勿执黄。（《合集》5909）

子、任等皆本商王朝的官吏，而被执拘。关于执字，学者多以战争行为理解之，"卜辞言执者甚多，皆为战争执俘之事，其可以普通罪犯当之者不多"②，但从与之有关的具体内容看，相关一部分当是与官刑有关的。商代聚族而居，族长多是地方长官，当其未对王朝尽到义务，王朝进行征讨时，族长完全有可能聚族反抗，这时表现为战争形式。但从本质上说，依然是王朝在执

---

① 《史记·殷本纪》。

② 严一萍：《殷商史记》，艺文印书馆1991年版，第1579页。

行自己的法律。由此也可以理解《国语·鲁语上》所说的"大刑用甲兵"。

（二）军事法

古代兵、刑无别，法律与军事是结合在一起的。最早的强制性法律应该也是出现在军事行动中，军事法的建立是早期社会的重要法律成果之一。战斗过后，要根据战士在战场上的表现，予以奖励或惩罚。《尚书·甘誓》："用命，赏于祖；不用命，戮于社。"《尚书·汤誓》："尔尚辅予一人，致天之罚，予其大赉汝，尔无不信，朕不食言。尔不从誓言，予则孥戮汝，罔有攸赦。"可见，商代军法的最基本内容是对于在战斗中有功的人员给予赏赐，而对于不听指挥、逃避战斗的士兵，则处以严厉的刑罚。（图8—5）

图8—5 商代铜钺

另外，商人还建立具体的军队行为规则，甲骨文中有：

师叀律用。（《屯南》119）

《周易·师卦》："师出以律，否臧，凶"，有的学者认为"军队的纪律就是军队的法律，即军法"[①]。军法的适用范围要小于纪律的适用范围，"师叀律用"应该也含有强调军法强制性的含义。

（三）其他律条

不孝。《吕氏春秋·孝行》引《商书》说"刑三百，罪莫重于不孝"，高诱注："商汤所制法也。"

造谣生事。为了保持社会的稳定和权力的集中，保持政见的统一是极为重要的，历代统治者都极力威迫人民不可乱说，"慎尔出话，敬尔威仪"，加强对乱说的惩罚，"白圭之玷，尚可磨也，斯言之玷，不可为也"[②]。商王极力统一话语权，不允许不同政见的发表，否则即予以处罚。《商书·盘庚》

---

① 王宇信、杨升南：《中国政治制度通史·先秦卷》，人民出版社1993年版，第266页。

② 《诗经·大雅·抑》。

载"今汝聒聒,起信险肤","不和吉言于百姓","胥动以浮言,恐沈于众",即编造谣言,煽动民众。商王对这种行为予以关注和惩罚,"惟汝自生毒,乃败祸奸宄,以自灾于厥身","矧予制乃短长之命"。甲骨文有:

> 亡乍口。(《英藏》1897)
> 癸巳,贞妇娶亡至口。(《合集》22248)

"乍口"、"至口"宋镇豪先生认为"意谓摇唇鼓舌,无端挑起口舌之衅"[①]。

违背王命。《商书·盘庚》:"汝不忧朕心之攸困,乃咸大不宣乃心",如果依然不听众劝告,不肯遵从王朝的命令,必然受到神灵的惩罚,"汝万民乃不生生,暨予一人猷同心,先后丕降与汝罪疾,曰:'曷不暨朕幼孙有比。'故有爽德,自上其罚汝,汝罔能迪",王命是以神权外衣发布的,所以这种处罚往往被冠以违背神命的罪名。

扰乱秩序。《尚书·盘庚》:"乃有不吉不迪,颠越不恭,暂遇奸宄,我乃劓殄灭之,无遗育。"

囤积货贿。《尚书·盘庚》称"有乱政同位,具乃贝玉,乃祖乃父丕乃告我高后曰:'作丕刑于朕孙。'乃高后丕降弗祥"。告诫臣民"无总于货宝,生生自庸"。

危害公共秩序。《韩非子·内储说上》云:"殷之法,弃灰于公道者断其手。"孔子解释说:"夫弃灰于街必掩人,掩人,人必怒,怒则斗,斗必三族相残也,此残三族之道也,虽刑之可也。且夫重罚者,人之所恶也,而无弃灰,人之所易也,使人行所易,而无离所恶,此治之道。"

连坐之刑。确切地说,连坐之刑并不是一种独立的罪名,但与罪犯相关的人也会因之受到惩罚。与商代以族为统治单位的模式相关联,商人对族成员罪犯的惩罚也连坐其他族人。《尚书·盘庚》:"不吉不迪,颠越不恭,暂遇奸宄,我乃劓殄灭之,无遗育,无俾易种于兹新邑",即是以族为处罚单位。《易·讼》九二云:"不克讼,归而逋,其邑人三百户无眚",关于此爻,高亨先生释:"奴隶主虐待邑人,邑人讼之于上级奴隶主,其人败诉,将受惩罚,乃归而逃走,其邑人三百家得免于灾难"[②]。但考之爻

---

① 宋镇豪:《夏商法律制度研究》,《夏文化研究论集》,中华书局1996年版。
② 高亨:《周易大传今注》,齐鲁书社1979年版,第115页。

辞，不存在像高亨解释的那样存在主语的转换，而同爻象辞也说："象曰：不克讼，归逋窜也。自下讼上，患至掇也"，是说以下讼上，是自取其咎，显然是对以下犯上的批评，受批评的对象以下犯上败诉而潜逃，显然不会是"其邑人三百户无眚"的邑人。因此，这条爻辞的本义应是某人因事与其上级发生诉讼，没有胜诉，回去后逃亡了，但这一事件与其邑人没有关系，所以不追究邑人的责任。由此可知，当时如果发生违法事件，所及的可能不仅是本族人，居住在一处的所有邑人都有被连坐的可能。关于这一爻辞所记事件的时代，杨升南先生认为"《周易》一书是西周初年的作品，书中记载的这两个'古代故事'，当比成书时的周初要早，很可能就是发生在商代的"①。

《礼记·王制》中有一段关于刑法的记载："析言破律，乱名改作，执左道以乱政，杀。作淫声，异服，奇技，奇器以疑众，杀。行伪而坚，言伪而辩，学非而博，顺非而泽以疑众，杀。假于鬼神、时日，卜筮以疑众，杀。此四诛者，不以听。"有学者认为这是商代的法律条款，"《礼记·王制》一篇是汉文帝时博士诸生根据古代的制度而编写的，据说多半是殷代的制度。"② 与上述商人法律各罪名相勘比，有一定道理。

第二节　商代的刑罚

商王朝对于已经审判的罪犯，根据审判结果加以处置。有的直接被杀，有的被用为牺牲，有的被施刑后成为奴隶。

商代的刑罚可以分肉刑和徒刑两类。

一　肉刑——商代的五刑

商代对罪犯的处罚已经大体采取五刑之法，甲骨文中已经出现了墨、劓、刖、宫、大辟五刑③。

关于五刑的起源和早期状况，文献记载有多种说法。《尚书·吕刑》记

---

① 杨升南：《商代的土地制度》，《中国史研究》1991年第4期。
② 张晋藩主编：《中国法制史》，群众出版社1985年版，第23页。
③ 参见赵佩馨《甲骨文中所见的商代五刑——并释刖、剢》，《考古》1973年第2期；宋镇豪《甲骨文中所见商代的墨刑有关方面的考察》，《出土文献研究》第5辑，科学出版社1999年版。

载"苗民弗用灵,制以刑,惟作五虐之刑曰法。杀戮无辜,爰始淫为劓、刵、椓、黥",《世本·作篇》:"皋陶制五刑",《尚书·舜典》:"象以典刑,流宥五刑,鞭作官刑,扑作教刑,金作赎刑;眚灾肆赦,怙终贼刑",《国语·鲁语上》"大刑用甲兵,其次用斧钺,中刑用刀锯,其次用钻笮,薄刑用鞭扑"。商代以前五刑的具体情形,由于资料缺乏,已经难知其详,但从甲骨文和文献看,商代的刑罚已经较为完备,《汉书·董仲舒传》所言"殷人执五刑以督奸,伤肌肤以惩恶"是基本可信的。

(一) 墨刑

甲骨文中有辛字,"丫"、"￥"等形,郭沫若认为"字乃象形,由其形象以判之,当系古之剞劂……同是刻镂之器……仆字,均系于人头上从辛……从可知辛形绝非头上所插之妆饰,乃于头上或额上所固有之附属物。余谓此即黥刑之会意也。有罪之意无法表示,故借黥刑以表示之;黥刑亦无法表现于简单之字形中,故借施黥之刑具剞劂以表现之。剞劂即辛,是辛字可有剞义。"① 甲骨文中有:

乙酉卜,王,贞余辛朕老工,延我萁。(《合集》20613)

"是商王对其'老工'施以'辛'(黥面)之刑。"② 卜辞中还有派人执行黥刑的记载:

庚子卜,扶,令民興辛。(《合集》20236)(图8—6)

丙寅卜,王,令火、戈辛。(《合集》20245)

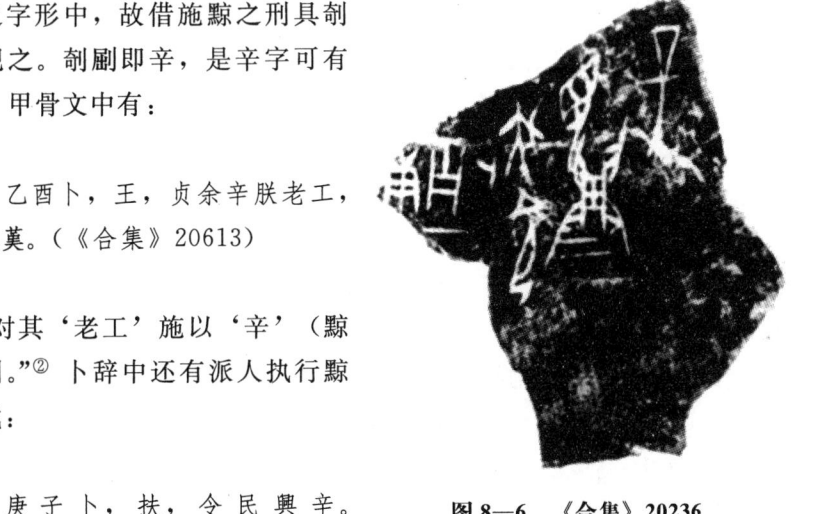

图8—6 《合集》20236

也有派人监督黥刑执行情况的记载:

---

① 郭沫若:《甲骨文字研究·释支干》,大东书局1931年版。

② 王宇信、杨升南:《甲骨学一百年》,社会科学文献出版社1999年版,第487页。

癸丑卜，宾，贞宙㊀令目皋辛。（《合集》4090）
贞叉目皋辛。（《合集》6450）

"目"有视察、监察、瞭望之义，是禽施罪人"辛"刑而让㊀、叉去督察其事①。另甲骨文中有"𠂇"字，宋镇豪先生认为"上揭甲骨文𠂇字，是个独体字，字形上部示意某种尖利器在刺刻人首面颊或目缘额颡部位，下部从土，与刖刑属于同一类的刑罚名，正与古文献及地下出土文字材料所述墨刑相合"，"然则甲骨文𠂇字，可释为墨字，乃古人所谓'羁黥人面'之表意，即刺刻面部而涅窒土墨的构形，用为墨刑的专字"②。卜辞有：

辛未贞，其墨多仆。
其刖多仆。（《屯南》857）

即是卜问对多仆施以墨刑还是施以刖刑。墨刑又分为刻墨额颡和刻墨面部两种，《周礼·司刑》郑注："墨，黥，先刻其面以墨窒之"，《白虎通义·五刑篇》："墨者，墨其额也"，《周礼正义》云："则墨刑在面，谓之黥，字又作剠。在额谓之涿鹿，亦作头鹿。其布墨为刑，通谓之墨。"

（二）劓刑

商代的劓刑为一个刑系，包括割鼻、割耳、刵目三个刑种。

1. 劓刑

劓刑是商代比较常用的刑法，《尚书·盘庚》："乃有不吉不迪，颠越不恭，暂遇奸宄，我乃劓殄灭之，无遗育，无俾易种于兹新邑。"甲骨文中有"𤰇"字，为以刀割鼻之形，王襄释："古劓字，从自，自鼻也"③，罗振玉云："《说文解字》：'劓，刑鼻也。从刀，臬声，或从鼻作劓。'此作刵，与《说文》或作合，自即鼻之初文也。"④《周礼·秋官·司刑》郑康成注："劓，截其鼻也。"

---

① 王宇信、杨升南：《甲骨学一百年》，社会科学文献出版社1999年版，第487页。
② 宋镇豪：《甲骨文中所见商代的墨刑及有关方面的考察》，《出土文献研究》第5辑，科学出版社1999年版。
③ 王襄：《簠室殷契类纂》，（中国台湾）台北艺文印书馆影印本1988年版，第21页。
④ 罗振玉：《殷契书契考释》，（中国台湾）台北艺文印书馆影印本1968年版，第57页。

贞呼劓，[若]。(《合集》5995)

有……劓。(《合集》5994)

丁……劓……竝……(《合集》4389)

劓。(《合集》8986)

丁巳卜，亘，贞劓牛爵。(《合集》6226)

(图8—7)

图8—7 《合集》6226

2. 刵刑

与劓并列的刑罚有刵，《尚书·康诰》："肆汝小子封在兹东土……乃服惟弘王应保殷民……非汝封刑人杀人，无或刑人杀人。非汝封又曰劓刵人，无或劓刵人……外事，汝陈时臬司师，兹殷罚有伦……汝陈时臬事罚。蔽殷彝，用其义刑义杀"，康叔封于卫，乃商人旧地，沿用商人旧法，"殷彝"，则上所言劓、刵应该是殷人的制度。《尚书·吕刑》也言："爰始淫为劓、刵、椓、黥"，孔传云："劓，截鼻，刵，截耳，刑之轻者。"但以往学者多以为"刵"系刖字之误，周秉钧在《尚书易解·吕刑》篇中说："刵，断其耳。《说文》引作刖。刖，断足。按五刑本有刖无刵，此刵当做刖"，孙星衍《尚书今古文注疏》亦云："五刑本有刖无刵，则刖、刵字之误也。"王引之《经义述闻》也认为刵是刖字之讹。李学勤先生《海外访古续记》隶释德国科伦东亚美术博物馆所藏一块武丁时左尾甲下端的龟腹甲残片三字作：

劓刵刖。(《德瑞荷比》121)

认为这一材料可以纠正经学上关于刵系刖字之讹的误解，《尚书·康诰》的记载无误①，宋镇豪先生进一步认为劓、刵、刖三刑一系，是商代常用刑罚之一②。

---

① 李学勤：《海外访古续记》，《文物天地》1992年第6期。

② 宋镇豪：《甲骨文中所见商代的墨刑及有关方面的考察》，《出土文献研究》第5辑，科学出版社1999年版。

3. 剜目之刑

甲骨文中有"㕞"字，晁福林先生释撵："它所从的㇅为弯曲前伸的手臂形，前端分叉处为手的侧视形。这分叉处即䀏字所从的叉，《说文》：'叉，手足甲也。'段玉裁说：'叉、爪古今字。'以爪甲伸向眼睛，这个字即表示挖目之形。故《说文》谓'撵，掐目也'，'掐目'即剜目、挖目……释其为撵是可以的。这个字最初由挖目会意，后来才引申为手腕之义，但与之紧密相关的䀏字还一直保留着'掐目'之义。"① 甲骨文中有：

丁丑卜，争，贞来乙酉撵用泳来羌自元［示］。（《合集》239）
乙亥卜，宾，贞告以羌撵用自……（《合集》280）
丁巳卜，宾，贞撵侑于大示。（《合集》14832 正）

即以挖牺牲之目献祭祖先。

综上所述，商代的劓刑可以分为割鼻、割耳和挖目三种刑罚，皆是戕残人的五官所施行的酷刑。

（三）刖刑

甲骨文中有字作"㓞"、"㓞"、"㓞"、"㓞"等形，罗振玉、王国维、王襄等释陵字。在1961年2月出版的《中国古代宗教与神话考》一书中，丁山先生认为此字"像用刀锯去罪人一足趾形，决是趴字本字"，同年《考古》第2期发表赵佩馨先生的《甲骨文中所见的商代五刑》一文，认为："这个字所从的㓞，并非阝（阜）的简体，而是锯子的简化形象……所象的赫然是用锯断人足之形；后来的刖、跀、趴、剕、跸诸字，都应该是从它演化出来的。《汉书·刑法志》：'中刑用刀锯'。注引韦昭曰：'锯，刖刑也。'刑用锯自商代已然。"胡厚宣先生进一步论证此字释为刖字，并对其具体情况进行了论述②。甲骨文中有是否处以刖刑的占卜：

丁巳卜，亘，贞刖若。（《合集》6001）
乙酉卜，穀，贞刖［莫］……（《合集》6002）（图8—8）
□寅卜，穀，贞其有刖。（《合集》6003）

---

① 晁福林：《殷商制度的若干问题试探》，《史学论衡》，北京师范大学出版社1991年版。
② 胡厚宣：《殷代的刖刑》，《考古》1973年第2期。

辛卯卜，㱿，贞刖。（《合集》6007）
……亘，贞……刖其死……（《合集》6005）

甲骨文中出现被处以刖刑最多的受刑者是仆：

贞刖仆八十人，不死。（《合集》580 正）
贞刖仆，不死。（《合集》581）
刖十仆……（《合集》582）

仆字，在甲骨文中作"𤰃"、"𤰄"等形，叶玉森初释寇①，张秉权、李孝定等从之；郭沫若谓："疑此即'宰'之初文也……此字正象一人在屋下执事之形，其必为罪人"②，张政烺先生认为应释为隶字③，胡厚宣先生认为"今案字从宀从乿从卜，象人以手持卜，在室内有所操作，宀为操作时所产生之物屑。从卜得声，卜音仆，当即仆之本字"④。《说文》："仆，给事者"，《广雅》："仆，使也，执事者谓之仆，因为奴仆之名"，是一种服役的俘虏或奴隶。从甲骨卜辞看，仆的情况比较复杂，有多仆可参加商王朝的对外战争：

□□卜，㱿，贞呼多仆伐舌方，受有佑。
癸酉卜，㱿，贞呼多仆伐舌方，受有［佑］。（《合集》540）
贞勿执多仆呼望舌方，其橐。（《合集》548）

逃往者也可以被处以刖刑：

□□卜，争，［贞］刖㚔，不［死］。（《合集》861）

图 8—8　《合集》6002

---

① 叶玉森：《殷虚书契前编集释》，上海大东书局 1933 年版，第 31 页。
② 郭沫若：《释臣宰》，《甲骨文字研究》，人民出版社影印本 1952 年版。
③ 张政烺：《释甲骨文俄、隶、蕴三字》，《中国语文》1965 年第 4 期。
④ 胡厚宣：《甲骨文中所见殷代奴隶反压迫的斗争》，《考古学报》1976 年第 1 期。

对方国首领有时也处以刖刑：

> □巳卜，其刖四邦吾卢……由邑子示。(《屯南》2510)

许多时候是多人被同时处以刖刑，除上揭的"刖仆八十人"(《合集》580正)、"刖十仆"(《合集》582)等外，还有：

> 贞其刖百人，死。(《合集》1043)
> [贞]其又刖百人，其有死。(《合集》1042)

这说明刖是一种常用的刑罚，经常占卜执行刖刑受刑者是否会死，可见刖刑也是一种危险致命的刑罚。

商代考古中也出土了许多刖刑资料。1971年，考古工作者在安阳后岗M16号墓发现了缺少下肢骨的骨架，"在西侧二层台上有一个殉葬人，骨架保存较好，但少一下肢骨，可能生前就是残缺的。"[①] 胡厚宣先生认为"明显是生前受过刖刑的奴隶"[②]。河北藁城台西商代遗址也有类似发现，第13号探坑内有一具成年男子遗骨，左腿自股骨以下右腿自膝骨以下被锯掉，另一具遗骨，双手双脚被锯去；在103号墓二层台上，有一失去双腿的骨架[③]。

根据罪行轻重不同，刖刑有不同的施行方式，陈安利先生根据考古资料认为商代刖刑可以分为刖双足和刖一足两类，其中罪轻者刖左足，罪重者刖右足或双足[④]，吕智荣先生也认为"在商周奴隶社会时期，'五刑'之一刖刑，至少有斩双足、斩右足和斩左足三种轻重不同的刖罚。"[⑤] 行刑的工具也不尽相同，从上揭甲骨文中可以看出，有用锯者，如"㇏"，有用刀者，如

---

① 中国科学院考古研究所安阳发掘队《1971年安阳后冈发掘简报》，《考古》1972年第3期。
② 胡厚宣：《殷代的刖刑》，《考古》1973年第2期。
③ 河北省博物馆等：《藁城台西商代遗址》，文物出版社1985年版，第157页。
④ 陈安利：《考古资料所反映的商周刖刑》，《文博》1985年第6期。
⑤ 吕智荣：《从考古资料试论商周的刖刑》，《文物研究》1989年第5期。

"刖",有的刖人骨架上可以看到明显的刀砍痕迹,周原岐山76QHM116出土的刖人骨架,断口整齐,应该是利刃所砍①。执行刖刑也可以用钺,金文中有以钺执行刖刑的形象,如《集成》9118即一钺一断腿人的形象。

商代还有断手之刑。《韩非子·内储说上》云:"殷之法,弃灰于公道者断其手","殷法刑弃灰"。河北藁城台西商代遗址第13号探坑一具遗骨双手双脚被锯去,说明断手与断足是类似的刑罚,应该属于同一系列。断手、断足之刑皆为后世所继承,成为常用刑罚之一,《管子·侈靡篇》:"今用法断指满稽,断首满稽,断足满稽,而民死不服",赵用贤云:"有断指之罪,有断首之罪,断足之罪,充满于狱。"

《周礼》郑玄注:"夏刑大辟二百,膑辟三百,宫辟五百,劓墨各千",《尚书·吕刑》:"荆罚之属五百",《周礼·司刑》:"刖罪五百","《说文》无膑,即髌,顾野王说:'髌谓断足之刑。'《玉篇》'荆,刖也。'《广韵》:'荆,刖足也。'郑玄说,'周改荆为刖',又说'周改膑作刖。'孙星衍说:'今文以膑当刖。'又说:'今文称膑,实即古文之荆也'段玉裁说:'今文尚书称膑,古文尚书作荆,实一事也。'孙诒让说:'盖髌荆刖通言皆为足刑,别古书咸不甚析别。'所以说夏刑作膑,吕刑作荆,其义与周刖刑同。"②将膑、荆、刖皆同一视做刖刑,更有学者认为兀、刖、荆、髌等"都是刖的别称"③,宋镇豪先生则认为"刖刑细分刖足、髌去膝盖骨"④,今视之,当加上断手一项,即商代的刖刑一系实有断足、髌膝和断手三种刑罚。吕智荣先生在分析考古资料后认为:"刖刑还似有斩双足双手、斩足折手指、斩下肢长短、斩足后笞处、斩足又黥等刑罚。"⑤

《国语·鲁语上》:"大刑用甲兵,其次用斧钺;中刑用刀锯,其次用钻笮;薄刑用鞭扑",韦昭注:"割劓用刀,断截用锯。钻,膑刑也;笮,黥刑也。""刖刑细分刖足、髌去膝盖骨一系,而以刖足为重,这很接近上揭《尚书·吕刑》'爰始淫为劓、刵、椓、黥'。劓刑也是分出割鼻、割耳一系,又

---

① 陈安利:《考古资料所反映的商周刖刑》,《文博》1985年第6期。
② 胡厚宣:《殷代的刖刑》,《考古》1973年第2期。
③ 胡留元、冯卓慧:《西周刖刑》,《西北政法学院学报》1984年第1期。
④ 宋镇豪:《甲骨文中所见商代的墨刑及有关方面的考察》,《出土文献研究》第5辑,科学出版社1999年版。
⑤ 吕智荣:《从考古资料试论商周的刖刑》,《文物研究》1989年第5期。

以割鼻为重。"① 我们可以进一步细分，鞭扑很可能不是正式的刑罚，而是在非刑事性案件中和审讯过程使用的惩罚手段，黥刑是最低的刑罚，劓刑分出割鼻、割耳、刖目一系，其中以割鼻为最常使用的刑罚，其次是割耳，刖目。由于会使受刑者失去劳动能力，所以很少使用。刖刑则分出断足、髌膝和断手一系，以断足为常刑，髌膝和断手为辅。

（四）宫刑

甲骨文有"𠚿"、"𠚿"字，像以刀割男子生殖器形。唐兰释剢，训为"去阴"②，赵佩馨从之，认为"甲骨文的这个字本是去人势的专字"③，剢即去势之刑，后世称宫刑，《尚书·吕刑》："宫辟疑赦。"孔传曰："宫，淫刑也，男子去势，妇人幽闭。"孔颖达疏："男子之阴名势，割去其势。"卜辞有：

庚辰卜，王，朕剢羌，不𢀛死。（《合集》525）（图8—9）
□寅［卜］，□，贞……剢。（《合集》5996）
……□剢……（《合集》5997）

图8—9　《合集》525

（五）死刑

死刑是最重的刑罚，直接剥夺罪犯的生命。商代死刑有多种④，《国语·鲁语上》："大刑用甲兵，其次用斧钺"，《礼记·王制》云："刑人于市，与众弃之。"孔颖达《礼记正义》认为"刑人于市，与众弃之，亦谓殷法，谓贵贱皆刑于市"。商代罪犯的死刑可以分为两种，一种是普通死刑，即单纯的剥夺生命的刑罚；另一种是将罪犯用作牺牲，将其作为祭品献给神灵。

---

① 宋镇豪：《甲骨文中所见商代的墨刑及有关方面的考察》，《出土文献研究》第5集，科学出版社1999年版。
② 唐兰：《天壤阁甲骨文存考释》，北京辅仁大学1939年版，第46页。
③ 赵佩馨：《甲骨文中所见的商代五刑——并释𠚿、剢》，《考古》1961年第2期。
④ 参见郭旭东《商代刑法问题述论》，《甲骨学研究》第1辑，安阳《甲骨学研究》编辑部，1987年；杨升南《商代的法律》，《甲骨学研究》第2辑，安阳《甲骨学研究》编辑部，1989年。

1. 普通死刑

根据甲骨文和文献中的资料，普通死刑可以分为：钺杀、戈杀、弓箭杀、醢刑和脯刑、族诛等多种形式。

（1）钺杀

甲骨文中有用斧钺处死犯人的记录：

  庚申卜，宾，贞伐。(《合集》6011)（图8—10）
  己丑卜，争，贞王其伐。
  贞勿伐。(《合集》6016)
  贞王伐多屯不左若于下上。(《合集》809 正)
  甲午卜，贞伐多仆。(《合集》564)
  癸丑卜，宾，贞毕来屯，伐。十二月。(《合集》824)
  伐仆。(《合集》563)
  丁酉卜，㕣，贞兄执仆伐。(《合集》570)

图 8—10 《合集》6011

伐字，从人从戈，"像以钺砍奚奴的人头"[①]，甲骨文中复有"刟"字，像以戉斩人首形：

  □辰卜，王……刟卯……鼎侑……（《合集》21138）

惜残辞，不能确知其义。商代金文中也有大量用斧钺斩人的字形，《国语·鲁语上》："大刑用甲兵，其次用斧钺"，用钺斩杀犯人当是常用行刑方式之一。金文中有很多用钺刑人的形象，作伐形。（图 8—11）

（2）戈杀

甲骨文中有以戈杀人的记录：

  贞有伐妾媚。
  贞有伐妾媚。(《合集》655 甲正)
  己巳卜，有伐羌祖乙。(《合集》32072)

[①] 胡厚宣：《中国奴隶社会的人殉和人祭》，《文物》1974 年第 8 期。

丁丑卜，贞王宾武丁，伐十人卯二牢鬯□□，[亡尤]。

庚辰卜，贞王宾祖庚，伐二[人]卯二牢鬯□□，亡尤。

……王[宾]祖康祖丁，伐□人卯二牢鬯二卣，亡尤。

丁酉卜，王宾文武丁，伐十人卯六牢鬯六卣，亡尤。（《合集》35355）

伐十人。（《屯南》2343）

八日辛亥，允戋，伐二千六百五十六人……（《合集》7771）

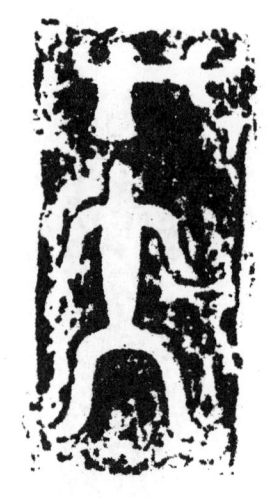

图8—11 《羌爵》铭文
（采自《殷周金文集成》7392）

商代金文中也有以戈钩啄人的图形文字，作"𢦏"形。（图8—12）

(3) 弓箭杀

甲骨文中还有𢎺、𢎨字：

贞其𢎺出。（《合集》860 正甲）
贞其𢎨出。（《合集》860 正乙）

《逸周书·世俘解》："则咸刘商王纣，执矢恶臣百人"，矢，当是处罚恶臣的一种方式，大概即是以箭射之，《史记·殷本纪》载纣死后，周武王"至纣死所。武王自射之，三发而后下车，以轻剑击之，以黄钺斩纣头，县大白之旗。已而至纣之嬖妾二女，二女皆经自杀。武王又射三发，击以剑，斩以玄钺，县其小白之旗"。上引二辞𢎺、𢎨当是以箭射逃往者。

(4) 醢刑和脯刑

《史记·殷本纪》："（纣）以西伯昌、九侯、鄂侯为三公。九侯有好女，入之纣。九侯女不喜淫，纣怒，杀之，而醢九侯。鄂侯争之强，辨之疾，并脯鄂侯。"

图8—12 《伐鼎》铭文
（采自《殷周金文集成》1011）

(5) 族诛

死刑的极端方式大约就是整族处死,即《国语·鲁语上》所言"大刑用甲兵",韦昭注:"甲兵,谓大臣有逆,则被甲兵而诛之,若今陈军也"。这与古代聚族而居是相符合的,若族长犯罪,很可能累及所有族人。族人犯罪,则有可能也会殃及族长,但不至于全族被戮。

《尚书·汤誓》:"尔不从誓言,予则孥戮汝,罔有攸赦",《尚书·盘庚中》:"乃有不吉不迪,颠越不恭,暂遇奸宄,我乃劓殄灭之,无遗育,无俾易种于兹新邑。"显然是连坐之刑。这是一人犯罪,株连全族的灭族酷刑,《墨子·明鬼下》:"昔有殷纣王……贼诛孩子,焚炙无罪,刳剔妇女。"很可能也是全族诛灭的刑罚。殷墟后冈曾发现一个圆坑,坑内分三层埋73人,多数为成年男女,有的身首异分,有刀砍痕,有的被捆缚,内还有十多具孩童及婴儿,伴出铜器10件,武器及生产工具一批,生活用陶器32件,以及贝700多枚,还有人体装饰品、成束丝麻和纺织品、谷物一堆[①]。据其个体的年龄、性别组合、死状及有关"财产"等种种迹象分析,很可能属于惨遭族诛以祭神鬼的某一支宗族或家族[②]。武官村祭祀场有东西向坑30余个,"坑中人骨大部分为成年女性和未成年的幼童和少年,年龄最小的仅有六岁,乳齿尚未脱落,天灵盖亦未长满",在第7号墓坑中"内埋有人架9具,有6具头被砍去,3具头未砍去,皆为俯身。其中2具为成年男性,1具为成年女性,4具为未成年(内3具为女性),2具为儿童。据骨架分析,M7所埋奴隶,可能为一家族"[③]。《尚书·泰誓》中列举纣王罪行时也说"敢行暴虐,罪人以族"。

2. 用作牺牲

除钺砍、戈伐、箭射等以兵器处死的最常见处死方式之外,还有多种置人于死地的方法。"大刑用甲兵,中刑用斧钺",多是把处死作为单纯的法律的行为,是通常状况下对付罪犯的方法。在普通死刑惩罚之外,商代的神判也在死刑中体现出来,最主要的表现之一即是把罪犯作为牺牲,成为向神灵

---

① 中国社会科学院考古研究所:《殷墟发掘报告(1958—1961)》,文物出版社1987年版,第267—278页。

② 宋镇豪:《中国风俗通史·夏商卷》,上海文艺出版社2001年版,第7—8页。

③ 中国社会科学院考古研究所安阳工作站:《安阳殷墟奴隶祭祀坑的发掘》,《考古》1977年第1期。

献祭的贡品。由于商代祭祀和祭仪的多样性，使死刑也呈现出十分复杂的情形。

（1）凌迟

甲骨文有：

……王占曰：有祟。八日庚子，戈执羌□人，伇有圉人二人。（《合集》584反）

……戎伇圉一人……（《合集》1066反）

于省吾释伇为是凌迟之刑①。

（2）火刑

卜辞中有：

丙……炆𢀀……雨。（《合集》1133）（图8—13）

己酉卜，宾，贞翌庚戌炆妣。（《合集》1139）

癸酉卜，炆𢀀。（《合集》32289）

炆字，像以人置火上焚烧形。郭旭东先生认为这是后世火刑的前身②。焚烧后来发展出一种专门的死刑形式——炮格之刑，当也是火刑的一种，《史记·殷本纪》载："于是纣乃重辟刑，有炮格之法。"集解引《列女传》云："膏铜柱，下加之炭，令有罪者行焉，辄堕炭中，妲己笑，名曰炮格之刑。"《吕氏春秋·过理篇》高诱注云："格以铜为之，布火其下，以人置上，人烂堕火而死。"

图8—13 《合集》1133

（3）剖刑

卜辞有：

---

① 于省吾：《甲骨文字释林·释伇》，中华书局1979年版。
② 郭旭东：《商代刑法问题述论》，《甲骨学研究》第1辑，安阳《甲骨学研究》编辑部，1987年。

贞其卯羌伊室。(《粹编》151)

"'卯羌'即对剖羌奴，乃文献中的剖。"① 剖即开膛裂体之刑，被用作处罚而非用作牺牲者，如《史记·殷本纪》载王子比干极力劝阻纣王，纣王大怒，"剖比干"②。

(4) 活埋之刑

甲骨文中有：

……㊀父乙……弗㊁。(《合集》2279 正)
丙申卜，王，贞勿㊂㊃于门，辛丑用。十二月。(《合集》19800)
辛酉卜，争，贞……㊄用于西。(《合集》6025)

㊀、㊂、㊄像埋人于坎中，㊃更是埋人坎中并以杵夯打，显然是埋人于坎中以处死。

(5) 沉溺之刑

甲骨文中有：

丁巳卜，其燎于河牢，沉卻。(《合集》32161)
叀母沉用祖丁必。(《合集》27286)

沉字作㊅形，像把人沉入河中。

商代死刑的多样性和不确定性，充分体现了商人"刑不可知"的特点，具有极强的恐怖性和儆示性。

五刑的轻重等次有所不同，宋镇豪先生对《尚书·吕刑》和《周礼·司刑》进行了比较研究：

《尚书·吕刑》：墨—劓—(刖)—宫—大辟
《周礼·司刑》：墨—劓—宫　　刖—杀

---

① 杨升南：《商代的法律》，《甲骨学研究》第 2 辑，安阳《甲骨学研究》编辑部，1989 年。
② 《史记·殷本纪》。

认为"显然它们都是按轻重次序排列的，但略有所不同。前者把宫刑列为仅次于大辟的酷刑，这恐怕与家族本位的子孙繁衍观念不无关系。后者把刖刑列为次于极刑的酷刑，而宫刑则降次一等，即孙诒让《周礼正义》说的'宫罪轻于刖，而重于劓墨'，后者反映了个人本位的社会观念的上升，说明后者的时代要晚一些"[①]。

二 徒刑

商代的徒刑基本可以分为徒役、囚禁和流放三类，这三类徒刑虽然在形式上有所差别，但从本质上说，实际都是商王朝的国家奴隶，需要从事极为繁重的劳动。

（一）徒役

徒役实际上即是成为国家控制之下的奴隶。商代罪不至死的犯人，在受刑过后，并不能恢复原先的自由身份，其族也不再接纳被罪罚的人。《公羊传·襄公二十九年》："刑人非人也。"这些"非人"的刑人，最终沦为国家的强制劳动者。商代初期即出现本族成员沦为奴隶的现象，《尚书·汤誓》："尔不从誓言，予则孥戮汝，罔有攸赦"，杨升南先生认为"戮即杀戮，奴即降为奴隶"[②]，即在战斗中不努力的人，可能会沦为奴隶。后来这种情况更加制度化，受到不同刑罚的人具有相应固定的工种，如《周礼·司刑》："墨者使守门，劓者使守关，宫者使守内，刖者使守囿，髡者使守积。"从甲骨文中有同时施刑多人的记录：

贞刖仆八十人，不死。（《合集》580 正）
庚辰卜，王，朕刿羌，不凿死。（《合集》525）

这些被处以刖刑、宫刑的人，商王还关注他们的死活，说明他们的生存对于商王依然具有意义。这些很可能被用做宫中的役隶。

[①] 宋镇豪：《甲骨文中所见商代的墨刑及有关方面的考察》，《出土文献研究》第 5 辑，1999 年。

[②] 杨升南：《殷墟卜辞中众的身份考》，《甲骨文与殷商史》第 3 辑，上海古籍出版社 1991 年版。

（二）囚禁

据文献记载，我国在夏王朝时期已经设置了监狱。今本《竹书纪年》载"帝芬三十六年，作圜土"。《释名·释宫室》："狱又谓之圜土。筑其表墙，其形圜也。"圜土就是监狱，夏朝最大的监狱是均台，《史记·夏本纪》载"（夏桀）乃召汤而囚之夏台，已而释之"。索隐说："狱名。夏曰均台。皇甫谧云'地在阳翟'是也。"据说夏桀以谀臣赵梁使用计谋把商汤骗至均台而囚禁起来，但"汤乃行赂，桀乃释汤"①，由于商汤大行贿赂，才被桀从监狱里释放。

商代也建有监狱，罪犯被抓捕之后，囚禁于监狱之中。《墨子·尚贤下篇》云："昔者傅说，居北海之州，圜土之上"，《礼记·月令》也注引郑记云："狱，周曰圜土"，《周礼·大司寇》云："以圜土聚教罢民"，郑玄注："圜土，狱城也，聚罢民其中，困苦以教之为善"。《白虎通义》："三王始狱，夏曰夏台，殷曰牖里，周曰囹圄，皆圜土也。"《史记·殷本纪》："（纣）以西伯昌、九侯、鄂侯为三公。九侯有好女，入之纣。九侯女不喜淫，纣怒，杀之，而醢九侯。鄂侯争之强，辨之疾，并脯鄂侯。西伯昌闻之，窃叹。崇侯虎知之，以告纣，纣囚西伯于羑里。"

甲骨文有字作"▣"、"▣"、"▣"、"▣"、"▣"、"▣"等形，像人戴刑具在囚室中，学者多释圉，与囚系有关，系指商代的监狱②，齐文心先生谓："甲骨文中表示监狱的字作▣、▣、▣、▣、▣等形……▣，叶玉森隶作圀，释作圉；王襄亦释圉。诸家从之。《说文》：'圉，囹圄所拘罪人'，作监狱解。"商代的监狱很多，在东对、辜、沝、爻、弓、戈以及下面的斿、旁方、𢀛等地都设有监狱。商代的监狱有两重功能，一是囚禁从外族抓获的俘虏，二是囚禁本国的罪犯③。（图8—14）

商代被囚禁的罪犯，不只是被限制自由，而且还

图8—14　《合集》5976

---

① 《史记·殷本纪》。
② 参见于省吾主编《甲骨文字诂林》，中华书局1996年版，第2594—2596页。
③ 齐文心：《殷代的奴隶监狱和奴隶暴动》，《中国史研究》1979年第1期。

要从事体力劳动，《墨子·尚贤下》："昔者傅说，居北海之州，圜土之上，衣褐戴索，庸筑于傅险之城"，《史记·殷本纪》载武丁时傅说的情况为"得说于傅险中，是时说为胥靡，筑于傅险"，集解引孔安国："傅式之岩在虞、虢之界，通道所经，有涧水坏道，常使胥靡刑人筑护此道"，说明被囚禁监狱的犯人需要参加各种体力劳动。

(三) 流放

将罪犯逐出本族，流放于异地是古代重要的刑罚方式，《白虎通·五刑篇》："古者刑残之人，公家不畜，大夫不养，士与遇路不与语，放诸境埆不毛之地，与禽兽为伍。"流放之刑出现很早，尧、舜时期，"流共工于幽陵，以变北狄；放驩兜于崇山，以变南蛮；迁三苗于三危，以变西戎；殛鲧于羽山，以变东夷。"① 商代也存在流放之刑，《尚书·盘庚》："承汝俾汝，惟喜康共，非汝有咎比于罚"，蔡沈注："凡我所以敬汝使汝者，惟喜与汝同安尔，非为汝有罪比罚而谪迁汝也"，可见强制离开原生活地及其所属的宗族已经成为一种惩罚。

第三节　商代法律的特点

商人强调法律在实际生活中的作用，《尚书·洪范》："惟辟作福，惟辟作威，惟辟玉食。臣无有作福、作威、玉食"，极力强调君主的权威。同时，商人不主张通过下层民众之间的和谐关系达到统治目的，而主张"凡厥庶民，无有淫朋，人无有比德，惟皇作极"，即以王作为行为准则，可以说，这当是后世"以吏为师"思想的来源。这种强调个人服从王权的思想必然导致重法轻德，"皇极之敷言，是彝是训，于帝其训，凡厥庶民，极之敷言，是训是行"，就是希望通过"皇极"作为社会的行为规则，以达到治世的目的，这体现出了明显的"法治"倾向，与周代的"德治"是明显不同的思想方式。在具体的事务处理上，《尚书·洪范》："于其无好德，汝虽锡之福，其作汝用咎"，"强弗友，刚克；燮友，柔克。沈潜，刚克；高明，柔克"，强调对于不顺从者要采取强硬手段，不加姑息。《尚书·洪范》的法治思想与《礼记·表记》载殷人"先罚而后赏"相符合，商人的确重视法律在社会生活中的运用。与商人这种重法治思想相适应，商人的法律建设取得了很大

---

① 《史记·五帝本纪》。

进展，已经出现了相关法律条文和相关刑罚，法律制度初具规模。

但商代毕竟处于国家形成的早期阶段，其法律建设还远没有达到成熟，所以商人的法律制度还具有不成熟性。

同时，由于商人把法律作为统治的重要手段，所以对法律过于依赖，导致法律具有强烈的恐怖色彩和儆示性。

由于上述原因，商代法律呈现出如下特点：从宏观而言，商人法律已经初具其形，但尚不成熟，表现在神判神罚、法即是刑、习惯法特色、政法合一、兵刑无别等方面；从微观而言，商代法律具有数刑并用、刑人于市、刑不可知等特点。

一、初具规模。商代已经出现了官刑、军法、普通刑法等分类，出现法律条文具体化的迹象。以官刑为例，无论"不有功于民，勤力不事"① 的渎职之罪，还是"敢有恒舞于宫，酣歌于室，时谓巫风；敢有殉于货、色，恒于游、畋，时谓淫风；敢有侮圣言，逆忠直，远耆德，比顽童，时谓乱风"的三风十愆，都集中针对官吏的职守问题，具有明显的专门法特征，而"臣下不匡，其刑墨"②，则表明对于臣下疏于职守有了相应的惩罚律条。官吏不仅受到商王的考察，而且受到下层民众的监督，《易·讼》九二云："不克讼，归而逋，其邑人三百户无眚"，所记载的是商代的事情③。此爻，所记的是邑人首领以下讼下，不胜诉而逃。从这个记载表明，商代已经出现了以下讼上的行政诉讼。这些都表明商代的官刑已经相对完善，成为一种较独立的法律。

从商代法律内容可以看出，商代法律涉及范围较广，不孝、造谣生事、扰乱秩序、囤积货贿、危害公共秩序等条文几乎涉及社会的各个方面，适用人群也几乎包含社会各个阶层。商代平民的许多日常生活行为已经不是单纯受到风俗或习尚的影响，而是受到法律的约束，法律已经深入到商人的日常生活之中。同时，在许多律条中，对于特定的行为有相应的处罚手段。这一切都表明，商代法律已经初具规模。

但是，商代法律也具有不成熟性，主要表现在：

二、神判神罚。商代的神判神罚主要表现在两个方面。一是法权神授。

---

① 《史记·殷本纪》。

② 《尚书·伊训》。

③ 杨升南：《商代的土地制度》，《中国史研究》1991年第4期。

《诗·商颂·玄鸟》称："天命玄鸟，降而生商"，《尚书·商书·盘庚上》："先王有服，恪谨天命"，《墨子·非乐》引汤之《官刑》曰"上帝弗常，九有以亡；上帝不顺，降之百殃"，天命神授是一切权力的依据，法律亦是如此，《尚书·洪范》云："我闻在昔，鲧堙洪水，汩陈其五行。帝乃震怒，不畀洪范九畴，彝伦攸斁。鲧则殛死，禹乃嗣兴，天乃锡禹洪范九畴，彝伦攸叙"，认为经国治世的规则是上天所赐，《逸周书·尝麦解》亦云"昔天之初□作二后，乃设建典"，将法律的制定归功于上天。二是罚降自天。《尚书·汤誓》："有夏多罪，天命殛之"，《商书·盘庚》："汝万民乃不生生，暨予一人猷同心，先后丕降与汝罪疾，曰：'曷不暨朕幼孙有比。'故有爽德，自上其罚汝，汝罔能迪"，"有乱政同位，具乃贝玉，乃祖乃父丕告我高后曰：'作丕刑于朕孙。'迪高后丕乃降弗祥"，在这里，惩罚是上天和祖先神的意志，商王只以执行者的身份出现，表现出强烈的神罚特征。这在甲骨文中也有反映：

辛未卜，其墨多仆。
其刖多仆。（《屯南》857）

对多仆施以墨刑或刖刑要通过占卜决定，神灵意志成为决定刑罚的关键。

三、法即是刑。从商代的法律内容可以看出，商代的法律其实皆是刑法，主要集中于对于犯罪行为的规定和处罚。至于一般性的社会纠纷、社会保障等事务则没有涉及，具有典型的法即是刑的特征。法即是刑一直是中国古代法律的主要特征。

导致法即是刑的原因有二：一是法律不是针对社会正常秩序而制定的，而是为了对付社会的不正常秩序而制定的。《尚书·皋陶谟》中说："天讨有罪，五刑五用哉"，《尚书·吕刑》中说："苗民弗用灵，制以刑。惟作五虐之刑，曰法"，《左传》昭公六年："夏有乱政而作禹刑，商有乱政而作汤刑，周有乱政而作九刑"，《左传》成公十七年："臣闻在外乱为奸，在内为轨，御奸以德，御轨以刑"，制定法律的目的只在于打击违反正常社会秩序的行为，所以刑法成为法律的主体，导致了法即是刑。二是法律的目的在于维护统治政令的施行。在古代，王是天命所归的神圣，王的意志具有天然的正确性和不可违抗性，一切社会规则都以王的意志为标准，"惟皇作极"，所以法律的目的在于推行王命，注重上级对下级的控制和驱使，普通民众则只是被法律施及的对象，而不是法律本身所关注的内容，从而使法律强制性和惩罚性的一方面得到充分发展，导致了法即是刑。

商代强调王权，"惟辟作福，惟辟作威，惟辟玉食。臣无有作福、作威、玉食"，① 尚没有将民和德当做重要的政治思想内容。同时，商代又把法律作为实现统治的主要手段，"先罚而后赏"。所以，商代法律的"法即是刑"特征尤为明显。

四、习惯法特色明显。商代法律产生的主要原因是为了纠正社会不正常秩序，但是其目的却在于维护正常的社会秩序。所以，许多利于正常社会秩序的风俗、习惯也被上升为法律，这是法律的第二个来源。

早期的法律一般都带有明显的习惯法特征，商代也是如此。从商代的法律内容看，"刑三百，罪莫重于不孝"②，"殷之法，弃灰于公道者断其手"③，都是将风俗上升为法律，以严厉的惩罚取代道德谴责。《墨子·节葬下》云："上以为政，下以为俗。"正是对这种习惯法的描述。

五、政法合一。从前面的分析可以看出，商代虽然出现了专职的抓捕罪犯的官员，但依然需要大量其他人员从事抓捕工作，这说明专职抓捕官员及其职能尚未制度化，尚未形成专门的缉捕部门。承担抓捕任务的也是军队和地方部族武装，尚没有专门的警察队伍。商代尚没有独立的法律审判机构和执行部门，而是由各级政府负责处理法律事务，各级地方长官同时又是法官。

六、兵刑无别。法律的起源是为应对不正常的社会秩序，最主要的是战争。《尚书·皋陶谟》中说："天讨有罪，五刑五用哉"，《尚书·吕刑》中说："苗民弗用灵，制以刑。惟作五虐之刑，曰法"，《尚书·舜典》记载舜命皋陶说："皋陶，蛮夷猾夏，寇贼奸宄，汝作士，五刑为服"，所以古代法律带有兵刑合一的特征，春秋时范宣子言："夫战，刑也。"④ 汉代王充说："夫刑人用刀，伐人用兵，罪人用法，诛人用武。刑与兵，犹足与翼也，走用足，飞用翼，形体虽异，其行身同。刑之与兵，全众禁邪，其实一也"⑤。

兵、刑名称的不同，是军事强制手段用于异族与本族的区别，用于对付

---

① 《尚书·洪范》。
② 《吕氏春秋·孝行》。
③ 《韩非子·内储说上》。
④ 《国语·晋语》。
⑤ 《论衡·儒增》。

外族的战争,即是兵,用于维护本族的治安,即是刑。《左传》成公十七年:"臣闻在外乱为奸,在内为轨,御奸以德,御轨以刑",正说明刑是对内的方式。兵刑合一,有三重含义,一是最初的处罚律条,是兵法的社会化,即把战场处罚方式日常化,用于维护日常生活;二是把处置外族的方法内化,即本来处罚俘虏的方法被用于对付本族的违规人员;三是维护法律和战争的任务同是由军队执行。

商代监狱的设置也说明了这种情况。商代监狱多在边地,"可以看到殷代在东对、羍、冰、爻、㠱、戈以及下文的疔、旁方、𢦏等地都设有监狱。而其中的羍、㠱、疔、旁方等监狱设在靠近边塞的地区。"① 甚至在其他方国中也设有监狱,"甲骨文中记载的奴隶监狱,往往设在边远地区,这些监狱除一般的作用外,主要用于囚禁异族的战俘奴隶。"② 这些监狱囚禁战俘,同时也囚禁本国的罪犯。

与监狱多设立于边地的情况相对应的是,罪犯也多流放于边地。《白虎通·五刑篇》:"古者刑残之人,公家不畜,大夫不养,士与遇路不与语,放诸垗埆不毛之地,与禽兽为伍",《墨子·尚贤下》:"昔者傅说,居北海之州,圜土之上,衣褐戴索,庸筑于傅险之城",其地在今山西平陆一带,正是商王朝政治疆域的西界。流放的实际意义在于把犯人逐出本族,在族组织严密的社会中,个体一旦失去族组织的保护,即失去了社会地位和人身保障,是一种很重的处罚。

在维护法律和社会安定的过程中,虽然在处置方式上采取了兵刑合一的方法,但在理论和认同上,异族和同族依然是不可混淆的。为了解决这一矛盾,古人提出了所谓"君子不近刑人,刑人非人也"③,即当处置罪犯时,首先是将其黜出其族,将刑人从族人的范畴中划出,从归属上予以否认,将其降格为可以施以兵武的敌对之人,然后施刑,这可以说是刑起于兵的最有趣的孑遗。从此可以推论,殷墟大量殉人中固然以奴隶为多,但相当一部分也应为刑人——商本族的罪犯。

以上是商代法律的宏观特点,就商代法律本身而言,还有如下微观特点。

---

① 齐文心:《殷代的奴隶监狱和奴隶暴动》,《中国史研究》1979 年第 1 期。
② 齐文心:《"六"为商之封国说》,《甲骨探史录》,三联书店 1982 年版。
③ 《盐铁论·周秦第五十七》。

七、数刑并用。商代对罪犯实行数刑并用，对同一罪犯往往同时处以几种刑罚。对于死刑犯的情况，由于资料缺乏，不得而知。对于不判死刑的罪犯，往往是在施以肉刑后，即逐出本族，或罚为苦役，或投入监狱，或流放边地，多数成为国家控制之下的罪隶。甲骨文有：

贞刖仆八十人，不死。（《合集》580 正）
贞其刖百人，死。（《合集》1043）

上引卜辞中同时对数十人甚至上百人处以刖刑。从行刑的集中性看，很可能这部分犯人并不是罪过相同，而是王朝需要某一类职役的服役者，则将一批罪犯同时处以刖刑。商王对这些受刑者的生死予以关注，是因为这些受刑者将被用为从事劳役的罪隶。

八、刑人于市。商人对罪人的行刑，除用于牺牲的是在祭祀场所处置外，其他罪人基本在公共场所受刑。《礼记·王制》："刑人于市，与众弃之。"孔颖达《礼记正义》认为"刑人于市，与众弃之，亦谓殷法，谓贵贱皆刑于市"。《太平御览》引《司马法》曰："殷戮于市，威不善也"。刑人于市的意图在于广示大众，从而起到儆示的作用，实现维护统治的目的。

九、刑不可知。商人已经建立了相对固定的行为规则，而且涉及社会生活的各个方面，具有一定的完备性。但同时也可以看到，商代法律具有不成熟性，只有较固定的罪名，对固定罪名的处罚却没有固定的条款，常动辄以"矧予制乃短长之命"，"我乃劓殄灭之，无遗育"相恐吓，与《左传》昭公六年所说的"昔先王议事以制，不为刑辟"，"临事制刑，不豫设法"① 的情况相符合，即商人通过周详的罪名和不固定的量刑，以求达到"刑不可知，则威不可测"的统治效果。

起初，商法虽然严厉，但也并非一味强调残酷，而是希望能用非法律手段解决问题，尤其是希望通过教育、感化和恐吓达到目的。《史记·殷本纪》："汤出，见野张网四面，祝曰：'自天下四方皆入吾网。'汤曰：嘻，尽之矣！'乃去其三面，祝曰：'欲左，左。欲右，右。不用命，乃入吾网。'诸侯闻之，曰：'汤德至矣，及禽兽。'"从《盘庚》三篇也可以看出，盘庚也不厌其烦，频频说教。商人在强调"用罪伐厥死"的同时，也强调"用德

---

① 《左传》昭公六年孔颖达疏。

彰厥善"①，希望以恩威并用的手段，达到使臣民各"恭尔事，齐乃位，度乃口"的安定社会状态。商人对民众一再强调法律，有先教而后诛的意义，秉承前代"眚灾肆赦，怙终贼刑"②和"与其杀不辜，宁失不经"的原则，体现出"殷罚有伦"、"义刑义杀"的不滥杀无辜的进步性。孔子所提倡的："道之以政，齐之以刑"③在殷商时代已经萌芽。但商代法律的确越来越走向严酷，今本《竹书纪年》说："祖甲，二十四年，重作汤刑"，即是祖甲时代对《汤刑》进行了补充和修订④。沈约注："繁刑以携远，殷道复衰"，《吕刑》孔颖达疏："自汤以后，世渐苛酷，纣作炮烙之刑，明知刑罚益重"，《史记·殷本纪》："百姓怨望而诸侯有畔者，于是纣乃重刑辟，有炮格之法……而醢九侯……并脯鄂侯"。《吕氏春秋·用民》评论说："威太甚，则爱利之心息。爱利之心息，而徒疾行威，身必咎矣。此殷、夏之所以绝也"，所说的当是商代晚期的法律情况。

有学者认为商代的法律是不公开的，"奴隶主贵族崇尚'刑不可知，则威不可测'的原则，所以，采取垄断法律不予公布的法律秘密主义，以便统治者'临争议制'，随心所欲地断罪施刑，镇压奴隶与平民的反抗。"⑤法律的内容只有被公布才能起到维护秩序的效果，被处罚者只有在相关的罪名下受刑才能具有儆示的作用，才能达到防止犯罪维护稳定的目的，所以古人所说的"刑不可知"只是要保持在量刑上的随意性，以加强威慑力，而不是将法律条文保密。《尚书·康诰》：有"外事，汝陈时臬，司师……汝陈时臬，事罚蔽殷彝，用其义刑义杀"，孙星衍《尚书今古文注疏》云："此言外朝听狱之事，汝陈列是法，以司察其众。此商家刑罚有伦理可从也"，宋镇豪先生认为："'外事'指民事听讼审判，因在外朝，故称'外事'。'陈'者宣读布告。'臬'指刑法条律。"⑥这说明商代的法律内容是广而告之的，只是在适用的具体法律和量刑标准上，还带有一定的随意性，如：

---

① 《尚书·盘庚》。
② 《尚书·舜典》。
③ 《论语·为政》。
④ 彭邦炯：《商史探微》，重庆出版社1985年版，第104页。
⑤ 郭成伟：《中国法制史》，中国法制出版社1999年版，第28页。
⑥ 宋镇豪：《夏商法律制度研究》，《夏文化研究论集》，中华书局1996年版。

辛未卜，其墨多仆。

其刖多仆。（《屯南》857）

即占卜以决定对多仆隶处以墨刑或刖刑，"商代的量刑原则并不全据罪之轻重来定，神判也据要位，显示了早期刑法的特点。"①

□□卜，争，贞刖圭，不［死］。（《合集》861）

同样是逃亡，或处刖、之刑，或处刖刑。可见商代对于同一类人的量刑是没有严格规定的，审判者可以根据其情节在一定范围内自由量刑，以期达到"刑不可知"与"威不可测"的目的。

商人"刑不可知"是指商人试图通过刑罚的严酷，增强法律的恐怖性，以加强法律的儆示性效果，也就是说，是"威不可测"的目的促成了"刑不可知"的方式。其内容只是指适用的刑罚而言，而不是指法律内容而言。

---

① 宋镇豪：《甲骨文中所见商代的墨刑及有关方面的考察》，《出土文献研究》第 5 辑，1999年。

结 语

商王朝上承国家初建的夏朝，下启"郁郁乎文哉"的周朝，是中国文明和国家形成时期的重要阶段。

传统上说，总是将夏、商、周作为同一个阶段，笼统地认为三代一系。虽然承认三代之间有继承与损益——"殷因于夏礼，所损益，可知也；周因于殷礼，所损益，可知也"[①]，但至于有何损益以及三代各自的特点，则不甚明了。

夏朝处于国家初建阶段，国家制度尚不完善。夏朝是在治理洪水过程中建立的国家，主要是在和平合作作用下形成的，所以基本保留了各地原有的政权和势力。夏朝的国家结构也相对简单，基本是由中央王朝与周边方国结成的不平等联盟。中央王朝与其属国之间，虽然建立了不平等的权力关系，但各地方国依然具有强烈的独立特征。各方国与王朝的关系也基本相似，没有形成复杂的互相统属的立体结构。夏王朝在这种情况下建立的内外服制，更像是自然地缘政治的升级，而不是人为建立的统治制度。

在夏王朝控制下的商族，自先王上甲时期起，就形成了部族奴隶方国，又经过报乙、报丙、报丁、示壬、示癸几代人的经营，在商汤大乙时，"殷革夏命"，商部族奴隶制方国推翻了夏王朝的统治，"汤乃践天子位，平定海内"（《史记·殷本纪》）。商部族奴隶制方国由偏居一隅的地方侯伯，一跃而成为"代夏朝天下"（《史记·夏本纪》）——统治全国的奴隶制王朝。商王朝建立以后，历代商王通过一系列的对外战争，扩大了领土，控制了大量奴隶和财富，但一直处在少数贵族统治阶级和广大平民、奴隶等被统治阶级的尖锐对抗之中。

商王是贵族统治阶级的最高首领，首先是因为商王是全国军事力量的最

[①] 《论语·为政》。

高统帅,商王对全国军权的牢牢控制。其次是因为商王是商王朝神权政治的体现者,垄断着对上帝、鬼神和祖先的祭祀大权,特别是到商代晚期武丁以后,通过对王位继承制度的改革,从血缘宗法关系方面,进一步加强了王权,尤其是帝乙、帝辛作为商王族宗族长而垄断祭祀权,巩固了其至高无上的地位;而帝乙、帝辛时周祭制度的最终形成,正是武丁以后"典祀无丰于昵"的祭祀王制度的发展与变化,也是商末王位继承制确立和法典化,周祭制度使帝乙、帝辛成为商王族直系、旁系子孙的无可争议的最高宗族首领,并垄断了对商人祖先祭祀权,保障了贵族统治阶级内部的稳定、和谐。再次是因为商王是全国土地的最高所有者,有权处置各级贵族占有的土地,并把土地加以分封。而受封的贵族和方国、诸侯,承担着对商王朝政治、经济、祭祀等方面的沉重负担,并处在中央王朝的绝对控制之下;商王朝的贵族统治阶级由王廷诸子、王廷诸妇、王廷贵族和方伯、诸侯等组成,大量的甲骨文材料表明,各代商王对全国的控制,就是通过他们实现的。

与商朝贵族统治阶级处于互相对立又互相依存的是广大的被统治阶级。我们发现,甲骨文中的"人",是处于社会底层的被统治阶级的身份标志和专称,包括自由人和非自由人;与之对立的各级贵族统治阶级,在甲骨文中或书官称,或书爵称,身份更高者则书庙号或私名。我们还发现,甲骨文中的被统治阶级的人,有不以单位词(即数量)计的群体(某地或某族)人和超出一族局限的更为宽泛的群体(即邑)人。而以数字(单位词)计的人,除一部分突破群体人的局限,与超出一地(或一族)的群体人相近外,大量的以单位词计,并标示不同名目的人,就是"非自由人"。其中有战争的俘虏,也有的是失去人身自由和无生命保障的"非自由人"。在商王朝,只有那些幸存生命并被投入社会生产和生活领域的非自由人,诸如羌、仆、奚、彐等才是真正意义的奴隶。

至于甲骨文中的众和众人,虽然学术界对其身份的讨论众说纷纭,莫衷一是,我们据众和众人以单位词(即数量)计,就可以把他们的地位卡在"不以单位词计"的群体人——自由人和"以单位词(数量)表示的不同名目的非自由人"诸如羌、伐、奚、仆等之间。既然如此,我们就不必把与众有关的㽙、米、㞢(又)、隻等在甲骨文中确应为祭名和确为战争动词的"㽙"另作解释,从而回避开甲骨文中的众和众人偶有被用于祭祀时的人牲或被屠杀的事实。但众和众人只是"偶有用单位词表示其具体的数量",而被用于祭牲或被屠杀的卜辞也所见不多(与其他"以单位词〔数量〕表示不同名目的非自由人"相比较而言），因而众和众人地位应比"以单位词（数量）表示的不同名目的非自由人"要高。商王把众和众人用在方国战争或重要戍守等军事活动中，或投入到社会的农业生产领域及田猎活动中，也表明他们的人身是有相当自由的；之所以如此，是因为众和众人与商王及贵族有着某种疏远的血缘关系，商王表现了一定程度的对众和众人的关心，但却因他们已被排斥在宗族组织之外，因而社会地位较为低下。甲骨文中所记众和众人被作为祭牲或遭屠戮，与《尚书·盘庚》中商王动辄就要"我乃劓殄灭之无遗育"，甚至其祖先"乃祖乃父断弃汝，不赦乃死"的社会下层民众的地位是一样悲惨而低下的。

商朝是在对外战争和征服中建立和发展起来的国家。在商朝社会中，少数贵族，统治着广大平民和奴隶阶级，以商王为首的商族贵族征服者，控制着广大的被征服方国、诸侯。为实现对广大被征服地区的有效统治，保障商王朝社会生活的有序进行和社会生产的合理正常运作，商王朝继承了夏王朝的国家机器和政治经验，在建国之初就已形成了较完备的国家机器，并在历代商王的统治实践中不断加以完善和发展。

商王朝通过长期的对外战争，不断把被征服地区纳入同一个国家，形成了立体的权力结构。同时，通过战争，商人掌握了大量可以自由支配的人口和土地资源，扩大了商王经济、军事力量的同时，也为分封制提供了条件，在此基础上，商人在被征服地区进行了分封。分封制在日后商人开拓领土的过程中被广泛采用，成为商王朝巩固疆域和向外开拓的有效工具。分封制与内外服制的建立，奠定了商代国家政治制度和统治方式的基础。在分封制和内外服制的基础上，商王朝建立了较为完善的国家机构和权力系统，在广大地域内实行有效的统治。（图结—1）

商王治下的国家，以王畿为限分为内服和外服，商王朝在内服和外服实行不同的统治方式。内服是商王朝可以直接控制的地区，按照管理方式基本可以分为两类，一类是由商王直接管理的地区，包括城市和重要据点、国家设立的直属商王的据点、直属于商王的地方部族；另一类是畿内封邑。商王朝的内服职官系统基本分为辅政主官、决策机构、执行机构、史官和各级地方政务官，形成了立体的权力系统，对王畿进行管理。按职能划分，商朝的职官可以划分为外廷官和内廷官两大类，其中外廷官包括行政主官、政务官、事务官、武官、宗教文化官等负责商王朝的国家事务的官员，内廷官主要指寝、小臣等，主要负责商王的生活事务。

图结—1 郑州出土的窖藏青铜器
（采自《郑州铜器窖藏》）

商代总体上形成了由商王、行政主官、决策执行机构和各级地方官员构成的立体权力体系。商王朝的上层权力机构较为完善，在地方的统治则主要依靠族，族组织成为商王朝的实际基层行政单位。

商代外服的统治主要由商王分封的诸侯负责，商代外服诸侯有两种，一种是由商王朝派出的武装团体建立的地方诸侯，另一种是归服方国。商代的外服职官系统是逐渐成熟起来的，由于最初的分封只是应对新征服地区的权宜措施，而不是系统的制度，所以外服没有确定的职官称谓系统，侯、伯、男（任）、田、卫、子、妇、亚、戍、牧等都曾出现在外服职官当中，但随着商王朝疆域的稳定，外服也逐渐系统化，侯、伯、男（任）、田成为主要的外服地区职官，其中侯、男（任）和卫主要是商王朝分封建立的诸侯，而伯则主要指归服方国首领。到商代末期，则基本形成了以侯、田、伯为主的外服官系统。商代并没有形成通用的爵阶制度，只是在商代末期，出现了地区性的诸侯集团，出于合作的需要，出现了等级差别。

商王朝通过内外服制建立了各级管理机构，保障政令的实施。在各级机构之外，商王朝还通过建立奠、戍、牧等各种生产、军事据点，构建了遍布在全国各地的据点网络，成为商王朝在各地的堡垒和前哨。商王朝加强道路系统建设和路政管理，构建了遍布畿内的路网和羁舍体系，在巩固畿内统治的同时扩大了外服控制范围；商王朝把据点网络、道路体系与各地诸侯结合起来，形成了拱卫王朝的军事体系，成为王朝巩固统治、维护安全和开拓领土的有效机制。

在完成各级机构和组织建设的同时，商王朝还重视制度建设。商代已经形成了初具规模的法律制度，出现了针对官员、军队和一般社会成员的分类法律，也出现了较完备的五刑，根据不同的犯罪情节对罪犯分别处以墨、刖、宫、辟、徒役、流放等刑罚，并建立了监狱。

商代虽然建立了较完备的制度，但毕竟处于国家形成的早期，尚有许多不成熟的地方。商王朝作为三代时期的中间朝代，处于国家制度完善的关键阶段，许多机构和制度处于初建时期，商王朝的政治制度是一个不断变动、不断完善的过程。商王朝的许多制度都具有创新性和变动性，具有明显的过渡性特点。

后 记

　　作为宋镇豪主编的多卷本《商代史》的一个分卷——商代国家与社会，在2000年被列入中国社会科学院重点研究课题以后，于2001年3月17日全体成员参加正式讨论，并确定各分卷的提纲（即详细目录）开始启动，至今（2006年9月）已经六年多了。本来，拟在2005年年底就要结项的这一大型研究课题，现在各卷虽都基本完成撰写工作，但毕竟没有如期验收结项。应该说，此课题的承担者杨升南和马季凡先生、宋镇豪先生、常玉芝先生、王震中先生等，都早在2004年就已如期出色地完成了各自承担的有关分卷的写作任务，是值得我们向他们学习的。我承担的本卷撰写任务，由于主编及时安排徐义华先生协助我工作，才得以偏居中游，总算没有拖累课题的进度。虽然如此，深知其他先生因这种那种的难处而进展稍慢，绝不敢"五十步笑百步"，我总为没有按计划完成课题而愧疚。因而可以说，这一大型课题从立项到提纲的确定，以及进展中各种难以预料的问题和按期结项日期的迫近、主管部门检查进度等种种压力……使本书的主编宋镇豪先生经受了一次终生难忘的"韧"的磨炼，近四年来，他为课题各卷的进展而难以安眠。虽然现在陆续完稿，但最后验收、结项、写各种报告……恐怕还须假以时日。因此，在这里我要向他致以发自内心深处的慰问和敬意！

　　《商代史》大型课题之所以进展缓慢，除了参加的十多位学者求精求细的原因外，也有不少客观原因。总之一句话：情况在不断地发生变化。大家都生活在社会之中，不是脱离"三界"的"圣人"。自2000年课题立项以后，历史研究所就面临旧楼拆除，全体搬迁到科研大楼12层的大事。历史研究所"乔迁之禧"费去了不少时间。虽然科研环境有所改善了，但随后而来的历史所图书馆与院图书馆"合并"，并把几十万册图书搬入新落成的院图书馆大楼，再进行整理、上架，直到开放又花费了不少时间……好日子没有几天，2003年4—5月"非典"又开始肆虐，大有黑云压城城欲摧之势。

但我们中华民族,处变不惊,经受住了考验,取得了抗击"非典"的胜利。应该说,《商代史》较为正常的进行,是在2003年解除"非典"以后。

在课题进行过程中,参加的人员也处在不断变化的情况之中。继杨升南、罗琨先生退休之后,常玉芝先生于2002年、王宇信于2003年也相继退休。虽然常说"退而不休",但由在职到退休,总要有一个适应的过程。而较为年轻的学者,情况也在不断变化着。最令人痛心的是,承担《商代史》地理卷的林欢博士,留下部分尚未完成的书稿,在2003年英年早逝,过早地离开了我们。而与韩江苏一起参加商史人物卷的江林昌先生,在历史研究所完成攻读博士后的课程以后,到山东烟台大学任教去了。年轻有为的江林昌先生,平步青云,相继担任了副所长、副校长、烟台市人大副主任等职务,社会事务、行政校务、学术研究的重任压在他的肩上。鱼与熊掌都很好吃,但过度的疲劳竟使他昏倒在校长办公室,半个小时后才被秘书发现,急送医院抢救。2006年7月暑假期间宋镇豪先生派韩江苏去烟台取他的稿子,韩江苏在烟台一个星期,也只匆匆见上江先生两面。韩江苏取回尚未完成的书稿,进行补写和统一全卷的工作……而韩江苏,2003年考入北京师范大学历史系攻读晁福林教授的博士。课题的另一承担者徐义华也在当年考取了中国社会科学院研究生院历史系的博士。三年之内,要读完博士课程并完成博士论文,负担也是十分沉重的。但他们终于完成了学业,并以优秀的博士论文通过答辩。这些青年人的努力和积极进取精神,确实令我感动!老一辈的学者杨升南先生,在课题提前完成以后,"上帝授有佑",他的大病之躯,居然奇迹般地得以康复,原来做化疗脱光的头发,也竟然浓密如初。在近年不少的学术会议上,经常出现他的身影,在2006年的五六月,还去了美丽的夏威夷一游……真是吉人自有天相!罗琨先生平时研究的项目较多,自己给自己不断加码,使身体不甚重负,健康也欠佳。但她也在奋斗与坚持中做完了课题。而《商代史》课题组最年轻的学者孙亚冰,在痛失合作者和学长的情况下,毅然承担了有关商代地理研究的分卷。她为了保证课题的如期完成,独自做了最大的痛苦的决定……当主编和我听说以后,能说什么呢?!我们只能暗自心痛地和委婉地说她几句……承担最后一卷《殷遗与殷鉴》的宫长为先生,不仅负担着家庭和女儿的照顾,而且还担任着先秦史学会的秘书长,经常奔波于"先秦古国"所在的各县、市之间,为学术会议的组织召开花费了不少时间和精力……《殷遗与殷鉴》的完成,将标志着《商代史》课题的基本结束。

至于我本人承担的《商代国家与社会》这一卷，情况也是在不断变化。首先就是人员的变化。在2004年年底，我考虑到各卷要求务必在年底写出初稿，而当时我深感身体有些不适——即由于血压偏高，总觉得头上套了一道"紧箍咒"似的，一些问题总是不能思考，也思考不出个所以然来，因而我的课题进展较慢。在2004年年底，主编决定让徐义华博士参加我这卷下半部分（第六—第八章）的写作，即按提纲撰写下半部商王朝国家体制及社会政治制度。由于徐义华的参加，才使我集中力量把在写作过程中遇到的自己写不通的问题，绞尽脑汁地做到起码自己能想通……虽然在主编检查课题进度时，我和徐义华总是处于"中游"，但坦白地说，如果没有徐义华的及时参加，我肯定要拖课题的后腿。尽管我有时进展不下去，自认为"脑子坏了"并向主编谈起，宋镇豪先生却一直相信我能按时完成，并从未担心我完不成课题。我从他对我的信任中增强了自信。与此同时，也由于我自顾不暇，没有为他分担压力，对此，我颇感内疚。

　　我在课题的写作过程，不仅人员得到了充实，而且原拟的提纲也有所变动和调整。2001年3月以后开始《商代国家与社会》卷的撰写，开始时进行得颇为顺手，原提纲的绪论"商代社会与国家在中国古史上的地位"写完以后，就开始了第一章"商代社会与国家研究的历史与现状"的撰写了。这一章是回顾与总结性的叙述，应该写几十年来对于商代社会与国家、社会结构和社会性质、国家机器与国家形态等方面研究和认识的不断深入的过程。一写起来，就收不住笔了，一下子把三节写成三章。虽然2003年5月正是"非典"闹得最吓人的时候，但在撰写这部分时，也就不知不觉地到了取得抗击"非典"的胜利阶段。在当年9月，课题组开会，共同研究写作时遇到的问题及汇报进度时，我已经把第三节写成了三章，再加上绪论，将近有十五万字了。我自己也觉得写得太多了，原限定全书30万字怎么能控制住呢？当时虽然速度比不上杨、马、常、王等先生，但总的印象进展还算顺利。大家只是觉得这部分写得多了些，"写多了总可以删嘛！"接下来就应是提纲上的第三章"新史料的发现为'文献不足'的商代社会国家研究深化提供了新契机"，按以前的思路再这样写下去，至少又要三四万字。还没接触正题就二十多万字了，再接着写下面提纲上所列章目直至第十一章，全书要多大规模？主编也是通不过的。因此就暂不写第三章，跳过原提纲所列，从第四章"殷商王朝的社会构成"往下写。社会构成的第一节是殷商王朝的统治阶级，第二节是殷商王朝的被统治阶级。在写商王朝统治阶级的商王时，又遇到了理不清的问题,即商王是商王朝祭祀权的垄断者,是如何把持祭祀权的呢?据学者研究,在甲骨文中,商代帝乙、帝辛时期对先王的祭祀制度发生了变化,但为什么发生了变化?与商代王位继承制度有无关系?而晚商王位继承制度又发生了怎样的变化?应该说,在不少通史著作中,都普遍地接受了商代大示是直系先王,小示是旁系先王的成说,而直系与旁系与古代礼制的直系、旁系概念是不同的,这一点很多人并没有深究,而大谈的商王把持祭祀权,也是笼而统之。因此我写到商王对"先公先王祭祀权的垄断"时,就怎么写也写不下去了。有时面对稿纸,怎么想也想不出所以然,有时一个字没写,有时写几个字,很快半天就过去了。虽然我坚持写下去,想到哪写到哪,但写出来自己看了也莫知所云……从此,我总觉得头上像套个"金刚圈"一样,总是想不出圈去,成天懵懵懂懂。我开始怀疑是不是我的大脑出现了问题?有时还去北京医院开些增强记忆力和健脑的药……好长时间陷于没有进展的状况。而别的卷都在进展着。不通就不通吧,这儿先放着,接着往下进行!就又接着写了王廷贵族、方伯、诸侯等有关章节,光提纲中有关商朝统治阶级的一节写成了五万多字。这时候已是临近2005年的元旦了。又是在一次课题组的聚会和汇报进展的会议上,我对主编宋镇豪教授说,近来身体不好,我前后写了近二十四五万字,看来我应把提纲加以变动,就写商代社会与国家在中国古代史上的地位、商代的统治阶级和被统治阶级,下面商代的国家机构和政治制度由徐义华写就行了。我可把写成的关于商代社会与国家的历史回顾部分近十万多字删去,把原提纲一章所拟关于社会分层,诸如商王与王族、子、多子、多子族,花东之强宗"子"例论,族氏组织与金文所见复合氏族、宗氏、分族、家族与家庭,宗法制是维系贵族统治地位的纽带等不写了。因为许多内容一小节是写不清楚的,而有一些内容也没有探索清楚,或正在探索中,而我限于水平,在短时间内对新成果也消化不了、研究不清楚,再则,2005年4—5月又要求完稿,只有这样才现实一些。主编同意了我的意见,但他又哪里知道,我在王权部分还有一个压在头上的"大疙瘩"没有解开呢!此外,自2005年开始写商王朝的被统治阶级部分,我在写商代社会与国家的研究概述时,了解到甲骨学者对不同名目人身份都有不同的考证,历史学家从古文献的考据和经典作家关于奴隶与平民的定义出发,对商代不同名目人诸如奴隶、人牲、自由民的身份也有不同意见与分析,以及商代社会究竟是发达奴隶制、初期奴隶制、还是东方奴隶制等有不同的看法。通史或政治制度史从定义或遵从成说,一般只是罗列众、羌、仆、臣、奚等作为商代被统治阶级。是否我还一如其旧，把被统治阶级不同名目一一列出？还是换一个写法，这也是我在考虑这一章时反复思考的问题。在撰写过程中，我发现：甲骨文中的"人"，没有统治阶级，有的只是群体的人和有数字计的不同名目的人。在此基础上，我又发现以数字计的不同名目的人或受刑、受桎或被用做祭牲杀死，当是没有人身自由的人。这些没有人身自由的人，只有当被保留生命，并被投入社会生活和生产领域，才是真正意义的奴隶。而众说纷纭的众和众人，我原来接受的是自由民的观点。但在撰写过程中，注意到众和众人这一名目的人多不以数字计，其地位与群体人相近。但有一条是"受惟众百"，以数字计，说明众和众人和非自由人又应相近，这就与我一直信从的众和众人是自由平民的看法产生了矛盾。本来这一部分进展得还顺利，但又遇到了一个我回答不清和必须说清的问题。我是一直相信学者的关于众和众人相联的米、隻、途等字的考证的，也没有认真梳理过全部有关辞条。但当我把有关卜辞进行全面搜集并进行较为系统的比较分析后，认识到"米"等应为祭名，而"叁"为屠戮意更为确切。众既然处在自由人和非自由人之间，偶尔被用为祭牲或被屠戮，当是正常的，说明他们的地位较一般自由人为低，当是商代社会被排斥在宗族组织之外的商族平民……当这一认识考虑清楚以后，基本上 2005 年酷热的夏天已过，逐渐进入秋风送爽的时候了。

本来，主编重申 2005 年 10 月底各卷交稿，但在年底（2005 年 12 月 20 日）召开会议检查各卷进度时，除了原来杨升南、宋镇豪、王震中、常玉芝四卷交稿外，其余各卷进展还是参差不齐而不能按时交稿，只得把日期再后延。主编再一次明确要求 2006 年春节以后交初稿，争取 2006 年 5 月结项。虽然我和徐义华这一卷已基本完成，但我自己清楚，还有一部分，诸如商王对祭祀权的垄断和商王继承制度等部分虽然写出，但自己也觉得莫知所云，我深知这样的稿子是无法交出和向读者交代的。因而这一沉重的压力使我一直怀疑脑子坏了，不能冲出长期困扰我的"围城"。既然主编再一次明确了交稿日期，而且是军令状式的，使我受到极大的推动和震动：集中力量考虑这一部分，努力使自己把这一部分想不通的问题想通。于是我从不同角度开始考虑商王怎样和为什么把祭祀权牢牢控制在自己手里这一核心问题。从传统的"兄终弟及"说出发，从殷王朝历代"殷道衰"、"殷复兴"出发，从"比九世乱"出发等角度考虑都没有使自己说通。《殷本纪》特记"亳有祥桑谷共生于朝"和"帝武丁祭成汤"又是为什么？以前的商史著作尚无人深究。这两大历史事件是应有其重要原因的,大戊和武丁应引起注意,而商代"兄终弟及"说和"嫡长子继承制",学者间历来各持己见。究竟应如何继承？我认真地排了下商王世系,并把甲骨文中直系、旁系的传统成说暂放在一边,发现商王武丁作为"直系",其血缘关系离商王大乙已经很远、很远了。武丁以前,多是"兄终弟及",而武丁以后,才逐步"立王",至帝乙、帝辛时期确立了长嫡子继承制。因而武丁时期王位继承制度发生了变化并做了重大改革,我的思路就逐步明确起来。武丁"祭成汤"和"亳有祥桑谷共生于朝",正是商王朝王位继承制度发生变化的标志……这一思路逐渐明晰起来。商末祭祀制度发生重大变化,即近世先王的特祭和周祭制度的最终确立,是商王把持祭祀权和无可动摇的宗主地位确立的反映……直到2006年1月14日,按这个思路把困扰我许久的问题才最后理顺成现在这个样子……也奇了怪了,紧戴在头上的紧箍咒也一下子消失了,头脑豁然开朗,原来我的脑子并没有坏！

这时候,徐义华也完成了他承担的这一卷后半部分的撰写。我把修改好的文稿交由他录入电脑,又花去两个多月的工夫,终于在2006年的春节以后录入完成。主编让我再写个"后记",写完后交出全稿,就算是这一卷完成任务了。

感谢杨升南教授,每当我向他谈起脑子坏了,写不出东西时,他总是安慰并鼓励我,并几次用"学到疑处方能悟,闻道穷时自有神"来给我鼓励……这几年来,虽然2004年组织平谷与华夏文明国际学术会议、2005年组织安阳国际学术研讨会和参加了一些学术活动——诸如2004年去意大利、2005年去加拿大等,但由于课题没有完成和尚有几处关键的地方想不通,心里总是有着巨大的无形压力而精神不振。这在我于2005年2月为史昌友先生《灿烂的殷商文化》一书写的序中也有所反映。当时我写道：我"常以小疾为借口而放松了工作节奏,减弱了当年的锐气和进取精神……"但2006年课题完成以后,自感精神面貌焕然一新。在当年8月1日写给金开(即张坚)甲骨文法《耕耘集》的序中就写道："与众多的年轻朋友在一起,真'不知老之将至云尔',还有许多事情要做,还有不少课题可以做成",笔调和心情就完全不同了。

我感到很庆幸。庆幸的是我和徐义华承担的《商代史》课题有关卷虽然没有最早完成,但总算没太拖课题的后腿。我也庆幸自己知难而退,没有把更大的不堪重负的担子压在自己的肩上。早在1996年,我国台湾漳化师范大学的黄竞新教授就开始策划并多次向大陆学者广泛征求意见，拟提出多卷本《殷商史》的研究课题，由她任总编协调台湾几位学者，由我负责组织大陆的几位学者，由海峡两岸学者共同完成这一课题。各卷的承担者选定并拟好了提纲，但黄教授向台湾地区当局的有关部门申请课题的立项被否决。该课题在酝酿过程中，我曾向中国社会科学院原科研局长单天伦先生汇报过。单局长意思是院内这么多人参加此项目，最后要纳入院的科研规划，可以由宋镇豪先生总领申报院课题，以便纳入管理，而由我负责对院外即台湾地区学者的合作研究。我同意了他的这一建议。1999年宋镇豪先生挂帅，正式提出《商代史》研究课题，商聘组织人力并拟定提纲，向中国社会科学院申报立项并被批准。自此，宋镇豪教授就驾驭起这驾沉重的马车，真是一步一回头，步履艰难地向前运行了……我还庆幸的是，中国台湾地区学者提出的多卷本《殷商史》的研究课题虽然立项未成，但重建商代史的著述工作却没有半途而废，而是由大陆学者们完成了！尽管在进行过程遇到了这样那样的困难和曲折，但我们毕竟完成了这项填补商断代史研究空白的多卷本商代史大型著作！展示并总结了百年来的殷商文化研究成果，显示了我们的研究实力，磨炼和培养了新人！万事开头难。他们将继续向有关领域的研究深度和广度前进！

在六年来的课题研究过程中，也有一些教训值得我们思考。其一，课题不宜过于庞大，太大了往往顾此失彼，难于通盘驾驭；其二，课题的参加者不宜过多。因为情况在不断地变化，人越多情况越复杂，变量越大，影响课题按时完成。这方面主编体会最深，我只是作为研究者的感觉而已……

这篇"后记"写得太长了，但把我参加课题的心路历程写出来，此中甘苦寸心知，或能使读者了解我经历的苦恼和迷惘，并使关心我的朋友们分享解脱"紧箍咒"的快乐吧！

王宇信
2006年8月8日于芳古园"入帘青小庐"